Character Merchandising

Europäische Hochschulschriften
Publications Universitaires Européennes
European University Studies

Reihe II
Rechtswissenschaft

Série II Series II
Droit
Law

Bd./Vol. 3668

PETER LANG
Frankfurt am Main · Berlin · Bern · Bruxelles · New York · Oxford · Wien

Matthias F. Meyer

Character Merchandising

Der Schutz fiktiver Figuren als Marke

PETER LANG
Europäischer Verlag der Wissenschaften

Bibliografische Information Der Deutschen Bibliothek
Die Deutsche Bibliothek verzeichnet diese Publikation in der Deutschen Nationalbibliografie; detaillierte bibliografische Daten sind im Internet über <http://dnb.ddb.de> abrufbar.

Zugl.: Potsdam, Univ., Diss., 2002

517
ISSN 0531-7312
ISBN 3-631-50877-8

www.peterlang.de

Abkürzungsverzeichnis

a. A.	anderer Ansicht
a. a. O.	am angegebenen Ort
ABl.	Amtsblatt der Europäischen Gemeinschaften (Jahrgang, Nr., Seite)
Abs.	Absatz
AcP	Archiv für die civilistische Praxis (Band, Seite)
a. E.	am Ende
a. F.	alte Fassung
AfP	Archiv für Presserecht (Jahr, Seite)
AG	Amtsgericht
a. M.	anderer Meinung
Amtl. Begründung	Amtliche Begründung
Anh.	Anhang
Anl.	Anlage
BB	Betriebs-Berater (Jahr, Seite)
Bd.	Band
BGB	Bürgerliches Gesetzbuch
BGBl.	Bundesgesetzblatt
BGH	Bundesgerichtshof
BGHZ	Entscheidungen des Bundesgerichtshofs in Zivilsachen – amtliche Sammlung (Band, Seite)
Bl. f. PMZ	Blatt für Patent-, Muster- und Zeichenwesen (Jahr, Seite)
BMW	Benelux Merkenwet: Einheitliches Benelux-Markengesetz vom 19.3.1962, in Kraft seit 1.1.1971; geändert durch Protokoll zur Änderung des Benelux-Markengesetzes vom 2.12.1992 und vom 7.8.1996
BPatG	Bundespatentgericht
BPatGE	Entscheidungen des Bundespatentgerichts – amtliche Sammlung (Band, Seite)
BT	Bundestag
BT-Drucks.	Bundestags-Drucksache
BVerfG	Bundesverfassungsgericht
BVerfGE	Entscheidungen des Bundesverfassungsgerichts – amtliche Sammlung
DB	Der Betrieb (Jahr, Seite)
DDR	Deutsche Demokratische Republik
ders.	derselbe
dies.	dieselbe
DPA	Deutsches Patentamt
DPMA	Deutsches Patent- und Markenamt
DPMAV	Verordnung über das Deutsche Patent- und Markenamt vom 5. 9. 1968 (BGBl. I S. 997), zuletzt geändert durch Verordnung vom 13. November 1998 (BGBl. I. 3427).
EG	Europäische Gemeinschaft
Einf.	Einführung
Einl.	Einleitung
Entsch.	Entscheidung
entspr.	entsprechend
Entw.	Entwurf

ErstrG	Gesetz über die Erstreckung von gewerblichen Schutzrechten – Erstreckungsgesetz – vom 23. 4. 1992 (BGBl. I 938), zuletzt geändert durch Gesetz vom 16.7.1998 (BGBl. I 1827).
EU	Europäische Union
EuG	Europäisches Gericht erster Instanz
EuGH	Europäischer Gerichtshof
EuR	Zeitschrift für Europarecht (Jahr, Seite)
EUV	Vertrag über die Europäische Union (Maastricht-Vertrag) vom 7. 2. 1992 – Unionsvertrag – (ABl. EG Nr. C 191 v. 29. 7. 1992 S. 1)
EuZW	Europäische Zeitschrift für Wirtschaftsrecht
EWG	Europäische Wirtschaftsgemeinschaft – jetzt EG
f./ff.	folgende/fortfolgende
Fn.	Fußnote
FS	Festschrift
G	Gesetz
GebrMG	Gebrauchsmustergesetz i. d. F. vom 28. 8. 1986 (BGBl. I 1455), zuletzt geändert am 17. 12. 1999 (BGBl. I 2448)
GG	Grundgesetz der Bundesrepublik Deutschland
GmbHR	
GMVO	Gemeinschaftsmarkenverordnung vom 20. 12. 1993 (ABl. 1994 L 11/1) zuletzt geändert durch Verordnung vom 22. 12. 1994 (ABl. L 349/83)
GRUR	Zeitschrift für Gewerblichen Rechtsschutz und Urheberrecht (Jahr, Seite)
GRUR Int.	Zeitschrift für Gewerblichen Rechtsschutz und Urheberrecht, Internationaler Teil (Jahr, Seite)
GVG	Gerichtsverfassungsgesetz i. d. F. vom 9. 5. 1975 (BGBl. I 1077), zuletzt geändert durch Gesetz vom 19. 2. 2001 (BGBl. I 1887)
HABM	Harmonisierungsamt für den Binnenmarkt (Marken, Muster, Modelle), Alicante
HansOLG Hamburg	Hanseatisches Oberlandesgericht Hamburg
HGB	Handelsgesetzbuch vom 10. 5. 1897 (RGBl. 219)
h. M.	herrschende Meinung
HRefG	Gesetz zur Neuregelung des Kaufmanns- und Firmenrechts und zur Änderung anderer handels- und gesellschaftsrechtlicher Vorschriften – Handelsrechtsreformgesetz – vom 22. 6. 1998 (BGBl. I 1474)
HS	Halbsatz
IR-Marke	international registrierte Marke
i. S./ i. S. d.	im Sinne/ im Sinne des
i. V. m.	in Verbindung mit
JR	Juristische Rundschau (Jahr, Seite)
Jus	Juristische Schulung (Jahr, Seite)
JZ	Juristenzeitung (Jahr, Seite)
KG	Kammergericht
li. Sp.	linke Spalte
lit.	Buchstabe

Literaturverzeichnis

Ackmann, Günther	Zur Eintragbarkeit plastischer Warenzeichen in die Warenzeichenrolle, GRUR 1973, 165 - 170.
Adams, John	Merchandising Intellectual Property, London 1987.
Albrecht, Friedrich	Buchstaben und Zahlen im Kollisionsfall, GRUR 1996, 246 – 251.
Albrecht, Friedrich	Fachübergreifende Argumentationsweisen zu Abwandlungen im Markenrecht – mögliche Hilfestellungen der Sprachforscher, GRUR 2000, 648 – 657.
Albrecht, Friedrich	Fremdsprachige Wörter im Markenrecht, GRUR 2001, 470 – 476.
Althammer, Werner	Kommentar zum Warenzeichengesetz, 4. Auflage, Köln 1989.
Althammer, Werner/Ströbele, Paul/ Klaka, Rainer	Kommentar zum MarkenG, 5. Auflage, Köln 1997.
Althammer, Werner/Ströbele, Paul/ Klaka, Rainer	Kommentar zum MarkenG, 6. Auflage, Köln 2000.
Appelhoff, Mechthild	Debatte Kinderfernsehen, Garz bei Berlin 1998.
Aumüller, Stefan	Mickey, Minnie und ihre Freunde; Markenführung und Lizenzgeschäft der Disney Consumer Products, in: Heinrichs/Schäfer, Merchandising und Licensing in Kulturbetrieben, S. 149 - 158.
Bach, Albrecht	Direkte Wirkungen von EG-Richtlinien, JZ 1990, 1108 - 1116.
Baillie, Iain C.	Merchandising: a historical survey, in: Adams, Merchandising Intellectual Property, S. XXV – XXVIII.
The Barnhart Dictionary of Etymology	1. Auflage, New York 1988.
Baronikians, Patrick	Buchstabenkombinationen als Unternehmenskennzeichen - Anmerkungen zu und im Zusammenhang mit BGH, GRUR 2001, 344 – DB Immobilienfonds; GRUR 2001, 795 – 797.
Bauer, Robert	Die Ware als Marke, GRUR 1996, 319 – 321.
Baumbach, Adolf / Hefermehl, Wolfgang	Kommentar zum Warenzeichenrecht und zum Internationalen Wettbewerbs- und Zeichenrecht, 12. Auflage, München 1985.

Baumbach, Adolf / Hefermehl, Wolfgang	Kommentar zum Gesetz gegen den unlauteren Wettbewerb, Zugabeverordnung, Rabattgesetz und Nebengesetze, 15. Auflage, München 1988.
Becher, Hans	Der Schutz der berühmten Marke, GRUR 1951, 489 – 494.
Becker, Roman A.	Kennzeichenschutz der Hörmarke, WRP 2000, 56 – 69.
Beckmann, Roland Michael	Die Reichweite des Erschöpfungsgrundsatzes nach neuem Markenrecht, GRUR Int. 1998, 836 – 841.
Beier, Friedrich-Karl	Unterscheidungskraft und Freihaltebedürfnis, GRUR Int. 1992, 243 – 250.
Beier, Friedrich-Karl/Krieger, Ulrich	Wirtschaftliche Bedeutung, Funktionen und Zweck der Marke, GRUR Int. 1976, 125 – 128.
Berlit, Wolfgang	Das neue Markenrecht, 4. Auflage, München 2000.
Bettelheim, Bruno	Brauchen Kinder Fernsehen?, Televizion 1/1988, S. 4 – 11.
Beutler, Bengt/Bieber, Roland/ Pipkorn, Jörn/Streil, Jochen	Die Europäische Union, 4. Auflage, Baden-Baden 1993.
Bleckmann, Albert	Europarecht, 6. Auflage, Köln 1997.
Bodewig, Theo	Unlautere Ausnutzung und Beeinträchtigung des guten Rufs bekannter Marken, Namen und Herkunftsangaben, GRUR Int. 1986, 33 – 35.
Boeckh, Tobias	Markenschutz an Namen und Bildnissen realer Personen, GRUR 2001, 29 – 38.
Boës, Ulrich/Deutsch, Volker	Die „Bekanntheit" nach dem neuen Markenrecht und ihre Ermittlung durch Meinungsumfragen, GRUR 1996, 168 – 173.
Bökel, Werner	Art, Umfang und Dauer der Benutzung eines Warenzeichens nach dem Vorabgesetz, GRUR Int. 1970, 391 – 399.
Böll, Karin	Merchandising und Licensing, München 1999.
Böll, Karin	Brand Licensing, in:Stallbaum, WA special 3 „Licensing & Merchandising", S. 106 – 109.
Bollack, Gert/Friehe, Christian-F.	Anmerkung zu dem Urteil des BGH vom 3. 6. 1986, Az. VI ZR 102/85 – „BMW", GRUR 1986, 762 - 763.

Bolz, Norbert	Die große Marke ist ein Totem, MA Heft 6/2000, S. 32 – 34.
Bonn, Volkmar	Anmerkung zu dem Urteil des BGH vom 6. 12. 1990, Az. I ZR 297/88 – „SL", GRUR 1991, 613 – 614.
Bonn, Volkmar	Anmerkung zu dem Urteil des BGH vom 10. 2. 1994, Az. I ZR 79/92 – „Markenverunglimpfung I", WRP 1994, 501 – 503.
Bonn, Volkmar	Der Rechtsschutz von Marken mit gesteigerter Verkehrsgeltung, Trier 1997.
Bonneß, André	Der Schutz von Figuren durch das Urheberrechtsgesetz, Hamburg 1999.
Bous, Ulrich	Die Kehrtwende des BGH bei Auslegung des Begriffs der Ähnlichkeit von Waren und Dienstleistungen – Zugleich ein Versuch einer Begriffsbestimmung, GRUR 2002, 19 – 26.
Brandi-Dohrn, Matthias	Die kommende Neuordnung des Kennzeichenrechts: Das Markenrechtsreformgesetz, BB 1994, Beilage 16 zu Heft 25, S. 1 – 15.
Brechmann, Winfried	Die richtlinienkonforme Auslegung, München 1994.
Brockhaus Enzyklopädie	7. Auflage, Wiesbaden 1971.
Bürger, Joachim H.	Public Promotions, Essen 1986.
Bürger, Joachim H. / Berlemann, Friedrich R.	Merchandising; Die Hohe Schule des Handelns im Handel, Landsberg am Lech 1987.
Bürglen, Bernd	Anmerkung zu dem Urteil des BGH vom 10. 2. 1994, Az. I ZR 79/92 – „Markenverunglimpfung I", GRUR 1994, 812 – 813.
Busse, Rudolf / Starck, Joachim	Kommentar zum Warenzeichengesetz nebst Pariser Verbandsübereinkunft und Madrider Abkommen, 6. Auflage, Berlin 1990.
Chrocziel, Peter/Götting, Horst-Peter/Katzenberger, Paul/Knaak, Roland/Stauder, Dieter	Länderbericht Deutschland, in: Schricker / Stauder, Handbuch des Ausstattungsrechts, S. 199 – 339.
Creifelds	Rechtswörterbuch, herausgegeben von Klaus Weber, 15. Auflage, München 1999.
Dauses, Manfred	Handbuch des EU-Wirtschaftsrechts, Band 1, München, Stand August 2000.

Deutsch, Volker — Zur Markenverunglimpfung, GRUR 1995, 319 – 321.

Deutsch, Volker — Quo vadis, BGH, beim Titelschutz? GRUR 1994, 673 - 678.

Deutsch, Volker — Der Schutz von Marken und Firmen außerhalb des Wettbewerbsbereichs, in: Festschrift für Alfred-Carl Gaedertz 1992, S. 99 – 109.

Deutsches Markenrecht — herausgegeben von Alexander von Mühlendahl, München 1995.

Duden — Das große Wörterbuch der deutschen Sprache, in zehn Bänden, 3. Auflage, Mannheim 1999.

Duden — Das Herkunftswörterbuch, Band 7, 2. Auflage, Mannheim 1989.

Düx, Heinz — Neue Rechtsprechung des BGH zur Verwechslungsgefahr im Markenrecht, GRUR 2000, 1238 – 1242.

Dunkhase, W. — Zeichenübereinstimmung und Warengleichartigkeit, MuW 18. Jg., 174 – 177.

Eber, A. F. — Erfolgreiche Merchandising-Strategien, Wien 1991.

Ehlgen, Heinz-Werner — Merchandising, ZUM Sonderheft 1996, 1008 -1015.

Eichmann, Helmut/ v. Falckenstein, Roland — Kommentar zum Geschmacksmustergesetz, 2. Auflage, München 1997.

Eichmann, Helmut — Die dreidimensionale Marke im Verfahren vor dem DPA und dem BPatG, GRUR 1995, 184 – 197.

Eichmann, Helmut — Das Verhältnis von Mustern zu Marken, in: Festschrift für Rudolf Nirk 1992, S. 165 – 193.

Eichmann, Helmut — Die dreidimensionale Marke, in: Festschrift für Ralf Vieregge 1995, S. 125 – 171.

Eichmann, Helmut — Der Schutz von bekannten Kennzeichen, in: Festschrift für Ulrich Krieger, GRUR 1998, S. 201 – 214.

Eichmann, Helmut / v. Falckenstein, Roland — Kommentar zum Geschmacksmustergesetz, 2. Auflage, München 1997.

Eisenführ, Günther — Schutzfähigkeit und Schutzumfang nach dem neuen Markenrecht, in: Festschrift DPA – 100 Jahre Marken – Amt 1994, S. 69 – 83.

Eisenmann, Hartmut — Grundriss Gewerblicher Rechtsschutz und Urheberrecht, 3. Auflage, Heidelberg 1995.

Elster, Alexander — Der Rechtsschutz einfachster graphischer Muster, GRUR 1938, 799 -805.

Endres, Norbert	Mediamarketing und Kinderfernsehen, in: Appelhoff, Debatte Kinderfernsehen, S. 231 - 238.
Engisch, Karl	Einführung in das juristische Denken, 8. Auflage 1983.
Ernst-Moll, Jürgen	Die berühmte und die bekannte Marke, GRUR 1993, 8 – 18.
Eßer, Kerstin Berit	Genres verändern sich: Trick-TV, gestern und heute, in: Appelhoff, Debatte Kinderfernsehen, S. 119 - 129.
v. Falck	Anmerkung zu dem Beschluss des BGH vom 8. 2. 1974 – Az. I ZB 5/71 – Sieben-Schwaben-Motiv, GRUR 1974, 468 – 469.
v. Falckenstein, Roland	Markenrecht versus Geschmacksmusterrecht – Zur ausreichenden Offenbarung dreidimensionaler Marken, GRUR 1999, 881 -885.
Fammler, Michael	Anmerkung zu dem Urteil des BGH vom 7. 6. 1996, Az. I ZB 10/94 – „THE HOME DEPOT", GRUR 1996, 772 – 774.
Festschrift für Friedrich-Karl Beier	Aktuelle Herausforderungen des geistigen Eigentums: Friedrich-Karl Beier zum 70. Geburtstag, herausgegeben von Joseph Straus, Köln 1996.
Festschrift für Karl Bruchhausen	zum 65. Geburtstag, herausgegeben von Rüdiger Rogge und Ulrich Krieger, GRUR 1993, 163 – 360.
Festschrift DPA, 100 Jahre Marken®-Amt	herausgegeben vom Deutschen Patentamt u. a., München 1994.
Festschrift für Alfred-Carl Gaedertz	zum 70. Geburtstag, herausgegeben von Gisela Wild, Ine-Marie Schulte-Franzheim und Monika Lorenz-Wolf, München 1992.
Festschrift für Otto-Friedrich Frhr. v. Gamm	herausgegeben von Willi Erdmann, Hans-Kurt Mees, Henning Piper, Otto Teplitzky, Wolfgang Hefermehl, Peter Ulmer, Köln 1990.
Festschrift GRUR	zum hundertjährigen Bestehen der Deutschen Vereinigung für gewerblichen Rechtsschutz und Urheberrecht und ihrer Zeitschrift, herausgegeben von der Vereinigung durch Friedrich-Karl Beier, Alfons Kraft, Gerhard Schricker und Elmer Wadle, Band I und Band II, Weinheim 1991.
Festschrift für Jürgen Gündisch	zum 70 Geburtstag, herausgegeben von Carl Otto Lenz, Werner Thieme, Friedrich Graf von Westphalen, Köln 1999.
Festschrift für Wolfgang Hefermehl	zum 90. Geburtstag, Wettbewerbs- und Markenrecht in der Gegenwart, herausgegeben von Wolfgang Gloy, Michael Loschelder, Rainer Jacobs, Peter Mes, GRUR 1996, 515 – 716.

Festschrift für Ulrich Krieger	zum 70. Geburtstag, herausgegeben von Friedrich-Karl Beier, Wolfgang Gloy, Rainer Jacobs, Michael Loschelder, Peter Mes, GRUR 1998, 179 – 334.
Festschrift für Rudolf Nirk	zum 70. Geburtstag, herausgegeben von Karl Bruchhausen, Wolfgang Hefermehl, Peter Hommelhoff und Herbert Messer, München 1992.
Festschrift für C.F. Ophüls	zum 70 Geburtstag, Zur Integration Europas, herausgegeben von Walter Hallstein, Hans-Jürgen Schlochauer, Karlsruhe 1965.
Festschrift für Henning Piper	zum 65 Geburtstag, herausgegeben von Willi Erdmann, Wolfgang Gloy, Rolf Herber, München 1996.
Festschrift für Heinz Rowedder	zum 75. Geburtstag, herausgegeben von Gerd Pfeiffer, Günter Wiese, Klaus Zimmermann, München 1994.
Festschrift für Wolf Schwarz	zum 70. Geburtstag, herausgegeben von Manfred Rehbinder, Baden-Baden 1988.
Festschrift für Otto Teplitzky	zum 70 Geburtstag, WRP 2000, S. 807 – 1068.
Festschrift für Eugen Ulmer	zum 60. Geburtstag, Die Warenzeichenlizenz, herausgegeben von Friedrich-Karl Beier, Erwin Deutsch, Wolfgang Fikentscher, München 1963.
Festschrift für Eugen Ulmer	zum 80. Geburtstag, herausgegeben von Friedrich-Karl Beier, Gerhard Schricker, Wolfgang Fikentscher, Rudolf Krasser, GRUR Int. 1983, 333 - 621.
Festschrift für Ralf Vieregge	zum 70. Geburtstag, herausgegeben von Jürgen F. Baur, Rainer Jacobs, Manfred Lieb, Peter-Christian Müller-Graff, Berlin 1995.
Fezer, Karl-Heinz	Der Benutzungszwang im Markenrecht, Berlin 1974.
Fezer, Karl-Heinz	Anmerkung zu dem Urteil des BGH vom 31. 5. 1974, Az. I ZR 28/73 – „KIM-Mohr", BB 1975, 436 – 440.
Fezer, Karl-Heinz	Rechtserhaltende Benutzung von Zweitmarken, in: Festschrift DPA 100 Jahre Marken-Amt 1994, S. 87 – 103.
Fezer, Karl-Heinz	Das wettbewerbsrechtliche Irreführungsverbot als ein normatives Modell des verständigen Verbrauchers im Europäischen Unionsrecht, WRP 1995, 671 – 676.
Fezer, Karl Heinz	Die Nichtakzessorietät der Marke und ihre rechtliche Konnexität zu einem Unternehmen, in: Festschrift für Ralf Vieregge 1995, S. 229 - 239.
Fezer, Karl-Heinz	Die Markenfähigkeit nach § 3 MarkenG, in: Festschrift für Henning Piper 1996, S. 525 – 535.
Fezer, Karl-Heinz	Rechtsverletzende Benutzung einer Marke als Handeln im geschäftlichen Verkehr, GRUR 1996, 566 – 571.

Fezer, Karl-Heinz	Grundprinzipien und Entwicklungslinien im europäischen und internationalen Markenrecht, WRP 1998, 1 – 14.
Fezer, Karl-Heinz	Erste Grundsätze des EuGH zur markenrechtlichen Verwechslungsgefahr – oder: „Wie weit springt die Raubkatze?“, NJW 1998, 713 – 716.
Fezer, Karl-Heinz	Markenfunktionale Wechselwirkung zwischen Markenbekanntheit und Produktähnlichkeit, WRP 1998, 1123 – 1127.
Fezer, Karl-Heinz	Kommentar zum Markenrecht, 2. Auflage, München, 1999.
Fezer, Karl-Heinz	Kommentar zum Markenrecht, 3. Auflage, München 2001.
Fezer, Karl-Heinz	Kritik der restriktiven Eintragungspraxis des DPMA und der sie billigenden Rechtsprechung des BpatG zu Werbewörtern und Werbeslogans, GRUR 1999, 859 - 862.
Fezer, Karl-Heinz	Was macht ein Zeichen zur Marke?, WRP 2000, 1- 8.
Fiedler, Herbert / Ullrich, Hanns (Hrsg.)	Information als Wirtschaftsgut: Management und Rechtsgestaltung, Köln 1997.
Fischötter	Bericht über das Kolloquium zum Thema „Ausstattungsschutz und Freihaltebedürfnis (technisch oder ästhetisch bedingt) in der jüngsten Rechtsprechung des BGH“, GRUR 1972, 702 - 703.
Flechsig, Norbert P.	Das Urheberrecht, urheberrechtliche Aspekte von Merchandising und Licensing im Kulturbetrieb, in: Heinrichs / Schäfer, Merchandising und Licensing in Kulturbetreiben, S. 199 - 227.
Fritz, Claus-Peter	Gegenwart und Zukunft von Markenformen unter besonderer Berücksichtigung akustischer Zeichen, Tübingen 1992.
Fromm, Friedrich Karl / Nordemann, Wilhelm	Kommentar zum Urheberrechtsgesetz und zum Urheberrechtswahrnehmungsgesetz, begründet von F. K. Fromm und W. Nordemann, fortgeführt von W. Nordemann, K. Vinck und P. W. Hertin, 9. Auflage, Stuttgart, 1999.
Fuchs-Wissemann, Georg	Zur Verwechslungsgefahr von aus Wort und Bild zusammengesetzten Marken mit nur aus einem Wort oder einem Bild bestehenden Zeichen, GRUR 1995, 470 – 473.
Fuchs-Wissemann, Georg	Tendenzen in der neueren markenrechtlichen Rechtsprechung des Bundespatentgerichts, MarkenR 1999, 183 – 188.

Fuchs-Wissemann, Georg	Der Schutzumfang von Buchstabenmarken in der neueren Rechtsprechung, GRUR 1999, 855 – 858.
Fuchs, Wolfgang / Reitberger, Reinhold C.	Comics, Anatomie eines Massenmediums, München 1971.
Füllkrug, Dieter	Strukturänderungen des Warenzeichenrechts als Spiegel der Marktwirtschaft, MA 1993, 9 – 14.
Füllkrug, Dieter	Spekulationsmarken und ihre Löschung, WRP 1995, 378 - 384.
Gabler Lexikon Wirtschaft	Wiesbaden 1995.
v. Gamm, Frhr. Otto-Friedrich	Vorschlag der EG-Kommission für eine Richtlinie des Rates über vergleichende Werbung und zur Änderung der Richtlinie 84/450/EWG über irreführende Werbung, ABlEG Nr. L 250 v. 19. 9. 1984, S. 17; WRP 1992, 143 – 147.
v. Gamm, Frhr. Otto-Friedrich	Wettbewerbsrecht, 5. Auflage, Köln 1987.
v. Gamm, Frhr. Otto-Friedrich	Markenbenutzung und Benutzungszwang, in: Festschrift GRUR, S. 801 – 820.
v. Gamm, Frhr. Otto-Friedrich	Kommentar zum Gesetz gegen den unlauteren Wettbewerb, 3. Auflage, München 1993.
v. Gamm, Frhr. Otto-Friedrich	Zur Warenzeichenrechtsreform, WRP 1993, 793 – 798.
v. Gamm, Frhr. Otto-Friedrich	Schwerpunkte des neuen Markenrechts, GRUR 1994, 775 – 781.
Geiger, Rudolf	Kommentar zum Vertrag über die Europäische Union und zum Vertrag zur Gründung der Europäischen Gemeinschaft, 3. Auflage, München 2000.
Giefers, Hans – Werner	Die rechtserhaltende Benutzung der Marke in abgewandelter Form; in: Festschrift für Ralf Vieregge 1995, S. 266 – 295.
Gloy, Wolfgang	Zum Schutzumfang von Marken nach dem neuen Markengesetz, in: Festschrift für Heinz Rowedder 1994, S. 77 - 92.
Götting, Horst – Peter	Die Entwicklung des Markenrechts vom Persönlichkeits- zum Immaterialgüterrecht, in: Festschrift für Friedrich-Karl Beier 1996, S. 233 - 242.
Goldmann, Michael / Rau, Albrecht	Der Schutz von Buchstabenkombinationen als Unternehmenskennzeichen – BGH GRUR 1998, 165 – RBB; GRUR 1999, 216 - 221.
Gottschalk, Matthias	Rechtliche Grundlagen des Licensing, in: Böll, Merchandising und Licensing, S. 135 – 146.

Grabitz, Eberhard / Hilf, Meinhard (Hrsg.)	Das Recht der Europäischen Union, Altband II, Art. 137 – 248 EGV (Maastrichter Fassung), EWGV (Römische Fassung), München, Stand Oktober 1999.
von der Groeben, Hans/Thiesing, Jochen/Ehlermann, Claus-Dieter	Kommentar zum EU-/EG-Vertrag, Band 4 (Artikel 137-209a), 5. Auflage, Baden-Baden 1997.
Großkommentar zum UWG	herausgegeben von Rainer Jacobs, Walter F. Lindacher, Otto Teplitzky, 3. Lieferung: §§ 16 – 24; Berlin 1991.
Großner, Ivo	Der Rechtsschutz bekannter Marken, Konstanz 1998.
Grunewald, Barbara	Der Schutz bekannter Marken vor dem Vertrieb branchenfremder Waren unter Benutzung übereinstimmender Zeichen, NJW 1987, 105 – 112.
Guski, Rainer	Wahrnehmung – ein Lehrbuch; Stuttgart 1996.
Hackbarth, Ralf	Grundfragen des Benutzungszwanges im Gemeinschaftsmarkenrecht, Köln 1993.
Hackbarth, Ralf	Freihaltungsbedürfnis und Verkehrsdurchsetzung in der Rechtsprechung des EuGH, MarkenR 1999, 329 – 333.
Hätty, Holger	Zentrale Erfolgsfaktoren des Markentransfers, MA 1989, 390 – 393.
Handbuch des Ausstattungsrechtes	Festgabe für Friedrich-Karl Beier zum 60. Geburtstag, herausgegeben von Gerhard Schricker/Dieter Stauder, Weinheim 1986.
Hefermehl, Wolfgang	Anmerkung zu dem Urteil des BGH vom 22. 1. 1964, Az. Ib ZR 92/62 – „Maja", GRUR 1964, 375 – 376.
Hefermehl, Wolfgang	Anmerkung zu dem Urteil des BGH vom 12. 7. 1984, Az. I ZR 2/82 – „Idee-Kaffee", GRUR 1985, 48 - 49.
Heil, Gerhard	Die absolute Schutzfähigkeit bei Warenzeichen, GRUR 1981, 699 - 706.
Heinrichs, Werner / Schäfer, Hermann	Merchandising und Licensing in Kulturbetrieben, Stuttgart 1999.
Helm, Horst	Die bösgläubige Markenanmeldung, GRUR 1996, 593 – 601.
Hemmerlein, Harald	„Windeln nach Nürnberg?", Branchenbrief 07, vom 7. April 2000, S. 1, in: http://www.toy-net.ch/ nostheide/ branchenbrief/07-2000.htm, zuletzt aufgerufen am 23. März 2002.
Henning-Bodewig, Frauke	Schutzvoraussetzungen, in: Schricker/Beier, Die Neuordnung des Markenrechts in Europa, S. 104 – 122.

Henning-Bodewig, Frauke/ Ruijsenaars, Heijo E.	Designschutz qua Markenrecht?; GRUR Int. 1990, 821 – 831.
Heydt, Ludwig	Zum Begriff der Weltmarke, GRUR 1952, 321 – 327.
Heydt, Ludwig	Anmerkung zu dem Urteil des BGH vom 11. 11. 1958 - Az. I ZR 152/57 – Quick, GRUR 1959, 187 – 188.
Heydt, Ludwig	Verwechslungsgefahr und Warennähe im Warenzeichenrecht, GRUR 1971, 435 – 442.
Hocke, Ulrich	Merchandising mit Marken, in: Stallbaum, WA special 3 „Licensing & Merchandising", S. 42 - 48.
Hubmann, Heinrich / Götting, Horst – Peter	Gewerblicher Rechtsschutz, 6. Auflage, München 1998.
Ingerl, Reinhard	Anmerkung zu dem Beschluss des BGH vom 23. 10. 1997 - Az. I ZB 18/95 – Bonus, LM § 8 MarkenG Nr. 12, Bl. 1187 ff.
Ingerl, Reinhard	Die Öffnung des Markenregisters für nur mittelbar produktbeschreibende Angaben und Werbeappelle, WRP 1998, 473 - 477.
Ingerl, Reinhard	Die markenrechtliche Rechtsprechung des Europäischen Gerichtshofs – Weichenstellungen für die Entwicklung des europäischen Markenrechts, GRUR Int. 2001, 581 – 590.
Ingerl, Reinhard/Rohnke, Christian	Die Umsetzung der Markenrechts-Richtlinie durch das deutsche Markengesetz, NJW 1994, 1247 - 1255.
Ingerl, Reinhard/Rohnke, Christian	Kommentar zum Markengesetz, München 1998.
Ipsen, Hans Peter	Richtlinien-Ergebnisse, in: Festschrift für C. F. Ophüls 1965, S. 67 – 84.
Ipsen, Hans Peter	Europäisches Gemeinschaftsrecht, Tübingen 1972.
Jaeger-Lenz, Andrea	Neues zum Farbenschutz, WRP 1999, 290 - 299.
Jenny, Urs	Stars aus dem Computer, Der Spiegel – Jahreschronik 2001, 212 – 215.
Joller, Gallus	Verwechslungsgefahr im Kennzeichenrecht, Bern 2000.
Joller, Gallus	Anmerkung zu dem Urteil des EuGH vom 14. 9. 1999 – Rechtssache C-375/97, General Motors Corporation ./. Yplon SA („Chevy"), GRUR Int. 2000, 75-76.
Jonas, Kay-Uwe	Anmerkung zu dem Beschluss des BGH vom 23. 10. 1997, Az. I ZB 18/95 – „Bonus", GRUR 1998, 468 – 470.

Keller, Erhard	Der Schutz eingetragener Marken gegen Rufausnutzung nach deutschem und europäischem Recht, Baden-Baden 1994.
Keller, Erhard	Die zeichenmäßige Benutzung im Markenrecht, in: Festschrift für Wolfgang Hefermehl, GRUR 1996, S. 607 – 613.
Kellerhals, Miriam	Der Benutzungszwang im Gemeinschaftsmarkenrecht, GRUR Int. 1999, 14 – 24.
Kempkes, Wolfgang	Bibliographie der internationalen Literatur über Comics, München 1974.
Kids-Verbraucher Analyse 1998 des Zentralverbandes des Deutschen Werbewirtschaft (ZAW)	zitiert nach http://www.pmv.de/pmv/zaw/seiten/pro-ko/, „Gesellschaftspolitische Aspekte", „Kinder", S. 1, zuletzt aufgerufen am 23. März 2002.
Kiethe, Kurt/Groeschke, Peer	Der Designschutz dreidimensionaler Marken nach dem Markengesetz, WRP 1998, 541 – 549.
Kiethe, Kurt/Krauß, Oliver	Verwechslungsgefahr nach dem Markengesetz – Verstärkter Rechtsschutz durch legislative Begriffserweiterung, WRP 1996, 495 – 502.
Klaka, Rainer	Schutzfähigkeit der dreidimensionalen Benutzungsmarke nach § 4 Nr. 2 MarkenG, in: Festschrift für Wolfgang Hefermehl, GRUR 1996, 613 - 618.
Kleine	Anmerkung zu dem Urteil des BGH vom 1. 4. 1958, Az. I ZR 49/57 – „Mecki-Igel", GRUR 1958, 504.
Klette, Chr. Manfred	Zur rechtserhaltenden Benutzung durch Verwendung abweichender Markenformen, WRP 2000, 913 – 920.
Kliems, Hubertus	Relativer Ähnlichkeitsbegriff bei Waren/Dienstleistungen im neuen Markenrecht?, GRUR 1995, 198 – 204.
Klinkert, Friedrich/Schwab, Florian	Signaturmarken: Ein Phänomen zwischen Urheberrecht, Persönlichkeitsrecht und Markenrecht, in: Festschrift für Jürgen Gündisch 1999, S. 35 - 50.
Klinkert, Friedrich/Schwab, Florian	Markenrechtlicher Raubbau an gemeinfreien Werken – ein richtungsweisendes „Machtwort" durch den Mona Lisa-Beschluß des Bundespatentgerichts?, GRUR 1999, 1067 – 1074.
Köhler, Walter	Unterscheidungskraft, GRUR 1950, 117 - 129.
Köhler, Helmut / Piper, Henning	Kommentar zum Gesetz gegen den unlauteren Wettbewerb, 1. Auflage, München 1995.
Köhler, Helmut / Piper, Henning	Kommentar zum Gesetz gegen den unlauteren Wettbewerb, 2. Auflage, München 2001.

König, Reimar — Rechtserhaltende Benutzung durch funktionsgerechte Verwendung der Marke für Waren, Mitt 1997, 18 – 20.

Körner, Eberhard / Gründig-Schnelle, Kerstin — Markenrecht und Produktschutz durch die dreidimensionale Marke, GRUR 1999, 535 – 541.

Kraft, Alfons — Die warenzeichenrechtlichen Bestimmungen des Vorabgesetzes, GRUR 1968, 123 – 131.

Kraft, Alfons — Zeichenabwandlung und Benutzungszwang, Festschrift für Eugen Ulmer zum 80. Geburtstag, GRUR Int. 1983, 531 – 537.

Kraft, Alfons — Notwendigkeiten und Chancen eines verstärkten Schutzes bekannter Marken im neuen WZG, in: MA 1991, S. 52 - 57.

Kraft, Alfons — Notwendigkeiten und Chancen eines verstärkten Schutzes bekannter Marken im neuen WZG, in: GRUR 1991, 339 - 344.

Krieger, Ulrich — Das Recht zur Benutzung der Marke, in: Festschrift für Heinz Rowedder 1994, S. 229 – 243.

Krings, Philipp E. — Die Verwechslungsgefahr mehrgliedriger Kennzeichen und die Prägetheorie im Lichte der EuGH-Rechtsprechung, WRP 2000, 931 – 935.

Krings, Philipp E. — Der Schutz von Buchstabenkennzeichen, WRP 1999, 50 – 54.

Krüger, Christof — Zum gedanklichen Inverbindungbringen im Sinne der §§ 9 I 2, 14 II 2 MarkenG, GRUR 1995, 527 – 530.

Kunz – Hallstein, Hans Peter — Europäisierung und Modernisierung des deutschen Warenzeichenrechts, GRUR Int. 1990, 747 – 759.

Kunz-Hallstein, Hans Peter — Perspektiven der Angleichung des nationalen Markenrechts in der EWG, GRUR Int. 1992, 81-91.

Kunz-Hallstein, Hans Peter — Die Funktionen der Marke nach europäischem und künftigen deutschen Markenrecht, in: Festschrift DPA 100 Jahre Marken-Amt 1994, S. 147-171.

Kunz-Hallstein, Hans Peter — Ähnlichkeit und Verwechslungsgefahr, GRUR 1996, 6 – 10.

Kunz-Hallstein, Hans Peter — Verwechslungsgefahr; erweiterter Schutzbereich, in: Schricker / Beier, Die Neuordnung des Markenrechts in Europa, S. 123 – 133.

Kur, Annette — Die freie Übertragbarkeit von Markenrechten, in: Kur/Henning-Bodewig, Marke und Verbraucher, Band II, S. 306 – 316.

Kur, Annette	Verwechslungsgefahr und Irreführung – zum Verhältnis von Markenrecht und § 3 UWG, GRUR 1989, 240 – 250.
Kur, Annette	Der wettbewerbliche Leistungsschutz, GRUR 1990, 1 – 15.
Kur, Annette	Das neue dänische Markengesetz als Beispiel für die Umsetzung der EG-Markenrechtsrichtlinie, GRUR Int. 1991, 785 - 791.
Kur, Annette	Die notorisch bekannte Marke im Sinne von 6bis PVÜ und die „bekannte Marke" im Sinne der Markenrechtsrichtlinie, GRUR 1994, 330 – 340.
Kur, Annette	Formalschutz dreidimensionaler Marken – neue Aufgaben für die Markenabteilung des Deutschen Patentamts, in: Festschrift DPA 100 Jahre Marken-Amt 1994, S. 175 – 196.
Kur, Annette	Der Schutz der nichteingetragenen Marke, in: Schricker / Beier, Die Neuordnung des Markenrechts in Europa, S. 134 - 144.
Kur, Annette	Die Harmonisierung der europäischen Markengesetze; Resultate – offene Fragen – Harmonisierungslücken, GRUR 1997, 241 – 254.
Kur, Annette	Anmerkung zu dem Urteil des EuGH vom 23. 2. 1999 – Rechtssache C-63/97 BMW u. BMW Nederland BV ./. Deenik („BMW ./. Deenik"), JZ 1999, 838 – 840.
Kur, Annette	Die Schnittstellen zwischen Marken- und Wettbewerbsrecht bei nationalen und bei Gemeinschaftsmarken, MarkenR 2001, 137 – 146.
Kur, Annette / Henning-Bodewig, Frauke	Marke und Verbraucher: Funktionen der Marke in der Marktwirtschaft, Band I: Grundlagen, Weinheim 1988; Band II: Einzelprobleme, Weinheim 1989.
Kur, Annette / Henning-Bodewig, Frauke	Marke und Verbraucher – Bericht über ein Projekt und seine Ergebnisse, WRP 1990, 453 - 459.
Larenz, Karl/Canaris, Claus-Wilhelm	Methodenlehre der Rechtswissenschaft, 3. Auflage, Berlin 1995.
Lehmann, Michael	Die wettbewerbswidrige Ausnutzung und Beeinträchtigung des guten Rufs bekannter Marken, Namen und Herkunftsangaben, GRUR Int. 1986, 6 – 17.
Lehmann, Michael / Schönfeld, Thomas	Die neue europäische und deutsche Marke: Positive Handlungsrechte im Dienste der Informationsökonomie; GRUR 1994, 481 – 489.

v. Linstow, Bernhard	Anmerkung zum Beschluss des BGH vom 13. 11. 1997, Az. I ZB 22/95 – „Garibaldi", GRUR 1999, 160 – 161.
v. Linstow, Bernhard	Die Verwendung fremder Zeichen zur Bezeichnung fremder Waren, WRP 2000, 955 – 959.
Lippegaus, Anneliese	Geplanter Transfer von Markenimages, MA 1984, 436 – 440.
Litpher, Markus	Auswirkungen der ersten Markenrechtsrichtlinie auf die Merkmale der Verwechslungsgefahr und der Erschöpfung im deutschen Markenrecht, Frankfurt a. M. 1997.
Lückenbach, Andreas	Der Benutzungszwang im Markenrecht aufgrund der Neuregelung durch das MarkenG, GRUR 2000, 7 – 12.
Magold, Hanns Arno	Personenmerchandising: der Schutz der Persona im Recht der USA und Deutschlands, Frankfurt am Main 1994.
Mangini, Vito	Die Marke: Niedergang der Herkunftsfunktion, in: Festschrift für Friedrich-Karl Beier, GRUR Int. 1996, S. 462 – 467.
Manz, Ewald	Auf dem Marktplatz für zusätzliche Marken-Sympathie, MA 1999, Heft 4, 44 – 47.
Marz, Martin	Der Schutz von eintragungsfähigen Marken nach dem neuen Markengesetz, München 1997.
Meister, Herbert E.	Zum Zwischenentwurf eines Markengesetzes, MA 1993, 407 – 416.
Meister, Herbert E.	Die Verteidigung von Marken. Eine Skizze zum neuen Recht, WRP 1995, 366 – 377.
Meister, Herbert E.	Praktische Erfahrungen mit dem neuen Markengesetz, WRP 1995, 1005 – 1014.
Meyer, Andreas	Das deutsche und französische Markenrecht nach der Umsetzung der Ersten Markenrichtlinie (RL 89/107/ EWG), GRUR Int. 1996, 592 – 612.
Möhring, Philipp / Nicolini, Käte	Kommentar zum Urheberrechtsgesetz, herausgegeben von Käte Nicolini und Hartwig Ahlberg, 2. Auflage, München 2000.
Mühlendahl, Alexander von	Das künftige Markenrecht der Europäischen Gemeinschaft, GRUR Int. 1989, 353 – 362.
Mühlendahl, Alexander von	Einführung, in: Deutsches Markenrecht, München 1995, S. 1 - 35.

v. Mühlendahl, Alexander / Ohlgart, Dietrich C.; v. Bomhard, Verena	Die Gemeinschaftsmarke, Bern 1998.
Munz, Martin	Die Zuordnung einer Marke durch Verkehrsgeltung des Zeichens im Verhältnis zwischen Hersteller und Händler nach Beendigung des Vertragsverhältnisses (§ 4 Nr. 2 MarkenG), GRUR 1995, 474 – 477.
Nägele, Thomas	Die Benutzung fremder Marken im Rahmen von Werbevergleichen, MarkenR 1999, 177 – 182.
Nägele, Thomas	Die rechtsverletzende Benutzung im Markenrecht, Baden-Baden 1999.
Nessler, Volker	Richterrecht wandelt EG-Richtlinien, RIW 1993, 206 - 214.
Nickel, Volker	Kinder, Kinder; Bonn 1994.
Niemann, Robert	Lizenzen; Marketinginstrumente in der Filmbranche, in: Heinrichs / Schäfer, Merchandising und Licensing in Kulturbetrieben, S. 159 - 168.
Nordemann, Wilhelm	Mona Lisa als Marke, WRP 1997, 389 – 392.
Nordemann, Wilhelm	Wettbewerbs- und Markenrecht, 8. Auflage, Baden-Baden 1996.
Nordemann, Wilhelm	Wie sich die Zeiten ändern – Der Wandel der Rechtsprechung zum Verbraucherleitbild in § 3 UWG, WRP 2000, 977 – 979.
von der Oelsnitz, Dietrich	Walt Disney – ein Lehrstück in Sachen Management, FAZ vom Montag, 3. Dezember 2001, Nr. 281, S. 28.
Oerter, Rolf	Erkennen, Donauwörth 1974.
ohne Verfasserangabe	Symbolfiguren: Wie sie verkaufen helfen, Absatzwirtschaft 1980, Heft 2, 30 - 43.
ohne Verfasserangabe	EM.TV & Merchandising AG, Programm mit Zukunft, in: Stallbaum, WA special 3 „Licensing & Merchandising", 36 - 38.
ohne Verfasserangabe	„Trends und Highlights 2000" in: http://www.itm-si.de, „ITM Hot News", „Spielzeug International News 11/2000", S. 1.
ohne Verfasserangabe	„Merchandising besitzt Wachstumspotential", in: F.A.Z. vom Freitag, 29. Dezember 2000, Nr. 302, S. 21.
ohne Verfasserangabe	„Auch auf die Verpackung kommt es an", in: FAZ vom Montag, 26. März 2001, Nr. 72, S. 31.
Oppenhoff, Walter	Wandel der Markenrechtskonzeption?, GRUR Int. 1973, 433 – 436.

Osenberg, Ralph	Markenschutz für urheberrechtlich gemeinfreie Werkteile, GRUR 1996, 101 – 104.
The Oxford Dictionary of English Etymology	1. Auflage, Oxford, 1966.
The Oxford Dictionary and Thesaurus	1. Auflage, Oxford, 1995.
The Oxford Advanced Learner's Dictionary	5. Auflage, Oxford 1999.
Pagenberg, Jochen	Ausstattung und Character Merchandising, in: Handbuch des Ausstattungsrechtes, S. 1071 – 1108.
Palandt	Kommentar zum Bürgerlichen Gesetzbuch, 60. Auflage, München 2001.
Pause-Haase, Ingrid	Fernsehhelden im Alltag – Wie Kinder Fernsehen mit ihrem Alltag verbinden, in: Appelhoff, Debatte Kinderfernsehen, S. 77 - 84.
Peschel, Andreas	Die anlehnende vergleichende Werbung im deutschen und französischen Wettbewerbs- und Markenrecht, Köln 1996.
Pietrowski, Albert	Schutz der äußeren Form technischer Konstruktionen, GRUR 1932, 663 - 667.
Piper, Henning	Der Schutz der bekannten Marke, GRUR 1996, 429 - 439.
Piper, Henning	Zu den Anforderungen an den Schutz der bekannten Gemeinschaftsmarke nach der Gemeinschaftsmarken-verordnung, in: Festschrift für Wolfgang Hefermehl, GRUR 1996, 657 – 663.
Plaß, Gunda	Die gesetzliche Neuregelung der vergleichenden Werbung, NJW 2000, 3161 – 3169.
Raßmann, Christian	Verwechslungsgefahr und Schutzumfang im neuen Markenrecht – ein völliger Neubeginn? -, GRUR 1997, 580 – 591.
Rehbinder, Manfred	Zum Urheberrechtsschutz für fiktive Figuren, insbesondere für die Träger von Film- und Fernsehserien, in: Festschrift für Wolf Schwarz 1988, S. 163 – 182.
Reimer, Eduard	Wettbewerbs- und Warenzeichenrecht, 2. Auflage, Berlin 1947.
Reimer, Eduard	Wettbewerbs- und Warenzeichenrecht, 4. Auflage, Köln 1966, Band 1: Warenzeichen und Ausstattung.
Richter, Bruno / Stoppel, Wolfgang	Die Ähnlichkeit von Waren und Dienstleistungen, 11. Auflage, München 1999.

Rittweger, Christoph — Der Schutz der bekannten und berühmten Marken in den USA, in Deutschland und im europäischen Gemeinschaftsrecht, München 1998.

Rock, Irvin — Wahrnehmung: vom visuellen Reiz zum Sehen und Erkennen, Berlin 1998.

Rößler, Bernd — Die Ausnutzung der Wertschätzung bekannter Marken im neuen Markenrecht, GRUR 1994, 559 – 569.

Rohnke, Christian — Anmerkung zu dem Urteil des BGH vom 29. 11. 1990 - Az. I ZR 13/89 – Salomon, GRUR 1991, 467 – 468.

Rohnke, Christian — Zum Prüfungsmaßstab bei Formmarken, MarkenR 2001, 199 – 200.

Rohnke, Christian — Die Bindung des Verletzungsgerichts an die eingetragene Marke, GRUR 2001, 696 – 705.

Ruijsenaars, Heijo Enrico — Die Verwertung des Werbewerts bekannter Marken durch den Markeninhaber, Teil 1: Ein Vergleich zwischen Deutschland und den Niederlanden, GRUR Int. 1988, 385 – 394.

Ruijsenaars, Heijo Enrico — Comicfiguren und Parodien, Teil I: Zum Schutz von Comic-Figuren, GRUR Int. 1993, 811 – 825.

Ruijsenaars, Heijo Enrico — WIPO-Studie über Character Merchandising, GRUR Int. 1994, 309 - 314.

Ruijsenaars, Heijo Enrico — Character-Merchandising. Eine rechtsvergleichende Untersuchung zum Schutz der Vermarktung fiktiver Figuren, München 1997.

Sack, Rolf — Die rechtlichen Funktionen des Warenzeichens,
1. Teil: GRUR 1972, 402 – 412,
2. Teil, GRUR 1972, 445 – 453.

Sack, Rolf — Die „Verwässerung" bekannter Marken und Unternehmenskennzeichen, WRP 1985, 459 – 467.

Sack, Rolf — Markenschutz außerhalb des Gleichartigkeitsbereiches in der EG, RIW 1985, 597 – 611.

Sack, Rolf — Sonderschutz bekannter Marken, GRUR 1995, 81 – 98.

Sack, Rolf — Der Benutzungszwang im internationalen Markenrecht, Festschrift für Henning Piper, S. 603 – 626.

Sack, Rolf — „Doppelidentität" und „gedankliches Inverbindungbringen" im neuen deutschen und europäischen Markenrecht, GRUR 1996, 663 – 674.

Sack, Rolf — Die Erschöpfung von gewerblichen Schutzrechten und Urheberrechten nach europäischem Recht, GRUR 1998, 193 – 215.

Sack, Rolf | Probleme des Markenschutzes im Ähnlichkeitsbereich; WRP 1998, 1127 – 1141.

Sack, Rolf | Die Präzisierung des Verbraucherleitbildes durch den EuGH, WRP 1999, 399 – 402.

zu Salm, Christiane | Merchandising, in: Appelhoff, Debatte Kinderfernsehen, S. 251 – 269.

Sambuc, Thomas | Ware oder Zeichen?, GRUR 1989, 547 – 558.

Sambuc, Thomas | Der UWG-Nachahmungsschutz, München 1996.

Sambuc, Thomas | Tatbestand und Bewertung der Rufausbeutung durch Produktnachahmung, GRUR 1996, 675 – 678.

Sambuc, Thomas | Das Freihaltebedürfnis an beschreibenden Angaben und der Ware selbst nach dem Markengesetz; GRUR 1997, 403 – 408.

Sambuc, Thomas | Was soll das Markenrecht?, WRP 2000, 985 – 991.

Sander, Matthias | Die Bestimmung und Steuerung des Wertes von Marken, Heidelberg 1994.

Sander, Uwe/Vollbrecht, Ralf | Kinderprogramm und Werbung, in: Appelhoff, Debatte Kinderfernsehen, S. 239 – 250.

Schackert, Susanne | Verwechslungs- und Assoziationsgefahr als Determinanten für den Schutzumfang der Marke, Starnberg 2001.

Schade, Jürgen | Aus der Rechtsprechung des Bundespatentgerichts im Jahre 1987, GRUR 1988, 413 – 421.

Scherer, Inge | Normative Bestimmung von Verwechslungs- und Irreführungsgefahr im Markenrecht, GRUR 2000, 273 – 279.

Schertz, Christian | Merchandising, München 1997.

Schlatter-Krüger, Sibylle | Zum Urheberrechts- und Geschmacksmusterschutz der Ausstattung, in: Handbuch des Ausstattungsrechtes, S. 1167 – 1193.

Schmalz, Dieter | Methodenlehre für das juristische Studium, 4. Auflage, Baden-Baden 1998.

Schmieder, Hans-Heinrich | Neues deutsches Markenrecht nach europäischem Standard, NJW 1994, 1241 – 1247.

Schmieder, Hans-Heinrich | Die Entwicklung des Markenrechts seit Mitte 1999, NJW 2001, 2134 – 2144.

Schönfeld, Thomas | Die Gemeinschaftsmarke als selbständiger Vermögensgegenstand eines Unternehmens, Baden-Baden 1994.

Schrader, Leif U.	Das absolute Schutzhindernis der allgemeinen sprachüblichen und verkehrsüblichen Bezeichnung nach § 8 Abs. 2 Nr. 3 MarkenG und Art. 7 Abs. 1 lit. d GMarkenV, WRP 2000, 69 – 83.
Schricker, Gerhard	Der Benutzungszwang im Markenrecht, GRUR Int. 1969, 14 – 28.
Schricker, Gerhard	Zum Begriff der „beteiligten Verkehrskreise" im Ausstattungsrecht, GRUR 1980, 462 – 470.
Schricker, Gerhard	Zum Schutz bildlicher Unternehmenskennzeichen, GRUR 1998, 310 – 314.
Schricker, Gerhard (Hrsg.)	Kommentar zum Urheberrecht, 2. Auflage, München 1999.
Schricker, Gerhard / Beier, Friedrich - Karl (Hrsg.)	Die Neuordnung des Markenrechts in Europa, 1. Auflage, Baden - Baden 1997.
Schricker, Gerhard/ Bastian, Eva-Marina/Albert, Florian (Hrsg.)	Die Neuordnung des Markenrechtes in Europa, Textsammlung Europäisches und internationales Markenrecht, Markengesetze der Mitgliedstaaten der EU, 1. Auflage, Baden-Baden 1998.
Schröder, Horst	Bildwelten und Weltbilder, Reinbek bei Hamburg 1982.
v. Schultz, Detlef	Zu den Privilegierungstatbeständen in § 23 MarkenG, GRUR 1997, 408 – 414.
Schultze, Hanno/Schwenn, Dirk	Zur künftigen Behandlung von Markenparodie, WRP 1997, 536 – 540.
Schulz, Birgit	Die relevante Benutzungshandlung im deutschen Markenrecht, Frankfurt a. M. 1997.
Schulze, Gernot	Urheber- und leistungsschutzrechtliche Fragen virtueller Figuren, ZUM 1997, S. 77 - 86.
Schulze zur Wiesche, Jörg	Welche Benutzungshandlungen genügen dem neu in das Warenzeichengesetz eingeführten Benutzungszwang?, NJW 1968, 1809 – 1814.
Schulze zur Wiesche, Jörg	Inwieweit muß zur Erfüllung des Benutzungszwangs das tatsächlich benutzte mit dem eingetragenen Warenzeichen übereinstimmen, GRUR 1970, 166 – 174.
Schumacher, Gerlinde	Magazine und Zeichentrick – beliebte Programmgenres der Kinder; in: Appelhoff, Debatte Kinderfernsehen, S. 47 – 51.
Schumann	Ausstattungsschutz trotz technischer Funktion, GRUR 1931, 691 - 696.

Schwanhäusser, H.	Kritische Gedanken zur „Arthrexforte", GRUR 1982, 197 – 202.
Schweer, Carl-Stephan	Die erste Markenrechts-Richtlinie der Europäischen Gemeinschaft und der Rechtsschutz bekannter Marken, Baden-Baden 1992.
Schweickert, Heinrich	Die Gleichartigkeit und deren Wandelbarkeit, Mitt. 1990, 209 – 214.
Schweitzer, Michael / Hummer, Waldemar	Europarecht, 5. Auflage, Berlin 1996.
Seifert, Fedor	Markenschutz und urheberrechtliche Gemeinfreiheit, WRP 2000, 1014 – 1019.
Speckmann, Gerhard	Wettbewerbsrecht, 3. Auflage, Köln 2000.
Stallbaum, Klaus (Hrsg.)	WA special 3 „Licensing & Merchandising", 1. Auflage, Köln 1998.
Starck, Joachim	Bestandsaufnahme zum Benutzungszwang im Warenzeichenrecht, GRUR 1977, 517 – 527.
Starck, Joachim	Zur Vereinheitlichung des Rechts der Kennzeichen im geschäftlichen Verkehr durch das neue Markengesetz, in: Festschrift DPA 100 Jahre Marken-Amt 1994, S. 291 – 305.
Starck, Joachim	Rechtsprechung des Bundesgerichtshofes zum neuen Markenrecht, WRP 1996, 269 – 274.
Starck, Joachim	Markenmäßiger Gebrauch – Besondere Voraussetzung für die Annahme einer Markenverletzung?, in: Festschrift für Wolfgang Hefermehl, GRUR 1996, 688 – 693.
Starck, Joachim	Markenschutz- Bemerkungen zum Schutz gegen Rufausnutzung und Rufbeeinträchtigung, MarkenR 2000, 73 – 76.
Stötzel, Dirk Ulf	Fazit: Kinderfernsehen im Spannungsfeld zwischen Ökonomie und Qualität, in: Appelhoff, Debatte Kinderfernsehen, S. 279 – 289.
Ströbele, Paul	Voraussetzungen und Nachweis der Verkehrsdurchsetzung nach § 4 Abs. 3 WZG, GRUR 1987, 75 – 82.
Ströbele, Paul	Gedanken zum neuen Markenrecht, MA 1993, 219 – 221.
Ströbele, Paul	Die Eintragungsfähigkeit neuer Markenformen, GRUR 1999, 1041 – 1050.

Ströbele, Paul — Chiemsee – Aufbruch zu neuen Ufern?, WRP 2000, 1028 – 1033.

Tattay, Levente — Merchandising in Ungarn, GRUR Int. 2001, 38 – 41.

Teplitzky, Otto — Die Funktionen des Freihaltebedürfnisses in der Rechtsprechung des Bundesgerichtshofs; in: Festschrift für Otto – Friedrich Frhr. v. Gamm, S. 303 – 313.

Teplitzky, Otto — Verwechslungsgefahr und Warenähnlichkeit im neuen Markenrecht, GRUR 1996, 1- 5.

Thewes, Stephanie — Der Schutz der dreidimensionalen Marke nach dem Markengesetz, Starnberg 1999.

Thilo, Alexandra — Neue Formen der Marke im Markenrecht und in der Gemeinschaftsmarkenverordnung, Konstanz 1998 (Mikrofiche - Ausgabe)

Tilmann, Winfried — Die Rechtsprechung des Europäischen Gerichtshofs und ihre Auswirkungen auf das künftige EWG-Markenrecht, GRUR 1977, 446 – 460.

Tilmann, Winfried — Das neue Markenrecht und die Herkunftsfunktion, ZHR 158 (1994), 371 – 389.

Tilmann, Winfried — Verwechslungsgefahr bei zusammengesetzten Zeichen, in: Festschrift für Wolfgang Hefermehl, GRUR 1996, S. 701 – 706.

Toni, Anna-Maria — Merchandising und berühmte Marke in Italien, GRUR Int. 1990, 929 – 936.

Troller, Alois — Markenrecht und Landesgrenzen, GRUR Int. 1967, 261 – 268.

Troller, Alois — Immaterialsgüterrecht, 3. Auflage, Band I, Basel 1983, Band II, Basel 1985

Ullmann, Eike — Schutz der Elemente – elementarer Schutz der immaterialen Güter ?, in: Festschrift für Karl Bruchhausen, GRUR 1993, S. 334 – 338.

Ullmann, Eike — Prägend – was sonst, in: Festschrift für Wolfgang Hefermehl, GRUR 1996, S. 712 – 715.

Ulmer, Eugen — Verkehrsgeltung und Besitzstand im Wettbewerbs- und Warenzeichenrecht, ZHR 114 (1951), 43 – 56.

Ulmer, Peter — Die zeichenrechtlichen Grenzen der Händlerwerbung mit Herstellermarken, NJW 1969, 11 – 18.

Utescher — Die patentamtliche Rechtsprechung in Warenzeichensachen, GRUR 1930, 358 – 374.

Vanzetti, Adriano — Funktion und Rechtsnatur der Marke, 1. Teil, GRUR Int. 1965, 128 – 142, 2. Teil, GRUR Int. 1965, 185 – 201.

Verkade, D. W. Feer — Unlautere Ausnutzung und Beeinträchtigung des guten Rufs bekannter Marken, Namen und Herkunftsangaben, GRUR Int. 1986, 17 – 25.

Verkade, D. W. Feer — Angleichung des nationalen Markenrechts in der EWG: Benelux-Staaten, GRUR Int. 1992, 92 – 97.

Verkade, D. W. Feer / Bruining, Leonore D. — Zur Frage der markenmäßigen Benutzung im Benelux- und im Europäischen Markenrecht, MarkenR 2000, 41 – 45.

v. Wahlert, Jobst — Markenartikel und Kennzeichenschutz, MA 1994, 568 – 576.

Waldheim — Mickey Mouse – Trademark Or Copyright, 54 TMR 865 ff. [1964].

Walter, Wolfgang — Die geschäftliche Verwertung von Werbesymbolen durch Lizenzvergabe: eine rechtsvergleichende Untersuchung, Köln 1979.

Wandtke, Artur/ Bullinger, Winfried — Die Marke als urheberrechtlich schutzfähiges Werk, GRUR 1997, 573 – 580.

Wank, Rolf — Die Auslegung von Gesetzen, Köln 1997.

Weberndörfer, Jörg — Rechtsvergleich Deutschland – Vereinigtes Königreich: Auswirkungen der Umsetzung der EG-Markenrichtlinie auf den erweiterten Schutz „bekannter" Marken, Berlin 1997.

Weberndörfer, Jörg — Der Benutzungszwang, Mitt. 2000, 253 – 259.

Will, Stefanie — Der Markenschutz nach § 14 Markengesetz, Baden-Baden 1996.

Willi, Christoph — Schutz fiktiver Figuren – ausgewählte Aspekte zum Rechtsschutz fiktiver Figuren im Hinblick auf ihre Vermarktung, Bern 1996.

Willi, Christoph — Merchandising mit fiktiven Figuren, WRP 1996, 652 – 659.

Winkel, Frank N. — Formalschutz dreidimensionaler Marken, Köln 1979.

Winkler, Matthias — Erfahrungen des DPA mit dem erweiterten Markenbegriff, MA 1996, 516 – 525.

Winkler, Matthias — Das Widerspruchsverfahren nach dem neuen Markenrecht, GRUR 1994, 569 – 578.

Young, Andrew W. / Ellis, Hadyn D. — Handbook of research on face processing, Amsterdam 1989.

Zipfel, Walter / Rathke, Kurt-Dietrich Kommentar zum Lebensmittelrecht, München, Stand: Oktober 2000.

Zippelius, Reinhold Juristische Methodenlehre, 7. Auflage, München 1999.

Zollner, Bernward Der Schutz berühmter Marken gegen Verwässerungsgefahr im deutschen und US-amerikanischen Recht, Berlin 1996.

Materialien

EG-Kommission	Denkschrift über die Schaffung einer EWG-Marke, GRUR Int. 1976, 481 - 499.
EG-Kommission	Vorschlag einer Verordnung des Rates über die Gemeinschaftsmarke, GRUR Int. 1981, 86 -116.
Mitteilungen aus der Deutschen Vereinigung für gewerblichen Rechtsschutz und Urheberrecht	Eingabe betr. die Vereinheitlichung des Markenrechts in der Europäischen Gemeinschaft, GRUR 1982, 87 – 94.
Internationale Vereinigung für gewerblichen Rechtsschutz (AIPPI)	Sitzung des Geschäftsführenden Ausschusses in Barcelona vom 30. September bis 5. Oktober 1990, GRUR Int. 1991, 284 – 294.
World Intellectual Property Organization	Character Merchandising, Dokument WO/INF/93, überarbeitete Version von Dezember 1994.

Gliederung

Teil 1: Grundlagen des Character Merchandising

Zunächst ist der Begriff des Character Merchandising zu definieren, anschließend sind die tatsächlichen und wirtschaftlichen Grundlagen des Character Merchandising darzustellen.

A. Der Begriff des Character Merchandising

I. Der Begriff „Character“

1. Etymologische Deutung

Das englische Wort „character“ hat verschiedene Bedeutungen.[1] Es kommt ebenso wie seine deutsche Übersetzung „Charakter“ von dem griechischen Wort „charaktēr“, das erstens Werkzeug zum Gravieren, Stempel, Siegel, zweitens Gepräge, Eigenart und drittens Buchstabe, Zeichen bedeutet.[2] In Übereinstimmung mit den beiden erstgenannten Bedeutungen bezeichnet das englische Wort „character“ u. a. eine Figur, die ihre Eigenschaften von einem Schöpfer, beispielsweise von einem Schriftsteller erhalten hat und die in einem Theaterstück vorkommt.[3] Das Wort „character“ bedeutet also, dass eine Figur von einem Schöpfer gestaltet und mit bestimmten Eigenschaften versehen wird.

2. Welche Figuren sind Characters?

a) Figur

Ein Character ist grundsätzlich eine Figur, also eine handelnde Person bzw. Gestalt in einem Werk. Eine Figur umfasst nicht nur handelnde Gestalten in einem Werk der Dichtung[4], sondern auch handelnde Gestalten in einem Film oder einem Computerspiel. Allerdings ist die Schaffung von Characters nach literarischem Vorbild möglich.[5]

Anhand der Art und Weise der Darstellung unterscheidet man zwei Arten von Figuren. Zu der ersten Gruppe gehören die Figuren, die von natürlichen Personen dargestellt werden.[6] Die zweite Gruppe umfasst diejenigen Figuren, die nicht von natürlichen Personen dargestellt werden, wie Zeichentrick- oder Comicfiguren.

---

[1] Vgl. Ruijsenaars, Character Merchandising, S. 2 m. w. N.
[2] The Barnhart Dictionary of Etymology, Stichwort „character“; The Oxford Dictionary of English Etymology, Stichwort "character"; Duden, Herkunftswörterbuch, Stichwort „Charakter“.
[3] The Barnhart Dictionary of Etymology, Stichwort „character“.
[4] So Duden, Wörterbuch, Stichwort „Figur“, 5 c).
[5] Vgl. Walt Disney's Kinofilm „Schneewittchen und die sieben Zwerge“ von 1937.
[6] Beispielsweise Filmfiguren wie James Bond, dargestellt von Pierce Brosnan.

b) Fiktive Figur

Der Begriff der Figur impliziert den Unterschied zwischen der dargestellten Person und dem Darsteller als natürlicher Person. Um zu verdeutlichen, dass Zeichentrick- und Comicfiguren nicht von natürlichen Personen dargestellt werden, werden sie als fiktive Figuren bezeichnet. Dazu zählen auch die Figuren, die von natürlichen Personen dargestellt werden, aber aufgrund ihrer Kostümierung nicht als natürliche Personen erkennbar sind.[7] Keine fiktive Figur liegt mehr vor, wenn die darstellende natürliche Person noch als kostümierter und geschminkter Mensch zu erkennen ist.

Vereinzelt werden zu „Characters" nicht nur fiktive Figuren gezählt, sondern auch Figuren.[8] Nach einer WIPO-Studie aus dem Jahr 1993 zum Character Merchandising umfasst der Begriff des Characters neben Figuren und fiktiven Figuren auch reale Personen wie Musiker oder Sportler.[9] Demgegenüber verstehen *Walter* und *Ruijsenaars* unter Characters nur fiktive Figuren, also Figuren, die nicht von realen Personen dargestellt werden.[10]

Die vorliegende Arbeit beschränkt den Begriff des Character auf fiktive Figuren.[11] Dies hat keinen betriebswirtschaftlichen Grund, da auch mit natürlichen Personen sehr erfolgreich Werbung getrieben werden kann, egal ob als Figur oder als Darsteller, Künstler, Sportler etc.[12]

Natürliche Personen eignen sich jedenfalls für die meisten Erwachsenen besser als Projektionsfläche als Trickfilm- oder Comicfiguren. Die Zuschauer unterscheiden zwischen einerseits Trickfilm- oder Comicfiguren und andererseits natürlichen Personen als Filmdarstellern. Die Unterschiede in der Herstellung[13] und die daraus resultierenden Unterschiede in der Darstellung werden in Zukunft jedoch aufgrund des technischen Fortschrittes in den Hintergrund treten.

Gegen die Einbeziehung natürlicher Personen in den Begriff des Characters spricht zudem, dass sie regelmäßig keinen Symbolgehalt aufweisen, wie er fiktiven Figuren von Dritten

---

[7] Beispielsweise die „Teletubbies" aus der gleichnamigen Fernsehserie.
[8] Pagenberg, Handbuch des Ausstattungsrechtes, S. 1071, 1077.
[9] WIPO – Studie über Character Merchandising, Dokument WO/INF/93, S. 5; Ruijsenaars, GRUR Int. 1994, 309, 309.
[10] Ruijsenaars, Character Merchandising, S. 3 f.; ders. GRUR Int. 1994, 309, 311 re. Sp.; Walter, S. 1 f.; ebenso Baillie, S. XXV.
[11] Adams, S. XXIX; Waldheim, 54 TMR [1964], 865 spricht ausdrücklich von den „Disney-Characters".
[12] vgl. Magold, S. 2; Pagenberg, Handbuch des Ausstattungsrechtes, S. 1071, 1079; Bürger, Public Promotions, S. 45 ff.
[13] Zu den verschiedenen Produktionsverfahren sehr instruktiv, Bonneß, S. 25 ff.

beigefügt werden kann.[14] In rechtlicher Hinsicht unterscheiden sich natürliche Personen von fiktiven Figuren dadurch, dass der Einsatz natürlicher Personen als Darsteller ihre Persönlichkeitsrechte berührt. Fiktive Figuren hingegen können nicht Träger von Persönlichkeitsrechten sein, sondern allenfalls ihre Urheber, sofern die fiktiven Figuren Werkqualität aufweisen.

Die vorliegend gewählte Definition von „Character" als fiktiver Figur ist der von *Manz* verwendeten Bezeichnung „Trickfigur"[15] vorzuziehen. Der Begriff „Trickfigur" ist zu eng, da fiktive Figuren nicht nur durch Trickfilmtechniken erschaffen werden können. Die von *Eichmann* verwendete Bezeichnung „Phantasiefiguren"[16] erscheint insofern passender, hat aber den Nachteil, dass auch andere, von natürlichen Personen dargestellte phantastische Figuren darunter fallen können.

c) Markenfiguren

Sogenannte Markenfiguren, wie das Michelinmännchen oder der Coca-Cola-Bär, können ebenfalls zu den Characters gehören.[17] Denn auch Markenfiguren sind fiktive Figuren. Sie dienen allerdings bereits in ihrer Primärfunktion und nicht erst in der Sekundärfunktion werblichen Zwecken.[18] Unter Primärnutzung versteht man die Funktion der Figur, der sie hauptsächlich zu dienen bestimmt ist. Bei Characters wie „Donald Duck" oder „Lara Croft" ist die Primärfunktion die Unterhaltungsfunktion.

Ruijsenaars grenzt Markenfiguren aus dem Character-Begriff aus, da seiner Meinung zufolge der fiktive Symbolwert von Characters nicht bereits in ihrer Primärfunktion mit geschäftlichen Belangen derart überlagert sein darf, dass eine Verbindung zwischen Waren und dem Inhaber der Figur besteht.[19] Nicht allen Markenfiguren kann jedoch von vornherein ein fiktiver Symbolwert abgesprochen werden. Weisen sie keinen über ihre werbliche Primärnutzung hinausgehenden Symbolwert, sind sie für Werbezwecke anderer Unternehmen nicht brauchbar. Wenn sie aber einen solchen zusätzlichen Symbolwert haben, besteht keine Veranlassung, sie aus der Gruppe der Characters herauszulösen.[20] Im Hinblick auf

---

[14] Ruijsenaars, Character Merchandising, S. 4.
[15] Manz, MA 1999, S. 44, 45.
[16] Eichmann, FS Nirk 1992, S. 165, 173, 185.
[17] Baillie, in Adams, Character Merchandising, S. XLII; ohne Verfasserangabe, Absatzwirtschaft 1980, 30 ff.
[18] Ruijsenaars, GRUR Int. 1994, 309, 311 re. Sp. unten; ders., Character Merchandising, S. 6.
[19] Ruijsenaars, Character Merchandising, S. 6 f.; ohne Verfasserangabe, Absatzwirtschaft 1980, Heft 2, 30, 39, spricht auch vom Symbolwert der fiktiven Figur.
[20] Baillie, S. XXV, XXVII f. nennt dies „umgekehrtes Character-Merchandising" und setzt für die Vermarktung ebenfalls voraus, dass eine Markenfigur ein vom Ursprungsprodukt unabhängiges Leben führt.

Markenfiguren ist das Vorhandensein eines fiktiven Symbolwertes eine in jedem Einzelfall zu untersuchende Frage. Diese tatsächliche Entscheidung kann vorliegend nicht für jeden Einzelfall vorgenommen werden, so dass bei den weiteren Erörterungen davon ausgegangen wird, dass die jeweilige Markenfigur einen fiktiven Symbolwert aufweist. Für die Einbeziehung von Markenfiguren in den Character-Begriff spricht zudem die mit Characters vergleichbare Gestaltungsweise und die wirtschaftliche Realität, dass auch Markenfiguren vermarktet werden.[21]

d) Zusammenfassung

In der Regel sind Characters optisch wahrnehmbar. In seltenen Fällen kann ein Character auch ausschließlich akustisch wahrnehmbar sein. Bei Zeichentrickfilmfiguren kann zu der optischen Ausgestaltung eine charakteristische akustische Ausprägung hinzutreten.[22] Zusammenfassend lässt sich festhalten, dass Characters alle fiktiven Figuren einschließlich Markenfiguren sind.

3. Die verschiedenen Erscheinungsformen von Characters

Characters treten in sehr unterschiedlichen Formen in Erscheinung.[23] Characters haben in der Regel einen Namen, der in unterschiedlicher Weise gebildet sein kann. Es kann sich entweder um reine Phantasienamen handeln[24] oder sie können an die Namen natürlicher Personen angelehnt sein[25]. Weiterhin können sie aus gebräuchlichen Worten der deutschen oder einer anderen Sprache bestehen, die jedoch bei Menschen üblicherweise nicht als Name benutzt werden[26], oder ihre Entstehung einer Mischung dieser Vorgehensweisen zu verdanken haben.[27] Der Name eines Characters kann in üblicher Maschinenschrift geschrieben oder graphisch besonders ausgestaltet sein.

Weiterhin unterscheiden sich Characters in ihrer optischen Ausprägung. Zum einen gibt es zweidimensionale Abbildungen von Characters, beispielsweise in einem Comic oder in einem Zeichentrickfilm. Zum anderen treten Characters als dreidimensionale Gestaltungen in

---

[21] Im Ergebnis ebenso WIPO – Studie über Character Merchandising, Dokument WO/INF/93, S. 6.

[22] Beispielhaft aufgeführt sei hier der bekannte „Wilma"-Ruf von Fred Feuerstein oder das charakteristische Schnattern von Donald Duck.

[23] Aufzählung der verschiedenen Erscheinungsformen in der WIPO – Studie über Character Merchandising, Dokument WO/INF/93, S. 5, 4. und S. 9, 23.

[24] So wie die verschiedenen Characters in der Zeichentrickfilmserie „Pokémons".

[25] „Heidi"; „Lara Croft".

[26] So bei den Titelhelden der Comic-Hefte „Clever & Smart", deren Eigenschaften durch ihre Namen zugleich holzschnittartig beschrieben werden; ebenso „Lucky Luck".

[27] So beispielsweise „Super Mario", „Biene Maja" oder „Peppermint Petty".

Erscheinung, beispielsweise in Form von Plüschtieren[28], von Puppen oder von Waren wie Seife, deren Form mehr oder weniger beliebig ist. Zu dem optischen Eindruck, den Characters vermitteln, tragen auch Kleidungsstücke und sonstige Accessoires[29] bei.

Neben der optischen Ausprägung eines Characters kann ihn auch seine akustische Gestaltung auszeichnen und daher für die Vermarktung von Interesse sein. Dies kann entweder die Art und Weise sein[30], wie ein Character spricht, oder das, was er sagt[31], oder eine Kombination beider Elemente.[32]

4. Das Kindchenschema als bei Characters häufig angewandte Verfremdungstechnik

Wie üblich eine bestimmte Verfremdungstechnik ist, spielt bei der Frage des Schutzumfanges von bildlichen Darstellungen von Characters eine Rolle, als Marke geschützt sind. Bei Characters wird häufig das Kindchenschema als Verfremdungstechnik angewendet. Dem Kindchenschema liegt die Erkenntnis zugrunde, dass Kinder andere Proportionen aufweisen als Erwachsene. Bei Kindern ist der Kopf gegenüber dem Körper größer als bei Erwachsenen, und der Oberkopf ist ausgeprägter[33], die Augen sind im Verhältnis zum Gesicht größer, und die Nase ist kleiner als bei Erwachsenen. Außerdem ist der kindliche Rumpf rundlicher und die Gliedmaßen kürzer.

Das Kindchenschema lässt sich auch bei Jungtieren beobachten; zudem wird es bei der graphischen Gestaltung von Characters angewendet.[34] Das Kindchenschema bewirkt bei Menschen, dass Kinder, Jungtiere, aber eben auch Characters als liebenswert, sympathisch und drollig empfunden werden.[35] Daher wird das Kindchenschema bei solchen Characters angewendet, die nicht ehrfurchtgebietend, sondern sympathisch wirken und unser Mitgefühl erwecken sollen. Dies ist beispielsweise bei den Disney-Characters und den Mitgliedern der „Peanuts" der Fall. Das durch das Kindchenschema geprägte Aussehen eines Characters kann auch mit seinen Charaktereigenschaften kontrastieren, wie dies bei der teilweise zynischen Katze „Garfield" der Fall ist.

---

28 OLG Hamburg, GRUR 1991, 207 ff. – Alf.

29 Dies kann beispielsweise die Pfeife von Popeye oder der Sombrero der mexikanischen Maus Speedy Gonzales sein.

30 Die lispelnde Sprechweise von Duffy Duck oder das Geschnatter von Donald Duck.

31 Z. B. der Ausruf „Arriva, arriva, andale" von „Speedy Gonzalez", der mexikanischen Maus mit Sombrero.

32 Der langgezogene Ruf von „Fred Feuerstein" nach seiner Frau „Wilma" und das Geräusch der Zeichentrickfigur „Roadrunner".

33 Guski, S. 204.

34 Brockhaus, Stichwort: Kindchenschema.

35 Vgl. Oerter, S. 111.

5. Beispiele für Characters

Es gibt viele Characters, die aufgrund der großen gestalterischen Möglichkeiten sehr unterschiedlich sind. Characters kann man zunächst im Hinblick auf ihre Herstellungsweise unterscheiden. Zu den Characters zählen zunächst gezeichnete oder filmisch animierte Comic-Figuren.[36] Als Beispiele seien die Mitglieder der Familie „Feuerstein", „Tom & Jerry" oder die von Wilhelm Busch geschaffenen „Max und Moritz" genannt. Als Character sind auch Figuren einzuordnen, die dem Zuschauer als Puppen entgegentreten.[37] Diese nehmen entweder Tiere zum Ausgangspunkt, die optisch verfremdet werden, oder lehnen sich in mehr oder weniger stark abgewandelter Art und Weise an die Gestalt des Menschen an.

Die Art der „Herstellung" von Characters wird seit einiger Zeit durch sogenannte Avatare erweitert. Unter Avataren versteht man voll computeranimierte Personen. Diese sind die Protagonisten in Videospielen[38] oder im Fernsehen.[39] Avatare werden u. a. als virtuelle Nachrichtensprecher oder auch als Assistenten eingesetzt, die beispielsweise die Bedienungsanleitung ersetzen oder als Reiseführer fungieren. So verliest unter „ananova.com" die grünäugige und grünhaarige „Ananova" für die britische Agentur Press Association die Nachrichten. Auf der Expo 2000 in Hannover führte „Luigi" virtuell durch eine detailgetreue Nachbildung des Doms von Siena. Es gibt auch Pläne, eine Fernsehshow von einer virtuellen Frau mit dem Namen „Luna" moderieren zu lassen.[40]

In Japan existiert mittlerweile der vollständig animierte Popstar mit Namen „Kyoko Date". Zudem treten in Kinofilmen mittlerweile vollständig animierte Personen mit eigener Persönlichkeit auf. Der Spielfilm „Final Fantasy", der 2001 in die Kinos kam, wurde vollständig am Computer erzeugt und soll nicht wie ein Zeichentrickfilm, sondern wie ein konventionell hergestellter Film aussehen. Hauptfigur ist die Wissenschaftlerin „Aki Ross", die ebenfalls eine vollständige Bildschirmsimulation ist. Um die Nachahmung einer natürlichen Person möglichst naturgetreu wirken zu lassen, ließen die Computerspezialisten 60.000 Haare sich einzeln bewegen und versahen „Aki Ross" sogar mit einem unwillkürlichen, nur Sekundenbruchteile dauernden Lidschlag.[41]

---

[36] Donald Duck, Mickey Mouse (BGH GRUR 1963, 485 ff. – Micky-Maus-Orangen) und die aus den „Asterix & Obelix" Comic-Bänden und -Filmen bekannten Figuren.

[37] Die verschiedenen Figuren der „Muppets-Show", der „Sesamstraße" oder neuerdings der „Teletubbies". Aus einer gleichnamigen Fernsehserie ist die von einer Stoffpuppe dargestellte fiktive Figur „Alf" bekannt (OLG Hamburg, GRUR 1991, 207 ff. – Alf).

[38] Beispielsweise Lara Croft in Tomb Raider.

[39] Max Headroom oder Robert T. Online.

[40] Vgl. eingehend zu Avataren www.firstsurf.com/lara/ sowie www. 3sat.de, jeweils zuletzt aufgerufen am 23. März 2002.

[41] Jenny, Der Spiegel – Jahreschronik 2001, 212, 214.

Das Spektrum der Characters ist sehr breit. Dies lässt sich an dem Medium Comic illustrieren. Das Spektrum der Characters reicht von Protagonisten in Abenteuergeschichten über sogenannte Superhelden.[42] Die Superhelden zeichnen sich dadurch aus, dass sie immerwährendend für das Gute kämpfen und häufig übermenschliche Kräfte und Fähigkeiten besitzen.[43] Neben Helden und Superhelden gibt es aber auch notorische Pechvögel.[44] Beschlossen wird das Spektrum durch die Gattung der Science-Fiction-Comics, die den Menschen in einer von Technik bestimmten Welt zeigen, die entsprechend der Auffassung des Autors zum Fluch oder Segen für die Menschen wird[45] sowie durch Erotik-Comics.[46]

Im Hinblick auf ihre Adressaten kann man Comics in Erwachsenen- und in sonstige Comics unterteilen. Als Erwachsenen-Comics bezeichnet man Comics, die sich inhaltlich an ein Erwachsenenpublikum wenden. Diese Unterteilung sagt jedoch nichts über die Qualität oder das Comic-Genre aus.[47]

Schließlich gibt es verschiedene Comic-Arten, die für bestimmte Länder oder bestimmte Kontinente typisch sind. Als typische Vertreter europäischer Comics können beispielhaft aus Frankreich Goscinnys „Asterix und Obelix" und aus Belgien „Tim und Struppi" erwähnt werden. Die amerikanischen Comics sind sehr vielfältig. Die „Disney-Characters" seien als prominenteste Vertreter genannt. Typisch für den asiatischen Raum, insbesondere Japan, sind sogenannte Mangas. Diese stellen u. a. Kinder mit übergroßen Augen und Stupsnase dar. Ein typischer Vertreter ist das in Japan äußerst beliebte Comic „Candy, Candy", dessen Heldin das Waisenkind „Candy" ist.[48] Ebenfalls aus Japan stammen die sogenannten „Pokémons".

Das Aussehen von Characters kann sich verändern. So wurde die Katze „Garfield" im Laufe ihres Lebens immer rundlicher und sah damit in Übereinstimmung mit ihrem Wesen auch immer gemütlicher aus. Auch „Mickey Mouse" veränderte ihr Aussehen seit ihrer Schöpfung unter Berücksichtigung des Kindchenschemas sehr stark.

---

[42] Prominentestes Beispiel ist „Superman"; bekannt ist auch „Das Phantom".
[43] Ausführlich Fuchs/Reitberger, S. 131 ff.
[44] Beispielsweise „Donald Duck" oder „Charlie Brown"; vgl. Fuchs/Reitberger, S. 39 ff., 56 ff., 73 ff.
[45] Als Beispiel sei „Flash Gordon" genannt, vgl. Fuchs/Reitberger, S. 94 f. Deutscher Vertreter dieses Genres ist „Nick der Weltraumfahrer"; Schröder, S. 84.
[46] Fuchs/Reitberger, S. 261; diese Gattung hat häufig dürftig bekleidete Super-Heldinnen zum Gegenstand.
[47] Schröder, S. 143.
[48] Vgl. das Urteil des Obergerichtes Tokyo, GRUR Int. 2000, 878 ff. – Candy, Candy.

II. Der Begriff „Merchandising"

Der Begriff Merchandising kommt aus dem US-amerikanischen Sprachraum. Etymologisch leitet er sich von „merchant" und „merchandise" ab. Das Nomen „merchant" bedeutet Kaufmann.[49] Das Nomen „merchandise" bedeutet (Verkaufs-) Gut, das Verb „to merchandise" kann man mit „verkaufen, auf den Markt bringen" übersetzen.[50] Merchandising kann daher schlicht als „Kaufmannstum" verstanden werden[51] oder weiterführend als „Warenhandel treiben" und „Handelsgüter verkaufen".

1. Definition von „Merchandising" in der betriebswirtschaftlichen Literatur

Da Merchandising vor allem eine kaufmännische Kategorie ist, sind zunächst die innerhalb der Betriebswirtschaftslehre verwendeten Definitionen näher zu betrachten. Grundsätzlich wird in der betriebswirtschaftlichen Literatur unter Merchandising „die Gesamtheit aller Maßnahmen der Verkaufsförderungen"[52] verstanden. Merchandising ist also ein Sammelbegriff für absatzschaffende und -beschleunigende Tätigkeiten und Dienstleistungen, die während des Weges einer Ware vom Hersteller zum Endverbraucher geleistet werden.[53]

Merchandising wird als die Gesamtheit aller Maßnahmen der Absatzförderung verstanden, die der Hersteller beim Einzel- und Großhandel ergreift und die profitneutral sind.[54] Dazu gehören neben den Waren, die mit einem Markenzeichen versehen sind, auch Verschenkartikel oder solche Waren, die ohne Gewinnerzielungsabsicht abgegeben werden und ebenfalls mit dem jeweiligen Markenzeichen versehen sind.[55] Licensing ist demgegenüber die profitorientierte Ausnutzung einer Popularität auf Basis einer Lizenzvergabe mit dem Ziel, Produkte, Firmen und/oder Marken mit emotionalen Inhalten zu füllen und dadurch den Absatz zu erhöhen.[56] Danach unterscheiden sich Licensing und Merchandising dadurch, dass nur mit Licensing unmittelbar Profit erzielt wird.

2. Definition von „Merchandising" in der juristischen Literatur

Auch in der juristischen Literatur und Rechtsprechung gibt es verschiedene Ansätze für die Definition des Begriffes Merchandising. Kennzeichnend für neuere Definitionsansätze ist die

---

[49] Oxford Advanced Learner's Dictionary of Current English, Stichwort „merchant"; The Oxford Dictionary and Thesaurus, Stichwort „merchant".
[50] Oxford Advanced Learner's Dictionary of Current English, Stichwort „merchandise"; The Oxford Dictionary and Thesaurus, Stichwort „merchandise".
[51] Bürger/Berlemann, S. 13.
[52] Ehlgen, ZUM Sonderheft 1996, S. 1008, 1008 li. Sp.
[53] Brockhaus, Stichwort: „Merchandising".
[54] Gabler Lexikon Wirtschaft, Stichwort „Merchandising"; Böll, S. 4 f.
[55] Böll, S. 4.
[56] Böll, S. 5.

Differenzierung zwischen Primär- und Sekundärnutzung. In Übereinstimmung damit definiert *Schertz* „Merchandising“ als die umfassende wirtschaftliche Verwertung von populären Erscheinungen außerhalb ihres eigentlichen Betätigungs- und Erscheinungsfeldes (sogenannte Sekundärvermarktung) durch den Berechtigten selbst oder durch Dritte mit Zustimmung des Berechtigten zum Zwecke des Absatzes von Waren und Dienstleistungen einschließlich der Verkaufsförderung und Werbung.[57] Zu den populären Erscheinungen gehören u. a. fiktive Figuren, aber auch reale Persönlichkeiten, Namen, Titel, Signets, Logos, Ausstattungselemente, Designs und Bilder. Die Zustimmung des Berechtigten besteht in der Einräumung von Rechten und sonstigen Besitzständen an Dritte.[58] Die Merchandising-Objekte können im Rahmen des Merchandising nicht nur zur Verkaufsförderung eingesetzt werden, sondern auch selbst Ware sein.[59] Dies kann ein Poster von einem Popstar sein oder auch ein Stofftier in der Form von Mickey-Mouse. Wird beispielsweise „Mickey Mouse“ als Kennzeichnung von Orangen genutzt[60], handelt es sich um Sekundärnutzung.

3. Zusammenfassung

International hat sich in Übereinstimmung mit der betriebswirtschaftlichen Definition des Merchandising der Begriff „Licensing“ für die Lizenzvergabe, durch die unmittelbar Profit erzielt wird, durchgesetzt.[61] Disney als Branchenführer in Deutschland versteht hingegen Merchandising als Lizenzrechtevermarktung.[62]

Der Begriff Licensing kann für den vorliegenden Zusammenhang jedoch zu speziell sein, da auch der Berechtigte die Sekundärverwertung selbst und nicht im Wege der Lizenzvergabe betreiben kann. Dies spricht gegen den Begriff Licensing und auch gegen die Gleichsetzung[63] von Merchandising und Licensing. Ebenfalls nicht sinnvoll ist die Verengung des Merchandising auf die Lizensierung einer Marke[64], da das Merchandising auch auf anderen Verbotsrechten beruhen kann. Der Definition des Merchandising von *Schertz* ist angesichts der Vielgestaltigkeit dieses Phänomens zuzustimmen. Verkürzend kann Merchandising als Kapitalisierung von Beliebtheit definiert werden.[65]

---

57 Schertz, S. 10 f.; Tattay, GRUR Int. 2001, 38 f.; Toni, GRUR Int. 1990, 929, 939 f.; WIPO – Studie über Character Merchandising, Dokument WO/INF/93, S. 5, 7.; Ruijsenaars, GRUR Int. 1994, 309, 311 re. Sp. unten.

58 Schertz, S. 10 f.

59 Niemann, S. 160.

60 BGH GRUR 1963, 485 ff. – „Mickey-Maus“ -Orangen.

61 Böll, S. 5.

62 Aumüller, S. 150.

63 Fezer, FS Vieregge 1995, S. 229, 238 f.; Mangini, FS Beier, GRUR Int. 1996, 462, 463 versteht Merchandising als Spezialfall der Lizenzvergabe.

64 Deutsch, FS Gaedertz 1992, 99, 104 f.; Bürgler, GRUR 1994, 812, 812 f.; Rohnke GRUR 1991, 284, 288 re. Sp.

65 Ehlgen, ZUM Sonderheft 1996, S. 1008, 1008 re. Sp.

III. Definition des Character Merchandising

Unter Character Merchandising versteht man also die umfassende wirtschaftliche Verwertung von populären Characters außerhalb ihres eigentlichen Betätigungs- und Erscheinungsfeldes mit Willen des Berechtigten zum Zwecke des Absatzes von Waren und Dienstleistungen einschließlich der Verkaufsförderung und Werbung.[66] Character Merchandising ist danach ein Unterfall des Merchandising und macht sich nicht irgendeine Beliebtheit, sondern die Beliebtheit eines Characters zunutze.

Grundsätzlich können alle Ausprägungen eines Characters im Wege des Character Merchandising nutzbar gemacht werden. In der Regel werden jedoch nicht einzelne Ausprägungen vermarktet, sondern alle Erscheinungsformen eines Characters, so dass der Character für die Verbraucher deutlich erkennbar ist.

IV. Beispiele für Character Merchandising

Die Beispiele für Character Merchandising sind vielfältig. Walt Disney brachte bereits 1933 sein erstes Merchandising-Produkt auf den Markt, eine Mickey-Mouse-Uhr der Firma Ingersoll, die sich innerhalb von acht Wochen über zweimillionenmal verkaufte.[67] In neuerer Zeit hat Opel für sein Modell Corsa in einem Werbespot mit den Zeichentrickfiguren „Tom und Jerry" geworben. Das Energieversorgungsunternehmen EnBW bedient sich ebenfalls der Zeichentrickfiguren „Tom und Jerry", geht jedoch noch einen Schritt weiter, indem es zwar kurze, jedoch in sich geschlossene filmische Episoden dieser Characters zu Werbezwecken sendet, die mit Energie im weitesten Sinn zu tun haben, und nur im Anschluss auf die eigenen Produkte hinweist.

Paulchen Panther wirbt seit Juni 1999 aus Anlass einer erheblichen Tarifsenkung für internationale Gespräche für die Deutsche Telekom. Die Bildzeitung wirbt in einem Zeichentrickwerbespot dafür, dass jeder siebte Bundesbürger Bildzeitungsleser ist, indem sie eine Parallele zu den sieben Zwergen herstellt. Die sieben Zwerge erinnern in der Art und Weise der Darstellung stark an die Disney-Characters aus dem Film „Schneewittchen" von 1937.

---

[66] Gottschalk, S. 135.

[67] von der Oelsnitz, FAZ vom Montag, 3. Dezember 2001, Nr. 281, S. 28; einen Überblick über die Geschichte des Merchandising gibt Baillie, XXV f.

V. Die Abgrenzung von anderen Merchandising-Formen

1. Personality Merchandising

Personality Merchandising ist die Vermarktung einer realen Person[68], insbesondere des Namens, der Abbildung und der Stimme des Abgebildeten. Vom Character Merchandising unterscheidet sich das Personality Merchandising durch den Gegenstand der Vermarktung.[69]

2. Event Merchandising

Event Merchandising ist die Vermarktung von Namen, Logos und Maskottchen von Sportgroßereignissen, Konzerten oder sonstigen Ereignissen wie beispielsweise der EXPO 2000 in Hannover. Event Merchandising bezeichnet ebenfalls den Gegenstand der Vermarktung, der von dem des Character Merchandising abweicht. Für die EXPO 2000 Weltausstellung in Hannover wurde das Maskottchen Twipsy benutzt.[70] Soweit für Großereignisse Characters benutzt werden, kann es zu Überschneidungen von Event Merchandising und Character Merchandising kommen.

3. Brand Merchandising

Brand Merchandising ist eine auf Marken gestützte Vermarktungsform.[71] Diese Bezeichnung sagt nichts über den Gegenstand der Vermarktung aus, sondern über die rechtliche Ausgestaltung. Character Merchandising, das auf Marken gestützt ist, überschneidet sich mit dem Brand Merchandising.

---

[68] Gottschalk, S. 139; Boeckh, GRUR 2001, 29, 30 re. Sp.

[69] A. A. Mangini, FS Beier, GRUR Int. 1996, 462, 464 re. Sp.; Bürger, Public Promotions, S. 210 insoweit unklar.

[70] Gottschalk, S. 144; ohne Verfasserangabe, Licensing & Merchandising, S. 36, 38.

[71] Gottschalk, S. 142.

B. Tatsächliche und wirtschaftliche Grundlagen

I. Wirtschaftliche Bedeutung des Character Merchandising

Das Fehlen genauer Zahlen über die Merchandising-Branche und insbesondere über das Character Merchandising wird seit Jahren beklagt. Dies hängt vor allem mit einer sehr heterogenen Terminologie zusammen. Expertenschätzungen gehen davon aus, dass die Merchandising-Industrie im Jahr 1998 einen Umsatz von 6 Milliarden DM erwirtschaftete. Bis zum Jahr 2003 wird ein Einzelhandelsumsatz mit lizensierten Produkten von 10 Milliarden DM erwartet.[72]

Nach anderen Schätzungen wurden in Deutschland bereits im Jahr 1999 12 Milliarden DM mit Lizenzartikeln umgesetzt, wovon ca. 2, 76 Mrd. DM auf den Spielwarensektor entfielen.[73] Die wachsende Bedeutung des Merchandising lässt sich auch an der großen Zahl von Lizenzmessen weltweit ablesen. In Deutschland gibt es mittlerweile drei Fachmessen zum Thema der Lizensierung, die ein stetig steigendes Interesse am Thema Lizenzen verzeichnen.[74] Dazu kommt die Spielwarenmesse in Nürnberg, die sich immer stärker mit Lizenzthemen beschäftigt. Die große Bedeutung des Merchandising wird auch durch die beträchtliche Anzahl von Unternehmen bewiesen, die sich mit Merchandising befassen. So handeln beispielsweise die Dino Entertainment, die Münchener Media AG und die United Labels AG mit Lizenzprodukten, wobei sich die United Labels AG auf Comic-Characters als Lizenzthema beschränkt.[75]

Das Character Merchandising hat an diesem Aufschwung großen Anteil. Denn es weist bereits seit Jahren sehr große Wachstumsraten auf.[76] So verdankt die Spielwarenbranche ihr Umsatzplus von 3 % in den ersten drei Quartalen 2000 zu großen Teilen den Pokémon-Characters, die 10 % des Umsatzes der Lizenzartikel erwirtschafteten. Wegen der mannigfaltigen Lizensierungsmöglichkeiten von Characters wie den Pokémons wirkt sich deren Beliebtheit nicht nur bei eigens darauf abgestimmten Pokémon-Computerspielen, sondern auch bei klassischen Spielen aus.

---

[72] Manz, MA 1999, S. 44, 44.

[73] Hemmerlein, S. 1.

[74] Die „Licensingworld" in Frankfurt sowie die „Worldwide Licensing Exposition Europe" (WLE) und die „Licensing Europe", jeweils in München.

[75] Ohne Verfasserangabe, „Merchandising besitzt Wachstumspotential", F.A.Z. vom 29.12.2000, Nr. 302, S. 21.

[76] Hocke, Licensing & Merchandising, S. 42, 43.

II. Einfluß des Character Merchandising auf den Character

Characters werden entweder über Druckmedien oder über Filme bekannt. Diese Primärnutzung von Characters wird oft ausgeweitet. Sind sie über Druckmedien bekannt geworden, werden ihre Abenteuer verfilmt. Beziehen sie ihre Bekanntheit zunächst aus Filmen, werden entsprechende Comics herausgegeben.[77]

Von der so gewonnenen Bekanntheit und Beliebtheit ausgehend wird in der Regel die sogenannte Nebenrechteverwertung betrieben. Erstmals trat in den 80er Jahren des 20. Jahrhunderts allerdings das Phänomen auf, dass die Primärbekanntheit von Characters nicht im nachhinein für Merchandising-Zwecke verwertet wurde, sondern Zeichentrickfilme nach dem Vorbild bestehender Spielzeugfiguren geschaffen wurden. Dies ging auf die Bemühungen der Hersteller dieser unter dem Namen „Power Rangers" bekannten Gruppe von Spielzeugfiguren zurück.[78] Diese auch aus den eigenen Reihen kritisierte Vorgehensweise fand keine dauerhaften Nachahmer. Dennoch ist es falsch zu glauben, die Produktion von Characters und das darauf bezogene Merchandising stünden isoliert nebeneinander.[79]

Zwar werden Characters immer noch unabhängig von Merchandising-Gesichtspunkten entwickelt, doch hängt die Frage ihrer Umsetzung durch Zeichentrickfilme dann u. a. von der Eignung des einzelnen Characters für das Merchandising ab. So werden Characters unter dem Gesichtspunkt der „Nebenrechtegenerierung" beurteilt.[80] Das Merchandising hat bei teuren Filmproduktionen, zu denen auch Zeichentrickfilme gehören, die Funktion, die hohen Kosten durch die frühzeitige Vergabe von Merchandising-Lizenzen zu finanzieren. Dies gilt nicht nur für Kinoproduktionen, sondern auch für Eigenproduktionen von Fernsehsendern.[81] Die Fernsehsender in Deutschland kämpfen seit Jahren mit steigenden Produktionskosten und gleichzeitig mit sinkenden Zuschauerzahlen und damit auch sinkenden Werbeeinnahmen, was auf die zunehmende Anzahl von Sendern zurückzuführen ist.[82] Daraus ergibt sich, dass die Interessen der Lizenznehmer bereits bei der Filmproduktion berücksichtigt werden. Im Hinblick auf Lizensierungsmöglichkeiten soll sich ein Film durch eine ausreichende Anzahl von Characters und die Wiedererlebbarkeit des Programms auszeichnen.

---

77 Baillie, S. XV, XVII.
78 Eßer, S. 119, 128.
79 Sander/Vollbrecht, S. 239, 246; Eßer, S. 119, 128.
80 zu Salm, S. 251, 260.
81 Stötzel, S. 279, 281.
82 zu Salm, S. 251, 258 f.

III. Die möglichen Adressaten von Character Merchandising

Als mögliche Adressaten von Character Merchandising kommen sowohl Kinder als auch Erwachsene in Frage. Dabei werden die Einflussmöglichkeiten von Character Merchandising auf Kinder und Erwachsene im folgenden danach unterteilt, von wem eine Kaufentscheidung letztlich getroffen wird, auf wen es unmittelbar wirkt.

1. Kinder

Kinder können durch Characters zum Konsum der damit gekennzeichneten Produkte angeregt werden. Kinder üben eine nicht unerheblich eigene Marktmacht aus.[83] Denn jedes Kind verfügte im Jahr 1998 durchschnittlich über ein Konsumpotential von 624,- DM.[84] Zudem beeinflussen Kinder zunehmend viele Kaufentscheidungen Erwachsener.[85] Dies sind die Eltern der Kinder und andere Erwachsene, die den Kindern als Schenker gegenübertreten und die Wünsche der Kinder erfragen.[86] Die Einflussmöglichkeiten von Kindern auf die Konsumentscheidungen Erwachsener sind naturgemäß in den Bereichen am größten, von denen sie selbst am stärksten betroffen sind, beispielsweise Bekleidung oder Nahrungsmittel, wie Schokolade, Limonade oder Joghurt.[87]

Kinder nehmen Characters sowohl durch Comics als auch durch das Fernsehen auf. Das Fernsehen ermöglicht bereits Kindern, die nicht oder nicht flüssig lesen können, kleine Geschichten ohne Hilfe Dritter wahrzunehmen. Dabei spricht das Fernsehen verschiedene Sinne an. Zeichentrickfilmserien kommen den Orientierungs- und Zuverlässigkeitsbedürfnissen von Kindern durch regelmäßige Sendezeiten, einen gleichbleibenden Stamm von handelnden Personen und häufig wiederkehrende Handlungsabläufe entgegen. [88]

Comics und Zeichentrickfilme dienen Kindern ebenso wie Märchen als Projektionsfläche ihrer eigenen Erlebnisse und Ängste.[89] So weist bereits *Bettelheim* in Anlehnung an seine These „Kinder brauchen Märchen" unter dem Motto „Kinder brauchen Fernsehen" darauf hin, dass auch das Symbolangebot im Fernsehen für Kinder bei der Bewältigung kindlicher Themen wie dem Erwachsenwerden und dem Selbständigwerden interessant sein kann.[90]

---

[83] Sh. auch die Verhaltensregeln des Deutschen Werberats für die Werbung mit und vor Kindern in Werbefunk und Werbefernsehen, Fassung 1992, abgedruckt bei Nickel, S. 40.
[84] Kids-VerbraucherAnalyse 1998 des Zentralverbandes des Deutschen Werbewirtschaft (ZAW), S. 1.
[85] Stötzel, S. 279, 280; Endres, S. 231, 235.
[86] Endres, S. 231 Fn. 1.
[87] Kids-VerbraucherAnalyse 1998 des Zentralverbandes des Deutschen Werbewirtschaft (ZAW), S. 2.
[88] Schumacher, S. 47; Pause-Haase, S. 77.
[89] Pause-Haase, S. 77, 78.
[90] Bettelheim, Televizion 1/1988, S. 4 ff.

Characters eignen sich aufgrund ihrer eindimensionalen Charakterzeichnung hervorragend als Identifikationsangebot. Gleichzeitig weisen sie eine Doppelnatur auf, da sie alltägliche Personen sind, die im Laufe der Geschichte eine vorübergehende Transformation durchlaufen, indem sie beispielsweise übernatürliche Kräfte entwickeln.[91] Das Verwandlungsmotiv ist geradezu charakteristisch für Sendungen, die bei Kindern beliebt sind, da die Zeichentrickangebote als Vorlage für die Inszenierung von Stärkephantasien dienen können.[92]

2. Erwachsene

Zusätzlich zu den bereits geschilderten Einflussmöglichkeiten von Kindern auf ihre Eltern und andere Erwachsene kann Character Merchandising Erwachsene unmittelbar ansprechen. Erstens können im Wege des Character Merchandising Konsumentscheidungen beeinflusst werden, die nur die Erwachsenen selbst betreffen, beispielsweise durch den Einsatz von Characters, die sich vor allen Dingen an Erwachsene richten.[93] Zweitens können Konsumentscheidungen Erwachsener beeinflusst werden, die die Bedürfnisse der Kinder betreffen.[94] So war Werbung für Kinderprodukte zu Anfang des Fernsehens in der Regel an die Eltern gerichtet, wie dies teilweise noch heute geschieht, wenn Schokolade wegen ihres angeblich so hohen Milchgehaltes gepriesen wird.[95]

IV. Gründe für Character Merchandising

Häufig erfolgt das Character Merchandising nicht durch den Berechtigten, sondern durch Dritte, die das Risiko dafür tragen, dass der Absatz ihrer Produkte oder Dienstleistungen von der Werbewirksamkeit der jeweiligen Figur positiv beeinflusst wird.[96] Die Drittbeteiligung ist zwar keine Voraussetzung für Character Merchandising, entspricht aber häufig den wirtschaftlichen Gegebenheiten. Die für Character Merchandising sprechenden Gründe sind für den Lizenznehmer und den Lizenzgeber unterschiedlich.

---

[91] Das Verwandlungsmotiv zeichnet nicht nur jüngere Characters wie die „Power Rangers" aus, sondern auch altbekannte wie die Characters aus „Asterix & Obelix".
[92] Pause-Haase, S. 77, 80.
[93] Z. B. die in stark abstrahiertem Stil gezeichneten Characters der amerikanischen Serie „South Park".
[94] Dies kann bei Lebensmitteln der Fall sein, die nur das Kind isst oder auch bei Kinderkleidung.
[95] Sander/Vollbrecht, S. 239.
[96] Ruijsenaars, Character Merchandising, S. 20.

1. Die Sichtweise des Lizenznehmers

Der Lizenznehmer macht sich eine bestehende Popularität zunutze, indem er seine Waren oder Dienstleistungen mit dem Merchandising-Thema versieht. So kann der Lizenznehmer trotz zunehmender Uniformität von Massenwaren hinsichtlich Qualität und Benutzungseignung dem gleichzeitig wachsenden Bedürfnis der Verbraucher nach Individualität[97] gerecht werden und sie zum Kauf gerade seiner Produkte bewegen. Es kommt zu einem Imagetransfer[98] der Popularität des Merchandising-Themas auf das Produkt, so dass auch eine neutrale Ware emotional positioniert werden kann.[99] So kann der Sympathiewert des Merchandising-Themas für das Produkt genutzt werden. Dieses Phänomen hat die Wahrnehmungspsychologie bereits in den zwanziger und dreißiger Jahren des 20. Jahrhunderts erkannt und als Gesetz der Nähe bezeichnet.

Durch Merchandising werden die mit einer Produkteinführung zusammenhängenden wirtschaftlichen Risiken minimiert, da der Hersteller nicht mühevoll, kostenintensiv und langwierig eine eigene Marke etablieren muss.[100] Merchandising ist aber nur dann erfolgreich, der erforderliche Imagetransfer kann also nur stattfinden, wenn eine emotionale Nähe zwischen der Ware des Lizenznehmers und dem Merchandising-Thema besteht.[101] Durch die sorgfältige Auswahl des Merchandising-Themas durch den Lizenznehmer kann die anvisierte Zielgruppe bewusst angesprochen und für das jeweilige Produkt als Konsument gewonnen werden. Das für die jeweilige Zielgruppe interessante Merchandising-Thema schafft einen zusätzlichen Kaufanreiz.

Idealerweise wird erfolgreiches Merchandising durch eine parallele Medienpräsenz unterstützt und verstärkt, um so den Verbraucher insgesamt auf das Merchandising-Thema zusätzlich aufmerksam zu machen. Denn wählt der Lizenznehmer ein potentiell oder aktuell populäres Merchandising-Thema, so hat er den Vorteil, dass der Verbraucher nicht nur aufgrund der von ihm angesetzten Werbemaßnahmen mit dem Merchandising-Thema konfrontiert wird, sondern auch aufgrund der Werbeanstrengungen anderer Lizenznehmer. Werbepsychologisch ist eine Werbewirkung in den seltensten Fällen durch nur eine Begegnung mit nur einer Werbebotschaft zu erreichen. Werbung muss den Einzelnen also in abgewandelten Formen und häufiger erreichen. Dieses Ziel wird durch die im Hinblick auf das Merchandising-Thema gemeinsamen Werbeanstrengungen aller Lizenznehmer und des Lizenzgebers erreicht. Allerdings kann sich Merchandising für den einzelnen Lizenznehmer

---

97 Ohne Verfasserangabe, FAZ vom Montag, 26. März 2001, Nr. 72, S. 31.
98 Schertz, S. 15; Lippegaus, MA 1984, 436, 436 f.
99 Hocke, Licensing & Merchandising, S. 42, 46; Willi, S. 33 unten.
100 Lippegaus, MA 1984, 436, 437 li. Sp.
101 Hocke, Licensing & Merchandising, S. 42, 46.

nachteilig auswirken, wenn eine Übersättigung des Marktes durch das jeweilige Merchandising-Thema erfolgt oder wenn die Produkte des einen Lizenznehmers mit denen anderer Lizenznehmer aus Verbrauchersicht austauschbar sind. Der Lizenznehmer muss also bei Abschluss des Merchandisingvertrages darauf achten, dass sich seine Produkte stark genug von denen der anderen Lizenznehmer unterscheiden, um so nur die positiven Merchandisingeffekte zu erzielen.

Der Grund gerade für Character Merchandising ist in dem verstärkten Bedürfnis nach unmittelbarer, komprimierter Kommunikation mit den Verbrauchern zu sehen. Die komplexer werdende Lebenswelt führt zu einem gesteigerten Bedürfnis nach orientierenden Vereinfachungen.[102] Außerdem wird die Wahrnehmung der Verbraucher infolge eines steigenden Informationsflusses immer flüchtiger und selektiver, so dass die kurzen Momente der Kommunikationsbereitschaft ausgenutzt werden müssen. Dies kann insbesondere durch die Übermittlung von Schlüssel- bzw. Leitbildern erfolgen, die nicht nur Informationen über die Ware, sondern auch Aussagen zu einem bestimmten Image transportieren, das die Ware vermitteln soll. Dieses Image wird im Hinblick auf die Verbraucher entwickelt und soll diese zur Wahl des entsprechenden Angebotes bewegen.[103] Characters stehen für bestimmte persönliche Eigenschaften oder Fähigkeiten und sind daher als Imageträger für Waren besonders geeignet. Sie stehen für abstrakte Sinnbezüge.[104]

Dies führt zu einem Vorteil von Characters beispielsweise gegenüber traditionellen Marken, deren Kommunikationsgehalt durch das Erfordernis, keine beschreibenden, freihaltungsbedürftigen Aussagen enthalten zu dürfen, stark eingeschränkt ist. So dürfen beispielsweise keine Worte geschützt werden, die als allgemeine Beschaffenheitsangaben fungieren.[105] Demgegenüber verkörpern Characters bestimmte Eigenschaften oder Fähigkeiten. Wenn es sich dabei um Eigenschaften handelt, die auch für das Produkt vorteilhaft sind, können diese im Wege des Imagetransfers auf die Ware oder die Dienstleistung übertragen werden. Damit ermöglichen Characters Unternehmen eine verbesserte Kommunikation über Eigenschaften des Produktes. Gegenüber Marken, die sich für bestimmte Produkte gut etabliert haben, haben Characters den Vorteil, beim Verbraucher noch kein festgefügtes Bild von den bisher gekennzeichneten Produkten hervorzurufen, sondern eher allgemeine, auf den Character bezogene Vorstellungen zu erwecken.[106]

---

[102] Bolz, MA 2000, S. 32, 32.
[103] Bürger, Public Promotions, S. 25.
[104] Willi, WRP 1996, 652, 652 li. Sp.
[105] BGH GRUR 1995, 410, 411 – Turbo; GRUR 1997, 634, 635 – Turbo II.
[106] Will, S. 44 ff. betont den Wert einer positiven Produktpersönlichkeit, die bei Marken jedoch üblicherweise nur schwer von der Qualität der gekennzeichneten Produkte getrennt werden könne.

Für einen Character im Gegensatz zu einer natürlichen Person spricht bei der Wahl des Merchandising-Objektes, dass der Character in höchstem Maße Kontinuität und Sicherheit vor Skandalen oder einem plötzlichen Imagewechsel bietet. In gleicher Weise kann dies nur durch Merchandising mit bereits verstorbenen Prominenten gewährleistet werden. Bei klassischen Characters reduziert sich auch das wirtschaftliche Risiko des Lizenznehmers, mit seinem Produkt zu scheitern, da diese aufgrund ihrer oft sehr langen Lebensdauer und großen Bekanntheit eine große Anziehungskraft ausüben. Es ist anzunehmen, dass der Lizenznehmer dafür auch höhere Lizenzgebühren bezahlt. Zusätzlich dient der Character als Blickfang auf der Ware, um die Aufmerksamkeit und damit auch die Kaufbereitschaft des Kunden zu erhöhen.[107]

Doch die Verwendung von Characters zu Werbezwecken ist nicht ungefährlich. Dies kann zum einen mit dem Unternehmensangebot zusammenhängen, das einem eher spielerischen Zugang durch Characters nicht zugänglich ist. Als Beispiele werden Produkte mit einem hohen Prestigewert genannt, der durch die Verwendung von Characters beeinträchtigt würde, sowie Energieunternehmen, die Kernenergie nutzen, da die Verwendung eines Characters als Verniedlichung des Problems verstanden werden könnte.[108] Jedenfalls im Hinblick auf die Fernseh-Werbung des Energieunternehmens EnBW mit kurzen Comic-Filmen der Characters „Tom & Jerry" hat sich diese Einschätzung als unzutreffend erwiesen, doch ändert dies nichts an der grundsätzlichen Richtigkeit dieser Aussage. Zum anderen besteht die Gefahr, dass der Character die Aufmerksamkeit vom Produkt ablenkt und dadurch den Zweck der Werbung vereitelt.[109]

Character Merchandising ist besonders wirksam, wenn Kinder die Zielgruppe sind. Denn insbesondere Kindern sind die Characters in ihrer Primärnutzung bekannt, so dass sich bei Ihnen der Imagetransfer vom Character auf die Ware besonders leicht vollzieht.[110] Diesen Effekt machte sich bereits die Bildmarke eines gekrönten Frosches von Erdal Rex aus dem Jahr 1901 zunutze, der sich auf das Märchen „Froschkönig" bezog.[111]

Neben der Bekanntheit eines Characters kann zusätzlich das kindliche Bedürfnis nach Stabilität zu der Wahl eines Unternehmensangebotes führen, das mit einem Character versehen ist. Denn durch die ständige Präsenz der Helden in Computerspielen, als Aufkleber auf der Schultasche oder als Emblem auf der Bettwäsche können sich die Kinder

---

107 Willi, S. 34.
108 Ohne Verfasserangabe, Absatzwirtschaft 1980, Heft 2, 30, 42 re. Sp.
109 Ohne Verfasserangabe, Absatzwirtschaft 1980, Heft 2, 30, 42, re. Sp.
110 Willi, S. 34, demzufolge populäre Figuren eine enorme Suggestivkraft insbesondere auf jugendliche Käufer ausüben.
111 Ohne Verfasserangabe, Absatzwirtschaft 1980, Heft 2, 30, 34 re. Sp.

fortwährend die mit den Helden verbundenen Vorstellungen vergegenwärtigen und sich damit ihrer stabilisierenden Funktionen in der Selbst- und Gruppenauseinandersetzung versichern.[112] Dies entspringt einem sozialen Orientierungsbedürfnis, das nicht nur Kinder, sondern auch Erwachsene haben. Durch Merchandisingartikel kann sich ihr Besitzer zu einer Referenzgruppe („peer group") zugehörig fühlen. Durch den Besitz von Merchandisingartikeln wird außerdem die Teilnahme an Medienereignissen suggeriert, die dem Besitzer Prestige und das Prädikat des Trendsetters in einer Gruppe einbringen kann.[113]

2. Die Sichtweise des Lizenzgebers

Ein sehr wichtiger Aspekt, der aus Sicht des Lizenzgebers für Merchandising spricht, sind die Lizenzgebühren. Diese stellen nicht nur ein willkommener Nebenverdienst dar, sondern dienen beispielsweise in der Filmbranche zur Teilfinanzierung von teuren Filmproduktionen, zu denen auch Zeichentrickfilme gehören.[114] Grundsätzlich hängen Lizenzgebühren prozentual von den mit den Lizenzprodukten erzielten Umsätzen ab. Allerdings resultieren aus Lizenzvereinbarungen in der Regel sofort Zahlungen. Dies sind nicht rückzahlbare Garantiesummen, die mit den Lizenzgebühren bis zu ihrer Höhe verrechnet werden. Dadurch soll der Lizenznehmer dazu motiviert werden, durch den Gebrauch des Lizenzthemas mindestens die Garantiesumme[115] zu erwirtschaften.

Daran hat der Lizenzgeber nicht nur aus monetären Gesichtspunkten ein Interesse, sondern auch, um den mit dem Merchandising gleichzeitig angestrebten Werbeeffekt zu erzielen. Denn neben der Erzielung von Lizenzgebühren spricht aus Sicht des Lizenzgebers für Merchandising erstens die Steigerung der Bekanntheit der eigenen Marke oder des eigenen Characters, ohne selbst unternehmerisches Risiko eingehen zu müssen, und zweitens die Möglichkeit, andere, gegebenenfalls internationale Produktmärkte zu erschließen.[116] Merchandising wird als integraler Teil der Werbung z. B. für einen Film verstanden.[117] Merchandising wird bewusst als Verbreitungsinstrument eingesetzt, um ein möglichst enges Netz der Aufmerksamkeitserzeugung um den Konsumenten zu ziehen, das keine Lücke mehr lässt.[118] Trickfilmstars verlieren durch ein umfassendes Merchandising ihre Zugehörigkeit zum Animationsmedium und geraten in veränderte Bedeutungs- und

---

[112] Pause-Haase, S. 77.
[113] zu Salm, S. 251, 265.
[114] zu Salm, S. 251, 254.
[115] Schertz, S. 167.
[116] Böll, Brand Licensing, in: Licensing & Merchandising, S. 106, 107 f.; Willi, S. 35.
[117] Sander/Vollbrecht, S. 239, 244.
[118] zu Salm, S. 251, 262.

Gebrauchszusammenhänge. Dadurch wird ihre Bekanntheit weiter gesteigert, obwohl der Erwerb der Artikel zunächst auf der Wiedererkennung des TV-Charakters beruht.[119] So steigert neben der klassischen Werbung auch das Merchandising die Bekanntheit des Merchandising-Themas und erhöht somit wiederum dessen Wert.

Die erhofften Lizenzgebühren sollten den Lizenzgeber jedoch nicht voreilig einer Lizensierung zustimmen lassen. Denn mit der Lizensierung gehen für den Lizenzgeber nicht unerhebliche Gefahren für sein Merchandising-Thema einher.[120] Es kann durch Waren verwässert werden, die in keinerlei Beziehung zu ihm stehen, oder durch mangelhafte Qualität der damit versehenden Waren und sogenannten Produktkannibalismus Schaden nehmen.[121] Unter Produktkannibalismus versteht man die Gefahr, dass es bei Erweiterung einer Produktlinie trotz unterschiedlicher Kategoriezugehörigkeit große Ähnlichkeiten und Substitutionsmöglichkeiten entstehen können, so dass man sich die „Konkurrenz ins eigene Haus holt".[122]

---

[119] zu Salm, S. 251, 264 f.

[120] Willi, S. 35.

[121] Willi, WRP 1996, 652, 652 re. Sp.; Lippegaus, MA 1984, 436, 438; ohne Verfasserangabe, Absatzwirtschaft 1980, Heft 2, 30, 40, betont die Wichtigkeit des Produktbezuges auch im Zusammenhang mit Character Merchandising.

[122] Lippegaus, MA 1984, 436, 438 re. Sp.

C. Gang der Untersuchung

Character Merchandising als wirtschaftliche Verwertung von Characters setzt voraus, dass der Merchandiser gegenüber Dritten Verbietungsrechte geltend machen kann. Diese können u. a. auf dem MarkenG beruhen.[123] Die vorliegende Arbeit beschäftigt sich mit dem Schutz von Characters als Marke, der Voraussetzung für die Verwertung von Characters im Wege des Merchandising ist. Dabei wird der Schutz der bildlichen Darstellung eines Characters, seiner dreidimensionalen Gestaltung, des Namens, einer akustischen Ausgestaltung, die für einen Character typisch ist, und der Kombinationen dieser Elemente untersucht.

Der markenrechtliche Schutz von Characters macht eine juristische Einordnung des kaufmännischen Begriffes „Character Merchandising" erforderlich. Als Grundlage markenrechtlichen Schutzes werden zunächst die Funktionen der Marke erläutert. Anschließend werden die Voraussetzungen des Schutzes von Characters als Register-, Benutzungs- und Notorietätsmarke erläutert.

Angesichts der herausragenden Bedeutung von Registermarken geht es im Anschluss darum, inwiefern der Eintragung der verschiedenen Erscheinungsformen von Characters Eintragungshindernisse entgegenstehen können. Anschließend wird der Schutzumfang der verschiedenen als Marke geschützten Erscheinungsformen von Characters gemäß § 14 MarkenG untersucht. Schließlich wird dargestellt, was der Inhaber einer Registermarke tun muss, um dieses Recht rechtserhaltend zu benutzen, und inwiefern eine von der Eintragung abweichende Benutzung noch rechtserhaltend für diese Registermarke wirkt.

---

[123] Zur urheberrechtlichen Schutzfähigkeit fiktiver Figuren vgl. Rehbinder, FS Schwarz, S. 163 ff.; Ruijsenaars, GRUR Int. 1993, 811 ff.; zum Schutz von Characters durch das Wettbewerbsrecht vgl. Kur, GRUR 1990, 1 ff.; zu beiden Komplexen Schulze, ZUM 1997, 77 ff.

Teil 2: Der Schutz von Characters als Marke

A. Die Funktionen der Marke

Das deutsche Kennzeichenrecht bedient sich zur Bestimmung des Umfangs und der Grenzen[124] des zeichenrechtlichen Schutzes schon lange einer Funktionenlehre. Bereits während der Geltung des WZG wurde zwischen den tatsächlichen und den rechtlich geschützten Zeichenfunktionen unterschieden.[125] Diese Funktionenlehre prägte das gesamte Zeichenrecht.[126] Mit dem Inkrafttreten des MarkenG stellt sich die Frage, ob der im WZG geltende alleinige Schutz der Herkunftsfunktion der Marke aufrechtzuerhalten ist, oder ob insofern eine Neuausrichtung erforderlich ist.

Der Begründung zum MarkenG zufolge ist für das Markenrecht eine völlige Neuausrichtung herbeizuführen, soweit nicht das MarkenG explizit oder implizit an die bisherige Rechtslage anknüpft. Beispielsweise soll der Schutz von Unternehmenskennzeichen und Werktiteln, der von § 16 UWG in § 5 MarkenG überführt wurde, gegenüber der bisherigen Rechtslage nicht verändert werden.[127] Inwieweit sich die geforderte Neuausrichtung auf die Funktionen der Marke auswirkt, ist umstritten.[128]

Im Folgenden wird ein Überblick über die verschiedenen Funktionen der Marke gegeben. Auf die Frage nach dem rechtlichen Schutz der jeweiligen Markenfunktion wird in diesem Zusammenhang nur kurz eingegangen. Die detaillierte Diskussion dieser Frage ist den nachfolgenden Kapiteln vorbehalten, soweit es für das Character Merchandising von Bedeutung ist.

I. Die Unterscheidungsfunktion

Grundlegende Aufgabe einer Marke ist die Unterscheidungsfunktion. Diese kann sowohl aus Sicht des Verkehrs als auch aus der Sicht des Markeninhabers beurteilt werden. Aus Sicht

---

[124] Tilmann, ZHR 158 (1994), 371, 380; Mangini, GRUR Int. 1996, 462, 462 re. Sp.

[125] Sambuc, WRP 2000, 985, 985; Kur/Henning-Bodewig, Band I, S. 3 f., S. 227 ff.; Kur/Henning-Bodewig, WRP 1990, 453, 455; zusammenfassend zu den Bemühungen, die klassische Funktionenlehre durch die wirtschaftlich geprägte sog. Kommunikationsfunktion zu ersetzen, vgl. Schönfeld, S. 155 ff., 170 f..

[126] Kunz-Hallstein, FS DPA 100 Jahre Marken-Amt, 147, 150; Tilmann, ZHR 158 (1994), 371 ff.; insbes. 380; BGH GRUR 1987, 525, 526 – Litaflex zufolge gehörte die Herkunftsfunktion im WZG sogar zum „orde public".

[127] Amtliche Begründung zum Markenrechtsreformgesetz, BT-Drucksache 12/6581, S. 58 f.

[128] Kritisch zur Berücksichtigung anderer Funktionen als der Herkunftsfunktion v. Gamm, WRP 1993, 793, 795; ders., GRUR 1994, 775, 777 f.; für eine völlige Abkehr von der Funktionenlehre tritt Schweer, S. 106 ein; ebenfalls kritisch insofern ist Kunz-Hallstein, GRUR Int. 1992, 81, 90 li. Sp., ders. FS DPA 100 Jahre Marken-Amt, S. 147, 162 befürwortet allerdings den alleinigen Schutz der Unterscheidungsfunktion.

der Verbraucher kennzeichnet eine Marke Waren, um sie von gleichen oder gleichartigen Waren anderer unterscheidbar zu machen.[129] Dem Markeninhaber ermöglicht die Fähigkeit der Marke, als Unterscheidungszeichen zu dienen, seine Produkte gegenüber der Konkurrenz hervorzuheben. Die Marke ermöglicht eine Produktidentifizierung, erleichtert so den Einkauf und schafft so die Voraussetzungen für einen dauerhaften Absatzerfolg des Markeninhabers.[130] Daher wird die Unterscheidungsfunktion auch Identifizierungsfunktion genannt.[131]

Die Unterscheidungsfunktion ist die Grundfunktion jedes Warenzeichens bzw. jeder Marke.[132] Fehlt diese, ist das entsprechende Zeichen nicht markenrechtlich schützbar. Dieser Grundsatz wird dadurch präzisiert, dass ein gemäß § 3 Abs. 1 MarkenG unterscheidungsfähiges, aber zunächst nicht unterscheidungskräftiges Zeichen gemäß § 8 Abs. 3 MarkenG doch eintragungsfähig ist, wenn es sich in den beteiligten Verkehrskreisen hinsichtlich der angemeldeten Produkte durchgesetzt hat. Eine Einschränkung der grundlegenden Bedeutung der Unterscheidungsfunktion folgt aus § 8 Abs. 3 MarkenG nicht, da diese Vorschrift beweist, dass die Unterscheidungsfunktion allein maßgeblich ist, auch wenn sie erst durch Benutzung erworben wurde. Für Zeichen, die gemäß § 3 Abs. 1 MarkenG nicht unterscheidungsfähig sind, besteht diese nachträgliche Schutzmöglichkeit jedoch nicht.

II. Die Herkunftsfunktion

Unter der Herkunftsfunktion einer Marke versteht man traditionell, dass die Marke eine Verbindung zwischen einem Produkt und seiner Herkunftsstätte herstellt. Im WZG wurde die Herkunftsfunktion mit der Unterscheidungsfunktion verknüpft, indem ein Warenzeichen ein Produkt im Hinblick auf seine betriebliche Herkunftsstätte unterscheidbar machen musste.[133] Der verstandenen Herkunftsfunktion wurde im WZG überragende Bedeutung beigemessen,

---

[129] Kunz-Hallstein, FS DPA 100 Jahre Marken-Amt, 147, 161 ff. hält die Unterscheidungsfunktion für die einzige geschützte Funktion der Marke im MarkenG; Bonn, S. 1 f.; Sack, GRUR 1972, 402, 404; Baumbach/Hefermehl, WZG, Einl. Rn. 10.

[130] Füllkrug, MA 1993, 9, 12 re. Sp. spricht insoweit von der „Orientierungsfunktion" der Marke.

[131] Vanzetti, GRUR Int. 1965, 128, 130 li. Sp.

[132] Sack, GRUR 1972, 402, 405; Troller, Immaterialgüterrecht, Bd. I, S. 205 ff.; Troller, GRUR Int. 1967, 261, 265; Vanzetti, GRUR Int. 1965, 128, 132 f.; Kunz-Hallstein, FS DPA 100 Jahre Marken-Amt, 147, 161 ff. zufolge ist die Unterscheidungsfunktion die im MarkenG alleinig geschützte Markenfunktion; ebenso Peschel, 39 f.; Joller, S. 67; Sander, S. 14 f., beurteilt allein die Unterscheidungsfunktion unumschränkt als originäre Funktion der Marke.

[133] BGHZ 8, 202, 206 – Kabel-Kennzeichnung; 42, 151, 154 f. – Rippenstreckmetall II; BGH GRUR 1965, 86, 88 – Schwarzer Kater, GRUR 1973, 468, 471 – Cinzano; RG GRUR 1939, 852, 856 – Original Zählerersatzteile; Sander, S. 13; umfassende Darstellung bei Hennig-Bodewig/Kur, Marke und Verbraucher Band I, S. 221, 227 ff.

so dass nur sie rechtlich geschützt war.[134] Warenzeichen wurden häufig unter Verwendung des Namens des Herstellerunternehmens gebildet. Die Herkunftsfunktion bezeugte so die Identität des Warenursprungs.[135] Die Herkunftsfunktion wurde während der Geltung des WZG abstrakt verstanden. Ein Warenzeichen musste nicht auf ein bestimmtes Unternehmen hindeuten, sondern es reichte aus, wenn es auf ein nicht näher bekanntes Unternehmen hinwies.[136]

Die die Grundlage des MarkenG bildende MarkenRL lässt jedoch eine gewisse Abkehr von dem umfassenden Schutz der Herkunftsfunktion erkennen. Im 10. Erwägungsgrund der Markenrichtlinie heißt es, es sei „Zweck des durch die eingetragene Marke gewährten Schutzes ..., insbesondere die Herkunftsfunktion der Marke zu gewährleisten". Daraus ergibt sich, dass die Herkunftsfunktion nicht mehr allein, sondern nur noch neben weiteren, allerdings ungenannten Funktionen geschützt ist. In der Begründung zum MarkenG heißt es dazu vieldeutig, dem Markengesetz liege eine grundsätzlich veränderte Konzeption der Bedeutung des Markenschutzes zugrunde; die Herkunftsfunktion sei zwar weiterhin maßgeblich, werde aber künftig insbesondere durch die Qualitätsfunktion und die Werbefunktion ergänzt.[137]

Die zurückgegangene Bedeutung der Herkunftsfunktion im MarkenG kann anhand einiger Vorschriften des MarkenG im Hinblick auf zwei Gesichtspunkte illustriert werden.[138] Zum einen ist die Herkunftsfunktion seit dem Inkrafttreten des MarkenG im Gegensatz zum WZG nicht mehr die einzige geschützte Markenfunktion, sondern gemäß §§ 9 Abs. 1 Nr. 3, 14 Abs. 2 Nr. 3 MarkenG werden auch die Qualitäts- und die Werbefunktion geschützt. Zum anderen führen Vorschriften im MarkenG zu einer Schwächung der Herkunftsfunktion.[139] Gemäß §§ 4 Nr. 1, 7 MarkenG ist es möglich, eine Registermarke auch ohne Geschäftsbetrieb zu erwerben und gemäß § 27 Abs. 1 MarkenG kann eine bestehende Marke ohne den Geschäftsbetrieb übertragen werden. Die Gefahr von dadurch entstehenden Herkunftsverwirrungen nimmt der Gesetzgeber dabei ausdrücklich in Kauf.[140] Zudem kann der Markeninhaber gemäß § 30 MarkenG an der Marke ausschließliche Lizenzen vergeben. Schließlich wird auch die Aufgabe der weltweiten Erschöpfung gemäß

---

[134] Passim Schulz, S. 66 ff.
[135] Kritisch hierzu bereits Baumbach/Hefermehl, WZG, Einl. Rn. 11.
[136] Beier/Krieger, GRUR Int. 1976, 125, 126 re. Sp.; Kur/Henning-Bodewig, WRP 1990, 453, 455; BGH Sack, GRUR 1972, 402, 407 li. Sp.
[137] Amtliche Begründung zum Markenrechtsreformgesetz, BT-Drucksache, 12/6581, S. 82.
[138] Vgl. auch Götting, FS Beier 1996, 233, 238 ff.
[139] Tilmann, ZHR 158 (1994), 371, 381 ff.; Ingerl/Rohnke, Einl. Rn. 35.
[140] Amtliche Begründung zum Markenrechtsreformgesetz, BT-Drucksache, 12/6581, S. 84.

Art. 7 MarkenRL bzw. § 24 MarkenG als Beleg für die Abkehr von der Gewährleistung der Herkunftsfunktion betrachtet.[141]

Aus der Schwächung der Herkunftsfunktion werden in der Bundesrepublik im Hinblick auf den rechtlichen Schutz der einzelnen Funktionen jedoch unterschiedliche Konsequenzen gezogen. Einer Ansicht zufolge bleibt es im MarkenG beim Schutz der abstrakten Herkunftsfunktion[142], wie sie schon zum WZG vorherrschte. Eine andere Ansicht zieht aus der Ablösung der Marke vom Herkunftsbetrieb den Schluss, nicht mehr die Herkunftsfunktion, sondern nur noch die Produktunterscheidungsfunktion werde durch das MarkenG geschützt.[143] *Fezer* tritt demgegenüber für einen rechtlichen Schutz aller tatsächlichen Funktionen der Marke zur Gewährleistung eines umfassenden Markenschutzes ein[144], während andere sogar ganz auf die Funktionenlehre verzichten[145].

Der EuGH sieht die Hauptaufgabe der Marke zwar darin, die Ursprungsidentität des gekennzeichneten Produktes zu gewährleisten. Doch versteht er Ursprungsidentität nicht als Identität der Herstellungsstätte, sondern als Identität desjenigen, unter dessen Kontrolle die gekennzeichnete Ware hergestellt bzw. die Dienstleistung erbracht wird und der für die Qualität verantwortlich gemacht werden kann.[146] Damit wendet sich der EuGH gegen das Verständnis der Herkunftsfunktion, das während der Geltung des WZG vertreten wurde. Dies begründet er mit Art. 2 MarkenRL letzter HS., der mit § 3 Abs. 1 letzter HS MarkenG übereinstimmt, dem zufolge ein Zeichen geeignet sein muss, Waren oder Dienstleistungen eines Unternehmens von denjenigen anderer Unternehmen zu unterscheiden.[147] Zudem beruft sich der EuGH auf seine zu Art. 30, 36 EGV a. F. ergangene Rechtsprechung[148], der zufolge eine Marke gewährleisten muss, dass alle mit dieser Marke gekennzeichneten Produkte unter der Kontrolle eines einzigen Unternehmens hergestellt oder erbracht worden

---

[141] Kunz-Hallstein, FS DPA 100 Jahre Marken-Amt, 147, 164 f.; er sieht dies als Beleg für die Entwicklung der Marke zu einem unabhängigen Vermögensgut; a. A. Nägele, S. 76.

[142] Kur, FS DPA 100 Jahre Marken-Amt, 175, 195; v. Gamm, WRP 1993, 793, 795; Meister, WRP 1995, 1005, 1007.

[143] Peschel, S. 40; Kunz-Hallstein, FS DPA 100 Jahre Marken-Amt, 147, 161 ff.; Kunz-Hallstein, GRUR 1996, 6, 8 re. Sp.; so schon zum WZG Oppenhoff, GRUR Int. 1973, 433, 435 re. Sp.; Tilmann, GRUR 1977, 446, 451 ff.

[144] Fezer, Einl. Rn. 35 a. E.

[145] Ingerl/Rohnke, Einl. Rn. 35; Kunz-Hallstein, GRUR Int. 1992, 81 – 90 li. Sp.; dagegen Lehmann/Schönfeld, GRUR 1994, 481, 488 m. w. N.

[146] EuGH GRUR 1998, 922, 924 Tz. 28 – Canon; EuGH GRUR Int. 1990, 960, 961 f. Tz. 13, 14 – HAG II; auch Fezer, WRP 1998, 1123, 1126 f. hält nicht das Übereinstimmen des Produktionsortes sondern des Managements für entscheidend.

[147] EuGH GRUR 1998, 922, 924 Rn. 27 – Canon.

[148] EuGH GRUR Int. 1990, 960, 961 f. Rn. 13 f. – HAG II; aus jüngerer Zeit EuGH GRUR Int. 1998, 145, 146 f. Tz. 22, 24 – Loendersloot/Ballantine; weitere Nachweise zur Rechtsprechung des EuGH zu Art. 30, 36 EGV a. F. bei Schackert, S. 82, Fn. 198.

sind, das für die Qualität verantwortlich gemacht werden kann.[149] Diesem erweiterten Verständnis des EuGH von der Herkunftsfunktion hat sich sowohl der BGH als auch das BPatG angeschlossen.[150]

Aufgrund dessen kommt es zu einer Verschiebung des Verständnisses der Herkunftsfunktion.[151] Nachdem es im WZG noch darauf ankam, dass der Verkehr annahm, die betreffenden Waren stammten aus demselben – wenn auch nicht namentlich bekannten – Unternehmen, genügt es im MarkenG mittlerweile schon, dass der Verkehr irrig annimmt, sie würden unter der Kontrolle des Inhabers der prioritätsälteren Marke, also derselben „Person" hergestellt.[152] Die so verstandene Herkunftsfunktion wird gemäß §§ 9 Abs. 1 Nr. 2, 14 Abs. 2 Nr. 2 MarkenG geschützt.[153] Insgesamt muss die Reichweite der Herkunftsfunktion neu bestimmt werden.[154] Inwieweit sich die Herkunftsfunktion auf die abstrakte Unterscheidungseignung gemäß § 3 Abs. 1 MarkenG, die konkrete Unterscheidungskraft gemäß § 8 Abs. 2 Nr. 1 MarkenG und den Benutzungsbegriff gemäß §§ 14 Abs. 2, Abs. 3, 26 MarkenG auswirkt, bleibt den dortigen Ausführungen vorbehalten.

III. Die Qualitätsfunktion

Eine Marke kann die Funktion haben, Aussagen über die Qualität der mit ihr gekennzeichneten Waren zu treffen. Die Qualitätsfunktion der Marke beschäftigt sich daher mit den Qualitätsvorstellungen, die eine Marke beim Verkehr hervorruft.[155] Bei gleichbleibender Verwendung einer Marke geht der Verkehr davon aus, dass das so bezeichnete Produkt von gleichbleibender Qualität ist.[156] Die Qualitätsfunktion wird daher auch Garantiefunktion genannt. Sie ist eine der wichtigsten wirtschaftlichen Funktionen der Marke[157], insbesondere für den Konsumenten, der so sein Bedürfnis nach Kontinuität und Sicherheit bei der Produktauswahl befriedigen kann[158].

Die Qualitätsfunktion hängt eng mit der Unterscheidungsfunktion zusammen. Marken machen Produkte unterscheidbar; gleichzeitig dienen Marken als Anknüpfungspunkt für

---

[149] EuGH GRUR 1998, 922, 924 Rn. 28 – Canon m. w. N.
[150] BGH GRUR 1999, 731, 733 li. Sp. – Canon II; BPatG GRUR 2000, 432, 433 re. Sp. – Netto 62; so zum WZG Sack, GRUR 1972, 402, 406.
[151] So auch BGH GRUR 1999, 731, 733 li. Sp. – Canon II.
[152] EuGH GRUR 1998, 922, 924, Tz. 28 – Canon.
[153] Speckmann, Rn. 2182; ebenso Ingerl, GRUR Int. 2001, 581, 582 li. Sp. unten.
[154] Will, S. 55.
[155] Baumbach/Hefermehl, WZG, Einl. Rn. 12, 22.
[156] Beier/Krieger, GRUR Int. 1976, 125, 127 re. Sp.; Kur/Henning-Bodewig, WRP 1990, 453, 453 re. Sp.; Schönfeld, S. 153.
[157] Sack, GRUR 1972, 445, 445.
[158] Sander, 16; Will, S. 56.

produktbezogene Assoziationen hinsichtlich der gekennzeichneten Produkte.[159] Marken beinhalten zwar in der Regel keine Informationen über die Beschaffenheit und Bestimmung des Produktes, transportieren diese jedoch, indem sie dem Verbraucher häufig als Kristallisationspunkt für produktbezogene Informationen und Assoziationen dienen.[160] Diese erscheinen dann vor dem inneren Auge des Verbrauchers, wenn er mit der Marke konfrontiert wird. Der Markeninhaber kann dem Produkt diesbezügliche Assoziationen als Image beigeben. Diese können dem Produkt auch von den Verbrauchern ohne Zutun des Markeninhabers beigemessen werden.

Eine Marke erfüllt die Qualitätsfunktion nur, wenn der Verkehr mit ihr tatsächlich eine bestimmte Qualitätsvorstellung verbindet. Ist dies nicht der Fall, steht dies der Eignung des Zeichens als Marke nicht entgegen, da die Qualitätsfunktion keine notwendige Markenfunktion ist.[161]

Nach der herrschenden Meinung zum WZG war die Qualitätsfunktion des Warenzeichens nicht rechtlich geschützt.[162] Insbesondere konnte daraus keine Gewähr gleichbleibender Qualität im Sinne einer Garantieerklärung des Markeninhabers zugunsten der Abnehmer hergeleitet werden.[163] Zugunsten der Abnehmer ist die Qualitätsfunktion jedoch schon seit jeher wirtschaftlich dadurch gesichert, dass der Markeninhaber die Verbraucher nicht enttäuschen will, indem er schlechtere Qualität liefert, da sich die Verbraucher dann von seinem Produkt ab- und einem anderen Produkt zuwenden.[164] Aus der Sicht des Markeninhabers kann die Qualitätsfunktion auch so verstanden werden, dass niemand außer ihm die Qualität der gekennzeichneten Produkte verändern darf, so dass die Konsumenteninteressen an gleichbleibender Produktqualität mittelbar geschützt werden.[165]

Im MarkenG ist die Qualitätsfunktion nunmehr auch teilweise rechtlich geschützt. Erstens wird eine bekannte Marke gemäß §§ 9 Abs. 1 Nr. 3, 14, Abs. 2 Nr. 3 MarkenG auch

---

[159] Vanzetti, GRUR Int. 1965, 128, 130 li. Sp.
[160] Schönfeld, 172 f.
[161] Beier/Krieger, GRUR Int. 1976, 125, 127 re. Sp.
[162] BGH GRUR 1973, 468, 470 f. - Cinzano; Baumbach/Hefermehl, WZG, Einl. Rn. 22; für einen mittelbaren Schutz der Qualitätsfunktion Hefermehl GRUR 1964, 375, 376; P. Ulmer, NJW 1969, 11, 12.; Beier/Krieger, GRUR Int. 1976, 125, 127; Sack, GRUR 1972, 445, 447 re. Sp. beschränkt den mittelbaren Schutz der Qualitätsfunktion auf die Fälle der nachträglichen Qualitätsveränderung, wie sie nun in § 24 Abs. 2 MarkenG geregelt ist; einen unmittelbaren Schutz der Qualitätsfunktion scheint BGH GRUR 1964, 372, 374 – Maja zu befürworten.
[163] BGHZ 48, 118, 123 – Trevira; GRUR 1973, 468, 471 – Cinzano; Vanzetti, GRUR Int. 1965, 128, 134; Sack, GRUR 1972, 445, 446; Kur/Henning-Bodewig, WRP 1990, 453, 455 f., die sich aber für eine Berücksichtigung der Verbrauchererwartungen i. R. v. § 3 UWG aussprechen.
[164] Beier/Krieger, GRUR Int. 1976, 125, 127 re. Sp.; Sack, GRUR 1972, 445, 445, 447; Henning-Bodewig/Kur, Marke und Verbraucher, Band I, S. 221, 237; zum sog. Anreiz- und Sanktionsmechanismus vgl. Sander, S. 12.
[165] Schönfeld, S. 218 Fn. 65 m. w. N.

außerhalb des Produktähnlichkeitsbereiches geschützt, wenn ihre Wertschätzung beeinträchtigt wird, ohne dass es auf eine Herkunftsverwechslung ankommt. Soweit die Wertschätzung einer Marke jedenfalls auch aus der Qualität der damit gekennzeichneten Ware folgt, schützen die §§ 9 Abs. 1 Nr. 3, 14, Abs. 2 Nr. 3 MarkenG mittelbar die Qualitätsfunktion. Dieser Schutz kommt sowohl dem Markeninhaber als auch den Konsumenten zugute, kann allerdings nur vom Markeninhaber geltend gemacht werden. Zweitens tritt gemäß § 24 Abs. 2 MarkenG die Erschöpfung des Markenrechtes infolge der Zustimmung des Markeninhabers zum Inverkehrbringen von Waren nicht ein, wenn der Zustand der gekennzeichneten Waren nach dem Inverkehrbringen verschlechtert wird.[166] Drittens sind lizenzvertragliche Qualitätsstandards gemäß § 30 Abs. 2 Nr. 5 MarkenG nicht nur schuldrechtlich, sondern auch markenrechtlich durchsetzbar[167], so dass der Markeninhaber nicht nur gegen den mit ihm schuldrechtlich verbundenen Abnehmer vorgehen kann, sondern auch gegen in der Vertriebskette spätere Abnehmer, zu denen keine schuldrechtliche Beziehung besteht.[168]

Die Qualitätsfunktion ist allerdings auch im MarkenG nicht als Garantieerklärung zugunsten der Verbraucher, sondern aus der Sicht des Markeninhabers ausgestaltet, der keine rechtliche Pflicht, sondern nur ein wirtschaftliches Interesse an der Aufrechterhaltung der mit seiner Marke verbundenen Qualitätsstandards hat. Vielmehr ist es dem Markeninhaber nach dem MarkenG überlassen, die Qualität seiner Erzeugnisse jederzeit zu ändern.[169] Dies kann allenfalls gemäß §§ 1, 3 UWG beispielsweise dann verboten sein, wenn die Verbraucher getäuscht werden.[170]

IV. Die Werbefunktion

Die Werbefunktion bezeichnet die Werbekraft einer Marke.[171] Marken sollen beim Verbraucher Aufmerksamkeit erregen. Marken machen ein Produkt nicht nur von anderen Produkten unterscheidbar, sondern erleichtern es den Verbrauchern gleichermaßen, sich an das Produkt zu erinnern. Der Verbraucher erinnert sich nicht nur an das Produkt[172] und

---

[166] Amtliche Begründung zum Markenrechtsreformgesetz, BT-Drucksache 12/6581, zu § 30 3. Absatz.; Lehmann/Schönfeld, GRUR 1994, 481, 483 li. Sp.
[167] Speckmann, Rn. 2184.
[168] Lehmann/Schönfeld, GRUR 1994, 481, 487.
[169] Sambuc, WRP 2000, 985, 987 re. Sp.; so zum italienischen Recht Vanzetti, GRUR Int. 1965, 128, 134 re. Sp.; 141 li. Sp.
[170] Henning-Bodewig/Kur, Marke und Verbraucher, Band I, S. 221, 237 ff.
[171] Die Werbefunktion wird auch Suggestivfunktion genannt, vgl. z. B. Vanzetti, GRUR Int. 1965, 128, 130 ff.
[172] Unzutreffend geht Sack davon aus, der Verbraucher verbinde Qualitätsvorstellungen nur mit der Marke und nicht mit dem Produkt, das mit der Marke gekennzeichnet ist, GRUR 1972, 445, 449 li. Sp. Richtig daran ist, dass die Ware erst durch die Marke identifiziert werden kann.

produktbezogene Informationen, sondern assoziiert mit diesem gegebenenfalls auch ein Produktimage, das auch den Ruf und die Anziehungskraft des Produktes umfassen kann. Dieses Bündel von Informationen macht die Werbekraft einer Marke aus.[173] So versucht der Markeninhaber, bei den Verbrauchern ein Bedürfnis nach dem eigenen Produkt zu wecken oder ein bestehendes Bedürfnis nach der fraglichen Produktgattung auf das eigene Produkt zu lenken.[174]

Während der Geltung des WZG war die Werbefunktion eines Warenzeichens im allgemeinen Deliktsrecht und im Wettbewerbsrecht unmittelbar, im WZG jedoch nur mittelbar geschützt.[175] Seit dem Inkrafttreten des MarkenG ist die Werbefunktion einer Marke zeichenrechtlich als Bestandteil des guten Rufs einer Marke gemäß §§ 9 Abs. 1 Nr. 3, 14 Abs. 2 Nr. 3 MarkenG geschützt[176], da die Werbekraft Teil der der Marke entgegengebrachten Wertschätzung i. S. v. §§ 9 Abs. 1 Nr. 3, 14 Abs. 2 Nr. 3 MarkenG ist.

---

[173] Sambuc, WRP 2000, 985, 986 li. Sp.; Will, 58 f.; Sander, S. 12.

[174] Daher wird die Werbefunktion auch Suggestivfunktion genannt, Beier/Krieger, GRUR Int. 1976, 125, 128 li. Sp.

[175] Sack, GRUR 1972, 445, 450 f.; Sack zitiert nach Bodewig, GRUR Int. 1986, 33, 34; BGHZ 19, 23, 27 – Magirus; 28, 320, 328 – Quick; Kur/Bodewig, WRP 1990, 453, 455; Speckmann, Rn. 2186.

[176] Speckmann, Rn. 2185; Kunz-Hallstein, FS DPA 100 Jahre Marken-Amt, 147, 165, spricht sich gegen den Begriff der Werbefunktion aus, da § 14 Abs. 2 Nr. 3 MarkenG vielmehr bezwecke, die bekannte Marke als selbständiges Unternehmens- und Vermögensgut dem Markeninhaber zu erhalten und ausschließlich zuzuordnen.

B. Die Markenfähigkeit von Characters

I. Einleitung

Markenfähigkeit ist die Fähigkeit einer Bezeichnung oder eines sonstigen Zeichens, Marke zu sein.[177] Gemäß § 3 Abs. 1 MarkenG ist die Marke ein Zeichen, das geeignet ist, Waren oder Dienstleistungen[178] eines Unternehmens von denjenigen anderer Unternehmen zu unterscheiden. Die Voraussetzungen der Markenfähigkeit i. S. v. § 3 MarkenG gelten für alle drei Markenkategorien i. S. v. § 4 MarkenG.[179] Die Unterscheidung zwischen Waren und Dienstleistungen im Rahmen von § 3 Abs. 1 MarkenG ist obsolet. Grundsätzlich kann sich ein Zeichen auf jede beliebige wirtschaftliche Tätigkeit beziehen.[180] Die Entstehung markenrechtlichen Schutzes eines Zeichens ist unabhängig davon, ob für dieses Sonderrechtsschutz besteht oder bestand.[181]

II. Zeichen

Der Oberbegriff aller schutzfähigen Markenformen ist gemäß § 3 Abs. 1 MarkenG das Zeichen. Zu den Zeichen zählen gemäß § 3 Abs. 1 MarkenG Wörter einschließlich Personennamen, Buchstaben, Abbildungen, Zahlen, Hörzeichen, dreidimensionale Gestaltungen einschließlich der Form einer Ware oder deren Verpackung und sonstige Aufmachungen einschließlich Farben und Farbzusammenstellungen. Die Aufzählung der schutzfähigen Markenformen in § 3 Abs. 1 MarkenG ist nicht abschließend.[182]

Kinder wollen ihre Lieblings-Characters in Form einer Puppe o. ä. anfassen und begreifen, um mit diesen das Gesehene wiederzuerleben. Auch eine in Form eines Characters gestaltete Puppe ist ein von § 3 Abs. 1 MarkenG erfasstes dreidimensionales Zeichen.

---

[177] Fezer, FS Piper, S. 525, 525.
[178] Im folgenden auch zusammenfassend als Produkte bezeichnet.
[179] Amtliche Begründung zum Markenrechtsreformgesetz, BT-Drucksache 12/6581 S. 65 li. Sp.; Thilo S. 59; Eisenführ, FS DPA 100 Jahre Marken-Amt, S. 69, 71.
[180] Ingerl/Rohnke, § 3 Rn. 17 ff., so dass die Ausgrenzung von Immobilien aus dem Warenbegriff, die Differenzierung zwischen Neben- und Hauptleistungen sowie die Tatsache, dass eine Marke rein unternehmensintern, also ohne Marktbezug benutzt werden soll, i. R. v. § 3 Abs. 1 MarkenG unschädlich sind.
[181] Meister, WRP 1995, 1005, 1008 re. Sp.; BGHZ 5, 1, 6 – Hummelfigur m. w. N.
[182] Bauer GRUR 1996, 319, 320 re. Sp.; Henning-Bodewig, Die Neuordnung des Markenrechts in Europa, S. 104, 107.

III. Abstrakte Unterscheidungseignung

Allgemeines Merkmal einer Marke ist die Unterscheidungsfunktion[183]. Nach § 3 Abs. 1 MarkenG ist die Marke ein Zeichen, eine dreidimensionale Gestaltung oder eine sonstige Aufmachung, die geeignet ist, Waren oder Dienstleistungen eines Unternehmens von denjenigen anderer Unternehmen zu unterscheiden.

1. Abgrenzung der abstrakten Unterscheidungseignung von der konkreten Unterscheidungskraft

Es ist zwischen der abstrakten Unterscheidungseignung gemäß § 3 Abs. 1 MarkenG und der konkreten Unterscheidungskraft gemäß § 8 Abs. 2 Nr. 1 MarkenG zu differenzieren.[184] Ein Zeichen ist gemäß § 8 Abs. 2 Nr. 1 MarkenG konkret unterscheidungskäftig, wenn ihm im Hinblick auf die angemeldeten Waren oder Dienstleistungen nicht jegliche Unterscheidungskraft fehlt. Bei der konkreten Unterscheidungskraft geht es also darum, eine Verbindung zwischen dem Zeichen einerseits und der konkreten Ware bzw. der konkreten Dienstleistung andererseits herzustellen.[185] Demgegenüber werden die Produkte, für die Schutz begehrt wird, bei der Beurteilung der abstrakten Unterscheidungseignung nicht berücksichtigt.[186]

Die abstrakte Unterscheidungseignung ist ein Kriterium der Markenfähigkeit gemäß § 3 MarkenG und gilt daher für alle Markenkategorien. Demgegenüber ist das Fehlen der konkreten Unterscheidungskraft eines Zeichens gemäß § 8 Abs. 2 Nr. 1 MarkenG ein absolutes Schutzhindernis und gilt nur für die Registermarke. Die abstrakte Unterscheidungseignung gemäß § 3 Abs. 1 MarkenG ist Voraussetzung der konkreten Unterscheidungskraft gemäß § 8 Abs. 2 Nr. 1 MarkenG.[187]

Diese Abgrenzung ist bedeutsam, da nur die fehlende konkrete Unterscheidungskraft gemäß § 8 Abs. 2 Nr. 1 MarkenG durch Verkehrsdurchsetzung gemäß § 8 Abs. 3 MarkenG überwunden werden kann, nicht aber fehlende abstrakte Unterscheidungseignung.[188] Weiterhin kann sie auch bei der Inanspruchnahme von Telle-quelle-Schutz gemäß Art 6^{quinquies} PVÜ i. V. m. Art. 2 Abs. 1 PVÜ für eine ausländische Marke von Bedeutung

---

183 Thilo S. 66; Fezer, FS Piper, S. 525; Sambuc, GRUR 1997, 403, 407 re. Sp. betrachtet die abstrakte Unterscheidungseignung als einen der Frage der Markenfähigkeit vorgelagerten Prüfungspunkt; kommt aber zu gleichen Ergebnissen.

184 Ströbele, GRUR 1999, 1041, 1041 li. Sp.

185 Eisenführ, FS DPA 100 Jahre Marken-Amt, S. 69, 71 f.; Thilo S. 95; Fezer § 3 Rn. 203, § 8 Rn. 24.

186 Ingerl/Rohnke, § 14 Rn. 16.

187 Kur, FS DPA 100 Jahre Marken-Amt, S. 175, 184; Fezer, FS Piper, S. 525, 528; Thilo, S. 94.

188 Althammer/Ströbele § 3 Rn. 4; Henning-Bodewig, Die Neuordnung des Markenrechts, S. 104, 108; Thilo S. 68.

sein.[189] Denn die Eintragung eines Zeichens darf in dem Verbandsland, in dem die Eintragung beantragt wird, nur aus den in Art 6^{quinquies} Abschnitt B PVÜ aufgezählten Gründen versagt werden.[190] Die konkrete Unterscheidungskraft gehört zu Versagungsgründen gemäß Art 6^{quinquies} Abschnitt B Nr. 2 PVÜ, nicht aber die Markenfähigkeit eines Zeichens.[191] Denn aus dem Telle-quelle-Schutz folgt, dass im Einfuhrland nicht mehr geprüft werden darf, ob es sich bei dem Zeichen überhaupt um eine Marke handelt, wenn sie im Ursprungsland markenfähig ist.[192]

2. Berücksichtigung der Herkunftsfunktion i. R. v. § 3 Abs. 1 MarkenG

Umstritten ist, ob die abstrakte Unterscheidungseignung neben der Unterscheidungs- bzw. Identifizierungsfunktion noch die Fähigkeit eines Zeichens voraussetzt, die gekennzeichneten Produkte anhand ihrer Herkunft zu unterscheiden. Gemäß § 4 Abs. 2 Nr. 1 1. Fall WZG besaß ein Zeichen Unterscheidungskraft, wenn es abstrakt geeignet war, die gekennzeichneten Waren oder Dienstleistungen im Verkehr anhand der Herkunft aus dem Geschäftsbetrieb des Zeicheninhabers von anderen Waren bzw. Dienstleistungen zu unterscheiden.[193] *Fezer* verneint dies und lässt es ausreichen, wenn das Zeichen fähig ist, die gekennzeichneten Waren oder Dienstleistungen von denen anderer Unternehmen zu unterscheiden.[194] Demgegenüber sind andere der Ansicht, dass ein Zeichen dazu geeignet sein muss, das gekennzeichnete Produkt im Hinblick auf seine Herkunft zu unterscheiden.[195] Seit der Canon-Entscheidung des EuGH hat sich das Verständnis der Herkunftsfunktion dahingehend verändert, dass ein Zeichen das gekennzeichnete Produkt nicht mehr im Hinblick auf seine betriebliche Herkunft, sondern im Hinblick auf den Markeninhaber als Inhaber der Produktverantwortung unterscheiden muss.[196]

---

[189] BGH GRUR 1995, 732 ff – Füllkörper; BPatGE 39, 238, 241 – POP-Swatch.

[190] BGH GRUR 1995, 732, 733 li. Sp. - Füllkörper.

[191] BGH GRUR 1995, 732, 733 li. Sp. – Füllkörper; a. A. BPatGE 39, 238, 242 – POP-Swatch.

[192] Fezer, Art 6^{quinquies} PVÜ Rn. 4.

[193] Busse/Starck, WZG, § 4 Rn. 18 m. w. N.; Beier, GRUR Int. 1992, 243 re. Sp.; Baumbach/Hefermehl, WZG, § 4 Rn. 21 f.

[194] Fezer § 3 Rn. 203; Fezer, FS Piper, S. 525, 528, 535; Fezer, WRP 1998, 1, 12; Fezer, WRP 1998, 1123, 1126, der sich zu Unrecht insoweit auf den EuGH beruft; Fezer, FS Piper, S. 525, 528; Fezer, WRP 2000, 1, 1 f.; Thilo S. 42 f., 67.

[195] Kur, FS DPA 100 Jahre Marken-Amt, S. 175, 183; v. Gamm, GRUR 1994, 775, 779; auch Henning-Bodewig scheint sich in dieser Richtung auszusprechen, Die Neuordnung des Markenrechts, S. 104, 108.

[196] EuGH GRUR 1998, 922 ff. – Canon; BGH GRUR 1999, 731, 733 li. Sp. – Canon II; BPatG GRUR 2000, 432, 433 re. Sp. – Netto 62; Sambuc, WRP 2000, 985, 987 ff.

Die Diskussion über die Herkunftsfunktion wird dadurch erschwert, dass dieser Begriff bei verschiedenen Autoren unterschiedliche Bedeutungen hat, ohne dass der jeweilige Autor deutlich macht, welche er meint.[197]

Das Wort „unterscheiden" hat vier Bedeutungen. Erstens kann „unterscheiden" bedeuteten, dass jemand etwas wahrnimmt.[198] Die Wahrnehmung eines Zeichens ist zwar eine Grundvoraussetzung für die Unterscheidung i. S. v. § 3 Abs. 1 MarkenG, doch reicht dies nach übereinstimmender Auffassung in diesem Zusammenhang nicht aus. Zweitens hat „unterscheiden" die Bedeutung, dass zwischen zwei Dingen oder Sachverhalten ein Unterschied gemacht wird, wobei sich der Gehalt dieser Aussage darin erschöpft, dass die verglichenen Gesichtspunkte nicht gleich sind.[199] Die Vertreter der Ansicht, der zufolge es im Rahmen des MarkenG allein auf die Produktidentifikation ankommt, beziehen sich auf diese Bedeutung des Wortes „unterscheiden".[200] Dies ist insofern problematisch, als dass die zweite Bedeutung von „unterscheiden" es nicht ermöglicht, ein Produkt zu identifizieren, sondern nur, ein gekennzeichnetes Produkt von einem anderen Produkt zu unterscheiden. Der Gehalt dieser Aussage beschränkt sich darauf, dass sich ein gekennzeichnetes Produkt von einem anderen Produkt unterscheidet, trifft also nur eine relative Aussage. Dies genügt jedoch nicht zur Produktidentifikation als Mindestgehalt der Unterscheidungsfunktion.

Diejenigen, die sich für die modifizierte Herkunftsfunktion einsetzen, berufen sich demgegenüber auf die beiden letzten Bedeutungen von „unterscheiden". Diese zeichnen sich durch eine Dreieckskonstellation aus, in der zwei Gesichtspunkte miteinander verglichen werden und sich durch ein Merkmal unterscheiden.[201] So wird das unterscheidende Merkmal zwischen den miteinander verglichenen Gesichtspunkten aufgezeigt. Zu beantworten ist also die Frage, ob es für die Unterscheidungseignung i. S. v. § 3 Abs. 1 MarkenG genügt, dass feststeht, dass sich zwei Zeichen voneinander unterscheiden oder ob es erforderlich ist, dass von vornherein feststeht, welcher Gesichtspunkt sie unterscheidet.

Für die Berücksichtigung der Herkunftsfunktion bei der Beurteilung der abstrakten Unterscheidungseignung gemäß § 3 Abs. 1 MarkenG spricht der Wortlaut dieser Vorschrift und des zugrundeliegenden Art. 2 MarkenRL, ein Zeichen müsse geeignet sein, Waren oder Dienstleistungen eines Unternehmens von denjenigen anderer Unternehmen zu unterscheiden. Das dagegen vorgebrachte Argument, in § 3 Abs. 1 MarkenG werde nur die

---

[197] Sack, GRUR 1972, 402, 405 f.
[198] Duden, Das große Wörterbuch der deutschen Sprache, Stichwort „unterscheiden", 4.
[199] Duden, Das große Wörterbuch der deutschen Sprache, Stichwort „unterscheiden", 1. b).
[200] Fezer, WRP 2000, 1, 2.
[201] Duden, Das große Wörterbuch der deutschen Sprache, Stichwort „unterscheiden", 1. a), 2., 3.

selbstverständliche Tatsache formuliert, dass Waren von Unternehmen hergestellt und vertrieben bzw. Dienstleistungen erbracht werden[202], greift zu kurz. Infolge des veränderten Verständnisses der Herkunftsfunktion ist mit dem in § 3 Abs. 1 MarkenG genannten Unternehmen nicht gemeint, dass die mit dem Zeichen gekennzeichneten Waren aus demselben Produktionsbetrieb stammen, sondern dass diese der Produktverantwortung desselben Zeicheninhabers unterfallen. Diese Zuordnung aber geht über die banale Aussage hinaus, dass Produkte aus Unternehmen herrühren.[203]

Zugunsten der Berücksichtigung der Herkunftsfunktion spricht auch der 10. Erwägungsgrund der MarkenRL, dem zufolge es „Zweck des durch die ... Marke gewährten Schutzes ist ..., insbesondere die Herkunftsfunktion der Marke zu gewährleisten."[204] Dadurch kommt zum Ausdruck, dass die Herkunftsfunktion weiterhin rechtlich geschützt ist, wenn auch nicht mehr wie im WZG als einzige Funktion.

Für die Berücksichtigung der modifizierten Herkunftsfunktion i. R. v. § 3 Abs. 1 MarkenG spricht, dass eine Marke ohne Inhalt wäre, wenn man die Unterscheidungseignung als reine Produktunterscheidungsfunktion ohne Ansicht der gewerblichen Herkunft verstünde. Erstens bestehen häufig die zu kennzeichnenden Produkte noch gar nicht, oder aber der Verkehr verbindet mit der jeweiligen Marke keine Vorstellung von dem gekennzeichneten Produkt. Also würden solche Marken keinerlei Funktion erfüllen, wenn die Produktidentifizierung die einzige gemäß § 3 Abs. 1 MarkenG rechtlich geschützte Markenfunktion wäre.[205]

Zweitens steht es dem Markeninhaber nach allgemeiner Ansicht frei, die Marke statt für die bisher gekennzeichneten Produkte für völlig andere Produkte zu verwenden oder die bisher gekennzeichneten Produkte qualitativ zu verändern. Wenn sich die Marke auf eine Produktidentifizierung beschränkte, könnte sie mangels Berücksichtigung der Produktherkunft das Produkt nur im Hinblick auf seine Qualität unterscheiden, so dass die Marke als eine Qualitätsgarantie aufzufassen wäre.[206] Würden aber entgegen der als Qualitätsgarantie aufzufassenden Marke Produktveränderungen vorgenommen, wäre die Produktidentifikationsfunktion gestört. Folgt man also der Ansicht, der zufolge sich eine Marke in der Produktidentifizierung erschöpft, dürfte dem Markeninhaber eine Produktveränderung nicht gestattet sein.[207] Dieser Auffassung ist aber niemand.[208] Also muss der Inhalt einer Marke

---

[202] Will, S. 51; Schönfeld, S. 217; a. A. zum WZG Sack, GRUR 1972, 402, 406.
[203] So zum WZG Sack, GRUR 1972, 402, 406.
[204] So aber Kunz-Hallstein, FS 100 Jahre Marken-Amt, S. 147, 162 f.
[205] Sambuc, WRP 2000, 985, 988.
[206] Vanzetti, GRUR Int. 1965, 128, 134 li. Sp.
[207] Beier/Krieger, GRUR Int. 1976, 125, 127 li. Sp.

über die bloße Produktidentifizierung hinausgehen.[209] Dieser über die Produktidentifizierung hinausgehende Markeninhalt ist in Übereinstimmung mit der modifizierten Herkunftsfunktion der Hinweis auf den Markeninhaber.[210]

Den weiteren Argumenten gegen die Herkunftsfunktion ist gemeinsam, dass sie aus der Schwächung der Herkunftsfunktion und dem gleichzeitigen Schutz weiterer Markenfunktionen den Schluss ziehen, die Herkunftsfunktion genieße gar keinen Schutz durch das MarkenG mehr.[211] Diese Argumentation beruht auf der großen Bedeutung der Herkunftsfunktion im WZG, die sich nicht nur darin ausdrückte, dass sie die einzige rechtlich geschützte Markenfunktion war, sondern zudem zur Auslegung vieler weiterer, gesetzlich nicht geregelter warenzeichenrechtlicher Probleme herangezogen wurde.[212] Diese umfassende Bedeutung hat die Herkunftsfunktion im MarkenG verloren, doch rechtfertigt dies nicht den Schluss, die Herkunftsfunktion sei nunmehr völlig belanglos.[213]

Denn es ist zwischen der Herkunftsfunktion in der vorliegend vertretenen Form als wesensnotwendiger, nicht veränderbarer Markenfunktion und den konkreten Erscheinungsformen dieser Funktion zu unterscheiden, die das Ergebnis positivrechtlicher rechtspolitischer Entscheidungen des Gesetzgebers sind und die verändert werden können, solange dadurch nicht die Herkunftsfunktion als solche angetastet wird.[214] So weist *Sack* bereits zum WZG nach, dass allein die abstrakte Herkunftsfunktion als Hinweis auf den Zeicheninhaber zeichenrechtlich geschützt war[215], woran sich auch im MarkenG nichts geändert hat. Aus der Veränderung der Ausprägungen der Herkunftsfunktion kann also erst dann auf die Unbeachtlichkeit der Herkunftsfunktion selbst geschlossen werden, wenn die Fähigkeit des Zeichens, auf seinen Inhaber abstrakt hinzuweisen, als Kernbereich der Herkunftsfunktion angetastet wird.

Gegen die Berücksichtigung der Herkunftsfunktion im MarkenG wird vorgebracht, der Inhaber einer Marke müsse kein Unternehmen und keinen Geschäftsbetrieb mehr haben, so

---

208 Vanzetti, GRUR Int. 1965, 128, 134; Sambuc, WRP 2000, 985, 987 li. Sp.; Beier/Krieger, GRUR Int. 1976, 125, 127 li. Sp.; Sack, GRUR 1972, 445, 447 li. Sp. oben.

209 Sambuc, WRP 2000, 985, 987 f.; Beier/Krieger, GRUR Int. 1976, 125, 127; Hennig-Bodewig/Kur, Marke und Verbraucher Band I, S. 221, 244; Götting, FS Beier 1996, S. 233, 240, hingegen hält dies für möglich, aber nicht notwendig.

210 Vanzetti, GRUR Int. 1965, 128, 134 f.

211 So beispielsweise Kunz-Hallstein, FS DPA 100 Jahre Marken-Amt, 147, 163; Kunz-Hallstein, GRUR Int. 1992, 81, 90 li. Sp.; dem gegenüber betont Henning-Bodewig, Die Neuordnung des Markenrechts in Europa, S. 104, 108 f. das Nebeneinander von Herkunfts- und weiteren Funktionen.

212 Tilmann, ZHR 158 (1994), 371, 380 ff.

213 v. Gamm, WRP 1993, 793, 795 li. Sp.

214 Kur/Henning-Bodewig, Marke und Verbraucher, Band I, S. 221, 248.

215 Sack, GRUR 1972, 402, 406.

dass es keine Anhaltspunkte für den Schutz der Herkunftsfunktion im MarkenG gebe.[216] Diese Argumentation berücksichtigt nicht, dass die Herkunftsfunktion unter der Geltung des MarkenG nur noch den Hinweis auf den Markeninhaber umfasst. Daher greift der Schluss von der Ablösung der Marke von einem konkreten Geschäftsbetrieb auf die Schwächung der Herkunftsfunktion zu kurz.[217]

Für den Einwand, dass der Herkunftsfunktion die freie Übertragbarkeit der Marke entgegensteht[218], gilt dasselbe.[219] Denn nach der Markenübertragung ist die Identität des Inhabers der Produktverantwortung wieder gewährleistet.[220] Soweit es in der Begründung zum MarkenG heißt, bei der Verwechslungsgefahr komme es nicht auf die Gefahr von Verwechslungen hinsichtlich der betrieblichen Herkunft der Waren oder Dienstleistungen an[221], spricht dies nicht gegen den gerade dargestellten Kernbereich der Herkunftsfunktion, da mit der Identität des Herkunftsbetriebes nicht identische Herstellungsstätten gemeint sein müssen.[222]

Gegen die Maßgeblichkeit der Herkunftsfunktion im MarkenG spricht auch nicht § 30 MarkenG.[223] Gemäß § 30 MarkenG kann der Inhaber einer Marke eine ausschließliche Lizenz erteilen, die sich auf einen Teil der geschützten Produkte oder einen Teil des Gebietes der Bundesrepublik Deutschland beschränken kann. Danach kann ein unter einer Marke in Verkehr gebrachtes Produkt von verschiedenen Herstellern stammen.[224] Bei der Lizensierung steht es dem Markeninhaber offen, die Produktverantwortlichkeit ganz oder zum Teil durch die Vereinbarung von Qualitätsmindeststandards und/oder Qualitätskontrollen i. S. v. § 30 Abs. 2 Nr. 5 MarkenG zu behalten. Diese Option bei der Lizenzvergabe genügt, um die Einheitlichkeit der Produktverantwortung zu gewährleisten.[225] Verzichtet der Markeninhaber bei der Lizenzvergabe auf Qualitätsgarantien, zeigt dies nicht, dass die Herkunftsfunktion völlig bedeutungslos geworden ist. Der Markeninhaber macht

---

[216] Kunz-Hallstein, FS DPA 100 Jahre Marken-Amt, 147, 161 f.

[217] Kur/Henning-Bodewig, Marke und Verbraucher, Band I, S. 221, 233 f.; Sack, GRUR 1972, 402, 407 ff., 409 li. Sp. weist auf die Beschränktheit des Schutzes der so verstandenen Herkunftsfunktion hin.

[218] Vanzetti, GRUR Int. 1965, 128, 142 hält die Bindung der Marke an den Geschäftsbetrieb für unverzichtbar; zum bisherigen Bindungsgrundsatz gemäß § 8 Abs. 1 S. 2 WZG vgl. Baumbach/Hefermehl, WZG, § 8 Rn. 1 ff. m. w. N.

[219] Tilmann, ZHR 158 (1994), 371, 387 f.; Kur, Die freie Übertragbarkeit von Markenrechten, Marke und Verbraucher Band II, S. 306, 313 f.

[220] Kur, Die freie Übertragbarkeit von Markenrechten, Marke und Verbraucher Band II, S. 306, 315.

[221] Amtliche Begründung zum MarkenG, BT-Drucks. 12/6581, S. 56, 71, 72 (Hervorhebung durch den Verfasser); Kunz-Hallstein, FS DPA 100 Jahre Marken-Amt, 147, 163.

[222] So aber Kunz-Hallstein, FS 100 Jahre Marken-Amt, S. 147, 163; dem gegenüber spricht sich v. Gamm, GRUR 1994, 775, 777 f. für eine an der betrieblichen Herkunft orientierte Herkunftsfunktion aus.

[223] So schon zum WZG Beier/Krieger, GRUR Int. 1976, 125, 127.

[224] So auch schon im WZG, Sack, GRUR 1972, 402, 408 f.

[225] So schon EuGH GRUR Int. 1994, 614, 616 f. Tz. 37 – Ideal Standard II.

vielmehr in zulässiger Weise von seinen markenrechtlichen Befugnissen Gebrauch. Denn eine fehlende oder schlechte Produktkontrolle in dem Unternehmen des Markeninhabers selbst ist ebenso wenig markenrechtlich zu beanstanden wie der Verzicht auf diese gegenüber dem Lizenznehmer.

Die Abschaffung der im WZG geltenden weltweiten Erschöpfung und ihr Ersatz durch die EU-weite Erschöpfung gemäß § 24 Abs. 1 MarkenG wird als Argument für die Belanglosigkeit die Herkunftsfunktion angeführt.[226] Während der Geltung des WZG wurde davon ausgegangen, dass die gesetzlich nicht geregelte Erschöpfung bei weltweitem Inverkehrbringen eintrat.[227] Die weltweite Erschöpfung wurde während der Geltung des WZG aus der Herkunftsfunktion hergeleitet, jedoch zusätzlich damit begründet, das Markenrecht dürfe nicht zur Vertriebssteuerung eingesetzt werden.[228] Nach dem Inkrafttreten des MarkenG gilt eine nur EU-weite Erschöpfung.[229] Diese kann nunmehr nicht mehr mit Hilfe der Herkunftsfunktion begründet werden. Vielmehr muss dazu der handelspolitische, auf Protektion ausgerichtete Aspekt herangezogen werden, der in dem § 24 MarkenG zugrunde liegenden Art. 7 MarkenRL Ausdruck gefunden hat. Einen Rückschluss auf die Herkunftsfunktion lässt diese Entscheidung aber nicht zu, da sie sich nur an handelspolitischen Kriterien und nicht an den Markenfunktion orientiert.[230] Dementsprechend hat sich der EuGH auch nicht mit den Konsequenzen der nur EU-weiten Erschöpfung für die Funktionenlehre beschäftigt, sondern vielmehr mit den handelspolitischen Folgen einer nicht einheitlichen Regelung der Erschöpfung in allen EU-Staaten.[231]

In der Begründung zum MarkenG heißt es, § 24 MarkenG sei ein weiterer Beweis für die These, dass dem neuen Markengesetz eine grundsätzlich veränderte Konzeption der Bedeutung des Markenschutzes zugrunde liegt. Die weiterhin maßgebliche Herkunftsfunktion

---

[226] Kunz-Hallstein, FS 100 Jahre Marken-Amt, S. 147, 164 f.; v. Gamm, WRP 1993, 793, 795; ders., GRUR 1994, 775, 778 li. Sp. hält den § 24 MarkenG zugrunde liegenden Art. 7 MarkenRL, der eine EU-weite Erschöpfung vorsieht, nur für eine Mindestregelung, die der Weiterführung der internationalen Erschöpfung nicht entgegen steht; kritisch hinsichtlich der EU-weiten Erschöpfung Ingerl/Rohnke, § 24 Rn. 8.

[227] BGHZ 60, 185, 190 – Cinzano; Baumbach/Hefermehl, WZG, § 15 Rn. 46; Tilmann, ZHR 158 (1994), S. 371, 385 ff.

[228] BGHZ 60, 185, 190 – Cinzano; Tilmann, ZHR 158 (1994), 371, 385 ff.; v. Gamm, GRUR 1994, 775, 778 re. Sp.; Baumbach/Hefermehl, WZG, § 15 Rn. 46.

[229] EuGH GRUR Int. 1998, 695, 697 Tz. 31 – Silhouette; BGHZ 131, 308, 313 – gefärbte Jeans; Fezer, § 24 Rn. 15; Tilmann, ZHR 158 (1994), S. 371, 387; Althammer/Klaka, § 24 Rn. 21; Sack, GRUR 1998, 193, 210 ff.; Beckmann, GRUR Int. 1998, 836, 839 f.

[230] So auch Dr. Jens Gaster, Europäische Kommission, Generaldirektion XV, Brüssel, im Rahmen seines Vortrags „Der Grundsatz der Erschöpfung aus der Sicht des Europäischen Gemeinschaftsrechts" anlässlich des 6. Außenwirtschaftsrechtstages am 25. Oktober 2001 in Münster, veranstaltet vom Zentrum für Außenwirtschaftsrecht e. V. am Institut für öffentliches Wirtschaftsrecht der Westfälischen Wilhelms-Universität; Tilmann, ZHR 158 (1994), S. 371, 386 f.; v. Gamm, GRUR 1994, 775, 778 re. Sp.; Nägele, S. 76.

[231] EuGH GRUR Int. 1998, 695 ff., insbes. Tz. 22-29 – Silhouette.

werde künftig durch weitere Markenfunktionen ergänzt, insbesondere durch die Qualitätsfunktion und die Werbefunktion.[232] Diese Aussage bezieht sich jedoch nicht auf die örtliche Reichweite der Erschöpfungswirkung, also die rein EU-weite Erschöpfung, sondern auf die Einschränkung der Erschöpfungswirkung gemäß § 24 Abs. 2 MarkenG.[233] Denn die Qualitäts- und die Werbefunktion haben nichts mit der örtlichen Reichweite der Erschöpfung zu tun, sondern können dem Markeninhaber „berechtigte Gründe" i. S. v. § 24 Abs. 2 MarkenG bzw. Art. 7 Abs. 2 MarkenRL für das Vorgehen gegen den Weitervertrieb der von ihm in Verkehr gebrachten Waren liefern. Zudem wird in der Begründung zum MarkenG ausdrücklich betont, dass die Herkunftsfunktion weiterhin maßgeblich bleibt, wenn auch die genaue Reichweite dieser Aussage verborgen bleibt.[234]

Schließlich sprechen die §§ 9 Abs. 1 Nr. 3, 14 Abs. 2 Nr. 3 MarkenG nicht für einen Verzicht auf die Berücksichtigung der Herkunftsfunktion bei der Markenfähigkeit.[235] Diese Vorschriften schützen vor der Ausnutzung oder Beeinträchtigung der Unterscheidungskraft oder der Wertschätzung einer Marke, nicht aber vor Verwechslungsgefahr.[236] Ein solcher Schutz ist jedoch auch möglich, wenn das Zeichen dazu geeignet ist, auf seinen Inhaber abstrakt hinzuweisen[237], so dass die §§ 9 Abs. 1 Nr. 3, 14 Abs. 2 Nr. 3 MarkenG die abstrakte Herkunftsfunktion nicht beeinträchtigen.

Da die gegen die Berücksichtigung der Herkunftsfunktion genannten Einwände nicht stichhaltig sind und die dafür genannten Argumente zutreffend sind, setzt die abstrakte Unterscheidungseignung einer Marke gemäß § 3 Abs. 1 MarkenG voraus, dass das Zeichen dazu geeignet ist, auf seinen Inhaber hinzuweisen, so dass der Verkehr davon ausgehen kann, dass Produkte, die mit dem Zeichen versehen sind, von demselben Markeninhaber als Inhaber der Produktverantwortung stammen. Ebenso wie es im WZG nicht erforderlich war, dass der Verkehr den konkreten Herkunftsbetrieb kennt, ist es nach dem Inkrafttreten des MarkenG entbehrlich, dass der Verkehr die Marke als Hinweis auf einen konkreten Markeninhaber auffasst. Vielmehr genügt es, dass der Verkehr die Marke als Hinweis auf einen abstrakten Markeninhaber ansieht.[238] Denn die kommerzielle Herkunft ist das rechtlich notwendige Unterscheidungskriterium und ist somit der Grund für die Unterscheidung, nicht aber der Zweck der Produktmarkierung.[239]

---

232 Amtliche Begründung zum MarkenG, BT-Drucks. 12/6581 zu § 24, 7. Absatz.
233 So aber Beckmann, GRUR Int. 1998, 836, 840.
234 Amtliche Begründung zum MarkenG, BT-Drucks. 12/6581 zu § 24, 7. Absatz.
235 So aber Kunz-Hallstein, FS 100 Jahre Marken-Amt, S. 147, 165.
236 Will, S. 53.
237 Sambuc, WRP 2000, 985, 988 re. Sp.
238 Will, S. 55; Schönfeld, S. 217.
239 Kur/Henning-Bodewig, Marke und Verbraucher, Band I, S. 221, 247.

Berücksichtigt man also, dass abstrakte Unterscheidungseignung i. S. v. § 3 Abs. 1 MarkenG die Fähigkeit des Zeichens voraussetzt, auf seinen Inhaber hinzuweisen, muss das Zeichen diese Fähigkeit im Hinblick auf beliebige Waren oder Dienstleistungen aufweisen.[240] Die Beurteilung der abstrakten Unterscheidungseignung soll großzügig erfolgen.[241] Zusammengesetzte Marken müssen als Ganzes abstrakt unterscheidungsgeeignet sind, nicht aber deren einzelne Bestandteile[242]. Die naturgetreue Abbildung einer Ware ist abstrakt unterscheidungsgeeignet.[243]

Bei Zugrundelegung dieses Verständnisses ist es schwierig, Beispiele für das Fehlen der abstrakten Unterscheidungseignung zu finden.[244] So hat der BGH den Buchstaben „K" ohne weiteres als abstrakt unterscheidungsgeeignet angesehen.[245] In der Regel wird nicht die abstrakte Unterscheidungseignung, sondern die konkrete Unterscheidungskraft fehlen.[246]

IV. Die abstrakte Unterscheidungseignung von Characters

1. Name

Wortmarken können aus einem oder mehreren Wörtern oder auch kurzen Sätzen bestehen.[247] Auch der Name von Characters kann aus einem[248] oder mehreren[249] Wörtern bestehen. Diese sind häufig phantasievoll und damit auch abstrakt unterscheidungsgeeignet. Zwar sind Namen von Characters keine Personennamen i. S. v. § 3 Abs. 1 1. Fall MarkenG. Doch ist die Aufzählung in § 3 Abs. 1 MarkenG nicht abschließend, so dass mit ihr keine Eingrenzung verbunden ist. Auch gebräuchlichere Namen wie Tim von „Tim & Struppi" sind abstrakt unterscheidungsgeeignet. Denn letztlich ist jedes Wort abstrakt unterscheidungsgeeignet.[250] Dies gilt auch für Namen von Characters, die aus Zahlen und/oder Buchstaben bestehen, die gemäß § 4 Abs. 2 Nr. 1 WZG schutzunfähig waren, jedoch nunmehr gemäß § 3 Abs. 1 MarkenG ausdrücklich als schutzfähige Zeichen genannt sind.

---

240 Eisenführ, FS DPA 100 Jahre Marken-Amt, S. 69, 71 f.; Thilo S. 95.
241 Eisenführ, FS DPA 100 Jahre Marken-Amt, S. 69, 72; Fezer, FS Piper, S. 525, 529.
242 Fezer § 3 Rn. 208.
243 BPatG GRUR 1998, 713, 714 li. Sp. – Zahnpastastrang.
244 Henning-Bodewig, Die Neuordnung des Markenrechts, S. 104, 108.
245 BGH – Buchstabe K.
246 BPatG GRUR 1998, 713, 714 – Zahnpastastrang; BPatG GRUR 1998, 581 re. Sp. – weiße Kokosflasche; BPatG GRUR 1998, 584, 585 – kleine Kullerflasche.
247 Fezer, § 3 Rn. 241.
248 Z. B. Asterix, Obelix, Werner, Tim aus dem Comic „Tim und Struppi".
249 Z. B. Lucky Luke, Donald Duck, Fred Feuerstein.
250 Fezer, § 8 Rn. 56; Ingerl/Rohnke, § 3 Rn. 22.

Der Schriftzug eines Characters kann als Wort-Bildmarke eingetragen werden. Dies ist zu empfehlen, wenn das Wort selbst nur geringe Unterscheidungskraft aufweist.[251] Dabei geht es nicht um einen absoluten Schutz der verwendeten Schriftart, sondern gerade um das Wortzeichen in der verwendeten Schriftart. Abzulehnen ist daher die Auffassung, der zeichnerischen Ausgestaltung von Buchstaben, Wörtern und Zahlen fehle regelmäßig schon die abstrakte Unterscheidungseignung, diese sei also nicht markenfähig. Dies komme nur ausnahmsweise in Betracht, wenn die graphische Gestaltung eine besondere Eigenart aufweise, den gegenwärtigen Stand der gebrauchsüblichen Werbegraphik überschreite und ihr so die Eignung zur Unterscheidung von Unternehmensprodukten am Markt zukomme.[252] Vielmehr ist die Frage der Üblichkeit etc. der verwendeten Schriftart bei der Beurteilung der konkreten Unterscheidungskraft und gegebenenfalls des Schutzumfanges eines Zeichens zu berücksichtigen und nicht bereits bei der Markenfähigkeit.

2. Bildliche Gestaltungen

a) Abbildungen jeder Art

Abbildungen jeder Art sind als Bildmarken grundsätzlich markenfähig. Eine Grenze der abstrakten Unterscheidungseignung ist kaum zu ziehen. So hat das BPatG sogar das Joop-Ausrufungszeichen als markenfähig betrachtet, wenn es auf stets gleichbleibender Stelle eines Kleidungsstückes in gleicher Größe und in einem bestimmten Kontrast zum Stoff aufgenäht ist.[253] In der Regel zeichnen sich die Darstellungen von Characters durch ihre einprägsame und häufig phantasievolle Gestaltung aus. Also können die Abbildungen von Characters grundsätzlich Waren oder Dienstleistungen abstrakt voneinander unterscheiden.[254]

b) schwarz-weiße und farbige Bildmarken

Schwarz-weiße bildliche Darstellungen von Characters sind als Abbildungen ebenso markenfähig wie schwarz-weiße Bildmarken. Die Farbigkeit der Darstellung einer Bildmarke kann allerdings eine Rolle im Zusammenhang mit dem Schutzumfang einer Marke spielen.

Kein Zusammenhang besteht zwischen der Frage der Schutzfähigkeit farbiger Bildmarken und sog. Farbmarken. Unter Farbmarken versteht man abstrakte Farben ohne figürliche Abgrenzung. Diese waren im WZG grundsätzlich mangels Abgegrenztheit nicht

---

[251] Ingerl/Rohnke, § 3 Rn. 22 a. E.
[252] Fezer, § 3 Rn. 257.
[253] BPatGE 40, 71, 75 f. – Joop-Ausrufungszeichen.
[254] So schon zur Rechtslage nach dem WZG, Eichmann, FS Nirk, S. 165, 173.

schutzfähig.[255] Demgegenüber ist eine abstrakte Farbe im MarkenG als schutzfähig anerkannt, wenn sie die allgemeinen Kriterien der Markenfähigkeit erfüllt.[256] Im Zusammenhang mit farbigen Darstellungen von Characters spielen Farbmarken keine Rolle.

c) Warenabbildungen

Unter Warenabbildungen versteht man die Anmeldung von Abbildungen von Waren als Zeichen, egal ob die Warenabbildung als Zeichen für die abgebildete Ware oder für eine andere Ware angemeldet wird.

Vereinzelt wird auch noch nach dem Inkrafttreten des Markengesetzes vertreten, Warenabbildungen seien nur abstrakt unterscheidungsgeeignet, wenn sie sich nicht in einer naturgetreuen Wiedergabe erschöpfen, sondern in der Art der Darstellung eine Besonderheit aufwiesen.[257] Diese Ansicht geht auf die bereits zum WZG vertretene Auffassung zurück, der zufolge einer naturgetreuen Warenabbildung die Unterscheidungskraft gemäß § 4 Abs. 2 Nr. 1 WZG fehlte.[258] Diese Ansicht hatte während der Geltung des WZG den Grund, dass dreidimensionale Gestaltungen nur als Ausstattung gemäß § 25 WZG, d. h. aufgrund von Verkehrsgeltung, nicht aber als Registermarke schützbar waren, und es nicht möglich sein sollte, die für den Schutz einer Warenform erforderliche Verkehrsgeltung durch die Eintragung einer Registermarke, die diese Warenform abbildete, zu umgehen.

Diese Ansicht ist nach dem Inkrafttreten des Markengesetzes jedoch abzulehnen[259], da naturgetreue Warenabbildungen für andere als die dargestellten Waren sehr wohl schutzfähig sein können. Zudem sind dreidimensionale Marken nunmehr auch als Registermarke gemäß § 4 Nr. 1 MarkenG schützbar. Danach ist die Schutzfähigkeit naturgetreuer Warendarstellungen nur im Rahmen der Eintragungshindernisse, insbesondere gemäß § 8 Abs. 2 Nr. 1 und Nr. 2 MarkenG zu prüfen. Denn nur so ist es möglich, die Auswirkungen der Beziehung von Zeichen und Produkt hinsichtlich der Schutzfähigkeit des Zeichens zu berücksichtigen. Damit sind Warenabbildungen nicht nur als Registermarke schützbar, wenn diese eine charakteristische Besonderheit aufweisen, sondern auch bei naturgetreuer Darstellung.[260] Wird also die naturgetreue Abbildung beispielsweise eines Plüschtieres o. ä. in

---

[255] BGH GRUR 1979, 853, 855 – lila; schutzfähig konnte jedoch ein bestimmter Farbton einer Farbe sein, OLG Frankfurt, NJW-RR 1992, 1519 – gelbe Seiten.

[256] BGH WRP 1999, 430, 432 – Farbmarke gelb/schwarz; Jaeger-Lenz, WRP 1999, 290, 291 f.

[257] Fezer, § 3 Rn. 258, § 8 Rn. 76.

[258] BGH GRUR 1964, 454, 455 f. – Palmolive; Baumbach/Hefermehl, § 4 Rn. 42.

[259] BGH GRUR 2001, 413, 414 re. Sp. – Swatch; GRUR 2001, 416, 417 li. Sp. – Omega (die den Entscheidungen zugeordneten Abbildungen wurden beim Abdruck offensichtlich vertauscht).

[260] BGH GRUR 1999, 465 re. Sp. – Etiketten; BPatGE 39, 90, 94 f. – Absperrpoller.

Form eines Characters als Bildmarke angemeldet, ist diese abstrakt unterscheidungsgeeignet.

3. Dreidimensionale Gestaltungen

Im WZG waren dreidimensionale Gestaltungen nur als Ausstattung gemäß § 25 WZG, nicht aber als Registerrecht schützbar.[261] Dreidimensionale Gestaltungen sind in § 3 Abs. 1 2. Fall MarkenG ausdrücklich als schutzfähige Zeichen aufgeführt und sind auch als Registermarke gemäß § 4 Nr. 1 MarkenG schützbar.[262] Dreidimensionale Gestaltungen sind dazu geeignet, Waren oder Dienstleistungen voneinander zu unterscheiden, also abstrakt unterscheidungsgeeignet[263], so dass dreidimensionale Gestaltungen vorbehaltlich der Regelung von § 3 Abs. 2 MarkenG abstrakt unterscheidungsgeeignet sind. Damit nicht zu verwechseln ist die Eignung, konkrete Produkte voneinander zu unterscheiden, die im Rahmen von § 8 Abs. 2 Nr. 1 MarkenG zu beurteilen ist.[264]

4. Gemeinfreiheit

Der Schutz gemeinfreier Werke als Marke hat die Frage nach dem Verhältnis von Markenrecht und Urheberrecht aufgeworfen.[265] Für Characters ist diese Frage bedeutsam, da jedenfalls die bildliche Gestaltung von Characters häufig Urheberschutz genießt.[266] Als problematisch wird angesehen, dass durch den Schutz eines Werkes als Marke die zeitliche Begrenzung des Urheberschutzes gemäß § 64 UrhG umgangen wird.[267] Diesbezüglich wird eine Remonopolisierung von Werken durch das Markenrecht befürchtet, die zur Folge hat, dass die Werke der Allgemeinheit und der künstlerischen Auseinandersetzung entzogen

---

[261] BGHZ 41, 187, 189 – Palmolive; 52, 273, 275 – Streifenmuster; BGH GRUR 1975, 550 – Drahtbewehrter Gummischlauch; RGZ 115, 235, 237, 238 – Bandmaster; 155, 108, 116 – Kabelkennfäden; a. A. Hubmann, 4. A. § 37 II 3.; Ackmann, GRUR 1973, 165, 169; Troller, Bd. I, S. 339.

[262] BT-Drucksache 12/6581 B. I. 2. a) zu § 3 4. Absatz.

[263] BGH GRUR 2001, 56, 57 li. Sp. – Likörflasche; BGH GRUR 2001, 334, 335 re. Sp. - Gabelstapler.

[264] BGH GRUR 2001, 334, 335 re. Sp. – Gabelstapler, gegen das vorinstanzliche BPatG, das diese Frage mangels Entscheidungserheblichkeit offen gelassen hatte.

[265] BPatG GRUR 1998, 1021 ff. – Mona Lisa; OLG Dresden, NJW 2001, 615 ff. – Johann Sebastian Bach; Klinkert/Schwab, GRUR 1999, 1067 ff.; Klinkert/Schwab, FS Gründisch, S. 35 ff.; Seifert, WRP 2000, 1014 ff.; Nordemann, WRP 1997, 389 ff.; Wandtke/Bullinger, GRUR 1997, 573 ff.; Osenberg, GRUR 1996, 101 ff.

[266] BGH GRUR 1958, 500, 502 – Mecki-Igel; GRUR 1994, 191 ff. – Asterix-Persiflagen; HansOLG, GRUR 1991, 207, 208 – Alf.

[267] Klinkert/Schwab, FS Gründisch, S. 35, 38 ff.; Klinkert/Schwab, GRUR 1999, 1067, 1067; Osenberg, GRUR 1996, 101, 101 f.; Wandtke/Bullinger, GRUR 1997, 573, 578; demgegenüber stellt BPatG GRUR 1998, 1021, 1021 f. – Mona Lisa jedenfalls nicht ausdrücklich auf die Gemeinfreiheit als Grund für die dort abgelehnte Eintragungsfähigkeit ab.

werden.[268] Auch wenn der Aufschrei in den kulturell interessierten Kreisen bei der Anmeldung von Characters als Marke sicherlich nicht so groß ist wie bei der Anmeldung der Mona Lisa von Leonardo da Vinci, stellt sich dieses Problem dennoch. Erstens wird die Gemeinfreiheit auch im Hinblick auf Characters eintreten. So ist der Urheber von „Lucky Luck", der belgische Comic-Zeichner Maurice de Bévere, alias Morris, im Juli 2001 verstorben, so dass die an den Tod des Urhebers anknüpfende Schutzfrist zu laufen begonnen hat. Zweitens berührt diese Frage das grundsätzliche Verhältnis von Markenrecht und Urheberrecht zueinander, so dass eine Klärung dieser Frage geboten ist.

Der Begriff der Remonopolisierung ist aber irreführend und hilft begrifflich nicht weiter. Denn die Diskussion bezieht sich auch auf Werke, die niemals urheberrechtlichen Schutz genossen haben, da sie zu einer Zeit entstanden sind, als noch kein Urheberrecht existierte.[269] Auch im Hinblick auf ehemals oder noch urheberrechtlich geschützten Werke kann der Begriff der Remonopolisierung keine Argumente ersetzen, sondern dient nur einer nicht förderlichen Emotionalisierung der Diskussion.

Einer vereinzelten Auffassung zufolge sind Marken, die ein gemeinfreies Werk zum Gegenstand haben, nicht abstrakt unterscheidungsgeeignet.[270] Dies widerspricht dem Grundsatz, dass markenrechtlicher Schutz unabhängig von anderen Sonderrechtsschutzrechten zu beurteilen ist.[271] Gemäß § 3 Abs. 1 MarkenG reicht die Eignung zur Unterscheidung von Produkten im Hinblick auf den Markeninhaber, wofür nur geringe Anforderungen zu erfüllen sind. Nicht einzusehen ist, inwiefern das Bestehen eines Urheberrechtes oder die Tatsache, dass das Urheberrecht bereits erloschen ist, auf die Beurteilung der abstrakten Unterscheidungseignung Einfluss haben soll.[272]

Das Problem der Einschränkung der Gemeinfreiheit wird nicht nur im Rahmen von § 3 Abs. 1 MarkenG diskutiert, sondern vor allem im Rahmen der Eintragungshindernisse gemäß § 8 Abs. 2 MarkenG, so dass auf dieses Problem im Verlauf der weiteren Arbeit zurückzukommen ist.

---

[268] Wandtke/Bullinger, GRUR 1997, 573, 577; OLG Dresden, NJW 2001, 615, 616 f. – Johann Sebastian Bach; Klinkert/Schwab, GRUR 1999, 1067, 1071 li. Sp.
[269] Seifert, WRP 2000, 1014, 1015 li. Sp.
[270] Klinkert/Schwab, GRUR 1999, 1067, 1069 li. Sp.
[271] Meister, WRP 1995, 1005, 1008 re. Sp.; BGHZ 5, 1, 6 – Hummelfigur m. w. N.
[272] Seifert, WRP 2000, 1014, 1017 f., insbes. 1018 li. Sp.; Nordemann, WRP 1997, 389, 391 re. Sp.

V. Benutzungswille

Umstritten ist, ob der Erwerb einer Registermarke den Willen ihrer Benutzung voraussetzt, dessen Fehlen Markenunfähigkeit zur Folge hat. Während der Geltung des WZG wurde ein individueller Benutzungswille gefordert und damit begründet, dass der Anmelder grundsätzlich einen Herstellungsbetrieb aufweisen muss, der die Produkte produzieren kann, die in der Anmeldung im Warenverzeichnis aufgeführt wurden. Ausnahmsweise war aber ein Betrieb, der alle angemeldeten Waren enthielt, entbehrlich, wenn der Anmelder nur den Willen hatte, die Benutzung des Warenzeichens auch auf die Produkte zu erstrecken, die er noch nicht produzierte. Hinsichtlich dieses Benutzungswillens bestand eine tatsächliche Vermutung, so dass der Anmelder insoweit nicht darlegungs- und beweispflichtig war.[273]

Im MarkenG ist diese Frage umstritten. Einer Auffassung zufolge ist im MarkenG für den Erwerb einer Registermarke kein Benutzungswillen erforderlich und stützt sich zur Begründung auf den Wortlaut von § 3 Abs. 1 MarkenG.[274] Der Gegenauffassung zufolge ist ein Benutzungswillen auch im MarkenG eine allgemeine Schutzvoraussetzung der Registermarke.[275] Dies folge aus dem Wesen der Marke als eines Unterscheidungszeichens. Dem stehe auch nicht der im MarkenG verwirklichte Grundsatz des freien Rechtserwerbs und der freien Rechtsübertragung entgegen.[276] Im Gegensatz zum WZG reiche es aus, dass der Markeninhaber einen generellen Benutzungswillen hat, so dass es genüge, wenn er die Marke durch Dritte benutzen lassen will. Dieser Benutzungswille werde vermutet und ende mit dem Ablauf der Benutzungsfrist. Die Zurechnung einer Drittbenutzung erfolge gemäß § 26 Abs. 2 MarkenG.

Auch ein Unternehmen, das die Marke nicht selbst, sondern durch ein anderes Unternehmen verwerten wolle, könne einen generellen Benutzungswillen haben, beispielsweise Werbeagenturen und Markendesigner, die im Rahmen einer bestehenden oder potentiellen Beratungsleistung Marken schöpfen, um diese ihren Kunden für deren spezielle Vermarktungsbedürfnisse zur Verfügung zu stellen. Allerdings sei diese Vermutung widerlegbar, wofür Indizien herangezogen werden könnten. Dies könne die Anmeldung einer Vielzahl von Marken für unterschiedliche Produkte sein, die Hortung der Marke zu dem Zweck, Dritte mit Unterlassungs- und Schadensersatzansprüchen zu überziehen, und das Fehlen einer

---

[273] Vgl. BGH GRUR 1975, 487, 488 re. Sp. – WMF-Mondmännchen.
[274] Ingerl/Rohnke, § 3 Rn. 11.
[275] Fezer, § 3 Rn. 77 ff.; Helm, GRUR 1996, 593, 599 f.
[276] Angeblich ebenso: BGH GRUR 2001, 242, 244 – Classe E; anders hinsichtlich des Nichtigkeitsgrundes der Bösgläubigkeit nach Art. 51 Abs. 1 lit. B GUV HABM Mitt. 2001, 224 – Trillium

ernsthaften Planung, die Marke entweder in einem eigenen Geschäftsbetrieb zu benutzen oder die Marke der Benutzung durch einen Dritten zuzuführen.[277]

Aus dem Wortlaut von § 3 Abs. 1 MarkenG ergeben sich keine Hinweise auf das Erfordernis eines Benutzungswillens. Auch die zum WZG gegebene Begründung für eine Benutzungsabsicht lässt sich nicht aufrechterhalten. Denn der Grundsatz der Bindung einer Marke an einen Geschäftsbetrieb ist im MarkenG aufgegeben worden. Dies ergibt sich daraus, dass ein Markeninhaber überhaupt keinen Geschäftsbetrieb haben muss, geschweige denn einen Geschäftsbetrieb, der die Waren produziert, für die die Marke eingetragen ist. Damit hat sich die zugrunde liegende Situation geändert[278], die im WZG zur Einführung des Benutzungswillens geführt hat.[279]

Die Indizien, die zur Widerlegung des vermuteten generellen Benutzungswillens angeführt werden, überzeugen nicht. Diese Argumente legen nur die tatsächlichen Motive offen, die besser im Rahmen von § 50 Abs. 1 Nr. 4 MarkenG berücksichtigt werden sollten. Die Anmeldung einer Vielzahl von Marken für unterschiedliche Produkte als erstes Indiz für die Wiederlegung des Benutzungswillens kann auch auf Werbeagenturen und Markendesigner zutreffen, für die aber auch die Gegenauffassung ausdrücklich einen generellen Benutzungswillen vermutet.[280] Was die fehlenden Bemühungen um Benutzung angeht, besagt der Benutzungszwang gemäß § 25 MarkenG, dass eine Benutzung innerhalb der ersten fünf Jahre gerade nicht erforderlich ist. Aus der fünfjährigen Benutzungsschonfrist folgt, dass der Bestand einer Marke auch ohne ihre Benutzung, und damit auch ohne Benutzungswillen gesetzlich anerkannt ist.[281] Die Frage des Benutzungswillens kann also nicht sinnvoll anhand der Vielzahl von Markenanmeldungen und fehlendem Benutzungswillen beurteilt werden. Damit verbleibt nur noch das Indiz, dass der Anmelder bei der Anmeldung nicht den Zweck verfolgt haben darf, Marken zu horten und ausschließlich dazu zu benutzen, Dritte mit Unterlassungs- und Schadensersatzansprüchen zu überziehen. Von der Ermittlung der Motivation des Markenanmelders im Eintragungsverfahren hat der Gesetzgeber wegen der absehbaren Beweisschwierigkeiten abgesehen.[282] Diese gesetzgeberische Grundsatzentscheidung ist zu berücksichtigen. Im übrigen sind die Beweggründe des Anmelders erst im Löschungsverfahren gemäß § 50

---

[277] Fezer, § 3 Rn. 77 ff.
[278] Meister WRP 1995, 1005, 1007 re. Sp. will dennoch daran festhalten, dass der Markeninhaber nur sein kann, wer gewerblich tätig ist; dem gegenüber tritt Tilmann, ZHR 158 (1994), 371, 388 für die Wiedereinführung des Geschäftsbetriebserfordernis ein, jedoch beschränkt auf den Zeitpunkt der Eintragung; a. A. Helm, GRUR 1996, 593, 596 f.
[279] Ingerl/Rohnke, § 3 Rn. 11.
[280] Fezer, § 3 Rn. 78 a. E.
[281] OLG Dresden, NJW 2001, 615, 617 f. – Johann Sebastian Bach.
[282] Ingerl/Rohnke, § 3 Rn. 11.

Abs. 1 Nr. 4 MarkenG bei der Bösgläubigkeit zu erörtern. Denn der Begriff der Bösgläubigkeit erlaubt es, die Beweggründe des Markeninhabers zu erörtern. Zudem kann sich eine entsprechende Motivation des Markeninhabers in aller Regel auch erst nach der Eintragung offenbart haben.[283]

Auch der BGH beurteilt im Verletzungsverfahren die Frage des Benutzungswillens nicht bei der Markenfähigkeit, sondern als Einwand unzulässiger Rechtsausübung, woraus sich ergibt, dass der BGH keinen Benutzungswillen als Voraussetzung der Markenfähigkeit ansieht. Die Prüfung der Markenfähigkeit wäre dem BGH als Verletzungsrichter ohnehin verwehrt, da das Verletzungsgericht an den Bestand der Marke gebunden ist[284], so dass ein fehlender Benutzungswillen im Verletzungsverfahren nicht geprüft werden könnte. Auch dies spricht für eine Berücksichtigung der Motivation des Anmelders erst im Rahmen des Löschungsverfahrens gemäß § 50 Abs. 1 Nr. 4 MarkenG.

Ein wie auch immer gearteter Benutzungswille ist also zum Erwerb einer Registermarke gemäß § 4 Nr. 1 MarkenG nicht erforderlich. Damit ist Character Merchandising durch Marken auch bei Anmeldung einer Vielzahl von Marken für eine Vielzahl von Produktklassen möglich. Nicht zu beanstandende Anmelder sind Werbeagenturen, Markendesigner und sogar Rechtsanwaltskanzleien.[285] Allerdings darf eine Marke gemäß § 50 Abs. 1 Nr. 4 MarkenG nicht allein zum Zweck des Überziehens Dritter mit Unterlassungs- und Schadensersatzansprüchen angemeldet werden. Bösgläubigkeit i. S. v. § 50 Abs. 1 Nr. 4 MarkenG ist erst anzunehmen, wenn der Markeninhaber bei der Anmeldung eine generelle Behinderungsabsicht hatte. Dies entspricht zudem am ehesten dem allgemeinen Wortsinn der Bösgläubigkeit.

VI. Einheitlichkeit

1. Allgemein

Weitere Voraussetzung der Markenfähigkeit ist die Einheitlichkeit der Marke.[286] Darunter versteht man, dass die Marke als eine Einheit erkennbar ist, also beispielsweise mit einem

---

[283] Auch Füllkrug, WRP 1995, 378 ff. spricht sich für die Berücksichtigung fehlenden Benutzungswillen im Zeitpunkt der Anmeldung gemäß § 50 Abs. 1 Nr. 4 MarkenG aus, verzichtet dabei jedoch auf die Berücksichtigung subjektiver Gesichtspunkte und will sich allein an objektiven Kriterien orientieren.

[284] Kritisch insoweit Rohnke, GRUR 2001, 696 ff.

[285] Ingerl/Rohnke, NJW 1994, 1247, 1248 re. Sp.

[286] Fezer, FS Piper, S. 525; dem gegenüber verzichtet Althammer/Ströbele, § 3 Rn. 14 auf die Einheitlichkeit als selbständige Voraussetzung der Markenfähigkeit und sieht diese ausschließlich als Teilvoraussetzung der graphischen Darstellbarkeit an.

Blick überschaubar oder in einem Gehöreindruck erfassbar ist.[287] Keine Einheit liegt vor, wenn visuelle Merkmale erst aufgrund eines längeren Denkvorgangs des Verbrauchers als zusammengehörend erfasst werden.[288] Keine Frage der Einheitlichkeit ist jedoch die Einprägsamkeit eines Zeichens.[289] Denn auch ein nicht einprägsames Zeichen kann mit einem Sinneseindruck erfassbar sein, also einheitlich sein.[290]

Einheitlichkeit setzt weiterhin die sinnliche Wahrnehmbarkeit eines Zeichens voraus.[291] Die sinnliche Wahrnehmbarkeit beschränkt sich nicht auf die in § 3 Abs. 1 MarkenG ausdrücklich genannten optisch wahrnehmbaren Zeichen oder Hörzeichen, sondern erstreckt sich auf alle sinnlich wahrnehmbaren Zeichen.[292] Jedoch werden diese anderen sinnlichen Zeichen typischerweise keine wichtige Rolle im Zusammenhang mit Character Merchandising spielen, da Characters in tatsächlicher Hinsicht bislang keine weiteren Ausprägungen, wie beispielsweise olfaktorische Sinneseindrücke aufweisen.

2. Einheitlichkeit von Characters

Wörter sind in aller Regel einheitlich. Dasselbe gilt für Namen von Characters, die in aller Regel sogar einprägsam sind, da sie darauf auch in ihrer Primärfunktion angewiesen sind. Die bildliche Darstellung eines einzelnen Characters als Bildzeichen ist auf einen Blick als Einheit erkennbar und ist also ebenfalls einheitlich.

Problematisch könnte die Einheitlichkeit eines Bildzeichens sein, das mehrere Characters zum Gegenstand hat. Die Einheitlichkeit eines Bildzeichens, das keine Characters zum Gegenstand hatte, wurde abgelehnt bei sechs voneinander getrennten und zusammenhangslos nebeneinander gestellten Zeichenteilen, die zusammen keine einheitlich erfassbare Kennzeichnung darstellen[293]. Die Antragsstellerin wollte das angemeldete Zeichen auf Einwickelpapier für Butter anbringen. Aufgrund des in den Urteilsgründen abge-

---

[287] Henning – Bodewig, Die Neuordnung des Markenrechts, S. 104, 107.
[288] Thilo S. 62; Fezer § 3 Rn. 216.
[289] A. A. Fezer, FS Piper, S. 525, 533.
[290] BPatG GRUR 1997, 830, 831 – St. Pauli Girl, verneint nicht die Einheitlichkeit von fünf chinesischen Schriftzeichen wegen fehlender Einprägsamkeit, sondern die konkrete Unterscheidungskraft gemäß § 8 Abs. 2 Nr. 1 MarkenG; auch dies ablehnend BGH GRUR 2000, 502, 503 f. – St. Pauli Girl.
[291] Thilo S. 69; da durch eine Marke auf das Vorstellungsvermögen potentieller Käufer eingewirkt werden soll, ist dies in der Regel kein Problem. Das von Thilo in diesem Zusammenhang angesprochene Problem der subliminalen, also unterschwelligen Werbung ist keine Frage der Wahrnehmbarkeit einer Marke, sondern der Art und Weise der Präsentation einer an sich wahrnehmbaren Marke.
[292] Thilo S. 69 f.
[293] BPatGE 18, 65, 67 – Buttereinwickler.

bildeten Zeichens ist davon auszugehen, dass das beabsichtigte Zeichen erst nach dem Einwickeln der Butter und den dazu erforderlichen Knickungen des Einwickelpapiers zum Vorschein kommt.[294] Diesem Zeichen fehlte es an einem einheitlichen, geschlossenen Gesamteindruck.[295]

Überträgt man dieses Ergebnis auf ein Bildzeichen, das eine Gruppe von Characters zum Gegenstand hat, so fehlt diesem die Einheitlichkeit, wenn die einzelnen Characters in keinem inneren Zusammenhang zueinander stehen und/oder ihre Anzahl unüberschaubar ist. Die Benutzung einer nicht sofort als Einheit erkennbaren Gruppe von Characters verbietet sich aber auch aus dem Grund, dass diese Marke nur einen geringen Schutzumfang haben wird, da sie zu viele Merkmale aufweist, die den Gesamteindruck der Marke prägen. Für dreidimensionale Marken gelten im Hinblick auf die Einheitlichkeit dieselben Kriterien wie für Bildmarken.

Eine Comicfigur, die als Akteur in einer Filmszene spielt, erfüllt *Walter* zufolge nicht die Voraussetzungen der Einheitlichkeit.[296] Er begründet dies damit, dass ein in einer Filmszene auftretender Character Gestik, Mimik und Haltung ständig ändert. Diese Begründung trifft m. E. nicht den Kern. Einem Character mit wechselnder Gestik, Mimik und Haltung muss nicht unbedingt die Einheitlichkeit fehlen, da er unter bestimmten Voraussetzungen dennoch mit einem Sinneseindruck wahrgenommen werden kann. Zur Begründung kann auch nicht darauf abgestellt werden, dass zur Sichtbarmachung einer Filmszene ein technisches Gerät erforderlich ist. Denn dies trifft auch auf Hörmarken zu, von deren grundsätzlichen Markenfähigkeit und damit auch Einheitlichkeit § 3 Abs. 1 MarkenG ausgeht.

Kurze, filmische Sequenzen von Characters können einheitlich sein. Dies kann bei einer kurzen Filmsequenz der Fall sein, in der ein Character beispielsweise eine kurze (typische) Bewegung ausführt. Eine solche Filmsequenz kann zusätzlich auch mit Lauten versehen sein, da die Erfassbarkeit mit einem Sinneseindruck nicht voraussetzt, dass eine Marke gleichzeitig nur einen Sinn anspricht. Entscheidend kommt es darauf an, dass eine Filmszene ohne einen längeren Denkvorgang als zusammengehörend aufgefasst wird.[297]

---

[294] Der Anmelder versuchte wahrscheinlich, das durch die Rechtsprechung zu § 1 WZG aufgestellte Verbot der Eintragbarkeit dreidimensionaler Zeichen in die Warenzeichenrolle zu umgehen.

[295] BPatGE 18, 65, 67 – Buttereinwickler.

[296] Walter, S. 98, a. A. Ruijsenaars, CM S. 428, der dies als Frage der rechtserhaltenden Benutzung ansieht.

[297] Sehr weitgehend, Fritz, S. 274 f., der im Hinblick auf Hörmarken eine Dauer von bis zu 20 Sekunden noch als einheitlich ansieht.

VII. Graphische Darstellbarkeit

Die graphische Darstellbarkeit von Zeichen ist ein Eintragungshindernis gemäß § 8 Abs. 1 MarkenG[298]. Dafür spricht neben dem Wortlaut von § 3 Abs. 1 und § 8 Abs. 1 MarkenG die eindeutige Gesetzesbegründung[299] sowie die systematische Einordnung in § 8 Abs. 1 MarkenG. Also gilt das Erfordernis graphischer Darstellbarkeit nur für Registermarken und nicht auch für die übrigen Markenkategorien gemäß § 4 Nr. 2 und Nr. 3 MarkenG.

Andere sind der Auffassung, dass es sich bei der graphischen Darstellbarkeit um ein Kriterium der Markenfähigkeit gemäß § 3 MarkenG handelt.[300] § 8 Abs. 1 MarkenG setzt die in Art. 2 MarkenRL normierte graphische Darstellbarkeit um. Eine Norm, die eine Richtlinie umsetzt, kann nicht gegen ihren klaren und eindeutigen Gesetzeswortlaut ausgelegt werden.[301] Weiterhin ist eine Richtlinie gemäß Art. 249 Abs. 3 EGV für jeden Mitgliedstaat hinsichtlich des zu erreichenden Ziels i. S. d. Ergebnisses[302] verbindlich, überlässt jedoch den innerstaatlichen Stellen die Wahl der Form und der Mittel der Umsetzung.[303] Denn vorrangiges Ziel einer Richtlinie ist nicht die Rechtsvereinheitlichung wie bei Verordnungen, sondern die Rechtsangleichung.[304] Welche Umsetzungsmaßnahmen zu treffen sind, richtet sich nach der jeweiligen innerstaatlichen Rechtsordnung.[305] Dies gilt vor allem für den rechtstechnischen Weg, auf dem die Mitgliedstaaten die Richtlinie umsetzen.[306] Wenn schon eine detaillierte Richtlinie wie die MarkenRL den nationalen Gesetzgeber stark einschränkt, dürfen diesem nicht im Wege der vermeintlichen richtlinienkonformen Auslegung zusätzliche Beschränkungen bei der Umsetzung auferlegt werden, die ihm sogar unbedeutende dogmatische Veränderungen verbieten.

Die Einordnung der graphischen Darstellbarkeit bei § 3 Abs. 1 MarkenG wird damit begründet, dass die Gefahr der Rechtszersplitterung, also einer uneinheitlichen europäischen Rechtsentwicklung besteht, wenn sie nicht auch für Benutzungsmarken gilt.[307] Die Erste Markenrechtsrichtlinie und auch die Gemeinschaftsmarkenverordnung enthalten nur Regelungen über Registermarken, so dass daraus nur eine Rechtsharmonisierung

---

[298] Eisenführ, FS DPA 100 Jahre Marken-Amt, S. 69, 70; Berlit Rn. 57; Klaka, GRUR 1996, 613, 614.
[299] Amtliche Begründung zum Markenrechtsreformgesetz, BT – Drucksache 12/6581 S. 70.
[300] Althammer/Ströbele, § 3 Rn. 11; Ströbele, GRUR 1999, 1041 re. Sp.; Fezer, FS Piper, S. 525, 527.
[301] Brechmann, S. 282 m. w. N.
[302] Ipsen, FS Ophüls, S. 67, 73 f.; ders., Europäisches Gemeinschaftsrecht, S. 458 f.; Bach, JZ 1990, 1108, 1109; Brechmann, S. 8; Daig/Schmidt in: von der Groeben/Thiesing / Ehlermann, Art. 189 Rn. 37; Nessler, RIW 1993, 206, 206; EuGHE 1984, 1891, 1906 f.
[303] Brechmann, S. 10; Geiger Art 249 EGV Rn. 9 f.; Schmidt in: von der Groeben/Thiesing / Ehlermann, Art. 189 Rn. 37.
[304] Beutler/Bieber/Pipkorn/Streil, Bearbeiter: Streil, S. 196; Geiger, Art. 249 Rn. 8; Dauses, B II Rn. 56.
[305] Beutler/Bieber/Pipkorn/Streil, Bearbeiter: Streil, S. 195.
[306] Daig/Schmidt, in: von der Groeben/Thiesing /Ehlermann; Art. 189, Rn. 39.
[307] Thilo S. 65.

hinsichtlich Registermarken hergeleitet werden kann. Da die MarkenRL keine Aussagen bezüglich Benutzungsmarken enthält, kann eine systematische Verlagerung der graphischen Darstellbarkeit von § 8 Abs. 1 MarkenG in die Markenfähigkeit auch nicht mit einer richtlinienkonformen Auslegung von § 8 Abs. 1 MarkenG begründet werden.[308]

VIII. Absolute Freihaltungsbedürfnisse

Aufgrund der dem Markenrecht innewohnenden Monopolisierungstendenz spielen Freihaltungsbedürfnisse auf vielen Ebenen des Kennzeichenrechtes eine wichtige Rolle. Die Frage nach einem absoluten Freihaltungsbedürfnis gilt für alle Markenkategorien und ist der zentrale Punkt der Beurteilung der Markenfähigkeit.[309] Die Prüfung des Freihaltungsbedürfnisses spielt sowohl im Eintragungsverfahren als auch im Verletzungsprozeß eine Rolle. Das Schwergewicht der Prüfung des absoluten Freihaltungsbedürfnisses hat sich seit dem Inkrafttreten des Markengesetzes infolge erweiterter Eintragungsmöglichkeiten auf den Verletzungsprozeß verlagert.[310]

1. Unterscheidung zwischen absolutem und relativem Freihaltungsbedürfnis

Es wird unterschieden zwischen absoluten und relativen Freihaltungsbedürfnissen. Absolute Freihaltungsbedürfnisse können nicht durch Verkehrsdurchsetzung überwunden werden, während dies bei relativen Freihaltungsbedürfnissen[311] möglich ist. Im Rahmen der Prüfung der Markenfähigkeit kommt es nur auf absolute Freihaltungsbedürfnisse an. Die in § 3 Abs. 2 MarkenG getroffenen Regelungen weisen große Übereinstimmungen mit den Voraussetzungen der Ausstattunsfähigkeit dreidimensionaler Gestaltungen gemäß § 25 WZG auf.[312]

2. Das Erfordernis der Selbständigkeit im WZG als absolutes Freihaltungsbedürfnis

Im Rahmen der Ausstattungsfähigkeit gemäß § 25 WZG ging es ebenso wie bei § 3 Abs. 2 MarkenG um die Anerkennung eines absoluten Freihaltungsbedürfnisses.[313] Der BGH hat

---

308 So aber Fezer § 3 Rn. 217; Althammer/Ströbele § 3 Rn. 11.

309 Eichmann GRUR 1995, 184, 185 re. Sp., Thilo S. 85; zum WZG Henning-Bodewig/Ruijsenaars GRUR Int. 1990, 821, 823 li. Sp.; zur Ausstattungsschutzfähigkeit nach § 25 WZG vgl. Fischötter GRUR 1972, 702, 703 li. Sp.

310 Sambuc, GRUR 1997 S. 403, 404 li. Sp.

311 Die absoluten Eintragungshindernisse gemäß § 8 Abs. 2 Nr. 1, 2, 3 können durch Verkehrsdurchsetzung gemäß § 8 Abs. 3 MarkenG ersetzt werden.

312 Amtliche Begründung zum Markenrechtsreformgesetz, BT-Drucks. 12 / 6581, S. 53, 65 re. Sp. oben; ausführlich zur Ausstattungsfähigkeit dreidimensionaler Gestaltungen im WZG Kur, FS DPA 100 Jahre Marken-Amt, 175, 181 ff.; Sambuc, GRUR 1989, 547, 551 ff.

313 Eichmann, FS Vieregge 1995, S. 125, 135, 144; ders. GRUR 1995, 184, 185; Fezer § 3 Rn. 222; auch Ruijsenaars CM, S. 378 oben, führt die rechtlichen Vorstellungen, die sich in § 3 Abs. 2

zum WZG nie ausdrücklich ein absolutes Freihaltungsbedürfnis geprüft, sondern hat die damit zusammenhängenden Fragen im Rahmen der Prüfung der Selbständigkeit eines Zeichens behandelt. Unter einem Freihaltungsbedürfnis verstanden RG und BGH nur relative Freihaltungsbedürfnisse. Denn RG und BGH waren der Ansicht, ein eventuelles Freihaltungsbedürfnis könne nur für den erforderlichen Grad der Verkehrsgeltung zur Überwindung des Freihaltungsbedürfnisses eine Rolle spielen, aber niemals die Erlangung warenzeichenrechtlichen Schutzes absolut verhindern.[314]

Selbständigkeit von Kennzeichen und Ware wurde schon unter der Geltung des Gesetzes zum Schutz von Warenbezeichnungen von 1894 und des Warenzeichengesetzes verlangt.[315] Der Grundsatz der Selbständigkeit besagte, dass Ware und Warenzeichen nicht identisch sein durften. Die Notwendigkeit der Begrenzung des Schutzgegenstandes der Ausstattung gemäß § 25 WZG wurde nur von wenigen bestritten.[316] Die Frage nach der Selbständigkeit des Kennzeichens von der Ware stellt sich nur, wenn Ware und Zeichen eine körperliche Einheit bilden.

Die Frage der Selbständigkeit stellte sich nur im Zusammenhang mit dreidimensionalen Gestaltungen. Diese konnten nur als Ausstattung gemäß § 25 WZG, nicht aber als Warenzeichen geschützt werden.[317] Das Erfordernis der Selbständigkeit wurde dahingehend präzisiert, dass eine Marke und die Ware funktionell verschieden sein müssen, aber durchaus körperlich eine Einheit bilden dürfen.[318] Das RG und auch der BGH[319] drückten das Erfordernis funktioneller Verschiedenheit sprachlich dadurch aus, dass das Warenzeichen Zutat zur Ware sein muss. Diese Formulierung war jedoch missverständlich, da dadurch sprachlich das Erfordernis einer körperlichen Trennung von Ware und Kennzeichen angedeutet wurde, die nicht verlangt wurde.[320] Zutreffender war die Formulierung, dass das Warenzeichen bzw. die Marke kein funktionell wesentlicher Bestandteil der Ware sein darf.[321]

MarkenG niedergeschlagen haben, auf das zeichenrechtliche Freihaltungsbedürfnis zurück; BGHZ 35, 341, 345 – Buntstreifensatin.

[314] BGHZ 35, 341, 344 – Buntstreifensatin; dazu ausführlich Eichmann, FS Vieregge 1995, S. 125, 133 ff.; RG GRUR 1940, 45, 47 re. Sp.- Lavendelflaschen.

[315] vgl. Baumbach/Hefermehl, WZG, § 1 Rn. 56 f., 59; Busse/Starck, WZG, § 1 Rn. 30, 33.

[316] Schumann, GRUR 1931, 691, 695; Pietrowski, GRUR 1932, 663, 666; Köhler, GRUR 1950, 117, 120.

[317] ablehnend Kur, FS 100 Jahre Marken-Amt, S. 175 f.; eingehend Winkel, S. 259 ff.

[318] BGH GRUR 1972, 546, 547 – Trainingsanzug; BGHZ 35, 341, 345 – Buntstreifensatin.

[319] RGZ 40, 65, 67 – Briefordner; 71, 384, 385 – Nadelpolitur; 155, 108, 113 – Kabelkennfäden; BGHZ 5, 1, 6 – Hummelfiguren, 29, 62, 64 – Rosenthal - Vase.

[320] Henning-Bodewig/Ruijsenaars, GRUR Int. 1990, 821, 823 li. Sp.; zu Unrecht verlangte das RG dies jedoch in RGZ 64, 95, 99 – Spielkarten.

[321] BGHZ 5, 1, 6 – Hummelfiguren; Fezer § 3 Rn. 211; Althammer/Ströbele, § 3 Rn. 9.

Zu diesem Zweck differenzierte das RG zwischen technisch-funktionalen Gestaltungen und ästhetischen Formgebungen.[322] Technisch-funktionale Gestaltungen waren nicht ausstattungsfähig, wenn sie technisch entweder notwendig waren oder sie eine technisch angemessene Lösung darstellten.[323] Wann eine zweckmäßige technische Gestaltung vorlag, war nach einem objektivem, also von der Auffassung der beteiligten Verkehrskreise unabhängigen Maßstab zu bestimmen.[324] Dem gegenüber waren ästhetische Formgebungen immer ausstattungsschutzfähig.[325]

Die Prüfung der Ausstattungsfähigkeit änderte sich in der Rechtsprechung des BGH. Dem BGH zufolge konnten nur solche Warenmerkmale ausstattungsfähig sein, die nicht das Wesen der Ware ausmachten.[326] Dieser Ausgangspunkt galt nach der Rechtsprechung des BGH sowohl für technische als auch für ästhetische Warengestaltungen, so dass im Gegensatz zur Rechtsprechung des RG auch ästhetische Formgebungen ausstattungsunfähig sein konnten.[327] Technische Merkmale gehörten nicht zum Wesen der Ware, wenn sie willkürlich wählbar waren. Die willkürliche Wählbarkeit eines Warenmerkmals wurde geprüft, indem dieses hinweggedacht wurde. Fiel die Handelsware selbst weg, so war dieser Teil als Wesen der Ware nicht ausstattungsfähig.[328] Zwar war Ausstattungsfähigkeit unabhängig vom Bestehen oder Nichtbestehen technischer Sonderschutzrechte, doch erreichte der BGH auf diese Weise jedenfalls eine mittelbare Abgrenzung des Ausstattungsschutzes von diesen.[329]

Bei ästhetischen Merkmalen wurde das Wesen der Ware bestimmt, indem begrifflich zwischen der Ware selbst in ihrem eigentlichen Wesen und dem Kennzeichen als Zutat zu der Ware getrennt wurde. Entscheidend war, ob die Ware in ihrem Wesensgehalt erhalten blieb, wenn die Formelemente wegfielen.[330] Auch Ausstattungsschutz einerseits und Schutz durch das GeschmMG und das UrheberG andererseits konnten unabhängig voneinander bestehen, doch ging es auch insoweit um eine mittelbare Abgrenzung zu den genannten

---

[322] Winkel, S. 269 ff.
[323] RGZ 69, 31 – Sternrad; RG GRUR 1930, 967, 968 re. Sp. – Zigarillos; RG GRUR 1940, 45, 47 – Lavendelwasserflaschen; RG GRUR 1941, 238, 239 – Heftpflaster.
[324] RGZ 100, 250, 254 – Gasmesser.
[325] RGZ 112, 352, 354 – Sternseide; RGZ 120, 94, 98 - Huthaken; RG GRUR 1938, 854, 857 re. Sp. – Ariston-Filter; RG GRUR 1943, 213, 215 – Handfeuerlöscher.
[326] BGHZ 5, 1, 6 – Hummelfiguren.
[327] BGHZ 5, 1, 6 –Hummelfiguren.
[328] Kritisch zu dieser „Wegdenkmethode" Chrocziel/Götting/Katzenberg/Knaak /Stauder, Handbuch des Ausstattungsrechts, S. 199, 224 f.; Götting macht darauf aufmerksam, dass es sich insoweit nicht um eine Methode sondern um eine Zielformulierung handelt, deren Ergebnis davon abhängt, ob ein konkreter oder ein abstrakter Vergleichsmaßstab angelegt wird; ebenso Sambuc, GRUR 1989, 547, 554 li. Sp.
[329] Chrocziel/Götting/Katzenberg/Knaak /Stauder, Handbuch des Ausstattungsrechts, S. 199, 231.
[330] BGH GRUR 1952, 516, 518 – Hummelfiguren I; GRUR 1959, 289, 291 – Rosenthal-Vase; GRUR 1962, 144, 148 – Buntstreifensatin; GRUR 1972, 546, 547 – Trainingsanzug.

Sonderschutzgesetzen.[331] Zugunsten der Selbständigkeit wurden verschiedene Argumente genannt, die belegen, dass es sich bei dieser um ein absolutes Freihaltungsbedürfnis handelte.[332]

Erstens wurde gegen die Ausstattungsfähigkeit von Warenbestandteilen dreidimensionaler Gestaltungen, die das Wesen der Ware ausmachten, eingewendet, ein Kennzeichenrecht an solchen Bestandteilen widerspreche dem begrenzten Zweck des Kennzeichenrechtes.[333] Das Kennzeichenrecht diene der Kennzeichnung von unternehmerischen Angeboten im Verkehr und nicht der Monopolisierung der Herstellung und des Vertriebs von Waren durch Gewährung von Alleinherstellungsrechten[334]. Das zeitlich unbegrenzte Kennzeichenrecht dürfe nicht über den zeitlich begrenzten Schutz hinausgehen, der durch Sondergesetze gewährt werde, um solche Gestaltungen für Mitbewerber und die Allgemeinheit freizuhalten, auf die sie angewiesen seien. Dieser Einwand wurde absolut erhoben, es handelte sich also um ein absolutes Freihaltungsbedürfnis.[335]

Zweitens wurde argumentiert, dass Merkmale nicht ausstattungsfähig sind, die einer Ware ihre charakteristische, für die Nachfrage der Käufer entscheidende Eigenart verleihen, da sie nicht geeignet sind, die fragliche Ware von gleichen Erzeugnissen anderer Hersteller zu unterscheiden.[336] Diese Argumentation führt letztlich zur Problematik von Alleinherstellungsrechten durch das Kennzeichnungsrecht zurück. Denn zur Beurteilung der Unterscheidungsfähigkeit eines Zeichens muss unterstellt werden, dass es ausschließlich durch seinen Inhaber verwendet wird. Wird ein Zeichen von allen Herstellern für dieselbe Ware verwendet, kann es die gekennzeichneten Waren naturgemäß nicht von den Waren der anderen Hersteller unterscheiden. Die Unterstellung der Alleinbenutzung durch den Markeninhaber muss auch für die Warenform gelten.[337] Ist die Warenform als Marke geschützt, weisen also die Waren nur eines Herstellers eine bestimmte charakteristische Eigenart auf, so unterscheidet diese die betreffenden Waren von den Waren anderer Hersteller. Doch gibt es dann auch keine Waren anderer Hersteller, die die jeweilige Eigenart aufweisen, da sie zugunsten des Markeninhaber monopolisiert wäre.

---

331 Chrocziel/Götting/Katzenberg/Knaak /Stauder, Handbuch des Ausstattungsrechts, S. 199, 232.
332 Ebenso Henning-Bodewig/Ruijsenaars GRUR Int. 1990, 821, 823 li. Sp., die von nicht offen gelegten normativen Wertungen sprechen; Winkel, S. 269.
333 BGH GRUR 1962, 299, 301 – form-strip; GRUR 1972, 122, 123 – Schablonen; BGHZ 35, 341, 344 – Buntstreifensatin; BGH GRUR 1960, 83, 86 – Nährbier; Reimer, Wettbewerbs- und Warenzeichenrecht, 2. Auflage, 31. Kap., Rn. 9,
334 Sambuc GRUR 1989, 547 li. Sp.; zur Rechtslage nach dem MarkenG BGH GRUR 1995, 732, 734 re. Sp. – Füllkörper; Sambuc, GRUR 1997, 403, 406, 407 re. Sp.
335 Chrocziel/Götting/Katzenberg/Knaak /Stauder, Handbuch des Ausstattungsrechts, S. 199, 231.
336 BGHZ 35, 341, 345 – Buntstreifensatin; a. A. Eichmann, FS Nirk S. 165, 180.
337 Bauer, GRUR 1996, 319, 320 li. Sp. für die bildliche Wiedergabe von Waren im Register.

Als drittes Argument gegen die Ausstattungsfähigkeit funktionell oder ästhetisch wesentlicher Bestandteile dreidimensionaler Gestaltungen wurde die Identifizierungsfunktion von Kennzeichen genannt. Aus dieser wurde geschlossen, dass zwischen Subjekt und Objekt der Kennzeichnung unterschieden werden muss[338], da ein Zeichen nur das identifizieren kann, womit es nicht identisch ist.[339] Auch dieses Argument zeigt, dass die Selbständigkeit ein absolutes Freihaltungsbedürfnis bedeutet.[340] Als Zwischenergebnis kann also festgehalten werden, dass der Grundsatz der Selbständigkeit des Warenzeichens von der Ware im WZG ein absolutes Freihaltebedürfnis darstellte.

Fehlende Unterscheidungseignung wird außerdem damit begründet, dass die Merkmale, die einer Ware eine charakteristische, für die Nachfrage der Käufer entscheidende Eigenart verleihen, eine eigene Warengattung begründen, so dass sich diese Waren dann nicht mehr durch Merkmale dieser Gattung voneinander unterscheiden lassen.[341] Bei dieser Vorgehensweise hängt jedoch die potentielle Unterscheidungskraft eines Warenmerkmals davon ab, wie eng man einzelne Warengattungen definiert. Je enger man einzelne Warengattungen definiert, desto weniger Merkmale sind noch geeignet, Waren von den Waren anderer Hersteller zu unterscheiden. Daher lässt sich das Ergebnis dieser Gedankenoperation schon im Vorfeld durch die Definition der jeweiligen Warengattung bestimmen und kann nicht als Beleg dafür angesehen werden, dass der Grundsatz der Selbständigkeit Ausdruck eines absoluten Freihaltungsbedürfnisses ist.

3. Absolutes Freihaltungsbedürfnis gemäß § 3 Abs. 2 MarkenG

Gemäß § 3 Abs. 2 Markengesetz sind Zeichen nicht markenfähig, die ausschließlich aus einer Form bestehen, die warenbedingt, technisch bedingt oder wertbedingt ist. § 3 Abs. 2 MarkenG geht auf Art. 3 Abs. 1 lit. e) MarkenRL zurück, der sich wiederum an Art. 1 Abs. 2 BMW anlehnt.[342] Entscheidend für die Auslegung von § 3 Abs. 2 MarkenG wird es auf die Rechtsprechung des EuGH ankommen.[343]

---

[338] Baumbach/Hefermehl § 25 Rn. 5; Althammer/Klaka, WZG, § 3 Rn. 22.
[339] Baumbach/Hefermehl § 1 Rn. 56; ebenso zur Rechtslage im MarkenG Sambuc GRUR 1997, 403, 406 li. Sp.; Fezer § 3 Rn. 212.
[340] Der BGH leitet dieses Erfordernis allein aus dem Begriff der Ausstattung ab, BGH GRUR 1960, 83, 87 – Nährbier; GRUR 1962, 144, 148 – Buntstreifensatin; GRUR 1962, 299, 302 – form strip; GRUR 1968, 371, 375 – Maggi; GRUR 1979, 853, 854 – Lila.
[341] Zur Rechtslage nach dem MarkenG Nordemann, WRP 1997, 389, 391 li. Sp.
[342] Einheitliches Benelux-MarkenG; zu den drei Ausschlussgründen in Art. 1 Abs. 2 BMW siehe Henning-Bodewig/Ruijsenaars GRUR Int. 1990, 821, 826 ff.
[343] Althammer/Klaka § 3 Rn. 31; Eichmann, FS Vieregge 1995, S. 125, 146; Klaka GRUR 1996, 613, 614 li. Sp.; Kur, FS DPA 100 Jahre Marken-Amt, S. 175, 185.

Auf die bisher ergangene Rechtsprechung zur Ausstattungsfähigkeit dreidimensionaler Gestaltungen sowie auf die Rechtsprechung zu Art. 1 Abs. 2 BMW kann nur ergänzend zurückgegriffen werden, um die Wertungen von § 3 Abs. 2 MarkenG zu berücksichtigen.[344] In § 3 Abs. 2 MarkenG sind absolute Freihaltungsbedürfnisse normiert, die zum Fehlen von Markenfähigkeit führen.[345]

a) Allgemein

Gemäß § 3 Abs. 2 MarkenG sind solche Zeichen nicht markenfähig, die ausschließlich aus einer Form, also einer dreidimensionalen Gestaltung bestehen.[346] § 3 Abs. 2 MarkenG stellt eine spezielle Regelung für dreidimensionale Zeichen dar und ist daher gegenüber anderen Regelungen vorrangig anzuwenden. Bei der Feststellung eines absoluten Freihaltungsbedürfnisses ist daher zwischen drei- und zweidimensionalen Gestaltungen zu differenzieren.

§ 3 Abs. 2 MarkenG gilt grundsätzlich nicht für Verpackungen. Dies folgt aus dem Wortlaut von § 3 Abs. 2 Nr. 1 und Nr. 3 MarkenG, in dem ausdrücklich und ausschließlich auf die Ware abgestellt wird, während in § 3 Abs. 1 2. Gruppe MarkenG zwischen Ware und Verpackung differenziert wird.[347] Daher ist davon auszugehen, dass der Gesetzgeber Verpackungen in den Wortlaut von § 3 Abs. 2 MarkenG ausdrücklich aufgenommen hätte, wenn er es gewollt hätte.[348]

Ausnahmsweise gilt § 3 Abs. 2 MarkenG analog für Verpackungen, wenn die Ware nicht ohne die Verpackung in den Verkehr gebracht werden kann.[349] Dies ist beispielsweise bei Flüssigkeiten, Gasen oder ähnlichen Waren wie beispielsweise Rasierschaum der Fall, da dann eine mit § 3 Abs. 2 MarkenG vergleichbare Interessenlage besteht. Denn an Verpackungen, ohne die eine Ware nicht in Verkehr gebracht werden kann, besteht genauso ein Freihaltungsinteresse wie an Warenformen, deren Monopolisierung ein Herstellungs- und Vertriebsmonopol für die Ware oder sogar eine gesamte Warengattung nach sich zieht. Die Verpackung ist also nur reflexartig von § 3 Abs. 2 MarkenG erfasst, soweit ihre Monopo-

---

[344] Klaka, GRUR 1996, 613, 615 li. Sp.; Eichmann, FS Vieregge 1995, S. 125, 147; Kur, FS DPA 100 Jahre Marken-Amt, S. 175, 184 f.; ablehnend im Hinblick auf den besonders problematischen § 3 Abs. 2 MarkenG Thewes, S. 95 ff.

[345] Meister, WRP 1995, 1005, 1008 li. Sp.; Eichmann, FS Vieregge 1995, S. 125, 144.

[346] Kur, FS DPA 100 Jahre Marken-Amt, 175, 185; Eichmann, GRUR 1995, 184, 186 Fn. 24; Thilo, S. 83; Sambuc, GRUR 1997, 403, 406 re. Sp.; Marz, S.75; Althammer/Klaka, § 3 Rn. 29; Fezer § 3 Rn. 224; zum Benelux-Markenrecht BenGH GRUR Int. 1991, 554 – Burberrys II.

[347] Thilo, S. 84; Eichmann, FS für Vieregge 1995, S. 125, 152 ff.

[348] Marz, 75 f.

[349] Eichmann, GRUR 1995, 185, 186; Eichmann/v. Falckenstein, Allg. Rn. 28; a. A. Klaka, GRUR 1996, 613, 614 re. Sp.

lisierung zugleich die Monopolisierung der verpackten Ware zur Folge hat. Die Gegenansicht setzt sich dafür ein, § 3 Abs. 2 MarkenG immer analog auf Verpackungen anzuwenden.[350] Doch besteht bezüglich Warenverpackungen eine größere Variationsmöglichkeit als bei Waren[351], so dass keine Monopolisierungsgefahr für Waren und damit keine vergleichbare Interessenlage besteht. § 3 Abs. 2 MarkenG ist also auf Verpackungen nur in dem oben aufgezeigten Rahmen analog anwendbar.

§ 3 Abs. 2 MarkenG regelt das absolute Freihaltungsbedürfnis übereinstimmend für alle Markenkategorien.[352] Zwar bezieht sich Art 3 Abs. 1e) MarkenRL wie die gesamte MarkenRL nur auf Registermarken, doch werden die dort geregelten Schutzversagungstatbestände durch die Ausweitung auf die Benutzungsmarke nicht inhaltlich verändert.[353]

---

350 Ströbele, GRUR 1999, 1041, 1043 li. Sp.; Thilo, S. 85; Althammer/Klaka, § 3 Rn. 31; Ingerl/Rohnke, § 3 Rn. 38; Fezer, § 3 Rn. 224; Thewes, S. 60 ff.; so auch Nr. 4 der Gemeinsamen Erklärungen des Rates und der Kommission der Europäischen Gemeinschaften im Protokoll des Rates anlässlich der Annahme der MarkenRL, abgedruckt in HABM-Amtsblatt 1996, 606.

351 Klaka, GRUR 1996, 613, 614 re. Sp.

352 Eisenführ, FS DPA 100 Jahre Marken-Amt, S. 69, 70; Eichmann, FS Vieregge 1995, S. 125, 146; Fezer § 3 Rn. 225; Kur, FS DPA 100 Jahre Marken-Amt, S. 175, 184; Thilo, S. 82; Körner/Gründig-Schnelle, GRUR 1999, 535, 536 re. Sp.; Thewes, S. 58 f. Fn. 92; a. A. Kiethe/Groeschke WRP 1998, 541, 543 re. Sp.

353 Dies verkennen Kiethe/Groeschke WRP 1998, 541, 543 f., die es sogar als gemeinschaftswidrig ansehen, § 3 Abs. 2 MarkenG auf Benutzungsmarken anzuwenden.

b) Die einzelnen Ausschlusstatbestände gemäß § 3 Abs. 2 MarkenG

Die in § 3 Abs. 2 Nr. 1 bis Nr. 3 MarkenG aufgeführten Ausschlussgründe der warenbedingten, technisch bedingten und wertbedingten Form schließen aus der Menge der grundsätzlich markenfähigen dreidimensionalen Gestaltungen bestimmte Formgestaltungen aus, so dass ihre Markenfähigkeit entfällt.[354] Entscheidend kommt es im Rahmen von § 3 Abs. 2 MarkenG auf den Stellenwert von Freihaltungsbedürfnissen Dritter, insbesondere der Mitbewerber und der Verbraucher an.[355]

aa) Durch die Art der Ware bedingt, § 3 Abs. 2 Nr. 1 MarkenG

Gemäß § 3 Abs. 2 Nr. 1 MarkenG sind dreidimensionale Zeichen vom Markenschutz ausgenommen, die ausschließlich aus einer Form bestehen, die durch die Art der Ware selbst bedingt ist. Welche Formen von § 3 Abs. 2 Nr. 1 MarkenG erfasst werden, hängt davon ab, was unter der Art der Ware zu verstehen ist.[356]

Die meisten Produkte müssen bestimmte Formgebungselemente besitzen, damit sie ihren Verwendungszweck erfüllen können.[357] Diese sind durch abstrahierende Betrachtung, d. h. anhand der Merkmale zu ermitteln, die für die jeweilige Warengattung konstitutiv sind. Diese konstitutiven Merkmale werden auch als „Formbedingungen des Produkts" bezeichnet.[358] Niemals vorgegeben sind die Formgebungselemente von Waren, deren Form mehr oder weniger beliebig veränderbar ist.[359] Wegen der Beliebigkeit der Form besteht für die jeweilige Warenform kein Freihaltungsbedürfnis.

Für alle anderen Warengattungen bestehen konstitutive Merkmale. So sind beispielsweise der Griff und die Zinken einer Gabel und die Kugelform eines Balles durch die Art der Ware bedingt.[360] Auch die Krümmung der oberen Seite eines Zwiebacks ist durch die Art der Ware bedingt, da diese Krümmung durch das Aufgehen des Teiges beim Backvorgang entsteht.[361] Demgegenüber ist die konkrete Ausgestaltung der konstitutiven Formgebungselemente

---

[354] Ströbele, GRUR 1999, 1041, 1044 li. Sp., leitet aus ihrer Einordnung als Eintragungshindernisse gemäß Art. 3 Abs. 1 e) der MarkenRL ab, dass es sich bei ihnen um Sonderfälle nicht unterscheidungskräftiger und/oder freihaltungsbedürftiger beschreibender Zeichen handelt.

[355] Kur, FS 100 Jahre Marken-Amt, 175, 178.

[356] Eichmann, FS Vieregge 1995, S. 125, 147.

[357] Kur, FS DPA 100 Jahre Marken-Amt, S. 175, 186.

[358] Fezer § 3 Rn. 228.

[359] Winkler, MA 1996, 516, 522 re. Sp. nennt als Beispiel zahlreiche Nahrungs- und Genussmittel wie Backwaren, Getreideprodukte zu Knabberzwecken, Zuckerwaren und Schokolade.

[360] Fezer, § 3 Rn. 228, spricht in Anlehnung an die Rspr. des BGH zur Ausstattunsfähigkeit dreidimensionaler Gestaltungen vom „Wesen der Ware".

[361] Meister WRP 1995, 1005, 1008 re. Sp.

willkürlich wählbar.[362] Nach übereinstimmender Ansicht sind die abstrakten Formgebungen einer Warengattung i. S. v. § 3 Abs. 2 Nr. 1 MarkenG durch die Art der Ware bedingt und damit nicht markenfähig.[363]

Als Waren, deren Schutz als Formmarke im Hinblick auf Character Merchandising interessant ist, kommen u. a. Plüschfiguren und Puppen in Frage. Der über die ästhetischen Gesichtspunkte hinausgehende Gebrauchszweck von Puppen und Plüschtieren ist das Spielen und bei Kindern das Schmusen. Ein Plüschtier ist daher in aller Regel aus weichem Material produziert, was sich jedoch nicht in der Form niederschlägt, sondern in der Haptik der Ware, die aber gemäß § 3 Abs. 2 MarkenG unerheblich ist. Plüschtiere weisen also keine durch die Gebrauchszwecke des Spielen oder Schmusens bedingten Formelemente auf. Dies lässt sich auch anhand der schier unübersehbaren Vielfalt von Plüschtieren und Puppen dokumentieren. Da sich der Gebrauchszweck nicht in der Form eines Plüschtieres oder einer Puppe niederschlägt, weisen solche Waren keine konstitutiven Formelemente auf. Anders ist dies bei anderen Gebrauchsgegenständen wie beispielsweise einer Vase in Gestalt eines Characters, die aufgrund ihres Gebrauchszweckes zur Aufnahme von Wasser geeignet sein und mindestens eine Öffnung für das Hereinstecken von Blumen aufweisen muss.

<u>(1.) Die Art der Ware</u>

(a) Die Art der Ware umfasst nur abstrakte Gestaltungselemente der Ware

Einer Ansicht zufolge schließt § 3 Abs. 2 Nr. 1 MarkenG die Markenfähigkeit einer Warenform nur aus, wenn die Warenform bei abstrakter Betrachtung durch die Ware bedingt ist.[364] Dies sind die für die Ware konstitutiven Merkmale, während alle übrigen Formelemente nicht § 3 Abs. 2 Nr. 1 MarkenG unterfallen. Reduziert man die Art der Ware auf die abstrakt erforderlichen Formgebungselemente, greift der Ausschlusstatbestand von Nr. 1 nur selten ein, da es für das jeweilige Produkt fast immer Variationsmöglichkeiten gibt.[365] Jedoch ist die Bandbreite der möglichen Variationen und die Üblichkeit der Gestaltungselemente von Formmarken im Rahmen des Schutzumfanges zu berücksichtigen.[366]

---

[362] Kur, FS DPA 100 Jahre Marken-Amt, S. 175, 186.
[363] Eichmann, FS Vieregge 1995, S. 125, 148; ders., GRUR 1995, 184, 187 li. Sp.; Fezer § 3 Rn. 227; Kur, FS DPA 100 Jahre Marken-Amt, S. 175, 186, 188; Kiethe/Groeschke, WRP 1998, 541, 544 re. Sp. – S. 545 li. Sp.; Klaka, GRUR 1996, 613, 615.
[364] BPatG GRUR 1998, 706, 707 re. Sp. – Montre I; Thilo, S. 87; Fezer § 3 Rn. 228; Althammer/Klaka, § 3 Rn. 35; Klaka, GRUR 1996, 613, 615 f.; Thewes, S. 82 ff. spricht von der Grundform der Ware.
[365] Klaka, GRUR 1997, 613, 615 f.; Kur, FS DPA 100 Jahre Marken-Amt, S. 175, 187; BPatGE 39, 219, 221 f. - Stabtaschenlampen.
[366] OLG Frankfurt a. M., MarkenR 2002, 26, 28 – Mon Chérie.

Plüschtiere und Puppen sind mangels abstrakt ermittelbarer Formelemente dieser Auffassung zufolge nicht gemäß § 3 Abs. 2 Nr. 1 MarkenG markenunfähig. Dasselbe gilt auch bei Waren, die auch einem Gebrauchszweck dienen und daher konstitutive Formelemente aufweisen. Denn sie sind gerade um die Form des jeweiligen Characters angereichert. Bestimmte Eigenschaften, wie beispielsweise die typische Konsistenz von Puppenhaar, sind keine Formelemente. Sie finden keinen Ausdruck in der dreidimensionalen Ausdehnung der jeweiligen Sache.

Einem sehr ähnlichen Ansatz zufolge greift der Ausschlussgrund in § 3 Abs. 2 Nr. 1 MarkenG umso eher ein, je näher die Warenform der Grundform der Ware kommt und je weniger Variationsmöglichkeiten das jeweilige Produkt bietet, wobei zu berücksichtigen ist, dass den Mitbewerbern auch finanziell gleichwertige alternative Gestaltungsformen zur Verfügung stehen müssen.[367] Bei Produkten in Character-Form stellt die Orientierung an einem Character eine nicht unerhebliche Abweichung von der Grundform der Ware dar, so dass Waren in Form von Characters auch nach dieser Ansicht nicht gemäß § 3 Abs. 2 Nr. 1 MarkenG markenunfähig sind. Wegen der großen Ähnlichkeit der Ansätze und der übereinstimmenden Ergebnisse werden beide Ansichten als zusammengehörig betrachtet.

(b) Die Art der Ware umfasst abstrakte und konkrete Gestaltungselemente

Einer Ansicht zufolge ist die konkrete Ausgestaltung der Ware gemäß § 3 Abs. 2 Nr. 1 MarkenG nicht schützbar, wenn die Form einer Ware für die Kaufentscheidung allein maßgeblich ist.[368] Eine Warenform ist für die Kaufentscheidung allein maßgeblich, wenn sie den Wert der Ware ausmacht.[369] Auf das Bestehen von Gestaltungsalternativen kommt es nicht an. Es ist zu differenzieren zwischen Waren, die rein ästhetischen Gesichtspunkten genügen, und solchen, die (auch) einem Gebrauchszweck[370] dienen. Bei rein ästhetisch wirkenden Gestaltungen bestimmt allein die Warenform die Kaufentscheidung, so dass diese nicht markenfähig sind.[371] Bei Gebrauchsgegenständen kann sowohl der Gebrauchswert als auch der ästhetische Wert so im Vordergrund stehen, dass allein hierdurch die Kaufentscheidung für gerade diese Gegenstände ausgelöst wird, mit der Folge, dass sie gemäß § 3 Abs. 2 Nr. 1 MarkenG nicht markenfähig sind[372]

---

367 Kur, FS DPA 100 Jahre Marken-Amt, S. 175, 188; Thewes, S. 82 wendet sich gegen das graduelle Element bei der Bestimmung der Art der Ware.

368 Eichmann, FS Vieregge 1995, S. 125, 148;ders. GRUR 1995, 1184, 187 li. Sp.; zum WZG i. E. ebenso BGHZ 5, 1, 6 f.

369 Eichmann, GRUR 1995, 1184, 187 li. Sp.; das Abstellen auf den Wert der Ware im Rahmen von § 3 Abs. 2 Nr. 1 ist im Hinblick auf Nr. 3 bestenfalls unglücklich.

370 Auch Klaka, GRUR 1996, 613, 616 ff. benutzt das Wort „Gebrauchszweck".

371 Eichmann, FS Vieregge 1995, S. 125, 147 – 149;

372 Eichmann, GRUR 1995, 184, 187 li. Sp.

Da sich der Gebrauchszweck von Plüschtieren und Puppen nicht in ihrer Form niederschlägt, kommt es allein auf die ästhetische Komponente von Plüschtieren an. Werden Waren allein wegen ihrer ästhetischen Qualitäten gekauft, bestimmen diese den Wert der Ware und sind damit der gerade dargestellten Ansicht zufolge gemäß § 3 Abs. 2 Nr. 1 MarkenG nicht markenfähig. Da es dem Erwerber von Waren Character-Form häufig gerade darauf ankommt, dass das Plüschtier dem jeweiligen Character nachempfunden ist, sind solche Waren gemäß § 3 Abs. 2 Nr. 1 MarkenG nicht markenfähig. Bei Waren, die der Form eines Characters nachempfunden sind und deren Gebrauchszweck sich zudem in ihrer Form wiederspiegelt, gilt in der Regel dasselbe, da solche Waren gerade wegen ihrer Orientierung an der Form eines Characters gekauft werden bzw. nicht gekauft werden. Gleichgültig stehen einer solchen Formgebung jedoch die wenigsten gegenüber.

(c) Stellungnahme

Für die Ansicht, der zufolge allein abstrakte Gestaltungselemente gemäß § 3 Abs. 2 Nr. 1 MarkenG auszuschließen sind, spricht zunächst der Wortlaut von § 3 Abs. 2 Nr. 1 MarkenG, der durch die generelle Umschreibung „Art der Waren" eine abstrakte Prüfung nahe legt.[373] Insoweit wortgleich ist Art. 3 Abs. 1 e) 1. Spiegelstrich der Ersten Markenrichtlinie vom 21. Dezember 1988 sowie Art. 7 Abs. 1 lit. e) i) der Gemeinschaftsmarkenverordnung.

Gegen eine an den konkreten Merkmalen einer Ware orientierte Bestimmung der Art der Ware spricht weiterhin, dass diese die Art der Ware in Anlehnung an den Wert der Ware bestimmt[374], wodurch sich § 3 Abs. 2 Nr. 1 terminologisch an Nr. 3 annähert. Diese terminologische Annäherung verhindert eine Klärung des Begriffes des Wesens der Ware. Hinzu kommt, dass die Begriffsbestimmung von § 3 Abs. 2 Nr. 1 MarkenG ausgerechnet in Anlehnung an den ohnehin problematischen § 3 Abs. 2 Nr. 3 MarkenG erfolgt. Schließlich erschwert dieses Vorgehen die Abgrenzung der Ausschlusstatbestände in § 3 Abs. 2 Nr. 1 und Nr. 3 MarkenG.

Die Prüfung von § 3 Abs. 2 Nr. 1 MarkenG muss sich danach richten, welche Bedeutung das Freihaltungsbedürfnis im MarkenG hat.[375] Im WZG wurde dem Freihaltungsbedürfnis eindeutig der Vorrang vor sonstigen Interessen eingeräumt. Aus Kennzeichenrechten sollten

---

[373] I. E. richtig Fezer, § 3 Rn. 228; Eichmann, FS Vieregge 1995, S. 125, 148, gesteht dies zu und argumentiert mit nicht überzeugenden historischen Argumenten dennoch dagegen.

[374] Eichmann, GRUR 1995, 184, 187 li. Sp.

[375] Die Bedeutung des absoluten Freihaltungsbedürfnisses wird schon unterstrichen von der EG-Kommission in Denkschrift über die Schaffung einer EWG-Marke, abgedruckt in GRUR Int. 1976, 481, 491, sowie von der EG-Kommission im geänderten Vorschlag der Verordnung über die Gemeinschaftsmarke, Art. 6 Abs. 2 a) sowie die Begründung zu Art. 6 Abs. 2, abgedruckt in GRUR Int. 1981, S. 86, 87 li. Sp., 102 re. Sp.

sich keine zeitlich unbefristeten Herstellungsmonopole ergeben.[376] Die Einräumung von Herstellungsmonopolen ist auch nach Inkrafttreten des Markengesetzes noch grundsätzlich Aufgabe der Sonderschutzgesetze.[377] *Sambuc* äußert zum MarkenG die Bedenken, Warendarstellungen seien wegen der Gefahr eines Übergreifens des Markenrechts in die Freiheit der Produktgestaltung hochgradig freihaltungsbedürftig[378] und stellten im Zeichenrecht eine Irregularität dar.[379] Doch besteht gemäß § 3 Abs. 1 2. Alt. MarkenG die Möglichkeit, eine Warenform als Marke schützen zu lassen, also zugunsten einer Person zu monopolisieren.[380] Also kann bei der Bestimmung des absoluten Freihaltungsbedürfnisses nicht mehr von dem Grundsatz ausgegangen werden, dass ein Alleinherstellungsrecht an einer Ware unter keinen Umständen durch das Kennzeichenrecht gewährt werden darf.[381]

Auch § 3 Abs. 2 MarkenG ändert an der grundsätzlichen Markenfähigkeit von Warenformen nichts, sondern dokumentiert dies sogar, da diese Vorschrift ansonsten überflüssig wäre. Zudem ist die grundsätzliche Anerkennung der Markenfähigkeit von Warenformen gemäß § 3 Abs. 1 MarkenG nur dann verständlich, wenn § 3 Abs. 2 nicht zu einem völligen Entfallen der Markenfähigkeit von Warenformen führt. Andernfalls wäre die Nennung von Warenformen in § 3 Abs. 1 MarkenG überflüssig.[382] Auch der schon zum WZG geäußerte Einwand, dass Subjekt und Objekt der Kennzeichnung nicht identisch sein dürfen, greift nicht mehr durch, da § 3 Abs. 1 2. Alt. MarkenG den Schutz von Warenzeichenformen ausdrücklich zulässt, obwohl in diesen Fällen Subjekt und Objekt der Kennzeichnung identisch sind.[383]

Um den grundsätzlich zulässigen Schutz von Warenformen verwirklichen zu können, ist § 3 Abs. 2 Nr. 1 MarkenG eigenständig auszulegen. Die Rechtsprechung zur Ausstattungsfähigkeit dreidimensionaler Gestaltungen gemäß § 25 WZG darf nicht einfach fortgeschrieben werden.[384] Die inhaltlichen Anforderungen der absoluten Freihaltungsbedürfnisse

---

[376] BGH GRUR 1962, 299, 301 – form-strip; GRUR 1972, 122, 123 – Schablonen; BGHZ 35, 341, 344 – Buntstreifensatin; BGH GRUR 1960, 83, 86 – Nährbier; Baumbach/Hefermehl, WZG, § 25 Rn. 18; Reimer, Wettbewerbs- und Warenzeichenrecht, 2. Auflage, 31. Kap., Rn. 9; Chrocziel/Götting/ Katzenberg/Knaak / Stauder, Handbuch des Ausstattungsrechts, S. 199, 224, 227.

[377] von Falckenstein, GRUR 1999, 881, 882 li. Sp.

[378] Sambuc, GRUR 1997, 403, 407 re. Sp.

[379] Sambuc, GRUR 1997, 403, 407 re. Sp.; ebenso Kur, FS DPA 100 Jahre Marken-Amt, S. 175, 179; Eichmann, FS Nirk, S. 165 ff.; Meister, WRP 1995, 1005, 1009 li. Sp.

[380] von Falckenstein, GRUR 1999, 881, 882 re. Sp.; Klaka, GRUR 1996, 613, 615 re. Sp.; Marz, S. 77; BPatG GRUR 1995, 814, 814 re. Sp. – Absperrpoller; Bauer, GRUR 1996, 319, 319 re. Sp.; a. A. Sambuc, GRUR 1997, 403, 407.

[381] Bauer, GRUR 1996, 319, 321 re. Sp.; so aber Sambuc, GRUR 1997, 403, 407.

[382] Ebenso Bauer, GRUR 1996, 319, 319 re. Sp.: „ ... denn der Gesetzgeber konnte ja ... wohl schwerlich mit einer Hand nehmen, was er mit der anderen gibt. ..."

[383] Fezer, § 3 Rn. 234.

[384] Eichmann, GRUR 1995, 184, 187 li. Sp.; ders., FS Vieregge 1995, 125, 149, differenziert zwischen rein ästhetischen Formen, Formen, die nur Gebrauchszwecken dienen und der Kombination aus beiden (vgl. BGHZ 29, 62, 63 f. – Rosenthal Vase; 35, 341, 346 – Buntstreifensatin I.).

stimmen mit denen der Ausstattungsfähigkeit nur teilweise überein[385], da die Einräumung von Warenformmonopolen nach dem WZG ausgeschlossen waren und im MarkenG unter Umständen möglich sind. Zudem handelt es sich bei den in § 3 Abs. 2 aufgeführten Ausschlussgründen um die Umsetzung der MarkenRL, die nicht nur deutsche Grundsätze des Warenzeichenrechtes sondern auch diejenigen anderer EU-Staaten berücksichtigt.

Die eigenständige Auslegung von § 3 Abs. 2 MarkenG ist mittels einer Interessenabwägung vorzunehmen. Die Interessen der Mitbewerber sind genauso gegen jede Form der Monopolisierung gerichtet wie die der Verbraucher, die von möglichst großer Konkurrenz profitieren. Die Zeichennutzer sind an umfassender Monopolisierung interessiert und die Verbraucher an Schutz vor Herkunftsverwirrung. Das Abwägungsergebnis darf einerseits nicht dazu führen, die grundsätzliche Markenfähigkeit von Warenformen durch überhöhte Anforderungen faktisch außer Kraft zu setzen, und andererseits, dem Freihaltungsbedürfnis nicht in jedem Fall der Vorrang einzuräumen.[386] Diesen Anforderungen wird nur der Ausschluß der für die jeweilige Ware abstrakt konstitutiven Merkmale aus der Markenfähigkeit gerecht, wenn gleichzeitig die konkrete Warengestaltung markenfähig ist. Denn durch die abstrakte Prüfung der Art der Ware im Sinne von § 3 Abs. 2 MarkenG wird einerseits verhindert, dass Einzelne ein Herstellungsmonopol für eine Warengattung erhalten und andererseits gewährleistet, dass die Vorgaben der gesetzlichen Regelung in § 3 Abs. 1, MarkenG erfüllt werden und somit die gesteigerte Anerkennung des herkunftshinweisenden Charakters von Warendesign[387] beachtet wird.

Schließlich widerspräche die Berücksichtigung konkreter Formelemente bei Prüfung von Warenformen dem gesetzgeberischen Ziel, die verschiedenen Markenformen möglichst weitgehend zuzulassen[388], da § 3 Abs. 2 Nr. 1 MarkenG andernfalls insbesondere bei ausschließlich ästhetisch wirkenden dreidimensionalen Gestaltungen zu völliger Markenunfähigkeit führen würde. Zusammenfassend lässt sich also feststellen, dass nur die abstrakt ermittelten, konstitutiven Formelemente einer Ware gemäß § 3 Abs. 2 Nr. 1 MarkenG markenunfähig sein können.

Bei einer Puppe besteht das abstrakt ermittelte konstitutive Formelement in der Wiedergabe der menschlichen Gestalt als solchen. Die konkrete Ausgestaltung dieser Gestalt hingegen ist kein abstrakt ermitteltes konstitutives Formelement.

---

385 Eichmann, FS Vieregge 1995, S. 125, 148.
386 Sambuc, GRUR 1997, 403 re. Sp. betont die im Markenrecht fortbestehende Bedeutung des Freihaltungsbedürfnisses.
387 Kur, FS DPA 100 Jahre Marken-Amt, 175, 177.
388 Amtliche Begründung zum Markenrechtsreformgesetz, BT – Drucksache 12/6581, S. 53, 65.

(2.) Ausschließlichkeit

Die Markenunfähigkeit eines Zeichens gemäß § 3 Abs. 2 Nr. 1 MarkenG tritt nur ein, wenn es ausschließlich aus einer Form besteht, die durch die Art der Ware selbst bedingt ist. Dies ist nur dann der Fall, wenn das Zeichen nur aus Merkmalen besteht, die für die jeweilige Warenart konstitutiv sind, und es keinen darüber hinausgehenden „Überschuß" aufweist.[389] Treten zu der Grundform noch andere Elemente hinzu, ist die Ware insgesamt markenfähig.[390] Allerdings wirken die Warenformelemente nicht kollisionsbegründend i. S. v. §§ 9 Abs. 1, 14 Abs. 2 MarkenG und verringern so den Schutzumfang eines solchen Zeichens, die gemäß § 3 Abs. 2 Nr. 1 MarkenG markenunfähig sind. Dazu ist jedes Formelement erneut gemäß § 3 Abs. 2 Nr. 1 MarkenG zu überprüfen, ohne jedoch die Ausschließlichkeit erneut zu überprüfen. Denn dieses Merkmal berücksichtigt nur das Zeichen in seiner Gesamtheit, nicht aber das jeweilige Einzelmerkmal.

(3.) Characters

Nach dem oben Gesagten ist die konkrete, ästhetische Gestaltung von dreidimensionalen Gestaltungen immer markenfähig. Dies gilt auch dann, wenn diese Gestaltung keinerlei Gebrauchszweck hat, sondern ausschließlich ästhetischen Zwecken dient.

bb) Zur Erreichung einer technischen Wirkung erforderlich, § 3 Abs. 2 Nr. 2 MarkenG

(1.) Technische Erforderlichkeit

Gemäß § 3 Abs. 2 Nr. 2 MarkenG sind solche Zeichen nicht markenfähig, die ausschließlich aus einer Form bestehen, die zur Erreichung einer technischen Wirkung erforderlich ist.[391] Entscheidend ist in diesem Zusammenhang die Beurteilung der Frage der Erforderlichkeit.

Einer Ansicht zufolge bedeutet „erforderlich" technisch notwendig.[392] Um dies beurteilen zu können, sind die alternativen Gestaltungsmöglichkeiten zu ermitteln.[393] Sind keine oder nicht genügend technische Alternativen gegeben, ist eine technische Gestaltung erforderlich.[394]

---

[389] Kur, FS DPA 100 Jahre Marken-Amt, S. 175, 188; Klaka, GRUR 1996, S. 613, 616 li. Sp.

[390] Meister WRP 1995, 1005, 1008 re. Sp.; v. Gamm, WRP 1993, 793, 796.

[391] So schon zur Ausstattungsfähigkeit gemäß § 25 WZG Reimer, Wettbewerbs- und Warenzeichenrecht, 2. Auflage, 31. Kap. Rn. 9.

[392] Althammer/Klaka, § 3 Rn. 37; Klaka GRUR 1996, 613, 616 li. Sp.; Eichmann, GRUR 1995, 184, 186 re. Sp.; ders., FS Vieregge 1995, S. 125, 149 f. stellt darauf ab, ob die Gestaltung willkürlich wählbar ist.

[393] Althammer/Klaka, § 3 Rn. 37, BPatGE 39, 219, 221 f. – Stabtaschenlampen; BPatG GRUR 1998, 706, 707 re. Sp. – Montre I; zum WZG BGH GRUR 1954, 121 – Zählkassetten.

[394] Klaka, GRUR 1996, 613, 616 re. Sp.; zu weitgehend Fezer § 3 Rn. 230, der eine Alternative ausreichen lässt; ebenso Kiethe/Groeschke, WRP 1998, 541, 545 re. Sp.; ähnlich auch schon der BGH zum WZG GRUR 1962, 459, 460 – Lichtkuppeln; GRUR 1969, 541 – Grüne Vierkantflasche.

Wie viele technische Alternativen bestehen müssen, hängt von einer Interessenabwägung ab. In diese Abwägung sind naheliegende zukünftige technische Weiterentwicklungen[395], die Bedeutung der technischen Wirkung für die Allgemeinheit[396], die Funktion des Produktes und auch technische Notwendigkeiten einzubeziehen. Die Alternativen müssen gleichwertig sein. Dies gilt sowohl für die Erfüllung von gesetzlichen Vorschriften bzw. Normvorschriften als auch für die Herstellungskosten.[397] Das aktuelle oder frühere Bestehen eines technischen Schutzrechtes schließt markenrechtlichen Schutz nicht grundsätzlich aus, stellt aber ein Indiz für die Erforderlichkeit einer technischen Einrichtung dar[398].

Der Gegenmeinung zufolge ist eine Form zur Erreichung einer technischen Wirkung schon erforderlich, wenn diese nützlich ist.[399] Diese Meinung schließt sich der reichsgerichtlichen Rechtsprechung zur Ausstattungsfähigkeit an, der zufolge solche Merkmale nicht ausstattungsfähig waren, die technisch notwendig waren oder ein geeignetes Mittel zur Förderung der praktischen Brauchbarkeit der Ware darstellten.[400] Auf das Bestehen gleichwertiger anderer Gestaltungsmöglichkeiten kam es nicht an. Nach diesem weiten Verständnis der technischen Erforderlichkeit i. S. v. § 3 Abs. 2 Nr. 2 MarkenG kommt der Ausschlusstatbestand der technisch bedingten Form gemäß § 3 Abs. 2 Nr. 2 MarkenG häufiger zur Anwendung als bei engem Verständnis der technischen Erforderlichkeit.

Dem Wortlaut von § 3 Abs. 2 Nr. 2 MarkenG zufolge ist nicht „Nützlichkeit", sondern „Erforderlichkeit" die untere Grenze des technischen Standes. Das weite Verständnis der technischen Erforderlichkeit einer dreidimensionalen Gestaltung würde die Rückkehr zu einer längst überwunden geglaubten, restriktiven Rechtsprechung des RG bezüglich der Ausstattungsfähigkeit dreidimensionaler Gestaltungen darstellen. Die starke Einschränkung der Markenfähigkeit dreidimensionaler Gestaltungen widerspräche zudem dem Ziel der MarkenRL sowie des MarkenG nach einer möglichst umfassenden Zulassung von Markenformen. Auch würde durch eine weite Auslegung von § 3 Abs. 2 Nr. 2 MarkenG die grundsätzliche Anerkennung der dreidimensionalen Registermarke zu stark eingeschränkt. Denn die Markenunfähigkeit als Rechtsfolge von § 3 Abs. 2 Nr. 2 MarkenG würde dazu führen, dass mehr Warenformen als notwendig der Nutzung als Marke vorenthalten wären.

---

[395] Althammer/Klaka, § 3 Rn. 37.
[396] Eichmann, FS Vieregge 1995, S. 125, 150.
[397] Althammer/Klaka, § 3 Rn. 37; BGH GRUR 1962, 459, 460 – Lichtkuppeln; Thewes, S. 92; nach Kiethe/Groeschke WRP 1998, 541, 545 re. Sp. genügt das Bestehen einer technischen Alternative; weitergehende Gleichwertigkeit der Alternativen ist nicht erforderlich.
[398] Klaka, GRUR 1996, 613, 617 li. Sp.; so schon RGZ 112, 352; BGH GRUR 1954, 121 – Zählkassetten; BGH GRUR 1957, 603, 604 – Taschenstreifen; GRUR 1962, 144, 148 – Buntstreifensatin; GRUR 1962, 299 – form-strip; GRUR 1954, 337 – Radschutz.
[399] Eichmann, GRUR 1995, 184, 186 re. Sp.; ders., FS Vieregge 1995, S. 125, 149 f. unter Hinweis auf BGH GRUR 1954, 121, 122 li. Sp. -Zählkassetten.
[400] So RGZ 71, 384, 387 – Nadelpolitur; RG GRUR 1930, 967, 968 ff. – Zigarillos; Thewes, S. 90.

Zusammenfassend kann also festgehalten werden, dass die technische Erforderlichkeit dreidimensionaler Gestaltungen restriktiv zu verstehen ist.

(2.) Ausschließlichkeit

Nachdem festgestellt wurde, dass eine dreidimensionale Gestaltung technisch erforderlich im oben bezeichneten Sinn ist, ist in einem zweiten Schritt zu prüfen, ob diese gemäß § 3 Abs. 2 Nr. 2 MarkenG ausschließlich aus einer Form besteht, die zur Erreichung eines technischen Wirkung erforderlich ist. Dies bedeutet, dass die Form nur aus Bestandteilen besteht, die allesamt technisch erforderlich sind. Dies dürfte sehr selten der Fall sein.[401] Setzt sich eine dreidimensionale Gestaltung sowohl aus technisch bedingten wie aus technisch nicht bedingten Elementen zusammen, fehlt es am Merkmal der Ausschließlichkeit.[402]

Ein über die technische Funktion hinausgehender „Überschuß"[403] kann die Markenfähigkeit begründen. Wegen des Erfordernisses der Ausschließlichkeit ist die Bedeutung von § 3 Abs. 2 Nr. 2 MarkenG im Hinblick auf die Markenfähigkeit dreidimensionaler Gestaltungen aber nicht sehr groß. Allerdings wirken nur die Formelemente kollisionsbegründend, die bei isolierter Betrachtung nicht gemäß § 3 Abs. 2 Nr. 2 MarkenG markenunfähig sind, wobei die Ausschließlichkeit insoweit nicht erneut zu prüfen ist.

(3.) Technische Erforderlichkeit bei Gestaltungen in Form eines Characters

Soweit eine Ware die Form eines Characters hat, ist es ausgeschlossen, dass diese Form ausschließlich zur Erreichung einer technischen Wirkung erforderlich ist. Die Markenfähigkeit von Waren in Form eines Characters kann also niemals an § 3 Abs. 2 Nr. 2 MarkenG scheitern. Bedeutung kann § 3 Abs. 2 Nr. 2 MarkenG aber für den Schutzumfang von Waren in Character-Form haben, bei denen nicht alle, aber einige Formelemente technisch erforderlich sind.

---

[401] Kur, FS DPA 100 Jahre Marken-Amt, 175, 189 f.; so auch BPatGE 39, 219, 221 f. – Stabtaschenlampen.

[402] BGH GRUR 2001, 334, 335 re. Sp. – Gabelstapler, verneinte die ausschließliche technische Bedingtheit eines als dreidimensionale Marke angemeldeten Gabelstaplers; Eichmann, FS Vieregge 1995, S. 125, 150; v. Gamm, WRP 1993, 793, 796; BGH GRUR 1959, 423, 424 – Fußballstiefel; BGH GRUR 1986, 252, 253 – Sportschuhe.

[403] RG GRUR 1940, 45, 47 – Lavendelwasserflasche; GRUR 1941, 238, 239 – Heftpflaster; GRUR 1943, 213, 214 – Feuerlöscher; Eichmann, FS Vieregge 1995, S. 125, 150; grundsätzlich zum phantasievollen Überschuß vgl. Albrecht, GRUR 2000, 648, 650 li. Sp.

cc) Der Ware den wesentlichen Wert verleihend, § 3 Abs. 2 Nr. 3 MarkenG

Gemäß § 3 Abs. 2 Nr. 3 MarkenG ist ein dreidimensionales Zeichen nicht markenfähig, wenn dessen Form der Ware einen wesentlichen Wert verleiht. § 3 Abs. 2 Nr. 3 beruht wie die anderen Ausschlussgründe in § 3 Abs. 2 MarkenG auf Art. 3 Abs. 1 lit. e) der Ersten Markenrechtsrichtlinie. Inhaltlich geht § 3 Abs. 2 Nr. 3 MarkenG auf Art. 1 Abs. 2 BMW[404] sowie auf die im amerikanischen Recht vertretene „doctrine of aesthetic functionality" zurück, die auf dem Gedanken beruht, dass die „ästhetische Funktion" von Waren grundsätzlich vom zeichenrechtlichen Schutz ausgenommen werden muss.[405] Das bedeutet, dass diejenigen Produkte, bei denen die Kaufentscheidung im wesentlichen durch die Warenform beeinflusst wird, nicht dem markenrechtlichen Schutz zugänglich sind.[406] Die „doctrine of aesthetic functionality" ist im amerikanischen Recht nicht mehr von großer Bedeutung[407]

Was für eine problematische Vorschrift § 3 Abs. 2 Nr. 3 MarkenG darstellt, zeigt sich bereits daran, dass beide Möglichkeiten, die Elemente zu ermitteln, die den Wert der Ware ausmachen, zu unbefriedigenden Ergebnissen führen. Dazu kann es entweder auf das konkrete Produkt oder auf die Produktgattung ankommen. Wird auf die Eignung einer Form abgestellt, einem konkreten Produkt einen wesentlichen Wert zu verleihen, müsste das DPMA besonders gelungene Warenformen als markenunfähig einordnen, indem es als „Designjury"[408] mit negativem Auftrag handelt. Dies ist eine in höchstem Maße von der subjektiven Einschätzung des Betrachters abhängige und damit in keiner Weise vorhersehbare Entscheidung. Dieser Umstand wird noch dadurch gesteigert, dass die Maßgeblichkeit von Design sehr von den persönlichen Verhältnissen des einzelnen und dem Grad der Befriedigung seiner „Grundbedürfnisse" abhängt.[409]

Wird zur Bestimmung der Bedeutung der Formgebung für den Wert der Ware statt auf das konkrete Produkt auf die jeweilige Produktgattung abgestellt, hätte dies zur Folge, dass den Produkten umso eher die Markenfähigkeit abzuerkennen wäre, je größer die Bedeutung der Warengestaltung für die jeweilige Produktgattung ist.[410] Demzufolge führte § 3 Abs. 2 Nr. 3 dazu, dass gerade die designbetonten Produktsparten von markenrechtlichem Schutz

---

[404] Kur, FS DPA 100 Jahre Marken-Amt, S. 175, 191; Fezer, § 3 Rn. 232; Klaka, GRUR 1996, 613, 617; zum Benelux-WZG: Benelux-Gerechtshof, GRUR Int. 1987, 707, 709 – Adidas; GRUR Int. 1990, 863 – Burberry I; Henning-Bodewig/ Ruijsenaars, GRUR Int. 1990, 821, 826 ff.

[405] Fezer, § 3 Rn. 232.

[406] Kur, FS DPA 100 Jahre Marken-Amt, S. 175, 191; Winkel, S. 178.

[407] Kur, FS DPA 100 Jahre Marken-Amt, S. 175, 191; Henning-Bodewig/Ruijsenaars, GRUR Int. 1991, 821, 830.

[408] Kur, FS DPA 100 Jahre Marken-Amt, S. 175, 192; a. A. Thewes, S. 101, die auf die Verkehrsauffassung abstellen will, jedoch den Fall unberücksichtigt lässt, dass die Ware bei der Anmeldung noch nicht auf dem Markt ist.

[409] Sambuc, GRUR 1989, 547, 555 li. Sp. unten.

[410] Kur, FS DPA 100 Jahre Marken-Amt, S. 175, 192.

ausgeschlossen würden. Dies stünde im Widerspruch zur wachsenden Bedeutung des Designs als Produktkennzeichnungsmittel[411] und ließe einen markenrechtlichen Schutz von Produktgestaltungen nur noch bei solchen Produktgattungen zu, für die Produktdesign keine oder nur eine untergeordnete Rolle spielt.[412]

Zur Bestimmung des Anwendungsbereiches von § 3 Abs. 2 Nr. 3 MarkenG werden zwei grundsätzliche Ansichten vertreten, die in ihrer Grundausrichtung darin übereinstimmen, den Anwendungsbereich von § 3 Abs. 2 Nr. 3 MarkenG möglichst weitgehend einzuschränken, da § 3 Abs. 2 Nr. 3 allgemein als verunglückt angesehen wird.[413] Vereinzelt wird diese Vorschrift sogar als eine „der Schutzrichtung der ... Markenrechtsrichtlinie ... zuwiderlaufende Regelung" bezeichnet.[414] Der BGH übergeht sie gar.[415]

(1.) Beurteilung der Wertbedingtheit der Form im Rahmen von § 8 Abs. 2 Nr. 1 MarkenG

Eine Ansicht betrachtet § 3 Abs. 2 Nr. 3 MarkenG nicht als eigenständigen Schutzversagungstatbestand, da dieser als gänzlich verfehlt angesehen wird.[416] Die Wertbedingtheit einer Form sei vielmehr bei der Beurteilung der konkreten Unterscheidungskraft gemäß § 8 Abs. 2 Nr. 1 MarkenG als ein Auslegungskriterium zu berücksichtigen. Dabei müsse die besondere Anziehungskraft, die eine dreidimensionale Gestaltung aufgrund der Bekanntheit des Produktes entfalte, bei der Prüfung der konkreten Unterscheidungskraft der Marke zwar nicht außer acht bleiben, dürfe jedoch nicht ohne weiteres mit der Unterscheidungskraft der Marke gleichgesetzt werden.[417] Dieser Meinung zufolge kann die Markenfähigkeit dreidimensionaler Gestaltungen gar nicht gemäß § 3 Abs. 2 Nr. 3 entfallen.

Gegen diese Meinung sprechen systematische Bedenken. Denn die Regelung der drei Ausschlusstatbestände in § 3 Abs. 2 MarkenG spricht dafür, dass diese alle gleichermaßen den Wegfall der Markenfähigkeit zur Folge haben. Es gibt keine Anhaltspunkte dafür, die Wertbedingtheit einer Form im Rahmen der konkreten Unterscheidungskraft gemäß § 8 Abs. 2 Nr. 1 MarkenG zu berücksichtigen, anstatt die Markenfähigkeit entfallen zu lassen.

---

411 Kur, FS DPA 100 Jahre Marken-Amt, S. 175, 177.
412 So aber Thewes, S. 100.
413 Althammer/Klaka § 3 Rn. 39; Kiethe/Groeschke, WRP 1998, 541, 545 re. Sp.; Kur, FS DPA 100 Jahre Marken-Amt, S. 175, 191; Fezer § 3 Rn. 232; Ströbele, GRUR 1999, 1041, 1044, li. Sp. Fn. 35.
414 Kiethe/Groeschke, WRP 1998, 541, 545.
415 BGH GRUR 2001, 334, 335 re. Sp. - Gabelstapler; dort bezieht er sich nur auf Art. 3 Abs. 1 lit. e) 1. und 2. Spiegelstrich MarkenRL, auf denen § 3 Abs. 2 Nr. 1 und Nr. 2 MarkenG beruhen, nicht aber auf Art. 3 Abs. 1 lit. e) 3. Spiegelstrich MarkenRL, auf dem § 3 Abs. 2 Nr. 3 MarkenG beruht; kritisch insofern Rohnke, MarkenR 2001, 199, 199.
416 Kiethe/Groeschke, WRP 1998, 541, 545 f.; Kur, FS DPA 100 Jahre Marken-Amt, 175, 193.
417 Kiethe/Groeschke, WRP 1998, 541, 546, li. Sp.

Allerdings ist zu beachten, dass § 3 Abs. 2 MarkenG zwar systematisch kein Eintragungshindernis, sondern ein Kriterium der Markenfähigkeit ist. Jedoch sind die §§ 3 Abs. 2, 8 Abs. 2 MarkenG in der MarkenRL in Art. 3 Abs. 1 übereinstimmend als Eintragungshindernis ausgestaltet. Aus § 37 Abs. 1 MarkenG folgt, dass den §§ 3 und 8 MarkenG ähnliche Interessen zugrunde liegen. Gemäß § 37 Abs. 1 MarkenG wird die Anmeldung zurückgewiesen, wenn die Marke u. a. gemäß §§ 3 und 8 MarkenG von der Eintragung ausgeschlossen sind. Die Einordnung von Art. 3 Abs. 1 lit. e) MarkenRL bei der Markenfähigkeit hat allein den Grund, diese Vorschrift auf alle Markenkategorien anzuwenden, während sich die übrigen, in Art. 3 Abs. 1 MarkenRL aufgeführten Gesichtspunkte nur auf Registermarken beziehen sollen. Dementsprechend ist die Beziehung zwischen Zeichen und gekennzeichneter Ware sowohl gemäß § 3 Abs. 2 MarkenG als auch gemäß § 8 Abs. 2 MarkenG zu berücksichtigen, obwohl diese bei der Zeichenfähigkeit an sich noch nicht geprüft wird, sondern erst im Rahmen der Eintragungshindernisse gemäß § 8 Abs. 2 MarkenG. Aufgrund dieser „Zwitterstellung" von § 3 Abs. 2 MarkenG liegt deren Berücksichtigung im Rahmen von § 8 Abs. 2 Nr. 1 MarkenG näher, als es die Systematik des MarkenG vermuten lässt.

(2.) Enge Auslegung anhand der herkömmlichen Auslegungsmethoden

Eine weitere Ansicht bemüht sich ebenfalls um eine enge Auslegung von § 3 Abs. 2 Nr. 3 MarkenG. Die Vertreter dieser Ansicht gehen davon aus, dass Produkte gemäß § 3 Abs. 2 Nr. 3 MarkenG nicht markenfähig sind, bei denen die Kaufentscheidung im wesentlichen durch die Form beeinflusst wird.[418] Sie grenzen den Anwendungsbereich von § 3 Abs. 2 Nr. 3 MarkenG vor allem mit Hilfe von Negativkriterien ab.

(a) Wortlaut

Dem Wortlaut von § 3 Abs. 2 Nr. 3 MarkenG zufolge darf ein Zeichen nicht aus einer Form bestehen, die der Ware einen wesentlichen Wert verleiht. Es ist also nur die Anziehungskraft der Warenform zu untersuchen, wozu nicht das Warenmaterial zählt.[419] Das Warenmaterial ist allenfalls mittelbar von § 3 Abs. 2 Nr. 3 MarkenG geschützt, und zwar nur, wenn ein hochwertiges und teures Material eine bestimmte Warenform ermöglicht und diese Ware aufgrund dessen sehr teuer ist.

Die Form muss der Ware einen wesentlichen Wert verleihen. Durch den unbestimmten Artikel in § 3 Abs. 2 Nr. 3 MarkenG wird verdeutlicht, dass die Form nicht den alleinigen oder

---

418 Althammer/Klaka, § 3 Rn. 39.
419 Klaka, GRUR 1996, 613, 617 li. Sp.

allein maßgeblichen Wert der Ware ausmachen muss, um in den Anwendungsbereich von § 3 Abs. 2 Nr. 3 MarkenG zu fallen. Nicht ausreichend ist allerdings, dass die Warenform nur eines von vielen wertbestimmenden Kriterien ist, ohne dass die Grenze der Wesentlichkeit überschritten wird.

Klaka differenziert danach, ob von der ästhetischen Gestaltung einer Formmarke nur mittelbar positive Impulse auf die Einschätzung des Produkts ausgehen, was der Markenfähigkeit einer Gestaltung nicht entgegen steht, oder ob diese unmittelbar die Ware positiv prägt.[420] Letztlich versucht er, nur die Gesichtspunkte zu berücksichtigen, die die Produkteinschätzung allein entscheiden. Dies läuft darauf hinaus, den Wortlaut von § 3 Abs. 2 Nr. 3 MarkenG von „ die der Ware einen wesentlichen Wert verleiht“ zu „ die der Ware den wesentlichen Wert verleiht“ umzudeuten.

(b) Gesetzessystematik

Aus der Systematik von § 3 Abs. 2 MarkenG ergibt sich, dass vom Ausschlussgrund der wertbedingten Form der Ware nur ästhetisch wirkende und keine technisch bedingten Formgestaltungen umfasst sind. Technisch wirkende dreidimensionale Gestaltungen können nur gemäß § 3 Abs. 2 Nr. 2 MarkenG markenunfähig sein.[421] Für ästhetische Gestaltungen gelten die § 3 Abs. 2 Nr. 1 und Nr. 3 MarkenG. Ist also allein der Gebrauchszweck einer Ware maßgeblich oder steht dieser jedenfalls sehr stark im Vordergrund, macht dieser den wesentlichen Wert der Ware alleine aus[422], so dass eine solche dreidimensionale Gestaltung nicht gemäß § 3 Abs. 2 Nr. 3 MarkenG markenunfähig sein kann. Erfüllt eine Ware jedoch ausschließlich ästhetische oder gleichrangig funktionale wie ästhetische Gesichtspunkte, kann ihre Form gemäß § 3 Abs. 2 Nr. 3 MarkenG vom Markenschutz ausgeschlossen werden, da sie in beiden Fällen einen wesentlichen Wert ausmacht.

Freihaltungsbedürfnisse bezüglich ästhetisch wirkender Waren werden bereits durch § 3 Abs. 2 Nr. 1 MarkenG sowie die Prüfung der Unterscheidungskraft gemäß § 8 Abs. 2 Nr. 1 MarkenG berücksichtigt.[423] § 3 Abs. 2 Nr. 1 MarkenG hält die für eine Ware abstrakt konstitutiven Merkmale, also deren Grundform vom Markenschutz frei, während § 3 Abs. 2 Nr. 3 bei großzügigem Verständnis Gestaltungen vom Markenschutz ausschlösse, die besonders gelungen sind. Dieses Zusammenspiel von § 3 Abs. 2 Nr. 1 und Nr. 3 MarkenG

---

[420] Althammer/Klaka § 3 Rn. 39 a. E.; Klaka, GRUR 1996, 613, 617 re. Sp.; so wohl auch Thewes, S. 100.

[421] Eichmann, GRUR 1995, 184, 186 re. Sp.; ders., FS Vieregge 1995, 125, 150; Ingerl/Rohnke, § 3 Rn. 42.

[422] Meister WRP 1995, 1005, 1008 re. Sp.

[423] Kur, FS DPA 100 Jahre Marken-Amt, S. 175, 191.

führte aber dazu, dass Markenschutz nur noch für Waren zulässig wäre, die ein mittelmäßiges Design aufweisen, auf das die potentiellen Käufer keinen Wert legen. Ein so weitreichender Ausschluß ästhetischer Warengestaltungen vom Markenschutz stünde aber im Widerspruch zur eintragungsfreundlichen Grundhaltung der MarkenRL und des MarkenG.

(c) Sinn und Zweck

Sinn und Zweck der in § 3 Abs. 2 MarkenG geregelten Ausschlusstatbestände ist es, die Merkmale einer Ware von der Markenfähigkeit auszuschließen, die aufgrund von Umständen freihaltungsbedürftig sind, die in den Warenmerkmalen selbst begründet sind. Daher ist die Anziehungskraft, die die Form der Ware aufgrund ihrer Bekanntheit als Marke entfaltet, bei der Prüfung von Nr. 3 außer Betracht zu lassen.[424] Denn die Bekanntheit und die daraus resultierende Anziehungskraft einer Marke ist nicht in dieser selbst begründet, sondern das Ergebnis ökonomischer Leistungen.[425] Dass eine charakteristische Warenform es erleichtert, bekannt zu werden, ändert daran nichts. Vielmehr gibt es kein schutzwürdiges Interesse der Wettbewerber an einer Form, die der Verkehr mit einem bestimmten Unternehmen verbindet.

Ingerl/Rohnke treten dafür ein, solche ästhetischen Gestaltungen vom Anwendungsbereich von § 3 Abs. 2 Nr. 3 MarkenG auszunehmen, die originell oder individuell gestaltet sind, und lehnen die gegenteilige Rechtsprechung des BGH zur Schutzunfähigkeit ästhetischer Gestaltungen während der Geltung des WZG ab. Als einzig verbleibenden Anwendungsbereich von § 3 Abs. 2 Nr. 3 MarkenG nennen sie ästhetische Gestaltungen, die als Ausdruck von Modeströmungen für die Allgemeinheit freizuhalten sind.[426] Dies macht allerdings den Eindruck einer Verlegenheitslösung, um § 3 Abs. 2 Nr. 3 MarkenG überhaupt noch einen Anwendungsbereich zuzugestehen.

(d) Subsumtion

Nach der einschränkenden Auslegung von § 3 Abs. 2 Nr. 3 MarkenG ist es nicht leicht, Beispiele für Waren zu finden, denen ihre Form einen wesentlichen Wert verleiht. Wertbedingt kann eine Form beispielsweise bei Schmuck sein, wenn dieser sehr feinäderige dreidimensionale Verzierungen aufweist, die nur sehr aufwendig und daher in der Regel

---

[424] Fezer, § 3 Rn. 232; Kur, FS DPA 100 Jahre Marken-Amt, S. 175, 193; jeweils in Anlehnung an die Rechtsprechung zu Art. 1 Abs. 2 BMW; Henning-Bodewig/Bastian, Handbuch des Ausstattungsrechtes, S. 131; Henning-Bodewig/Ruijsenaars, S. 821, 826; Meister WRP 1995, 1005, 1008 re. Sp.

[425] Meister WRP 1995, 1005, 1008 re. Sp.; Ingerl/Rohnke, § 3 Rn. 42.

[426] Ingerl/Rohnke, § 3 Rn. 42.

teuer hergestellt werden können. Durch einen solchen Herstellungsprozess kann ein Wert geschaffen werden, der zumindest auch wesentlich durch die Warenform beeinflusst wird.

(3.) Stellungnahme und eigener Lösungsvorschlag

Gegen die Berücksichtigung der Wertbedingtheit der Form im Rahmen von § 8 Abs. 2 Nr. 1 MarkenG sprechen die genannten systematischen Bedenken. Dies steht der Ansicht, die die herkömmlichen Auslegungskriterien anwendet, nicht entgegen. Letztlich ist die in § 3 Abs. 2 Nr. 3 MarkenG getroffene Regelung jedoch verfehlt, was im Wege der Auslegung nicht geändert werden kann. Daher ist die Berücksichtigung der Schutzunfähigkeit ästhetischer Gestaltungen als relatives Schutzhindernis, das durch Verkehrsgeltung überwunden werden kann, trotz der systematischen Bedenken vorzuziehen. Die Möglichkeit der Verkehrsdurchsetzung gemäß § 8 Abs. 3 MarkenG hat den Vorteil, diejenigen Formgebungen als eintragbar anzusehen, die der Verkehr als Hinweis auf den Zeichenverwender ansieht. Denn an der Verwendung solcher Warenformen haben die Mitbewerber kein legitimes Interesse.[427] Dies ermöglicht eine flexiblere und einzelfallgerechtere Entscheidungsfindung als ein absolutes Freihaltungsbedürfnis gemäß § 3 Abs. 2 Nr. 3 MarkenG.[428]

Die Einordnung von Art. 3 Abs. 1 lit. e) MarkenRL[429] als Eintragungshindernis gemäß § 8 Abs. 2 MarkenG steht auch im Einklang damit, dass Art. 3 Abs. 1 lit. e) MarkenRL und die übrigen in § 8 Abs. 2 MarkenG geregelten Eintragungshindernisse in Art. 3 Abs. 1 MarkenRL übereinstimmend als Eintragungshindernisse ausgestaltet sind. Wie bereits ausgeführt, geht es im Rahmen von § 3 Abs. 2 Nr. 3 MarkenG um die Berücksichtigung von Freihaltungsbedürfnissen der Mitbewerber des Markeninhabers. Diese sind aber nicht bei der konkreten Unterscheidungskraft gemäß § 8 Abs. 2 Nr. 1 MarkenG zu prüfen[430], sondern im Rahmen von § 8 Abs. 2 Nr. 2 MarkenG. Die konkrete Unterscheidungskraft eines Zeichens richtet sich nach den angesprochenen Verkehrskreisen, während ein Freihaltungsbedürfnis gemäß § 8 Abs. 2 Nr. 2 MarkenG anhand der Interessen der Mitbewerber zu beurteilen ist. Die weitere Prüfung der Wertbedingtheit der Form i. S. v. § 3 Abs. 2 Nr. 3 MarkenG ist daher im Rahmen von § 8 Abs. 2 Nr. 2 MarkenG vorzunehmen.

---

[427] Ingerl/Rohnke, § 3 Rn. 42.
[428] Kur, FS DPA 100 Jahre Marken-Amt, S. 175, 193, allerdings nicht zu § 8 Abs. 2 Nr. 2, sondern zu § 8 Abs. 2 Nr. 1 MarkenG.
[429] Auf dieser beruht § 3 Abs. 2 Nr. 3 MarkenG.
[430] So Kur, FS DPA 100 Jahre Marken-Amt, 175, 193; Kiethe/Groeschke, WRP 1998, 541, 545 f.

c) Analoge Anwendung von § 3 Abs. 2 MarkenG auf naturgetreue Warenabbildungen

Da § 3 Abs. 2 MarkenG vom Wortlaut her nur für dreidimensionale Gestaltungen gilt, kann dieser Vorschrift nicht direkt auf zweidimensionale Gestaltungen angewendet werden.[431] Es stellt sich allerdings die Frage, ob § 3 Abs. 2 MarkenG auf naturgetreue Warenabbildungen analog anzuwenden ist.

Während der Geltung des WZG hielt der BGH naturgetreue Warenabbildungen für schutzunfähig. Er begründete dies damit, dass dreidimensionale Gestaltungen nur als Ausstattungen gemäß § 25 WZG schützbar seien und durch die Eintragung naturgetreuer Warenabbildungen die gemäß § 25 WZG erforderliche Verkehrsgeltung als Voraussetzung für den Schutz dreidimensionaler Warenformen umgangen würde.[432] Daher waren während des WZG in der Regel nur eigentümlich gestaltete Warendarstellungen markenfähig.[433] Seit dem Inkrafttreten des Markengesetzes ist ein solcher Umgehungsschutz überflüssig, da dreidimensionale Gestaltungen gemäß § 3 Abs. 1 i. V. m. § 4 Nr. 1 MarkenG auch als Registermarke schützbar sind.[434] Allerdings besteht die Gefahr der Monopolisierung von Waren durch naturgetreue Warenabbildungen fort, wenn sie als Marke geschützt sind, da der Vertrieb und die Herstellung von Waren auch aufgrund einer als Marke geschützten naturgetreuen Warenabbildung gemäß § 14 Abs. 2 MarkenG verboten werden kann.[435]

Für eine analoge Anwendung von § 3 Abs. 2 MarkenG auf naturgetreue Warenabbildungen hat sich das BPatG[436] in der Absperrpoller-Entscheidung ausgesprochen. Dem BPatG zufolge kann eine naturgetreue Warenabbildung nur markenfähig sein, wenn die Ware selbst nicht gemäß § 3 Abs. 2 MarkenG markenunfähig ist. Warenabbildungen sind erst recht markenfähig, wenn die Waren selbst markenfähig sind, was aber voraussetzt, dass die Waren selbst nicht gemäß § 3 Abs. 2 MarkenG markenunfähig sind.[437]

In zwei späteren Entscheidungen verneint der BGH jedoch die konkrete Unterscheidungskraft naturgetreuer Warenabbildungen i. S. v. § 8 Abs. 2 Nr. 1 MarkenG. In der einen Entscheidung spricht der BGH die Frage der analogen Anwendung von § 3 Abs. 2 MarkenG

---

[431] Sambuc GRUR 1997, 403, 406 re. Sp.; a. A. Thewes, S. 140 ff., die sich für eine direkte Anwendung von § 3 Abs. 2 MarkenG auf naturgetreue Warenabbildungen einsetzt.
[432] BGH GRUR 1964, 454, 455 re. Sp. - Palmolive.
[433] Baumbach/Hefermehl, WZG, § 1 Rn. 64.
[434] BPatG, GRUR 1995, 814, 815 – Absperrpoller.
[435] Althammer/Ströbele, § 9 Rn. 127.
[436] BPatG GRUR 1995, 814, 815 - Absperrpoller.
[437] BPatG, GRUR 1995, 814, 815 re. Sp. – Absperrpoller; ebenso Sambuc, GRUR 1997, 403, 406 re. Sp.; Bauer GRUR 1996, 319, 321.

nicht an[438], in der zweiten lässt er die Markenfähigkeit gemäß § 3 MarkenG ausdrücklich offen.[439] Der Beurteilung naturgetreuer Warenabbildungen i. R. v. § 8 Abs. 2 Nr. 1 MarkenG hat sich das BPatG angeschlossen.[440] Dies zeigt die Skepsis von BGH und BPatG gegenüber der Regelung von § 3 Abs. 2 MarkenG.[441]

Nunmehr spricht sich auch der BGH für eine analoge Anwendung von § 3 Abs. 2 MarkenG auf naturgetreue Warenabbildungen aus, ohne dies aber näher zu begründen.[442] Dies entspricht der Neigung des BGH, die Anforderungen für naturgetreue Warenabbildungen und dreidimensionale Gestaltungen in Form der Ware in gleicher Weise zu bestimmen.[443] Für das Eintragungsverfahren ist diese Entscheidung jedoch nicht von großer Bedeutung, da die Anwendung einer der drei in § 3 Abs. 2 MarkenG normierten Tatbestände in aller Regel am Merkmal der Ausschließlichkeit scheitern wird.[444]

Die analoge Anwendung von § 3 Abs. 2 MarkenG auf naturgetreue Warenabbildungen führt dazu, dass naturgetreue Warenabbildungen, die in ihrem Ursprungsland als Marke eingetragen sind, in der Bundesrepublik Deutschland in jedem Fall Telle-quelle-Schutz erlangen. Denn gemäß Art. 6^{quinquies} Abschnitt A Abs. 1, Abschnitt B PVÜ kann Zeichen, für die Telle-quelle-Schutz in Anspruch genommen wird, nicht die Markenfähigkeit abgesprochen werden.[445] Allerdings werden die in § 3 Abs. 2 MarkenG getroffenen Wertungen im Rahmen der Bestimmung des Schutzumfanges eines solchen Zeichens berücksichtigt, da sich der Schutzumfang eines Zeichen nach dem Recht des Verbandslandes richtet, für den Schutz begehrt wird.

Da auch die Eintragung naturgetreuer Warenabbildungen als nationale Marke wegen des Erfordernisses der Ausschließlichkeit in aller Regel nicht an § 3 Abs. 2 MarkenG scheitert, sondern nur zu einer Verringerung des Schutzumfanges führt, kommt es tatsächlich nicht zu einer Bevorzugung von Marken aus Ländern des PVÜ. Somit spricht die Tatsache, dass § 3 Abs. 2 MarkenG nur auf naturgetreue Warenabbildungen, die Gegenstand nationaler Marken sind, analog angewendet wird, nicht gegen die analoge Anwendung von § 3 Abs. 2 MarkenG auf naturgetreue Warenabbildungen.

---

438 BGH GRUR 1995, 732, 734 – Füllkörper.
439 BGH GRUR 1997, 527, 529 – Autofelge.
440 BPatGE 38, 89, 90 unten - Gebäckstück.
441 Ströbele, GRUR 1999, 1041, 1042 ff.; auch Eichmann hält für zweidimensionale Gestaltungen nur konkrete Unterscheidungskraft für maßgeblich, GRUR 1995, 184, 186 Fn. 24.
442 BGH GRUR 1999, 495, 496 li. Sp. unten – Etiketten.
443 BGH WRP 2000, 1290, 1292 li. Sp. – Likörflasche; GRUR 2001, 334, 336 li. Sp. – Gabelstapler.
444 Thewes, S. 142 f.
445 Baumbach/Hefermehl, WZG, Art. 6^{quinquies} PVÜ, Rn. 4; BGH GRUR 1995, 732, 734 – Füllkörper m. w. N. lässt dies offen; ebenso BPatGE 39, 238, 241 – POP-Swatch.

4. Grundlegendes Freihaltungsbedürfnis für dreidimensionale Marken neben § 3 Abs. 2 MarkenG?

Fraglich ist, ob neben § 3 Abs. 2 MarkenG für dreidimensionale Zeichen noch ein gesetzlich nicht ausdrücklich normiertes, gleichsam „grundlegendes" absolutes Freihaltungsbedürfnis besteht.

Aus dem WZG lassen sich keine Erkenntnisse für das Bestehen eines allgemeinen Grundsatzes der Selbständigkeit und dessen Verhältnis zu der Vorschrift herleiten, in der absolute Freihaltungsbedürfnisse normiert sind. Denn im WZG waren dreidimensionale Gestaltungen nur als Ausstattung gemäß § 25 WZG schützbar und alle Fragen der Selbständigkeit dreidimensionaler Gestaltungen wurden unter dem Oberbegriff der Ausstattungsfähigkeit diskutiert. Da es keine mit § 3 Abs. 2 MarkenG vergleichbare Vorschrift gab, musste das Verhältnis einer solchen Vorschrift zum Grundsatz der Selbständigkeit nicht bestimmt werden.

Die Amtliche Begründung zum MarkenG enthält keine ausdrücklichen Ausführungen zur Selbständigkeit der Marke von der Ware. Zu den Ausschlussgründen gemäß § 3 Abs. 2 MarkenG heißt es dort, dass diese weitgehend den Kriterien zur Ausstattungsfähigkeit dreidimensionaler Gestaltungen entsprechen, die die Rechtsprechung zu § 25 WZG entwickelt hatte. Allerdings könne auf die insoweit ergangene Rechtsprechung nur eingeschränkt zurückgegriffen werden, da § 3 Abs. 2 MarkenG auf die für Registermarken bindende Regelung in Art. 3 Abs. 1 lit. e) MarkenRL zurückgehe.[446] Diese Passage der Amtlichen Begründung spricht gegen einen über § 3 Abs. 2 MarkenG hinausgehenden Grundsatz der Selbständigkeit, da auf die Rechtsprechung zur Ausstattungsfähigkeit dreidimensionaler Gestaltungen nur zurückgegriffen werden kann, soweit diese auch normiert wurde.[447] Wenn also eine Warengestaltung nicht gemäß § 3 Abs. 2 MarkenG markenunfähig ist, aber nach der Rechtsprechung zum WZG ausstattungsunfähig gewesen wäre, muss es bei diesem Ergebnis bleiben. Andernfalls handelte es sich bei Art. 3 lit. e) MarkenRL sowie § 3 Abs. 2 MarkenG nicht um eine teilweise, sondern eine vollständige Normierung der deutschen Rechtsprechung zur Ausstattungsfähigkeit dreidimensionaler Gestaltungen ohne Berücksichtigung von Art. 3 Abs. 1 lit. e) MarkenRL.

---

[446] Amtliche Begründung zum Markenrechtsreformgesetz, BT-Drucks. 12/6581, S. 53, 65.

[447] Althammer/Ströbele, § 8 Rn. 69 sieht im Freihaltungsbedürfnis keinen außergesetzlichen Schutzverweigerungsgrund, sondern sieht diesen als immanente Schutzschranke von § 8 Abs. 2 Nr. 2 MarkenG an. Dies gilt gleichermaßen bezüglich § 3 Abs. 2 MarkenG.

Zudem sind die in § 3 Abs. 2 MarkenG vorgenommenen Differenzierungen überflüssig, wenn sie durch ein allgemeines Prinzip der Selbständigkeit, das § 3 Abs. 2 MarkenG ergänzt, wieder eingeebnet werden. Durch eine solche Zusatzprüfung würde die gesetzgeberische Abwägung ignoriert, die in § 3 Abs. 2 MarkenG ihren Ausdruck gefunden hat.[448]. Denn die in § 3 Abs. 2 MarkenG genannten Gründe bringen auch negativ zum Ausdruck, dass nur in den dort genannten Fällen ein Freihaltungsbedürfnis besteht und alle nicht geregelten Fälle markenfähig sind.

Weiterhin können Freihaltungsbedürfnisse auch noch gemäß § 8 Abs. 2 Nr. 2 MarkenG geprüft werden, auch wenn es sich um eine dreidimensionale Marke handelt, die bereits im Hinblick auf § 3 Abs. 2 MarkenG überprüft wurde.[449] Zwar werden dreidimensionale Marken dann zweimal auf Freihaltungsbedürfnisse geprüft, doch ist dies unschädlich, da die in § 8 Abs. 2 Nr. 2 MarkenG gegebenenfalls zusätzlich berücksichtigten Freihaltungsbedürfnisse gemäß § 8 Abs. 3 MarkenG durch Verkehrsdurchsetzung überwunden werden können.

Der BGH prüft die Rechtsprechungsgrundsätze zur Ausstattungsfähigkeit gemäß § 25 WZG im Rahmen von § 3 Abs. 1 MarkenG.[450] *Fezer* sowie der BGH betrachten die in § 3 Abs. 2 MarkenG normierten Ausschlussgründe nur als Konkretisierung des Grundsatzes der Selbständigkeit.[451] Während bei *Fezer* unklar ist, ob § 3 Abs. 2 MarkenG insoweit als abschließend anzusehen ist, geht der BGH ausdrücklich davon aus, dass der Grundsatz der Selbständigkeit neben § 3 Abs. 2 MarkenG auf dreidimensionale Gestaltungen anwendbar bleibt.[452] *Sambuc* ist der Auffassung, dass durch das Markenrecht unter keinen Umständen ein Alleinherstellungsrecht gewährt werden dürfe, und stützt sich dabei auf einen allgemeinen Grundsatz des Kennzeichenrechtes.[453] Diese Herleitung deutet darauf hin, dass auch *Sambuc* von einem dem MarkenG zugrundeliegenden allgemeinen Prinzip absoluter Freihaltungsbedürfnisse ausgeht.

---

[448] Bauer, GRUR 1996, 319 re. Sp.

[449] BGH GRUR 2001, 334, 337 li. Sp. – Gabelstapler; Althammer/Ströbele, § 8 Rn. 157; Kiethe/Groeschke, WRP 1998, 541, 546 f.; Körner/Gründig-Schnelle, GRUR 1999, 535, 539; a. A. Eichmann, GRUR 1995, 184, 188 f.; Bauer, GRUR 1996, 319, 321 re. Sp.; Fuchs-Wissemann, MarkenR 1999, 183, 185.

[450] BGH GRUR 2001, 334, 335 re. Sp. – Gabelstapler; ebenso Althammer/Klaka, 5. Auflage, § 3 Rn. 1, 7, 8, 13 ff.

[451] Fezer, § 3 Rn. 227 ff.; BGH GRUR 2001, 334, 335 re. Sp. – Gabelstapler.

[452] BGH GRUR 2001, 334, 335 re. Sp. – Gabelstapler: „Für dreidimensionale Markenformen ergibt sich der Grundsatz der Selbstständigkeit der Marke von der Ware auch aus der Bestimmung des Art. 3 lit. e 1. und 2. Spiegelstrich MarkenRiLi." (Hervorhebung durch den Verfasser); GRUR 2001, 56, 57 li. Sp. – Likörflasche.

[453] Sambuc, GRUR 1997, 403, 406 re. Sp., 408 re. Sp.; ebenso Kur, FS DPA 100 Jahre Marken-Amt, S. 175, 179; Eichmann, FS Nirk, S. 165 ff.; Meister, WRP 1995, 1005, 1009 li. Sp. nennt die Marke in Warenform einen Fremdkörper.

Gegen die Einordnung der Rechtsprechung zur Ausstattungsfähigkeit bei § 3 Abs. 1 MarkenG spricht erstens, dass diese Rechtsprechung „das Wesen der Ware" berücksichtigt, während in § 3 Abs. 1 MarkenG nur eine abstrakte Prüfung vorzunehmen ist. Zweitens hätte diese Einordnung zur Folge, dass § 3 Abs. 2 MarkenG faktisch keinen eigenen Anwendungsbereich hätte.[454] Schließlich würde diese Einordnung es überflüssig machen, sich mit § 3 Abs. 2 MarkenG zu beschäftigen, wenn es insoweit nur um eine Fortschreibung der bisherigen Rechtsprechung zu § 25 WZG ginge. So wird letztlich eine Auseinandersetzung und ein eigenständiges Verständnis von § 3 Abs. 2 MarkenG verhindert, was der MarkenRL als europäischer Grundlage des MarkenG nicht gerecht wird.

Also sind dreidimensionale Zeichen im Rahmen der Markenfähigkeit nicht zusätzlich im Hinblick auf den Grundsatz der Selbständigkeit zu überprüfen.

IX. Zusammenfassung

Zusammenfassend lässt sich feststellen, dass alle Erscheinungsformen von Characters grundsätzlich markenfähig sind.

Die abstrakte Unterscheidungseignung i. S. v. § 3 Abs. 1 MarkenG setzt voraus, dass das jeweilige Zeichens geeignet ist, auf seinen Inhaber hinzuweisen, ohne dass es auf die mit gekennzeichneten Produkte ankommt. Da die Beurteilung der abstrakten Unterscheidungseignung großzügig zu erfolgen hat, ist es grundsätzlich schwierig, Beispiele für Zeichen zu finden, die nicht abstrakt unterscheidungsgeeignet sind. Alle Namen von Characters einschließlich Buchstaben- und Zahlenkombinationen sind abstrakt unterscheidungsgeeignet i. S. v. § 3 Abs. 1 MarkenG. Dasselbe gilt für bildliche Darstellungen von Characters und naturgetreue Warenabbildungen, die beispielsweise eine Ware zum Gegenstand haben, die in Form eines Characters geformt sind. Auch gemeinfreie bildliche Darstellungen eines Characters sind abstrakt unterscheidungsgeeignet.

Ein auf den Erwerb einer Registermarke gemäß § 4 Nr. 1 MarkenG gerichteter Benutzungswille ist nicht erforderlich. Die Erscheinungsformen eines Characters können also als Marke geschützt werden, ohne dass der Anmelder eine Benutzungsabsicht haben muss. Es steht ihm frei, seine Marke nicht zu nutzen, sie allein zu Verbotszwecken einzusetzen, sie im Wege der Lizenzvergabe nutzen zu lassen oder sie selbst zu benutzen.

---

[454] Thewes, S. 78 f.

Die Erscheinungsformen von Characters erfüllen auch die Voraussetzung der Einheitlichkeit, da sie in der Regel in einem Sinneseindruck aufgenommen werden können. Auch Filmsequenzen, in denen ein Character vorkommt, sind einheitlich, wenn sie nur von so kurzer Dauer sind, dass sie in einem Sinneseindruck aufgenommen werden können.

In § 3 Abs. 2 MarkenG werden für dreidimensionale Marken absolute Freihaltungsbedürfnisse normiert, die sich nicht durch Verkehrsdurchsetzung überwinden lassen. § 3 Abs. 2 MarkenG gilt für alle Markenkategorien. Für Verpackungen gilt § 3 Abs. 2 MarkenG nur analog, soweit die Monopolisierung einer Verpackung zugleich die Monopolisierung der darin verpackten Ware zur Folge hat. Auf naturgetreue Warenabbildungen ist § 3 Abs. 2 MarkenG ebenfalls analog anzuwenden. § 3 Abs. 2 MarkenG ist nicht als Normierung der Rechtsprechung zur Ausstattungsfähigkeit dreidimensionaler Zeichen gemäß § 25 WZG anzusehen und daher eigenständig auszulegen. Daher dürfen dreidimensionale Zeichen nicht zusätzlich darauf überprüft werden, ob sie dem Grundsatz der Selbständigkeit entsprechen.

Gemäß § 3 Abs. 2 MarkenG sind nur solche Zeichen markenunfähig, die ausschließlich aus Formen bestehen, die die Voraussetzungen von § 3 Abs. 2 Nr. 1 bis Nr. 3 MarkenG erfüllen. Kommen weitere Gestaltungsmerkmale hinzu, sind die Zeichen insgesamt markenfähig. Allerdings sind die Merkmale, die bei isolierter Betrachtung gemäß § 3 Abs. 2 MarkenG markenunfähig sind, in der Regel nicht kollisionsbegründend i. S. v. §§ 9 Abs. 1, 14 Abs. 2 MarkenG.

Gemäß § 3 Abs. 2 Nr. 1 sind nur die abstrakt ermittelten, konstitutiven Formelemente einer Ware gemäß § 3 Abs. 2 Nr. 1 MarkenG markenunfähig. Im Hinblick auf Characters bedeutet dies, dass als dreidimensionale Marke angemeldeten Zeichen, die die Form eines Characters aufweisen, nie gemäß § 3 Abs. 2 Nr. 1 MarkenG markenunfähig sind.

Gemäß § 3 Abs. 2 Nr. 2 MarkenG sind nur die Formen markenunfähig, die ausschließlich technisch erforderlich sind. Haben Waren die Gestalt eines Characters, bedeutet dies zugleich, dass sie nicht ausschließlich technisch erforderlich i. S. v. § 3 Abs. 2 Nr. 2 MarkenG sein können, da sie einen ästhetischen „Überschuss" aufweisen. Damit steht auch § 3 Abs. 2 Nr. 2 MarkenG der Markenfähigkeit von Waren in Characterform nicht entgegen.

Die Wertbedingtheit der Form gemäß § 3 Abs. 2 Nr. 3 MarkenG ist im Rahmen von § 8 Abs. 2 Nr. 2 MarkenG zu beurteilen und als ein Gesichtspunkt zu berücksichtigen, der ein Freihaltungsbedürfnis der Mitbewerber begründen kann. Eine ästhetisch ansprechende Form wie beispielsweise die eines Characters kann also nicht zur Markenunfähigkeit, sondern allenfalls zur Eintragungsunfähigkeit von Warengestaltungen gemäß § 8 Abs. 2 Nr. 2 MarkenG führen. Diese kann aber gemäß § 8 Abs. 3 MarkenG durch Verkehrsdurchsetzung überwunden werden. Also kann eine dreidimensionales Zeichen, das die Gestalt eines Characters aufweist, nicht gemäß § 3 Abs. 2 Nr. 1 bis Nr. 3 MarkenG markenunfähig sein.

C. Die Markenkategorien

§ 4 MarkenG normiert drei verschiedene Entstehungstatbestände. Eine Marke kann kraft Eintragung, infolge inländischer Benutzung und aufgrund von Notorietät durch ausländische Benutzung erworben werden. Eine Marke kann ihrem Inhaber gleichzeitig kraft Eintragung und kraft Benutzung zustehen. Ebenso können Register- und Notorietätsmarke nebeneinander bestehen.

Alle Markenkategorien nach § 4 MarkenG sind gleichwertig[455]. Durch diese Gleichstellung der Markenkategorien in § 4 MarkenG wird der gespaltene Markenbegriff des Warenzeichengesetzes überwunden. Bis zum Inkrafttreten des Markengesetzes konnten dreidimensionale Gestaltungen nicht als Registerrecht sondern nur kraft Verkehrsgeltung als Ausstattung gemäß § 25 WZG geschützt werden.[456]

I. Die eingetragene Marke gemäß § 4 Nr. 1 MarkenG

1. Allgemein

Die Registermarke gewährleistet einen formellen Markenschutz[457]. Dieser setzt keine Vorbenutzung voraus und entsteht mit der Eintragung[458]. Die Priorität, also der Zeitrang der Marke richtet sich gemäß § 6 Abs. 2 1. Fall MarkenG grundsätzlich nach dem Anmeldetag, also gemäß § 33 Abs. 1 MarkenG dem Tag, an dem die Unterlagen mit den nach § 32 Abs. 2 erforderlichen Angaben beim Patentamt eingehen. Auf die Priorität der Marke kommt es im Fall der Zeichenkollision an.[459]

---

455 Fezer § 4 Rn. 1.
456 Winkel, S. 259; Chrocziel/Götting/Katzenberger/Knaak/Stauder, Handbuch des Ausstattungsrechtes, S. 199, 212.
457 Fezer § 4 Rn. 9.
458 Ingerl/Rohnke, § 4 Rn. 5 f.; Fezer § 4 Rn. 13.
459 Althammer/Klaka, § 4 Rn. 5; Ingerl/Rohnke, § 6 Rn. 8.

Die Einzelheiten des Anmeldungsverfahrens ergeben sich aus §§ 32 ff. MarkenG und der MarkenVO. Gemäß § 32 Abs. 2 muss die Anmeldung Angaben zur Identität des Anmelders, eine Wiedergabe der Marke sowie ein Verzeichnis der Waren oder Dienstleistungen enthalten, für die die Eintragung beantragt wird.

2. Character Merchandising

Der Anmelder muss überhaupt keinen Geschäftsbetrieb haben, so dass es erst recht entbehrlich ist, dass er einen Geschäftsbetrieb hat, der die im Warenverzeichnis genannten Produkte herstellt bzw. erbringt.[460] Dies ermöglicht eine umfassende Verwertung von Marken im Wege des Merchandising.[461] Gemäß § 3 Abs. 1 Nr. 2 i. V. m. §§ 6 ff. MarkenVO muss der Anmelder angeben, welche Markenform er wählen möchte, und eine Wiedergabe der Marke beifügen, die den Anforderungen für die jeweilige Markenform entspricht. Die Marke muss in der Anmeldung eindeutig definiert sein. Denn erstens muss die eingetragene Marke als Ausgangspunkt der Kollisionsprüfung gemäß §§ 9 Abs. 1, 14 Abs. 2 MarkenG feststehen. Die Wiedergabe des Zeichens bestimmt neben dem Produktverzeichnis gemäß § 32 Abs. 2 Nr. 3 MarkenG den Schutzumfang der Marke. Zweitens darf nicht der Anmeldegegenstand nach Beginn des Anmeldeverfahrens unzulässigerweise geändert werden, was nur beurteilt werden kann, wenn die zuerst angemeldete Marke eindeutig feststeht.[462]

Das gemäß § 32 Abs. 2 Nr. 3 MarkenG einzureichende Produktverzeichnis muss alle Waren und Dienstleistungen aufführen, für die der Anmelder Schutz beanspruchen möchte. Diese Angaben müssen aus denselben Gründen wie hinsichtlich des angemeldeten Zeichens eindeutig sein. Welche Waren und Dienstleistungen der Anmelder bei der Anmeldung angibt, steht ihm frei. Bei Zeichen, deren spätere Verwertung im Wege des Merchandising angestrebt wird, ist es ratsam, das Produktverzeichnis möglichst umfassend zu erstellen.

Als Korrektiv dieser umfassenden Schutzmöglichkeiten durch die Registermarke dient der Benutzungszwang gemäß § 26 MarkenG, der dem Inhaber der Registermarke jedoch eine fünfjährige Benutzungsschonfrist einräumt.[463] Im Falle von Merchandising-Aktivitäten, die beispielsweise flankierend zu einem Filmstart erfolgen, ist der Benutzungszwang selbst bei Berücksichtigung einer erheblichen Vorlaufzeit kein Hindernis für die Einreichung eines umfassenden Produktverzeichnisses bei der Markenanmeldung. Jedoch ist insoweit zu

---

[460] Althammer/Klaka, § 7 Rn. 2.
[461] Fezer, FS Vieregge 1995, S. 229, 238 f.
[462] Ingerl/Rohnke, § 32 Rn. 10; BPatG GRUR 1998, 1016, 1018 li. Sp. oben – grün/gelb, sieht die Anmeldung vom Zeitpunkt ihres Eingangs als unveränderliche Einheit an; ebenso BPatG GRUR 1998, 713, 714 – Zahnpastastrang.
[463] Sh. u. Teil 2, F.

bedenken, dass die zu zahlende Anmeldegebühr gemäß § 32 Abs. 4 MarkenG nur drei Produktklassen umfasst und für jede weitere Klasse zusätzliche Gebühren zu zahlen sind. Um aber auch für eventuelle Fortsetzungen des fraglichen Kinofilms und spätere Zweitverwertungen noch flankierende, auf Marken gestützte Merchandisingaktivitäten entfalten zu können, wäre es im Hinblick auf den Benutzungszwang von Vorteil, für das angemeldete Produktverzeichnis rechtzeitig vor Ablauf der Benutzungsfrist möglichst umfassend Merchandisingnehmer zu gewinnen.

Als Registermarke gemäß § 4 Nr. 1 MarkenG kommen alle markenfähigen Zeichen in Frage, so dass ein Schutz aller typischen Erscheinungsformen als Registermarke möglich ist.

II. Die Benutzungsmarke gemäß § 4 Nr. 2 MarkenG

1. Allgemein

Markenschutz entsteht an einem Zeichen gemäß § 4 Nr. 2 MarkenG durch Benutzung im geschäftlichen Verkehr, soweit es innerhalb beteiligter Verkehrskreise als Marke Verkehrsgeltung erworben hat.[464] Die Benutzungsmarke gewährt materiellen Markenschutz, der dem durch die Registermarke vermittelten Schutz ebenbürtig ist.[465] Die Markenkategorien der Register- und der Benutzungsmarke unterscheiden sich durch ihre Entstehung, nicht aber hinsichtlich ihrer Rechtsfolgen.[466] Durch § 4 Nr. 2 MarkenG wird die gemäß § 25 WZG geschützte Ausstattung ersetzt.[467] Eine Marke kraft Benutzung entsteht nur dann, wenn an dem Zeichen nicht schon Markenschutz durch Benutzung für einen anderen Hersteller besteht.

§ 4 Nr. 2 MarkenG geht nicht auf die Erste Markenrechtsrichtlinie zurück, die nur Vorgaben für Registermarken enthält. Der 4. Erwägungsgrund zur Ersten Markenrechtsrichtlinie stellt es den Mitgliedstaaten ausdrücklich frei, die Benutzungsmarke neben der Registermarke zu schützen. Die Interpretation von § 4 Nr. 2 MarkenG ist somit grundsätzlich unabhängig von der Interpretation dieser Vorschrift durch den EuGH.[468] Allerdings sollten Vorschriften, die unabhängig von der Entstehung der Benutzungsmarke sind, für alle Markenkategorien übereinstimmend ausgelegt werden, um so zu gewährleisten, dass alle Markenkategorien in

---

[464] Fezer § 4 Rn. 103; Althammer/Klaka § 4 Rn. 7.
[465] Kur, Die Neuordnung des Markenrechts in Europa, S. 134, 139.
[466] Ingerl/Rohnke, § 4 Rn. 8; Klaka, FS Hefermehl, GRUR 1996, 613, 613 re. Sp.
[467] Althammer/Klaka § 4 Rn. 7.
[468] Althammer/Klaka § 4 Rn. 3; Ingerl/Rohnke, § 4 Rn. 3; Starck, FS DPA 100 Jahre Marken-Amt, S. 291, 301 ff.

gleicher Weise geschützt sind. Die Beachtung der Rechtsprechung des EuGH in dieser Hinsicht ist also rechtlich nicht erforderlich, aber sachlich geboten.

Ein Zeichen muss gemäß § 4 Nr. 2 MarkenG im geschäftlichen Verkehr benutzt werden. Mit dem geschäftlichen Verkehr ist der inländische Geschäftsverkehr gemeint.[469] Für den Erwerb von Verkehrsgeltung kommt es also nur auf die im Inland erworbene Verkehrsgeltung an. Auslandssachverhalte sind nur zu berücksichtigen, soweit sie auf den inländischen Verkehr ausstrahlen. Ein Zeichen wird nicht im geschäftlichen Verkehr benutzt, wenn es nur zu innerbetrieblichen oder privaten Zwecken eingesetzt wird.[470]

Um als Benutzungsmarke gemäß § 4 Nr. 2 MarkenG geschützt zu sein, muss das Zeichen innerhalb der beteiligten Verkehrskreise Verkehrsgeltung erworben haben.[471] Diese tritt an die Stelle der Eintragung des Zeichens in das Markenregister. Der Zeitrang einer Benutzungsmarke bestimmt sich gemäß § 6 Abs. 3 MarkenG nach dem Zeitpunkt des Erwerbs von Verkehrsgeltung[472], so dass keine Rückwirkung auf den Zeitpunkt der ersten Inbenutzungsnahme stattfindet[473].

Gemäß § 25 WZG setzte Ausstattungsschutz voraus, dass eine objektiv ausstattungsschutzfähige Gestaltung oder Aufmachung der Ware innerhalb der beteiligten Verkehrskreise als Kennzeichen für die Herkunft der Waren aus einem bestimmten Geschäftsbetrieb oder mehreren, mit einander in Verbindung stehenden Betrieben galt.[474]

Fezers Auffassung zufolge besteht Verkehrsgeltung nicht nur, wenn die Verkehrsgeltung sich auf die Herkunftsidentität der gekennzeichneten Produkte bezieht, sondern auch dann, wenn das Zeichen zur Identifikation von Unternehmensprodukten im Marktwettbewerb benutzt wird und als ein identifizierendes Unterscheidungszeichen Kennzeichnungskraft erlangt.[475] Dass die Verkehrsbekanntheit eines Zeichens als Produktunterscheidungsmittel genügt, begründet er damit, dass es gemäß § 4 MarkenG nicht erforderlich ist, dass ein Markeninhaber einen Geschäftsbetrieb hat, so dass die Benutzungsmarke nur ein Unterscheidungszeichen zur Identifikation von Unternehmensprodukten im Marktwettbewerb ist. Gegenteilig äußert sich *Fezer* an anderer Stelle[476] dahingehend, die Benutzungsmarke sei

---

[469] Amtliche Begründung zum Markenrechtsreformgesetz, BT-Drucksache 12/6581, zu § 4, S. 66 li. Sp.
[470] Nordemann, WRP 1997, 389, 391 li. Sp.
[471] Fezer § 4 Rn. 103.
[472] Ingerl/Rohnke, § 4 Rn. 19.
[473] Fezer § 4 Rn. 137.
[474] Althammer, WZG, § 25 Rn. 10; Baumbach/Hefermehl, WZG, § 25 Rn. 37.
[475] Fezer, § 4 Rn. 26, 106.
[476] Fezer, FS Vieregge 1995, 229, 234; so auch Fezer, § 4 Rn. 23 a. E.

bei ihrer Entstehung notwendigerweise zu einem Geschäftsbetrieb akzessorisch, da die Nutzung des Zeichens nur zu Verkehrsgeltung führt, wenn es zur Unterscheidung von Produkten eines Unternehmens erfolgt. Andere Stimmen im Schrifttum treten in Übereinstimmung mit der Amtlichen Begründung zum Markenrechtsreformgesetz[477] für eine gegenüber dem WZG grundsätzlich unveränderte Rechtslage ein.[478] Es ist zu berücksichtigen, dass es genügt, wenn ein Zeichen auf den Inhaber der mit der Marke gekennzeichneten Ware hindeutet.[479]

Die Verkehrsgeltung wirkt zugunsten desjenigen, der die Marke als Unterscheidungszeichen zur Identifizierung von Unternehmensprodukten im Marktwettbewerb benutzt.[480] Das wird in der Regel der Inhaber des Unternehmens sein, für dessen Waren oder Dienstleistungen die Marke innerhalb eines einheitlichen Wirtschaftsgebietes verwendet wird.[481] Maßgeblich ist die von den besonderen Umständen des Einzelfalles bestimmte Verkehrsauffassung.[482]

Durch die Benutzung muss die Marke im Verkehr so bekannt geworden sein, dass sie allein und unmittelbar die Unternehmensprodukte identifiziert und so die Waren oder Dienstleistungen eines Unternehmens von denjenigen anderer Unternehmen unterscheidet. Ein als Marke schutzfähiges Zeichen erwirbt Verkehrsgeltung im Hinblick auf eine konkrete Ware oder Dienstleistung, so wie eine Marke für bestimmte Waren oder Dienstleistungen in das Register eingetragen wird.[483] Als gekennzeichnete Ware kommt auch ein Werk i. S. v. § 5 Abs. 3 MarkenG in Frage, so dass ein Werktitel nicht nur gemäß § 5 Abs. 3 MarkenG, sondern zugleich als Benutzungsmarke gemäß § 4 Nr. 2 MarkenG geschützt sein kann. Dies erleichtert die Verwertung des Werktitels in anderen Produktkategorien im Wege des Merchandising.[484] Das Zeichen muss nicht neu oder eigenartig sein, um Verkehrsgeltung zu erlangen. Weicht das benutzte Zeichen allerdings von dem ab, was als Bezeichnung oder Merkmal des Produkts auf dem Markt üblich ist, ist das Zeichen eher geeignet, sich dem Verkehr einzuprägen und damit Verkehrsgeltung zu erwerben.[485]

---

477 Amtliche Begründung zum Markenrechtsreformgesetz, BT-Drucksache 12/6581, zu § 4 S. 65 f.

478 Eichmann, FS Vieregge 1995, S. 125, 163; Sambuc, WRP 2000, 985, 989 f.; Ingerl/Rohnke, § 4 Rn. 13.

479 Sambuc, WRP 2000, 985, 989 f.

480 Amtliche Begründung zum Markenrechtsreformgesetz, BT-Drucksache 12/6581, zu § 4, S. 66 re. Sp.; Munz, GRUR 1995, 474, 474.

481 Althammer/Klaka, § 4 Rn. 22.

482 Munz, GRUR 1995, 474, 474.

483 BGH GRUR 1962, 195, 196 re. Sp. – Palettenbildzeichen; Fezer § 4 Rn. 119; Ingerl/Rohnke, § 4 Rn. 12.

484 Ingerl/Rohnke, § 5 Rn. 63.

485 Fezer § 4 Rn. 114.

Verkehrsgeltung beurteilt sich nach der innerhalb beteiligter Verkehrskreise bestehenden Verkehrsauffassung.[486] Beteiligte Verkehrskreise sind die aktuellen Käufer einer Warengattung sowie aktuell Interessierte.[487] Die beteiligten Verkehrskreise bestimmen sich nach der Zweckbestimmung und den Absatzmöglichkeiten der Unternehmensprodukte. Die Mitbewerber zählen nicht dazu.[488] Bei Produkten des täglichen Bedarfs wie insbesondere Produkten des Massenkonsums gehören alle Personen, die als Händler sowie als Verbraucher mit den Produkten in Berührung kommen, zum relevanten Teil der beteiligten Verkehrskreise[489]. Bei hochwertigen Produkten wie Pelzen oder Schmuck kann schon ein kleiner Kreis den relevanten Personenkreis der beteiligten Verkehrskreise ausmachen.[490]

Der erforderliche Grad der Verkehrsgeltung innerhalb beteiligter Verkehrskreise umfasst allgemein gesagt nicht die Gesamtheit, aber mehr als nur einen geringen Teil der beteiligten Verkehrskreise.[491] Er ist in Abhängigkeit von der Kennzeichnungskraft des Kennzeichens zu bestimmen[492]. Hat das benutzte Zeichen nur geringe Kennzeichnungskraft, sind an den erforderlichen Grad der Verkehrsgeltung höhere Anforderungen als bei benutzten Zeichen mit hoher Kennzeichnungskraft zu stellen. Ein Durchsetzungsgrad von 20-25 % kann ausreichen.[493] Ein höherer Bekanntheitsgrad ist zu fordern bei einem starken Freihaltungsbedürfnis. Dies kann bei Beschaffenheits- und Bestimmungsangaben[494] sowie deskriptiven Angaben oder technischen Merkmalen[495] vorliegen. Keiner Kompensation durch einen höheren Grad der Verkehrsgeltung sind die absoluten Schutzhindernisse gemäß § 3 Abs. 2 MarkenG zugänglich.[496]

---

486 BGHZ 11, 129, 133 – Zählkassetten; 35, 341, 343 – Buntstreifensatin.

487 Fezer, § 4 Rn. 125; Eichmann, FS Vieregge 1995, S. 125, 163; zu § 25 WZG BGH GRUR 1971, 305, 307 – Konservenzeichen II; GRUR 1982, 672, 674 – Qualitätsseifen; Schricker, GRUR 1980, 462, 467 re. Sp.

488 RGZ 155, 108, 126 – Kabelkennfaden; Althammer/Klaka § 4 Rn. 30.

489 Fezer § 4 Rn. 126.

490 BGH GRUR 1963, 622, 623 re. Sp. – Sunkist; GRUR 1982, 672, 674 li. Sp. unten – Qualitätsseife.

491 Fezer § 4 Rn. 120 f.; dies ergibt sich aus dem unbestimmten Artikel bei der Formulierung von § 4 Nr. 2 MarkenG „innerhalb beteiligter Verkehrskreise".

492 Ingerl/Rohnke, § 4 Rn. 16.

493 Althammer/Klaka § 4 Rn. 34.

494 Dem BGH reichten 36 % in GRUR 1960, 83, 86 – Nährbier nicht; in GRUR 1965, 146, 147 f. – Rippenstreckmetall II hielt der BGH einen Durchsetzungsgrad von erheblich mehr als 50 % für erforderlich; GRUR 1968, 419, 423 f. – feuerfest I; in GRUR 1990, 681, 683 re. Sp. – schwarzer Krauser ließ der BGH einen Marktanteil von 52,1% für die Gattungsbezeichnung „Schwarzer Krauser" nicht ausreichen.

495 BGH GRUR 1962, 409, 410 re. Sp. – Wandsteckdose; GRUR 1969, 541, 543 li. Sp. – grüne Vierkantflasche; GRUR 1971, 305, 308 li. Sp. – Konservenzeichen II; GRUR 1979, 853, 855 li. Sp.– Lila; Hanseatisches OLG GRUR 1972, 185, 187 – Roter Punkt.

496 Eichmann, FS Vieregge 1995, S. 125, 164; Ingerl/Rohnke, § 4 Rn. 14.

Der territoriale Schutzbereich einer Benutzungsmarke richtet sich nach dem Gebiet, in dem der erforderliche Grad der Verkehrsgeltung besteht.[497] Die größte Ausdehnung ist das Gebiet der Bundesrepublik Deutschland. Als kleinste Ausdehnung für eine territorial begrenzte Verkehrsgeltung kommt ein einheitliches Wirtschaftsgebiet[498] wie beispielsweise das Gebiet einer Großstadt in Frage.[499] Markenschutz kraft Benutzung aufgrund örtlicher Verkehrsgeltung wird nur zurückhaltend angenommen werden können.

2. Character Merchandising

Das Bestehen einer Benutzungsmarke gemäß § 4 Nr. 2 MarkenG beschränkt sich auf die Produkte, für die das Zeichen Verkehrsgeltung erworben hat. Somit ist eine Lizensierung nur im Hinblick auf die Produkte möglich, für die bereits Verkehrsgeltung besteht. Der Erwerb einer Benutzungsmarke infolge der Benutzung beispielsweise einer bildlichen Darstellung eines Characters kommt nur dann in Frage, wenn der Verkehr diese Darstellung als Hinweis auf den Markeninhaber und nicht nur als dekorative Benutzung betrachtet. Insoweit kommt es auf die konkreten Umstände der Benutzung an. Für andere Produkte als diejenigen, für die die bildliche Darstellung bereits benutzt wurde, scheidet eine Lizenzerteilung ohnehin aus.

Die Verkehrsgeltung muss aber nicht nur hinsichtlich jedes Produktes bestehen, sondern sich auch auf jede Erscheinungsform eines Characters beziehen. Nicht möglich ist es, aus der Verkehrsgeltung für eine bildliche Darstellung zugleich Verkehrsgeltung für deren wörtliche Benennung herzuleiten, wenn diese nicht Gegenstand des bislang benutzten Zeichens ist.[500] Besteht für die bildliche Darstellung eines Characters Verkehrsgeltung, kann daraus nicht Verkehrsgeltung für den Namen dieses Characters hergeleitet werden, wenn dieser bisher nicht benutzt wurde. Aus diesen Gründen ist ein auf Benutzungsmarken gestütztes Character-Merchandising nur eingeschränkt möglich.

---

497 Fezer § 4 Rn. 104 a.E.

498 Ergibt sich eine territorial begrenzte Verkehrsgeltung eines im gesamten Bundesgebiet tätigen Unternehmens nur aufgrund der Tatsache, dass das Unternehmen in dem betreffenden Territorium seinen Sitz hat und dort ganz allgemein eine gewisse Bedeutung erlangt hat, dann ist ein solch begrenztes Territorium kein einheitlicher Wirtschaftsraum. BGHZ 74, 1, 7 f. – RBB / RBT.

499 Althammer/Klaka, § 4 Rn. 32.

500 Vgl. BGH GRUR 1962, 195, 196 re. Sp. unten – Palettenbildzeichen.

III. Die Notorietätsmarke gemäß § 4 Nr. 3 MarkenG

1. Allgemein

Im WZG war die notorische Marke als Eintragungshindernis gemäß § 4 Abs. 2 Nr. 5, Abs. 5 WZG ausgestaltet. An die Notorietät wurden strenge Anforderungen gestellt.[501] Gemäß § 4 Nr. 3 MarkenG entsteht Markenschutz durch notorische Bekanntheit einer Marke i. S. v. Art. 6bis PVÜ. Auf Art. 6bis PVÜ kommt es nur für die Bestimmung der notorischen Bekanntheit, nicht aber hinsichtlich der übrigen Voraussetzungen an.[502] Daher gilt § 4 Nr. 3 MarkenG in Verbindung mit Art. 6bis PVÜ nicht nur für Fabrik- und Handelsmarken, sondern auch für notorisch bekannte Dienstleistungsmarken.[503] Der Begriff der notorischen Bekanntheit geht nicht auf europäisches Recht zurück, sondern entstammt der PVÜ, also dem Recht der internationalen Konventionen. § 4 Nr. 3 MarkenG setzt Notorietät einer Marke im Inland, jedoch nicht deren Benutzung im Inland voraus[504]. Inhaber einer notorisch bekannten Marke gemäß § 4 Nr. 3 MarkenG ist derjenige, dem die notorische Bekanntheit zugute kommt. Umstritten ist, ob § 4 Nr. 3 MarkenG nur für eine reine Auslandsbenutzung gilt oder auch für eine Inlandsbenutzung.

2. Anforderungen an die Notorietät

Es besteht Einigkeit darüber, dass das Vorliegen von Notorietät rein quantitativ und nicht auch qualitativ zu bestimmen ist.[505] Streitig ist jedoch erstens, wie hoch die Anforderungen an die Verkehrsbekanntheit zur Erreichung der Notorietät i. S. v. § 4 Nr. 3 MarkenG zu stellen sind, und zweitens, ob diese Anforderungen nur aufgrund von reiner Auslandsbenutzung erfüllt werden können oder ob gemäß § 4 Nr. 3 MarkenG auch eine Inlandsbenutzung ausreicht. Diese beiden Problemkreise werden nicht isoliert voneinander diskutiert, sondern miteinander verbunden. Man unterscheidet insofern zwei Meinungen.

Der überwiegenden Meinung zufolge sind die Anforderungen an die Notorietät einer Marke höher als an die Verkehrsgeltung einer Marke.[506] Notorische Bekanntheit soll erst bei einem Bekanntheitsgrad von über 60 % anzunehmen sein.[507] Teilweise wird der erforderliche Bekanntheitsgrad auch schon bei einem Bekanntheitsgrad von unter 50 % als erreicht

---

[501] Heydt, GRUR 1952, 321, 324 li. Sp.; Baumbach/Hefermehl, WZG, § 4 Rn. 150; Althammer, WZG, § 4 Rn. 83.
[502] Althammer/Klaka, § 4 Rn. 46; Weberndörfer, S. 174; Ingerl/Rohnke, § 4 Rn. 23.
[503] Fezer § 4 Rn. 223.
[504] Sack, GRUR 1995, 81, 90 re. Sp.; Fezer § 4 Rn. 224, 227; Althammer/Klaka, § 4 Rn. 52.
[505] Althammer/Klaka § 4 Rn. 50; Kur, GRUR 1994, 330, 336.
[506] Sack, GRUR 1995, 81, 91; Schackert, S. 270; Althammer/Klaka, § 4 Rn. 50; Fezer, § 4 Rn. 227; Ingerl/Rohnke, § 4 Rn. 24; zum WZG Heydt, GRUR 1952, 321, 324 li. Sp.; Busse/Starck, WZG, § 4 Rn. 124; Baumbach/Hefermehl, WZG, § 4 Rn. 150.
[507] Sack, GRUR 1995, 81, 91.

angesehen.[508] Dieser Auffassung zufolge ist für den Erwerb einer Notorietätsmarke keine reine Auslandsbenutzung erforderlich, sondern es genügt die ausschließliche Benutzung der Marke im Inland.[509]

Der Gegenansicht zufolge sind Notorietät und Verkehrsgeltung gleichzusetzen[510], wobei der Anwendungsbereich von § 4 Nr. 3 MarkenG auf die reine Auslandsbenutzung zu beschränken ist, während Verkehrsgeltung i. S. v. § 4 Nr. 2 MarkenG nur infolge inländischer Benutzung erworben werden kann.[511]

Die gegenüber der Verkehrsgeltung erhöhten Anforderungen an die Notorietät sind eine Fortsetzung der Praxis zum absoluten Schutzhindernis gemäß § 4 Abs. 2 Nr. 5 WZG. In § 4 Abs. 2 Nr. 5 WZG wurde nicht ausdrücklich auf Art. 6bis PVÜ Bezug genommen, sondern verlangt, dass es innerhalb der beteiligten inländischen Verkehrskreise allgemein bekannt war, dass das Zeichens für gleiche oder gleichartige Waren benutzt wurde. Seit dem Inkrafttreten des MarkenG werden die erhöhten Anforderungen an die Notorietät mit dem Wortlaut von § 4 Nr. 3 MarkenG begründet, notorische Bekanntheit sei begrifflich eine gesteigerte Form der Bekanntheit.[512] Gegen dieses am Wortlaut orientierte Argument spricht jedoch, dass Notorietät ein Begriff ist, der aus der PVÜ, also einer internationalen Konvention stammt, und als solcher in das Markengesetz übernommen wurde. Die PVÜ und das MarkenG sind zwei isoliert voneinander zu betrachtende Regelungskomplexe. Daher können keine Rückschlüsse vom MarkenG auf den aus der PVÜ übernommenen Begriff der Notorietät hergeleitet werden. Daran ändert auch die Inkorporation des Notorietätsbegriffes gemäß Art. 6bis PVÜ in § 4 Nr. 3 MarkenG nichts. Denn dadurch wurde gerade auf eine eigenständige, mit dem Wortlaut der übrigen Vorschriften des Markengesetzes abgestimmte Regelung verzichtet.[513] Somit ist es unzulässig, vom MarkenG und den darin verwendeten Begriffen auf den Inhalt und die Anforderungen an die Notorietät gemäß Art. 6bis PVÜ zu schließen.

Zugunsten erhöhter Anforderungen an die Notorietät wird weiterhin auf die gesteigerten Schutzmöglichkeiten verwiesen, die das Markengesetz der Notorietätsmarke im

---

508 Althammer/Klaka, § 4 Rn. 50.

509 Amtliche Begründung zum Markenrechtsreformgesetz, BT-Drucksache 12/6581 zu § 4 S. 66 li. Sp.; auch v. Gamm, WRP 1993, 793, 796 scheint Inlandsbenutzungen als ausreichend anzusehen.

510 Zum MarkenG Kur, GRUR 1994, 330, 337 li. Sp., 338 li. Sp.; zum WZG Becher, GRUR 1951, 489, 491 f; Ulmer, ZHR 114 (1951), 43, 48 f.; Utescher stellt an die Notorietät mit wenig überzeugendem Argument sogar geringere Anforderungen als an die Verkehrsgeltung gemäß § 25 WZG, GRUR 1930, 358, 362 re. Sp.

511 Kur, GRUR 1994, 330, 338 re. Sp., 339 re. Sp.

512 Sack, GRUR 1995, 81, 91 re. Sp.

513 Kur, GRUR 1994, 330, 339.

Eintragungsverfahren gemäß § 37 Abs. 1, Abs. 4 MarkenG als absolutes Schutzhindernis und im Widerspruchsverfahren gemäß § 42 Abs. 2 Nr. 2 MarkenG als Widerspruchsgrund einräumt.[514] Auch diese Begründung verkennt, dass der Begriff der Notorietät gemäß § 4 Nr. 3 i. V. m. Art. 6bis PVÜ rein konventionsrechtlich auszulegen ist[515] und dabei nicht auf die verfahrensrechtlichen Besonderheiten des nationalen deutschen Rechtes abgestellt werden darf. Denn durch die konventionsorientierte Auslegung verzichtet der deutsche Gesetzgeber auf eine von der PVÜ losgelöste Definition der Notorietät.[516]

Die Gegenansicht begründete die Gleichsetzung von Notorietät und Verkehrsgeltung im WZG damit, dass es sowohl in § 4 Abs. 2 Nr. 5 WZG als auch in § 25 WZG auf die Verkehrsgeltung „innerhalb der beteiligten Verkehrskreise" ankam.[517] Zudem gewährte die Notorietätsmarke ebenso wie die Ausstattung nur Schutz im Rahmen des Gleichartigkeitsbereichs, so dass eine Erhöhung der Anforderungen an die Notorietätsmarke als nicht gerechtfertigt angesehen wurde.[518]

Zum Markengesetz wird die Gleichsetzung von Notorietät und Verkehrsgeltung mehrfach begründet. Zunächst haben Notorietät und Verkehrsgeltung gemeinsam, dass sie nach rein quantitativen Gesichtspunkten beurteilt werden. Zudem wird bereits die Gleichstellung der Anforderungen an die Notorietät und die Verkehrsgeltung den Zielen gerecht, die bei Einführung der Notorietätsmarke gemäß Art. 6bis PVÜ im Jahr 1925 in das PVÜ und bei Einführung der Ausstattung gemäß § 25 WZG in das WZG im Jahr 1936 maßgebend waren und immer noch sind.

Erstens muss der formale Akt der Registrierung durch ein in etwa gleichwertiges Erfordernis ersetzt werden.[519] Wie sich aus § 4 Nr. 2 MarkenG ergibt, ist die Verkehrsgeltung ein solches Äquivalent. Zweitens soll durch die Anerkennung von Notorietätsmarken die Gefahr von Verwechslungen verhindert werden, die durch die Aneignung fremder Zeichen in einem Land aufgrund der Bekanntheit der Marke entsteht. Wie sich aus § 4 Nr. 2 MarkenG ergibt, kann Verwechslungsgefahr schon vorliegen, wenn ein Zeichen Verkehrsgeltung besitzt.[520] Der Gleichlauf der Anforderungen von Verkehrsgeltung und Notorietät wird dem Schutz vor

---

[514] Sack, GRUR 1995, 81, 91; i. E. ablehnend Kur, GRUR 1994, 330, 336 li. Sp.; ebenso zum absoluten Schutzhindernis gemäß § 4 Abs. 2 Nr. 5 WZG Baumbach/Hefermehl, WZG, § 4 Rn. 149 f.
[515] Amtliche Begründung zum Markenrechtsreformgesetz, BT-Drucksache 12/6581 B. I. 2. a) zu § 4 S. 66 li. Sp.
[516] Kur, GRUR 1994, 330, 339 li. Sp.
[517] Becher, GRUR 1951, 489, 491 f.
[518] Becher, GRUR 1951, 489, 491 f.; Ulmer, ZHR 114 (1951), 43, 47 ff.
[519] Kur, GRUR 1994, 330, 337 li. Sp.
[520] Kur, GRUR 1994, 330, 337 li. Sp.

Verwechslungen also gerecht, während höhere Anforderungen an die Notorietät den Schutz vor Verwechslungsgefahr erschweren. Drittens spricht für den Gleichlauf von Notorietät und Verkehrsgeltung, dass die Notorietätsmarke das Vorbild für die Einführung der Ausstattung gemäß § 25 WZG war.[521]

Die verfahrensrechtliche Ausnahmestellung von Notorietätsmarken kann auch dadurch gerechtfertigt werden, dass nur eine reine Auslandsbenutzung zur Entstehung von Notorietätsmarken gemäß § 4 Nr. 3 MarkenG führt.[522] Auf den Abgleich der verfahrensrechtlichen Vorschriften des MarkenG mit § 4 Nr. 3 MarkenG kann in diesem Zusammenhang trotz der konventionsrechtlichen Verankerung des Notorietätsbegriffes in § 4 Nr. 3 MarkenG abgestellt werden, da zwar der Begriff der Notorietät fest steht, nicht aber das Verhältnis anderer Normen zu der so verstandenen Notorietätsmarke. Ausgehend von der Notorietätsmarke gemäß § 4 Nr. 3 MarkenG können also die übrigen Vorschriften des MarkenG daraufhin überprüft werden, ob sie systematisch mit dieser übereinstimmen, nicht aber umgekehrt.

Lässt man zur Entstehung von Notorietätsmarken gemäß § 4 Nr. 3 MarkenG nur eine Auslandsbenutzung genügen, während Inlandsbenutzungen nur zu Benutzungsmarken gemäß § 4 Nr. 2 MarkenG führen können, verhindert man, dass jede Marke kraft Verkehrsgeltung gemäß § 4 Nr. 2 MarkenG zugleich eine Notorietätsmarke gemäß § 4 Nr. 3 MarkenG ist. Denn dies widerspräche dem Ausnahmecharakter der Vorschriften von § 37 Abs. 1, Abs. 4 MarkenG sowie § 42 Abs. 2 Nr. 2 MarkenG. Hinzu kommt, dass der Inhaber einer Benutzungsmarke i. S. v. § 4 Nr. 2 MarkenG dieses Schutzes nicht bedarf.

Gemäß § 37 Abs. 1, Abs. 4 MarkenG können Notorietätsmarken unter bestimmten Voraussetzungen ein Eintragungshindernis sein, obwohl relative Schutzhindernisse im Eintragungsverfahren grundsätzlich nicht berücksichtigt werden. Im Gegensatz zu dem Inhaber einer infolge inländischer Benutzung entstandenen Benutzungsmarke gemäß § 4 Nr. 2 MarkenG ist dem Inhaber einer Marke, die ausschließlich im Ausland benutzt wird, die Überwachung des inländischen Marktes nicht in dem erforderlichen Maß möglich und daher nicht in der gleichen Weise zumutbar, so dass die verstärkte Berücksichtigung seiner Interessen geboten ist.

§ 42 Abs. 2 Nr. 2 MarkenG bestimmt, dass nur Notorietätsmarken, nicht aber Benutzungsmarken gemäß § 4 Nr. 2 MarkenG zum Widerspruch berechtigen. Das

---

[521] Kur, Die Neuordnung des Markenrechts in Europa, 134, 138.
[522] Kur, GRUR 1994, 330, 338 re. Sp., 339 re. Sp.

Widerspruchsverfahren ist ein summarisches Verfahren, das auf die Erledigung einer großen Zahl von komplizierten Fällen zugeschnitten ist.[523] Der Grund für die ausschließliche Zulassung der Notorietätsmarke im Widerspruchsverfahren besteht in der Begrenzung der Zahl der zu berücksichtigenden Marken. Dieses Ziel wird jedoch nicht nur erfüllt, wenn die Anforderungen an die Notorietät gegenüber der Verkehrsgeltung erhöht sind, sondern mindestens in gleichem Umfang, wenn Notorietätsmarken nur bei ausschließlicher Auslandsbenutzung vorliegen.

Weiterhin ist das Erreichen von Verkehrsgeltung bei reiner Auslandsbenutzung ungleich schwieriger als bei Inlandsbenutzung, so dass erhöhte Anforderungen an die Notorietät nicht als Kompensation für fehlende Inlandsbenutzung angesehen werden können.[524] Wird trotz fehlender Inlandsbenutzung Verkehrsgeltung und damit Notorietät erworben, spricht dies für eine sehr große Bekanntheit der Marke im Ausland. Die Verweigerung einer Notorietätsmarke wäre dann unangemessen. An ausländische Markeninhaber dürfen auch keine so hohen Anforderungen an die Bekanntheit ihrer Marke gemäß Art. 6bis PVÜ gestellt werden, dass ein Schutz der notorischen Marke faktisch unmöglich ist. Ein solches Verständnis widerspräche den Verpflichtungen, die aus der Mitgliedschaft der Bundesrepublik Deutschland in der PVÜ resultieren.[525] Weiterhin bestehen internationale Tendenzen, die Anforderungen an die Notorietät niedrig anzusetzen.[526]

Der Beschränkung notorischer Marken auf solche, die im Wege reiner Auslandsbenutzung Verkehrsgeltung erlangt haben, widerspricht auch nicht Art. 16 Abs. 2 S. 2 TRIPS. Gemäß Art. 16 Abs. 2 S. 2 TRIPS bestimmen die TRIPS-Mitglieder die notorische Bekanntheit einer Marke, indem sie die Bekanntheit der Marke im maßgeblichen Teil der Öffentlichkeit einschließlich der Bekanntheit der Marke im betreffenden Mitgliedsland berücksichtigen, die aufgrund der Werbung für die Marke erreicht wurde. Danach reicht die bloße Inlandsbekanntheit der Marke ohne Inlandsbenutzung aus.[527] Ob Art. 16 Abs. 2 S. 2 TRIPS aber eine Inlandsbenutzung zulässt, um Notorietät zu erwerben, lässt sich dem Wortlaut nicht eindeutig entnehmen.[528]

---

[523] Amtliche Begründung zum Markenrechtsreformgesetz, BT-Drucksache 12/6581 zu § 42 S. 92 li. Sp.
[524] So aber Ingerl/Rohnke, § 4 Rn. 24.
[525] Kur, GRUR 1994, 330, 337 re. Sp. unten.
[526] Vgl. die Resolution der AIPPI zur Frage 100, GRUR Int. 1991, 292 f.; Kunz Hallstein, Die Neuordnung des Markenrechtes, S. 123, 133, Fn. 38.
[527] Kur, GRUR Int. 1994, 987, 994 li. Sp.
[528] Kur, GRUR Int. 1994, 987, 994 li. Sp.

2. Character Merchandising

Im Hinblick auf Character Merchandising, das sich auf Notorietätsmarken gemäß § 4 Nr. 3 MarkenG stützt, gelten die zur Benutzungsmarke gemachten Ausführungen, wobei der Erwerb von Notorietät noch dadurch zusätzlich erschwert wird, dass diese aufgrund reiner Auslandsbenutzung erworben sein muss.

IV. Zusammenfassung

Zusammenfassend lässt sich feststellen, dass die Registermarke die einzige wirtschaftlich sinnvolle Möglichkeit bietet, Merchandising mit Characters zu betreiben. Denn der Anmelder einer Registermarke muss keinen Geschäftsbetrieb haben und kann das Produktverzeichnis gemäß § 32 Abs. 2 Nr. 3 MarkenG beliebig zusammenstellen. Dies ermöglicht es, die jeweilige Marke im Wege des Merchandising umfassend zu verwerten.

Die Entstehung einer Benutzungsmarke gemäß § 4 Nr. 2 MarkenG setzt Verkehrsgeltung voraus. Der Erwerb einer Benutzungsmarke infolge der Benutzung beispielsweise der bildlichen Darstellung eines Characters kommt nur dann in Frage, wenn der Verkehr diese Darstellung als Hinweis auf den Markeninhaber und nicht nur als dekorative Benutzung betrachtet. Insoweit kommt es auf die konkreten Umstände der Benutzung an. Außerdem entsteht Verkehrsgeltung nur hinsichtlich der Produkte, für die das jeweilige Zeichen bereits benutzt wurde. Also ist eine Erweiterung der Produktpalette mit Hilfe des bereits als Benutzungsmarke für andere Produkte geschützten Zeichens nicht möglich. Zudem muss die Verkehrsgeltung sich auch auf jede Erscheinungsform eines Characters beziehen. Aus der Verkehrsgeltung für die bildliche Darstellung eines Characters kann also nicht Verkehrsgeltung für seinen Namen hergeleitet werden. Aus diesen Gründen ist es nur eingeschränkt möglich ein, Character Merchandising auf Benutzungsmarken gemäß § 4 Nr. 2 MarkenG zu stützen.

Hinsichtlich Notorietätsmarken gemäß § 4 Nr. 3 MarkenG gilt dasselbe wie für Benutzungsmarken gemäß § 4 Nr. 2 MarkenG, wobei die jeweilige Verkehrsgeltung durch die Benutzung des Zeichens im Ausland erworben sein muss.

D. Die absoluten Schutzhindernisse gemäß § 8 MarkenG

§ 8 MarkenG regelt die sogenannten absoluten Schutzhindernisse für angemeldete und eingetragene Marken und setzt die bindenden Vorschriften von Art. 2 und Art. 3 Markenrichtlinie um, die wiederum auf Art 6ter und 6^quinquies PVÜ zurückgehen. Dem trägt der 12. Erwägungsgrund der Markenrichtlinie Rechnung, der verlangt, dass die Vorschriften der Markenrichtlinie vollständig mit denen der PVÜ übereinstimmen. § 8 MarkenG knüpft weitgehend an die bisherige Spruchpraxis zu § 4 WZG an, so dass auf die bisherigen Grundsätze zurückzugreifen ist, solange nicht § 8 wörtlich oder sinngemäß eine andere Regelung enthält.[529]

Wie sich auch aus § 8 Abs. 3 MarkenG ergibt, sind in § 8 Abs. 2 zwei Gruppen absoluter Schutzhindernisse zu unterscheiden. Zu der ersten Gruppe zählen die Schutzversagungsgründe gemäß § 8 Abs. 2 Nr. 1, 2 und 3 MarkenG. Diese dienen speziell markenrechtlichen Belangen, die grundsätzlich nur im Eintragungsverfahren berücksichtigt werden können. Sind diese Versagungstatbestände erfüllt, können sie bei Vorliegen von Verkehrsdurchsetzung zum Zeitpunkt der Entscheidung über die Eintragung gemäß § 8 Abs. 3 MarkenG überwunden werden. Demgegenüber dienen die in § 8 Abs. 2 Nr. 4-9 MarkenG enthaltenen Schutzhindernisse vor allem öffentlichen Interessen, die sich in der Regel nicht nur in markenrechtlichen, sondern auch in anderen Verfahren durchsetzen lassen.[530] Ihr Vorliegen kann nicht durch Verkehrsdurchsetzung überwunden werden. Die verfahrensrechtlichen Konsequenzen ergeben sich nicht aus § 8 MarkenG, sondern hängen von dem Verfahrensstand ab. Für das Eintragungsverfahren ergeben sie sich aus § 37 MarkenG und für das Löschungsverfahren aus § 50 MarkenG.

Auch der Beurteilungszeitpunkt, der für das Vorliegen absoluter Schutzhindernisse maßgeblich ist, hängt vom Verfahrensstand ab. Im Eintragungsverfahren sind nur die Schutzhindernisse zu berücksichtigen, die zum Zeitpunkt der Eintragung bestehen. Unmaßgeblich sind demnach solche Schutzhindernisse, die während des Eintragungsverfahrens entfallen. Etwas anderes gilt für die Schutzhindernisse gemäß § 8 Abs. 2 Nr. 1, 2 und 3, die erst nach der Anmeldung entfallen, etwa durch den nachträglichen Beweis der Verkehrsdurchsetzung gemäß § 8 Abs. 3 MarkenG. Dann ist gemäß § 37 Abs. 2 i. V. m. § 6 Abs. 2 MarkenG eine Eintragung nur nach entsprechender Verschiebung des Zeitranges auf den Zeitpunkt des Wegfalls des Schutzhindernisses möglich. Treten die Schutzhindernisse erst nach der Anmeldung auf, ist eine Eintragung zurückzuweisen. Im Löschungsverfahren

---

[529] BGH GRUR 1995, 410, 410 re. Sp. – Turbo; Ingerl/Rohnke, § 8 Rn. 5 a. E.
[530] Althammer/Ströbele, § 8 Rn. 9.

kann die Löschung einer Registermarke wegen absoluter Schutzhindernisse § 50 Abs. 2 S. 1 MarkenG nur erfolgen, wenn das Schutzhindernis auch noch im Zeitpunkt der Entscheidung über den Löschungsantrag besteht.[531]

I. Graphische Darstellbarkeit gemäß § 8 Abs. 1 MarkenG

1. Allgemein

Gemäß § 8 Abs. 1 MarkenG müssen sich markenfähige Zeichen graphisch darstellen lassen. Die graphische Darstellbarkeit ist kein Problem der Markenfähigkeit, sondern ein absolutes Schutzhindernis.[532] Graphische Darstellung ist die zweidimensionale Wiedergabe der Marke durch Schriftzeichen im weiten Sinne wie beispielsweise durch Schaubilder, mathematische Funktionen, chemische Formeln, Notenbilder und Sonagramme.[533]

Kein Problem der graphischen Darstellbarkeit ist die sogenannte sublime Werbung. Darunter versteht man Werbung, die in Filmen nur für Sekundenbruchteile gezeigt und daher nicht bewusst wahrgenommen wird, sondern nur auf das Unterbewusstsein einwirkt.[534] Einer vereinzelten Auffassung zufolge ist solche Werbung nicht sinnlich wahrnehmbar.[535] Wie ihre Verwendung in Filmen zeigt, ist sie graphisch darstellbar i. S. v. § 8 Abs. 1 MarkenG und auch optisch wahrnehmbar. Dass sublime Werbung nicht bewusst wahrgenommen werden kann, beruht auf ihrer konkreten Präsentation, die allein durch das UWG zu beurteilen ist.

2. Graphische Darstellbarkeit von Characters

Bildliche und auch filmische Darstellungen von Characters sind graphisch darstellbar. Filmsequenzen kann aber die Einheitlichkeit fehlen.[536] Solange eine fiktive Figur nur literarischen, aber noch keinen bildlichen Ausdruck gefunden hat, ist allein ihr Name graphisch darstellbar. Der Name eines Characters kann entweder als Wortmarke gemäß § 7 MarkenVO oder als Bildmarke gemäß § 8 MarkenVO angemeldet werden. Will der Anmelder nur den Namen schützen lassen, reicht die Anmeldung einer Wortmarke, strebt er auch den Schutz einer bestimmten Ausgestaltung an, muss er den so ausgestalteten Namen als Bildmarke anmelden.

---

[531] Althammer/Ströbele, § 8 Rn. 11.
[532] Eisenführ, FS DPA 100 Jahre Marken-Amt, S. 69, 70; Berlit Rn. 57; Klaka, GRUR 1996, 613, 614; sh. o Teil 2 B. VII.
[533] Fezer, § 8 Rn. 14.
[534] A. A. Thilo, S. 71.
[535] Thilo, S. 71.
[536] Sh. B. VI.

Im Rahmen von Character Merchandising-Aktivitäten kann auch die Anmeldung von dreidimensionalen Nachbildungen von Characters, u. a. in Form von Waren interessant sein. In diesem Fall empfiehlt sich besonders, der Anmeldung qualitativ hochwertige Abbildungen beizufügen und von der durch § 9 Abs. 1 S. 2 MarkenVO eingeräumten Möglichkeit Gebrauch zu machen, graphische Darstellungen der dreidimensionalen Gestaltung aus bis zu sechs verschiedenen Perspektiven einzureichen. Die Anmeldung der spezifischen akustischen Ausgestaltung eines Characters erfolgt als Hörmarke gemäß § 11 MarkenVO.

II. Absolute Schutzhindernisse gemäß § 8 Abs. 2 Nr. 1 bis Nr. 3 MarkenG

1. Freihaltungsbedürfnis gemäß § 8 Abs. 2 Nr. 2 MarkenG

a) Allgemein

Gemäß § 8 Abs. 2 Nr. 2 MarkenG sind solche Zeichen oder Angaben von der Eintragung ausgeschlossen, die ausschließlich aus Zeichen oder Angaben bestehen, die im Verkehr zur Bezeichnung von Merkmalen der Waren oder Dienstleistungen dienen können. In § 8 Abs. 2 Nr. 2 MarkenG sind Zeichen oder Angaben aufgeführt, die im Verkehr zur Bezeichnung der Art, der Beschaffenheit, der Menge, der Bestimmung, des Wertes, der geographischen Herkunft, der Zeit der Herstellung der Waren bzw. der Erbringung der Dienstleistungen oder zur Bezeichnung sonstiger Produktmerkmale dienen können. Diese Aufzählung ist nicht abschließend. Dazu gehören außerdem alle Bezeichnungen, die im Verkehr wichtige Umstände der angemeldeten Waren oder Dienstleistungen betreffen.

aa) Zeichen

§ 8 Abs. 2 Nr. 2 gilt nicht nur für Wortzeichen, sondern für alle Arten von Zeichen wie beispielsweise Bildzeichen und dreidimensionale Zeichen.[537] Dies folgt aus dem Wortlaut von § 8 Abs. 2 Nr. 2 MarkenG, der „Zeichen oder Angaben" voraussetzt. Das Wort „Zeichen" ist dabei ebenso wie in § 3 Abs. 1 MarkenG umfassend zu verstehen. Die Hinzufügung von „Angaben" führt zu keiner Einschränkung dieses umfassenden Verständnisses von „Zeichen", da „Zeichen" und „Angaben" in § 8 Abs. 2 Nr. 2 MarkenG alternativ und nicht kumulativ vorausgesetzt werden. Auch das Wort „Bezeichnung" in § 8 Abs. 2 Nr. 2 letzter HS MarkenG führt zu keiner Einschränkung der Gruppe der von dem Freihaltungsbedürfnis erfassten Zeichen, da eine Bezeichnung nicht wörtlich erfolgen muss. Schließlich spricht

---

[537] Althammer/Ströbele, § 8 Rn. 154, 157; bzgl. dreidimensionaler Marken a. A. Bauer, GRUR 1996, 319, 321; ebenso Thilo, S. 227 f.; Eichmann, GRUR 1995, 184, 188 prüft bzgl. dreidimensionaler Gestaltungen neben § 3 Abs. 2 MarkenG auch die konkrete Unterscheidungskraft gemäß § 8 Abs. 2 Nr. 1 MarkenG.

auch der Sinn und Zweck von § 8 Abs. 2 Nr. 2 MarkenG für eine Einbeziehung nichtwörtlicher Bezeichnungen, da die Mitbewerber auch ein Freihaltungsbedürfnis an bildlichen oder dreidimensionalen Zeichen haben können, das andernfalls nicht berücksichtigt werden könnte. Der Beurteilung des Freihaltungsbedürfnisses ist das Zeichen als Ganzes zugrundezulegen, da der Verkehr Zeichen keiner analysierenden Betrachtung unterzieht.[538]

Im Hinblick auf dreidimensionale Zeichen wird vertreten, Freihaltungsbedürfnisse dürften ausschließlich gemäß § 3 Abs. 2 MarkenG und nicht noch zusätzlich gemäß § 8 Abs. 2 Nr. 2 MarkenG geprüft werden, da im Rahmen von § 3 Abs. 2 MarkenG bereits alle Freihaltungsbedürfnisse ausreichend berücksichtigt würden.[539] Für eine zusätzliche Anwendung von § 8 Abs. 2 Nr. 2 MarkenG neben § 3 Abs. 2 MarkenG im Hinblick auf Registermarken spricht der Wortlaut dieser Vorschriften.[540] Aus der systematischen Stellung von § 8 Abs. 2 Nr. 2 MarkenG in Teil 2 Abschnitt 2 des Markengesetzes folgt nicht, dass diese Vorschrift auf dreidimensionale Marken unanwendbar ist, sondern nur, dass sie nur für Registermarken gemäß § 4 Nr. 1 MarkenG gilt, so dass auch die Systematik des MarkenG für eine parallele Prüfung dreidimensionaler Zeichen gemäß § 3 Abs. 2 und § 8 Abs. 2 Nr. 2 MarkenG spricht. Hinzu kommt, dass die Interessen der Mitbewerber ansonsten nicht ausreichend berücksichtigt werden können, da der Anwendungsbereich von § 3 Abs. 2 MarkenG aufgrund des Kriteriums der Ausschließlichkeit sehr klein ist.[541] Vielmehr ist § 3 Abs. 2 MarkenG nicht gegenüber § 8 Abs. 2 Nr. 2 MarkenG abschließend, sondern betrifft nur einzelne Spezialtatbestände der fehlenden Unterscheidungskraft und des Freihaltungsbedürfnisses.[542] Schließlich spricht für eine Berücksichtigung von Freihaltungsbedürfnissen gemäß § 8 Abs. 2 Nr. 2 MarkenG, dass es im Zusammenhang mit dieser Vorschrift möglich ist, eine eventuelle Verkehrsdurchsetzung gemäß § 8 Abs. 3 MarkenG zugunsten des Zeichenanmelders zu berücksichtigen, was im Rahmen von § 3 Abs. 2 MarkenG nicht möglich ist.[543]

---

538 BGH GRUR 2002, 261, 262 – AC; GRUR 1995, 408, 409 – Protech.

539 Bauer, GRUR 1996, 319, 321 re. Sp.; Winkler MA 1996, 516, 524; Thilo, S. 227 f.; nicht ganz klar hinsichtlich des Reichweite des Anwendungsausschlusses von § 8 Abs. 2 Nr. 2 Thewes, S. 116.

540 So auch die Amtliche Begründung zum Markenrechtsreformgesetz, BT-Drucksache 12/6581 zu § 3 S. 64 f., § 8, S. 69; a. A. BGH GRUR 2001, 334, 337 li. Sp. – Gabelstapler.

541 Althammer/Ströbele, § 8 Rn. 157; Fezer, § 8 Rn. 117 l.

542 BPatG GRUR 2001, 737, 739 – Waschmittelflasche.

543 BGH GRUR 2001, 334, 337 li. Sp. – Gabelstapler; BPatG GRUR 2001, 737, 739 – Waschmittelflasche.

bb) Freihaltungsbedürfnis

Das Bestehen eines Eintragungshindernisses gemäß § 8 Abs. 2 Nr. 2 MarkenG hängt von den Freihaltungsbedürfnissen der Mitbewerber ab, die im Allgemeininteresse bestehen.[544] Insoweit genügt schon ein zahlenmäßig relativ kleiner Teil der Mitbewerber, während fehlende Unterscheidungskraft gemäß § 8 Abs. 2 Nr. 1 MarkenG nur vorliegt, wenn ein größerer Teil der beteiligten Verkehrskreise der Marke jegliche Unterscheidungskraft abspricht.[545]

§ 8 Abs. 2 Nr. 2 berücksichtigt das Freihaltungsbedürfnis im Eintragungs- und Löschungsverfahren, § 23 MarkenG im Verletzungsstreitverfahren.[546] Allerdings ist die Auslegung von § 8 Abs. 2 Nr. 2 MarkenG unabhängig von § 23 MarkenG.[547] Daher kann nicht zugunsten der Eintragbarkeit beschreibender Zeichen argumentiert werden, dieser Umstand würde gemäß § 23 MarkenG im Rahmen des Verletzungsverfahrens berücksichtigt.[548]

cc) Produktbezug im Rahmen von § 8 Abs. 2 Nr. 2 MarkenG

Für die Frage, ob ein Zeichen produktbeschreibend i. S. v. § 8 Abs. 2 Nr. 2 MarkenG ist, kommt es nur auf das Zeichen selbst an, nicht aber auf ein mit dem angemeldeten Zeichen verwechslungsfähiges Zeichen.[549] Dies folgt erstens daraus, dass Zeichen und Produkte aufeinander bezogen sein müssen und zweitens im Rückschluss aus § 8 Abs. 4 S. 1 MarkenG. Dieser besagt, dass ein Eintragungshindernis für Hoheitszeichen, Gewährzeichen etc. gemäß § 8 Abs. 2 Nr. 6 bis 8 MarkenG auch dann vorliegt, wenn die Marke nur eine Nachahmung eines solchen Zeichens enthält. Für die in § 8 Abs. 4 S. 1 MarkenG nicht aufgeführten Vorschriften wie u. a. § 8 Abs. 2 Nr. 2 MarkenG bedeutet dies im Umkehrschluss, dass es bei diesen nur auf das angemeldete Zeichen und nicht auf andere Zeichen ankommt, die mit den angemeldeten Zeichen verwechslungsfähig sind.

Aus dem Produktbezug gemäß § 8 Abs. 2 Nr. 2 MarkenG ergibt sich weiterhin, dass sich das aktuelle Freihaltungsbedürfnis konkret auf die jeweils angemeldeten Waren bzw. Dienstleistungen beziehen muss.[550] Dies darf nicht schon dann bejaht werden, wenn das angemeldete Zeichen für Produkte freihaltungsbedürftig ist, die mit den eingetragenen

---

[544] Fezer, § 8 Rn. 138.
[545] Thilo, S. 102; Althammer/Klaka, § 8 Rn. 26.
[546] BGH GRUR 1997, 634, 636 li. Sp. – Turbo II; GRUR 1999, 238, 240 – Tour de culture.
[547] EuGH WRP 1999, 629, 632 Tz. 28 – Windsurfing Chiemsee; Althammer/Ströbele, § 8 Rn. 79 ff.
[548] BPatG GRUR 1999, 743, 745 – AC; Althammer/Ströbele, § 8 Rn. 80.
[549] Amtlichen Begründung zum Markenrechtsreformgesetz, BT-Drucksache 12/6581 zu § 8, S. 70; Sambuc, GRUR 1997,403, 404 li. Sp.
[550] Amtliche Begründung zum Markenrechtsreformgesetz, BT-Drucksache 12/6581 zu § 8, S. 70; vgl. auch Eisenführ, FS 100 Jahre Marken-Amt, S. 69, 72 f.; BGH GRUR 1998, 813, 814 li. Sp. – Change.

Produkten ähnlich sind, sondern erst, wenn es gerade für die angemeldeten Produkte freihaltungsbedürftig ist.[551] Schließlich ist § 8 Abs. 2 Nr. 2 MarkenG nur auf Zeichen anwendbar, die die Ware oder Dienstleistung unmittelbar beschreiben. Mit dem Kriterium der Unmittelbarkeit werden zwei unterschiedliche Problemkomplexe bezeichnet.

Erstens bedeutet das Kriterium der Unmittelbarkeit, dass die Marke die Ware selbst bzw. wesentliche Produkteigenschaften beschreiben muss und nicht nur sonstige Gesichtspunkte, die die Ware nicht direkt betreffen wie beispielsweise Vertriebsmodalitäten.[552] Für allgemeine, nicht warenbezogene und in verschiedenen Warenbereichen einsetzbare Ausdrücke besteht mangels Warenbezuges kein Freihaltungsbedürfnis i. S. v. § 8 Abs. 2 Nr. 2 MarkenG.[553] Dafür spricht, dass im Markenregistrierungsverfahren die Eintragungshindernisse nicht im Hinblick auf jede irgendwie denkbare Behinderungsmöglichkeit geprüft werden können.[554] Dies würde zu einer nicht sachgerechten Einschränkung der Eintragbarkeit von Zeichen führen, die der Zielsetzung des MarkenG widerspräche.[555]

Zweitens bedeutet Unmittelbarkeit, dass die Marke die Produkte bzw. wesentliche Produkteigenschaften unmittelbar, also ohne gedanklichen Zwischenschritt beschreiben muss. Soweit dagegen eine beschreibende Aussage nur angedeutet wird und erst aufgrund gedanklicher Schlussfolgerungen erkennbar ist, ist diese nicht gemäß § 8 Abs. 2 Nr. 2 MarkenG freihaltungsbedürftig.[556] Einem Freihaltungsbedürfnis unterliegen vielmehr nur deutlich und unmissverständlich beschreibende Angaben.[557] Freihaltungsbedürftig sind nicht schon naheliegende Kennzeichnungsmöglichkeiten, sondern nur naheliegende Beschreibungsmöglichkeiten.[558] Nicht beschreibend in diesem Sinne sind Zeichen, die dem Verbraucher nur eine positive Bewertung eines Produktes nahelegen, ohne dass ein konkreter Produktbezug besteht.[559] In gleicher Weise argumentiert die 3. Beschwerde-

---

[551] BGH GRUR 1997, 634, 636 li. Sp. – Turbo II; GRUR 1999, 988, 990 li. Sp. – House of Blues; Althammer/Ströbele, § 8 Rn. 71.

[552] BGH GRUR 1998, 465, 467 – Bonus; bestätigt in GRUR 1998, 813, 814 li. Sp. – Change; Ingerl, WRP 1998, 473, 474 li. Sp.; unverständlich Fezer, § 8 Rn. 133 der zwischen Vertriebsmodalitäten und Distributionsformen unterscheidet.

[553] BGH GRUR 1998, 465, 467 li. Sp. – Bonus; GRUR 1998, 813, 814 li. Sp. – Change; GRUR 1999, 1093, 1094 re. Sp. – For You.

[554] BGH GRUR 1998, 813, 814 re. Sp. – Change; Ingerl, WRP 1998, 473, 474.

[555] BGH GRUR 1998, 813, 814 re. Sp. – Change.

[556] Althammer/Ströbele, § 8 Rn. 71; zur extensiven Auslegung des Freihaltungsbedürfnisses während der Geltung des WZG durch den BGH im Anschluss an die „Shortening" –Entscheidung und die Überwindung dieser Rechtsprechung, Teplitzky, FS Gamm, S. 303, 306 ff.

[557] BGH GRUR 1998, 813, 814 li. Sp. – Change; NJW-RR 1999, 1647, 1648 li. Sp. – House of Blues.

[558] Golmann/Rau, GRUR 1999, 216, 218 f.

[559] BGH GRUR 1998, 465, 467 li. Sp. – Bonus; BPatG GRUR 1999, 170, 171 li. Sp. – Advantage; Ingerl/Rohnke, § 8 Rn. 56, 59, 72 a. E.; Ingerl, Anmerkung zu BGH LM § 8 Nr. 12 – Bonus, Bl. 1187, 1188.

kammer des HABM.[560] Nur wenn ein Zeichen in diesem Sinn unmittelbar produktbeschreibend ist, ist es gemäß § 8 Abs. 2 Nr. 2 MarkenG freihaltungsbedürftig.

dd) Aktuelles oder zukünftiges Freihaltungsbedürfnis

Gemäß § 8 Abs. 2 Nr. 2 MarkenG muss das Zeichen aktuell beschreibend sein[561], oder eine beschreibende Benutzung ist in Zukunft vernünftigerweise zu erwarten.[562] Soweit der EuGH in der Chiemsee-Entscheidung die bisherige deutsche Rechtspraxis, ein Freihaltungsbedürfnis müsse konkret, aktuell oder ernsthaft sein, zurückweist, ist damit keine vollkommene Revision dieser Rechtspraxis verbunden.[563] Wie sich aus den Entscheidungsgründen ergibt, geht es dem EuGH darum, auch die zukünftige Entwicklung im Rahmen von Art. 3 Abs. 1 lit. c MarkenRL berücksichtigen zu können. In der schlagwortartigen Zusammenfassung der bisherigen deutschen Rechtsprechung durch das vorlegende LG München I kam nicht in der gebotenen Weise zum Ausdruck, dass die zukünftige Entwicklung auch schon bisher bei der Beurteilung eines Freihaltungsbedürfnisses berücksichtigt wurde.[564]

Ein Zeichen ist aktuell beschreibend, wenn es entweder bereits für die Produkte benutzt wird, für die die Eintragung begehrt wird, oder wenn es geeignet ist, als beschreibende Angabe für diese verwendet zu werden.[565] Das Freihaltungsbedürfnis darf aber auch nicht nur hypothetisch oder potentiell sein. Der Nachweis einer bereits erfolgten beschreibenden Benutzung des Zeichens ist nicht notwendig, stellt aber ein starkes Indiz für ein Freihaltungsbedürfnis dar.[566]

Bei der Feststellung eines Freihaltungsbedürfnisses sind aber auch zukünftige Entwicklungen zu berücksichtigen, wenn die fragliche Bezeichnung im Zeitpunkt der Entscheidung zwar noch nicht zur Beschreibung eines Warenmerkmals benutzt wird, aber sichere und konkrete Anhaltspunkte dafür vorhanden sind, dass sich die fragliche Angabe zu einer freihaltungsbedürftigen Bezeichnung entwickeln wird.[567] Rein theoretische Möglichkeiten reichen nicht aus.[568] Zur Rechtfertigung der Anerkennung eines

---

[560] HABM GRUR 2000, 52, 52 re. Sp. – Basic.
[561] Amtlichen Begründung zum Markenrechtsreformgesetz, BT-Drucksache 12/6581 zu § 8, S. 70.
[562] EuGH WRP 1999, 629, 633 Tz. 31, 37 – Windsurfing Chiemsee.
[563] Fezer, § 8 Rn. 120 a; Ströbele, WRP 2000, 1028, 1029 f.
[564] EuGH WRP 1999, 629, 633 Tz. 35 und 37 – Windsurfing Chiemsee.
[565] EuGH WRP 1999, 629, 632 f. Tz. 29, 30 – Windsurfing Chiemsee; Althammer/Ströbele, § 8 Rn. 74, 77.
[566] Althammer/Ströbele, § 8 Rn. 74.
[567] BGH GRUR 1995, 408, 409 – Protech; GRUR 1996, 771, 772 re. Sp. – The Home Depot; GRUR 1998, 813, 814 – Change.
[568] Althammer/Ströbele, § 8 Rn. 76 a. E.

Freihaltungsbedürfnisses an zukünftig beschreibenden Zeichen oder Angaben wird auf den Wortlaut von § 8 Abs. 2 Nr. 2 MarkenG („... dienen können") verwiesen.[569]

b) Verhältnis von § 8 Abs. 2 Nr. 1 zu § 8 Abs. 2 Nr. 2 MarkenG

Obwohl fehlende Unterscheidungskraft gemäß § 8 Abs. 2 Nr. 1 MarkenG und das Freihaltungsbedürfnis an beschreibenden Angaben gemäß § 8 Abs. 2 Nr. 2 häufig zusammentreffen, sind diese streng auseinanderzuhalten. Die Frage der Unterscheidungskraft bemisst sich ausschließlich nach der Auffassung der beteiligten Verkehrskreise. Das Freihaltungsbedürfnis an einer beschreibenden Angabe richtet sich nur nach dem berechtigten Interessen der Mitbewerber.[570]

Der EuGH geht hinsichtlich der entsprechenden Vorschriften der GMVO davon aus, dass das Verbot beschreibender Zeichen einen Spezialfall der fehlenden Unterscheidungskraft darstellt.[571] *Fezer* sieht für § 8 Abs. 2 Nr. 2 MarkenG nur noch insoweit einen Anwendungsbereich, als sich die Eintragungsunfähigkeit nicht bereits aus § 8 Abs. 2 Nr. 1 MarkenG ergibt.[572] Zugunsten der vorrangigen Berücksichtigung des Freihaltungsbedürfnisses spricht neben dem Grundsatz der Spezialität auch, dass die im Rahmen von § 8 Abs. 2 Nr. 2 MarkenG zu erörternden Sach- und Rechtsfragen im Regelfall überzeugendere und eher nachvollziehbare Feststellungen über konkrete Tatbestände erlauben, da der beschreibende Charakter der Angabe sowie ein allgemeines Bedürfnis an ihrer ungehinderten Verwendbarkeit thematisiert werden kann.[573] Demgegenüber ist die Erörterung der fehlenden Unterscheidungskraft zwangsläufig mit mehr spekulativen Bewertungen der Verkehrsauffassung belastet.[574]

c) Characters

Im Folgenden ist zu prüfen, inwiefern die verschiedenen Erscheinungsformen von Characters, also der Name, die bildliche Darstellung, die dreidimensionale Gestaltung sowie die aus diesen Erscheinungen zusammengesetzte Marke das Eintragungshindernis gemäß § 8 Abs. 2 Nr. 2 MarkenG erfüllen.

---

569 Althammer/Ströbele, § 8 Rn. 75; Thilo, S. 100. Allerdings lässt sich diese Formulierung auch so verstehen, dass sie nur darauf verzichtet, dass die aktuelle Art und Weise der Benutzung beschreibend ist, und nicht auch darauf, dass das Zeichen aktuell beschreibend ist.
570 Fezer, § 8 Rn. 32 a. E.; Beier, GRUR Int. 1992, 243, 243 re. Sp.; Teplitzky, FS v. Gamm, 303, 303.
571 EuGH GRUR 2001, 1145, 1147 Tz. 37 – Baby-dry.
572 Fezer, § 8 Rn. 118.
573 Ebenso die Prüfungsreihenfolge des HABM GRUR 2000, 52, 52 – Basic; BPatG zitiert in BGH GRUR 1996, 771, 771 – The Home Depot.
574 Heil, GRUR 1981, 699, 701 li. Sp.

aa) Characters als Hinweis auf Kinder als Zielgruppe

Bereits der Einsatz von Characters könnte als Hinweis auf Kinder als angestrebte Zielgruppe aufgefasst werden mit der Folge, dass die verschiedenen Erscheinungsformen von Characters beschreibend und damit freihaltungsbedürftig gemäß § 8 Abs. 2 Nr. 2 MarkenG sind.[575] Zunächst ist anzumerken, dass ein solcher Hinweis auf Kinder als Zielgruppe nicht zwingend ist, da auch Erwachsene mit Hilfe von Characters als Zielgruppe gewonnen werden sollen.[576] Zudem setzt § 8 Abs. 2 Nr. 2 MarkenG seinem Wortlaut nach voraus, dass Merkmale der Ware bzw. Dienstleistung durch die fragliche Angabe beschrieben werden. Die angestrebte Zielgruppe ist aber kein Produktmerkmal, sondern ein sonstiger, mit der Ware nicht in unmittelbarem Zusammenhang stehender Gesichtspunkt.[577] Nach der Bonus-Entscheidung des BGH fehlt es danach an der erforderlichen Unmittelbarkeit im Hinblick auf die Ware selbst. Schließlich wird die Zielgruppe durch den Einsatz von Characters nicht unmittelbar beschrieben, sondern nur mittelbar angesprochen[578], so dass ein gedanklicher Zwischenschritt erforderlich ist, um von dem Namen eines Characters auf Kinder als angestrebte Zielgruppe zu schließen. Also ist die Unmittelbarkeit auch unter diesem Gesichtspunkt nicht gegeben. Die Verwendung von Characters ist damit nicht als solche freihaltungsbedürftig gemäß § 8 Abs. 2 Nr. 2 MarkenG.

bb) Wortmarken

Namen von Characters unterliegen den allgemeinen Regeln über das Freihaltungsbedürfnis an Wortmarken.

<u>(1.) Namen von Characters mit beschreibendem Inhalt</u>

Namen von Characters beschreiben das angemeldete Produkt in der Regel nicht unmittelbar, so dass ein Freihaltungsbedürfnis gemäß § 8 Abs. 2 Nr. 2 MarkenG regelmäßig nicht vorliegt. Denn Characters sind Phantasiefiguren, die in ihrer Primärfunktion nicht Produkte bezeichnen, sondern eine Unterhaltungsfunktion erfüllen. Ein Freihaltungsbedürfnis gemäß § 8 Abs. 2 Nr. 2 MarkenG kann allenfalls bei solchen fiktiven Figuren gegeben sein, die bereits in ihrer Primärnutzung ein bestimmtes Produkt bezeichnen und daher unmittelbar das bezeichnete Produkt in ihrem Namen aufgreifen. Somit sind die Namen von Characters regelmäßig nicht freihaltungsbedürftig gemäß § 8 Abs. 2 Nr. 1 MarkenG.

---

[575] Osenberg, GRUR 1996, 101, 103 li. Sp.
[576] Sh. Teil 1, B III 2.
[577] Vgl. zur Zielgruppe allgemein BGH GRUR 1991, 136, 137.
[578] Osenberg, GRUR 1996, 101, 103 li. Sp.

(2.) Namen von Characters erwecken Produktassoziationen

Der Name eines Characters kann Assoziationen an ein bestimmtes Produkt wecken, wie beispielsweise der Name des Characters „Popeye" an Spinat oder der Name „Obelix" an Wildschweine erinnert. In einem solchem Fall fehlt es an der erforderlichen Unmittelbarkeit der Produktbeschreibung, da ein gedanklicher Zwischenschritt notwendig ist, um beispielsweise von dem Namen „Popeye" auf die Ware Spinat zu schließen.[579] Damit liegt das Freihaltungsbedürfnis gemäß § 8 Abs. 2 Nr. 2 MarkenG für Namen von Characters in der Regel nicht vor, auch wenn die Namen Produktassoziationen hervorrufen. Während unmittelbar beschreibende Marken nicht eintragungsfähig sind, sind sogenannte sprechende Marken eintragungsfähig[580], wozu auch die Namen von Characters gehören können, wenn sie dazu geeignet sind, gedankliche Verbindungen zu Produkten zu erwecken, ohne diese unmittelbar zu beschreiben.

(3.) Buchstaben- und Zahlenkombinationen als Namen von Characters

Während der Geltung des WZG stand der Eintragung von Buchstaben und Zahlen gemäß § 4 Abs. 2 Nr. 1 2. Alt. WZG ein unwiderlegbares abstraktes Eintragungshindernis entgegen. Dieses wurde durch das MarkenG aufgehoben. Nunmehr ist auf Buchstaben und Zahlen das allgemeine Eintragungshindernis eines Freihaltungsbedürfnisses gemäß § 8 Abs. 2 Nr. 2 MarkenG anzuwenden, wobei dieses nachgewiesen sein muss.[581]

Es bestehen nahezu unendliche Möglichkeiten, Buchstaben- und Zahlenkombinationen als Namen von Characters zu etablieren. In Verbindung mit der großen Zahl von möglichen Produkten, auf die es gemäß § 8 Abs. 2 Nr. 2 MarkenG ankommt, kann es zu einer unüberschaubaren Fülle von Fällen kommen, in denen Freihaltungsinteressen von Mitbewerbern tangiert sein können. Allerdings ist eine Buchstaben- und Zahlenkombination erst dann beschreibend i. S. v. § 8 Abs. 2 Nr. 2 MarkenG, wenn sie sich gerade auf die angemeldeten Produkte bezieht und ohne gedankliche Zwischenschritte die Produkte, für die das Zeichen angemeldet ist, beschreibt. Dies dürfte bei Buchstaben- und Zahlenkombinationen nur in seltenen Ausnahmefällen gegeben sein.

cc) Bildmarken

Noch unter der Geltung des WZG ging der BGH hinsichtlich Bildzeichen zunächst davon aus, dass der Verkehr nur in der Benutzung solcher Zeichen nicht behindert werden dürfe,

---

[579] So zu Produktassoziationen im WZG schon Busse/Starck, § 4 Rn. 40 a. E.
[580] Fammler, GRUR 1996, 772, 774 li. Sp.
[581] Fuchs-Wissemann, GRUR 1999, 855, 855 li. Sp.

die er zur Bezeichnung seiner Waren tatsächlich benötigt.[582] Da es viele verschiedene Möglichkeiten der bildlichen Darstellung gebe, sei eine bildliche Darstellung nur ausnahmsweise gemäß § 4 Abs. 2 Nr. 1 2. Alt. WZG beschreibend und damit eintragungsunfähig. Danach könne eine bildliche Darstellung nur dann als beschreibend angesehen werden, wenn es sich dabei um ein ganz einfaches Motiv handele, das so auf den Bestimmungszweck hinweist, dass es für jeden Betrachter ohne Phantasie oder weitere Überlegungen als reine Bestimmungsangabe aufzufassen ist.[583] In Abkehr von dieser Rechtsprechung sah der BGH die stilisierte Darstellung eines Hauses für Dienstleistungen eines Baubetreuers als beschreibend an, da es sich insoweit um eine einfache übliche Gebrauchsgraphik ohne prägende Gestaltungsform handelte.[584] Auch die Abbildung einer Teekanne sah der BGH als für die Ware Tee beschreibend und daher als eintragungsunfähig an.[585] Demgegenüber hielt das BPatG ein Piktogramm nicht für beschreibend, sondern sprach diesem die Unterscheidungskraft ab.[586]

Nach dem Inkrafttreten des MarkenG hat der BGH das Eintragungshindernis gemäß § 8 Abs. 2 Nr. 2 MarkenG insgesamt wieder enger ausgelegt, ohne dass er bisher Gelegenheit hatte, zum Freihaltungsbedürfnis bildlicher Darstellungen Stellung zu nehmen. Es sind allerdings keine Anhaltspunkte dafür ersichtlich, dass der BGH seine im Rahmen von § 8 Abs. 2 Nr. 2 MarkenG insbesondere zu Wortzeichen ergangene Rechtsprechung nicht auch auf Bildmarken anwenden wird, so wie er seine Rechtsprechung zur Unterscheidungskraft von Wortmarken gemäß § 8 Abs. 2 Nr. 1 MarkenG auch auf Bildmarken überträgt.[587] Danach sind Bildzeichen, die einen Character zum Gegenstand haben, ebenso wie Wortmarken beschreibend i. S. v. § 8 Abs. 2 Nr. 2 MarkenG, wenn sie das konkrete Produkt unmittelbar beschreiben.

Bei Bildmarken, die Characters zum Gegenstand haben, stellt sich vor allem die Frage, ob diese unmittelbar produktbeschreibend sind, insbesondere ob sich der das Produkt beschreibende Inhalt eines Zeichens ohne gedanklichen Zwischenschritt erschließt. Der Betrachter muss aus dem Bildzeichen auf ein Produktmerkmal wie beispielsweise die Beschaffenheit oder Eignung schließen können, ohne dass ein gedanklicher Zwischenschritt notwendig ist. Dazu muss das Bildzeichen so eindeutig auf die Beschaffenheit, Bestimmung etc. der beanspruchten Produkte hinweisen, dass es vom angesprochenen Verkehr ohne

---

582 BGH GRUR 1955, 421, 423 – Forellenzeichen.
583 BGH GRUR 1955, 421, 423 re. Sp. – Forellenzeichen.
584 BGH GRUR 1989, 420 f. – KSÜD.
585 BGH GRUR 1989, 510, 512 li. Sp. – Teekanne II.
586 BPatGE 18, 90, 92 ff. – Piktogramm; für eintragungsfähig hielt das BPatG Mitt. 1992, 320 – bierglashaltende Hand, die stilisierte Darstellung einer Hand, die ein Bierglas hält.
587 BGH GRUR 2000, 502, 503 li. Sp. – St. Pauli Girl.

weiteres als unmittelbar beschreibende Mitteilung verstanden und deshalb von den Mitbewerbern auch in diesem Sinne eingesetzt werden kann. So kann der Betrachter eines stilisierten Fisches, der an einem Angelhaken anbeißt, zwanglos auf eine Bestimmung der mit diesem Bildzeichen versehenen Waren zum Angeln bzw. zum Fischfang schließen.[588] Auf die Frage, ob noch andere Darstellungsmöglichkeiten für den Gegenstand des Bildzeichens bestehen, kommt es demgegenüber nicht an.[589] Eine so offensichtliche Beziehung zwischen dem Character und dem damit bezeichneten Produkt liegt in der Regel nicht vor. Vielmehr werden die Produkte nur mit dem Namen und/oder einer üblichen Darstellung des Characters versehen, ohne dass eine Produktbezug hergestellt wird. Auch bildliche Darstellungen von Characters sind also regelmäßig nicht beschreibend i. S. v. § 8 Abs. 2 Nr. 2 MarkenG und damit nicht freihaltungsbedürftig.

Soweit es sich bei einem Character um eine stark stilisierte, einem Piktogramm ähnliche Figur handelt, ergibt sich nicht bereits daraus ein Freihaltungsbedürfnis gemäß § 8 Abs. 2 Nr. 2 MarkenG. Zwar sind Piktogramme im Verhältnis zu sonstigen Bildzeichen häufiger gemäß § 8 Abs. 2 Nr. 2 MarkenG freihaltungsbedürftig, da sie aufgrund ihrer großen Verständlichkeit häufig unmittelbar beschreibend sind, doch ist dies nicht zwingend. Hinzu kommt, dass ein Piktogramm gerade das Produkt, für das es angemeldet ist, unmittelbar beschreiben muss. Ob ein Piktogramm international verbreitet ist und Piktogramme zunehmend üblich sind, spielt im Rahmen von § 8 Abs. 2 Nr. 2 MarkenG ebenso wenig eine Rolle wie die Tatsache, dass ein erhöhtes Bedürfnis nach Piktogrammen besteht.[590] Entscheidend ist allein die Eignung zur unmittelbaren Produktbeschreibung. Denn auch international verbreitete Piktogramme müssen nicht ein bestimmtes Produkt beschreiben, so wie international unbekannte Piktogramme, nach denen auch kein gesteigertes Bedürfnis besteht, sehr wohl produktbeschreibend sein können.

Wie bereits im Rahmen der abstrakten Unterscheidungskraft gemäß § 3 Abs. 1 MarkenG angesprochen, steht die Gemeinfreiheit eines Werkes ihrer Markenfähigkeit nicht entgegen. Im Hinblick auf § 8 Abs. 2 Nr. 2 MarkenG wird ein Freihaltungsbedürfnis bezüglich gemeinfreier Werke mit dem Argument bejaht, dass „ungeachtet eines fehlenden Produktbezuges hinsichtlich der Benutzung des ... Bildnisses von Johann Sebastian Bach ... ein erhebliches Freihaltungsbedürfnis" besteht.[591] Auch *Klinkert/Schwab* verzichten im Rahmen von § 8 Abs. 2 Nr. 2 MarkenG auf einen Produktbezug und verweisen auf die Gemeinfreiheit eines Werkes, argumentieren aber zusätzlich damit, dass es gebräuchlich ist,

[588] Vgl. BGH GRUR 1955, 421 ff. – Forellenzeichen.
[589] Anders BGH GRUR 1955, 421, 423 – Forellenzeichen.
[590] So aber BPatGE 18, 90, 92 ff. – Piktogramm.
[591] OLG Dresden, NJW 2001, 615, 617 re. Sp. – Johann Sebastian Bach.

die Mona Lisa als Warenverzierung zu verwenden.[592] Gegen diese Auffassung spricht der fehlende Produktbezug, der sich aus dem Wortlaut von § 8 Abs. 2 Nr. 2 MarkenG ergibt. Zwar wird der Regelungsgehalt von § 8 Abs. 2 Nr. 2 MarkenG in Deutschland mit dem Oberbegriff des Freihaltungsbedürfnisses zusammengefasst. Doch darf dies nicht dazu verleiten, jedes vermeintliche Freihaltungsbedürfnis ohne Beachtung des Wortlautes unter diese Vorschrift zu subsumieren. Zudem kommt es nicht auf die Üblichkeit der Kennzeichnung, sondern darauf an, ob die jeweilige Marke unmittelbar produktbeschreibend ist.

dd) Dreidimensionale Marken

Dreidimensionale Marken sind gemäß § 8 Abs. 2 Nr. 2 MarkenG freihaltungsbedürftig, wenn sie das Produkt, für das das Zeichen angemeldet ist, unmittelbar beschreiben. Grundsätzlich gelten die zu den Bildmarken gemachten Ausführungen, so dass die Gestalt eines Characters nicht gemäß § 8 Abs. 2 Nr. 2 MarkenG eintragungsunfähig ist. Fraglich ist im Zusammenhang mit dreidimensionalen Marken allein, ob die Anmeldung naturgetreuer Warengestaltungen zur Eintragungsunfähigkeit gemäß § 8 Abs. 2 Nr. 2 MarkenG führt.

Zur Freihaltungsbedürftigkeit dreidimensionaler Gestaltungen, die eine angemeldete Ware naturgetreu wiedergeben, werden verschiedene Ansichten vertreten. Einer Auffassung zufolge ist jede naturalistische Warengestaltung gemäß § 8 Abs. 2 Nr. 2 MarkenG eintragungsunfähig, da diese die Ware selbst beschreibt.[593] Wird eine dreidimensionale Gestaltung, die die Form eines Characters aufweist, als Marke angemeldet, ist sie nach dieser Ansicht gemäß § 8 Abs. 2 Nr. 2 MarkenG immer freihaltungsbedürftig und damit nicht eintragungsfähig. Der zweiten Ansicht zufolge ist das Freihaltungsbedürfnis von Mitbewerbern vor allem durch die Zubilligung eines enges Schutzumfanges i. R. v. § 14 Abs. 2 MarkenG zu berücksichtigen und nicht durch die einschneidendere Folge der Eintragungsunfähigkeit.[594] Danach sind dreidimensionale Marken, die eine Ware in Character-Form wiedergeben, nicht gemäß § 8 Abs. 2 Nr. 2 MarkenG freihaltungsbedürftig, sondern haben gegebenenfalls einen eingeschränkten Schutzumfang.

In seinem Vorlagebeschluß „Gabelstapler" an den EuGH spricht sich der BGH für die Berücksichtigung der Interessen der Mitbewerber an einer nicht zu weitreichenden Monopolisierung dreidimensionaler Gestaltungen im Rahmen von § 8 Abs. 2 Nr. 2 MarkenG aus. Danach liegt bei einer dreidimensionalen Marke, die die angemeldete Ware naturgetreu wiedergibt, nur dann kein Freihaltungsbedürfnis gemäß § 8 Abs. 2 Nr. 2 MarkenG vor, wenn

---

[592] Klinkert/Schwab, GRUR 1999, 1067, 1070 li. Sp.
[593] Körner/Gründig-Schnelle, GRUR 1999, 535, 539.
[594] Kiethe/Groeschke, WRP 1998, 541, 542, 547.

es sich um eher kurzlebige Formgebungen handelt und den Mitbewerbern überdies ein hinreichender Spielraum für abweichende Gestaltungsformen verbleibt.[595] Der BGH begründet dies mit der Monopolisierungsgefahr durch das potentiell ewige Markenrecht. Eine Monopolisierung führt insbesondere in solchen Warengebieten zu Behinderungen der Mitbewerber, in denen zeitlose Gestaltungen ein wichtige Rolle spielen, während sich dies bei kurzlebigen Produkten nicht so sehr auswirkt. Wann ein Warengebiet als kurzlebig anzusehen ist und was unter einem hinreichenden Gestaltungsspielraum der Mitbewerber zu verstehen ist, definiert der BGH nicht.[596] Langlebige Formgebungen, die als dreidimensionale Marken angemeldet werden, sind danach immer freihaltungsbedürftig gemäß § 8 Abs. 2 Nr. 2 MarkenG. Auf kurzlebige Formgebungen trifft dies nur zu, wenn den Mitbewerbern nicht ein hinreichender Spielraum für abweichende Gestaltungen zur Verfügung steht.

Gegen die erstgenannte Ansicht spricht, dass sie auch solche Warenformen für die Mitbewerber freihält, an denen diese kein schutzwürdiges Interesse haben. Denn ist eine Ware in beliebiger Form handelbar, geht die Schutzunfähigkeit jeder Warengestaltung zu weit. Wird für Schokolade die Form eines Characters, der aus Schokolade geformt wurde, angemeldet, besteht für die Mitbewerber kein Freihaltungsinteresse, da sie keine Monopolisierungsgefahren zu befürchten haben, solange die obligatorischen Weihnachtsmänner und Osterhasen nicht für einen Einzelnen geschützt werden. Daher ist diese Auffassung abzulehnen.

Eine ausschließliche Berücksichtigung der Freihaltungsinteressen im Rahmen des Schutzumfanges einer Marke reicht jedoch auf der anderen Seite nicht aus, um die Mitbewerber vor Monopolisierungsgefahren zu schützen. Denn der Schutzumfang eines Zeichens lässt sich zwar u. a. durch Freihaltungsbedürfnisse reduzieren, doch darf nicht gegen den kennzeichenrechtlichen Grundsatz verstoßen werden, dass eine Marke jedenfalls im Identitätsbereich geschützt ist. Bei fehlenden gestalterischen Alternativen führt ein auf den Identitätsbereich beschränkter Schutz letztlich doch zu einer Warenmonopolisierung qua Markenrecht, was aber mit dem begrenzten Schutzzweck des Kennzeichenrechtes nicht zu vereinbaren ist.

Jedoch vermag auch die Auffassung des BGH nicht vollends zu überzeugen. Aus den genannten Gründen ist dem BGH zuzustimmen, soweit er § 8 Abs. 2 Nr. 2 MarkenG in differenzierender Weise auch auf solche Marken anwenden will, die naturgetreue Warenformen zum Gegenstand haben. Allerdings überzeugen seine

[595] BGH GRUR 2001, 334, 337 re. Sp. – Gabelstapler.
[596] BGH GRUR 2001, 334, 337 re. Sp. – Gabelstapler.

Differenzierungskriterien nicht. Das vom BGH nicht definierte Kriterium der Kurzlebigkeit bleibt dunkel. Selbst wenn man insoweit auf die kürzeste sondergesetzliche Schutzfrist von 10 Jahren gemäß § 23 GebrMG abstellt, führt dies immer noch zu einer sehr langen Warenmonopolisierung ohne jede Überprüfbarkeit und ohne jede Rechtfertigung. Hinzu kommt, dass ein Zeichen für Warenklassen und nicht für einzelne Produkte angemeldet wird, so dass die Kurzlebigkeit nur im Hinblick auf gesamte Warenklassen beurteilt werden müsste, was letztlich unmöglich ist.

Weiterhin zu berücksichtigen ist, dass die Prüfung gemäß § 8 Abs. 2 Nr. 2 MarkenG vor der Eintragung zu erfolgen hat. Um die Kurzlebigkeit einer Produktklasse beurteilen zu können, müsste das DPMA im voraus gleichsam als „Trendbarometer" fungieren. Diesem Auftrag kann das DPMA nicht gerecht werden. Um Monopolisierungsgefahren zu vermeiden, müsste das DPMA grundsätzlich von Kurzlebigkeit ausgehen und ein Freihaltungsbedürfnis bejahen. Dies entspräche auch seiner allgemeinen Tendenz zur extensiven Auslegung von Eintragungshindernissen. Selbst wenn man davon ausgeht, dass es möglich ist, Kurzlebigkeit zu definieren, leuchtet es nicht ein, warum eine durch das MarkenG nicht vorgesehene Warenmonopolisierung überhaupt zugelassen wird. Aus diesen Gründen ist das Kriterium der Kurzlebigkeit abzulehnen.

Unter dem Gesichtspunkt der Vermeidung von Monopolisierungsgefahren scheint es vielmehr angemessen, im Rahmen von § 8 Abs. 2 Nr. 2 MarkenG allein danach zu differenzieren, dass die Mitbewerber auch dann noch hinreichenden Spielraum haben, wenn die angemeldete Warenform entfällt. Eine Monopolisierungsgefahr besteht nicht, wenn den Mitbewerbern mehrere gleichwertige Gestaltungsmöglichkeiten zur Verfügung stehen oder wenn die fraglichen Waren in beliebiger Form angeboten werden können.

Kann die Ware in beliebigen Gestaltungen hergestellt werden und wird dafür die Form eines Characters gewählt, besteht mangels Monopolisierungsgefahr kein Freihaltungsbedürfnis gemäß § 8 Abs. 2 Nr. 2 MarkenG für diese Warenform. Weist eine andere Ware, deren Form nicht beliebig veränderbar ist, die Form eines Characters auf, zeigt dies in aller Regel, dass die Form der Ware in erheblichen Grenzen veränderlich ist, ohne dass dies Einfluss auf die Ware selbst hat. Dies aber bedeutet gleichzeitig, dass ausreichend viele Gestaltungsalternativen für die angemeldete Ware bestehen.

Damit verbleibt nur noch zu klären, inwieweit die Wertbedingtheit der Form gemäß § 3 Abs. 2 Nr. 3 MarkenG im Rahmen von § 8 Abs. 2 Nr. 2 MarkenG zu berücksichtigen ist. Wie bereits dargestellt, ist § 3 Abs. 2 Nr. 3 MarkenG nicht als eigenständiges absolutes Freihaltungsbedürfnis anzusehen.[597] Bei der Prüfung von § 3 Abs. 2 Nr. 3 MarkenG im Rahmen von § 8 Abs. 2 Nr. 2 MarkenG sind die Einschränkungen zu beachten, die sich aus der Auslegung von § 3 Abs. 2 Nr. 2 MarkenG ergeben. Weiterhin ist zu beachten, dass Eintragungsunfähigkeit eines Zeichens gemäß § 8 Abs. 2 Nr. 2 MarkenG wegen Wertbedingtheit der Ware nur eintritt, wenn das Zeichen ausschließlich i. S. v. § 3 Abs. 2 Nr. 3 MarkenG aus einer Form besteht, die der Ware einen wesentlichen Wert verleiht. Ausschließlichkeit setzt voraus, dass das Zeichen nur aus Merkmalen besteht, die der Ware einen wesentlichen Wert verleihen, und es keinen darüber hinausgehenden „Überschuß" aufweist.[598] Treten zu der Grundform noch andere Elemente hinzu, ist die Ware insgesamt eintragungsfähig.[599]

Da es im Rahmen von § 3 Abs. 2 Nr. 3 MarkenG ebenso wie in § 8 Abs. 2 Nr. 2 MarkenG um Freihaltungsbedürfnisse geht, ist der Wert der Ware danach zu bestimmen, ob den Mitbewerbern ausreichend viele Gestaltungsalternativen für die jeweilige Warenart zur Verfügung stehen. Bestehen Gestaltungsalternativen, liegt keine Eintragungsunfähigkeit gemäß § 8 Abs. 2 Nr. 2 MarkenG vor, andernfalls schon. Da bei Waren in Gestalt von Characters letztlich immer Gestaltungsalternativen bestehen, bleibt es bei den bereits gefundenen Ergebnissen, auch wenn man § 3 Abs. 2 Nr. 3 MarkenG in die Prüfung gemäß § 8 Abs. 2 Nr. 2 MarkenG einbezieht.

ee) Zusammengesetzte Marken

Besteht eine Marke aus mehreren Angaben, kommt es auf den durch die Marke erweckten Gesamteindruck an.[600] Daraus folgt, dass eine zergliedernde Betrachtungsweise abzulehnen ist. Daraus folgt, dass eine Marke auch dann nicht zwangsläufig gemäß § 8 Abs. 2 Nr. 2 MarkenG freihaltungsbedürftig ist, wenn sie nur aus beschreibenden Teilen besteht.[601] Vielmehr kommt es darauf an, dass die Marke einen beschreibenden Gesamteindruck hinterlässt. Insoweit kann auf die obigen Ausführungen zu den verschiedenen Erscheinungsformen von Characters verwiesen werden.

---

[597] Sh. Teil 2, B. VIII 3 b) cc).
[598] Marz, S. 83.
[599] Meister WRP 1995, 1005, 1008 re. Sp.; v. Gamm, WRP 1993, 793, 796.
[600] BGH GRUR 2001, 162, 163 li. Sp. – Rational Software Corporation; GRUR 1996, 771, 772 – The Home Depot; GRUR 1995, 408, 409 – Protech; Ingerl, WRP 1998, 473; Fezer, § 8 Rn. 149b a. E.
[601] Thilo, S. 103.

2. Konkrete Unterscheidungskraft gemäß § 8 Abs. 2 Nr. 1 MarkenG

a) Allgemein

Eine Marke ist gemäß § 8 Abs. 2 Nr. 1 MarkenG von der Eintragung ausgeschlossen, wenn ihr für die angemeldeten Waren oder Dienstleistungen jegliche Unterscheidungskraft fehlt. Eine Marke besitzt Unterscheidungskraft, wenn sie geeignet ist, gerade die gekennzeichneten Produkte des Zeicheninhabers von den Produkten anderer Zeicheninhaber zu unterscheiden.

Die Unterscheidungskraft wird nach der Auffassung der durch die Waren angesprochenen inländischen[602] Verbraucherkreise beurteilt.[603] Dies sind die mit der Herstellung und dem Vertrieb der Waren oder der Erbringung der Dienstleistung befassten Kreise, insbesondere die Abnehmer der Waren bzw. die Empfänger der Dienstleistung. Die Unterscheidungskraft ist also nicht für alle Waren oder Dienstleistungen gleich zu beurteilen.[604] Die Unterscheidungskraft kann durch Benutzung gestärkt werden.

Im markenrechtlichen Eintragungsverfahren wird nicht konkret ermittelt, ob der Verkehr die fragliche Marke tatsächlich als unterscheidungskräftig betrachtet. Verkehrsbefragungen sind im Eintragungsverfahren überflüssig. Vielmehr kann dort nur festgestellt werden, wie hoch die der Marke von Haus aus innewohnende Unterscheidungskraft ist. Allerdings bedarf es zur Beurteilung der Unterscheidungskraft konkreter Feststellungen.[605] Bloße theoretische Vermutungen und Unterstellungen reichen dazu nicht aus.[606]

Gemäß § 8 Abs. 2 Nr. 1 MarkenG führt nur das Fehlen jeglicher Unterscheidungskraft zur Eintragungsunfähigkeit eines Zeichens. Der gegenüber Art. 3 Abs. 1 lit. b) MarkenRL geänderte Wortlaut in § 8 Abs. 2 Nr. 1 MarkenG soll keine sachliche Änderung bewirken[607], sondern sich an die Formulierung von Art. 6^{quinquies} B Nr. 2 1. Fall PVÜ anpassen. Art. 6^{quinquies} B Nr. 2 1. Fall PVÜ besagt, dass nur Marken nicht eintragungsfähig sind, die jeder Unterscheidungskraft entbehren. Dadurch soll sichergestellt werden, dass eine Eintragung

---

602 BGH WRP 1999, 936, 938 re. Sp. – Honka; GRUR 1995, 408, 409 re. Sp. – Protech.

603 BGH WRP 2000, 520 – St. Pauli Girl m. w. N.; GRUR 2001, 56, 57 li. Sp. – Likörflasche; EuGH WRP 1999, 629, 634 f. Tz. 52 – Windsurfing Chiemsee ebenso zu Art. 3 Abs. 3 MarkenRL (§ 8 Abs. 3 MarkenG).

604 Ingerl/Rohnke, § 8 Rn. 24.

605 EuGH GRUR 2001, 1145, 1147 Tz. 40-44 – Baby-dry, zwar zu Art. 7 Abs. 1 lit. c GMVO, der § 8 Abs. 2 Nr. 2 MarkenG entspricht. Doch sieht der EuGH a. a. O., Tz. 37 das Verbot beschreibender Zeichen als Spezialfall der fehlenden Unterscheidungskraft an, so dass diese Ausführungen auch für den Oberbegriff der fehlenden Unterscheidungskraft gelten.

606 Althammer/Ströbele, § 8 Rn. 24.

607 Amtlichen Begründung zum Markenrechtsreformgesetz, BT-Drucksache 12/6581 zu § 8, S. 70; BGH GRUR 1997, 366, 367 re. Sp. – quattro II.

nur in eindeutigen Fällen wegen fehlender Unterscheidungskraft zurückgewiesen wird.[608] Es ist also von einer restriktiven Auslegung von § 8 Abs. 2 Nr. 1 MarkenG auszugehen.[609] Verallgemeinernd gesprochen sollte eine Marke nur dann als nicht unterscheidungskräftig angesehen werden, wenn es sich um eine eindeutige Fallkonstellation wie einen Punkt, eine Linie oder eine einfache geometrische Grundfigur handelt.[610] Eine enge Auslegung der Eintragungsversagungstatbestände in § 8 Abs. 2 MarkenG kann allerdings nicht damit begründet werden, dass Eintragungshindernisse ein an sich gegebenes Recht verhindern.[611] Denn ein Eintragungsanspruch aus § 33 Abs. 2 S. 1 MarkenG steht gemäß § 33 Abs. 2 S. 2 MarkenG unter dem Vorbehalt, dass keine Eintragungshindernisse bestehen.[612]

Bei der Beurteilung der Unterscheidungskraft ist auf das Zeichen als Ganzes und nicht auf die isolierte Betrachtung einzelner Zeichenbestandteile abzustellen. Denn der angesprochene Verkehr nimmt die Marke so auf, wie sie ihm entgegentritt und unterzieht sie keiner zergliedernden Betrachtung.[613]

Umstritten ist, ob bei der Bestimmung der konkreten Unterscheidungskraft eines Zeichens auch ein eventuelles Freihaltungsbedürfnis berücksichtigt werden soll. Mit dem Hinweis auf die Chiemsee-Entscheidung des EuGH wird dies abgelehnt und für ein allein an der Verkehrsauffassung orientiertes Verständnis der Unterscheidungskraft von Zeichen eingetreten, das keine normativen Elemente enthält.[614] Demgegenüber wird vertreten, dass zwischen Unterscheidungskraft und Freihaltungsbedürfnis eine Wechselwirkung dergestalt besteht, dass in Fällen geteilter Verkehrsauffassung, wenn also ein Teil des Verkehrs eine Marke als unterscheidungskräftig ansieht und ein anderer nicht, desto eher derjenige Teil des Verkehrs vernachlässigt werden kann, der die fragliche Marke als nicht unterscheidungskräftig erachtet, je geringer ein allgemeines Freihaltungsbedürfnis ist. Zudem soll die Tatsache, dass eine Angabe nicht beschreibend und damit auch nicht freihaltungsbedürftig ist, zumindest indiziell den Schluss zulassen, dass sie beim Verkehr eher die Vorstellung einer phantasievollen Marke weckt.[615]

---

608 Amtlichen Begründung zum Markenrechtsreformgesetz, BT-Drucksache 12/6581 zu § 8, S. 70.
609 BGH GRUR 1998, 465, 467 re. Sp. unten – Bonus; GRUR 1999, 728, 729 li. Sp. – Premiere II; Fezer, § 8 Rn. 36 f.
610 Fezer, § 8 Rn. 37; Beier GRUR Int. 1992, 243, 244.
611 So aber BGH GRUR 1998, 465, 467 re. Sp. – Bonus.
612 Ebenso Schrader, WRP 2000, 69, 73 re. Sp.
613 BGH GRUR 1996 771, 772 – The Home Depot; GRUR 1999, 728, 729 li. Sp. – Premiere II.
614 BGH GRUR 2001, 1044, 1045 – Gute Zeiten – Schlechte Zeiten m. w. N.; Rohnke, MarkenR 2001, 199, 199; Althammer/Ströbele, § 8 Rn. 27; so bereits vor der Chiemsee-Entscheidung des EuGH Ingerl/Rohnke, 8 Rn. 19.
615 BGH GRUR 1991, 136, 137 f. – New Man; BPatG GRUR 1997, 283, 284 – Tax Free; Mitt. 1997, 70, 71 UHQ II; Thewes, S. 134 f.; Althammer/Ströbele, 5. Auflage, § 8 Rn. 23; anders nunmehr Althammer/Ströbele, § 8 Rn. 27.

Einer solchen Vermengung von Unterscheidungskraft und Freihaltungsbedürfnis steht der Wortlaut von § 8 Abs. 2 Nr. 1 MarkenG entgegen, dem zufolge erst das Fehlen jeglicher Unterscheidungskraft zur Ablehnung der Eintragungsfähigkeit führt, ohne dass dort ein Freihaltungsbedürfnis vorgesehen ist. Zudem spricht gegen eine solche Vermengung die Tatsache, dass es für die Beurteilung der Unterscheidungskraft auf die angesprochenen Verkehrskreise und nicht wie bei der Beurteilung des Freihaltungsbedürfnisses auf die Mitbewerber ankommt, also unterschiedliche Prüfungsmaßstäbe anzulegen sind.[616] Schließlich entspricht dies nicht der Systematik von Art. 3 Abs. 1 lit. b) und lit. c) MarkenRL bzw. § 8 Abs. 2 Nr. 1 und Nr. 2 MarkenG, die eine getrennte Prüfung der jeweiligen Eintragungshindernisse vorsehen. Somit ist die geschilderte Wechselwirkung von Unterscheidungskraft und Freihaltungsbedürfnis abzulehnen. Daher beschränkt sich die Beziehung zwischen Freihaltungsbedürfnis und Unterscheidungskraft auf den tatsächlichen Erfahrungssatz, dass um so eher die Vermutung gegen eine ausreichende Unterscheidungskraft spricht, je stärker beschreibend (und damit stärker freihaltungsbedürftig) die fragliche Angabe ist.[617]

Die Frage, inwieweit ein Zeichen als beschreibend angesehen werden kann, wird im Gegensatz zur Beurteilung von Freihaltungsbedürfnissen gemäß § 8 Abs. 2 Nr. 2 MarkenG nicht aus Sicht der Mitbewerber geprüft, sondern aus der Sicht der angesprochenen Verkehrskreise.[618] Ein Zeichen ist beschreibend, wenn es etwas über die Art, die Beschaffenheit, die Menge, die Bestimmung, den Wert der Erzeugnisse oder der Zeit der Erzeugung aussagt.[619] Konkrete Unterscheidungskraft einer Wortmarke kann auch fehlen, wenn es sich um ein gebräuchliches Wort der deutschen oder einer bekannten Fremdsprache handelt, das nur als solches und nicht als Unterscheidungsmittel verstanden wird.[620]

b) Characters

aa) Der Name eines Characters

Den Namen von Characters kann die Unterscheidungskraft fehlen, weil es sich bei diesen um beschreibende oder gebräuchliche Worte handelt, oder weil sie nicht in lateinischen Schriftzeichen geschrieben sind.

---

[616] Ingerl/Rohnke, § 8 Rn. 19; Althammer/Ströbele, § 8 Rn. 27.
[617] Althammer/Ströbele, § 8 Rn. 27.
[618] Ingerl/Rohnke, § 8 Rn. 18.
[619] BGH GRUR 1999, 728, 729 – Premiere II.
[620] BGH GRUR 1999, 728, 729 – Premiere II; GRUR 1995, 408, 409 – Protech.

(1.) Namen von Characters mit beschreibendem Inhalt

Der BGH vertritt in ständiger Rechtsprechung, dass Wortmarken konkret unterscheidungskräftig sind, wenn ihnen für die fraglichen Waren kein im Vordergrund stehender beschreibender Begriffsinhalt zugeordnet werden kann und es sich auch sonst nicht um ein insbesondere in der Werbung gebräuchliches Wort der deutschen oder einer bekannten Fremdsprache handelt, das vom Verkehr stets nur als solches und nicht als Unterscheidungsmittel verstanden wird.[621]

Ruft eine Wortmarke für die angemeldeten Produkte im Verkehr eine bestimmte Produktvorstellung hervor, liegt keine Unterscheidungskraft vor, da sie nicht produktidentifizierend, sondern produktbeschreibend wirkt.[622] Allerdings reicht eine nur generelle Eignung eines Zeichens, Eigenschaften von Waren zu bezeichnen, für eine Schutzversagung nicht aus. Vielmehr ist ein Zeichen nur beschreibend, wenn es ohne gedankliche Zwischenschritte die Produkte beschreibt, für die der Anmelder Schutz begehrt. Daran fehlt es, wenn der Gedankeninhalt einer Wortmarke unscharf ist[623] oder wenn ein oder mehrere gedankliche Zwischenschritte notwendig sind, um vom Wortzeichen auf das Produkt schließen zu können.

Unterscheidungskräftig sind Phantasiewörter, also alle sprachlichen Neubildungen.[624] Somit sind alle Namen, die aus Phantasiewörtern bestehen, unterscheidungskräftig. Auch üblichen Namen kommt in aller Regel kein im Vordergrund stehender beschreibender Begriffsinhalt zu, so dass auch diese Unterscheidungskraft aufweisen.[625]

Allerdings kann der Name eines Characters ausnahmsweise hinsichtlich der angemeldeten Produkte beschreibend und damit nicht konkret unterscheidungskräftig sein. Dies ist der Fall, wenn der Name eines Characters eine seiner Eigenschaften oder sonstige Umstände beschreibt und diese Eigenschaft gleichzeitig den angemeldeten Produkten zukommt. So kann die als „schnellste Maus von Mexiko" titulierte Zeichentrickfigur „Speedy Gonzalez" für einen Expresszustelldienst oder für ein sonstiges Produkt angemeldet werden, bei dem es auf Schnelligkeit ankommt.

---

[621] BGH GRUR 2001, 161, 162 – Buchstabe K; BGH GRUR 2001, 162, 163 – Rational Software Corporation; GRUR 2000, 321, 322 – Radio von hier; GRUR 2000, 323 re. Sp. – Partner with the best; GRUR 1999, 1089, 1090 f. – Yes; GRUR 1999, 728, 729 – Premiere II; WRP 1998, 495, 496 – Today; Ingerl, WRP 1998, 473, 476.

[622] Fezer § 8 Rn. 44.

[623] BGH GRUR 1999, 728, 729 – Premiere II.

[624] Ingerl/Rohnke, § 8 Rn. 30.

[625] So BPatG Bl. PMZ 1999, 43, 44 li. Sp. – Portrait-Foto zu sogenannten Allerweltsnamen.

Ob ein Zeichen konkret unterscheidungskräftig hinsichtlich der angemeldeten Produkte ist, hängt von den Besonderheiten des jeweiligen Einzelfalles ab. Eine generelle Beurteilung der konkreten Unterscheidungskraft aller Namen von Characters hinsichtlich aller in Frage kommenden Produkte ist also nicht möglich. Beispielhaft wird die konkrete Unterscheidungskraft im Hinblick auf den Character „Speedy Gonzalez" untersucht werden, der für Expresszustelldienste angemeldet wird. Der Character „Speedy Gonzalez" wird als „schnellste Maus von Mexiko" tituliert und kann sehr schnell laufen. Außerdem wird die Anmeldung der Wortmarke „Popeye" für Lebensmittel, insbesondere Spinat untersucht.

Speedy ist ein Wort der englischen Alltagssprache, in der ein weit überwiegender Teil der inländischen Bevölkerung Grundkenntnisse besitzt. Wenn es nicht als Adjektiv in der Bedeutung „schnell" oder als Verkleinerungsform für eine schnelle Person bekannt ist, dann aber das Substantiv „speed" mit der Bedeutung „Schnelligkeit, Geschwindigkeit".[626] In dem Wort „Speedy" könnte daher ein das Produkt beschreibender Inhalt gesehen werden, dem folglich die Unterscheidungskraft fehlt. Den Teilen des inländischen Verkehrs, die den Bedeutungsgehalt des Begriffes nicht erkennen, stellt er sich ohnehin als originelle Bezeichnung dar.[627]

Insofern kommt es auf die konkrete Verwendung des Namens des Characters an. Es ist die Verwendung des Vornamens des Characters in Alleinstellung von der Verwendung seines vollständigen Namens zu unterscheiden. Wird der Vorname „Speedy" in Alleinstellung verwendet, kann dies konkreter Unterscheidungskraft gemäß § 8 Abs. 2 Nr. 1 MarkenG entgegenstehen. Wenn die nächstliegende Übersetzung einer fremdsprachigen Bezeichnung für die beteiligten Verkehrskreise keinen der Umgangssprache entnommenen, beschreibenden Sachhinweis enthält, kann die eigenständige Wirkung der Bezeichnung und deren Unterscheidungskraft nicht ohne weiteres abgelehnt werden.[628] Bei Dienstleistungen wie Expresszustelldiensten kommt es stark auf Schnelligkeit an. Die Bezeichnung mit dem Wort „Speedy" in Alleinstellung, das nicht als Name eines Characters zu erkennen ist, ist daher in der einzigen möglichen Bedeutung beschreibend und entbehrt somit der konkreten Unterscheidungskraft gemäß § 8 Abs. 2 Nr. 1 MarkenG.

Wird nicht der Vorname in Alleinstellung, sondern der vollständige Name „Speedy Gonzalez" angemeldet, so ist die Marke als Ganzes und nicht seine Einzelteile auf das Vorliegen konkreter Unterscheidungskraft zu untersuchen[629], so dass es auf das Wort „Speedy" allein

---

[626] Beispielsweise von den Titeln der Kinofilme „speed" und „speed II".
[627] Vgl. BGH GRUR 1997,366, 367 re. Sp. – quattro II.
[628] BGH GRUR 1989, 666, 667 – sleepover zu § 4 Abs. 2 Nr. 1 1. Fall WZG.
[629] BGH GRUR 1995, 408, 409 re. Sp. – Protech.

nicht ankommt. Durch die Hintanstellung des aus dem spanischsprachigen Raum bekannten Nachnamens „Gonzalez" wird die Eigenschaft des Wortes „Speedy" als Vorname deutlich. Dadurch tritt der beschreibende Inhalt des Wortes „Speedy" in den Hintergrund und das Verständnis als vollständiger Namen „Speedy Gonzalez" in den Vordergrund, so dass der beschreibende Inhalt dieses Wortes entfällt. Der vollständige Name „Speedy Gonzalez" ist somit auch bei einem Expresszustelldienst oder bei anderen, auf Schnelligkeit angewiesenen Produkten konkret unterscheidungskräftig. Insofern liegt nur noch eine Assoziation an einen Character vor, der die Fähigkeit hat, sehr schnell zu laufen.

Der Name eines Characters kann also auch nur Produktassoziationen hervorrufen. Demgegenüber ist ein Zeichenwort nur dann beschreibend und damit nicht konkret unterscheidungskräftig gemäß § 8 Abs. 2 Nr. 2 MarkenG, wenn es eine „wirklich konkrete Aussage" über die angemeldeten Produkte trifft.[630] Es muss sich um eine glatte Beschreibung handeln und nicht nur Assoziationen an die angemeldeten Produkt erwecken.[631] Auch wenn große Teile des inländischen Verkehrs mit dem Namen des Characters „Popeye" Spinat assoziieren, beschreibt der Name „Popeye" keine Eigenschaft der Ware Spinat. Die Assoziation an Spinat im Zusammenhang mit „Popeye" steht nicht so im Vordergrund, dass dieser Name ein Synonym für Spinat ist, sondern setzt gedankliche Zwischenschritte voraus.

Damit sind Namen von Characters, die nur Produktassoziationen bewirken, konkret unterscheidungskräftig gemäß § 8 Abs. 2 Nr. 1 MarkenG.

(2.) Namen von Characters als gebräuchliche Worte

Ein Wortzeichen kann auch als nicht unterscheidungskräftig angesehen werden, weil es sich um ein gebräuchliches Wort der deutschen oder einer bekannten Fremdsprache handelt, das nur als solches und nicht als Kennzeichenmittel verstanden wird.[632] Diese werden nur in ihrem Ursprungssinn verstanden und nicht als Herkunftshinweis. Dabei geht es wohl vor allem um sehr gebräuchliche Worte wie beispielsweise das Füllwort „und" oder die englische Übersetzung „and", bei denen man davon ausgeht, dass sie vom Verkehr nicht als Hinweis auf die Herkunft der Produkte verstanden werden. Characters haben in der Regel keine so gebräuchlichen Worte zum Namen, dass sie unter diesem Gesichtspunkt nicht unterscheidungskräftig sein könnten.

---

[630] OLG Hamburg, GRUR 2000, 58, 59 re. Sp. – Tao
[631] Ingerl/Rohnke, § 8 Rn. 30.
[632] So der BGH, GRUR 1995, 408, 409 re. Sp. oben – Protech; GRUR 2001, 1042, 1042 re. Sp. – Reich und Schoen; GRUR 2001, 1043, 1044 re. Sp. – Gute Zeiten – Schlechte Zeiten; GRUR 2001, 735, 736 – Test it; GRUR 1999, 1089, 1091 – Yes; GRUR 1999, 1093, 1094 f. – For you.

Bei Anpreisungen und Werbeschlagwörtern ging der BGH lange Zeit davon aus, dass diese auch dann nicht als Herkunftshinweis verstanden werden, also nicht unterscheidungskräftig sind, wenn sie nicht unmittelbar produktbeschreibend sind. Dies wurde damit begründet, dass solche Zeichen den Kaufreiz fördern und ausschließlich die Aufmerksamkeit des Publikums erregt werden soll.[633] So verstand der BGH das Wort „Today" im Hinblick auf Waren des täglichen Bedarfs als Anpreisung, mit der so bezeichneten Ware im Trend zu liegen. Dies hielt der BGH zwar nicht für beschreibend, doch stand der Eignung zur Herkunftsunterscheidung des Zeichens ein dem Verkehr bekannter Sinngehalt entgegen. Dem BGH zufolge ist das Wort „Today" objektiv dazu geeignet, als Hinweis auf die Aktualität der Ware verstanden zu werden, so dass es nicht als Herkunftshinweis wirkt.[634] Allerdings schien der tatsächliche Grund für das Fehlen der Unterscheidungskraft solcher Zeichen darin zu liegen, dass sich der BGH vorbehielt, auch solche Angaben als nicht unterscheidungskräftig ansehen zu können, die die angemeldeten Produkte nur mittelbar beschreiben. In diese Richtung deutet auch *Ströbeles* Auffassung, der zufolge konkrete Unterscheidungskraft bei Anpreisungen und Werbeslogans fehlt, wenn die sachbezogene und nicht die betriebsbezogene Information im Vordergrund steht.[635]

Von dieser Rechtsprechung hat sich der BGH mittlerweile abgewendet und stellt nunmehr keine höheren Anforderungen an Werbeslogans und Anpreisungen.[636] Dass ein Wort als schlagwortartige Anpreisung verstanden wird, die einen Kaufentschluss hervorrufen soll, beinhaltet seiner Ansicht zufolge eine über das reine Wortverständnis hinausgehende Aussage, die es verbietet, dem Zeichen jede Unterscheidungskraft abzusprechen.[637] Also sind auch solche Namen von Characters konkret unterscheidungskräftig, die zugleich als Werbeslogan oder als bloße Warenanpreisung anzusehen sind, was der Fall sein kann, wenn der Character überwiegenden Teilen des Verkehrs nicht bekannt ist und diese daher den Namen des Characters nicht als Namen, sondern als Werbeslogan auffassen.

(3.) Namen von Characters aus nichtlateinischen Schriftzeichen

Das Problem des Schutzes ausländischer Schriftzeichen kann sich im Zusammenhang mit Characters beispielsweise bei nicht transkribierten Namen von Characters stellen, die in sogenannten Mangas, einer bestimmten Sorte japanischer Comics, oder bei anderen Comics, die nicht in lateinischer Schrift verfasst sind, vorkommen. Die Schutzfähigkeit von

---

[633] BGH GRUR 1976, 587, 587 – Happy; GRUR 1988, 211, 212 – Wie hammas denn?.
[634] BGH WRP 1998, 495, 496 – Today; GRUR 1976, 587, 587 – Happy.
[635] Althammer/Ströbele, § 8 Rn. 51.
[636] Ebenso nun auch EuG GRUR 2002, 258, 260 f. Tz. 44 – Das Prinzip der Bequemlichkeit.
[637] BGH GRUR 1999, 1089, 1091 – Yes; GRUR 2000, 323, 324 li. Sp. – Partner with the Best; zustimmend Fezer, § 8 Rn. 97 f m. w. N.

nichtlateinischen Schriftzeichen wie beispielsweise chinesischen Schriftzeichen ist keine Frage der Einheitlichkeit, sondern eine Frage der konkreten Unterscheidungskraft.[638]

Der BGH hat die konkrete Unterscheidungskraft von fünf angemeldeten chinesischen Schriftzeichen bejaht, da sich das vom BPatG in der Vorinstanz[639] aufgestellte Kriterium der Merkfähigkeit eines Zeichens im Rahmen von § 8 Abs. 2 Nr. 1 MarkenG weder dem MarkenG noch der MarkenRL oder der PVÜ entnehmen lässt. Zudem begründet der BGH die Ablehnung dieses Kriteriums damit, dass das BPatG das Kriterium der Merkfähigkeit auch nicht auf Wort- oder Bildmarken anwendet.[640] Für ein über die Einheitlichkeit von Zeichen hinausgehendes Kriterium der Merkfähigkeit besteht jedoch kein Bedürfnis.

Für die Bejahung der konkreten Unterscheidungskraft nichtlateinischer Schriftzeichen, wie etwa asiatischer, kyrillischer, griechischer oder arabischer Schriftzeichen spricht zudem der Gesichtspunkt, dass ausländischer Markenschutz[641] sowie die Anmeldung chinesischer Schriftzeichen als IR-Marke[642] mit dem Geltungsbereich China eine deutsche Eintragung voraussetzt. Andernfalls führte die Verweigerung nationalen Markenschutzes zugleich zu einer Verweigerung ausländischen Markenschutzes. Die in nichtlateinischer Schrift geschriebenen Namen von Characters sind also grundsätzlich gemäß § 8 Abs. 2 Nr. 1 MarkenG konkret unterscheidungskräftig.

bb) Die bildliche Darstellung eines Characters

Konkrete Unterscheidungskraft einer Bildmarke gemäß § 8 Abs. 2 Nr. 1 MarkenG hängt von dem Gegenstand der Darstellung ab. Grundsätzlich sind Bildmarken für die angemeldeten Waren konkret unterscheidungskräftig.[643]

Einfache geometrische Grundfiguren sind nicht unterscheidungskräftig, wenn es sich um allgemein bekannte und benutzte graphische Mittel handelt, die althergebraucht und allgegenwärtig sind.[644] Denn sie weisen nicht auf einen bestimmten Markeninhaber hin.[645] Allerdings darf kein zu strenger Maßstab angelegt werden, da nur das Fehlen jeglicher Unterscheidungskraft zur Bejahung des Eintragungshindernisses gemäß § 8 Abs. 2 Nr. 1

[638] Sh. Teil 2, D., II. 2. b) aa) (3.).
[639] BPatG GRUR 1997, 830, 831 – St. Pauli Girl; ebenso Albrecht, GRUR 2001, 470, 472 re. Sp.
[640] BGH WRP 2000, 520, 522 – St. Pauli Girl; zustimmend Fezer, § 8 Rn. 105 a. E. sowie Rn. 46 b; ebenso Althammer/Ströbele § 8 Rn. 47.
[641] Meister WRP 1995, 1005, 1007 li. Sp.
[642] BPatG GRUR 1997, 53, 54 li. Sp. – chinesische Schriftzeichen.
[643] BGH GRUR 2000, 502, 503 – St. Pauli Girl.
[644] BGH GRUR 2001, 56, 57 re. Sp. – Likörflasche.
[645] Althammer/Ströbele, § 8 Rn. 46; Ingerl/Rohnke, § 8 Rn. 44.

MarkenG ausreicht. Auch Piktogrammen kann die konkrete Unterscheidungskraft fehlen, beispielsweise wenn sie auf den Gebrauchszweck oder sonstige Charakteristika der Ware hinweisen.[646] Bei Characters handelt es sich in aller Regel nicht um einfachste graphische Grundmuster, sondern um Figuren, die nicht als übliches Ornament wahrgenommen werden. Selbst wenn Character Merchandising als üblich anzusehen ist, besagt das noch nichts über die Üblichkeit der Verwendung des Bildes des jeweiligen Characters. Weiterhin beschreiben bildliche Darstellungen von Characters auch nicht das Produkt oder seine Wirkweise, so dass Characters unter diesem Gesichtspunkt die Unterscheidungskraft nicht abgesprochen werden kann.

Schließlich wird vertreten, dass Bildmotiven die Unterscheidungskraft fehlt, wenn sie bildliche Werbemotive, gemeinfreie Werke oder die Abbildungen oder Benennungen berühmter Persönlichkeiten zum Gegenstand haben. Bezüglich berühmter Persönlichkeiten wird dies damit begründet, dass diese nicht als Hinweis auf die betriebliche Herkunft von Produkten, sondern allenfalls als Werbeträger aufgefasst würden.[647]

Der Auffassung, dass bildliche Darstellungen von berühmten Persönlichkeiten nicht konkret unterscheidungskräftig seien, ist zu widersprechen, da ein Zeichen nicht dazu geeignet sein muss, auf die betriebliche Herkunft der gekennzeichneten Produkte hinzuweisen, sondern nur auf den Markeninhaber. Also steht die fehlende Eignung eines Zeichens zur betrieblichen Kennzeichnung der Annahme konkreter Unterscheidungskraft nicht entgegen. Auch das BPatG lehnt diese Auffassung ab, da das Foto einer Person die denkbar stärkste Unterscheidungskraft aufweist, die in der Regel sogar den Namen der Person übertrifft. Dass der Name einer natürlichen Person konkret unterscheidungskräftig ist, steht dem BPatG zufolge aber außer Frage, so dass dies für das Portrait-Foto einer Person erst recht gilt. Dass eine Marke zusätzlich eine Aussage über die Qualität eines Produktes enthält, steht ihrer Unterscheidungskraft aber nicht entgegen.[648] Also fehlt der Abbildung eines Characters nicht die konkrete Unterscheidungskraft, auch wenn sie auch als Werbemaßnahme aufgefasst wird.

Schließlich vertritt u. a. das BPatG die Auffassung, dass gemeinfreie Marken nicht konkret unterscheidungskräftig sind. Dies begründet das BPatG damit, dass eine solche Marke nur den Kaufanreiz der angesprochenen Verkehrskreise fördere und ausschließlich der Erregung

---

646 Althammer/Ströbele, § 8 Rn. 48; ebenso BPatG GRUR 1997, 530, 530 f. – Rohrreiniger; die Unterscheidungskraft bejahend BPatG Mitt. 1992, 320, 321 li. Sp. – Bierglas haltende Hand; zu streng BPatGE 18, 90, 92 ff. – Piktogramm.

647 Althammer/Ströbele, § 8 Rn. 52.

648 BPatG Bl. PMZ 1999, 43, 44 li. Sp. – Portrait-Foto; Thewes, S. 149.

von Aufmerksamkeit diene.[649] Dass ein Zeichen den Kaufanreiz fördert und die Aufmerksamkeit des Publikums erregt, spricht allein nicht gegen seine Unterscheidungskraft, sondern nur dann, wenn das Zeichen sich auf solche Wirkungen beschränkt. Dies kann jedoch nur in eindeutigen Fällen angenommen werden, wie beispielsweise bei stilisierten Darstellungen von Sternen, die während der Weihnachtszeit als Dekoration üblich sind. Da die Anforderungen an die Schöpfungshöhe bei Werken höher sind als die an die Unterscheidungskraft, ist im Gegenteil davon auszugehen, dass Werke i. S. v. § 2 Abs. 2 UrhG vorbehaltlich einer Eignung zur Beschreibung der gekennzeichneten Produkte auch konkret unterscheidungskräftig sind.[650]

Naturgetreuen Warenabbildungen fehlt in der Regel die konkrete Unterscheidungskraft, da die angesprochenen Verkehrskreise diese in der Regel als das Produkt selbst und nicht als Kennzeichen für ein Produkt verstehen.[651] Gibt das Zeichen die angemeldete Ware nicht naturgetreu wieder, sondern weist es in der Darstellung eine Besonderheit auf, kann es konkret unterscheidungskräftig sein.[652] Bei einer naturgetreuen, leicht stilisierten Zeichnung der Ware anstatt einer Fotografie handelt es sich jedoch nicht um eine besondere Darstellungsart.[653]

Eine naturgetreue Warendarstellung ist für die dargestellten Waren aber ausnahmsweise konkret unterscheidungskräftig und damit herkunftshinweisend, wenn die dargestellte Ware selbst konkret unterscheidungskräftig ist. Die Ware selbst ist nur dann konkret unterscheidungskräftig, wenn sie Elemente bzw. Merkmale aufweist, die über die technischen Elemente hinausgehen[654] bzw. die für die angemeldeten Waren nicht typisch sind[655].

Waren, deren Form sich an die Form eines Characters anlehnt, weisen bereits aufgrund dieser Tatsache einen über das allgemein Übliche hinausgehenden „Überschuss" auf. Es ist zwar durchaus typisch, Waren in Form von Characters zu gestalten. Doch muss vielmehr darauf abgestellt werden, dass gerade die Form des jeweils gewählten Characters untypisch

---

[649] BPatG GRUR 1998, 1021, 1022 – Mona Lisa; i. E. ebenso Nordemann, WRP 1997, 389, 391.
[650] Wandtke/Bullinger, GRUR 1997, 573, 576 li. Sp. ohne Beschränkung im Hinblick auf die angemeldeten Produkte.
[651] BGH GRUR 1997, 527, 529 – Autofelge; GRUR 1999, 495, 496 – Etiketten; GRUR 2001, 413, 415 li. Sp. – Swatch; BPatG GRUR 2001, 737, 740 re. Sp. – Waschmittelflasche.
[652] BGH GRUR 2001, 334, 336 li. Sp. – Gabelstapler.
[653] BGH GRUR 1997, 527, 528 re. Sp. – Autofelge, für die Anmeldung der stilisierten Abbildung einer Autofelge als zweidimensionale Marke; vgl. die Beispiele bei Ströbele, GRUR 1999, 1041, 1042.
[654] BGH GRUR 1997, 527, 529 – Autofelge.
[655] BGH GRUR 1999, 495 re. Sp. – Etiketten; GRUR 2001, 334, 336 li. Sp. – Gabelstapler.

ist. Denn Gegenstand der Prüfung ist das konkrete Zeichen und kein davon abstrahierter Zeichentyp.

Wählt *man* als Beispiele für abgebildete Waren ein Plüschtier, einen Lutscher und eine Flasche, jeweils in Form eines Characters, ergibt sich folgendes. Diese Waren, die Gegenstand der angemeldeten Bildmarken sind, müssen mit den Waren verglichen werden, die im gleichen Warensegment angeboten werden, um beurteilen zu können, ob die Ware in Gestalt eines Characters Elemente aufweist, die für das jeweilige Warensegment untypisch sind, so dass sie konkret unterscheidungskräftig sind. Die dazu notwendige Vergleichsgruppe von anderen Waren aus dem jeweiligen Warensegment darf nicht so eng gefasst werden, dass nur die angemeldeten Waren übrig bleiben. Denn ansonsten könnte niemals Unterscheidungskraft vorliegen.

Also sind Plüschtiere in Gestalt eines Characters mit den übrigen Plüschtieren zu vergleichen. Um dem Warensegment „Plüschtiere" anzugehören, muss die Ware hinsichtlich ihrer äußeren Gestalt keine bestimmten Formvorgaben erfüllen. Plüschtiere in Form von Characters sind danach konkret unterscheidungskräftig, wenn sie sich nicht zu stark an bestehende Vorbilder anlehnen. So dürfte der Character „Winnie-the-Pooh" nicht so stark von einem regulären Teddybären abweichen, dass er konkret unterscheidungskräftig ist. Dem gegenüber weisen „Mickey Mouse", „Bugs Bunny" oder „Alf" sehr wohl untypische Elemente und ein von anderen Plüschtieren abweichendes Aussehen auf. Die konkrete äußere Gestaltung von Plüschtieren in Gestalt von Characters eignet sich also zur Unterscheidung von anderen Plüschtieren, ist also konkret unterscheidungskräftig, wenn diese sich weit genug von den Formen der sonst üblichen Plüschtiere entfernen.

Bei einem Lutscher ist eine Süßigkeit auf einem Stiel aufgebracht. Die Süßigkeit ist üblicherweise kugelförmig oder flach. Das Aussehen der Süßigkeit ist relativ frei gestaltbar und kann gerade daher zur Unterscheidung von anderen Waren genutzt werden. Entspricht der Lutscher der Gestalt oder dem Kopf eines Characters, ist die Ware und damit auch das dreidimensionale Zeichen für Süßigkeiten konkret unterscheidungskräftig. Das gleiche gilt auch für sonstige Waren, die mehr oder weniger beliebige Formen annehmen können, wie beispielsweise Seifen. Die konkrete Unterscheidungskraft kann noch dadurch gesteigert werden, dass auf der Süßigkeit mit Lebensmittelfarbe das Gesicht etc. eines Character aufgemalt ist.

Eine Flasche als Behältnis für eine Flüssigkeit wie ein Schaumbad muss einen Raum umhüllen und eine Öffnung als Zu- und Abfluss aufweisen. Zwar ist eine Flasche keine

Ware, sondern eine Verpackung, doch gelten die Eintragungshindernisse gemäß § 8 MarkenG für alle Zeichen, zu denen gemäß § 3 Abs. 1 MarkenG auch die Verpackung einer Ware zählt. Getränkeflaschen sind dem BPatG zufolge nur konkret unterscheidungskräftig, wenn sich ihre Form so auffallend von den für die beanspruchten Waren gängigen Flaschenformen abhebt, dass der Verkehr sie neben der Etikettierung als Besonderheit wahrnimmt.[656] Besteht die Flasche dagegen nur aus der Kombination typischer Gestaltungsmerkmale, so ist die Flasche nur dann konkret unterscheidungskräftig, wenn diese Kombination nicht beliebig wirkt.[657] Entspricht die Form einer Flasche den Umrissen eines Characters, so ist darin eine auffallend von den gängigen Flaschenformen abweichende Form zu sehen, die somit konkret unterscheidungskräftig ist.

Somit sehen Waren in Form von Characters regelmäßig so ungewöhnlich aus, dass sie auch dann konkret unterscheidungskräftig sind, wenn der Verkehr in diesem Warensegment nicht daran gewöhnt ist, Waren anhand ihres Äußeren zu unterscheiden.

cc) Die dreidimensionale Gestaltung nach dem Vorbild eines Characters

Ein Character kann auch als dreidimensionales Zeichen angemeldet werden. Bei der Beurteilung der konkreten Unterscheidungskraft dreidimensionaler Gestaltungen sind zwei Fallkonstellationen voneinander zu unterscheiden. Bei der ersten Fallkonstellation wird der Character für Waren angemeldet, die nicht nach seinem Vorbild geformt sind, bei der zweiten für Waren, die nach seinem Vorbild geformt sind. Nur die zweite Konstellation ist problematisch.

(1.) Ein Character als dreidimensionales Zeichen für Waren, die nicht in Gestalt des Characters geformt sind

Wird das Zeichen als dreidimensionale Marke in Gestalt eines Characters für Waren, die nicht nach dem Vorbild des Characters geformt sind, angemeldet, können Figuren von Characters der Ware in Miniaturform beigegeben werden. Eine solche dreidimensionale Marke in Gestalt eines Characters ist ebenso dazu geeignet, die angemeldeten Waren von anderen zu unterscheiden, wie die Abbildung eines Characters es ist. So wie die bekannte

656 Ebenso BPatG GRUR 2001, 737, 741 li. Sp. oben – Waschmittelflasche, für eine Verpackung für Flüssigwaschmittel.

657 BPatGE 39,128, 129 f.– kleine Kullerflasche; BPatGE 39, 132, 133 f. – weiße Kokosflasche; BPatGE 39,136, 137 f. – Blaue Vierkantflasche.

Kühlerfigur des Autoherstellers Rolls – Royce „Emily“[658] als dreidimensionale Marke für Pkw konkret unterscheidungskräftig ist, wäre dies auch ein Character, der einer Ware als dreidimensionale Gestalt beigefügt ist. Diese Ware kann beliebig sein, wenn sie nicht die Gestalt des Characters hat.

(2.) Ein Character als dreidimensionales Zeichen für Waren in Gestalt des Characters

Characters können auch als dreidimensionale Marke für Waren angemeldet werden, die die Gestalt des Characters aufgreift. Bei der Beurteilung solcher Zeichenanmeldungen kommt es darauf an, ob es sich bei dem Zeichen um eine Abbildung des Characters oder um die Darstellung einer Ware in Form des Characters handelt.

Wird der Character selbst als dreidimensionale Marke angemeldet, handelt es sich nicht um eine Warenabbildung. Selbst wenn der Anmelder vorhat, die angemeldeten Waren in Gestalt des Characters zu formen, kommt dies in der Markenanmeldung nicht zum Ausdruck. Weiterhin ist die Art und Weise der späteren Markenbenutzung nicht Gegenstand der Prüfung der Eintragungsfähigkeit, so dass diese der konkreten Unterscheidungskraft einer dreidimensionalen Marke nicht entgegenstehen kann.[659] Ob der Anmelder also dem Produkt eine kleine Characternachbildung beigibt oder die Ware selbst nach dem Vorbild des als dreidimensionale Marke eingetragenen Characters formt, spielt insoweit also keine Rolle. Allerdings kann die Art und Weise der Benutzung bei der Beurteilung der markenmäßigen Benutzung durch Dritte bzw. der rechtserhaltenden Benutzung durch den Markeninhaber selbst eine Rolle spielen.

Ist Gegenstand der Markenanmeldung die in Gestalt des Characters gestaltete Ware, handelt es sich insoweit um eine Warendarstellung. Der BGH und das BPatG beurteilen die konkrete Unterscheidungskraft von Zeichen, die als dreidimensionale Marken den angemeldeten Waren entsprechen, indem sie die konkrete Unterscheidungskraft der Waren selbst prüfen, wobei das BPatG insoweit höhere Anforderungen stellt.[660]

Das BPatG prüft zunächst, ob der Verkehr auf dem fraglichen Warengebiet an die kennzeichnende Funktion der Waren- oder Verpackungsformen gewöhnt ist wie

---

[658] Ihr offizieller Name lautet „The Spirit of Ecstasy“.
[659] BPatG Bl. PMZ 1999, 43, 44 li. Sp. – Portrait-Foto.
[660] BGH GRUR 2001, 334, 336 – Gabelstapler; GRUR 2001, 56, 57 – Likörflache; BPatGE 39, 219, 222 – Stabtaschenlampen.

beispielsweise auf dem Uhren- oder Lederwarensektor.[661] Es geht davon aus, dass dies in den allermeisten Warengebieten nicht der Fall ist. Wenn dies ausnahmsweise doch der Fall sein sollte, ist die konkrete Unterscheidungskraft dreidimensionaler Zeichen unter Berücksichtigung ihrer individuellen Gestaltungsmerkmale anhand der üblichen Anforderungen zu ermitteln. Ist der Verkehr auf dem fraglichen Warengebiet nicht an die kennzeichnende Funktion der Waren- oder Verpackungsformen gewöhnt, kann konkrete Unterscheidungskraft nur ausnahmsweise vorliegen, wenn die Warenform deutlich aus dem Rahmen des Verkehrsüblichen herausfällt.[662] In einem Vorlagebeschluss gemäß Art. 234 EGV an den EuGH bezüglich Warenverpackungen verschiebt das BPatG den Akzent der Prüfung der konkreten Unterscheidungskraft von Waren und deren Verpackungen als dreidimensionaler Marke, indem es für diese keine höheren rechtlichen, sondern nur höhere tatsächliche Anforderungen stellt, wie dies auch sonst im Hinblick auf verschiedene Markenformen üblich ist. Dies begründet das BPatG mit erhöhten Freihaltungsbedürfnissen.[663]

Da Waren im Uhren- und Lederwarensektor nur selten in der Form von Characters gestaltet sind, wird im folgenden im Hinblick auf Characters davon ausgegangen, dass die vom BPatG grundsätzlich gestellten, erhöhten Anforderungen an die Unterscheidungskraft von dreidimensionalen Waren in Characterform erfüllt sein müssen. Wann genau eine Form der Ansicht des BPatG zufolge deutlich aus dem Rahmen des Verkehrsüblichen herausfällt, lässt sich nur schwer vorhersagen. Bisher waren vor allem Waren Gegenstand der vom BPatG entschiedenen Fälle, deren Form stark technisch oder jedenfalls erheblich funktional geprägt waren, was zu einer strengen Prüfung beigetragen haben wird, um die Gefahr von Warenmonopolisierungen zu verhindern.[664]

Dem BGH zufolge sind an die konkrete Unterscheidungskraft dreidimensionaler Gestaltungen gleich hohe Anforderungen zu stellen wie an die konkrete Unterscheidungskraft von Wort- oder Bildmarken. Er prüft die konkrete Unterscheidungskraft von dreidimensionalen Zeichen, die naturgetreue Abbildungen der angemeldeten Ware zum Gegenstand haben, anhand der gleichen Anforderungen wie die konkrete Unterscheidungskraft von

---

661 BPatGE 39, 219, 223 – Stabtaschenlampen; BPatG GRUR 2001, 737, 740 re. Sp. unten – Waschmittelflasche; Kur, FS DPA 100 Jahre Marken-Amt, 175, 177; skeptisch gegenüber der Unterscheidungskraft von Warenmarken Kur, GRUR 1997, 241, 247.

662 BPatG GRUR 2001, 341, 342 re. Sp. – Blütenform-Weichkäse.

663 BPatG GRUR 2001, 737, 740 – Waschmittelflasche.

664 BPatG GRUR 2001, 737 ff. – Waschmittelflasche; GRUR 2001, 341 ff. – Blütenform-Weichkäse; BPatGE 39, 219 ff. – Stabtaschenlampen; BPatGE 39,128 ff. – kleine Kullerflasche; BPatGE 39, 132 ff. – weiße Kokosflasche; BPatGE 39,136 ff. Blaue Vierkantflasche.

Bildmarken.[665] Bildmarken fehlt die konkrete Unterscheidungskraft gemäß § 8 Abs. 2 Nr. 1 MarkenG, wenn sie sich in der bloßen Abbildung der Ware erschöpfen, für die sie als Marke eingetragen werden sollen, und die abgebildete Ware keine Elemente bzw. Merkmale aufweist, die über die technischen Elemente hinausgehen[666] bzw. die für die angemeldeten Waren untypisch sind.[667] Denn in untypischen Merkmalen, die nur für die Ware charakteristisch sind, wird der Verkehr häufig einen Hinweis auf die Herkunft sehen.[668]

Danach ist die Ware selbst und damit auch die dreidimensionale Marke konkret unterscheidungskräftig, wenn die Ware Elemente aufweist, die über die üblichen technischen oder sonstigen üblichen Merkmale hinausgehen.[669] Dass bei dreidimensionalen Warenformmarken keine höheren Anforderungen an die Unterscheidungskraft zu stellen sind als bei anderen Markenformen, hat der BGH dem EuGH im Vorabentscheidungsverfahren gemäß Art. 234 EGV vorgelegt.[670] Diesem Vorlagebeschluss hat sich das BPatG im Hinblick auf Warenverpackungen angeschlossen.[671]

Dem Wortlaut des MarkenG lassen sich erhöhte Anforderungen für dreidimensionale Marken nicht entnehmen. Soweit sich das BPatG insofern auf erhöhte Freihaltungsbedürfnisse beruft, sind diese nicht i. R. v. § 8 Abs. 2 Nr. 1 MarkenG, sondern gemäß § 8 Abs. 2 Nr. 2 MarkenG zu berücksichtigen.[672] Soweit das BPatG in seinem Vorlagebeschluss „Waschmittelflasche" darauf abstellt, dass es wie sonst auch üblich bei Warenformen nur in tatsächlicher Hinsicht erhöhte Anforderungen stellt, wäre dies mit den vorgenannten Argumenten in Einklang zu bringen, wenn es damit gemeint hätte, dass die Unterscheidungskraft jeweils im Hinblick auf jedes Zeichen zu bestimmen ist.[673] Da das BPatG jedoch kurz vorher die erhöhten Anforderungen an die Unterscheidungskraft mit grundsätzlichen Freihaltungsbedürfnissen begründet, rechtfertigt es so letztlich doch die höheren Anforderungen an Warenformmarken. Dies ist aber aus den genannten Gründen abzulehnen. Es ist der Auffassung des BGH zu folgen, dass im Grundsatz keine höheren Anforderungen an die konkrete Unterscheidungskraft dreidimensionaler Marken zu stellen sind, die eine Ware zum Gegenstand haben.

---

[665] BGH GRUR 2001, 418, 419 – Montre; GRUR 2001, 416, 417 – Omega; GRUR 2001, 413, 415 – Swatch; GRUR 2001, 334, 336 – Gabelstapler; GRUR 2001, 56, 57 - Likörflasche.
[666] BGH GRUR 1997, 527, 529 – Autofelge.
[667] BGH GRUR 1999, 495 re. Sp. – Etiketten; GRUR 2001, 334, 336 li. Sp. – Gabelstapler.
[668] BGH GRUR 2001, 413, 415 li. Sp. – Swatch.
[669] BGH GRUR 2001, 56, 57 – Likörflasche; GRUR 2001, 334, 336 – Gabelstapler.
[670] BGH GRUR 2001, 334, 336 – Gabelstapler.
[671] BPatG GRUR 2001, 737 ff. – Waschmittelflasche.
[672] BGH GRUR 2001, 334, 336 re. Sp. – Gabelstapler; sh. o. Teil 2 D.II 1. b).
[673] BPatG GRUR 2001, 737, 738 – Waschmittelflasche.

Wie die obigen Ausführungen zur konkreten Unterscheidungskraft naturgetreuer Warenabbildungen belegen, weisen Waren in Form von Characters immer Merkmale auf, die über das Technisch oder sonst Übliche hinausgehen, so dass diese grundsätzlich konkret unterscheidungskräftig sind.

dd) Die akustische Ausgestaltung von Characters

Es ist zudem möglich, dass eine bestimmte mit einem Character in Zusammenhang stehende Tonfolge oder ein bestimmter für diesen Character typischer Ausruf als Marke angemeldet werden.[674] Grundsätzlich sind akustische Zeichen konkret unterscheidungskräftig. Sofern der genannte Ausruf von Fred Feuerstein einen allgemein anpreisenden Charakter haben sollte, steht dies der Annahme von Unterscheidungskraft aus denselben Gründen nicht entgegen, wie etwa bei Wortmarken.

ee) Kombinationen der Ausprägungen von Characters

Bei der Beurteilung der konkreten Unterscheidungskraft einer Marke kommt es auf die Marke als Ganzes und nicht nur auf einen Teil an.[675] Unerheblich ist demnach, ob ein Teil einer Marke nicht unterscheidungskräftig ist, solange die Gesamtmarke unterscheidungskräftig ist. Umgekehrt ist unerheblich, ob ein Zeichenbestandteil unterscheidungskräftig ist, solange die Gesamtmarke nicht unterscheidungskräftig ist.[676] Bei der Anmeldung eines Zeichens ist gemäß § 6 MarkenVO anzugeben, als was für eine Markenform ein Zeichen angemeldet wird. Wird eine Kombination aus Worten und Bildern als Marke angemeldet, handelt es sich um eine Wort-/Bildmarke, die gemäß § 8 Abs. 1 MarkenVO als Bildmarke anzusehen sind.

In Anwendung dieser Grundsätze beurteilte der BGH eine farbige Wort-Bild-Marke, die aus einem glatt beschreibenden und damit in Alleinstellung schutzunfähigen Begriff und einer verhältnismäßig einfach gehaltenen farbigen graphischen Gestaltung bestand, aufgrund ihrer graphischen Gestaltung als konkret unterscheidungskräftig.[677] Dieses Beispiel macht deutlich, dass der Einsatz von Werbegrafik und Farbe die konkrete Unterscheidungskraft eines in Alleinstellung schutzunfähigen Wortes gemäß § 8 Abs. 2 Nr. 1 MarkenG auf das erforderliche Mindestmaß anheben kann. Das gleiche gilt für die Hinzufügung beispielsweise einer bildlichen Darstellung eines Characters, um so die erforderliche Unterscheidungskraft eines an sich nicht konkret unterscheidungskräftigen Wortes zu erlangen. Allerdings ist die

---

674 Beispielsweise eine Stelle des Udo Jürgens-Liedes „Vielen Dank für die Blumen" aus der Zeichentrickserie „Tom & Jerry" oder Fred Feuersteins bekannter Ausruf „Jabadabadu".

675 BGH GRUR 2001, 162, 163 – Rational Software Corporation; BGH GRUR 2000, 323, 324 – Partner with the best; so zum WZG BGH GRUR 1991, 136, 137 f. – New Man; GRUR 1995, 408, 409 – Protech.

676 Fezer, § 8 Rn. 42.

677 BGH GRUR 2000, 805, 806 re. Sp. – Immo-Börse.

so erlangte Unterscheidungskraft und der Schutzumfang einer solchen Marke häufig sehr gering.[678]

3. Übliche Bezeichnungen gemäß § 8 Abs. 2 Nr. 3 MarkenG

a) Allgemein

Gemäß § 8 Abs. 2 Nr. 3 MarkenG sind solche Marken von der Eintragung ausgeschlossen, die ausschließlich aus Zeichen oder Angaben bestehen, die im allgemeinen Sprachgebrauch oder in den redlichen und ständigen Verkehrsgepflogenheiten zur Bezeichnung der Waren oder Dienstleistungen üblich geworden sind. § 8 Abs. 2 Nr. 3 MarkenG geht auf Art 3 Abs. 1 lit. d) MarkenRL zurück, enthält jedoch im Gegensatz zu Art 3 Abs. 1 lit. d) MarkenRL einen ausdrücklichen Hinweis auf die Produkte, für die die Marke eingetragen werden soll. Die Frage, ob die Allgemeinheit oder Üblichkeit eines Sprachgebrauches im Hinblick auf die konkret bezeichneten Produkte zu bestimmen ist, wird vom BPatG im Wege einer an Art. 3 Abs. 1 lit. d) MarkenRL orientierten, richtlinienkonformen Auslegung verneint.[679] Vom BGH sowie weiteren Vertretern wird der Produktbezug bejaht[680], weshalb das BPatG diese Frage dem EuGH gemäß Art. 234 EGV vorgelegt hat.[681] Der EuGH hat sich zugunsten der vom BGH vertretenen Auffassung entschieden.[682]

Der EuGH hält im Rahmen von Art. 3 Abs. 1 lit. d) MarkenRL eine Prüfung im Hinblick auf die Produkte, für die die Marke angemeldet wurde, für erforderlich, wobei es nicht notwendig ist, dass die fraglichen Zeichen die Merkmale dieser Produkte beschreiben. Der EuGH begründet dieses vom Wortlaut von Art. 3 Abs. 1 lit. d) MarkenRL abweichende Ergebnis erstens mit dem in Art. 2 MarkenRL zum Ausdruck gebrachten Zweck der MarkenRL, die Eintragung solcher Zeichen zu verhindern, die nicht geeignet sind, die Produkte eines Unternehmens von denen anderer Unternehmen zu unterscheiden. Dies könne aber nur unter Berücksichtigung der zu kennzeichnenden Produkte beurteilt werden. Zweitens argumentiert der EuGH systematisch unter Heranziehung von Art. 3 Abs. 3 MarkenRL, dass

---

[678] BGH GRUR 2000, 805, 807 – Immo-Börse.
[679] BPatG GRUR 1999, 170, 171. – Advantage, dort letztlich mit fadenscheinigem Hinweis auf § 8 Abs. 2 Nr. 1 MarkenG offengelassen; i. E. ebenso Althammer/ Ströbele, § 8 Rn. 169 f.; Schrader, WRP 2000, 69, 75.
[680] BGH GRUR 1998, 465 ff. – Bonus; Eisenführ, FS 100 Jahre Marken-Amt, S. 69, 73; Ingerl/Rohnke, § 8 Rn. 92; Ingerl/Rohnke, NJW 1994, 1247, 1250; Fezer, § 8 Rn. 270, Fezer, GRUR 1999, 859, 860.
[681] BPatG GRUR 2000, 424 ff. – Bravo.
[682] EuGH EuZW 2001, 722 ff. – Bravo.

der Erwerb von Unterscheidungskraft i. S. dieser Vorschrift nur in Bezug zu den gekennzeichneten Produkten festgestellt werden könne.[683]

Die Tatsache, dass sich die Anwendungsbereiche von Art. 3 Abs. 1 lit. c) und lit. d) MarkenRL überschneiden, steht der Ansicht des EuGH nicht entgegen.[684] Dem EuGH zufolge ist zu beachten, dass diese Eintragungshindernisse auf unterschiedlichen Erwägungen beruhen. Während Art. 3 Abs. 1 lit. c) MarkenRL Zeichen wegen ihrer beschreibenden Natur von der Eintragung ausschließt, ist gemäß Art. 3 Abs. 1 lit. d) MarkenRL der Grund dafür die Üblichkeit der Benutzung in den Verkehrskreisen. Daher ist es dem EuGH zufolge gemäß Art. 3 Abs. 1 lit. d) MarkenRL auch entbehrlich, dass die Zeichen beschreibend sind.[685] Der EuGH geht nicht darauf ein, dass bei Üblichkeit der Benutzung eines Zeichens für die angemeldeten Produkte dieses Zeichen in aller Regel zugleich auch beschreibend i. S. v. Art. 3 Abs. 1 lit. c) MarkenRL ist und damit Art. 3 Abs. 1 lit. d) MarkenRL letztlich keinen eigenen Anwendungsbereich hat.[686] Liegen die Voraussetzungen von Art. 3 Abs. 1 lit. c) MarkenRL vor, ist es ohne Bedeutung, ob es sich bei dem jeweiligen Zeichen um ein Werbeschlagwort, einen Qualitätshinweis oder eine Kaufaufforderung handelt. Jedoch genügt allein die Kategorisierung als Werbeschlagwort etc. nicht, um das Eintragungshindernis gemäß Art. 3 Abs. 1 lit. d) MarkenRL zu bejahen.[687]

Auf das vom BPatG im Vorlagebeschluss genannte Argument, die restriktive Rechtsprechung des BGH zu § 8 Abs. 2 Nr. 1 und Nr. 2 MarkenG mache es unmöglich, allgemein übliche Werbeaussagen von der Eintragung auszuschließen[688], geht der EuGH nicht ein. Das vom BPatG ebenfalls angeführte Argument der richtlinienkonformen Auslegung von Art. 3 Abs. 1 lit. d) MarkenRL entfällt infolge der Auslegung dieser Vorschrift durch den EuGH. Daher kommt es nicht mehr darauf an, dass den Mitgliedsstaaten bei der Richtlinienumsetzung ein gewisser Spielraum zuzugestehen ist[689] und eine Norm, die eine Richtlinie umsetzt, nicht gegen ihren klaren und eindeutigen Gesetzeswortlaut ausgelegt werden kann[690].

Erfolgreich war aber der Hinweis des BGH darauf, dass Art. 3 Abs. 1 lit. d) MarkenRL trotz des insoweit abweichenden Wortlautes nach übereinstimmender Auffassung einen Produktbezug voraussetzt, sowie der Hinweis auf den mit § 8 Abs. 2 Nr. 3 MarkenG überein-

---

683 EuGH EuZW 2001, 722, 724 Tz. 28-30 – Bravo.
684 Ebenso BGH 1998, 465, 468 – Bonus; a. A. Althammer/Ströbele, § 8 Rn. 169.
685 EuGH EuZW 2001, 722, 724 Tz. 35, 36 – Bravo.
686 Ingerl/Rohnke, § 8 Rn. 90.
687 EuGH EuZW 2001, 722, 724 f. Tz. 39, 40 – Bravo.
688 BPatG GRUR 2000, 424, 428 li. Sp. – Bravo.
689 BGH GRUR 1998, 465, 468 re. Sp. – Bonus.
690 Brechmann, S. 282 m. w. N.

stimmenden Wortlaut von Art 7 Abs. 1 lit. d GMVO.[691] Somit gilt § 8 Abs. 2 Nr. 3 MarkenG nur noch für Freizeichen, also Zeichen, die ihre ursprüngliche Unterscheidungskraft verloren haben, und für Gattungsbezeichnungen, die angesichts ihres beschreibenden Inhaltes nicht eintragungsfähig sind.[692] Diese Fallgruppen sind nur von geringer praktischer Bedeutung.[693]

Die Notwendigkeit des Produktbezuges gemäß § 8 Abs. 2 Nr. 3 MarkenG hat zur Folge, dass nicht mehr jeder Anmelder einer Marke, die keine reine Phantasiebezeichnung, sondern ein sprachübliches Wort zum Gegenstand hat, das allgemein werbeanpreisend benutzt werden kann, die Eintragungsunfähigkeit gemäß § 8 Abs. 2 Nr. 3 MarkenG befürchten muss.[694] Somit ist die Sprachüblichkeit einer Bezeichnung gemäß § 8 Abs. 2 Nr. 3 MarkenG unter Berücksichtigung der bezeichneten Produkte zu beurteilen.

Umstritten ist, ob § 8 Abs. 2 Nr. 3 MarkenG nur für Zeichen gilt, die zur Bezeichnung der angemeldeten Produkte üblich geworden sind[695], oder auch für solche Zeichen, die von Anfang an zur Bezeichnung der angemeldeten Produkte üblich waren[696]. Dies kann letztlich offen bleiben. Denn allen Bezeichnungen, die von Anfang an für die angemeldeten Produkte üblich waren, steht ohnehin entweder § 8 Abs. 2 Nr. 2 MarkenG entgegen, wenn sie beschreibend sind, oder § 8 Abs. 2 Nr. 1 MarkenG.

b) Characters

aa) Name

Der Name eines Characters ist entweder ein reines Phantasiewort bzw. besteht aus mehr oder weniger ungewöhnlichen Vor- und Nachnamen. Ein Eintragungshindernis gemäß § 8 Abs. 2 Nr. 3 MarkenG kommt bezüglich Phantasieworten nicht in Betracht. Im Hinblick auf Vor- und Nachnamen gilt, dass diese nicht zur Bezeichnung der angemeldeten Produkt üblich geworden sein dürfen. Für Zeichen, die allein positive Assoziationen auslösen, hat das BPatG bereits vor der „Bravo“ -Entscheidung des EuGH ausgesprochen, dass dies zur

---

[691] BGH GRUR 1998, 465, 467 f. – Bonus m. w. N.; a. A. Schrader, WRP 2000, 69, 72 re. Sp., der die historische Auslegung anhand der Entstehungsgeschichte des Markenschutzes in der EG vernachlässigt.

[692] BGH GRUR 1998, 465, 468 li. Sp. – Bonus; Ingerl/Rohnke, § 8 Rn. 90 wollen den Anwendungsbereich auf Freizeichen beschränken; dem gegenüber geht Ingerl, WRP 1998, 473, 475 f. davon aus, dass der BGH auf die aus dem WZG vertraute Terminologie der Freizeichen und Gattungsbegriffe nur zu Illustrationszwecken zurückgegriffen hat; ebenso Fezer, § 8 Rn. 263.

[693] Althammer/Ströbele, § 8 Rn. 163 f.

[694] Jonas, GRUR 1998, 468, 469 li. Sp.

[695] Ingerl/Rohnke, § 8 Rn. 89 a. E.; Fezer, § 8 Rn. 257.

[696] Schrader, WRP 2000, 69, 71; BPatG GRUR 1995, 737, 738 re. Sp. – Bonus unter Hinweis auf den Wortlaut von Art. 3 Abs. 1 lit. d) MarkenRL, Art. 7 Abs. 1 lit. d) GMVO und Art. 6^quinquies B Nr. 2 PVÜ sowie die Amtliche Begründung zum Markenrechtsreformgesetz, BT-Drucksache 12/6581 zu § 8 S. 70.

Bejahung von § 8 Abs. 2 Nr. 3 MarkenG nicht genügt.[697] Der Name eines Characters ist in aller Regel nicht rein werbepreisender Natur, doch stünde dies seiner Eintragungsfähigkeit im Hinblick auf § 8 Abs. 2 Nr. 3 MarkenG auch nicht entgegen, wenn dieser aufgrund der Bekanntheit des Characters oder aufgrund des Namens selbst werbepreisend wäre.

bb) Bildliche Darstellungen

Bildliche Darstellungen von Characters sind für kein dem Verfasser bekanntes Produkt üblich (geworden), so dass diesen das Eintragungshindernis gemäß § 8 Abs. 2 Nr. 3 MarkenG nicht entgegensteht.

Für bildliche Darstellungen von Waren, die nach dem Vorbild von Characters geformt sind, gilt das gleiche wie für dreidimensionale Marken, die eine nach dem Vorbild eines Characters geformte Ware zum Gegenstand haben. Sie können ihre Identifizierungsfunktion aufgrund der ungewöhnlichen Gestaltung als Character erfüllen und sind damit nicht eintragungsunfähig gemäß § 8 Abs. 2 Nr. 3 MarkenG.

Auch die Gemeinfreiheit eines Characters steht einer Eintragung nicht gemäß § 8 Abs. 2 Nr. 3 MarkenG entgegen, da es insoweit allein auf die Üblichkeit der Bezeichnung für das angemeldete Produkt und nicht allein die Üblichkeit der Bezeichnung als solche ankommt.[698]

cc) Dreidimensionale Gestaltungen

Eine dreidimensionale Marke, die einen Character zum Gegenstand hat, ist ebensowenig wie eine entsprechende Bildmarke gemäß § 8 Abs. 2 Nr. 3 MarkenG eintragungsunfähig. Hat eine dreidimensionale Marke eine Ware zum Gegenstand, die nach dem Vorbild des Characters gebildet ist, kann sie nur dann als allgemein übliche Bezeichnung der jeweiligen Ware angesehen werden, wenn die Formgebung der Ware in den beteiligten Verkehrskreisen so verkehrsüblich ist, dass die dreidimensionale Marke nicht als identifizierendes Unterscheidungskennzeichen verstanden wird, also nicht ihre Identifizierungsfunktion erfüllen kann.[699] Dies ist bei Waren, die nach dem Vorbild eines Characters gebildet sind, in der Regel nicht der Fall, da gerade die Wahl der Form eines Characters zu einer besonderen, über das Übliche hinausgehenden Warenform führt.

---

[697] BPatG GRUR 1996, 499, 500 – Paradies.

[698] A. A. BPatG GRUR 1998, 1021 1022 f, – Mona Lisa; Klinkert/Schwab, GRUR 1999, 1067, 1069 re. Sp. unten.

[699] Kiethe/Groeschke, WRP 1998, 541, 547 li. Sp.

dd) Wort-/Bildmarke

Für Wort-/Bildmarken gilt das zu Wort- und Bildmarken Gesagte entsprechend. Falls einem der beiden Elemente einer Wort-/Bildmarke das Eintragungshindernis gemäß § 8 Abs. 2 Nr. 3 MarkenG entgegensteht, etwa weil es sich aus einem Bild eines Characters und einer Gattungsbezeichnung zusammensetzt, gilt dies für das Gesamtzeichen nur, soweit es ausschließlich zur Bezeichnung der angemeldeten Produkte üblich geworden ist.

ee) akustische Ausgestaltung

Ein akustisches Zeichen, das für einen Character typisch ist, ist in aller Regel keine Gattungsbezeichnung und auch kein Freizeichen, das von mehreren Unternehmen für die gleiche Warenart benutzt wird und aufgrund dessen beschreibend wirkt.

4. Erwerb von Verkehrsgeltung gemäß § 8 Abs. 3 MarkenG

Steht einem Zeichen ein Eintragungshindernis gemäß § 8 Abs. 2 Nr. 1, Nr. 2 oder Nr. 3 MarkenG entgegen, ist es dennoch eintragungsfähig, wenn es sich vor der Entscheidung über die Markeneintragung infolge seiner Benutzung für die angemeldeten Waren oder Dienstleistungen in den beteiligten Verkehrskreisen durchgesetzt hat. Mit dieser Vorschrift wird Art. 3 Abs. 3 MarkenRL umgesetzt, der wiederum auf Art. $6^{quinquies}$ C PVÜ zurückgeht. Das in Art. 3 Abs. 3 S. 1 MarkenRL verwendete Wort „Unterscheidungskraft" wurde durch das aus § 4 Abs. 3 WZG bekannte Wort der Verkehrsdurchsetzung ersetzt. Dadurch wird verhindert, dass es zu einer Verwechslung mit der abstrakten Unterscheidungseignung gemäß § 3 Abs. 1 MarkenG sowie der konkreten Unterscheidungskraft gemäß § 8 Abs. 2 Nr. 1 MarkenG kommt. Eine inhaltliche Änderung gegenüber Art. 3 Abs. 3 MarkenRL ergibt sich daraus jedoch nicht.[700]

§ 8 Abs. 3 MarkenG setzt voraus, dass das fragliche Zeichen markenfähig und eintragungsunfähig i. S. v. § 8 Abs. 2 Nr. 1 bis Nr. 3 MarkenG ist. Dann kann sie bei Vorliegen von Verkehrsdurchsetzung als Marke eingetragen werden. Im Eintragungsverfahren muss die Verkehrsdurchsetzung gemäß § 8 Abs. 3 MarkenG bis zu dem Zeitpunkt der Entscheidung über den Eintragungsantrag vorliegen, im Löschungsverfahren muss sie gemäß § 50 Abs. 1 Nr. 3, Abs. 2 S. 1 MarkenG noch im Zeitpunkt der Entscheidung fehlen.

Verkehrsdurchsetzung liegt vor, wenn das fragliche Zeichen trotz des an sich gegebenen Eintragungshindernisses in den beteiligten Verkehrskreisen zur Identifizierung der

---

[700] Amtliche Begründung zum Markenrechtsreformgesetz, BT-Drucksache 12/6581 zu § 8, S. 71.

bezeichneten Waren oder Dienstleistungen verwendet werden kann. Beteiligte Verkehrskreise sind die inländischen Kreise, in denen das Zeichen Verwendung finden soll oder Auswirkungen haben wird.[701] Dies sind regelmäßig die Endabnehmer, die das gekennzeichnete Produkt tatsächlich erwerben bzw. als Abnehmer des Produktes in Frage kommen.[702] Die Verkehrsdurchsetzung muss im gesamten Bundesgebiet bestehen, da die eingetragene Marke auch im gesamten Bundesgebiet geschützt ist.[703]

Bei der Bestimmung des gemäß § 8 Abs. 3 MarkenG erforderlichen Grades der Verkehrsdurchsetzung ist von dem Grundsatz auszugehen, dass es nur dann gerechtfertigt ist, ein an sich schutzunfähiges Zeichen einzutragen, wenn mindestens die Mehrheit der beteiligten Verkehrskreise nach Abzug aller Unsicherheiten bei der Ermittlung der tatsächlichen Verkehrsauffassung das benutzte Zeichen als ein identifizierendes Unterscheidungszeichen versteht.[704] Bisher beurteilte der BGH das Vorliegen von Verkehrsgeltung danach, ob die Mitbewerber zumutbare Möglichkeiten haben, auf die fragliche Bezeichnung zu verzichten und auf ein anderes Zeichen auszuweichen.[705] Dem EuGH zufolge kommt es für die Anforderungen an die Verkehrsdurchsetzung gemäß Art. 3 Abs. 3 MarkenRL bzw. § 8 Abs. 3 MarkenG nicht darauf an, welches Interesse an der Freihaltung des jeweiligen Zeichens besteht. Vielmehr hat sich das DPMA allein danach zu richten, ob der Verkehr das jeweilige Zeichen als Hinweis auf die Herkunft der gekennzeichneten Produkte vom Markeninhaber auffasst. Ist dies der Fall, liegt Verkehrsdurchsetzung und damit auch Eintragungsfähigkeit vor.[706] Allerdings hängt das Maß der erforderlichen Verkehrsdurchsetzung von dem jeweiligen Zeichen ab.[707]

Im Rahmen der Ermittlung der Verkehrsdurchsetzung ist es in Übereinstimmung mit der abstrakten Herkunftsunterscheidungsfunktion der Marke nicht erforderlich, dass die beteiligten Verkehrskreise das Unternehmen des Anmelders benennen können, solange sie mit der Marke den Anmelder als solchen assoziieren und nicht ein konkretes, vom Anmelder verschiedenes Unternehmen.[708] Die Verkehrsdurchsetzung muss auf der Benutzung als Marke für die angemeldeten Waren oder Dienstleistungen beruhen.[709] Für den Erwerb von Verkehrsgeltung gemäß § 8 Abs. 3 MarkenG genügt es daher nicht, wenn das Zeichen für andere als die angemeldeten Produkte bekannt ist.

---

701 Fezer, § 8 Rn. 427; Ingerl/Rohnke, § 8 Rn. 140.
702 BGH GRUR 1971, 305, 307 – Konservenzeichen II.
703 Fezer, § 8 Rn. 417 a. E.
704 Zu § 4 Abs. 3 WZG BGH GRUR 1990, 360, 361 re. Sp. – Apropos Film II.
705 BGH GRUR 1990, 360, 361 – Apropos Film II; ebenso Fezer, 2. Auflage, § 8 Rn. 432.
706 EuGH WRP 1999, 629, 634 f. – Windsurfing Chiemsee.
707 EuGH WRP 1999, 629, 634 f. Tz. 52 – Windsurfing Chiemsee.
708 Althammer/Ströbele, § 8 Rn. 128.
709 Fezer, § 8 Rn. 421; Ströbele, GRUR 1987, 75, 77.

Weiterhin reicht die Bekanntheit eines Characters und seiner jeweiligen Erscheinungsform aufgrund seiner Primärnutzung zum Erwerb von Verkehrsgeltung nicht aus. Es stellt sich die Frage, ob die aus der Primärfunktion des Characters resultierende Bekanntheit den Erwerb von Verkehrsgeltung eher fördert oder verhindert. Die Primärfunktion und die daraus resultierende Bekanntheit des jeweiligen Characters wird es dem Verkehr erleichtern, sich den Character zu merken. Allerdings wird es dem Verkehr schwer fallen, die Verbindung von dem Character zu dem jeweiligen Markeninhaber herzustellen, wenn nicht Urheber und Markeninhaber übereinstimmen, wie dies beispielsweise bei Walt Disney und den von ihm geschaffenen Characters der Fall ist. Aufgrund der Tatsache, dass die Primärnutzung des Characters in aller Regel neben der Nutzung zu Zwecken des Character-Merchandising fortgeführt wird, kann sich die Verkehrsgeltung nicht von der einfachen Bekanntheit ablösen. Der Erwerb von Verkehrsdurchsetzung wird beim Merchandising dadurch erschwert, dass der jeweilige Character häufig als Marke für viele sehr verschiedene Produkte benutzt wird.

Die Verkehrsdurchsetzung muss sich auf die konkret angemeldete Marke und nicht auf eine Abwandlung der Marke beziehen.[710] Es stellt sich daher die Frage, ob der Character für die angemeldeten Produkte tatsächlich immer in unveränderter Form benutzt worden sein muss. Dies ist insofern gerade bei Characters besonders bedeutsam, als diese trotz einer leicht veränderten Darstellung, etwa in Mimik, Bildausschnitt oder ausgeführter Tätigkeit noch als die jeweiligen Characters zu erkennen sind und daher leichte Abwandlungen naheliegen. Grundsätzlich gilt, dass die beteiligten Verkehrskreise das angemeldete Zeichen, vorliegend also den Character als Hinweis auf den Markeninhaber verstehen müssen. Ist dies der Fall, liegt Verkehrsdurchsetzung gemäß § 8 Abs. 3 MarkenG vor. Allerdings ist zu beachten, dass es durch eine nicht gleichbleibende Benutzung eines Characters zu Verwirrungen der beteiligten Verkehrskreise kommen kann, die zu Lasten des Anmelders gehen.[711]

III. Absolute Schutzhindernisse gemäß § 8 Abs. 2 Nr. 4 bis Nr. 9 MarkenG

1. Beschaffenheits- oder Herkunftstäuschung gemäß § 8 Abs. 2 Nr. 4 MarkenG

Von der Eintragung sind gemäß § 8 Abs. 2 Nr. 4 MarkenG solche Marken ausgeschlossen, die geeignet sind, das Publikum insbesondere über die Art, die Beschaffenheit oder die betriebliche bzw. geographische Herkunft der Waren oder Dienstleistungen zu täuschen. Diese Aufzählung ist nicht abschließend, so dass alle täuschenden Marken von der Eintragung ausgeschlossen sind. § 8 Abs. 2 Nr. 4 MarkenG setzt Art. 3. Abs. 1 lit. g)

---

[710] Insoweit bezüglich Kombinationsmarken Althammer/Ströbele, § 8 Rn. 124 ff.
[711] So auch Schade, BPatG-Jahresbericht 1987, GRUR 1988, 413, 420 li. Sp., Fn. 95.

MarkenRL um. Eine Täuschungsgefahr muss zum Zeitpunkt der Eintragung der Marke bestehen.

Eine Täuschungsgefahr setzt gemäß § 8 Abs. 2 Nr. 4 MarkenG erstens voraus, dass der Inhalt oder die Aussage der Marke selbst irreführend ist, ohne dass es auf eine eventuelle spätere Markenbenutzung ankommt, und zweitens, dass die Eignung zur Irreführung sich gerade auf die angemeldeten Produkte bezieht. Die Marke muss in jedem denkbaren Fall ihrer anmeldungsgemäßen Verwendung eine unrichtige Angabe über die angemeldeten Produkte enthalten. Insoweit ist zu beachten, dass sich aus der Markenanmeldung nicht das konkrete, zu kennzeichnende Produkt ergibt, sondern nur die jeweilige Waren- bzw. Dienstleistungsklasse genannt ist. Daher kann sich eine Täuschungseignung nur aus der Beziehung zwischen Marke und dem allgemeinen Produkt, nicht aber aus der Verbindung von Marke und dem konkreten Produkt ergeben. Die Irreführungsgefahr kann also durch eine Beschränkung des Waren- bzw. Dienstleistungsverzeichnisses behoben werden, nicht aber durch eine Markenbeschreibung.

Grundsätzlich müssen Angaben i. S. v. § 8 Abs. 2 Nr. 4 MarkenG falsch sein, damit eine Täuschungsgefahr besteht. Die täuschenden Angaben müssen auch dazu geeignet sein, die beteiligten Verkehrskreise in ihren wirtschaftlichen Entschlüssen zu beeinflussen, da andernfalls die wettbewerbliche Relevanz fehlt.[712]

Die Frage der Täuschungsgefahr ist unter Berücksichtigung des vom EuGH entwickelten Verbraucherleitbildes zu beurteilen, das er anhand verschiedener Irreführungstatbestände[713] entwickelt hat.[714] Der EuGH geht von einem normativen Verbraucherbild aus.[715] Bislang stellte der BGH auf den flüchtigen und unkritischen Verbraucher ab, doch wurde diese Rechtsprechung im europäischen Vergleich als streng eingestuft.[716] Mittlerweile ist der BGH der Auffassung, dass der Grad der Aufmerksamkeit des durchschnittlich informierten und verständigen Durchschnittsverbrauchers von der jeweiligen Situation abhängt. Daher müssen sich die Anforderungen, die sich aus dem Verbraucherleitbild des „flüchtigen Verbrauchers" und dem des „verständigen Verbrauchers" ergeben, nicht gegenseitig

---

[712] Althammer/Ströbele, § 8 Rn. 233.

[713] EuGH GRUR Int. 1991, 215 ff.– Pall Corp./P. J. Dahlhausen u. Co. zu § 3 UWG; WRP 1993, 233 ff. – Nissan zur Richtlinie 84/450/EWG bezüglich irreführender Werbung; WRP 1995, 677 ff. – Mars u. a. zu § 3 UWG; WRP 1998, 848 ff. – Gut Springenheide zu Art. 10 Abs. 2 der Verordnung Nr. 1907/90 u. a. über die Kennzeichnung von Eiern; WRP 1999, 307 ff. – Sektkellerei Kessler zu Art. 13 Abs. 2 lit. b) der Verordnung (EWG) Nr. 2333/92 über Schaumwein.

[714] Althammer/Ströbele, § 8 Rn. 228.

[715] Fezer, WRP 1995, 671, 675 f.

[716] Nordemann, WRP 2000, 977 re. Sp.

ausschließen.[717] Nicht auf den flüchtigen Verbraucher ist abzustellen, wenn es sich um Waren von nicht ganz unerheblichem Wert und einer nicht nur kurzen Lebensdauer handelt.[718] Denn der Normalverbraucher informiert sich nicht über jedes Produktes umfassend, sondern berücksichtigt seine Wertigkeit.

Die zu anderen Irreführungstatbeständen ergangene Rechtsprechung des EuGH ist auf § 8 Abs. 2 Nr. 4 MarkenG anwendbar, da die Eintragungsunfähigkeit täuschender Marken präventiv verhindert, dass der Verkehr getäuscht wird, und die wettbewerbsrechtlichen Werbeverbote das Verbot von Täuschungen im Verkehr mit dem gleichen Täuschungsmaßstab weiterführen.[719]

Die Täuschungseignung wird im Eintragungsverfahren gemäß § 37 Abs. 3 MarkenG nur berücksichtigt, wenn sie ersichtlich ist, im Löschungsverfahren gemäß § 54 MarkenG uneingeschränkt. Eine ersichtliche Täuschungsgefahr i. S. v. § 37 Abs. 3 MarkenG liegt vor, wenn sie sich für die prüfenden Stellen ohne umfangreiche und zeitraubende Ermittlungen aus dem Prüfungs- und Recherchematerial und etwaigen Auskünften der üblichen Informationsquellen ergibt[720] und keine Benutzungsform denkbar ist, in der das Zeichen ohne Täuschung verwendet werden könnte.[721]

Umstritten ist, ob die Anmeldung fremder Namen oder Kennzeichen ohne Zustimmung des Namensträgers bzw. des Zeicheninhabers gemäß § 8 Abs. 2 Nr. 4 MarkenG irreführend ist. Dies wird mit dem Hinweis auf enttäuschte Verbrauchererwartungen bejaht, die entstünden, wenn der Käufer erwartet, dass eine Autorität die Ware geprüft und für gut befunden hat. In diesem Fall müsse der Nachweis einer Mitwirkung dieser Person bei der Herstellung der Waren verlangt werden.[722] Die Gegenauffassung lehnt die Berücksichtigung der Rechte Dritter im Eintragungsverfahren zu Recht ab und sieht in einem solchen Verständnis von § 8 Abs. 2 Nr. 4 MarkenG eine Umgehung der gesetzlichen Entscheidung, die Rechte Dritter als relative Schutzhindernisse einzuordnen und dementsprechend im Eintragungsverfahren regelmäßig nicht zu berücksichtigen.[723] Diese sind gemäß § 10 MarkenG im Eintragungsverfahren nur ausnahmsweise zu beachten, wenn es sich um eine im Inland notorisch bekannte Marke gemäß Art. 6bis PVÜ handelt und zudem die Voraussetzungen gemäß § 9 Abs. 1 Nr. 1 bis Nr. 3 MarkenG erfüllt sind. Zudem ist nicht aus der Marke selbst

---

[717] Ebenso Sack, WRP 1999, 399, 401 re. Sp.
[718] BGH WRP 2000, 517, 520 – Orient-Teppichmuster.
[719] Fezer, § 8 Rn. 297; Ingerl/Rohnke, § 8 Rn. 97 a. E.; Baumbach/Hefermehl, WZG, § 4 Rn. 132.
[720] Althammer/Ströbele, § 8 Rn. 176.
[721] Ingerl/Rohnke, § 8 Rn. 99.
[722] Fezer, § 8 Rn. 330; Althammer/Ströbele, § 8 Rn. 257; Busse/Starck, § 4 Rn. 119.
[723] Ingerl/Rohnke, § 8 Rn. 109; i. E. ebenso BPatG, Bl. PMZ 1999, 43, 44 li. Sp. – Portrait-Foto.

ersichtlich, ob der Namensträger tatsächlich zugestimmt oder bei der Produktentwicklung mitgewirkt hat.[724]

Ob eine spätere Lizensierung eine Täuschungsgefahr mit sich bringt, ist kein i. R. v. § 8 Abs. 2 Nr. 4 MarkenG zu berücksichtigender Gesichtspunkt, da sich in diesem Fall die Irreführungsgefahr nicht aus der Marke selbst, sondern allein aus ihrer späteren Benutzung ergibt, die der Anmeldung nicht zu entnehmen ist.

Wie bereits dargestellt, führt nicht jede enttäuschte Publikumserwartung zu einer Versagung der Eintragungsfähigkeit gemäß § 8 Abs. 2 Nr. 4 MarkenG. Erwarten die angesprochenen Verkehrskreise beispielsweise von einem Spiel, das mit Characters aus der „Sesamstraße" versehen ist, entsprechend der Fernsehserie ein gewisses pädagogisches Niveau, liegt keine Irreführungsgefahr gemäß § 8 Abs. 2 Nr. 4 MarkenG vor, wenn diese Erwartung nicht erfüllt wird. Denn erstens ist im Eintragungsverfahren gemäß § 37 Abs. 3 MarkenG nur eine ersichtliche Eignung zur Täuschung vom PMA zu berücksichtigen, und zweitens wird eine Marke nur für bestimmte Waren- bzw. Dienstleistungsklassen und nicht für ganz bestimmte Waren bzw. Dienstleistungen angemeldet[725].

Der angesprochene Verkehr verbindet mit einem Character bestimmte Erwartungen für eine Produktklasse nur, wenn dieser sehr bekannt ist und in der öffentlichen Meinung ein bestimmtes, auf eine Produktklasse bezogenes Profil besitzt. Selbst wenn dies der Fall sein sollte, begründet dies aus den genannten Gründen keine Täuschungseignung gemäß § 8 Abs. 2 Nr. 4 MarkenG. In einem solchen Fall kann eine die Verbrauchererwartung enttäuschende Verwendung aber zur Löschung der Marke wegen Täuschungseignung gemäß § 49 Abs. 2 Nr. 2 MarkenG führen. Eine Löschung gemäß § 50 Abs. 1 Nr. 3 MarkenG kommt hingegen nicht in Frage, da diese Vorschrift nur solche Eintragungshindernisse berücksichtigt, die bereits bei der Eintragung vorlagen.

Soweit bestimmte Verkehrserwartungen nicht von § 8 Abs. 2 Nr. 4 MarkenG geschützt sind, hat der Zeicheninhaber aber ein wirtschaftliches Interesse daran, diese zu erfüllen. Denn die Verbraucher werden nur dann dauerhaft Waren kaufen, die mit den jeweiligen Characters versehen sind, wenn diese konkreten Produkte den Erwartungen entsprechen.

---

[724] Dies verkennen Klinkert/Schwab, FS Gründisch, S. 35, 39 ff.
[725] Althammer/Ströbele, § 8 Rn. 231 zu allgemeinen Qualitätsangaben.

2. Verstoß gegen die öffentliche Ordnung gemäß § 8 Abs. 2 Nr. 5 MarkenG

Gemäß § 8 Abs. 2 Nr. 5 MarkenG sind solche Marken von der Eintragung ausgeschlossen, die gegen die öffentliche Ordnung oder gegen die guten Sitten verstoßen. § 8 Abs. 2 Nr. 5 MarkenG setzt Art. 3 Abs. 1 lit. f) MarkenRL um und geht auf Art. $6^{quinquies}$ B Nr. 3 PVÜ zurück. Verstöße gegen § 8 Abs. 2 Nr. 5 MarkenG sind im Eintragungsverfahren nur in eindeutigen Fällen feststellbar. Dies ergibt sich u. a. aus der Tatsache, dass nur solche Verstöße berücksichtigt werden können, die von der Marke selbst ausgehen. Nicht zu berücksichtigen sind die Begleitumstände der Markenbenutzung oder die Art der Waren bzw. Dienstleistungen.[726]

a) Verstoß gegen die öffentliche Ordnung

Ein Verstoß gegen die öffentliche Ordnung liegt nicht schon bei jeder Verletzung eines Gesetzes vor. Zur öffentlichen Ordnung gehören nur solche Vorschriften, die zu den wesentlichen Grundsätzen des deutschen Rechts gehören.[727] Dies ergibt sich bereits aus dem Wortlaut von Art. $6^{quinquies}$ B Nr. 3 PVÜ, der ausdrücklich zwischen Gesetzen, die zur öffentlichen Ordnung gehören, und sonstigen Gesetzen differenziert. Weiterhin folgt dies im Rückschluss aus § 8 Abs. 2 Nr. 9 MarkenG, der außermarkenrechtliche Tatbestände bereits mit der Folge der Eintragungsunfähigkeit versieht, wenn der Schutzzweck der jeweiligen Norm es gebietet, so dass § 8 Abs. 2 Nr. 5 1. Alt. MarkenG daneben nur bei einem abweichenden Sinngehalt der „öffentlichen Ordnung" eigenständige Bedeutung hat. Also ist ein Verstoß gegen die öffentliche Ordnung ein Ausnahmetatbestand, der nur mit größter Zurückhaltung bejaht werden kann. Zur öffentlichen Ordnung gehört im wesentlichen die verfassungsmäßige Grundordnung mit den Institutionen und Prinzipien, die den Staat und die Gesellschaft konstituieren.[728]

Mit dem Wortlaut von Art. $6^{quinquies}$ B Nr. 3 PVÜ und dem Ausnahmecharakter dieser Vorschrift nicht vereinbar sind die Ansichten, die den Begriff der öffentlichen Ordnung wesentlich weiter verstehen. Der Begriff der öffentlichen Ordnung wird teilweise im Sinne des Gefahrenabwehrrechtes[729], teilweise als verfassungsmäßige Ordnung gemäß Art. 2 Abs. 2 GG[730] verstanden. Zur öffentlichen Ordnung im Sinne des Gefahrenabwehrrechtes gehören u. a. Individualrechtsgüter Dritter, zur verfassungsmäßigen Ordnung i. S. v. Art. 2 Abs. 2 GG die Gesamtheit aller formell und materiell zustande gekommenen geltenden Gesetze[731], also

---

726 BPatG GRUR 1996, 408, 409 re. Sp. – Cosa Nostra.
727 Althammer/Ströbele, § 8 Rn. 264; Fezer, § 8 Rn. 346.
728 Fezer, § 8 Rn. 346; ders., Art. $6^{quinquies}$ Rn. 13.
729 Ingerl/Rohnke, § 8 Rn. 112.
730 Nordemann, WRP 1997, 389, 391 re. Sp.
731 BVerfGE 6, 32, 37 f.; 34, 384, 395; 50, 256, 262.

u. a. die durch einfache Gesetze vermittelten Rechte Dritter. Ein so weites Verständnis der öffentlichen Ordnung hätte also zur Folge, dass die Verletzung jedes Individualgutes wie etwa das Urheber- oder Persönlichkeitsrecht eines beliebigen Dritten im Rahmen des Eintragungsverfahrens berücksichtigt werden müsste, was im Widerspruch zum kursorischen Charakter des Eintragungsverfahrens stünde. Ebenso würde dies der Grundentscheidung des Gesetzgebers widersprechen, die Rechte Dritter nur als relative und nicht auch als absolute Schutzhindernisse zu berücksichtigen, was verfahrensrechtlich darin zum Ausdruck kommt, dass die Rechte Dritter nicht im Eintragungsverfahren, sondern nur in dem der Markeneintragung nachgeschalteten Widerspruchsverfahren[732] bzw. im Löschungsverfahren[733] berücksichtigt werden.

Die Erscheinungsformen der allgemein bekannten Characters begründen keinen Verstoß gegen die öffentliche Ordnung. Die öffentliche Ordnung wird allenfalls durch nicht allgemein bekannte Characters verletzt, die etwa im rechtsradikalen Umfeld „Unterhaltungszwecken" verbreitet sind und in ihrer Erscheinung oder ihren grundlegenden Eigenschaften menschenverachtende und/oder demokratiefeindliche Züge tragen.

Ein Verstoß gegen die öffentliche Ordnung nehmen jedoch diejenigen an, die für eine weites Verständnis dieses Begriffes eintreten und darunter auch die Gemeinfreiheit von Marken fassen.[734] Dem ist jedoch aus zwei Gründen nicht zuzustimmen. Erstens ist die Eintragung eines gemeinfreien Werkes als Marke nur dann ein Verstoß gegen die öffentliche Ordnung, wenn man dem bereits dargestellten weiten Begriffsverständnis folgt, was aber abzulehnen ist. Zweitens überspannt diese Ansicht die Reichweite der Gemeinfreiheit. Der Begriff der Gemeinfreiheit umschreibt nur die zeitliche Begrenztheit des urheberrechtlichen Schutzes und beschränkt sich auf eine negative Ausschlussfunktion zu Lasten des Urhebers. Das Urheberpersönlichkeitsrecht und das Urheberrecht erlöschen zeitgleich mit dem Ablauf der Schutzfrist gemäß § 64 UrhG, so dass die Erben des Urhebers und auch die Allgemeinheit Werkentstellungen ebenso hinnehmen müssen wie die Anmeldung des Werkes als Marke.[735]

---

[732] Gemäß § 42 i. V. m. §§ 9 Abs. 1 Nr. 1 und Nr. 2, 10, 11 MarkenG.

[733] Gemäß §§ 51, 55 MarkenG; das Löschungsverfahren für einschlägig hält auch das BPatG, GRUR 1998, 1021, 1023 re. Sp. – Mona Lisa.

[734] Klinkert/Schwab, GRUR 1999, 1067, 1070 f.; Klinkert/Schwab, FS Gründisch, S. 35, 41 ff., Nordemann, WRP 1997, 389, 391 re. Sp. schließt aus § 8 Abs. 2 Nr. 5 MarkenG, dass eine Marke nur gegen markenmäßigen Gebrauch schützen darf; BPatG GRUR 1998, 1021, 1023 – Mona Lisa hält § 8 Abs. 2 Nr. 5 MarkenG für zumindest zweifelhaft.

[735] Seifert, WRP 2000, 1014, 1017 ff.

b) Verstoß gegen die guten Sitten

Ein Verstoß gegen die guten Sitten liegt vor, wenn Marken geeignet sind, das sittliche, moralische oder ethische Empfinden eines beachtlichen Teils der beteiligten Verkehrskreise zu verletzen.[736] Maßgeblich ist die Durchschnittsmeinung des gesamten angesprochenen Publikums. § 8 Abs. 2 Nr. 5 2. Fall MarkenG verfolgt den Zweck, ärgerniserregenden Zeichen nicht den staatlich verliehenen Markenschutz zugute kommen zu lassen. Im Rahmen von § 8 Abs. 2 Nr. 5 ist ein von §§ 138, 242, 826 BGB zu unterscheidender, öffentlich-rechtlicher Sittenwidrigkeitsbegriff mit wettbewerbsrechtlicher Ausrichtung anzuwenden.[737] Im Rahmen von § 8 Abs. 2 Nr. 5 MarkenG ist die stetige Liberalisierung des sittlichen und religiösen Empfindens zu berücksichtigen.

Das sittliche Empfinden eines wesentlichen Teiles des Publikums ist bei Marken verletzt, die Gewalt und Unzucht beschreiben bzw. darstellen oder diskriminierend sind.[738] Sind geschlechtsbezogene Angaben oder Darstellungen massiv diskriminierend und beeinträchtigen sie die Menschenwürde, fallen sie unter § 8 Abs. 2 Nr. 5 2. Alt. MarkenG.[739] Dies könnte etwa bei pornographischen Characters der Fall sein, wenn diese beispielsweise die erniedrigende Darstellung eine Frau zum Gegenstand haben. Eine solche Darstellung verstößt im Hinblick auf alle möglichen Waren oder Dienstleistungen gegen das sittliche Empfinden und ist damit nicht eintragungsfähig. Eine grobe Geschmacklosigkeit ist nur dann gegeben, wenn die Grenzen des Anstands im Hinblick auf die betroffenen Waren in unerträglicher Weise überschritten sind. Dies ist nicht schon bei Marken gegeben, bei denen negative oder anrüchige Bedeutungsgehalte mitschwingen.[740]

Die Verletzung des religiösen Empfindens genießt demgegenüber weitergehenden Schutz.[741] Die Anmeldung der Erscheinungsform eines Characters dürfte nur in seltenen Fällen gegen das religiöse Empfinden verstoßen. Dann wird aber zu beachten sein, dass ein Hinweis auf Gott in aller Regel nicht hinnehmbar ist.[742] Demgegenüber kann ein Hinweis beispielsweise auf Mönche im Zusammenhang mit Waren, die allgemein mit diesen in Verbindung gebracht werden, nicht als religiös anstößig angesehen werden. Wenn aber z. B. Walter Moers seinen Character „Das kleine Arschloch" mit der Weihnachtsgeschichte und

---

[736] Fezer, § 8 Rn. 353; Ingerl/Rohnke, § 8 Rn. 114 ff.; Althammer/Ströbele, § 8 Rn. 267 zufolge umfasst § 8 Abs. 2 Nr. 5 2. Alt. MarkenG auch politisch anstößige Zeichen.
[737] BPatG GRUR 1996, 408, 409 li. Sp. – Cosa Nostra.
[738] Fezer, § 8 Rn. 353 a. E.
[739] BPatG GRUR 1996, 408, 409 re. Sp. – Cosa Nostra unter Hinweis auf das Urteil BGH GRUR 1995, 593, 594 – Busengrapscher, das zu § 1 UWG ergangen ist.
[740] BPatG GRUR 1996, 408, 409 re. Sp. – Cosa Nostra.
[741] Ingerl/Rohnke, § 8 Rn. 116; BPatG GRUR 1996, 408, 409 re. Sp. – Cosa Nostra.
[742] Ingerl/Rohnke, § 8 Rn. 116.

der Geburt Jesu Christi in stechendem Humor in Zusammenhang bringt, ist dies eine Frage der konkreten (späteren) Benutzung und kann im Eintragungsverfahren nicht berücksichtigt werden.

3. Hoheitszeichen etc. gemäß § 8 Abs. 2 Nr. 6-8, Abs. 4 MarkenG

§ 8 Abs. 2 Nr. 6-8 MarkenG schließen solche Marken von der Eintragung aus, die staatliche Hoheitszeichen, amtliche Prüf- oder Gewährzeichen oder Wappen etc. internationaler zwischenstaatlicher Organisatoren enthalten. Diese Vorschriften setzten die zwingende Vorschrift des Art. 3 Abs. 1 lit. h) MarkenRL um und machen von der weitergehenden Ermächtigung in Art. 3 Abs. 2 MarkenRL für Kommunalwappen Gebrauch. Gemäß § 8 Abs. 4 MarkenG werden auch Nachahmungen von in § 8 Abs. 2 Nr.6-8 MarkenG aufgeführten Zeichen vom Markenschutz ausgeschlossen.

Bildliche Darstellungen von Characters und Wappen sind nach dem Wissen des Verfassers nicht mit staatlichen Hoheitszeichen, amtlichen Prüf- oder Gewährzeichen oder Wappen identisch und sind auch keine Nachahmungen solcher Hoheits- und Gewährzeichen gemäß § 8 Abs. 4 S. 1 MarkenG. Die verschiedenen Erscheinungsformen von Characters sind damit nicht gemäß § 8 Abs. 2 Nr. 6 – Nr. 8 MarkenG eintragungsunfähig.

4. Sonstige gesetzliche Benutzungsverbote gemäß § 8 Abs. 2 Nr. 9 MarkenG

Gemäß § 8 Abs. 2 Nr. 9 MarkenG sind solche Marken Gegenstand eines absoluten Eintragungsverbotes, deren Benutzung ersichtlich nach sonstigen Vorschriften im öffentlichen Interesse untersagt werden kann. Dadurch werden außerzeichenrechtliche Ausschlussgründe auch ausdrücklich durch das MarkenG anerkannt. Zu den in Nr. 9 genannten Vorschriften zählen nationale Gesetze mit kennzeichenrechtlichem Inhalt wie Gesetze zur Lebens- und Genussmittelkennzeichnung sowie europäische Kennzeichnungsvorschriften und zweiseitige Abkommen über den Schutz von Herkunftsangaben.[743]

Die gesetzlichen Benutzungsverbote müssen sich auf die Marke an sich beziehen. Es muss also der Inhalt oder die Aussage der Marke selbst untersagt sein, während es auf die Begleitumstände bereits erfolgter oder zukünftiger Markenbenutzung nicht ankommt. Viele Lebensmittelrechtliche Kennzeichnungsverbote wie beispielsweise § 17 LMBG enthalten keine Kennzeichnungsverbote hinsichtlich des Kennzeichens an sich, sondern verbieten nur

---

[743] Starck, WRP 1996, 269, 271 re. Sp.; Althammer/Ströbele, § 8 Rn.223 ff.

deren Verwendung bezüglich konkreter Lebensmittel, deren Beschaffenheit nicht der Kennzeichnung entspricht. Dies sind aber Umstände, die sich dem zur Eintragung als Marke angemeldeten Zeichen als solchem nicht entnehmen lassen, also nicht zu einem Eintragungshindernis gemäß § 8 Abs. 2 Nr. 9 MarkenG führen.

Ein Eintragungsverbot gemäß § 8 Abs. 2 Nr. 9 MarkenG für Characters, die für Lebens- oder Genussmittel als Marke angemeldet sind, scheidet danach in aller Regel aus. Allerdings kann die Kennzeichnung von Lebensmitteln durch Characters Vorschriften des Lebensmittelkennzeichnungsrechtes verletzen, wenn dadurch die Verbraucher beispielsweise gemäß § 17 Abs. 1 Nr. 5 LMBG irregeführt werden.

IV. Zusammenfassung der absoluten Schutzhindernisse gemäß § 8 MarkenG

Die Erscheinungsformen von Characters sind grundsätzlich eintragungsfähig gemäß § 8 MarkenG.

Die Verwendung der verschiedenen Erscheinungsformen von Characters begründet in der Regel kein Freihaltungsbedürfnis gemäß § 8 Abs. 2 Nr. 2 MarkenG. Dies gilt zunächst allgemein für alle als Marke angemeldeten Erscheinungsformen eines Characters, die die Hinwendung zu einer bestimmten Zielgruppe nahelegen, da es gemäß § 8 Abs. 2 Nr. 2 MarkenG erforderlich ist, dass das Produkt selbst beschrieben wird und nicht die Zielgruppe.

Als Wortmarke geschützte Namen von Characters sind in der Regel nicht glatt warenbeschreibend, sondern erwecken allenfalls Produktassoziationen, was aber kein Freihaltungsbedürfnis erzeugt. Im Gegensatz zur Rechtslage gemäß § 4 Abs. 2 Nr. 1 2. Alt. WZG besteht für Buchstaben- und Zahlenkombinationen, die als Namen von Characters dienen, kein Freihaltungsbedürfnis, soweit sie nicht gerade die angemeldeten Produkte ohne gedankliche Zwischenschritte beschreiben. Dies dürfte bei Buchstaben- und Zahlenkombinationen nur in seltenen Ausnahmefällen gegeben sein.

Bildmarken, die Characters zum Gegenstand haben, sind in der Regel nicht gemäß § 8 Abs. 2 Nr. 2 MarkenG freihaltungsbedürftig. Denn Bildzeichen sind nur dann unmittelbar produktbeschreibend, wenn sie so eindeutig auf die Beschaffenheit o. ä. der beanspruchten Produkte hinweisen, dass sie von den Mitbewerbern als unmittelbar beschreibende Mitteilung eingesetzt werden können. Eine so offensichtliche Beziehung zwischen dem Character und dem damit bezeichneten Produkt liegt aber in der Regel nicht vor. Die Tatsache, dass ein Bildzeichen, das einen Character zum Gegenstand hat, als Piktogramm aufgefasst werden kann, begründet kein Freihaltungsbedürfnis. Etwas anderes gilt nur, wenn dieses Bildzeichen das gekennzeichnete Produkt unmittelbar beschreibt. Auch die eventuelle Gemeinfreiheit der bildlichen Darstellung begründet kein Freihaltungsbedürfnis. Denn gemäß § 8 Abs. 2 Nr. 2 MarkenG ist ein unmittelbarer Produktbezug erforderlich, so dass es nicht genügt, dass die Kennzeichnung als solche üblich ist. Vielmehr ist es erforderlich, dass die jeweilige Marke unmittelbar gerade das angemeldete Produkt beschreibt.

Bezüglich der Freihaltungsbedürftigkeit dreidimensionaler Marken gilt das zu Bildmarken Gesagte, so dass nur noch auf Warenformmarken einzugehen ist. Wenn die Ware in beliebigen Gestaltungen hergestellt werden kann, besteht mangels Monopolisierungsgefahr für eine bestimmte Form kein Freihaltungsbedürfnis gemäß § 8 Abs. 2 Nr. 2 MarkenG, so dass beispielsweise eine als Character gestaltete Seife niemals freihaltungsbedürftig ist. Dasselbe auch für Waren, deren Form nicht beliebig veränderbar ist, aber in Gestalt eines Characters geformt sind. Denn weist beispielsweise ein Telefon die Form eines Characters auf, zeigt dies bereits, dass die Warenform erheblich verändert werden kann, ohne dass dies eine Monopolisierung der Ware zur Folge hat. Es bestehen also trotz der Monopolisierung der jeweiligen Character-Form ausreichend viele Gestaltungsalternativen der angemeldeten Ware zugunsten der Mitbewerber. Aus diesem Grund steht auch § 3 Abs. 2 Nr. 3 MarkenG der Eintragung einer Ware nicht entgegen, die die Gestalt eines Characters hat. Zudem müsste die jeweilige Warenform der Ware ausschließlich i. S. v. § 3 Abs. 2 Nr. 3 MarkenG ihren Wert verleihen, was in der Regel nicht der Fall ist. Also steht § 8 Abs. 2 Nr. 2 MarkenG der Eintragung dreidimensionaler Warenformen nicht entgegen, die die Gestalt eines Characters aufweisen.

Die Erscheinungsformen von Characters sind auch grundsätzlich unterscheidungskräftig gemäß § 8 Abs. 2 Nr. 1 MarkenG. Der Name eines Characters ist in der Regel nicht unmittelbar produktbeschreibend, wobei die gekennzeichneten Produkte und die Art der Kennzeichnung zu berücksichtigen sind. Die Eignung des Namens eines Characters als Werbeslogan oder als Produktanpreisung steht seiner Unterscheidungskraft nicht entgegen. Auch die in nichtlateinischer Schrift geschriebenen Namen von Characters sind gemäß § 8 Abs. 2 Nr. 1 MarkenG konkret unterscheidungskräftig.

Grundsätzlich sind Bildmarken für die angemeldeten Waren konkret unterscheidungskräftig, außer es handelt sich um einfachste graphische Grundmuster oder ein übliches Ornament. Dies trifft auf Characters in der Regel nicht zu, so dass sie konkret unterscheidungskräftig sind. Zudem beschreiben bildliche Darstellungen von Characters auch nicht das gekennzeichnete Produkt oder seine Wirkweise, so dass Characters auch unter diesem Gesichtspunkt nicht die Unterscheidungskraft abgesprochen werden kann. Bildliche

Darstellungen von Characters sind konkret unterscheidungskräftig, auch wenn sie als bloße Werbemaßnahme aufgefasst werden, da ein Zeichen nicht dazu geeignet sein muss, auf die betriebliche Herkunft der gekennzeichneten Produkte hinzuweisen. Die Gemeinfreiheit der bildlichen Darstellung eines Characters steht ihrer Unterscheidungskraft ebenfalls nicht entgegen. Da die Anforderungen an die Schöpfungshöhe bei Werken höher sind als die an die Unterscheidungskraft, ist im Gegenteil davon auszugehen, dass Werke i. S. v. § 2 Abs. 2 UrhG vorbehaltlich einer Eignung zur Beschreibung der gekennzeichneten Produkte immer konkret unterscheidungskräftig sind.

Eine naturgetreue Warendarstellung ist nicht konkret unterscheidungskräftig, wenn sie für die dargestellte Ware angemeldet wird, es sei denn die dargestellten Waren selbst sind konkret unterscheidungskräftig. Dies ist nur dann der Fall, wenn sie Elemente bzw. Merkmale aufweist, die für die angemeldeten Waren nicht typisch sind. Waren, deren Form sich an die Form eines Characters anlehnt, weisen bereits aufgrund dieser Tatsache einen über das allgemein Übliche hinausgehenden „Überschuss" auf. Es ist zwar durchaus typisch, Waren in Form von Characters zu gestalten. Doch muss vielmehr darauf abgestellt werden, dass gerade die Form des jeweils gewählten Characters untypisch ist. Denn Gegenstand der Prüfung ist das konkrete Zeichen und kein davon abstrahierter Zeichentyp. Daher darf die dazu notwendige Vergleichsgruppe von anderen Waren aus dem jeweiligen Warensegment nicht so eng gefasst werden, dass nur die angemeldeten Waren übrig bleiben. Denn ansonsten könnte niemals Unterscheidungskraft vorliegen. Waren in Form von Characters sehen aber regelmäßig so ungewöhnlich aus, dass sie auch dann konkret unterscheidungskräftig sind, wenn der Verkehr in diesem Warensegment nicht daran gewöhnt ist, Waren anhand ihres Äußeren zu unterscheiden. Unter diesen Voraussetzungen sind nicht nur die naturgetreuen Abbildungen von Waren, die nach dem Vorbild von Characters geformt sind, konkret unterscheidungskräftig, sondern auch die als dreidimensionale Marke angemeldeten Waren selbst. Akustische Marke sind grundsätzlich konkret unterscheidungskräftig. Ist eine akustische Ausgestaltung allgemein anpreisend, steht dies der Unterscheidungskraft aus denselben Gründen nicht entgegen, wie bei Wortmarken.[744]

Den Erscheinungsformen von Characters steht in der Regel auch nicht das Eintragungshindernis gemäß § 8 Abs. 2 Nr. 3 MarkenG entgegen. Die Tatsache, dass ein Zeichen nur positive Assoziationen auslöst, kann nicht das Eintragungshindernis gemäß § 8 Abs. 2 Nr. 3 MarkenG erfüllen. Selbst wenn der Name eines Characters rein werbepreisender Natur sein sollte, stünde dies seiner Eintragungsfähigkeit im Hinblick auf

---

[744] Beispielsweise Fred Feuersteins bekannter Ausruf „Jabadabadu".

§ 8 Abs. 2 Nr. 3 MarkenG nicht entgegen. Für bildliche Darstellungen von Waren, die nach dem Vorbild von Characters geformt sind, und für dreidimensionale Marken, die eine nach dem Vorbild eines Characters geformte Ware zum Gegenstand haben, gilt, dass sie ihre Identifizierungsfunktion aufgrund der ungewöhnlichen Gestaltung als Character erfüllen können. Damit sind sie nicht gemäß § 8 Abs. 2 Nr. 3 MarkenG eintragungsunfähig. Auch die Gemeinfreiheit eines Characters steht einer Eintragung nicht gemäß § 8 Abs. 2 Nr. 3 MarkenG entgegen. Denn es ist gemäß § 8 Abs. 2 Nr. 3 MarkenG erforderlich, dass die Bezeichnung für das angemeldete Produkt üblich ist. Es genügt insoweit nicht, dass ein Zeichen als solches üblich ist.

Die Bekanntheit eines Characters und seiner jeweiligen Erscheinungsform aufgrund seiner Primärnutzung genügt ebenso wie bei dem Erwerb von Verkehrsgeltung gemäß § 4 Nr. 2 MarkenG nicht zum Erwerb von Verkehrsdurchsetzung i. S. v. § 8 Abs. 3 MarkenG. Die Primärfunktion und die daraus resultierende Bekanntheit des jeweiligen Characters wird es dem Verkehr erleichtern, sich den Character zu merken. Allerdings wird es dem Verkehr schwer fallen, die Verbindung von dem Character zu dem jeweiligen Markeninhaber herzustellen, wenn nicht Urheber und Markeninhaber übereinstimmen. Der Erwerb von Verkehrsdurchsetzung wird beim Merchandising durch die Nutzung des Characters als Marke für viele Produkte erschwert, da die Produkte teilweise keinen gemeinsamen Nenner aufweisen. Schließlich dürfen nicht unterschiedliche Erscheinungsformen in verschiedenen Abwandlungen desselben Characters benutzt werden, da dies dem Erwerb von Verkehrsdurchsetzung erschwert.

Die Anmeldung eines Characters als Marke ist grundsätzlich nicht irreführend gemäß § 8 Abs. 2 Nr. 4 MarkenG. Das Fehlen der Zustimmung des Urhebers des Characters führt nicht dazu, dass die Eintragung des Characters irreführend ist. Die Verletzung der Rechte des Urhebers werden im Eintragungsverfahren nur gemäß § 10 i. V. m. § 9 MarkenG von Amts wegen berücksichtigt, wenn es sich um eine im Inland notorisch bekannte Marke i. S. v. Art. 6bis PVÜ handelt. Im übrigen muss der Urheber seine Rechte selbst durchsetzen. Auch die Absicht, die jeweilige Marke später ausschließlich im Wege der Lizensierung zu verwenden, führt nicht dazu, sie als täuschend i. S. v. § 8 Abs. 2 Nr. 4 MarkenG anzusehen.

Die Anmeldung von Characters stellt auch keinen Verstoß gegen § 8 Abs. 2 Nr. 5 MarkenG dar. Ein Verstoß gegen die öffentliche Ordnung gemäß § 8 Abs. 2 Nr. 5 1. Fall MarkenG wegen der Gemeinfreiheit des angemeldeten Werkes ist nicht anzunehmen. Ein Verstoß gegen die guten Sitten gemäß § 8 Abs. 2 Nr. 5 2. Fall MarkenG kann im Einzelfall vorliegen, wenn sich dies bereits aus der Marke selbst ergibt und nicht erst aus der späteren Verwendung der Marke.

E. Verletzungsverfahren gemäß § 14 MarkenG

Gemäß § 14 Abs. 1 MarkenG hat der Inhaber einer Marke ein ausschließliches Recht. § 14 Abs. 2 MarkenG normiert, unter welchen Bedingungen die Benutzung einer Marke durch einen Dritten eine Markenverletzung ist. § 14 Abs. 3 MarkenG zählt die untersagten Benutzungshandlungen beispielhaft auf. Gemäß § 14 Abs. 4 MarkenG ist nicht nur verboten, die Marke auf der Ware anzubringen bzw. hinsichtlich einer Dienstleistung zu verwenden, sondern auch ein identisches oder ähnliches Zeichen auf Kennzeichnungsmitteln und Verpackungen anzubringen, diese in den Verkehr zu bringen bzw. zu besitzen oder ein- bzw. auszuführen, wenn die Gefahr besteht, dass die Kennzeichnungsmittel und Verpackungen zur Kennzeichnung von Waren in einer Weise benutzt werden, die Dritten gemäß § 14 Abs. 2 und Abs. 3 MarkenG untersagt wäre. Die Vorschriften gemäß § 14 Abs. 1, 2, 3 MarkenG beruhen auf Art. 5 Abs. 1 bis Abs. 3 MarkenRL.

I. Allgemeine Voraussetzungen von § 14 Abs. 2 MarkenG

Gemäß § 14 Abs. 2 MarkenG setzen alle drei dort genannten Verletzungstatbestände voraus, dass ein Dritter eine Marke im geschäftlichen Verkehr ohne Zustimmung des Inhabers der Marke benutzt.

1. Dritter

Gemäß § 14 Abs. 2 MarkenG muss ein Dritter gehandelt haben. Dritter ist jeder, der nicht Markeninhaber ist[745], so dass die jeweilige Marke für den Handelnden eine fremde Marke sein muss. Auch der Lizenznehmer ist Dritter, wie sich im Rückschluss aus § 30 Abs. 2 MarkenG ergibt. Gemäß § 30 Abs. 2 MarkenG hat der Markeninhaber markenrechtliche Ansprüche gegen den Lizenznehmer, wenn dieser gegen seine Pflichten aus dem Lizenzvertrag verstößt.

2. Im geschäftlichen Verkehr

Gemäß § 14 Abs. 2 MarkenG muss ein Dritter im geschäftlichen Verkehr gehandelt haben. Das Tatbestandsmerkmal „im geschäftlichen Verkehr" unterscheidet § 14 Abs. 2 MarkenG von § 9 Abs. 2 MarkenG, der die Löschung von Markeneintragungen ermöglicht, die gegen prioritätsältere Marken verstoßen.[746] In §§ 24 – 26 WZG war ein Handeln „im geschäftlichen Verkehr" jede Unternehmenshandlung, die nicht zum rein privaten, amtlichen oder

---

[745] Ingerl/Rohnke, § 14 Rn. 25.
[746] Amtliche Begründung zum Markenrechtsreformgesetz, BT-Drucksache 12/6581 zu § 14, S. 74 f.

unternehmensinternen Gebrauch erfolgte.[747] Das Tatbestandsmerkmal „im geschäftlichen Verkehr" wurde in § 14 Abs. 2, 4 MarkenG wörtlich übernommen, was für eine Fortführung der bisherigen Definition spricht.

Problematisch könnte der Ausschluss rein betriebsinterner Handlungen aus dem Handeln „im geschäftlichen Verkehr" im Hinblick auf § 14 Abs. 3 Nr. 2 3. Alt., Abs. 4 Nr. 2 3. Alt. MarkenG sein. Denn diesen Vorschriften zufolge kann unter bestimmten Voraussetzungen bereits der reine Warenbesitz eine Markenverletzung sein, obwohl rein betriebsinterne Handlungen im WZG nicht als Handlungen im Verkehr angesehen wurden. Auch in dem in § 14 Abs. 3 Nr. 1 MarkenG geregelten Fall einer bloßen Zeichenanbringung auf Waren liegt nur ein rein betriebsinternes Handeln vor, so dass es ebenfalls an einer Handlung im geschäftlichen Verkehr im Sinne der Definition des geschäftlichen Verkehrs im WZG fehlt.[748] Das gleiche gilt auch für den in § 14 Abs. 4 Nr. 1 MarkenG geregelten Schutz des Markeninhabers vor Handlungen, die eine Zeichenanbringung i. S. v. § 14 Abs. 3 Nr. 1 MarkenG vorbereiten. Die Fortführung des Merkmals „im geschäftlichen Verkehr" im Sinne der für das WZG geltenden Definition würde daher zu Widersprüchen zwischen § 14 Abs. 2 MarkenG und § 14 Abs. 3 MarkenG führen.[749]

Es wird systematisch dahingehend argumentiert, dass jede in § 14 Abs. 3 MarkenG beispielhaft aufgeführte Handlung die allgemeinen Voraussetzungen einer Markenverletzung i. S. v. § 14 Abs. 2 MarkenG erfüllen müsse, da durch § 14 Abs. 3 MarkenG nur die von § 14 Abs. 2 MarkenG bereits erfassten Handlungen illustriert werden.[750] Das Handeln im geschäftlichen Verkehr ist eine allgemeine Voraussetzung von § 14 Abs. 2 MarkenG.[751]

Diese Widersprüche zwischen § 14 Abs. 2 und Abs. 3 MarkenG können entweder durch eine insgesamt großzügigere Definition eines Handelns im Verkehr vermieden werden oder durch eine punktuelle Erweiterung dieser Definition nur für die gesetzlich vorgesehenen Ausnahmefälle. Schließt man von § 14 Abs. 3 Nr. 2 3. Alt., Abs. 4 Nr. 2 3. Alt. MarkenG und § 14 Abs. 3 Nr. 1, Abs. 4 Nr. 1 MarkenG auf den Regelfall eines Handelns „im geschäftlichen Verkehr", kann dieses Tatbestandsmerkmal nur noch eine Eingrenzungsfunktion übernehmen, wenn man darunter ein Handeln zu Erwerbszwecken versteht. Dann können

---

[747] Baumbach/Hefermehl, WZG, § 15 Rn. 33; Busse/Starck, § 24 Rn. 6, § 25 Rn. 7; BGH GRUR 1953, 290 – Fernsprechnummer; BGH GRUR 1956, 216 Kurverwaltung; BGH GRUR 1987, 438 – Handtuchspender.
[748] Ingerl/Rohnke, § 14 Rn. 39.
[749] Ingerl/Rohnke, § 14 Rn. 39.
[750] Starck, GRUR 1996, 688, 691 li. Sp.
[751] So auch die Einteilung der Kommentierung von Ingerl/Rohnke zu § 14 MarkenG, Rn. 12 – 44; Fezer, § 14 Rn. 40.

nur behördliche und rein private[752] Tätigkeiten ausgegrenzt werden und alle rein betriebsinternen Vorgänge sind davon erfasst. Allerdings kann anhand der genannten Vorschriften auch umgekehrt argumentiert werden, dass der Gesetzgeber die Definition des geschäftlichen Verkehrs nur in den dort ausdrücklich aufgeführten Fällen auf den betriebsinternen Bereich ausdehnen wollte und es im übrigen bei der schon im WZG üblichen Definition belassen wollte.[753]

Die Amtliche Begründung zum MarkenG spricht nicht für ein verändertes Verständnis eines Handelns im geschäftlichen Verkehr. Dies hätte jedoch angesichts des gegenüber dem WZG unveränderten Wortlautes nahegelegen. Da jedoch gewisse Veränderungen der Definition des Handelns im geschäftlichen Verkehrs unumgänglich sind, ist die bisherige Definition grundsätzlich beizubehalten. Die Ausweitung von § 14 Abs. 2 MarkenG auf alle betriebsinternen Handlungen ist überflüssig und stellt angesichts des Gesetzeswortlautes eine Überkompensation dar. Vielmehr genügt es, in den genannten Tatbeständen nur eine begrenzte, punktuelle Ausweitung des Tatbestandes von § 14 Abs. 2 MarkenG zu sehen. Zwar enthält § 14 Abs. 3 MarkenG keine abschließende Aufzählung, doch sind die genannten Fälle sinnvollerweise als die äußeren Grenzen aller erfassten Handlungen aufzufassen. Also weisen die genannten Vorschriften in § 14 Abs. 3 und Abs. 4 MarkenG Ausnahmecharakter auf, so dass eine nur punktuelle Ausweitung des Handelns im geschäftlichen Verkehr auf betriebsinterne Handlungen genügt.

3. Ohne Zustimmung des Inhabers der Marke

Der Dritte muss eine Marke ohne Zustimmung des Markeninhabers benutzt haben. Die Zustimmung ist eine Willenserklärung. Die Zustimmung i. S. v. § 14 Abs. 2 MarkenG enthält den Verzicht auf das Verbietungsrecht und hat zur Folge, dass bereits der Tatbestand einer Markenverletzung nicht erfüllt ist und nicht erst die Rechtswidrigkeit entfällt.[754] Die Zustimmung ist einerseits von der Lizenz und andererseits von der rein faktischen Duldung mit Verwirkungsfolgen zu unterscheiden.

Die Zustimmung ist nur eine Willenserklärung, während die Lizenz einen Vertrag voraussetzt, also zwei miteinander übereinstimmende Willenserklärungen. Eine rein faktische Duldung mit Verwirkungsfolgen setzt keinen auf die Verwirkung gerichteten Willen

---

[752] So BGH LM § 14 MarkenG, Nr. 5 Bl. 2 oben – Rolex-Uhr mit Diamanten.
[753] Ingerl/Rohnke, § 14 Rn. 39.
[754] Ingerl/Rohnke, § 14 Rn. 26; BGH GRUR 1993, 574, 575 - Decker.

voraus. Demgegenüber ist die Zustimmung eine Willenserklärung, also die Äußerung eines Willens ist, der auf die Herbeiführung einer Rechtswirkung gerichtet ist[755].

4. Bestand und Vorrang der Marke

Der Markeninhaber kann aus der Marke Verbotsansprüche nur herleiten, wenn die Marke besteht und prioritätsälter ist als das von einem Dritten benutzte Zeichen. Zugunsten des Inhabers einer Registermarke i. S. v. § 4 Nr. 1 MarkenG besteht gemäß § 28 Abs. 1 MarkenG im Verletzungsprozess die Vermutung, dass er auch tatsächlich Inhaber der Registermarke ist. Die Löschungsreife einer eingetragenen Klagemarke wegen des Bestehens absoluter Schutzhindernisse gemäß § 50 MarkenG i. V. m. §§ 3, 7, 8 MarkenG kann nicht im Verletzungsprozess geltend gemacht werden kann. Der Verletzungsprozess ist bis zu einer Entscheidung im patentamtlichen Löschungsverfahren nach § 54 MarkenG gemäß § 148 ZPO auszusetzen.[756]

Der maßgebliche Zeitpunkt für das Vorliegen der Voraussetzungen von § 14 Abs. 2 MarkenG hängt von der Art des geltend gemachten Anspruchs ab. Handelt es sich um Schadensersatz- und Auskunftsansprüche, die in der Vergangenheit abgeschlossen sind, müssen die Voraussetzungen im Zeitpunkt der jeweiligen Verletzungshandlung vorliegen.[757] Handelt es sich um in die Zukunft gerichtete Verletzungsansprüche wie beispielsweise einen Unterlassungsanspruch, müssen die Voraussetzungen zum Zeitpunkt der letzten mündlichen Verhandlungen gegeben sein. Dies gilt auch dann, wenn diese erst im Laufe des Verfahrens eintreten.[758] Entfallen Schutzvoraussetzungen nach Klageerhebung, führt dies zur Erledigung der Hauptsache.[759]

Die Priorität richtet sich nach § 6 MarkenG. Für Registermarken ist gemäß § 6 Abs. 2 MarkenG der Anmeldetag oder eine frühere Priorität i. S. v. §§ 34, 35 MarkenG maßgeblich. Bei Benutzungsmarken bestimmt sich die Priorität gemäß § 6 Abs. 3 MarkenG nach dem Zeitpunkt, zu dem diese erworben wurden.

5. Verletzungsort

Verbotsansprüche gemäß § 14 Abs. 2 MarkenG setzen voraus, dass die Verletzungshandlungen in dem Geltungsbereich der jeweiligen Marke begangen wurden. Zu den

---

[755] Palandt/Heinrichs, Einf. v § 116 Rn. 1.
[756] Ingerl/Rohnke, § 14 Rn. 15.
[757] Ingerl/Rohnke, § 14 Rn. 13.
[758] Ingerl/Rohnke, § 14 Rn. 12.
[759] Ingerl/Rohnke, § 14 Rn. 14.

Verletzungshandlungen zählt auch der Eintritt des Verletzungserfolges. Reine Vorbereitungshandlungen oder der Eintritt eines Schadens in dem jeweiligen Geltungsbereich reichen nicht aus.[760] Die Registermarke gemäß § 4 Nr. 1 und die Notorietätsmarke gemäß § 4 Nr. 3 MarkenG genießen im gesamten Bundesgebiet Schutz. Das Schutzgebiet von Benutzungsmarken gemäß § 4 Nr. 2 MarkenG beschränkt sich auf das Gebiet, in dem die Marke Verkehrsgeltung hat, und kann daher auch regional beschränkt sein.[761]

6. Benutzung

Gemäß § 14 Abs. 2 MarkenG muss ein Dritter eine fremde Marke benutzt haben. Es ist umstritten, was unter einer Benutzung i. S. v. § 14 Abs. 2 MarkenG zu verstehen ist.

a) Rechtslage im WZG

Zu §§ 15, 24 WZG wurde ganz überwiegend angenommen, dass der Warenzeicheninhaber nur gegen den zeichenmäßigen Gebrauch vorgehen konnte.[762] Unter zeichenmäßigem Gebrauch wurde verstanden, dass ein Dritter ein fremdes Warenzeichen für seine Waren bzw. Dienstleistungen so verwendet, dass ein unbefangener Durchschnittsbetrachter innerhalb der angesprochenen Verkehrskreise darin einen Hinweis auf die Herkunft der gekennzeichneten Ware aus dem Gewerbebetrieb des Zeicheninhabers und ein Unterscheidungsmerkmal gegenüber gleichen oder gleichartigen Waren anderer Herkunft erblicken kann, also das Zeichen auf den Ursprung der Ware bzw. Dienstleistung aus einem anderen Geschäftsbetrieb hinweist.[763] Auf die subjektive Absicht des Benutzers kam es nicht an.

Dass ein Zeicheninhaber nur gegen die zeichenmäßige Benutzung seines Warenzeichens vorgehen konnte, wurde zum einen mit der Herkunftsfunktion der Marke begründet[764], da diese nur durch zeichenmäßigen Gebrauch beeinträchtigen werden könne.[765] Zum anderen wurde mit dem Wortlaut von § 16 2. HS. WZG argumentiert, der den nicht zeichenmäßigen

---

[760] Speckmann, Rn. 2213 f.

[761] Ingerl/Rohnke § 14 Rn. 28; Speckmann, Rn 2212.

[762] BGH GRUR 1957, 433, 434 – St. Hubertus; 1977, 789, 790 – Tina Spezialversand I; RGZ 117, 408, 410; Baumbach/Hefermehl, WZG, § 15 Rn. 22; Starck, GRUR 1996, 688, 689 f.; a. A. Reimer/Heydt, I. Band, S. 713 ff.

[763] BGH GRUR 1990, 274, 275 – Klettverschluss; GRUR 1981, 592, 593 re. Sp. – Championne du Monde; GRUR 1969, 601, 602 re. Sp. – Candahar; GRUR 1968, 148, 149 li. Sp. – Zwillingsfrischbeutel m. w. N.; GRUR 1962, 647, 648 – Strumpf-Zentrale; GRUR 1962, 537, 539 – Radkappe m. w. N.; GRUR 1961, 280, 281 – Tosca; RG GRUR 1940, 366, 368; GRUR 1939, 798, 799; RGZ, 149, 335, 342 f.; Baumbach/Hefermehl, WZG, § 15 Rn. 24; Busse/Starck, § 15 Rn. 15 f.

[764] Baumbach/Hefermehl, WZG, § 15 Rn. 23 f.; Busse/Starck, WZG, § 15 Rn. 15; v. Gamm, WZG, § 15 Rn. 14, § 16 Rn. 4; Grunewald, NJW 1987, 105, 108; Sack, GRUR 1995, S. 94; Starck, FS für Hefermehl, GRUR 1996, 688, 688 f.; Kur, MarkenR 2001, 137, 141.

[765] Baumbach/Hefermehl, WZG, § 15 Rn. 22.

Gebrauch für Dritte freigab. Gemäß § 16 WZG war niemand daran gehindert, seinen Namen, seine Firma, seine Wohnung, Beschaffenheits- oder sonstige Angaben über die Ware etc. auf der Ware oder ihrer Verpackung anzubringen oder im Geschäftsverkehr zu gebrauchen, sofern der Gebrauch nicht warenzeichenmäßig erfolgte.

b) Rechtslage im MarkenG

Nach dem Inkrafttreten des MarkenG werden verschiedene Ansichten zu der Frage vertreten, ob eine Markenverletzung weiterhin einen markenmäßigen Gebrauch der Marke durch den Dritten voraussetzt. Diese Frage stellt sich verstärkt, da nach der Begründung zum MarkenG bei der Auslegung des MarkenG ein Neuanfang gemacht werden soll und auf die Auslegung der entsprechenden Vorschriften des WZG nur zurückgegriffen werden kann, soweit das MarkenG explizit oder implizit an die Rechtslage zum WZG anknüpft.[766]

aa) Meinungsstand

(1.) Verzicht auf markenmäßigen Gebrauch

Einer Ansicht zufolge schützt § 14 Abs. 2 MarkenG gegen jede Form der Benutzung einer Marke.[767] Bei Zugrundelegung dieser Ansicht läge eine Benutzung i. S. v. § 14 Abs. 2 MarkenG beispielsweise auch bei dem Sachverhalt des „Rolls Royce“ -Fall[768] vor, in dem der BGH zeichenmäßigen Gebrauch verneinte. Im „Rolls Royce“ -Fall warb ein Whiskey-Hersteller mit einer Anzeige. Im Bildvordergrund war eine Flasche des werbenden Whiskey-Herstellers sowie zwei gefüllte Gläser abgebildet. Im Hintergrund war die Vorderansicht eines Rolls Royce mitsamt der Kühlerfigur „Flying Lady“, dem RR-Symbol sowie dem charakteristischen Kühlergrill zu sehen. Diese drei Zeichen waren zugunsten der Klägerin in Deutschland als Warenzeichen geschützt. *Starck* ist der Ansicht, der Verzicht auf markenmäßigen Gebrauch werde keine wesentlich anderen Ergebnisse bringen als bei Zugrundelegung der Rechtslage zum WZG.[769] Dies erstaunt, da beispielsweise der „Rolls Royce“ –Fall bei Zugrundelegung des zum WZG gültigen Benutzungsverständnisses nicht gemäß § 14 Abs. 2 MarkenG gelöst werden kann, während dies bei Verzicht auf einen markenmäßigen Gebrauch möglich wäre.[770]

---

[766] Amtliche Begründung zum Markenrechtsreformgesetz, BT-Drucksache 12/6581, S. 58 f.; dies betont auch Kunz-Hallstein, FS DPA 100 Jahre Marken-Amt, 147, 150.
[767] Will, S. 183 ff., insbes. S. 193 f.; Meister, WRP 1995, 366, 369 re. Sp.; v. Mühlendahl, Einführung, S. 13; Althammer/Klaka, § 14 Rn. 66; Starck, GRUR 1996, 688, 692; Fezer, § 14 Rn. 31 ff.; dagegen aus urheberrechtlicher Sicht Wandtke/Bullinger, GRUR 1997, 573, 578 li. Sp. sowie Nordemann, WRP 1997, 389, 391 re. Sp.
[768] BGH GRUR 1983, 247 ff. – Rolls-Royce.
[769] Starck, GRUR 1996, 688, 692.
[770] Sambuc, WRP 2000, 985, 989 f. weist auf die weitreichenden Konsequenzen hin, die ein Verzicht auf markenmäßigen Gebrauch haben würde.

(2.) Markenmäßiger Gebrauch unter Berücksichtigung der Herkunftsfunktion

Einer anderen Ansicht zufolge bleibt es wie schon im WZG auch nach dem Inkrafttreten des MarkenG dabei, dass eine Marke nur vor markenmäßigem Gebrauch schützt.[771] Dabei ist markenmäßiger Gebrauch in Übereinstimmung mit der zum WZG vertretenen Ansicht dahingehend zu definieren, dass es nicht unwahrscheinlich sein darf, dass ein unbefangener Durchschnittsbetrachter in der von dem Dritten verwendeten Marke einen Hinweis auf die Herkunft der Ware des Dritten aus dem Gewerbebetrieb des Zeicheninhabers erkennt sowie ein Unterscheidungsmerkmal gegenüber gleichen oder gleichartigen Waren anderer Herkunft erblickt.[772] Diese Meinung hat gegenüber dem Verzicht auf markenmäßigen Gebrauch die Konsequenz, dass der Anwendungsbereich von § 14 Abs. 2 MarkenG enger ist, so dass die Schranken des markenrechtlichen Schutzes insbesondere gemäß §§ 23, 24 MarkenG eine kleinere Rolle spielen.

(3.) Das Erfordernis markenmäßigen Gebrauchs in Abhängigkeit von den Verletzungstatbeständen gemäß § 14 Abs. 2 MarkenG

v. Gamm und *v. Wahlert* unterscheiden bei der Frage der markenmäßigen Benutzung zwischen den verschiedenen Verletzungstatbeständen gemäß § 14 Abs. 2 MarkenG. Im Rahmen von § 14 Abs. 2 Nr. 1 MarkenG halten sie eine markenmäßige Benutzung für entbehrlich, während eine Verwechslungsgefahr bzw. eine Rufausbeutung gemäß § 14 Abs. 2 Nr. 2 und Nr. 3 MarkenG ihrer Ansicht zufolge regelmäßig nur bei markenmäßiger Benutzung vorliegen.[773]

(4.) Der Benutzungsbegriff des EuGH

Der EuGH vertritt in dem Urteil „BMW./.Deenik" die Auffassung, dass die MarkenRL nicht gegen jede Markenbenutzung schützt, sondern nur gegen ihre Benutzung „als Marke".[774] Die Marke muss dazu benutzt werden, die Herkunft der Waren zu bezeichnen.[775] Im Hinblick auf das vorher ergangene „Canon" -Urteil des EuGH ist davon auszugehen, dass auch im „BMW./.Deenik" -Urteil mit Produktherkunft nicht die betriebliche Herkunft, sondern die

---

771 Kunz-Hallstein, GRUR Int. 1990, 747, 757 re. Sp.; Ernst-Moll, GRUR 1993, 8, 17; Keller, GRUR 1996, 607, 609; Rößler, GRUR 1994, 559, 569 re. Sp.; Sack, GRUR 1995, 81, 93; Sack, GRUR 1996, 663, 668; Deutsch, GRUR 1995, 319, 321; Piper, GRUR 1996, 429, 434; Piper, GRUR 1996, 657, 660; Sambuc, GRUR 1997, 403, 405 re. Sp.; v. Schultz, GRUR 1997, 408, 409; Wandtke/Bullinger, GRUR 1997, 573, 578 li. Sp.; dies lässt BGH WRP 1998, 732, 738 li. Sp. oben – Les-Paul-Gitarren offen.

772 Einen umfassenden Überblick über die Rechtslage zum kennzeichenmäßigen Gebrauch i. S. d. WZG geben Ingerl/Rohnke, § 14 Rn. 57 ff.

773 v. Gamm, WRP 1993, 793, 797 f.; v. Wahlert, MA 1994, 568, 572 li. Sp.

774 EuGH JZ 1999, 835, 836 Tz. 38 – BMW./.Deenik.

775 EuGH JZ 1999, 835, 837 Tz. 39 a. E. – BMW./.Deenik.

Herkunft von einem Markeninhaber gemeint ist. Der Dritte muss mit der Marke eine eigene Leistung kennzeichnen, ohne dass es eine Rolle spielt, ob Gegenstand seiner Leistung ein eigenes Produkt oder ein Produkt des Markeninhabers ist.[776]

Der EuGH hält im Gegensatz zum Verständnis in der Bundesrepublik Deutschland markenmäßige Benutzung beispielsweise auch dann für gegeben, wenn die Marke BMW in der Werbung für „Instandsetzung und Reparatur" von BMW-Fahrzeugen benutzt wird, obwohl der Hinweis auf BMW nicht die Dienstleistung, sondern die Ware bezeichnet, die Gegenstand der Dienstleistung ist. Damit beschreibt die Marke BMW ausschließlich die gekennzeichnete Dienstleistung.[777] Diese Interpretation markenmäßiger Benutzung durch den EuGH hat zur Folge, dass letztlich alle Zeichenverwendungen im geschäftlichen Verkehr als markenmäßige Benutzung anzusehen sind.[778] Dieser Ausweitung des Tatbestandes von § 14 Abs. 2 MarkenG entsprechend hat die Erörterung der Schutzschranken gemäß §§ 23, 24 MarkenRL[779] innerhalb der Ausführungen des EuGH erheblich mehr Raum eingenommen, als dies bei Zugrundelegung markenmäßigen Gebrauches i. S. d. WZG notwendig gewesen wäre.[780]

Es scheint, als wollte der EuGH die in seinem „Canon" -Urteil dargelegte Herkunftsfunktion berücksichtigen und dennoch die Benutzungshandlungen möglichst weit verstehen.

<u>(5.) Benutzung zur Unterscheidung von Waren oder Dienstleistungen</u>

Einer weiteren Ansicht zufolge ist im MarkenG nur noch die Unterscheidungsfunktion maßgeblich, so dass bereits jede Benutzung einer Marke zur Produktunterscheidung eine rechtsverletzende Benutzung darstellt, wenn der Dritte eine eigene Leistung kennzeichnet.[781] Es ist unschädlich, wenn eine Markenbenutzung auch andere Markenfunktionen berührt.[782] Ob eine Marke zur Produktunterscheidung benutzt wird, ist aus der Sicht der angesprochenen Verkehrskreise zu bestimmen.[783]

---

776 Starck, MarkenR 2000, 73, 75 re. Sp. Vorlagebeschluss des OLG Düsseldorf, WRP 2000, 316 ff., Beschluss vom 23.12.1999 – Spirit Sun

777 Nägele, MarkenR 1999, 177, 179.

778 Nägele, MarkenR 1999, 177, 179; demgegenüber hält v. Linstow, WRP 2000, 955, 955 f., 959 das „BMW/Deenik" – Urteil des EuGH für eine Fortsetzung der Rechtsprechung zum zeichenmäßigen Gebrauch im WZG; ebenso OLG Dresden, NJW 2001, 615, 616 f. – Johann Sebastian Bach.

779 Bzw. Art. 6, 7 MarkenRL.

780 EuGH JZ 1999, 835, 837 f. Tz. 43 ff. – BMW ./. Deenik; so auch Speckmann, Rn. 2206; Kur, JZ 1999, 838, 840.

781 Peschel, S. 39 ff., insbes. S. 41; anders EuGH JZ 1999, 835, 837 – BMW./.Deenik.

782 Peschel, S. 39 ff.

783 Ingerl, GRUR Int. 2001, 581, 585 li. Sp. Schon zum WZG wurde der Begriff der zeichenmäßigen Verwendung aus der Sicht des unbefangenen Durchschnittsbetrachters innerhalb der angesprochenen Verkehrskreise verstanden.

(6.) Ablehnung einer Benutzung nur bei Markennennung

Ingerl/Rohnke gehen davon aus, dass eine rechtsverletzende Benutzung i. S. v. § 14 Abs. 2 MarkenG nur bejaht werden kann, wenn die Marke zur Unterscheidung von Waren oder Dienstleistungen verwendet wird.[784] Die Verwendung einer Marke erfolgt nur dann nicht zur Produktunterscheidung, wenn nach der Verkehrsauffassung keine gedankliche Verbindung von der Zeichenwiedergabe zu einem Produkt hergestellt werden kann.[785] Die Nutzung einer fremden Marke zur Produktidentifizierung alleine genügt jedoch nicht. Vielmehr muss der Zeichenverwender das mit der fremden Marke gekennzeichnete Produkt zum Gegenstand des eigenen Angebotes machen bzw. als eigene Leistung herausstellen. Keine rechtsverletzende Zeichenbenutzung liegt in den Fällen der sogenannten Markennennung vor, in denen der Zeichenverwender das Zeichen zur Unterscheidung von Produkten nutzt, ohne dass er das gekennzeichnete Produkt als Gegenstand des eigenen Leistungsangebotes ausgibt.[786] Demgegenüber ist der produktgestaltende Gebrauch eine Benutzung i. S. v. § 14 Abs. 2 MarkenG, da das Produkt, auf das sich die Marke bezieht, identifiziert wird und zum Gegenstand des Angebotes des Zeichenverwenders gemacht wird.[787] Letztlich muss also die Benutzung auf den Zeichenverwender und nicht den Zeicheninhaber hinweisen, damit eine rechtsverletzende Benutzung angenommen werden kann.

(7.) Zusammenfassung und Terminologie

Anders als die Ansicht, die auf eine markenmäßige Benutzung vollständig verzichtet, führen die übrigen Auffassungen jedenfalls bei formaler Betrachtung zu einer Eingrenzung der möglichen Benutzungshandlungen i. S. v. § 14 Abs. 2 MarkenG.[788] So liegt beispielsweise nach der Ansicht, die sich für markenmäßigen Gebrauch i. S. d. WZG einsetzt, in dem oben geschilderten „Rolls Royce" -Fall keine Benutzung gemäß § 14 Abs. 2 MarkenG vor, da die Warenzeichen von Rolls Royce nicht die Produkte des Zeichenverwenders kennzeichneten, sondern allein ihren guten Ruf ausnutzten.[789] Diese Ansichten werden im folgenden zusammenfassend als die Auffassungen bezeichnet, die für eine Eingrenzung der

---

[784] Ingerl/Rohnke, § 14 Rn. 53; Speckmann, Rn. 2200 ff. insbes. 2207 ff.

[785] Ingerl/Rohnke, § 14 Rn. 70.

[786] Ingerl/Rohnke, § 14 Rn. 85 f. Fälle der Markennennung sind redaktionelle Nennungen, Nennungen in Nachschlagewerken sowie grundsätzlich die Nennung einer fremden Marke in einer offenen vergleichenden Werbung; zur vergleichenden Werbung sh. HansOLG Hamburg, GRUR 2000, 243, 247 – Lottoschein; OLG Frankfurt a. M., GRUR 2000, 84, 84 – Deutscher Aktienindex DAX.

[787] Ingerl/Rohnke, § 14 Rn. 91 ff. Produktgestaltend ist der dekorative Gebrauch der Marke, ihre Wiedergabe auf verkleinerten Modellen des Originalproduktes und Markenabbildungen auf Replika.

[788] Nägele, MarkenR 1999, 177, 179, 181 Fn. 44 a. E. hält die Ansicht des EuGH für gleichbedeutend mit einem völligen Verzicht auf eine Eingrenzung der Benutzungshandlungen.

[789] So auch der BGH GRUR 1983, 247, 248 – Rolls-Royce.

markenrechtlich relevanten Benutzungshandlungen eintreten. Dies schließt die Auffassung des EuGH ein, da er jedenfalls bei formeller Betrachtung Benutzungshandlungen ausgrenzt.

bb) Argumente

Um zu klären, was unter einer Benutzung i. S. v. § 14 Abs. 2 MarkenG zu verstehen ist, ist das MarkenG anhand der anerkannten Auslegungsgrundsätze[790] gründlich zu untersuchen.

(1.) Auslegung anhand des Wortlautes des MarkenG

(a) „Benutzen" gemäß § 14 Abs. 2 MarkenG

Das Erfordernis markenmäßigen Gebrauchs wird teilweise mit dem Wort „benutzen" gemäß § 14 Abs. 2, Abs. 3, Abs. 5 MarkenG begründet, da damit die Benutzung als Zeichen gemeint sein müsse.[791] Wie beispielsweise der „Rolls-Royce" -Fall zeigt, muss jedoch nicht jede Markenbenutzung markenmäßig sein.[792] Dieser Argumentation liegt also das Verständnis von Benutzung zugrunde, um dessen Begründung es geht, und ist daher abzulehnen.

(b) „Benutzen für Waren oder Dienstleistungen"

Andere begründen das Erfordernis der markenmäßigen Benutzung i. S. d. WZG mit dem Wortlaut von § 14 Abs. 2 MarkenG, die Marke müsse „für Waren oder Dienstleistungen" benutzt werden, da dies impliziere, dass die Marke zur Bezeichnung ihrer Herkunft aus einem bestimmten Geschäftsbetrieb verwendet wird.[793] Demgegenüber können die Vertreter, die auf eine Eingrenzung der möglichen Benutzungshandlungen i. R. v. § 14 Abs. 2 MarkenG verzichten, dem Wortlaut von § 14 MarkenG insgesamt keine Beschränkung auf den rein markenmäßigen Gebrauch entnehmen.[794]

Gemäß § 14 Abs. 2 MarkenG muss ein Dritter eine Marke für Waren oder Dienstleistungen gebrauchen. Zieht man aus diesem Wortlaut den Schluss, dass eine Marke zur

---

[790] Larenz/Canaris S. 141 ff.; Schmalz, Rn. 230 ff.; Engisch, S. 77 ff.; Zippelius S. 42 ff.; Wank, 47 ff.

[791] KG WRP 1997, 85, 86 – Alles wird teurer; Piper, GRUR 1996, 429, 434 li. Sp.; v. Schultz, GRUR 1997, 408, 409 li. Sp.; Keller, S. 75.

[792] Sack GRUR 1995, 81, 94 unter Hinweis auf BGH GRUR 1983, 247 ff. – Rolls Royce.

[793] Deutsch, GRUR 1995, 319, 321 li. Sp.; Kunz-Hallstein, Die Neuordnung des Markenrechts in Europa, S. 131; Peschel, S. 34 Fn. 83 erwägt diesen Gesichtspunkt, hält ihn aber nicht für überzeugend.

[794] Meister WRP 1995, 366, 369 m. w. N., 377; Fezer, GRUR 1996, 566, 568 re. Sp.; Starck, WRP 1996, 688, 691 re. Sp. überbetont die Auslegung von § 14 Abs. 2, Abs. 3 MarkenG anhand des Wortlauts und vernachlässigt dadurch systematische Gesichtspunkte; dem hält Will, S. 185 entgegen, aus dem Wortlaut von § 14 Abs. 2 MarkenG ergebe sich auch nichts zugunsten des Verzichtes auf markenmäßigen Gebrauch.

Unterscheidung von Produkten eingesetzt werden muss, impliziert dies, dass die Marke als Hinweis auf den Markeninhaber zu verstehen ist.[795] Beschränkt man sich hingegen auf den Wortlaut von § 14 Abs. 2 MarkenG, genügt die Benutzung einer Marke für Waren oder Dienstleistungen. Dazu ist erforderlich, dass die Marke einem Produkt zugeordnet werden kann und dass der Zeichenbenutzer das Produkt als eigene Leistung darstellt.

(c) „Im geschäftlichen Verkehr"

Das Erfordernis markenmäßigen Gebrauch wird vereinzelt auch daraus hergeleitet, dass eine Marke gemäß § 14 Abs. 2 MarkenG „im geschäftlichen Verkehr" benutzt werden muss.[796] Dies lässt sich aber weder der Definition eines Handelns im geschäftlichen Verkehr im WZG noch den aktuellen Definitionen dieses Tatbestandsmerkmals entnehmen.

(d) Zusammenfassung der Argumente zum Wortlaut von § 14 Abs. 2 MarkenG

Das Verständnis des Wortlautes von § 14 Abs. 2 MarkenG hängt davon ab, ob man eine Benutzung für Waren oder Dienstleistungen als ausreichend ansieht oder ob man eine Benutzung für Waren oder Dienstleistungen als Benutzung zu Produktunterscheidung versteht, die auf den Markeninhaber hinweist. Im übrigen ist der Wortlaut von § 14 Abs. 2 MarkenG im Hinblick auf den Benutzungsbegriff unergiebig.

<u>(2.) Systematische Auslegung</u>

(a) Übereinstimmendes Verständnis der „Benutzung" in § 14 Abs. 2 MarkenG

Fezer spricht sich dafür aus, jede Benutzungshandlung als Benutzung i. S. v. § 14 Abs. 2 MarkenG anzusehen.[797] Auf eine markenmäßige Benutzung könne es weder gemäß § 14 Abs. 2 Nr. 1 MarkenG noch gemäß § 14 Abs. 2 Nr. 3 MarkenG ankommen. Dies sei allenfalls i. R. v. § 14 Abs. 2 Nr. 2 MarkenG akzeptabel. Die Benutzung als allgemeine Voraussetzung von § 14 Abs. 2 MarkenG müsse jedoch für alle Verletzungstatbestände identisch zu verstehen sein. Denn die Abgrenzung insbesondere zwischen § 14 Abs. 2 Nr. 2 und Nr. 3 MarkenG sei nicht einfach, so dass bei unterschiedlichen Anforderungen an eine Benutzung i. R. der einzelnen Verletzungstatbestände die Vorhersehbarkeit einer Entscheidung erschwert und damit die Rechtssicherheit beeinträchtigt würde. Um den Begriff der

---

[795] Sh. o. Teil 2 B. III. 2. Dies verkennt Peschel, S. 39 ff.
[796] Kunz-Hallstein, GRUR Int. 1990, 747, 757.
[797] Fezer, GRUR 1996, 566, 570.

Benutzung in § 14 Abs. 2 MarkenG einheitlich verstehen zu können, sei es sachgerecht, jede Benutzung und nicht nur markenmäßige Benutzung ausreichen zu lassen.[798]

Für eine Differenzierung der Anforderungen an eine Benutzung in Abhängigkeit von dem Verletzungstatbestand treten *v. Gamm* und *v. Wahlert* ein. Im Rahmen von § 14 Abs. 2 Nr. 1 MarkenG lassen sie jede Markenverwendung ausreichen, während sie gemäß § 14 Abs. 2 Nr. 2 und Nr. 3 MarkenG eine markenmäßige Benutzung fordern.[799]

Für ein einheitliches Verständnis der Markenbenutzung spricht der Wortlaut sowie die Systematik von § 14 Abs. 2 MarkenG und die Schwierigkeit der Abgrenzung der verschiedenen Verletzungstatbestände in § 14 Abs. 2 MarkenG. Andernfalls käme dieser Abgrenzung zusätzliche Bedeutung zu, was mit dem Bedürfnis nach Rechtssicherheit nur schwer zu vereinbaren wäre. Denn dann hinge der Ausgang von Verletzungsprozessen von einer zusätzlichen Unwägbarkeit ab.[800] Aus diesen Gründen ist die vorgeschlagene Differenzierung abzulehnen.[801]

Das Ziel einer einheitlichen Auslegung kann allerdings nicht nur bei Verzicht auf jede Begrenzung des Benutzungsbegriffes erreicht werden, sondern auch, wenn man der Ansicht des EuGH oder der Auffassung folgt, die die Berücksichtigung der Herkunftsfunktion beim Benutzungsbegriff befürwortet.

(b) § 14 Abs. 4 letzter Halbsatz MarkenG

Das Erfordernis markenmäßigen Gebrauchs i. S. d. WZG wird auch mit § 14 Abs. 4 letzter Halbsatz i. V. m. § 14 Abs. 2 MarkenG begründet.[802] Gemäß § 14 Abs. 4 MarkenG ist es bereits verboten, eine geschützte Marke auf Kennzeichnungsmitteln anzubringen etc., wenn die Gefahr besteht, dass diese zur Kennzeichnung solcher Waren oder Dienstleistungen benutzt werden, bezüglich derer der Markeninhaber einen Verbotsanspruch gemäß § 14 Abs. 2 MarkenG hätte. § 14 Abs. 4 MarkenG verbietet also Vorbereitungshandlungen und verzichtet daher auf die gemäß § 14 Abs. 2 MarkenG erforderliche Benutzung der Kennzeichnungsmittel auf den Waren.[803] Allerdings ist § 14 Abs. 4 MarkenG ein Benutzungssubstitut, so dass diesem das gleiche Verständnis der Benutzung zugrundeliegt

798 Fezer, GRUR 1996, 566, 570.
799 v. Gamm, WRP 1993, 793, 797 f.; v. Wahlert, MA 1994, 568, 572 li. Sp.
800 Fezer, GRUR 1996, 566, 570 li. Sp. begründet dies mit dem Normzweck der drei Kollisionstatbestände gemäß § 14 Abs. 2 MarkenG.
801 Nägele, S. 58 ff.
802 Keller, GRUR 1996, 607, 610.
803 Althammer/Klaka, § 14 Rn. 33.

wie § 14 Abs. 2 MarkenG. Allerdings führt dies wieder zum Wortlaut von § 14 Abs. 2 MarkenG zurück, so dass insoweit die dortigen Ausführungen gelten.

(c) Das Verhältnis von § 14 Abs. 2 zu Abs. 3 MarkenG

Gegen die Aufrechterhaltung markenmäßigen Gebrauchs und für den Verzicht auf eine Eingrenzung der Benutzungshandlungen i. S. v. § 14 Abs. 2 MarkenG argumentiert *Starck* anhand des Verhältnisses von § 14 Abs. 2 zu Abs. 3 MarkenG. Die allgemein gehaltenen Verletzungstatbestände gemäß § 14 Abs. 2 MarkenG würden durch die in § 14 Abs. 3 MarkenG aufgeführten Verletzungshandlungen illustriert. Jede der in § 14 Abs. 3 MarkenG genannten Benutzungshandlungen müsse zugleich die aus § 14 Abs. 2 MarkenG folgenden Anforderungen erfüllen.[804] Dieser Auffassung zufolge erfüllen aber zwei der in § 14 Abs. 3 MarkenG aufgeführten Beispiele nicht den zum WZG geforderten warenzeichenmäßigen Gebrauch.[805] Die Annahme des Erfordernisses markenmäßigen Gebrauchs würde daher zu unauflösbaren Widersprüchen zwischen § 14 Abs. 2 und Abs. 3 MarkenG führen, die nur bei Verzicht auf diese Voraussetzung vermieden werden könnten.[806] *Starck* ist der Ansicht, der in § 14 Abs. 3 Nr. 2 MarkenG genannte Warenbesitz zum Zweck des Anbietens oder Inverkehrbringens sowie die mündliche Werbung gemäß § 14 Abs. 3 Nr. 5 MarkenG seien nicht mit dem Erfordernis markenmäßigen Gebrauchs zu vereinbaren.[807]

Gemäß § 14 Abs. 3 Nr. 2 3. Alt. MarkenG ist es bei Vorliegen der Voraussetzungen von § 14 Abs. 2 MarkenG u. a. untersagt, zum Zweck des Anbietens oder Inverkehrbringens[808] Waren zu besitzen, auf denen sich die Marke befindet. Besitz i. S. v. § 14 Abs. 3 Nr. 2 3. Alt. MarkenG ist die tatsächliche Sachherrschaft über Waren, die mit dem Zeichen gekennzeichnet sind.[809] Das Anknüpfen an den Besitz war im WZG nicht vorgesehen[810], ist aber eine Parallele zu dem älteren § 9 Nr. 1 PatG[811]. § 14 Abs. 3 Nr. 2 3. Alt. MarkenG beruht auf Art. 5 Abs. 3 lit. b) 3. Alt. MarkenRL. Die Einbeziehung des Warenbesitzes in den Anwendungsbereich von § 14 Abs. 2 MarkenG ist eine gesetzlich normierte Ausnahme vom Handeln im geschäftlichen Verkehr und sagt nichts über die Beschaffenheit der Benutzung aus.[812]

---

804 Starck, GRUR 1996, 688, 691 li. Sp.
805 So auch Fezer, GRUR 1996, 566, 569 re. Sp.
806 Starck, GRUR 1996, 688, 691 li. Sp.
807 Nägele, S. 61 erwähnt nur § 14 Abs. 3 Nr. 5 MarkenG.
808 Sogenannter qualifizierter Besitz, Ingerl/Rohnke, § 14 Rn. 117.
809 Althammer/Klaka, § 14 Rn. 82; auf die Unterscheidung zwischen Eigen- und Fremdbesitz kommt es nicht an, Ingerl/Rohnke, § 14 Rn. 117; Fezer, § 14 Rn. 475.
810 Althammer/Klaka, § 14 Rn. 82.
811 Ingerl/Rohnke, § 14 Rn. 117 a. E.; Althammer/Klaka, § 14 Rn. 82.
812 Ingerl/Rohnke, § 14 Rn. 39; sh. Teil 2., E. I 2.

Die Aufnahme mündlicher Werbung gemäß § 14 Abs. 3 Nr. 5 MarkenG in den Beispielkatalog gemäß § 14 Abs. 3 MarkenG als zweite „Ausnahme" trägt die Argumentation von *Starck* ebenfalls nicht. Mündliche Werbung konnte nach dem WZG keine Warenzeichenverletzung sein, da der Wortlaut von §§ 15, 24 WZG ausdrücklich ein Anbringen des Warenzeichens auf der Ware forderte[813], hatte also mit der Frage zeichenmäßiger Benutzung gar nichts zu tun. Eine solche körperliche Verbindung von Marke und Ware ist jedoch nach § 14 Abs. 2, Abs. 3 MarkenG gerade nicht mehr erforderlich.[814] Zudem kann auch der mündliche Gebrauch der Marke durch einen Dritten Verwechslungsgefahr herbeiführen. Daher gibt der Schutz einer Marke vor mündlichem Gebrauch in der Werbung gemäß § 14 Abs. 3 Nr. 5 MarkenG ebenfalls keinen Aufschluss über die Beschaffenheit der Benutzung gemäß § 14 Abs. 2 MarkenG.

(d) § 16 MarkenG

Die Erforderlichkeit markenmäßigen Gebrauchs gemäß § 14 Abs. 2 MarkenG wird mit dem Hinweis auf § 16 MarkenG begründet.[815] Gemäß § 16 MarkenG kann der Markeninhaber von dem Verleger verlangen, dass der Wiedergabe seiner Marke in einem Nachschlagewerk ein Hinweis beigefügt wird, dass es sich um eine eingetragene Marke handelt, wenn die Wiedergabe der eingetragenen Marke den Eindruck erweckt, dass es sich um eine Gattungsbezeichnung für diejenigen Waren oder Dienstleistungen handelt, für die die Marke eingetragen ist. Zweck dieser Norm ist es, Markeninhabern zu ermöglichen, die Veränderung ihrer Marken zu Gattungsbegriffen zu verhindern.

In der Begründung zum MarkenG heißt es, der Markeninhaber habe ohne den Anspruch aus § 16 MarkenG keinen markenrechtlichen Anspruch gegen den Verleger.[816] Dies setzt voraus, dass ein Markeninhaber gemäß § 14 Abs. 2 MarkenG nicht gegen jede beliebige Verwendung seiner Marke vorgehen kann. Am Tatbestandsmerkmal eines Handelns „im geschäftlichen Verkehr" kann der Anspruch gegen den Verleger aus § 14 Abs. 2 MarkenG nicht scheitern, da die Eintragung einer Marke in einem Nachschlagewerk für den Verleger kein rein privater, amtlicher oder unternehmensinterner Markengebrauch ist.[817] Also kann auf eine Eingrenzung der Benutzungsformen gemäß § 14 Abs. 2 MarkenG nicht verzichtet

---

813 Baumbach/Hefermehl, WZG, § 15 Rn. 66 m. w. N.; Busse/Starck, § 15 Rn. 10 m. w. N.; Schulz, 244 f. m. w. N.

814 Amtliche Begründung zum Markenrechtsreformgesetz, BT-Drucksache 12/6581, S. 75 re. Sp.; Meister, WRP 1995, 366, 372; Schulz, S. 245.

815 Keller, GRUR 1996, 607, 610 li. Sp.

816 Amtliche Begründung zum Markenrechtsreformgesetz, BT-Drucksache 12/6581, § 16, S. 77; Kunz-Hallstein, FS 100 Jahre Marken-Amt, 147, 162 f. sieht in § 16 MarkenG keinen Schutz einer anderen Funktion der Marke, sondern nur den Schutz des Bestandes der Marke.

817 Auch das RG verneint in einem solchen Fall nicht die Geschäftsmäßigkeit des Handelns, sondern den zeichenmäßigen Gebrauch, vgl. RGZ 117, 408, 410 f. – Lysol.

werden, was gleichzeitig für die Ansichten spricht, die für eine Eingrenzung der möglichen Benutzungshandlungen eintreten. Keine Aufschlüsse erlaubt § 16 MarkenG jedoch darüber, wie der Benutzungsbegriff einzugrenzen ist.

Allerdings enthält die MarkenRL keine Vorschrift, auf der § 16 MarkenG beruht[818], doch findet sich in § 10 GMVO eine Parallelvorschrift. Angesichts der weitgehend parallelen Entstehungsgeschichte von MarkenRL und GMVO und weitgehender inhaltlicher Übereinstimmung beider Regelungskomplexe[819] ist davon auszugehen, dass beiden grundsätzlich das gleiche Markenverständnis zugrunde liegt, das in § 10 GMVO zum Ausdruck kommt. Gegen welche Formen der Benutzung ein Markeninhaber vorgehen kann, ist einer der grundlegenden Punkte des Markenrechtes. Für einen Gleichlauf von MarkenRL und GMVO in entscheidenden Fragen wie der der Benutzung spricht auch der 16. Erwägungsgrund der GMVO. Danach soll es vermieden werden, dass es in Rechtsstreitigkeiten über denselben Tatbestand zwischen denselben Parteien zu voneinander abweichenden Gerichtsurteilen aus einer Gemeinschaftsmarke und aus parallelen nationalen Marken kommt. Somit spricht § 16 MarkenG zugunsten einer Eingrenzung der Benutzungshandlungen gemäß § 14 Abs. 2 MarkenG.

(e) § 23 MarkenG

§ 23 MarkenG wird sowohl von den Befürwortern wie den Gegnern des markenmäßigen Gebrauchs zur Begründung ihrer jeweiligen Ansicht herangezogen. Gemäß § 23 MarkenG kann die Benutzung einer Marke durch Dritte erlaubt sein beispielsweise bei beschreibender Benutzung der Marke, wenn nicht der Gebrauch dieser Marke gegen die guten Sitten verstößt. § 23 MarkenG beruht auf Art. 6 MarkenRL.

Der Verzicht auf eine Eingrenzung der möglichen Benutzungshandlungen wird sowohl mit dem Wortlaut von § 23 MarkenG begründet als auch mit der Gesetzesbegründung von § 23

---

818 Peschel, S. 48, 56 Rn. 204 sieht § 16 als Umsetzung von Art. 5 Abs. 5 MarkenRL an; ebenso Kunz-Hallstein, FS 100 Jahre Marken-Amt, 147, 162 f.; dies ist zumindest zweifelhaft, da es in § 16 MarkenG an der in Art. 5 Abs. 5 MarkenRL genannten Einschränkung fehlt, dass die Unterscheidungskraft oder die Wertschätzung der Marke ohne rechtfertigenden Grund in unlauterer Weise ausgenutzt oder beeinträchtigt werden muss, wenn das Zeichen zu anderen Zwecken als der Unterscheidung von Waren oder Dienstleistungen verwendet wird.

819 v. Mühlendahl, GRUR Int. 1989, 353, 354 li. Sp., weist darauf hin, dass die Beratungen sowohl zur MarkenRL und als auch zur GMVO im Oktober 1988 auf Fachebene abgeschlossen waren und der einzige Grund für die Verzögerung der Verabschiedung der GMVO der politische Streit um die Amtssprachen sowie den Amtssitz des Markenamtes war; Ingerl, GRUR Int. 2001, 581, 589 f. hält eine einheitliche Betrachtung der materiell-rechtlichen Bestimmung der GMV und der MarkenRL für nicht nur naheliegend, sondern systemkonform.

MarkenG[820], der zufolge eine erlaubte Benutzung nur bei einem Verstoß gegen die guten Sitten unzulässig ist.[821] Daraus wird geschlossen, dass es nicht auf einen markenmäßigen Gebrauch ankommt.[822] Beide Begründungen beziehen sich darauf, dass das Erfordernis warenzeichenmäßigen Gebrauchs im WZG mit § 16 WZG begründet wurde. § 16 WZG gestattete Dritten die Benutzung von fremden Warenzeichen u. a. unter der Voraussetzung, dass die Benutzung nicht warenzeichenmäßig erfolgte. Demgegenüber setzt der Wortlaut von § 23 MarkenG nunmehr das Fehlen eines Verstoßes gegen die guten Sitten voraus und keinen fehlenden zeichenmäßigen Gebrauch.[823]

Das Indiz gegen die Eingrenzung der relevanten Benutzungshandlungen, das im Rückschluss aus § 16 WZG und § 23 MarkenG hergeleitet wird, ist relativ schwach. Denn die Art der Benutzung muss sich nicht aus § 23 MarkenG, also der Nachfolgevorschrift von § 16 WZG ergeben, sondern kann auch aus anderen Vorschriften folgen.[824] Zudem sagt der gegenüber § 16 WZG veränderte Wortlaut von § 23 MarkenG noch nichts darüber aus, was unter einem Verstoß gegen die guten Sitten zu verstehen ist. So hat die obergerichtliche Rechtsprechung seit dem Inkrafttreten des MarkenG einen Verstoß gegen die guten Sitten jedenfalls dann angenommen, wenn eine markenmäßige Benutzung vorlag[825], und so die markenrechtliche Benutzung als Mindestschutz postuliert, der erweitert, nicht aber unterschritten werden kann. Auch der EuGH nimmt an, dass Art. 6 Abs. 1 lit. b MarkenRL nur die beschreibende Benutzung einer Marke und nicht die Verwendung als Marke zulässt.[826]

Demgegenüber leiten die Befürworter markenmäßiger Benutzung das Erfordernis markenmäßigen Gebrauchs aus den Erlaubnistatbeständen gemäß § 23 MarkenG her und verstehen deren Voraussetzungen als Konkretisierungen des Verbotes markenmäßigen Drittgebrauchs.[827] Denn § 23 Nr. 1 MarkenG erlaube nicht den markenmäßigen Gebrauch des eigenen Namens[828], sondern nur eine Verwendung, die den Namenscharakter der

---

[820] Fezer, GRUR 1996, 566, 568 re. Sp., 569 re. Sp.; Althammer/Ströbele, § 8 Rn. 54; Ingerl/Rohnke, NJW 1994, 1247, 1252 li. Sp.
[821] Amtliche Begründung zum Markenrechtsreformgesetz, BT-Drucksache 12/6581, S. 80.
[822] Fezer, GRUR 1996, 566, 568 re. Sp., 569 re. Sp.; Althammer/Ströbele, § 8 Rn. 54; Ingerl/Rohnke, NJW 1994, 1247, 1252 li. Sp.; Peschel, S. 45.
[823] Nägele, S. 63 f.
[824] So auch Will, S. 187.
[825] OLG Stuttgart WRP 1996, 634, 637 – Baggerparty; HansOLG Hamburg WRP 1996, 572, 576 – Les-Paul-Gitarren; 1997, 103, 105 – Cotto; WRP 1997, 106, 108 f. – Gucci; GRUR 1996, 982, 983 – Für Kinder; GRUR 1995, 816, 816 – XTensions; so auch Sambuc, GRUR 1997, 403, 405 re. Sp.; auch Althammer/Klaka, § 23 Rn. 5 gesteht zu, dass die Frage des zeichenmäßigen Gebrauchs i. R. v. § 23 MarkenG weiterhin eine Rolle spielt.
[826] EuGH GRUR 1999, 723, 726 Tz. 28 – Chiemsee; Ingerl, GRUR Int. 2001, 581, 586 li. Sp.
[827] A. A. Ingerl/Rohnke, GRUR 1994, 1247, 1252 li. Sp., die diese tatbestandlichen Einschränkungen von § 23 MarkenG nicht als Konkretisierungen sondern als Ersatz des markenmäßigen Gebrauchs betrachten.
[828] HansOLG Hamburg, WRP 1997, 106, 108 f. – Gucci.

persönlichen Angaben deutlich erkennen lässt.[829] § 23 Nr. 2 MarkenG erlaube nur die Benutzung eines Zeichens als beschreibende Angabe über Merkmale von Waren. Davon sei nicht erfasst, ein Zeichen eindeutig markenmäßig zu gebrauchen.[830] Gemäß § 23 Nr. 3 MarkenG sei die Benutzung einer fremden Marke als Hinweis auf die Bestimmung einer Ware, insbesondere zur Verdeutlichung der Zubehör- oder Ersatzteileigenschaft erlaubt, soweit die Benutzung dazu notwendig sei. Daraus ergebe sich eine Verpflichtung zu möglichst schonendem Gebrauch der Marke durch Dritte, d. h. der Dritte müsse die Marke so deutlich wie möglich rein beschreibend benutzen, dürfe sie also nicht markenmäßig nutzen.[831] In Übereinstimmung mit der obergerichtlichen Rechtsprechung zu § 23 MarkenG stellt markenmäßiger Gebrauch im Rahmen von § 23 MarkenG damit einen Mindeststandard unzulässiger Benutzungshandlungen dar, der aber noch Raum für nicht markenmäßige und dennoch unzulässige Benutzungshandlungen lässt.

Tatsächlich besteht kein schutzwürdiges Interesse Dritter an der markenmäßigen Verwendung einer fremden Marke, wenn die weiteren Voraussetzungen von § 14 Abs. 2 Nr. 1 – Nr. 3 MarkenG erfüllt sind. Damit ist die Benutzung einer Marke jedenfalls dann gemäß § 23 MarkenG unzulässig, wenn ein Dritter eine Marke markenmäßig benutzt.[832] Da die Markenmäßigkeit der Benutzung im Rahmen von § 23 MarkenG nur ein Mindeststandard ist, können auch Markenbenutzungen zur Produktunterscheidung als Konkretisierung der guten Sitten i. S. v. § 23 MarkenG betrachtet werden.

---

[829] Keller, GRUR 1996, 607, 611 f.

[830] Keller, GRUR 1996, 607, 612; OLG Stuttgart WRP 1996, 634, 637 – Baggerparty; HansOLG Hamburg WRP 1997, 103, 105 – Cotto; GRUR 1996, 982, 983 – Für Kinder; GRUR 1995, 816, 816 – XTensions.

[831] EuGH GRUR 1999, 723, 726, Tz. 28 – Chiemsee; Hackbarth, MarkenR 1999, 329, 321; Keller, GRUR 1996, 607, 612 f., der es für sekundär hält, ob markenmäßiger Gebrauch i. R. v. § 14 Abs. 2 MarkenG oder i. R. v. § 23 MarkenG zu prüfen ist.

[832] OLG Stuttgart WRP 1996, 634, 637 – Baggerparty; HansOLG Hamburg WRP 1996, 572, 576 – Les-Paul-Gitarren; 1997, 103, 105 – Cotto; WRP 1997, 106, 108 f. – Gucci; GRUR 1996, 982, 983 – Für Kinder; GRUR 1995, 816, 816 – XTensions; so auch Sambuc, GRUR 1997, 403, 405 re. Sp.; auch Althammer/Klaka, § 23 Rn. 5 gesteht zu, dass die Frage des zeichenmäßigen Gebrauchs gemäß § 23 MarkenG weiterhin eine Rolle spielt.

(f) § 26 MarkenG

Das Erfordernis markenmäßigen Gebrauchs gemäß § 14 Abs. 2 MarkenG wird auch aus § 26 MarkenG hergeleitet.[833] Die Begründung zum MarkenG besagt, dass § 26 MarkenG eine einheitliche Definition des Begriffs der Benutzung für alle Vorschriften enthält, nach denen es auf die Benutzung der Marke ankommt.[834] Für ein einheitliches Verständnis beider Begriffe spricht auch die identische Terminologie in §§ 14, 26 MarkenG.[835] Tatsächlich liegt §§ 14, 26 MarkenG derselbe Benutzungsbegriff zugrunde. Der jeweilige Zeichenverwender muss das gekennzeichnete Produkt als sein Leistungsangebot darstellen.[836]

(g) Zusammenfassung der systematischen Auslegung

Die in § 14 Abs. 3 MarkenG beispielhaft aufgeführten Benutzungshandlungen zu § 14 Abs. 2 MarkenG lassen nicht den Schluss zu, dass auf eine Eingrenzung der als Markenverletzung in Betracht kommenden Benutzungshandlungen zu verzichten ist. Das Bemühen um ein einheitliches Verständnis der Benutzung für alle Verletzungstatbestände gemäß § 14 Abs. 2 MarkenG spricht zwar gegen die differenzierende Ansicht, die *v. Gamm* und *v. Wahlert* vertreten, nicht aber für eine der übrigen Meinungen, da allen ein jeweils einheitliches Verständnis des Benutzungsbegriffes zugrundeliegt.

Zugunsten einer Eingrenzung der möglichen Benutzungshandlungen sprechen die aus §§ 16, 23 MarkenG gewonnenen Argumente. Der § 23 MarkenG zugrundeliegende Benutzungsbegriff lässt nicht jede beliebige Markennutzung durch Dritte zu, sondern allenfalls nur ein solche, die nicht markenmäßig ist. Dies schließt jedoch ein weitergehendes Verbot der Drittbenutzung nicht aus, wenn diese zwar noch nicht markenmäßig, aber bereits als Hinweis auf das Leistungsangebot des Markenverwenders benutzt wird. Aus § 26 MarkenG ergibt sich, dass eine rechtsverletzende Benutzung voraussetzt, dass der Zeichenverwender sein Leistungsangebot bezeichnet.

Das Verständnis von § 14 Abs. 4 letzter HS MarkenG im Hinblick auf den Benutzungsbegriff hängt davon ab, wie man die Formulierung in § 14 Abs. 2 MarkenG versteht, eine Marke müsse für Waren oder Dienstleistungen benutzt werden.

---

[833] Peschel, S. 43 f.
[834] Amtliche Begründung zum Markenrechtsreformgesetz, BT-Drucksache 12/6581, zu § 26, S. 83.
[835] Ingerl/Rohnke, § 26 Rn. 19 weisen darauf hin, dass die Terminologie im WZG uneinheitlich war. Peschel, S. 43 f. hingegen versteht „Benutzung" abhängig von der jeweiligen Norm im MarkenG unterschiedlich.
[836] Sh. Teil 2 F. I. 2.

(3.) Historische Auslegung

Die Auslegung des MarkenG kann sich nicht ohne weiteres auf die Rechtslage stützen, wie sie sich zum WZG dargestellt hat.[837] Dies hat zum einen den Grund, dass das MarkenG einen völligen Neuanfang[838] im deutschen Kennzeichenrecht markiert, zu dessen Auslegung nur noch auf die zum WZG geltenden Grundsätze abgestellt werden kann, soweit das MarkenG explizit oder implizit an diese anknüpft.[839] Zum anderen ist das MarkenG zwar ein nationales Gesetz, beruht aber auf der EU-MarkenRL, so dass nicht ohne weiteres davon ausgegangen werden kann, dass die in der Bundesrepublik zum WZG entwickelten Grundsätze in die MarkenRL aufgenommen wurden.

(a) Begründung zum MarkenG

Der Begründung zum MarkenG zufolge bestehen „... Zweifel daran ... , ob es gerechtfertigt ist, einen markenrechtlichen Anspruch dann zu gewähren, wenn die Marke nicht zur Kennzeichnung von Waren oder Dienstleistungen ... verwendet wird. ... „.[840] Dies deutet an, dass ein Anspruch aus § 14 MarkenG voraussetzt, dass ein Dritter eine Marke zur Kennzeichnung von Waren oder Dienstleistungen benutzt. Auch dieser Schluss ist jedoch nicht zwingend und bezieht sich zudem nicht direkt auf § 14 MarkenG, sondern auf die Reichweite der Erschöpfungseinschränkungen gemäß § 24 Abs. 2 MarkenG.[841]

Aus der Begründung zum MarkenG könnte auch der Schluss gezogen werden, das MarkenG verzichte auf jede Form der Eingrenzung der Verwendungen einer fremden Marke durch Dritte.[842] Denn dort heißt es, § 14 untersage jede Benutzung eines kollidierenden Zeichens im geschäftlichen Verkehr.[843] Allerdings wird in der Gesetzesbegründung fortgeführt, die nicht abschließende Aufzählung der Benutzungshandlungen in § 14 Abs. 2 und Abs. 3 MarkenG unterscheide sich grundsätzlich von § 15 WZG, in dem das Ausschlussrecht des Markeninhabers einer eingetragenen Marke sich auf das Recht zur Kennzeichnung, das Recht zum ersten Inverkehrbringen und das Recht zur Benutzung in den Geschäftspapieren und in der Werbung beschränkt.[844] Aus dieser Gegenüberstellung der Rechtslage nach dem WZG und dem MarkenG ergibt sich, dass von § 14 Abs. 2 MarkenG im Gegensatz zum WZG nicht nur eine der aufgezählten Handlungen, sondern jede Markenbenutzung erfasst

---

837 Peschel, S. 34 f.
838 Amtliche Begründung zum Markenrechtsreformgesetz, BT-Drucksache 12/6581, S. 59 li. Sp. oben.
839 Amtliche Begründung zum Markenrechtsreformgesetz, BT-Drucksache 12/6581, S. 58 f.
840 Amtliche Begründung zum Markenrechtsreformgesetz, BT-Drucksache 12/6581, S. 61 re. Sp.
841 Ebenso Ingerl/Rohnke, § 14 Rn. 51.
842 Ingerl/Rohnke, § 14 Rn. 51; Nägele, S. 84.
843 Amtliche Begründung zum Markenrechtsreformgesetz, BT-Drucksache 12/6581, S. 75 li. Sp.; ebenso S. 56, A III. 5. 6. Spiegelstrich.
844 Amtliche Begründung zum Markenrechtsreformgesetz, BT-Drucksache 12/6581, S. 75 li. Sp.

ist. Keine Aussage trifft diese Passage der Gesetzesbegründung jedoch darüber, was nach dem MarkenG unter einer Benutzung zu verstehen ist.[845]

Gegen das Erfordernis markenmäßigen Gebrauchs wird zudem ausgeführt, die Begründung zum MarkenG enthalte kein ausdrückliches Bekenntnis zum markenmäßigen Gebrauch, obwohl die Begründung zur MarkenRL insofern nicht eindeutig sei und die Rechtslage in den meisten europäischen Mitgliedstaaten von der bisher in Deutschland geltenden Rechtslage abweiche. Daher hätte nur eine positive Stellungnahme für die Annahme des Erfordernisses markenmäßiger Benutzung sprechen können, die es jedoch nicht gebe.[846] Tatsächlich spricht mehr für den gegenteiligen Schluss, da bei Veränderung einer bisher unumstrittenen Rechtslage ein klarer Hinweis zu erwarten gewesen wäre, inwiefern sich die Rechtslage verändert hat und worauf es in Zukunft ankommen wird. Daran fehlt es jedoch.

Der Verzicht auf eine Eingrenzung der möglichen Benutzungshandlungen wird mit der Aussage der Gesetzesbegründung begründet, eine Marke sei absolut gegen die Benutzung einer identischen Marke für identische Produkte geschützt. Wenn man absolut als uneingeschränkt versteht, könnte dies gegen eine Eingrenzung des Benutzungsbegriffes sprechen. Diese Aussage der Gesetzesbegründung betrifft jedoch nicht § 14 Abs. 2 Nr. 1 MarkenG, sondern § 9 Abs. 1 Nr. 1 MarkenG. Auf die Ausführungen zu § 9 wird im Rahmen der Gesetzesbegründung zu § 14 MarkenG zwar verwiesen, jedoch nur mit der Einschränkung, dass es gemäß § 14 Abs. 2 MarkenG im Gegensatz zu § 9 Abs. 1 MarkenG nicht auf die Eintragung, sondern auf die Benutzung eines Zeichens im geschäftlichen Verkehr ankommt. [847] Hinsichtlich der Frage der Benutzung i. S. v. § 14 Abs. 2 MarkenG kann also den Ausführungen zu § 9 Abs. 1 Nr. 1 MarkenG gerade nichts entnommen werden.

Aus der Gesetzesbegründung zu § 14 Abs. 2 Nr. 3 MarkenG ergibt sich ein Hinweis auf die Beschaffenheit der Benutzung als Voraussetzung aller Verletzungstatbestände gemäß § 14 Abs. 2 MarkenG. Dort heißt es, § 14 Abs. 2 Nr. 3 MarkenG sei ein wettbewerbsrechtlich orientierter Schutztatbestand, der den in der Marke verkörperten Goodwill schütze, ohne dass es auf eine Beeinträchtigung der Herkunftsfunktion ankomme.[848] Die Verletzung der Herkunftsfunktion setzt voraus, dass der angesprochene Verkehr davon ausgeht, dass das gekennzeichnete Produkt vom Zeicheninhaber stammt. Letztlich muss Verwechslungsgefahr

---

[845] Das gleiche gilt für die Amtliche Begründung zum Markenrechtsreformgesetz, BT-Drucksache 12/6581, S. 56, A III 5 6. Spiegelstrich.

[846] Fezer, GRUR 1996, 566, 569; Rößler, GRUR 1994, 559, 568 li. Sp.

[847] Amtliche Begründung zum MarkenG, BT-Drucksache 12/6581, zu § 14, S. 74 f. unter Verweis auf die Begründung zu § 9, S. 71.

[848] Amtliche Begründung zum MarkenG, BT-Drucksache 12/6581, S. 74 re. Sp. unten, S. 72.

bestehen.[849] Diese Prüfung impliziert Produktähnlichkeit, obwohl diese gemäß § 14 Abs. 2 Nr. 3 MarkenG gerade nicht vorliegen darf.[850] Zudem ist die erforderliche Produktähnlichkeit, und damit auch die Herkunftsverwirrung umso weniger zu anzunehmen, je weiter die gekennzeichneten Produkte von denen entfernt sind, für die die Marke geschützt ist.[851]

Da § 14 Abs. 2 Nr. 1, Nr. 2 MarkenG die Herkunftsfunktion schützt, nicht aber § 14 Abs. 2 Nr. 3 MarkenG, darf diese also nicht im Benutzungsbegriff berücksichtigt werden. Der Schutzzweck von § 14 Abs. 2 Nr. 3 MarkenG würde andernfalls konterkariert. Denn die Benutzung ist eine allgemeine Voraussetzung von § 14 Abs. 2 MarkenG, die für alle Verletzungstatbestände identisch zu definieren ist.[852] Die Einbeziehung der Herkunftsfunktion in den Benutzungsbegriff ist nicht erforderlich, da die für § 14 Abs. 2 Nr. 1, Nr. 2 MarkenG maßgeblich Herkunftsfunktion auch bei einer besonderen Voraussetzung dieser Verletzungstatbestände berücksichtigt werden kann. Soweit im WZG der Schluss gezogen wurde, dass eine rechtsverletzende Benutzung dazu geeignet sein muss, auf den Betriebsinhaber hinzuweisen[853], war dies unschädlich, da es keine mit § 14 Abs. 2 Nr. 3 MarkenG vergleichbare Vorschrift gab.

Aus der Unmaßgeblichkeit der Herkunftsfunktion im Rahmen der Benutzung folgt aber nicht, dass auf jegliche Eingrenzung der Markenbenutzungen verzichtet werden muss. Denn eine Benutzung zur Produktunterscheidung genügt den Anforderungen aller in § 14 Abs. 2 MarkenG normierten Schutztatbestände. Dass ein an der Herkunftsfunktion orientierter Benutzungsbegriff im Hinblick auf § 14 Abs. 2 Nr. 3 MarkenG zu eng wäre, spricht gegen den markenmäßigen Benutzungsbegriff.

Die Amtliche Begründung zum MarkenG gibt erstaunlicherweise nur wenige Hinweise auf die Qualität einer Benutzung gemäß § 14 Abs. 2 MarkenG. Allein die dortigen Ausführungen zu § 14 Abs. 2 Nr. 3 MarkenG sind aussagekräftig und sprechen gegen die Berücksichtigung der Herkunftsfunktion im Rahmen des Benutzungsbegriffes und damit indirekt für diejenigen Ansichten, die sich dagegen aussprechen.

---

849 BGH GRUR 1966, 681, 685 li. Sp. – Laternenflasche zeigt dies sehr deutlich.

850 Da die Prüfung der Warenähnlichkeit der Prüfung im WZG der Verwechslungsgefahr vorgeschaltet war, implizierte die Prüfung der Verwechslungsgefahr so wie auch im MarkenG, dass Produktähnlichkeit vorliegt.

851 In den BGH-Entscheidungen „Rolls Royce", „Markenverunglimpfung I", „Markenverunglimpfung II" fehlte es jeweils an markenmäßiger Benutzung, so dass § 1 UWG geprüft wurde, sh. unten Teil 2 E. IV 6.a) cc) und dd).

852 Sh. o. Teil 2, E. I. 6. b) bb) (2.) (a).

853 Baumbach/Hefermehl, WZG, § 15 Rn. 22; Keller, GRUR 1996, 607, 608 re. Sp.; v. Gamm, WRP 1993, 793, 795.

(b) Zusammenfassung der historischen Auslegung

Die Gesetzesbegründung zum MarkenG spricht sich im Hinblick auf § 14 Abs. 2 Nr. 3 MarkenG gegen die Berücksichtigung der Herkunftsfunktion im Rahmen des Benutzungsbegriffes aus.

(4.) Teleologische Auslegung

(a) Die Markenfunktionen

Dem Streit um das Verständnis der Benutzung i. S. v. § 14 MarkenG liegt auch die seit dem Inkrafttreten des MarkenG wieder angefachte Auseinandersetzung insbesondere über die Herkunftsfunktion der Marke zugrunde.[854] Dass eine Benutzung wie während der Geltung des WZG dazu geeignet sein muss, auf die Herkunft des Produktes hinzuweisen, wird mit dem Schutz der Herkunftsfunktion begründet.[855] Zwar muss jede Marke dazu geeignet sein, auf ihren Inhaber hinzuweisen, doch besagt dies noch nicht, dass die Herkunftsfunktion im Rahmen des Benutzungsbegriffes von Bedeutung sein muss. Wie bereits dargestellt, kann die gemäß § 14 Abs. 2 Nr. 3 MarkenG geschützte Werbefunktion nur sehr unzureichend geschützt werden, wenn man die Herkunftsfunktion bereits beim Benutzungsbegriff berücksichtigt.[856]

Gemäß § 14 Abs. 2 MarkenG ist eine Benutzung für Waren oder Dienstleistungen erforderlich. Beschränkt man sich auf diesen Wortlaut, anstatt auf die Herkunftsfunktion abzustellen, kommt es nur auf die Umstände der Markenbenutzung an. Die Benutzungen der Marke müssen sich auf ein Produkt beziehen und es als eigene Leistung herausstellen. Wird ein Zeichen markenmäßig benutzt, liegt zugleich auch immer eine Benutzung zur Produktunterscheidung vor, nicht aber umgekehrt.

(b) Vergleichende Werbung als Markenverletzung?

Soweit fremde Marken verwendet werden, überschneiden sich die Rechtsnormen hinsichtlich vergleichender Werbung mit dem MarkenG.[857] Nach der Begründung zum MarkenG ist die Verwendung der Marke eines Konkurrenten in vergleichender Werbung in aller Regel keine Markenverletzung, weil die Marke üblicherweise nicht für die eigene Waren oder

---

[854] Peschel, S. 37 f.; Will, S. 189.

[855] Piper, GRUR 1996, 429, 434 li. Sp.; v. Schultz, GRUR 1997, 408, 409 li. Sp. schließen aus dem zehnten Erwägungsgrund der MarkenRL, die Herkunftsfunktion werde im MarkenG jedenfalls bevorzugt geschützt.

[856] Sh. o. Teil 2 E., I. 6. bb) (3.) (a).

[857] Art. 3 a Abs. 1 lit. d), e), g) und mittelbar auch lit. h) der Richtlinie 84/450/EWG in der Fassung der Richtlinie 97/55/EG vom 6. 10. 1997; EuGH GRUR Int. 2002, 50, 53 Tz. 34 f., 48 f. – Toshiba/Katun.

Dienstleistungen des Werbenden, sondern als Bezugnahme auf die des Konkurrenten benutzt wird.[858] Daraus wird gefolgert, im Fall vergleichender Werbung fehle die an sich notwendige markenmäßige Benutzung.[859] Dem wird entgegengehalten, dieser Schluss gehe zu weit, da der Inhalt dieser Anmerkung durch die Worte „... in aller Regel ..." abgeschwächt werde.[860]

Im Umkehrschluss bedeutet diese Passage der Gesetzesbegründung, dass vergleichende Werbung in Einzelfällen eine Markenverletzung sein kann. Es stellt sich daher die Frage, wie die MarkenRL zur Richtlinie über vergleichende Werbung steht, und welche Rückschlüsse dies auf den Benutzungsbegriff i. S. d. Markenrechts erlaubt. Dem 15. Erwägungsgrund der Richtlinie 97/55/EG[861] zufolge ist die Verwendung einer fremden Marke in vergleichender Werbung keine Verletzung des Ausschließlichkeitsrechtes des Markeninhabers, wenn der Zweitverwender die in der Richtlinie 97/55/EG aufgestellten Bedingungen beachtet.

Der nationale Gesetzgeber hat mittlerweile die Richtlinie 97/55/EG umgesetzt und in §§ 2, 3 S. 2 UWG eingefügt.[862] Vergleichende Werbung ist jede Werbung, die unmittelbar oder mittelbar einen Mitbewerber oder die diesem angebotenen Waren oder Dienstleistungen erkennbar macht. Liegen die Voraussetzungen von § 2 Abs. 2 UWG vor, ist die vergleichende Werbung zulässig.[863] Die Regelungskomplexe der MarkenRL und der Richtlinie 97/55/EG können sich überschneiden, wenn eine zulässige vergleichende Werbung vorliegt, die als Markenverletzung verboten sein kann. Dann besteht die Gefahr sich widersprechender Ergebnisse.

Der EuGH geht in seinem Urteil „Toshiba/Katun" davon aus, dass die Benutzung einer Marke in einer vergleichenden Werbung eine Markenverletzung darstellt, deren Zulässigkeit sich in

---

858 Amtliche Begründung zum Markenrechtsreformgesetz, BT-Drucksache 12/6581, S. 75 re. Sp. oben.

859 Keller, GRUR 1996, 607, 610 re. Sp.; Sack, GRUR 1995, 81, 94 f.
ebenso versteht dies v. Linstow, WRP 2000, 955, 956 re. Sp. oben, bejaht jedoch auf der Grundlage der zum WZG vertretenen Definition zum zeichenmäßigen Gebrauch zu Unrecht markenmäßigen Gebrauch.

860 So auch Fezer, GRUR 1996, 566, 569.

861 Die Richtlinie 84/450/EWG des Rates zur Angleichung der Rechts- und Verwaltungsvorschriften der Mitgliedstaaten über irreführende Werbung, vom 10 September 1984, abgedruckt in GRUR Int. 1984, 688 ff. in der Fassung der Richtlinie 97/55/EG des Europäischen Parlaments und des Rates vom 6. Oktober 1997 zur Änderung der Richtlinie 84/450/EWG über irreführende Werbung zwecks Einbeziehung der vergleichenden Werbung, ABl. L 290/18 vom 23. Oktober 1997, abgedruckt in GRUR 1998, 117 ff.; im folgenden nur noch „Richtlinie über vergleichende Werbung"; zum Richtlinienvorschlag der EG-Kommission bezügl. vergleichender Werbung vgl. Gamm, WRP 1992, 143 ff.

862 Gesetz zur vergleichenden Werbung und zur Änderung wettbewerbsrechtlicher Vorschriften vom 1.9.2000, BGBl. I 1374. Begründung des Regierungsentwurfs vom 23.2.2000, BT-Drucksache 14/2959, abgedruckt in WRP 2000, 555 ff..

863 Weiterführend zur vergleichenden Werbung Plaß, NJW 2000, 3161 ff.;

dem vorgelegten Fall nach Art. 6 Abs. 1 lit. c) MarkenRL beurteilt.[864] Art. 6 Abs. 1 lit. c) MarkenRL entspricht § 23 Nr. 3 MarkenG, wonach der Markeninhaber einem Dritten nicht untersagen kann, im geschäftlichen Verkehr die Marke als Hinweis auf die Bestimmung einer Ware, *insbesondere als Zubehör zu benutzen, soweit die Benutzung erforderlich* ist. Dies entspricht dem im „BMW/Deenik" –Urteil dargelegten weiten Benutzungsbegriff.

Verkade/Bruining gehen demgegenüber davon aus, dass die Benutzung einer Marke in vergleichender Werbung keine Markenverletzung ist und befürworten eine abschließende Beurteilung vergleichender Werbung anhand der Richtlinie 97/55/EG.[865] Demnach ist die Benutzung einer fremden Marke zur Kennzeichnung einer fremden Leistung vergleichende Werbung und die Benutzung einer fremden Marke zur Kennzeichnung der eigenen Leistung eine Markenbenutzung i. S. d. MarkenRL.

Peschel zufolge ist eine Überschneidung der Richtlinie 97/55/EG mit der MarkenRL ausgeschlossen, wenn Benutzung als kennzeichenmäßiger Gebrauch verstanden wird.[866] Da er die Herkunftsfunktion im Rahmen des Benutzungsbegriffes für unmaßgeblich erachtet und eine Benutzung bereits annimmt, wenn die Marke zur Unterscheidung von Produkten verwendet wird, kann *Peschel* eine Markenbenutzung im Fall vergleichender Werbung nur noch daran scheitern lassen, dass der Werbende die fremde Marke nicht zum Gegenstand der eigenen Leistung macht. *Sambuc* lehnt eine markenmäßige Benutzung im Fall vergleichender Werbung ab, da diese zwar die Werbefunktion, nicht aber die Herkunftsfunktion berühre.[867]

Nägele hingegen hält die Verwendung einer fremden Marke in einer vergleichenden Werbung für eine Markenbenutzung, da die fremde Marke zu dem Produkt und der Marke des Vergleichenden in Bezug gesetzt wird und er dadurch sein Produkt gerade von dem des Mitbewerbers unterscheidet. Dass die Marke nicht für Produkte des Vergleichenden, sondern die des Markeninhabers verwendet wird, hält er für unschädlich.[868]

Die Auffassung *Nägeles* ist abzulehnen. Die übrigen dargestellten Auffassungen sowie die zitierte Passage der Begründung zum MarkenG stimmen darin überein, dass es notwendig ist, dass der Dritte eine Marke zur Kennzeichnung seines eigenen Leistungsangebotes

---

[864] EuGH GRUR Int. 2002, 50, 53 Tz. 34 ff. – Toshiba/Katun.
[865] Verkade/Bruining, MarkenR 2000, 41, 44 re. Sp.
[866] Peschel, S. 48 ff., 52 ff.; auch Kur, MarkenR 2001, 137, 142 li. Sp., bemüht sich darum, die grundsätzliche Zulässigkeit vergleichender Werbung mit dem Benutzungsbegriff des EuGH zu vereinbaren, und schlägt vor, § 24 MarkenG anzuwenden.
[867] Sambuc, WRP 2000, 985, 989 li. Sp.
[868] Nägele, MarkenR 1999, 177, 180.

verwendet.[869] Insoweit trifft die von *Verkade/Bruining* vorgeschlagene Differenzierung zwischen vergleichender Werbung und Markenbenutzung im Grundsatz zu, ist allerdings im Hinblick auf den weiten Begriff der vergleichenden Werbung des EuGH[870] problematisch. Denn im Einzelfall ist es nicht ausgeschlossen, dass ein Dritter zwar seine eigene Leistung mit einer fremden Marke kennzeichnet, aber dennoch eine vergleichende Werbung vorliegt. Der Vergleich der MarkenRL mit der Richtlinie über vergleichende Werbung ergibt also nur, dass der markenrechtliche Benutzungsbegriff voraussetzt, dass der Dritte seine eigene Leistung mit einer fremden Marke kennzeichnen muss.

(c) Umfassender Schutz gemäß § 14 Abs. 2 Nr. 3 MarkenG?

Das Verständnis des Benutzungsbegriffes hängt im Hinblick auf § 14 Abs. 2 Nr. 3 MarkenG u. a. davon ab, wie man das Verhältnis von markenrechtlichem Schutz der bekannten Marke zu ihrem wettbewerblichen Schutz versteht. Der Verzicht auf jede Eingrenzung des Benutzungsbegriffes gemäß § 14 Abs. 2 MarkenG hat zur Folge, dass alle Benutzungen einer Marke außerhalb des Warenähnlichkeitsbereiches abschließend gemäß § 14 Abs. 2 Nr. 3 MarkenG beurteilt werden können und insoweit nicht mehr auf § 1 UWG oder §§ 823, 1004 BGB jeweils i. V. m. § 2 MarkenG zurückgegriffen werden muss.[871] Die Ansichten, die sich für eine wie auch immer geartete Eingrenzung des Benutzungsbegriffes einsetzen, haben hingegen zur Folge, dass gemäß § 14 Abs. 2 Nr. 3 MarkenG bekannte Marken außerhalb des Produktähnlichkeitsbereiches nicht abschließend geschützt sind.

Für eine abschließende Beurteilung der Fälle der Rufausbeutung und Rufverwässerung gemäß § 14 Abs. 2 Nr. 3 MarkenG wird eingewendet, dass dadurch ein europaweit einheitlicher Schutz für bekannte Marken außerhalb des Produktähnlichkeitsbereiches gewährleistet werde, den der EuGH im Wege des Vorlageverfahrens gemäß Art. 234 EGV EU-weit einheitlich bestimmen und ausgestalten könne.[872] Ein zusätzlicher wettbewerblicher oder zivilrechtlicher Markenschutz würde sich hingegen nach nationalstaatlichen Vorschriften richten, bezüglich derer der EuGH keine Harmonisierung herbeiführen könne.[873]

Gegen die Notwendigkeit, Art. 5 Abs. 2 MarkenRL EU-weit einheitlich umzusetzen und auszulegen, wird eingewendet, dass die Mitgliedstaaten diese Vorschrift nicht umsetzen müssten, so dass es ihnen auch frei stehen müsse, inwieweit sie Art. 5 Abs. 2 MarkenRL

---

[869] So auch Ingerl/Rohnke, § 14 Rn. 85 ff.
[870] EuGH GRUR Int. 2002, 50, 52 Tz. 29-31 – Toshiba/Katun.
[871] Fezer, GRUR 1996, 566, 570 li. Sp. unten; Will, S. 189.
[872] So wohl auch Fezer, GRUR 1996, 566, 570 li. Sp. unten; Will, S. 189 f.
[873] Auch vor Inkrafttreten des MarkenG stützte sich der BGH in Fällen nicht markenmäßigen Gebrauchs einer bekannten Marke auf § 1 UWG.

umsetzten.[874] Dies ist jedoch unzutreffend. Soweit eine Option wie Art. 5 Abs. 2 MarkenRL umgesetzt wird, muss der daraus erwachsende Schutz EU-weit einheitlich sein.[875] Bei allgemeiner Betrachtung spricht für eine inhaltlich gebundene Umsetzung von Optionsvorschriften wie Art. 5 Abs. 2 MarkenRL, dass der EuGH auch über Optionsnormen im Vorabentscheidungsverfahren gemäß Art. 234 EGV entscheiden[876] und eine einheitliche Auslegung festlegen kann.[877] Bestimmungen einer Richtlinie sind autonome Rechtsbegriffe des Gemeinschaftsrechtes, die auch dann eigenständiger Auslegung bedürfen, wenn sie nicht zwingend umgesetzt werden müssen, aber umgesetzt wurden.[878]

Speziell im Hinblick auf Art. 5 Abs. 2 MarkenRL spricht die detaillierte Aufzählung der Voraussetzungen des Schutzes in Art. 5 Abs. 2 MarkenRL für ein EU-weit übereinstimmendes Verständnis. Wäre es der EU allein um eine Option zum Schutze der bekannten Marke außerhalb des Warenähnlichkeitsbereiches gegangen, hätte nicht zusätzlich die Rufausbeutung bzw. Rufverwässerung als Voraussetzung normiert werden müssen. Schließlich zeigt auch der 16. Erwägungsgrund der GMVO, dass die EU-Mitgliedstaaten in der Umsetzung von Art. 5 Abs. 2 MarkenRL gebunden sind. Dem 16. Erwägungsgrund der GMVO zufolge ist es zu vermeiden, dass es in Rechtsstreitigkeiten über denselben Tatbestand zwischen denselben Parteien zu voneinander abweichenden Gerichtsurteilen aus einer Gemeinschaftsmarke und einer nationalen Marke kommt. Die bekannte Marke ist gemäß Art. 9 Abs. 1 lit. c) GMVO außerhalb des Produktähnlichkeitsbereiches geschützt. Ein Gleichlauf von GMVO und den auf der MarkenRL beruhenden nationalen Markengesetzen ist nur zu erreichen, wenn eine durch die MarkenRL gewährte Option in der dort vorgesehenen Weise und nicht anders umgesetzt wird.

Der Verzicht auf eine Eingrenzung des Benutzungsbegriffes überzeugt im Hinblick auf § 14 Abs. 2 Nr. 3 MarkenG nicht. Diese Auffassung überspannt die Reichweite einer Richtlinie,

---

874 So Rößler GRUR 1994, 559, 561 re. Sp.; Sack, GRUR 1995, 81, 81 re. Sp.; a. A. insbes. bezüglich Art. 7 MarkenRL, aber auch insgesamt zu Art. 5 – 7 MarkenRL EuGH WRP 1998, 851, 853 – Silhouette.

875 So hinsichtlich Art. 5 – 7 MarkenRL insgesamt EuGH WRP 1998, 851, 853 – Silhouette; Kunz-Hallstein, Die Neuordnung des Markenrechts in Europa, S. 131 f.; a. A. Sack, GRUR 1995, 81, 81 re. Sp. zu Art. 5 Abs. 2 MarkenRL.

876 Geiger, Art. 234 Rn. 6; Bleckmann Rn. 942; hinsichtlich Grabnitz/Hilf/ Wohlfahrt, Art. 177 Rn. 18 ist klarzustellen, dass zwischen einer Stellungnahme sowie einer Empfehlung einerseits und einer teilweise unverbindlichen Richtlinie andererseits zu unterscheiden ist, so dass nicht Art. 230 EGV (ex-Art. 173 EGV Maastrichter Fassung) allein anwendbar ist, sondern auch ein Vorabentscheidungsverfahren gemäß Art. 234 EGV in Frage kommt.

877 Kunz-Hallstein, Die Neuordnung des Markenrechts in Europa, S. 131 f.

878 Piper, GRUR 1996, 429, 430 re. Sp.; Kur, GRUR 1994, 330, 333 re. Sp.; Verkade, GRUR Int. 1992, 92, 95 re. Sp. unten.

insbesondere die Reichweite der MarkenRL. Richtlinien dienen der Rechtsharmonisierung, der Rechtsvereinheitlichung dienen nur Verordnungen.

Auch die MarkenRL ist kein Instrument der Rechtsvereinheitlichung. Dies zeigt sich nicht zuletzt an der völlig unterschiedlichen Art der gesetzlichen Umsetzung der MarkenRL in den Mitgliedsstaaten der EU[879]. Zudem strebt die EG im Bereich des Markenrechtes nicht die vollständige Rechtsangleichung, sondern beschränkt sich auf die mitgliedstaatlichen Vorschriften, die sich am unmittelbarsten auf das Funktionieren des Binnenmarktes auswirken. Dies ergibt sich aus dem 3. Erwägungsgrund der MarkenRL. Der 6. Erwägungsgrund der MarkenRL erlaubt den Mitgliedstaaten außerdem, auf Marken zusätzlich Vorschriften gegen den unlauteren Wettbewerb etc. anzuwenden. Außerdem lässt die MarkenRL ausdrücklich noch erhebliche Harmonisierungsoptionen offen[880] und stellt beispielsweise den Schutz der nicht eingetragenen Marke gänzlich in das Belieben der Mitgliedstaaten.[881]

Drittens darf man nicht übersehen, dass Art. 5 Abs. 2 MarkenRL nur optional von den Mitgliedstaaten umgesetzt werden muss. Da diese Bestimmung in den Mitgliedstaaten nicht umgesetzt werden muss, würde eine EU-weite Vereinheitlichung nur eintreten, wenn alle EU-Mitgliedstaaten von dieser Option Gebrauch machen.

Selbst wenn die Option in Art. 5 Abs. 2 MarkenRL in allen Mitgliedstaaten umgesetzt würde, und diese Umsetzung in materieller Hinsicht einheitlich erfolgt wäre, hieße dies noch nicht, dass Art. 5 Abs. 2 MarkenRL den Schutz bekannter Marken außerhalb des Produktähnlichkeitsbereiches abschließend beurteilt. Ein durch das MarkenG abschließend gewährter Schutz der bekannten Marke außerhalb des Produktähnlichkeitsbereiches kann auch nicht mit Satz 2 des 9. Erwägungsgrundes der MarkenRL begründet werden. Diesem zufolge bleibt es den Mitgliedstaaten unbenommen, bekannten Marken einen weitergehenden Schutz zu gewähren. Damit ist jedoch nicht gemeint, dass ein weitergehender Schutz bekannter Marken durch das Markenrecht gewährleistet werden darf, sondern nur, dass dazu auf sonstige Vorschriften außerhalb des Markenrechtes zurückgegriffen werden kann. Denn die detaillierte Regelung in Art. 5 Abs. 2 MarkenRL wäre überflüssig, wenn bekannte

---

879 Vgl. die Zusammenstellung der verschiedenen Markengesetze der Mitgliedstaaten der EU bei Schricker/Bastian/Albert, S. 199 ff., beispielsweise das BMW, in der Übersetzung von Henning-Bodewig, S. 199 ff. [Art. 13 A.1. c) BMW entspricht § 14 Abs. 2 Nr. 3 MarkenG], sowie das TMA 1994, in der Originalfassung abgedruckt a. a. O., S. 557 ff. [Sec. 10 Abs. 3 TMA 1994 entspricht § 14 Abs. 2 Nr. 3 MarkenG].

880 Vgl. die Harmonisierungsoptionen der MarkenRL zugunsten der Mitgliedstaaten in Art. 3 Abs. 2, Abs. 4, Art. 4 Abs. 4 – 6, Art. 5 Abs. 2, Art. 9 Abs. 2, Art. 11 Abs. 2, Abs. 3, Art. 15 Abs. 2 MarkenRL. A. A. Will, S. 190 ohne nähere Begründung.

881 4. Erwägungsgrund der MarkenRL.

Marken auch weitergehend durch das Markenrecht geschützt werden könnten.[882] Die Offenheit des MarkenG für die Anwendbarkeit anderer Vorschriften als dem MarkenG wurde durch § 2 MarkenG ermöglicht. Denn in § 2 MarkenG wird normiert, dass die vom MarkenG geregelten Sachverhalte u. U. nicht abschließend durch das MarkenG erfasst werden. Welche Regelungskomplexe unvollständig sind, sagt § 2 MarkenG nicht aus.

Damit muss der markenrechtliche Schutzumfang der bekannten Marke außerhalb des Warenähnlichkeitsbereiches europaweit einheitlich verstanden werden, wenn sich ein Mitgliedstaat zur Umsetzung von Art. 5 Abs. 2 MarkenRL entschließt. Daraus lässt sich aber nicht ableiten, wie weit dieser europaweit einheitliche markenrechtliche Schutzumfang der bekannten Marke außerhalb des Warenähnlichkeitsbereiches geht und ab wann nationalstaatliche Regelungen zu ihrem Schutz eingreifen. Zwar würde eine europaweit abschließende, einheitliche Auslegung des Schutzes der bekannten Marke den EU-Markenschutz vereinheitlichen.[883] Dem Ziel einer teilweisen Rechtsharmonisierung, wie sie die MarkenRL anstrebt, wird jedoch auch derjenige gerecht, der bekannte Marken außerhalb des Warenähnlichkeitsbereiches EU-weit einheitlich durch das Markenrecht und ergänzend über das Wettbewerbs- und Zivilrecht schützt, soweit es an einer markenrechtlichen Benutzung fehlt.

Somit kann der Verzicht auf jede Eingrenzung des Benutzungsbegriffs nicht damit begründet werden, dass der Regelungsgegenstand von § 14 Abs. 2 Nr. 3 MarkenG EU-weit einheitlich verstanden werden muss, damit diese Vorschrift möglichst umfassend Anwendung findet.

(d) Zusammenfassung der teleologischen Auslegung

Aus § 14 Abs. 2 Nr. 3 MarkenG bzw. Art. 5 Abs. 2 MarkenRL folgt, dass der markenrechtliche Schutz der bekannten Marke außerhalb des Produktähnlichkeitsbereiches EU-weit einheitlich zu verstehen ist. Daraus folgt jedoch nicht ein Verzicht auf die Eingrenzung des markenrechtlichen Benutzungsbegriffes. Das Verhältnis von MarkenRL zur Richtlinie über vergleichende Werbung und der Umfang rechtlichen Schutzes für bestimmte Markenfunktionen geben keine Hinweise auf die Anforderungen an den markenrechtlichen Benutzungsbegriff.

---

[882] A. A. Sack, GRUR 1995, 81, 81 re. Sp.
[883] Rößler GRUR 1994, 559, 561 re. Sp. betrachtet dies als Vorteil.

(5.) Europarechtskonforme Auslegung

(a) Art. 5 Abs. 1, Abs. 2 MarkenRL

Der Verzicht auf eine Eingrenzung der Benutzungshandlungen im Rahmen von § 14 Abs. 2 MarkenG wird u. a. damit begründet, die MarkenRL gebe keine Aufschlüsse hinsichtlich der Frage des markenmäßigen Gebrauchs.[884] Eine Eingrenzung der Benutzungshandlungen folge auch nicht aus dem Wortlaut von Art. 5 Abs. 1, Abs. 2 MarkenRL, der nur eine nicht näher definierte Zeichenbenutzung voraussetzt. Die Benutzung muss jedoch „für Waren oder Dienstleistungen" erfolgen. Insoweit gilt das zum Wortlaut von § 14 Abs. 2 MarkenG Gesagte.

(b) Art. 5 Abs. 5 MarkenRL

Die meisten Befürworter der Aufrechterhaltung des Erfordernisses markenmäßigen Gebrauchs begründen dies mit Art. 5 Abs. 5 MarkenRL.[885] Art. 5 Abs. 5 MarkenRL besagt, dass nationalstaatliche Regelungen aufrechterhalten bleiben können, die einen Schutz gegenüber der Verwendung eines Zeichens zu anderen Zwecken als der Unterscheidung von Waren oder Dienstleistungen bezwecken, wenn die Benutzung des Zeichens die Unterscheidungskraft oder Wertschätzung der Marke ohne rechtfertigenden Grund in unlauterer Weise ausnutzt oder beeinträchtigt. Was jedoch unter Verwendung i. S. v. Art. 5 Abs. 5 MarkenRL zu verstehen ist, ist umstritten. Viele vertreten unter Berufung auf Art. 5 Abs. 5 MarkenRL die Auffassung, eine „Verwendung zur Unterscheidung von Waren oder Dienstleistungen" sei als markenmäßiger Gebrauch und dieser wiederum wie im WZG zu verstehen.

Rößler zieht aus Art. 5 Abs. 5 MarkenRL den gegenteiligen Schluss. Diese Vorschrift stelle es den Mitgliedsstaaten gerade frei, Marken auch über markenmäßigen Gebrauch hinaus zu schützen.[886] Gemäß Art. 5 Abs. 5 MarkenRL können Bestimmungen aufrecht erhalten bleiben, die bei Verabschiedung der MarkenRL bereits bestanden. Dies folgt aus der Formulierung „ ... die in einem Mitgliedstaat *geltenden* Bestimmungen ... ".[887] Art. 5 Abs. 5 MarkenRL ist daher keine Ermächtigung zum Erlaß der dort beschriebenen Bestimmungen,

---

[884] Starck, GRUR 1996, 688, 691 re. Sp.; zur richtlinienkonformen Auslegung Nägele, S. 138 f.

[885] Keller, GRUR 1996, 607, 609 li. Sp.; Kunz-Hallstein, GRUR Int. 1990, 747, 757 re. Sp.; Kunz-Hallstein, FS 100 Jahre Marken-Amt, S. 147, 162; Sack, GRUR 1995, 81, 94 re. Sp.; Peschel, S. 47 f.; Ernst-Moll, GRUR 1993, 8, 17 re. Sp.; v. Schultz, GRUR 1997, 408, 409; Sambuc, GRUR 1997, 403, 405 re. Sp.; Schulz, 89 f.; KG WRP 1997, 85, 86 – Alles wird teurer; so auch EuGH JZ 1999, 835, 836 f. Tz. 38ff. – BMW/Deenik.

[886] Rößler, GRUR 1994, 559, 568 li. Sp.

[887] Hervorhebungen durch den Verfasser.

sondern nur zur deren Aufrechterhaltung. Hinzu kommt, dass nur solche Vorschriften aufrechterhalten werden dürfen, die eine Marke vor einer Benutzung schützen, durch die ihre Unterscheidungskraft oder Wertschätzung ohne rechtfertigenden Grund in unlauterer Weise ausgenutzt oder beeinträchtigt wird. Daraus folgt jedoch, dass die MarkenRL zum einen Marken nur insoweit schützt, als sie zur Unterscheidung von Waren oder Dienstleistungen benutzt werden, und zum anderen den weitergehenden Schutz ohne Benutzung zur Produktunterscheidung nur ausnahmsweise zulässt, soweit diese Vorschriften bei Verabschiedung der MarkenRL bereits bestanden und sie eine Marke nur vor Rufausnutzung bzw. Rufverwässerung schützen.

Der Schutz einer Marke vor anderer Benutzung als der zur Produktunterscheidung setzt gemäß Art. 5 Abs. 5 MarkenRL voraus, dass die Zeichenbenutzung die Unterscheidungskraft oder die Wertschätzung der Marke ohne rechtfertigenden Grund in unlauterer Weise ausnutzt oder beeinträchtigt. Wer also aus Art. 5 Abs. 5 MarkenRL den Schluss zieht, dass ein Zeichen auch geschützt wird, wenn es nicht zur Produktunterscheidung benutzt wird, müsste gemäß Art. 5 Abs. 5 MarkenRL konsequenterweise in diesen Fällen zusätzlich prüfen, ob dadurch die Unterscheidungskraft oder Wertschätzung der Marke ohne rechtfertigenden Grund in unlauterer Weise ausgenutzt oder beeinträchtigt würde. Dies vertritt jedoch auch *Rößler* nicht.[888] Dadurch würde der Benutzungsbegriff überladen. Art. 5 Abs. 5 MarkenRL ermöglicht also einen über die „Benutzung“ i. S. d. MarkenRL hinausgehenden Schutz nur für solche Fallgestaltungen, wie sie beispielsweise dem „Rolls Royce“ -Urteil zugrundelagen, in denen die Marke gerade nicht zur Produktunterscheidung eingesetzt wurde. Also schützt die MarkenRL nicht vor jeder, sondern nur vor bestimmten Drittnutzungen einer Marke.

Einer am Wortlaut von Art. 5 Abs. 5 MarkenRL orientierten Auslegung wird vorgehalten, einem wortlautgetreuen Verständnis stehe entgegen, dass es sich bei Richtlinien um Kompromisse handele, die teilweise sehr unterschiedliche mitgliedstaatliche Denkweisen und Rechtstraditionen miteinander verbänden. Art. 5 Abs. 5 MarkenRL sei nur auf Betreiben der Benelux-Länder in die MarkenRL aufgenommen worden, um die Benutzung einer Marke in Presseerklärungen beibehalten zu können.[889]

Zwar darf sich die Auslegung einer Norm nicht auf deren Wortlaut beschränken, doch ist der Wortlaut einer Norm Ausgangspunkt und äußere Grenze der Auslegung. Bei der weiteren Prüfung müssen sich stichhaltige Gründe für ein Abweichen von einer eindeutigen Wortlaut-

---

[888] Rößler, GRUR 1994, 559 ff.
[889] Will, S. 191 f.

interpretation ergeben. Diese sind vorliegend nicht gegeben. Ein solcher Grund ist auch nicht darin zu sehen, dass auf europäischer Ebene verschiedene nationale Rechtssysteme, die Ausdruck unterschiedlichen Rechtsdenkens sind, in eine EU-Rechtsnorm einfließen. Denn zum einen ist eine möglichst widerspruchsfreie Auslegung Aufgabe der Rechtsanwendung. Zum anderen verlieren mitgliedstaatliche Vorschriften durch die Aufnahme in eine Richtlinie ihren nationalen Charakter und werden Teil autonomen Gemeinschaftsrechtes. So legt auch der EuGH Begriffe unabhängig von dem Verständnis des Begriffes in dem jeweiligen Mitgliedstaat aus. Somit kommt es auf die Bedeutung der ehemals nationalen Bestimmung nur noch ergänzend, nicht aber mehr entscheidend an.[890] Auf die Bedeutung von Art. 5 Abs. 5 MarkenG für die Benelux-Staaten kommt es danach für die Auslegung dieser Vorschrift nicht an.

Gegen den Rückschluss aus Art. 5 Abs. 5 MarkenRL wird zudem eingewendet, der Wortlaut von Art. 5 Abs. 5 MarkenRL sei missverständlich, da es wörtliche Übereinstimmungen[891] zwischen ihm und Art. 5 Abs. 2 MarkenRL gebe und nicht klar sei, worin der Unterschied zwischen beiden Vorschriften bestehe. Daher ließen sich aus diesem keine eindeutigen Schlüsse ziehen.[892] Art. 5 Abs. 2 und Abs. 5 MarkenRL unterscheiden sich in mehrfacher Hinsicht voneinander. Art. 5 Abs. 2 MarkenRL normiert einen Schutztatbestand, während Art. 5 Abs. 5 MarkenRL einen nationalstaatlichen Schutztatbestand voraussetzt, den die jeweiligen Einzelstaaten beibehalten dürfen, und der Zeichen davor schützt, zu anderen Zwecken als der Unterscheidung von Waren oder Dienstleistungen verwendet zu werden. Dass zwischen Art. 5 Abs. 2 und Abs. 5 MarkenRL ein Unterschied besteht, ergibt sich auch daraus, dass andernfalls die Mitgliedstaaten gemäß Art. 5 Abs. 2 MarkenRL die Möglichkeit hätten, eine bestimmte Schutzmöglichkeit zu schaffen, deren Aufrechterhaltung ihnen in Art. Abs. 5 MarkenRL erlaubt würde. Dies ergäbe sich jedoch bereits aus Art. 5 Abs. 2 MarkenRL im Wege des „Erst-Recht-Schlusses". Schließlich unterscheiden sich diese beiden Vorschriften der MarkenRL dadurch, dass der Schutztatbestand in Art. 5 Abs. 2 MarkenRL eine bekannte Marke voraussetzt, während Art. 5 Abs. 5 MarkenRL jeder Marke den Schutz vor Rufausbeutung und Rufverwässerung zugesteht. Denn Art. 5 Abs. 2 MarkenRL normiert einen zeichenrechtlichen Schutztatbestand, der das Fehlen von Produktähnlichkeit durch die Bekanntheit der Marke kompensiert. Demgegenüber setzt Art. 5 Abs. 5 MarkenRL einen wettbewerblichen Tatbestand voraus, der auf eine gedankliche Verbindung von Marke zu Ware verzichten kann.

---

[890] So ausdrücklich Will, S. 71 f.

[891] „... die Unterscheidungskraft oder die Wertschätzung der Marke ohne rechtfertigenden Grund in unlauterer Weise ausnutzt oder beeinträchtigt ... ".

[892] Will, S. 191 f.

Fezer versucht, die Bedeutung von Art. 5 Abs. 5 MarkenRL zu relativieren, indem er diesen als reinen mitgliedstaatlichen Regelungsvorbehalt einordnet, der keine Aussage über Art. 5 Abs. 1 – 4 MarkenRL trifft. Regelungszweck von Art. 5 Abs. 5 MarkenRL sei es, den Mitgliedstaaten zuzugestehen, die Marke auch außermarkenrechtlich zu schützen. Dieser Regelungsvorbehalt werde durch § 2 MarkenG umgesetzt, der es nicht ausschließe, andere Vorschriften zum Schutz von Marken anzuwenden.[893] Auch dem lässt sich entgegenhalten, dass der Regelungsvorbehalt in Art. 5 Abs. 5 MarkenRL nur dann notwendig ist, wenn Art. 5 Abs. 1 – Abs. 4 MarkenRL nicht vor allen, sondern nur vor bestimmten Drittbenutzungen der Marke schützt. Dies ist der Gesichtspunkt, der markenrechtlich und außermarkenrechtlich zu beurteilende Sachverhalte voneinander unterscheidet. Auch gemäß § 2 MarkenG ist die Benutzung einer Marke zur Unterscheidung von Waren oder Dienstleistungen die Grenze des Markenrechtes. Denn § 2 MarkenG eröffnet nur die Möglichkeit außermarkenrechtlichen Schutzes, während Art. 5 Abs. 5 MarkenRL sich auf den markenrechtlichen Schutz bezieht.

Zusammenfassend kann aus Art. 5 Abs. 5 MarkenRL gefolgert werden, dass die nach dem Markenrecht zu beurteilenden Sachverhalte sich von den übrigen Sachverhalten dadurch unterscheiden, dass sie voraussetzen, dass eine Marke für Waren oder Dienstleistungen benutzt wird. Wie man diesen Wortlaut versteht, hängt davon ab, ob man sich auf diesen beschränkt oder man zusätzlich eine Benutzung zu Produktunterscheidung verlangt mit der Folge, dass die Markenbenutzung als Hinweis auf Markeninhaber zu verstehen sein muss.

(c) GMVO

Zur Begründung des Erfordernisses markenmäßigen Gebrauches wird auf die GMVO verwiesen, die den Markeninhaber ebenfalls nur vor zeichenmäßigem Gebrauch durch Dritte schütze. Zwar fehle eine mit Art. 5 Abs. 5 MarkenRL vergleichbare Norm, doch sei davon auszugehen, dass eine Ausweitung des Schutzumfanges der Gemeinschaftsmarke gegenüber der MarkenRL deutlich herausgestellt worden wäre.[894] Diese Argumentation ist zirkulär und daher abzulehnen.

(d) Zusammenfassung der europarechtskonformen Auslegung

Ob Art. 5 Abs. 1, Abs. 2 MarkenRL sowie der Rückschluss aus Art. 5 Abs. 5 MarkenRL für die Herkunftsfunktion sprechen, hängt davon ab, ob man sich auf diesen Wortlaut

---

[893] Fezer, GRUR 1996, 566, 570; so auch Schönfeld, S. 207 Fn. 159.
[894] Keller, GRUR 1996, 607, 609 li. Sp.; zur gemeinschaftsmarkenkonformen Auslegung Nägele, S. 146.

beschränkt oder zusätzlich eine Benutzung zur Produktunterscheidung verlangt. Unergiebig ist der Hinweis auf den Benutzungsbegriff in der GMVO.

cc) Stellungnahme

Der Verzicht auf eine Eingrenzung der Benutzungshandlungen kann nicht überzeugen. Die für diese Auffassung genannten Argumente treffen nicht zu. Diese Ansicht kann sich weder auf das Verhältnis von § 14 Abs. 2 zu Abs. 3 MarkenG stützen noch darauf, dass der Schutz der bekannten Marke außerhalb des Produktähnlichkeitsbereiches in der EU abschließend gemäß § 14 Abs. 2 Nr. 3 MarkenG geregelt ist. Gegen einen Verzicht spricht der Wortlaut von § 14 Abs. 2 MarkenG, Art. 5 Abs. 1, Abs. 2, Abs. 5 MarkenRL sowie § 16 MarkenG. Weiterhin kann mit der Bejahung einer Markenrechtsverletzung eine erhebliche Verschlechterung der Rechtsstellung des Zeichenbenutzers verbunden sein, wie die Diskussion um die Darlegungs- und Beweislast bei der Erschöpfung zeigt.[895] Schließlich hat ein weites Verständnis des Benutzungsbegriffes den Nachteil, dass alle Fälle erlaubter Markenbenutzung über die Schranken des Markenschutzes abgegrenzt werden müssen, obwohl diese nicht immer flexibel genug sind.[896] Der Verzicht auf eine Eingrenzung des markenrechtlichen Benutzungsbegriffes ist daher abzulehnen.

Aus denselben Gründen ist die Auffassung des EuGH abzulehnen. Auch diese führt zu einer stark erweiterten Anwendbarkeit der markenrechtlichen Verletzungstatbestände, da kein Fall der Verwendung der Marke im geschäftlichen Verkehr denkbar ist, der nicht gleichzeitig eine Markenbenutzung darstellt.[897] Es besteht daher die Gefahr, dass die Meinung des EuGH jegliche kommerzielle Kommunikation unter ausdrücklicher Nennung fremder Marken unmöglich macht, was unerwünscht und unangemessen ist.[898] Zudem ist es nach der Auffassung des EuGH unerheblich, ob der Dritte die fremde Marke zur Kennzeichnung der eigenen Leistung oder der des Zeicheninhabers benutzt.[899] Nach dem traditionellen deutschen Verständnis der markenrechtlichen Benutzung ist es hingegen erforderlich, dass die fremde Marke die Leistung des Dritten bezeichnet.[900] Dasselbe folgt auch aus dem Verhältnis der MarkenRL zur Richtlinie über vergleichende Werbung. Denn im Grundsatz

---

[895] BGH GRUR 2000, 879 – stüssy; demgegenüber misst Speckmann, Rn. 2206 dieser Frage im Hinblick auf § 23 Nr. 2 und Nr. 3 MarkenG keine große praktische Bedeutung zu.

[896] Ingerl, GRUR Int. 2001, 581, 586 zeigt, dass sowohl § 23 Nr. 2 MarkenG aufgrund seines Wortlautes und seiner Zweckrichtung als auch § 24 MarkenG wegen seiner ausschließlichen Anwendbarkeit auf Waren als Schutzschranken nur begrenzt Anwendung finden können.

[897] Kur, MarkenR 2001, 137, 141 re. Sp.; Nägele, MarkenR 1999, 177, 179 li. Sp.; Kur, JZ 1999, 838, 840 re. Sp. zufolge ist es zweifelhaft, ob die Schrankenbestimmungen gemäß Art. 6, 7 MarkenRL flexibel genug sind, den vom EuGH angestrebten Ausgleich zwischen den Interessen des Markenschutzes auf der einen und des freien Warenverkehrs auf der anderen Seite zu vollziehen.

[898] Kur, MarkenR 2001, 137, 141 re. Sp.

[899] EuGH JZ 1999, 835, 837 Tz. 39 – BMW/Deenik; Nägele, MarkenR 1999, 177, 180 li. Sp.

[900] Kur, JZ 1999, 838, 840 li. Sp. oben; Nägele, S. 31.

lassen sich diese Regelungen nur sinnvoll voneinander abgrenzen, wenn man verlangt, dass eine Benutzung i. S. d. MarkenRL nur vorliegt, wenn der Dritte die fremde Marke zur Kennzeichnung einer eigenen Leistung und nicht der des Markeninhabers benutzt.[901]

Gegen die Fortführung des Erfordernisses markenmäßigen Gebrauches spricht § 14 Abs. 2 Nr. 3 MarkenG einschließlich der dazu gehörigen Gesetzesbegründung. Berücksichtigte man die Herkunftsfunktion bereits beim Benutzungsbegriff, würde dies die These[902] untermauern, dass § 14 Abs. 2 Nr. 3 MarkenG ein systemfremd in das MarkenG eingeführter wettbewerblicher Verletzungstatbestand ist, ohne die daraus entstehende Problematik zu lösen. Eine markenmäßige Benutzung verengt den Anwendungsbereich von § 14 Abs. 2 Nr. 3 MarkenG zu sehr.[903]

Auf den Wortlaut von § 14 Abs. 2 MarkenG kann sowohl das Erfordernis markenmäßigen Gebrauchs als auch der Gebrauch einer Marke für Produkte gestützt werden. Gegenüber dem Verzicht auf jede Eingrenzung hat der Gebrauch einer Marke für Produkte den Vorteil, dass damit die sinnvolle Eingrenzung der markenrechtlich zu beurteilenden Sachverhalte verbunden ist. Gegenüber der Markenmäßigkeit des Gebrauchs weist die Notwendigkeit eines Gebrauchs der Marke für Produkte den Vorteil auf, dass der Anwendungsbereich von § 14 Abs. 2 Nr. 3 MarkenG nicht so weit eingeschränkt wird, dass diese Regelung faktisch keine Bedeutung hat.

Wie bereits dargestellt, spricht der Wortlaut und die Systematik von § 14 Abs. 2 MarkenG gegen die von *v. Gamm* und *v. Wahlert* vertretene Differenzierung des Benutzungsbegriffs im Hinblick auf die einzelnen Verletzungstatbestände. Weiterhin käme dadurch der Abgrenzung der einzelnen Verletzungstatbestände zusätzliche Bedeutung zu, und die Vorhersage eines Verletzungsverfahrens hinge von einer zusätzlichen Unwägbarkeit ab. Hinzu kommt, dass die Verwendung einer identischen Marke für identische Produkte durch einen Dritten gemäß § 14 Abs. 2 Nr. 1 MarkenG in aller Regel auf die Herkunft des gekennzeichneten Produktes von dem Markeninhaber hinweist[904], so dass der Verzicht auf die Markenmäßigkeit der Benutzung in diesem Zusammenhang bedeutungslos ist. Wie bereits dargestellt, ist die markenmäßige Benutzung auch im Hinblick auf § 14 Abs. 2 Nr. 3 MarkenG abzulehnen.

---

[901] Sh. o. Teil 2, E. I 6. b) bb) (4.) (b).
[902] v. Gamm, WRP 1993, 793, 795; v. Gamm, GRUR 1994, 775, 778.
[903] Ähnlich argumentiert Fezer, GRUR 1996, 566, 567 re. Sp., der jedoch daraus den Schluss gegen jede Eingrenzung des Benutzungsbegriffes zieht.
[904] Nägele, S. 59; a. A. Fezer, GRUR 1996, 566, 570.

Somit ist der dem MarkenG zugrundeliegende Benutzungsbegriff so zu verstehen, dass ein Dritter eine fremde Marke zur Kennzeichnung der eigenen Leistung benutzen muss. Dies setzt voraus, dass aus Sicht der angesprochenen Verkehrskreise ein gedanklicher Zusammenhang zwischen der Marke und dem Produkt hergestellt wird.[905]

dd) Benutzung und Character Merchandising

(1.) Fallgruppen der Benutzung

Wie bereits dargestellt wurde, setzt eine Benutzung voraus, dass die Marke für Produkte benutzt wird, wobei erforderlich ist, dass erstens die Marke dem Produkt zugeordnet werden kann, und zweitens der Dritte die fremde Marke zur Kennzeichnung der eigenen Leistung benutzt. Dabei ist auf die Sicht der angesprochenen Verkehrskreise abzustellen.[906]

Da der BGH immer noch den bereits zum WZG formulierten, an der Herkunftsfunktion orientierten Benutzungsbegriff vertritt[907], gibt es keine Urteile, in denen der vorliegend vertretene Benutzungsbegriff auf einen Einzelfall angewendet wurde. Um diesen vorliegend vertretenen Begriff der Benutzung anwenden zu können, muss er mit Leben gefüllt werden.

Zur Verdeutlichung wird auf die im WZG ergangene Rechtsprechung zum zeichenmäßigen Gebrauch zurückgegriffen. Da der vorliegend vertretene Benutzungsbegriff jedoch weiter als der dem WZG zugrundeliegende Benutzungsbegriff ist, kann auf die zum WZG gemachten Erfahrungen und Ergebnisse uneingeschränkt nur dann zurückgegriffen werden, wenn warenzeichenmäßiger Gebrauch bejaht wurde. Wurde zum WZG – beispielsweise mangels Berücksichtigung der Herkunftsfunktion[908] – zeichenmäßiger Gebrauch verneint, kann dennoch eine Benutzung i. S. d. MarkenG vorliegen.

Nach gefestigter Rechtsprechung des BGH war der Begriff der warenzeichenmäßigen Benutzung im WZG weit zu ziehen. Schon wenn objektiv die nicht völlig fernliegende Möglichkeit bestand, dass ein nicht unerheblicher Teil der maßgebenden Verkehrskreise in der Bezeichnung ein Unterscheidungsmerkmal gegenüber gleichen oder gleichartigen Waren anderer Herkunft erblickte, bejahte der BGH zeichenmäßigen Gebrauch.[909] Dem BGH zufolge bestand bei der Benutzung eines Zeichens in Werbeanzeigen oder auch Preislisten

---

[905] Ingerl/Rohnke, § 14 Rn. 70, 85, 87; Peschel, S. 41.
[906] Bereits im WZG kam es nicht auf die tatsächliche Kennzeichnungsabsicht des Verwenders an, vgl. BGH GRUR 1955, 579, 583 re. Sp. oben – Sunpearl.
[907] BGH GRUR 2001, 158, 160 re. Sp. – Drei-Streifen-Kennzeichnung.
[908] BGH GRUR 1958, 500, 502 – Mecki-Igel; WRP 1964, 60, 61 re. Sp. – personifizierte Kaffeekanne, jedoch letztlich offen gelassen; GRUR 1994, 191, 201 re. Sp. – Asterix-Persiflagen.
[909] BGH GRUR 1981, 592, 593 – Championneu du Monde; Baumbach/Hefermehl, WZG, § 15 Rn. 24.

eine tatsächliche Vermutung dafür, dass die darin enthaltenen Bezeichnungen oder Bilddarstellungen vom Publikum als Herkunftshinweis für die angebotenen Waren aufgefasst werden, wenn die Marke direkt auf der Ware angebracht war[910] oder wenn sich aus der konkreten Verwendungsweise keine gegenteiligen Hinweise ergaben.[911] Der Ansicht des BGH zum WZG zufolge sieht der Verkehr die Benutzung einer Bezeichnung umso eher als kennzeichenmäßig an, wenn die Bezeichnung ihm bereits als Kennzeichnung eines anderen bekannt ist[912], er also entweder an das Kennzeichen selbst gewöhnt ist, oder ihm die Art und Weise der Kennzeichnung die Markenmäßigkeit der Benutzung nahelegt.[913]

Der BGH lehnte zeichenmäßigen Gebrauch während der Geltung des WZG bei deskriptivem und dekorativem Gebrauch sowie der Benutzung der Marke zu Zwecken der Parodie ab. Diese Fallgruppen sind im Hinblick auf den vorliegend vertretenen Benutzungsbegriff zu untersuchen.

(a) Deskriptiver Gebrauch eines Zeichens

Der BGH fasste während der Geltung des WZG warenbeschreibende Zeichen grundsätzlich mangels Herkunftshinweises nicht als zeichenmäßige Benutzung auf.[914] Jedoch schloss der BGH es in dem Urteil „Luxor/Luxus" nicht aus, dass auch allgemeine Warenbezeichnungen oder sonstige Worte der Umgangssprache im Verkehr als Herkunftszeichen angesehen werden, beispielsweise wenn sie nach Art einer Marke in einer besonderen formalen Gestalt verwendet wurden.[915] Allgemeine Warennamen konnten selbst dann markenmäßig verwendet werden, wenn sie für Waren benutzt wurden, die den mit dem Namen verbundenen Vorstellungen entsprachen. Dies setzte jedoch besondere Umstände der konkreten Benutzung voraus.[916] Eine schlagwortartige Hervorhebung genügte insofern ebensowenig[917] wie die Verwendung in Alleinstellung. Vielmehr musste feststehen, dass der Verkehr die warenbeschreibende Angabe nicht als einen Sachhinweis ansieht, sondern als

910 BGH GRUR 1986, 74, 78 – Shamrock III; GRUR 1962, 195 f. – Plattenbildzeichen für die Benutzung des Wortes „Palette" in Preislisten.

911 BGH WRP 1964, 60, 61 re. Sp. – personifizierte Kaffeekanne; GRUR 1961, 280, 281 re. Sp. – Tosca; GRUR 1971, 251, 252 – Oldtimer.

912 BGH GRUR 1991, 609, 610 f. – SL m. w. N.

913 So weiterhin BGH GRUR 2001, 58, 60 re. Sp. - Drei-Streifen-Kennzeichnung.

914 BGH GRUR 1970, 31, 32 re. Sp. – Heinzelmännchen.

915 BGH GRUR 1955, 484, 485 re. Sp. – Luxor/Luxus; GRUR 1970, 31, 32 re. Sp. – Heinzelmännchen

916 BGH GRUR 1970, 31, 32 f. – Heinzelmännchen; diese wurden vorliegend jedoch verneint.

917 BGH WRP 1964, 60, 61 re. Sp. – personifizierte Kaffeekanne, jedoch wurde die Frage der Zeichenmäßigkeit der Benutzung letztlich offen gelassen, da es ohnehin keine Zeichenähnlichkeit vorlag.

Unterscheidungszeichen.[918] Dabei waren die Gepflogenheiten auf dem jeweiligen Produktsektor zu berücksichtigen.[919]

Dem Urteil „Luxor/Luxus“ lag eine Klage zugrunde, mit der die Inhaberin der u. a. für Seifen eingetragenen Wortmarke „Luxor“ gegen die Benutzung der Bezeichnung einer Seife als „Luxus-Seife“ vorging. Die Beklagte verpackte ihre Seifen in weinrotes Papier und führte die Bezeichnung „Luxus-Seife“ in weißen, kunstvollen, verzierten Buchstaben diagonal zur Packrichtung aus, so dass der Eindruck einer bildlichen Gestaltung entstand. Die Herstellerangabe „Luhns“ sowie die Worte „extra-mild“ platzierte die Beklagte in der linken oberen und der rechten unteren Ecke und führte sie in wesentlich kleineren Buchstaben aus, die sich zudem aufgrund ihrer goldenen Farbe sehr schlecht vom weinroten Untergrund abhoben. Der BGH bejahte zeichenmäßigen Gebrauch mit der Begründung, die Bezeichnung „Luxus-Seife“ sei nach Art einer Marke auf der Ware so herausgestellt worden, dass die Aufmerksamkeit des Verkehrs vornehmlich auf sie gerichtet worden sei, so dass der Eindruck vermittelt worden sei, diese Bezeichnung solle als unabhängiges Schlagwort die Herkunft der Ware aus einem bestimmten Betrieb kennzeichnen.[920]

Gerade der Vergleich mit dem „praliné“ -Urteil des BGH zeigt jedoch, dass es letztlich auf die Unterscheidung zwischen beschreibenden und glatt beschreibenden Warenbezeichnungen ankam. Während die Worte „Luxus-Seife“ keine Eigenschaft der Seife direkt beschrieben, sondern nur eine Wertung darstellten, von der auf die Eigenschaften geschlossen werden konnte, beschrieb das Wort „praliné“ die gekennzeichnete Schokolade als Schokolade, die wie eine Praline gefüllt war. Das Wort „praliné“ war für Schokolade also glatt warenbeschreibend, so dass die Verwendung dieses Wortes nicht als zeichenmäßig angesehen wurde.[921]

Diese Entscheidungspraxis ist aufrechtzuerhalten, wenn auch mit veränderter Begründung, da die Herkunftsfunktion bei der Beurteilung des zeichenmäßigen Gebrauchs keine Rolle mehr spielt. Dies ergibt sich nunmehr aus der Tatsache, dass eine Sachangabe nur die Beschaffenheit des gekennzeichneten Produktes beschreibt. Bei produktbeschreibenden Angaben gehen die angesprochenen Verkehrskreise jedoch davon aus, dass der Markeninhaber sein Produkt beschreibt und es nicht auf diese Weise kennzeichnet. Glatt warenbeschreibende Zeichen sind damit in aller Regel nicht als markenmäßig benutzt

---

[918] BGH GRUR 1970, 31, 32 re. Sp. – Heinzelmännchen; GRUR 1969, 274, 275 – Mokka-Express; GRUR 1968, 365, 366 li. Sp. - praliné.
[919] BGH GRUR 1969, 274, 275 re. Sp. – Mokka-Express; GRUR 1968, 365, 366 – praliné.
[920] BGH GRUR 1955, 484, 485 – Luxor/Luxus.
[921] BGH GRUR 1968, 365, 366 – praliné.

anzusehen. Demgegenüber hängt dies bei „nur" warenbeschreibenden Zeichen wie den Worten „Luxus-Seife" von der konkreten Verwendungsweise ab. Wird es so herausgestellt, dass der Verkehr davon ausgehen muss, dass es zur Unterscheidung der bezeichneten Seife von anderen Seifen oder vergleichbaren Waren verwendet wird, liegt markenmäßige Benutzung vor.

Da glatt warenbeschreibende Marken im Zusammenhang mit Character Merchandising in der Regel nicht vorkommen, kommt es also bei eventuell mittelbar beschreibenden Marken auf die konkreten Umstände der Benutzung an.

(b) Dekorativer Gebrauch eines Zeichens

Während der Geltung des WZG wurde die dekorative Benutzung eines Zeichens nicht als zeichenmäßig angesehen.[922] Dies wurde damit begründet, dass der dekorative Gebrauch eines Zeichens keinen Hinweis auf die Herkunft der gekennzeichneten Ware zuließ.

Es ist terminologisch problematisch, die Verwendung eines Zeichens als dekorativ zu kategorisieren, da der Verkehr eine auf der Ware angebrachte Marke allein aufgrund ihrer graphischen Ausgestaltung und/oder der mit ihr verbundenen Assoziationen als angenehm und dekorativ empfinden kann.[923] Zudem zeigt die Begründung für den Ausschluss dekorativer Zeichenbenutzung aus dem zeichenrechtlichen Benutzungsbegriff, dass die Einordnung einer Zeichenbenutzung als dekorativ nicht der Ausgangspunkt, sondern das Ergebnis der Überlegungen war. Denn allein entscheidend war nach dem WZG im Ergebnis vielmehr, ob ein Zeichen vom Verkehr als Herkunftshinweis verstanden wurde, was bei dekorativer Benutzung als nicht gegeben angesehen wurde, da der Verkehr das Zeichen nur als Schmuck ansieht, der das Aussehen einer Ware hebt.[924]

Nach dem MarkenG ist entscheidend, dass der Verkehr ein Zeichen so versteht, dass eine Gedankenverbindung zwischen der Marke und dem Produkt besteht, und der Dritte damit sein eigenes Produkt kennzeichnet. Problematisch ist regelmäßig bei dekorativem Gebrauch nur die zweite Voraussetzung. Bringt ein Dritter eine fremde Marke beispielsweise auf seinem Produkt an, macht er das fremde Zeichen auch dann zu seinem Angebot, wenn er es

---

[922] Ruijsenaars, GRUR Int. 1988, 385, 390.
[923] Vgl. die „Burberrys" -Urteile des Benelux-Gerechtshof, GRUR Int. 1990, 863 f. – Burberrys; GRUR Int. 1992, 552 ff. – Burberrys II.
[924] Baumbach/Hefermehl, WZG, § 15 Rn. 40; BGH, GRUR 1981, 277, 278 – Biene Maja, sah das herausgestellte Wort „Maja" als zeichenmäßig verwendet an, woran im Einzelfall auch nicht das beigefügte Wort „(die) Biene" und eine bildliche Darstellung des gleichnamigen Characters ändern konnte.

„nur" dekorativ benutzt. Denn auch eine dekorative Markenbenutzung kann die Interessen des Markeninhabers verletzen, wie auch der markenrechtliche Schutz gemäß § 14 Abs. 2 Nr. 3 MarkenG zeigt.[925] Vor allem bei ästhetisch ansprechenden Marken besteht die Gefahr, dass ein Dritter diese verwendet, ohne dass die Verwendung als markenmäßig angesehen wird. Dies liefe auf eine Privilegierung unästhetischer Marken hinaus, für die es keine Anhaltspunkte gibt. Eine ästhetisch ansprechende Markenverwendung ist also nur dann nicht als Markenbenutzung anzusehen, wenn der Dritte ausnahmsweise nur ein Produkt des Markeninhabers und nicht ein eigenes kennzeichnet. Eine pauschale Einteilung in die Kategorien „dekorativ" bzw. „nicht dekorativ" führt also nicht weiter.

(c) Gebrauch eines Zeichens als Parodie

Ein vor allem erst in jüngerer Zeit diskutierter Gesichtspunkt der Benutzung ist die Verwendung einer Marke zu Zwecken der Parodie. Während der Geltung des WZG war der BGH der Auffassung, dass eine parodistische Markenverwendung nicht markenmäßig ist.[926] Dies gilt auch weiterhin, wenn die Marke nicht zur Kennzeichnung des eigenen Produktangebotes verwendet wird, sondern die (künstlerische) Auseinandersetzung im Vordergrund steht.[927] Soweit Marken als Produktdekor verwendet werden, bezeichnen sie das Produktangebot des Dritten und sind damit eine Markenbenutzung. Dies ist unabhängig davon, ob die Marke selbst parodiert wird beispielsweise im Wege der Verfremdung[928], oder ob die „Parodie" sich aus der Verbindung von Ware und Marke[929] ergibt.[930]

Seit dem Inkrafttreten des MarkenG ist die Markenparodie gemäß § 14 Abs. 2 Nr. 3 MarkenG erfasst[931], so dass es untunlich ist, diese von dem Anwendungsbereich von § 14 Abs. 2 MarkenG durch eine enge Definition markenmäßiger Benutzung auszuschließen. Der Gesichtspunkte der Markenparodie kann auch im Rahmen der Bestimmung der Verwechslungsgefahr berücksichtigt werden.[932] Daher ist die pauschale Ausgrenzung der Markenparodie aus der Markenbenutzung abzulehnen.[933]

---

[925] Ingerl/Rohnke, § 14 Rn. 91 ff.
[926] BGH GRUR 1994, 191, 201 re. Sp. – Asterix-Persiflagen.
[927] Ingerl/Rohnke, § 14 Rn. 98.
[928] Vgl. BGH GRUR 1984, 684, 685 – Mordoro.
[929] Vgl. BGH GRUR 1994, 808 ff. – Markenverunglimpfung I; GRUR 1995, 57 ff. – Markenverunglimpfung II.
[930] Ingerl/Rohnke, § 14 Rn. 99.
[931] Sh. unten Teil 2, E., IV.
[932] BPatG GRUR 1989, 266, 267 – Super-Meier.
[933] I. E. ebenso Schultze/Schwenn, WRP 1997, 536, 538 f.

(2.) Die verschiedenen Zeichenformen

Bei der Beurteilung der Markenmäßigkeit des Gebrauchs ist zwischen den verschiedenen Zeichenformen zu unterscheiden, in denen ein älteres Zeichen verwendet wird.

(a) Wortzeichen

Hinsichtlich des Wortes „Heinzelmännchen" ging der BGH davon aus, dass es zeichenmäßig benutzt werden könne, unabhängig von der Tatsache, dass der gedankliche Inhalt dieses Zeichens im Gegensatz zu gattungsmäßigen Warennamen auf gedanklichen Vorstellungen aus der Märchenwelt beruht, die sich anhand literarischer und bildlicher Darstellungen gebildet haben. Im Ergebnis verneinte er dies jedoch aufgrund der konkreten Verwendungsweise.[934] Dem „Heinzelmännchen" -Urteil zufolge kann eine Wortmarke auch dann markenmäßig benutzt werden, wenn es mit einem zusätzlichen Gedankeninhalt verbunden ist, wie dies nicht nur auf Märchenfiguren, sondern auch auf Characters zutrifft. Dies stimmt auch mit der Tatsache überein, dass nicht nur Phantasieworte, sondern auch umgangssprachliche Worte als Marke verwendet werden können, obwohl diese bereits vor der erstmaligen Verwendung des Wortes als Marke von sich aus einen Gedankeninhalt haben. Das Wort „Golf" wird beispielsweise für Automobile, das Wort „Polo" wird ebenfalls für Autos und für Parfum benutzt.

Im „Bambi" -Fall ging der BGH auf die Frage zeichenmäßigen Gebrauchs des Wortes „Bambi" im Gegensatz zum Berufungsgericht, das diesen abgelehnt hatte, gar nicht ein . Vielmehr stützte der BGH sofort die Ansprüche der u. a. klagenden Walt Disney Productions Inc. auf § 1 UWG wegen Schmarotzens am fremden Arbeitserfolg.[935]

Im Gegensatz dazu bejahte der BGH ca. 20 Jahre später zeichenmäßige Benutzung des Namens des Characters „Die Biene Maja" auf Schokoladentafeln. Aufgrund dessen nahm der BGH die Verletzung des u. a. für Schokolade und Lakritzwaren eingetragenen, älteren Wortzeichens „Mayam" an. Dies begründete er damit, dass das Wort „Maja" in dem Gesamtzeichen „Die Biene Maja" blickfangmäßig so herausgestellt war, dass es der Verkehr

[934] BGH GRUR 1970, 31, 32 re. Sp. – Heinzelmännchen.

[935] BGH GRUR 1960, 144 ff. – Bambi. Der beklagte Schokoladenhersteller hatte sich 2 ½ Jahre nach der ersten Aufführung des Bambi-Filmes in Deutschland für Schokolade das Wort „Bambi" als Warenzeichen schützen lassen. Daraus war er gegen einen Lizenznehmer von Disney vorgegangen, der eine Lizenz für Schokolade erworben hatte, indem er ihn sowohl bezüglich des Wortes als auch der bildlichen Darstellung des Bambi-Rehs abmahnte, sich dann aber mit einer Unterlassungserklärung nur bezüglich des Namens zufrieden gab. Ausführlich insofern Sambuc, Der UWG-Nachahmungsschutz, Rn. 22 ff.

als Hinweis auf die betriebliche Herkunft der so gekennzeichneten Ware verstand.[936] Das Wort „Maja" stach gegenüber dem Wort „Biene" durch besondere Farbgestaltung, Buchstabengestaltung und Größe der Buchstaben stark hervor.

Als nicht unproblematisch sah der BGH die Tatsache an, dass dem Wortzeichen „Die Biene Maja" die bildliche Darstellung der „Biene Maja" hinzugefügt war, da dies die Eignung zum Herkunftshinweis hätte beeinträchtigen können. Im Ergebnis lehnte der BGH diese Argumentation jedoch ab. Er hielt es für unerheblich, dass ein großer Teil der Verbraucher die Zeichentrickfilme kannte und die darin dargestellten Characters erkennen würde, ohne dies näher zu begründen. Zudem argumentierte er, dass ein nicht unerheblicher Teil des Verkehrs die Fernsehserie nicht kenne, so dass die entsprechenden Adressaten keine Verbindung zwischen dem Wort und der bildlichen Darstellung herstellen könnten.[937] Nicht ganz klar ist jedoch, ob sich der BGH allein auf die Tatsache stützt, dass die Charactereigenschaft der „Biene Maja" für die Zeichenmäßigkeit der Benutzung unerheblich ist, so dass es auf die zweite Begründung nicht mehr ankommt, oder ob es außerdem wichtig ist, dass ein nicht unerheblicher Teil des Verkehrs „Die Biene Maja" gar nicht kennt. Es scheint sich bei der zweiten Begründung jedoch um eine Hilfserwägung zu handeln. Dies würde im Ergebnis auch mit dem „Heinzelmännchen" -Urteil übereinstimmen.

Da die Herkunftsfunktion nach dem Inkrafttreten des MarkenG für die Markenbenutzung nicht mehr von Bedeutung ist, kann sich das Erfordernis eines Herkunftshinweises nicht mit dem Gedankeninhalt überschneiden, der mit dem Namen eines Characters verbunden ist. Seit dem Inkrafttreten des MarkenG stellt dies erst recht kein Hindernis für eine Markenbenutzung dar. Denn auch Zeichen, denen ein ursprünglicher Gedankeninhalt zugeordnet ist, können benutzt werden i. S. v. § 14 Abs. 2 MarkenG. Zudem widerspräche dies dem schon zum WZG ergangenen „Heinzelmännchen" -Urteil.

Dabei ist jedoch zu berücksichtigen, dass der Name eines Characters in hervorgehobener Weise benutzt worden sein muss, damit der Verkehr gerade in ihm ein zur Unterscheidung benutztes Zeichen sieht. Beispielsweise läge eine Benutzung zur Produktunterscheidung vor, wenn eine Schokolade als „Biene Maja-Schokolade" bezeichnet würde, da dann der Verkehr die Worte „Biene Maja" so versteht, dass sie zur Unterscheidung der gekennzeichneten Schokolade von anderen Schokoladen benutzt werden. Wird eine auf dem Markt bereits eingeführte und mit einer Marke versehene Schokolade nachträglich zusätzlich mit dem Namen eines Characters versehen, handelt es sich dabei um eine

---

[936] BGH GRUR 1981, 277, 278 – Biene Maja.
[937] BGH GRUR 1981, 277,. 278 li. Sp. – Biene Maja.

Zweitmarke, deren zeichenmäßige Benutzung ebenfalls zu bejahen ist, solange diese nicht warenbeschreibend ist und die konkrete Verwendung dem nicht entgegen steht.[938]

(b) Bildzeichen

Insbesondere bei Bildmarken stellte sich während der Geltung des WZG die Frage des sogenannten dekorativen Gebrauchs. Schon während der Geltung des WZG bejahte der BGH die markenmäßige Benutzung des Wort-/ Bildzeichens „Rawe", das u. a. die stilisierte Darstellung eines Raben enthielt.[939] Demgegenüber verneinte der BGH markenmäßige Benutzung bei dem Abdruck bildlicher Darstellungen einer vermenschlichten Igel-Figur auf dem Deckblatt eines Kinderbuches und in dem Buch selbst.[940] In diesem Urteil sprach sich der BGH gegen einen parallelen Schutz von Buchtiteln als Werktitel und als Marke aus.[941] Mittlerweile ist der Markenschutz unabhängig vom Werktitelschutz.[942] Bereits die Anbringung eines Zeichens auf der Ware begründete im WZG die Vermutung markenmäßigen Gebrauchs. Dies kann bei bildlichen Gestaltungen noch gesteigert werden, wenn diese zu einer bereits bekannten Marke oder Unternehmensbezeichnung hinzutritt, die ebenfalls auf der Ware angebracht ist.[943] Während der Geltung des WZG nahm der BGH bei einem Bildzeichen in Gestalt eines Kleeblattes, das auch dekorativen Charakter hatte, aber auf der Ware selbst angebracht war, daher zeichenmäßigen Gebrauch an.[944]

Seit dem Inkrafttreten des MarkenG spielt es keine entscheidende Rolle mehr, ob eine Marke dekorativ benutzt wird. Vielmehr ist die Verwendung einer dekorativen Marke nur dann nicht als Markenbenutzung anzusehen, wenn der Dritte ausnahmsweise nur ein Produkt des Markeninhabers und nicht ein eigenes Produkt kennzeichnet. Die Auffassung des BGH, bildliche Abbildungen des Mecki-Igels innerhalb des Buches seien nicht markenmäßig, ist auch nach dem Inkrafttreten des MarkenG im Ergebnis zutreffend. Denn diese Abbildungen sind nicht so auf der Ware angebracht, dass der Verkehr sie als Unterscheidungszeichen wahrnimmt. Vielmehr ist der Mecki-Igel Gegenstand der im Buch geschilderten Geschichten. Demgegenüber wird die Abbildung des Mecki-Igels auf dem Buchtitel als Marke benutzt. Dazu genügt es bereits, dass die Marke Teil der Leistung des Dritten ist, ohne dass die Benutzung markenmäßig sein muss. Unproblematisch ist dies bei

---

938 BGH GRUR 1968, 367, 369 re. Sp. – Corrida; GRUR 1991, 607, 611 li. Sp. – SL; Ingerl/Rohnke, § 14 Rn. 81.
939 BGH GRUR 1967, 355, 359 re. Sp. oben – Rabe.
940 BGH GRUR 1958, 500, 502 re. Sp. – Mecki Igel.
941 BGH GRUR 1958, 500, 502 – Mecki-Igel; ebenso BGH GRUR 1993, 692, 693 f. – Guldenburg.
942 Ingerl/Rohnke, § 14 Rn. 63 m. w. N.
943 BGH GRUR 1971, 251, 251 f. – Oldtimer unter Hinweis auf BGH GRUR 1968, 367, 369 – Corrida; Hinzutreten weiterer Kennzeichnungen zu Bildzeichen jedenfalls unschädlich BGH GRUR 1989, 425, 427 li. Sp. – Herzsymbol.
944 BGH GRUR 1986, 74, 78 – Shamrock III

ausschließlicher Benutzung der Bildmarke auf dem Produkt. Dies ist aber auch bei Einbindung in eine Gesamtkennzeichnung anzunehmen, die auf dem Produkt angebracht ist. Allerdings kommt es dann im Rahmen der Beurteilung der Zeichenähnlichkeit gemäß § 14 Abs. 2 MarkenG darauf an, ob die Bildmarke ihren kennzeichnenden Charakter durch die Einbeziehung in eine Gesamtgestaltung verloren hat.

Die lange und wechselvolle Gesichte des Schutzes der „drei Streifen" von Adidas, die mit dem BGH-Urteil „Drei-Streifen-Kennzeichnung" seinen (vorläufigen) Schlusspunkt erreicht hat, zeigt, wie wichtig die Auffassung des Verkehrs und damit auch die Gewöhnung an eine bestimmte Kennzeichnungspraxis ist, die sich auch darauf beziehen kann, wo eine Marke auf der Ware angebracht wird.[945] Ein Zeichen, das links über der Brust angebracht ist, wo Marken häufig zu finden sind, wird beispielsweise bei T-Shirts und Hemden eher als zeichenmäßig benutzt angesehen als eines, das beispielsweise direkt auf Höhe des Bauchnabels zu finden ist. Ein solcher Gewöhnungseffekt hängt auch von den gekennzeichneten Produkten ab.[946]

Überträgt man diese Ergebnisse auf einen moderneren Sachverhalt, ist die Verwendung der graphischen Gestaltung von „Lara Croft" auf dem Deckel der Verpackung eines Computerspiels markenmäßig, auch wenn sie mit weiteren Protagonisten des Spiels oder sonstigen bildlichen Gestaltungen zusammen auf der Spieleverpackung abgebildet ist. Nicht markenmäßig ist demgegenüber die Verwendung von „Lara Croft" als Protagonistin des PC-Spiels selbst.[947]

(c) Dreidimensionale Zeichen

Für dreidimensionale Zeichen gelten die zu Bildzeichen gemachten Ausführungen entsprechend. Dies zeigt u. a. das „Attaché/Tisserand" -Urteil des BGH, in dem dieser ohne weitere Ausführungen die Benutzung einer dreidimensionalen Aufmachung für Flaschen als markenmäßig ansah.[948] Damit ist auch dem vorliegend vertretenen Benutzungsbegriff zufolge eine Markenbenutzung anzunehmen.

---

[945] BGH GRUR 2001, 158, 160 re. Sp. – Drei-Streifen-Kennzeichnung.
[946] BGH GRUR 1989, 425, 427 li. Sp. – Herzsymbol.
[947] Ebenso Ruijsenaars, CM, S. 423 f. Fußnote 10.
[948] BGH GRUR 2000, 506, 508 – Attaché/Tisserand.

(d) Akustische Zeichen

Hörmarken sind momentan noch recht ungewöhnlich, so dass sich die angesprochenen Verkehrskreise an diese noch nicht gewöhnen konnten. Daher muss eine akustische Marke so benutzt werden, dass sie als Unterscheidungszeichen wahrgenommen wird, das auf das Produkt bezogen ist. Der Produktbezug einer akustischen Marke fehlt, wenn die Hörmarke in den anderen akustischen Reizen untergeht, so dass sie nicht für sich wahrgenommen wird. Eine Markenbenutzung läge bei Benutzung der Hörmarke von Intel durch Dritte vor. Diese wird in Werbespots für Computer mit Intel-Prozessoren verwendet und mit einer Bewegungsmarke kombiniert. Sie wird nicht mit den übrigen akustischen Reizen des Werbespots verbunden, sondern durch eine kleine Pause von diesen abgesetzt.

(e) Kombinationszeichen

Die Markenbenutzung von Kombinationsmarken richtet sich ebenfalls nach den bereits dargestellten Kriterien. Es gelten keine Besonderheiten. Ob die Kombinationsmarke im ganzen oder nur teilweise benutzt wird, ist allein für die Zeichenähnlichkeit und die Kennzeichnungskraft der Marke von Bedeutung, nicht aber für die Markenbenutzung.[949]

II. § 14 Abs. 2 Nr. 1 MarkenG: Doppelidentität

Eine Markenkollision gemäß § 14 Abs. 2 Nr. 1 MarkenG liegt vor, wenn die Marke des Dritten mit der bestehenden Marke des Markeninhabers identisch ist und für identische Waren oder Dienstleistungen benutzt wird. Voraussetzung sind also Markenidentität und Produktidentität (Doppelidentität[950]).

Für den Fall der Doppelidentität ist keine Verwechslungsgefahr i. S. v. § 14 Abs. 2 Nr. 2 MarkenG erforderlich. Dies folgt aus dem eindeutigen Wortlaut von § 14 Abs. 2 Nr. 1 MarkenG und der Tatsache, dass diese Vorschrift gegenüber § 14 Abs. 2 Nr. 2 MarkenG „lex specialis" ist.[951] In dieselbe Richtung deutet auch das historische Argument, dass es gemäß § 24 WZG bei Zeichenidentität auch nicht auf Verwechslungsgefahr ankam.[952] Für die

---

[949] BGH GRUR 1990, 450, 452 li. Sp. oben – St. Petersquelle.
[950] Diesen Begriff verwendet u. a. Sack, GRUR 1996, 663, 663 re. Sp.
[951] BPatG GRUR 1996, 204, 206 – Swing; Sack, GRUR 1996, 663, 664 li. Sp.; Kur, GRUR 1997, 241, 243; Gloy, FS Rowedder, S. 82; Begründung zum MarkenG BT-Drucksache 12/6581 zu § 9 2. und 3. Absatz; ebenso zur Gemeinschaftsmarke v. Mühlendahl/ Ohlgart, S. 39 Rn. 17.
[952] Fezer, § 14 Rn. 74.

Entbehrlichkeit der Verwechslungsgefahr im Rahmen von § 14 Abs. 2 Nr. 1 MarkenG spricht zudem die europaweite Erschöpfung gemäß § 24 MarkenG im Fall von Parallelimporten nach Deutschland von einem Land außerhalb des Europäischen Wirtschaftsraums.[953] Zudem heißt es in der Gesetzesbegründung, § 14 Abs. 2 Nr. 1 MarkenG gewähre absoluten Markenschutz.[954] § 14 Abs. 2 Nr. 1 MarkenG ist daher in Übereinstimmung mit Art. 16 Abs. 1 S. 2 TRIPS als unwiderlegbare gesetzliche Vermutung der Verwechslungsgefahr anzusehen.[955]

1. Identität von Marke und Zeichen

Gemäß § 14 Abs. 2 Nr. 1 MarkenG muss das kollidierende Zeichen mit der Marke identisch sein. Identität liegt vor, wenn der Dritte ein und dieselbe Marke wie der Markeninhaber benutzt, wenn also Zeichen und Marke vollständig übereinstimmen.[956] Dies ist optisch und nicht gedanklich zu verstehen, so dass auch hinsichtlich der Markenform Identität von Marke und Zeichen bestehen muss. Daher liegt Identität weder bei sinngemäßer noch bei ungefährer bildlicher oder klanglicher Übereinstimmung vor. § 14 Abs. 2 Nr. 1 MarkenG setzt daher Dimensionsgleichheit voraus, so dass beispielsweise eine Bildmarke nur durch eine Bildmarke verletzt werden kann.[957] Keine Zeichenidentität liegt bei abweichender zeichnerischer Darstellung beispielsweise von „Donald Duck" vor, wenn dieser in anderer Pose gezeichnet ist, mit anderen Accessoires ausgestattet oder anders koloriert ist.

Problematisch ist die Behandlung zusammengesetzter Marken.[958] Insofern sind zwei Fälle voneinander zu unterscheiden. Erstens kann der Dritte die ältere Marke vollständig übernehmen und sie mit einem weiteren Zeichen zu einer zusammengesetzten Marke ergänzen. In diesem Fall ist die Identität von Marke und Zeichen festzustellen, indem das Gesamtzeichen des Dritten mit der Marke verglichen wird.[959] Identität liegt dann nur vor, wenn der Dritte der Marke ausschließlich glatt beschreibende Zusätze hinzufügt, die der Verkehr zweifelsfrei als nicht mehr zum Zeichen gehörig ansieht.[960] Die letzte Voraussetzung ist nicht erfüllt, wenn der Dritte die Marke und ein weiteres Zeichen so zusammenfügt, dass

---

953 Sack, WRP 1998, 1127, 1128 li. Sp.; i. E. auch Fezer, § 14 Rn. 75; nicht so eindeutig Ingerl/Rohnke, § 14 Rn. 140 sowie OLG Frankfurt a. M., WRP 1998, 629, 631 – Unordentliche Bündelpackung.

954 Amtliche Begründung zum MarkenG, BT-Drucksache 12/6581, zu § 14, S. 74 f., zu § 9, S. 71; so auch Fezer, § 14 Rn. 71, 74.

955 Nägele, S. 60; Speckmann, Rn. 2219, sieht Verwechslungsgefahr gemäß § 14 Abs. 2 Nr. 1 MarkenG als stillschweigend vorausgesetzt an.

956 So wohl auch Althammer/Ströbele, § 9 R. 9; Ingerl/Rohnke, § 14 Rn. 141.

957 Ingerl/Rohnke, § 14 Rn. 73.

958 Ingerl/Rohnke, § 14 Rn. 142 f.

959 Ingerl/Rohnke, § 14 Rn. 142.

960 Fezer, § 14 Rn. 76 geht sogar noch weiter und verneint eine Zeichenidentität im Fall der Ergänzung der vollständig übernommenen Marke durch den Dritten in jedem Fall.

sie aus der Sicht des Verkehrs ein zusammengehöriges Gesamtzeichen ergeben.[961] *Tillmann* versteht Identität weiter und bejaht sie bei vollständiger Übernahme der älteren Marke auch dann noch, wenn die ältere Marke eine gewisse Selbständigkeit und Wiedererkennbarkeit behalten hat.[962] Diese Ansicht überschreitet jedoch die Grenze des Wortes „Identität" und ist daher abzulehnen.

Der zweite Fall einer zusammengesetzten Marke liegt vor, wenn die Marke aus mehreren Zeichen zusammengesetzt ist und der Dritte nur eines dieser Zeichen herauslöst und als Marke verwendet. In diesem Fall sind die Marke und das Zeichen des Dritten nicht miteinander identisch.[963] Diese Konstellation ist eine Frage der Verwechslungsgefahr zwischen Marke und Zeichen gemäß § 14 Abs. 2 Nr. 2 MarkenG.

2. Identität von Waren und Dienstleistungen

Gemäß § 14 Abs. 2 Nr. 1 MarkenG müssen die mit identischen Marken gekennzeichneten Waren ebenfalls identisch sein. Identität bedeutet, dass die jeweils gekennzeichneten Produkte nicht nach ihrer konkreten Ausgestaltung, sondern nur ihrer Art nach übereinstimmen müssen.[964] Bei Registermarken sind die Gattungsbegriffe des Waren-/ Dienstleistungsverzeichnisses maßgeblich, bei den Benutzungsmarken gemäß § 4 Nr. 2 und Nr. 3 MarkenG kommt es darauf an, für welche Produkte Verkehrsgeltung bzw. Notorietät besteht.

Warenidentität liegt vor, wenn der Kreis der von der älteren Marke geschützten Produkte größer als oder ebenso groß ist wie der Kreis der Produkte, für die die jüngere Marke benutzt wird.[965] Überschneiden sich die jeweiligen Produkte nur teilweise, stehen dem Markeninhaber Verletzungsansprüche nur hinsichtlich der Überschneidungen zu. Niemals identisch können Waren mit Dienstleistungen sein und umgekehrt.

Nach bundesdeutschem Verständnis ist aus der Sicht der angesprochenen Verkehrskreise eine Ware ein körperliches Gut und eine Dienstleistung ein unkörperliches, immaterielles Gut. Problematisch ist die Abgrenzung bei warenbezogenen Dienstleistungen, bei denen der Dienstleistende die Dienstleistung an einer Ware des Auftraggebers erbringt. Entsteht aus Sicht des Verkehrs infolge der Tätigkeit an der Ware eine neue Ware, liegt eine Ware vor.

---

[961] Ingerl/Rohnke, § 14 Rn. 142.
[962] Tilmann, GRUR 1996, 701, 702 li. Sp.
[963] Ingerl/Rohnke, § 14 Rn. 143; a. A. Fezer, § 14 Rn. 76, der den Wortsinn von Identität überdehnt, indem er Identität auch noch dann annimmt, wenn der Dritte den identischen Zeichenbestandteil in Alleinstellung als Marke benutzt.
[964] Ingerl/Rohnke, § 14 Rn. 144; Speckmann, Rn. 2223.
[965] Ingerl/Rohnke, § 14 Rn. 145.

Steht die Arbeitsleistung des Unternehmens im Vordergrund, ist eine Dienstleistung anzunehmen.[966] Demgegenüber ist der EuGH der Auffassung, dass nicht nur die Reparatur, sondern auch der Verkauf von Autos als Dienstleistung anzusehen ist.[967]

Im Hinblick auf die Einordnung einer warenbezogenen Dienstleistung wie beispielsweise einer Reparatur hat die Auffassung des EuGH den Vorteil, dass die im Einzelfall schwierige Abgrenzung zwischen Waren und warenbezogenen Dienstleistungen entfällt, da in beiden Fällen eine Dienstleistung anzunehmen ist. Soweit jedoch auch der Verkauf einer Ware als Dienstleistung angesehen wird, verbleibt praktisch kein Anwendungsbereich mehr für Waren. Der vermeintlichen Erleichterung aufgrund der Entbehrlichkeit der Abgrenzung von Ware und Dienstleistung steht also eine Angleichung gegenüber, die u. a. dazu führt, dass nur noch Dienstleistungen i. R. d. Produktähnlichkeit miteinander zu vergleichen sind. Die Grobunterscheidung zwischen Ware und Dienstleistung als Orientierungsmarke entfiele dadurch ganz, was die Beurteilung der Produktähnlichkeit erschweren würde. Das Vorgehen des EuGH ist daher abzulehnen, soweit es sich auf den Warenverkauf bezieht.

Zudem führt das Vorgehen des EuGH zu einem erheblich erweiterten Anwendungsbereich von § 14 Abs. 2 Nr. 1 MarkenG. Dies ist problematisch, da insoweit die Verwechslungsgefahr entbehrlich ist.[968] Bei der dann häufig anzunehmenden Benutzung einer identischen Marke für identische Dienstleistungen käme es nur noch auf die §§ 23, 24 MarkenG an, die jedoch für einen Ausgleich zwischen den Interessen des Markeninhabers und den Interessen Dritter nicht flexibel genug sind.[969]

Das Vorgehen des EuGH ist abzulehnen, soweit er auch den Warenverkauf als Dienstleistung einordnet, im Hinblick auf sonstige warenbezogene Dienstleistungen kann dem EuGH gefolgt werden.

3. Character Merchandising

§ 14 Abs. 2 Nr. 1 MarkenG hat seine Hauptbedeutung auch im Hinblick auf das Character-Merchandising im Bereich der Produktpiraterie. Zu Merchandising-Zwecken eingesetzte Characters sind in der Regel für viele Produktklassen geschützt. Character Merchandising, das auf Marken gestützt ist, unterscheidet sich von anderen Markenbenutzungen vor allem durch die Art der Zeichen, so dass das Augenmerk auf diese gerichtet wird. Characters

---

[966] Fezer, § 3 Rn. 129 f.
[967] EuGH JZ 1999, 835, 837 Tz. 45 – BMW/Deenik.
[968] Kur, JZ 1999, 838, 839 f.
[969] Kur, JZ 1999, 838, 840 re. Sp.

können nicht nur über ihren Namen identifiziert werden, sondern auch über ihre graphische Darstellungen, die entweder in Alleinstellung oder in Kombination mit dem Namen geschützt sind. Die Bedeutung von § 14 Abs. 2 Nr. 1 MarkenG für das Character Merchandising ist gering, da Characters auf vielen verschiedenen Wegen dargestellt und identifizierbar gemacht werden können, so dass der Bereich der Markenidentität schnell verlassen ist.

Handelt es sich nicht um einen einfachen Fall der Produktpiraterie, in dem ein bereits bestehendes Produkt mitsamt dem darauf abgebildeten und als Marke geschützten Character nur kopiert wird, fehlt es in der Regel an der Markenidentität. Markenidentität kann dennoch angenommen werden, wenn nur eine geringfügige Zeichenabwandlung besteht, die beispielsweise auf einer Ungenauigkeit beim Kopiervorgang der graphischen Darstellung beruht und den Gesichtsausdruck oder die Körperhaltung nur unwesentlich verändert. Im übrigen kann die Frage der Markenidentität nicht allgemein, sondern nur unter Berücksichtigung des Einzelfalles beurteilt werden.[970]

III. § 14 Abs. 2 Nr. 2 MarkenG: Verwechslungsgefahr

1. Verwechslungsgefahr nach dem WZG

Verwendete ein Dritter das gleiche Warenzeichen, das für den Zeicheninhaber geschützt war, für gleiche oder gleichartige Waren, konnte der Zeicheninhaber ihn gemäß §§ 15, 24 WZG auf Schadensersatz und Unterlassung in Anspruch nehmen.[971] Dasselbe galt gemäß § 25 WZG für den Inhaber einer Ausstattung.[972] Auf die Ausstattung wird nur noch dann ausdrücklich eingegangen, soweit Unterschiede zum Schutz eines Warenzeichens bestanden. Im WZG kam es gemäß §§ 5 Abs. 3, Abs. 4, 11 Abs. 1 Nr. 1 WZG auf die Gleichartigkeit von Waren bzw. Dienstleistungen an. Gleichartige Waren lagen vor, wenn der Verkehr irrigerweise annehmen konnte, die beiderseitigen Waren stammten aus demselben Geschäftsbetrieb.[973]

Das RG und das DPA vertraten zunächst einen relativen Warengleichartigkeitsbereich und gingen davon aus, dass die Warengleichartigkeit abhängig von der Zeichennähe war.

---

970 Sh. unten Teil 2, E. II. 2.

971 Baumbach/Hefermehl, WZG, § 15 Rn. 4, § 5 Rn. 97 ff., insbes. 99 ff., jeweils m. w. N.; Busse/Starck, § 15 Rn. 7.

972 Baumbach/Hefermehl, WZG, § 25, Rn. 100; RG GRUR 1943, 343, 344 – Fussol.

973 RG GRUR 1930, 440, 441 – Saturn; GRUR 1940, 568, 570 – Anusol; Baumbach/Hefermehl, WZG, § 5 Rn. 97 ff., insbes. Rn. 99 ff. mit umfassenden Nachweisen zur Rechtsprechung des BGH.

Danach waren Waren umso eher gleichartig, je näher sich die Zeichen standen.[974] Der BGH ist dem relativen Warengleichartigkeitsbegriff in der „Magirus" -Entscheidung entgegengetreten und ging seitdem in ständiger Rechtsprechung von einem abstrakten Warengleichartigkeitsbegriff aus, so dass die Frage der Warengleichartigkeit unabhängig von der Art der verwendeten Zeichen war. Seitdem berücksichtigte der BGH das Spannungsverhältnis zwischen dem Grad der Zeichennähe und dem der Warennähe aber im Rahmen eines relativen Begriffs der Verwechslungsgefahr.[975] Die Warengleichartigkeit wurde also nicht durch die Verwechslungsgefahr, d. h. die Zeichengleichheit beeinflusst, umgekehrt wurde aber der Grad der Warengleichartigkeit bei der Verwechslungsgefahr berücksichtigt.[976] Daraus folgte, dass die Warengleichartigkeit nicht als Teil der Verwechslungsgefahr gemäß § 31 WZG geprüft wurde, sondern schon vorher unabhängig von der Verwechslungsgefahr bejaht worden sein musste, damit sich im Anschluss daran die Frage der Verwechslungsgefahr noch stellte.[977]

Gegen den relativen Warengleichartigkeitsbegriff wurde das Argument der Rechtssicherheit angeführt. Denn nur die Frage der Zeichennähe sei eine Einzelfallentscheidung, nicht aber die Frage der Warengleichartigkeit. Die Gleichartigkeit von Waren müsse daher immer gleich beurteilt werden, egal mit welchen Zeichen die jeweiligen Waren versehen seien. Ansonsten sei der Ausgang eines Rechtsstreits völlig unvorhersehbar.[978] Zudem stand der abstrakte Warenähnlichkeitsbegriff mit dem Sinn von § 5 Abs. 4 WZG im Einklang, die Herkunftsfunktion des Warenzeichens zu schützen.[979]

Warengleichartigkeit im absoluten Sinn hing von verschiedenen Gesichtspunkten ab. Als gleichartig wurden Waren betrachtet, die nach ihrer wirtschaftlichen Bedeutung und Verwendungsweise, nach ihrer Beschaffenheit und Herstellung, insbesondere auch hinsichtlich ihrer regelmäßigen Herstellungs- oder Verkaufsstätten so enge Berührungspunkte miteinander hatten, dass nach der Auffassung der beteiligten Verkehrskreise der Schluss nahe lag, dass sie aus demselben Geschäftsbetrieb stammten.[980] Die Warengleichartigkeit wurde also allein

---

974 RG GRUR 1930, 440 – Saturn; GRUR 1940, 568, 570 – Anusol; GRUR 1943, 343, 344 – Fussol; DPA GRUR 1954, 468, 468 – ARAL; Heydt, GRUR 1971, 435, 436 ff. m. w. N.; grundlegend Dunkhase, MuW 18. Jg., 174, 176.

975 BGH GRUR 1956, 172, 174 – Magirus.

976 BGH GRUR 1956, 172, 174 – Magirus; GRUR 1957, 488, 490 re. Sp. – MHZ; Heydt, GRUR 1971, 435, 438 ff.; Will, S. 96 m. w. N.; allgemein zur Warengleichartigkeit BGH GRUR 1962, 195, 195 f. – Palettenbildzeichen; GRUR 1968, 414, 415 f. – Fe; GRUR 1968, 550, 550 f. – Poropan; GRUR 1969, 604, 606 – Slip.

977 Heydt, GRUR 1971, 435, 437; Baumbach/Hefermehl, WZG, § 5 Rn. 97 ff., § 31 Rn. 1a; Ingerl/Rohnke, § 14 Rn. 248.

978 Heydt, GRUR 1971, 435, 437 m. w. N.

979 Heydt, GRUR 1971, 435, 437.

980 Baumbach/Hefermehl, WZG, § 5 Rn. 99 m. w. N.; Busse/Starck, § 5 Rn. 28; BGH GRUR 1956, 172, 174 – Magirus; GRUR 1982, 419, 420 li. Sp. – Noris m. w. N.

aus der Herkunftsfunktion der Marke abgeleitet und der Grad der Zeichenübereinstimmung außer Betracht gelassen.[981]

Handelte es sich um verschiedene Zeichen, konnte der Warenzeicheninhaber dessen Verwendung gemäß § 31 WZG verhindern, wenn im Verkehr trotz der Abweichungen der Zeichen Verwechslungsgefahr bestand.[982] Die Produktgleichartigkeit war Gegenstand der vorgeschalteten Prüfung von §§ 15, 24 WZG und wurde im Rahmen von § 31 WZG vorausgesetzt.[983] Bei der Beurteilung der Verwechslungsgefahr kam es allein auf die miteinander kollidierenden Zeichen an, ohne dass der Ähnlichkeitsgrad der gekennzeichneten Produkte berücksichtigt wurde.[984] Der Warengleichartigkeitsbegriff wurde im WZG daher als statisch bezeichnet. Verwechslungsgefahr und damit auch der Schutzumfang eines Zeichens hingen nur von dem Grad der Zeichenähnlichkeit und der Kennzeichnungskraft des Zeichens ab.[985]

2. Verwechslungsgefahr nach dem MarkenG

Gemäß § 14 Abs. 2 Nr. 2 MarkenG unterscheidet man grundsätzlich drei Konstellationen, in denen eine Verwechslungsgefahr maßgeblich ist. Diese erhält man durch die Kombination der Markenidentität bzw. -ähnlichkeit mit der Produktidentität bzw. -ähnlichkeit. Der vom Wortlaut von § 14 Abs. 2 Nr. 2 MarkenG ebenfalls umfasste Fall der Doppelidentität ist bereits in § 14 Abs. 2 Nr. 1 MarkenG geregelt.[986] Der Begriff der Verwechslungsgefahr gemäß § 14 Abs. 2 Nr. 2 MarkenG beruht auf Art. 5 Abs. 1 lit. b) MarkenRL und ist daher ein gemeinschaftsrechtlicher Begriff.[987] Er unterliegt der Auslegungskompetenz des EuGH im Vorabentscheidungsverfahren gemäß Art. 234 EGV. Die Art und Weise der Feststellung der Verwechslungsgefahr einschließlich der Beweislast wird von der MarkenRL nicht berührt und ist Gegenstand nationaler Verfahrensregeln.[988] Der für die Prüfung der Verwechslungsgefahr maßgebliche Zeitpunkt ist die letzte mündliche Verhandlung. Die Verwechslungsgefahr darf nicht nur vermutet werden, sondern muss positiv festgestellt werden, um einen Anspruch aus Art. 5 Abs. 1 lit. b) MarkenRL bzw. § 14 Abs. 2 Nr. 2 MarkenG bejahen zu können.[989]

---

[981] Ingerl/Rohnke, § 14 Rn. 248.
[982] Baumbach/Hefermehl, WZG, § 25 Rn. 100, § 31 Rn. 3; Busse/Starck, § 5 Rn. 27 f.
[983] *Ständige Rechtsprechung seit BGHZ 19, 23, 26 – Magirus*; BGH GRUR 1955, 489 - *Alpha*; BGH GRUR 1959, 25, 26 – Triumph; Kunz-Hallstein, Die Neuordnung des Markenrechts in Europa, S. 124 f.; Busse/ Starck, § 5 Rn. 31; Baumbach/Hefermehl, WZG, § 5 Rn. 102; a. a. O. § 31 Rn. 17 m. w. N. zur älteren Gegenmeinung, die den relativen Warengleichartigkeitsbegriff vertrat; vgl. dazu auch Will, S. 95 f.
[984] Althammer, WZG, § 31 Rn. 8; Baumbach/Hefermehl, WZG, § 25 Rn. 84 a. E.
[985] Gloy, FS Rowedder, S. 80.
[986] Sh. oben E II.
[987] Sack, WRP 1998, 1127, 1129.
[988] 10. Erwägungsgrund der MarkenRL.
[989] EuGH EuZW 2000, 504, 505 f., Tz. 33 ff., insbes. Tz. 33, 39 a. E. – Marca Moda/Adidas.

a) Die Rechtsnatur der Verwechslungsgefahr

Die Verwechslungsgefahr ist ein reiner Rechtsbegriff[990], so dass ihr Vorliegen in einer reinen Rechtsinstanz vollständig überprüfbar ist[991]. Daher ist die Verwechslungsgefahr auch einer Beweisaufnahme nicht zugänglich, weshalb der BGH die Einholung demoskopischer Gutachten ablehnt.[992]

Da die Verwechslungsgefahr ein Gefahrentatbestand ist, muss es nicht tatsächlich zu Verwechslungen kommen, sondern es genügt, wenn nur die Gefahr von Verwechslungen besteht.[993] Es ist daher nicht erforderlich, dass der Irrtum vom Verkehr unbemerkt bleibt und aufgrund dessen die falsche Ware erworben wird. Allerdings ist das Auftreten von Verwechslungen ein Indiz für das Bestehen von Verwechslungsgefahr.[994] Unerheblich ist außerdem, ob es zu einem konkreten wirtschaftlichen Schaden für den Inhaber des älteren Rechtes gekommen ist.

b) Die maßgeblichen Verkehrskreise

Soweit es zur Feststellung von Verwechslungsgefahr auf die Verkehrsauffassung ankommt, ist auf den Durchschnittsverbraucher als durchschnittlich informierten, aufmerksamen und verständigen inländischen Verbraucher der betreffenden Warenart abzustellen.[995] Beispielsweise gehören bei verschreibungspflichtigen Medikamenten nicht nur Ärzte und Apotheker zu den angesprochenen Verkehrskreisen, sondern auch ihre jeweiligen Hilfskräfte[996] sowie in gewissem Umfang auch medizinische Laien[997]

Nach der Rechtslage im Warenzeichengesetz wurde die Verwechslungsgefahr festgestellt, indem auf einen flüchtigen und gedankenlosen Betrachter abgestellt wurde.[998] Dies hatte zur Folge, dass der Beurteilung der Verwechslungsgefahr nicht das eigentliche Zeichen, sondern

---

[990] St. Rspr. BGH GRUR 2000, 506, 509 – Attaché/Tisserand; so schon zum WZG GRUR 1990, 450, 452 li. Sp. – St. Petersquelle; Fezer, § 14 Rn. 83 m. w. N.; Sack, WRP 1998, 1127, 1130 f.; Will, S. 89; Speckmann, Rn. 2225; Gloy, FS Rowedder, S. 89; Begründung zum MarkenG, BT-Drucks. 12/6581, S. 71.

[991] Kunz-Hallstein, Die Neuordnung des Markenrechts in Europa, S. 123, 127; Joller, S. 176 f. m. w. N.

[992] A. A. Scherer, GRUR 2000, 273, 274. Er hält es für inkonsequent, wenn der BGH dennoch darauf abstellt, dass für einen nicht unerheblichen Teil des Verkehrs Verwechslungsgefahr bestehen muss.

[993] Gloy, FS Rowedder, S. 89 f.

[994] Sack, WRP 1998, 1127, 1133; Scherer, GRUR 2000, 273, 274 li. Sp. oben m. w. N.

[995] EuGH WRP 1999, 806, 809 Tz. 26 – Lloyd Schuhfabrik; BGH GRUR 2001, 158, 160 li. Sp. – Drei-Streifen-Kennzeichnung; GRUR 2000, 506, 508 re. Sp. – Attaché/Tisserand; WRP 1999, 936, 938 Honka; GRUR 1999, 241, 243 li. Sp. – Lions; GRUR 1998, 927, 928 re. Sp. – Compo-Sana; Joller, S. 193 f.; Lithper, S. 102 ff.

[996] BGH GRUR 1995, 50, 52 – Indorektal/Indohexal.

[997] BGH GRUR 1993, 118, 119 re. Sp. Corvaton/Corvasal.

[998] St. Rechtsprechung, BGH GRUR 1951, 159, 161 – Zwei-Störche-Zeichen; Baumbach/Hefermehl, WZG, § 31 Rn. 28 m. w. N.; ausführlich Litpher, S. 99 ff.

das Erinnerungsbild des flüchtigen Betrachters zugrundegelegt wurde.[999] Nach dem Inkrafttreten des MarkenG hat der BGH diese ständige Rechtsprechung aufgegeben.[1000] Zur Beurteilung der Zeichenähnlichkeit ist nunmehr auf die Marke in ihrer eingetragenen, den Schutz begründenden Form abzustellen.[1001] Diese Abkehr begründet der BGH u. a. damit, dass der Schutz einer Registermarke nicht durch eine flüchtige Betrachtungsweise erweitert werden darf. Allerdings muss sich auch der Durchschnittsverbraucher auf das unvollkommene Bild verlassen, was ihm von der Marke in der Erinnerung verbleibt, da er nur in seltenen Fällen zwei Marken unmittelbar miteinander vergleichen kann.[1002] Der Grad der Aufmerksamkeit des Durchschnittsverbrauchers hängt von der Art des Produktes ab.[1003]

c) Arten der Verwechslungsgefahr

Umstritten ist, welche Gesichtspunkte bei der Verwechslungsgefahr zu berücksichtigen sind. Eine Ansicht will zur Bestimmung der Verwechslungsgefahr nicht allein auf die Herkunftsfunktion abstellen, sondern auf einen multifunktionalen Ansatz zurückgreifen, der neben der Herkunftsfunktion auch die Produktidentifizierungsfunktion berücksichtigt.[1004] Einer anderen Ansicht zufolge liegt Verwechslungsgefahr nur vor, wenn der Verkehr irrig annimmt, die gekennzeichneten Produkte stammten vom Markeninhaber.[1005] Auch der EuGH und ihm folgend auch der BGH sind der Ansicht, dass der Verkehr einer Herkunftstäuschung erliegen muss, um Verwechslungsgefahr bejahen zu können, geht dabei jedoch von einem erweiterten Verständnis der Herkunftsfunktion aus und lässt es genügen, dass der Verkehr irrig annimmt, eine Ware sei unter der Kontrolle des Markeninhabers hergestellt bzw. eine Dienstleistung werde unter seiner Kontrolle erbracht.[1006]

Eine Verwechslungsgefahr liegt danach vor, wenn das Publikum glauben könnte, dass die betreffenden Waren aus demselben Unternehmen oder gegebenenfalls aus wirtschaftlich miteinander verbundenen Unternehmen stammen.[1007] Dasselbe Unternehmen liegt nicht nur bei Identität der Produktionsstätte vor, sondern bedeutet ein Übereinstimmen der

---

[999] Baumbach/Hefermehl, WZG, § 31 Rn. 29.
[1000] BGH GRUR 1998, 942, 943 – Alka-Seltzer; GRUR 2000, 506, 508 re. Sp. – Attaché/Tisserand; so auch Fezer, NJW 1998, 713, 715 li. Sp.
[1001] BGH GRUR 2000, 506, 508 re. Sp. – Attaché/Tisserand.
[1002] BGH GRUR 2000, 506, 509 li. Sp. oben – Attaché/Tisserand.
[1003] EuGH WRP 1999, 806, 809 Tz. 26 – Lloyd Schuhfabrik; BGH GRUR 2001, 158, 160 – Drei-Streifen-Kennzeichnung; GRUR 2000, 506, 508 re. Sp. – Attaché/Tisserand.
[1004] Fezer, NJW 1998, 713, 715 f. unter Berufung auf EuGH GRUR 1998, 387 ff. – springende Raubkatze.
[1005] Meister, WRP 1995, 366, 370 li. Sp.
[1006] EuGH GRUR 1998, 922, 924 Tz. 28 – Canon; BGH GRUR 1999, 496, 498 – Tiffany; Schackert, S. 40.
[1007] BGH GRUR 1999, 496, 498 – Tiffany; Ingerl/Rohnke, § 14 Rn. 150.

Produktverantwortung.[1008] Man unterscheidet drei verschiedene Arten der Verwechslungsgefahr, die Verwechslungsgefahr im engeren Sinn, die sich in die unmittelbare und die mittelbare Verwechslungsgefahr aufgliedert, sowie die Verwechslungsgefahr im weiteren Sinn.[1009]

aa) Verwechslungsgefahr im engeren Sinn

Verwechslungsgefahr im engeren Sinn zeichnet sich dadurch aus, dass der Verkehr annimmt, das mit der Marke und mit dem Zeichen gekennzeichnete Produkt stammten aus demselben Unternehmen.[1010]

(1.) unmittelbare Verwechslungsgefahr

Die unmittelbare Verwechslungsgefahr ist der häufigste Fall der Verwechslungsgefahr im engeren Sinn. Unmittelbare Verwechslungsgefahr liegt vor, wenn die eine Marke irrtümlich für die andere gehalten wird, weil bestehende Unterschiede nicht hinreichend wahrgenommen werden und der Verkehr dem Irrtum erliegt, die mit der Marke bzw. dem Zeichen gekennzeichneten Produkte stammen aus demselben Unternehmen.[1011]

(2.) mittelbare Verwechslungsgefahr

Von mittelbarer Verwechslungsgefahr spricht man, wenn unterschiedliche Marken für den Verkehr nicht verwechslungsfähig sind, der Verkehr sie mithin als verschieden erkennt, sie aber aufgrund ihres Gesamteindrucks demselben Unternehmen zuordnet, wie dies bei einem Serienzeichen der Fall ist.[1012] Auf die Frage mittelbarer Verwechslungsgefahr kommt es erst an, wenn feststeht, dass keine unmittelbare Verwechslungsgefahr vorliegt.[1013] Der Begründung zum MarkenG zufolge ist die mittelbare Verwechslungsgefahr ein Fall des gedanklichen Inverbindungbringens gemäß §§ 9 Abs. 1 Nr. 2, 14 Abs. 2 Nr. 2 MarkenG.[1014] Auch der EuGH geht davon aus, dass die mittelbare Verwechslungsgefahr ein Fall der Verwechslungsgefahr ist.[1015]

[1008] Schackert, S. 75.
[1009] Fezer, NJW 1998, 713, 715.
[1010] Fezer, NJW 1998, 713, 715.
[1011] EuGH GRUR 1998, 387, 390 – springende Raubkatze; Sack, WRP 1998, 1127, 1129; Ingerl/Rohnke, § 14 Rn. 150.
[1012] BGH GRUR 1999, 240, 241 – Stephanskrone I; Speckmann, Rn. 2230 ff.; Fezer, NJW 1998, 713, 715; Ingerl/Rohnke, § 14 Rn. 150; Schackert, S. 39; Ullmann, GRUR 1993, 334, 337 re. Sp.
[1013] BGH GRUR 1999, 240, 241 li. Sp. unten – Stephanskrone I; GRUR 1996, 200, 201 f. – Innovadiclophlont.
[1014] Amtl. Begründung zum MarkenG zu § 9 4. Abs. a. E., Raßmann, GRUR 1997, 580, 589; Speckmann, Rn. 2241.
[1015] EuGH GRUR 1998, 387, 389 Tz. 16 f. – springende Raubkatze.

Mittelbare Verwechslungsgefahr setzt die Identität bzw. Wesensgleichheit des Stammbestandteils und dessen Hinweischarakter voraus. Sie setzt voraus, dass zwei Marken jeweils aus mehreren Bestandteilen bestehen, aber in nur einem Bestandteil übereinstimmen. Weiterhin muss der Verkehr den übereinstimmenden Bestandteil als Stamm mehrerer Zeichen eines Unternehmens ansehen, so dass er nachfolgende Bezeichnungen mit demselben Stammbestandteil dem gleichen Markeninhaber zuordnet.[1016] In dem übereinstimmenden Bestandteil zweier mehrteiliger Zeichen wird der Verkehr in aller Regel nur dann einen Stammbestandteil sehen, wenn dies der Zeichenaufbau nahelegt[1017] und die Zeichen entweder identisch oder jedenfalls wesensgleich[1018] sind.

Ein Zeichenbestandteil eignet sich nur dann als Stammbestandteil, wenn der Verkehr bereits diesem einen Hinweis auf die Herkunft entnimmt und damit als Stamm einer Zeichenserie versteht.[1019] Dies ist regelmäßig erst dann der Fall, wenn mehrere Zeichen mit demselben Stamm verwendet werden. Ausnahmsweise kann ein Zeichenbestandteil bereits als Stammbestandteil aufgefasst werden, wenn er aus anderen Gründen als Herkunftshinweis Verkehrsgeltung erreicht hat, beispielsweise weil es sich um ein Firmenschlagwort handelt.[1020] Die Eignung des Stammbestandteils als Herkunftshinweis muss der Inhaber des älteren Zeichens darlegen und beweisen.[1021]

bb) Verwechslungsgefahr im weiteren Sinne

Verwechslungsgefahr im weiteren Sinne besteht, wenn die Marken zwar unterschiedlichen Inhabern zugeordnet werden, aber aufgrund spezieller Umstände der unzutreffende Eindruck entsteht, es bestünden besondere wirtschaftliche oder organisatorische Beziehungen zwischen diesen Unternehmen.[1022] Dies setzt zudem Branchenidentität oder zumindest eine gewisse Branchennähe voraus. Branchennähe bedeutet, dass sich die betreffenden Geschäftsbereiche zumindest sachlich nahestehen.[1023] Die Annahme von Verwechslungsgefahr im weiteren Sinn hat ihren Ursprung in der firmenrechtlichen Rechtsprechung.[1024] Eine Verwechslungsgefahr im weiteren Sinne liegt also bei Fehlvorstellungen über

---

[1016] BGH GRUR 1999, 240, 241 – Stephanskrone I; GRUR 1996, 200, 201 f. – Innovadiclophlont.
[1017] BGH GRUR 1999, 240, 241 – Stephanskrone I.
[1018] BGH GRUR 1996, 200, 202 li. Sp. oben – Innovadiclophlont.
[1019] BGH GRUR 1999, 240, 241 re. Sp. – Stephanskrone I; GRUR 1998, 927, 929 re. Sp. – Compo-Sana; GRUR 1996, 200, 202 li. Sp. – Innovadiclophlont.
[1020] Baumbach/Hefermehl, WZG, § 31 Rn. 88.
[1021] Daran fehlte es in BGH GRUR 1998, 927, 929 re. Sp. unten – Compo-Sana; GRUR 1996, 200, 202 li. Sp. – Innovadiclophlont.
[1022] Speckmann, Rn. 2237; Ingerl/Rohnke, § 14 Rn. 438; Kunz-Hallstein, Die Neuordnung des Markenrechts in Europa, S. 123, 130.
[1023] BGH GRUR 1977, 719, 722 re. Sp. – Terranova/Terrapin.
[1024] BGH GRUR 1978, 170, 171 re. Sp. unten – Fan/Fanta.

Unternehmensbeziehungen der Unternehmen vor, von denen die gekennzeichneten Produkte stammen.[1025]

Der BGH erhält seine zum WZG ergangene Rechtsprechung zur Verwechslungsgefahr im weiteren Sinn nach dem Inkrafttreten des MarkenG aufrecht.[1026] Im WZG nahm der BGH Verwechslungsgefahr im weiteren Sinn bei einer Kollision ähnlicher Unternehmenskennzeichen an[1027], bei ähnlichen Warenbezeichnungen jedoch nur, wenn zusätzlich entweder das Warenzeichen auch Firmenkennzeichen ist[1028] oder wenn das ältere Zeichen eine starke Kennzeichnungskraft aufweist[1029].

Als irrtümlich angenommene Unternehmensbeziehung kommt eine Konzernbindung zwischen den beiden Unternehmen in Frage. Interessanter im Hinblick auf Character Merchandising ist die Tatsache, dass auch die irrtümliche Annahme über das Vorliegen eines Lizenzvertrages eine Verwechslungsgefahr im weiteren Sinne begründen kann. Dies setzt voraus, dass die angesprochenen Verkehrskreise irrig glauben, der vermeintliche Lizenzgeber sei befugt, die vom Lizenzgeber produzierten Produkte zu kontrollieren.[1030] Die Annahme einer Lizenzbeziehung ohne Einflussmöglichkeit des Lizenzgebers auf die Produktion der Lizenzware reicht nicht für die Bejahung von Verwechslungsgefahr im weiteren Sinn aus, da dies nicht den Schluss enger wirtschaftlicher oder organisatorischer Unternehmensbeziehungen nahelegt.[1031] Denn ein Lizenzvertrag kann auch nur zu kurzfristiger und oberflächlicher Zusammenarbeit führen. Die Wichtigkeit der Einflussmöglichkeit auf die Warenproduktion stimmt mit der Ausweitung des Verständnisses der Herkunftsfunktion überein, die der EuGH in der „Canon" -Entscheidung vorgenommen hat.[1032] Daraus folgt, dass die Übernahme der betrieblichen Herstellungsstätten nicht notwendig, aber allein auch nicht ausreichend ist, um Verwechslungsgefahr im weiteren Sinn anzunehmen.

Der Begründung zum MarkenG zufolge erfasst das gedankliche Inverbindungbringen gemäß §§ 9 Abs. 1 Nr. 2, 14 Abs. 2 Nr. 2 MarkenG u. a. die Verwechslungsgefahr im weiteren Sinne.[1033] Der EuGH billigte die Verwechslungsgefahr im weiteren Sinne im Hinblick auf Art. 30, 36 EGV.[1034] Die Tatsache, dass der EuGH die Verwechslungsgefahr im weiteren

---

[1025] Fezer, NJW 1998, 713, 715; Raßmann, GRUR 1997, 580, 589 re. Sp.; Schackert, S. 39 f.
[1026] BGH GRUR 2000, 608, 610 li. Sp. oben – ARD-1.
[1027] BGHZ 15, 107, 110 – Koma; BGH GRUR 1957, 281, 284 – karo-as.
[1028] BGH GRUR 1991, 317, 318 re. Sp. – Medice; GRUR 1977, 491, 493 – Allstar.
[1029] BGH GRUR 1978, 170, 172 li. Sp. – Fan/Fanta.
[1030] Schackert, S. 40.
[1031] Ruijsenaars, S. 515; a. A. Schertz, S. 89 ff., insbes. S. 91.
[1032] EuGH GRUR 1998, 922, 924 Tz. 28 – Canon; Schackert, S. 81.
[1033] Amtl. Begründung zum MarkenG zu § 9 4. Abs. a. E.; so auch Teplitzky, GRUR 1996, 1, 2.
[1034] EuGH GRUR Int. 1994, 168, 170 Tz. 36 f. – Quattro/Quadra.

Sinn in seiner „Springende Raubkatze"-Entscheidung nicht erwähnt[1035], steht dem nicht entgegen.[1036]

cc) Gedankliches Inverbindungbringen

Gemäß § 14 Abs. 2 Nr. 2 MarkenG ist es Dritten verboten, durch die Benutzung eines Zeichens Verwechslungsgefahr einschließlich der Gefahr hervorzurufen, dass das Zeichen mit der Marke gedanklich in Verbindung gebracht wird. Diese Formulierung ist in sich widersprüchlich, da der engere Begriff der Verwechslungsgefahr den weiteren[1037] des gedanklich miteinander Inverbindungbringens umfassen soll.[1038] *Verkade* bezeichnet den Wortlaut von § 14 Abs. 2 Nr. 2 MarkenG zu Recht als „sprachlichen Unsinn".[1039]

Der EuGH löst diesen Widerspruch zugunsten der Maßgeblichkeit der Verwechslungsgefahr und zu Lasten des gedanklichen Inverbindungbringens dahingehend auf, dass das gedankliche Inverbindungbringen ein Unterfall der Verwechslungsgefahr ist.[1040] Dies leitet er u. a. aus der 10. Erwägung der MarkenRL ab, der zufolge die Verwechslungsgefahr bei fehlender Doppelidentität die spezifische Voraussetzung für den Schutz der Marke darstellt.[1041] Ebenso differenziert der BGH, so dass die Gefahr des gedanklichen Inverbindungbringens keine Alternative zum Begriff der Verwechslungsgefahr ist, sondern nur ihren Umfang genauer bestimmen soll.[1042] Die Gefahr gedanklichen Inverbindungbringens umfasst die mittelbare Verwechslungsgefahr sowie die Verwechslungsgefahr im weiteren Sinne.[1043] Denn der Verkehr erkennt in diesen Fällen zwar den Unterschied zwischen der Marke und dem Zeichen, bringt es aber mit dem prioritätsälteren Zeichen in Verbindung.[1044]

Dem Vorgehen des EuGH ist zuzustimmen, da der menschliche Geist die fast unbegrenzte Gabe hat, Assoziationen herzustellen.[1045] Würde jede Assoziation ein gedankliches

---

[1035] EuGH GRUR 1998, 387, 389 Tz. 17 – springende Raubkatze.

[1036] Sack, WRP 1998, 1127, 1129 führt die fehlende Erwähnung von Verwechslungsgefahr im weiteren Sinne darauf zurück, dass der EuGH terminologisch in Zukunft nur noch zwischen unmittelbarer und mittelbarer Verwechslungsgefahr unterscheidet, während Ingerl/Rohnke, § 14 Rn. 439 a. E. der Ansicht sind, dass diese nicht von der Vorlagefrage des BGH erfasst gewesen sei.

[1037] Schackert, S. 41 f.

[1038] Sack, WRP 1998, 1127, 1136 f. m. w. N.; Kunz-Hallstein, Die Neuordnung des Markenrechts in Europa, S. 129 f.

[1039] Verkade, GRUR Int. 1992, 92 ff.

[1040] EuGH GRUR 1998, 387, 389 f. – springende Raubkatze; GRUR Int. 2000, 899, 901 Tz. 34 – Marca/Adidas; ebenso BGH GRUR 1999, 240, 241 li. Sp. – Stephanskrone I; GRUR 2000, 432, 435 li. Sp. – Netto 62.

[1041] EuGH GRUR 1998, 387, 389 Tz. 19 – springende Raubkatze.

[1042] BGH GRUR 1999, 240, 241 li. Sp. – Stephanskrone I; GRUR 1998, 932, 934 re. Sp. – Meisterbrand, GRUR 1998, 1014, 1015 re. Sp. – Ecco II.

[1043] Raßmann, GRUR 1997, 580, 589 re. Sp.

[1044] Tilmann, GRUR 1996, 701, 701 li. Sp.

[1045] BGH GRUR 1999, 240, 241 li. Sp. – Stephanskrone I.

Inverbindungbringen gemäß § 14 Abs. 2 Nr. 2 MarkenG bzw. Art. 5 Abs. 1 lit. b) MarkenRL darstellen[1046], wäre der markenrechtliche Schutz grenzenlos, und die Interessen der übrigen Teilnehmer am Wirtschaftsverkehr würden über Gebühr eingeschränkt.

Fezer ist jedoch der Auffassung, dass Verwechslungsgefahr nicht nur im Hinblick auf die Herkunftsfunktion, sondern im Hinblick auf alle rechtlich geschützten Funktionen zu verstehen ist.[1047] In der „Canon" -Entscheidung führt der EuGH jedoch unmissverständlich aus, dass die Hauptfunktion der Marke darin bestehe, die Ursprungsidentität der gekennzeichneten Produkte zu garantieren, indem die Marke es ermöglicht, die gekennzeichneten Produkte von Produkten anderer Unternehmen zu unterscheiden. Die Marke müsse also gewährleisten, dass alle mit der Marke gekennzeichneten Produkte unter der Kontrolle eines einzigen Unternehmens hergestellt bzw. erbracht worden sind, das für ihre Qualität verantwortlich gemacht werden kann.[1048] Der EuGH hält es für unabdingbar, dass die modifizierte Herkunftsfunktion verletzt ist, um Verwechslungsgefahr bejahen zu können.[1049]

Sack misst dem gedanklichen Inverbindungbringen neben der Verwechslungsgefahr eigenständige Bedeutung zu und bejaht einen Verletzungsanspruch aus § 14 Abs. 2 Nr. 2 MarkenG nicht nur bei Vorliegen der Gefahr einer Herkunftstäuschung, sondern bereits dann, wenn die Gefahr der Rufausbeutung, Rufbeeinträchtigung oder Verwässerung einer fremden Marke besteht.[1050] Gegen diese Fälle kann der Markeninhaber jedoch nur unter den in § 14 Abs. 2 Nr. 3 MarkenG normierten Voraussetzungen vorgehen, nämlich bei Bekanntheit der prioritätsälteren Marke sowie der ungerechtfertigten und unlauteren Handlungsweise des Zweitverwenders. Diese speziellen Voraussetzungen von § 14 Abs. 2 Nr. 3 MarkenG für die Fälle der Rufausbeutung, Rufbeeinträchtigung und Verwässerung einer Marke übersieht *Sack*, der allen und nicht nur bekannten Marken unabhängig von Verwechslungsgefahr i. S. d. EuGH im Ähnlichkeitsbereich Schutz gegen Rufausbeutung etc. gewähren will.[1051] Zudem legt *Sack* §§ 9 Abs. 1 Nr. 2, 14 Abs. 2 Nr. 2 MarkenG anhand von §§ 9 Abs. 1 Nr. 3, 14 Abs. 2 Nr. 3 MarkenG aus, obwohl der Schutz bekannter Marken außerhalb des Produktähnlichkeitsbereiches nur auf einer Umsetzungsoption beruht, von der nicht jeder Mitgliedsstaat Gebrauch gemacht haben muss. Dies würde zu einer uneinheit-

---

[1046] Fezer, NJW 1998, 713, 715 f.
[1047] Fezer, NJW 1998, 713, 715 f.
[1048] EuGH GRUR 1998, 922, 924 li. Sp. Tz. 28 – Canon.
[1049] EuGH GRUR 1998, 922, 924 li. Sp. Tz. 28 – Canon.
[1050] Sack, WRP 1998, 1127, 1134 f., 1136 f. unter Berufung auf BGH GRUR 1981, 142, 144 – Kräutermeister; GRUR 1991, 609, 611 f. – SL sowie m. w. N.; dies lehnt Fezer, NJW 1998, 713, 715 re. Sp. ausdrücklich ab.
[1051] Sack, WRP 1998, 1127, 1137 li. Sp.; 1138 li. Sp.; zum Problemkreis der Rufausbeutung etc. gemäß § 14 Abs. 2 Nr. 3 MarkenG sh. u. E. IV.

lichen Auslegung der Verwechslungsgefahr führen, so dass dieses Verständnis der Verwechslungsgefahr gegen das Gebot richtlinienkonformer Auslegung verstieße.[1052] Somit ist die Meinung von Sack abzulehnen[1053], und es ist der des EuGH zu folgen.

d) Die Kriterien der Verwechslungsgefahr

Neben der Produktähnlichkeit sind die Markenähnlichkeit[1054], die Bekanntheit der älteren Marke, ihre Unterscheidungs- und Kennzeichnungskraft sowie die Dauer ihrer Benutzung etc.[1055] Kriterien der Verwechslungsgefahr. Man unterscheidet zwischen notwendigen und weiteren Voraussetzungen.[1056] Die Produktähnlichkeit[1057] ist ebenso wie die Zeichenähnlichkeit[1058] eine notwendige Voraussetzung von Artt. 4 Abs. 1 lit. b), 5 Abs. 1 lit. b) MarkenRL bzw. §§ 9 Abs. 1 Nr. 2, 14 Abs. 2 Nr. 2 MarkenG. Fehlt beispielsweise die Produktähnlichkeit, scheidet Verwechslungsgefahr in jedem Fall aus.[1059] Demgegenüber ist beispielsweise die Kennzeichnungskraft einer Marke keine notwendige Schutzvoraussetzung von §§ 9 Abs. 1 Nr. 2, 14 Abs. 2 Nr. 2 MarkenG. Dennoch ist sie im Rahmen der Feststellung der Verwechslungsgefahr von erheblicher Bedeutung.

Die Kriterien der Verwechslungsgefahr sind nur im Rahmen der Feststellung der Verwechslungsgefahr von Bedeutung.[1060] Dies gilt auch für die Produktähnlichkeit, die nicht wie im WZG vor der Verwechslungsgefahr zu prüfen ist.[1061] Dies ergibt sich aus dem Wortlaut von Artt. 4 Abs. 1 lit. b), 5 Abs. 1 lit. b) MarkenRL bzw. §§ 9 Abs. 1 Nr. 2, 14 Abs. 2 Nr. 2 MarkenG, dem zufolge die Zeichen- und die Warenähnlichkeit die Ursache für die Verwechslungsgefahr („... wegen ...") sind, sowie aus dem 10. Erwägungsgrund der MarkenRL. Diesem zufolge ist es unbedingt erforderlich, den Begriff der Produkt- und Zeichenähnlichkeit im Hinblick auf die Verwechslungsgefahr auszulegen. Zudem besagt er,

---

[1052] Raßmann, GRUR 1997, 580, 589 f.
[1053] Raßmann, GRUR 1997, 580, 589 f.
[1054] Will, S. 86; Kliems, GRUR 1995, 198, 199 re. Sp.; so zur MarkenRL Schweer, S. 68 f.; so auch zur GMVO Schönfeld, S. 178.
[1055] 10. Erwägungsgrund der MarkenRL.
[1056] 10. Erwägungsgrund der MarkenRL; EuGH GRUR 1998, 922, 923 Tz. 15 - Canon; GRUR 1998, 387, 389 Tz. 22 – springende Raubkatze; Kunz-Hallstein, Die Neuordnung des Markenrechts in Europa, S. 127.
[1057] Der Begriff der Produktähnlichkeit umfasst auch den spezielleren Fall der Produktidentität.
[1058] Der Begriff der Markenähnlichkeit umfasst auch den spezielleren Fall der Markenidentität.
[1059] EuGH GRUR 1998, 922, 923 Tz. 22 – Canon; GRUR 1998, 387, 389 Tz. 22 – springende Raubkatze; BGH GRUR 1999, 245, 246 re. Sp. – Libero; Speckmann, Rn. 2273; Schönfeld, S. 178; so bezüglich der Produktähnlichkeit, Fezer, WRP 1998, 1123, 1124 li. Sp. unten.
[1060] EuGH GRUR 1998, 387, 389 Tz. 22 – springende Raubkatze; GRUR 1998, 922, 923 Tz. 17 – Canon; 10. Erwägungsgrund der MarkenRL; Kliems, GRUR 1995, 198, 198 re. Sp.; Winkler, GRUR 1994, 569, 574.
[1061] Teplitzky, GRUR 1996, 1, 1 re. Sp., 3 re. Sp.; Raßmann, GRUR 1997, 580, 581 f.

dass das Vorliegen der Verwechslungsgefahr u. a. von der Produktähnlichkeit abhängt. Das gilt auch für alle übrigen Kriterien der Verwechslungsgefahr.

e) Vertikaler Begriff der Verwechslungsgefahr am Beispiel der Produktähnlichkeit

Umstritten ist, wie Verwechslungsgefahr zu prüfen ist. Der EuGH und auch der BGH gehen davon aus, dass Verwechslungsgefahr von einer Vielzahl von Umständen in der Weise abhängt, dass eine Wechselbeziehung zwischen den in Betracht kommenden Faktoren besteht, so dass ein geringerer Grad der Produktähnlichkeit durch einen höheren Grad der Markenähnlichkeit ausgeglichen werden kann.[1062] Die Berücksichtigung der Produktähnlichkeit im Rahmen der Prüfung der Verwechslungsgefahr ist eine Neuheit gegenüber der Kollisionsprüfung nach dem WZG. Während der Geltung des WZG wurde Verwechslungsgefahr erst geprüft, wenn Produktähnlichkeit bereits feststand.[1063]

Streitig ist im Hinblick auf die genannte Wechselbeziehung, ob diese rein vertikal oder sowohl vertikal als auch horizontal zu verstehen ist. Eine rein vertikale Wechselbeziehung bedeutet, dass die Markenähnlichkeit, die Produktähnlichkeit, die Kennzeichnungskraft und die Bekanntheit einer Marke in einem ersten Prüfungsschritt unabhängig voneinander isoliert geprüft werden. Dann wird in einem zweiten Schritt geprüft, ob aufgrund aller vorliegenden Umstände eine Verwechslungsgefahr besteht. Bei dieser Vorgehensweise bezieht sich die beschriebene Wechselwirkung ausschließlich auf den zweiten Prüfungsschritt.[1064] Unter einer gleichzeitig horizontalen und vertikalen Wechselbeziehung versteht man, dass die Verwechslungsgefahr einstufig zu prüfen ist, indem sich alle relevanten Kriterien gegenseitig beeinflussen und gleichzeitig auch auf die Verwechslungsgefahr einwirken.[1065]

Es bestehen also grundsätzlich zwei Möglichkeiten, die besagte Wechselbeziehung zu verstehen. Dies zeigt, dass die Entscheidung zugunsten einer der beiden Möglichkeiten nicht allein mit dem Hinweis auf eben diese Wechselbeziehung getroffen werden kann. Auch wenn man sich dafür ausspricht, alle relevanten Gesichtspunkte im Rahmen der Prüfung der Verwechslungsgefahr zu berücksichtigen, sagt dies nichts über die Qualität der

---

[1062] EuGH GRUR 1998, 387, 389 Tz. 22 – springende Raubkatze; WRP 1999, 806, 808 Tz. 22 f. – Lloyd Schuhfabrik; BGH GRUR 2001, 158, 159 re. Sp. – Drei-Streifen-Kennzeichnung m. w. N.; WRP 2000, 1041, 1042 li. Sp. – Schlüssel; WRP 1999, 936, 938 li. Sp. – Honka, GRUR 1999, 731, 732 re. Sp. – Canon II; GRUR 1999, 241, 242 re. Sp. – Lions; GRUR 1998, 932, 933 - Meisterbrand.

[1063] Sh. oben Teil 2, E. I. 6. a); vgl. auch Fezer, NJW 1998, 713, 714.

[1064] Kunz-Hallstein, Die Neuordnung des Markenrechts in Europa, S. 125.

[1065] So auch Schackert, S. 70 ff.; Fezer, NJW 1998, 713, 714 li. Sp.

Wechselwirkung aus. Dies wird jedoch vielfach übersehen.[1066] Aus dieser Wechselbeziehung allein folgt also nicht die Entscheidung zugunsten des relativen Warenähnlichkeitsbegriffs.[1067]

Wie die Wechselbeziehung zu verstehen ist, wird stellvertretend anhand der Produktähnlichkeit beantwortet, gilt jedoch auch für alle anderen Kriterien, die für die Beurteilung der Verwechslungsgefahr maßgeblich sind. Die Produktähnlichkeit eignet sich aus drei Gründen für die Darstellung dieser Problematik. Erstens handelt es sich dabei ebenso wie bei der Markenähnlichkeit um eine notwendige Voraussetzung der Verwechslungsgefahr. Zweitens wird die Produktähnlichkeit im MarkenG im Gegensatz zum WZG in die Beurteilung der Verwechslungsgefahr einbezogen und nicht vorgeschaltet geprüft. Dadurch hat sich die Funktion und Stellung der Produktähnlichkeit im Gegensatz zur Zeichenähnlichkeit stark verändert. Die Zeichenähnlichkeit wurde schon immer i. R. d. Verwechslungsgefahr geprüft. Drittens war die Wechselwirkung der verschiedenen Kriterien der Verwechslungsgefahr zueinander unter besonderer Berücksichtigung der Produktähnlichkeit Gegenstand des „Canon“ –Urteils des EuGH.[1068]

aa) Die Rechtsnatur der Produktähnlichkeit

Im MarkenG kommt es nicht mehr auf die Gleichartigkeit, sondern auf die Ähnlichkeit von Produkten an.[1069] Die Produktähnlichkeit gemäß §§ 9 Abs. 1 Nr. 2, 14 Abs. 2 Nr. 2 MarkenG ist gegenüber dem WZG ein neuer Rechtsbegriff.[1070] Sie ist eine Rechtsfrage, so dass sie auch in einer reinen Rechtsinstanz überprüft werden kann.[1071] Der BGH führt dazu aus, dass die Frage der Warenähnlichkeit als solche einer Beweisaufnahme nicht zugänglich ist, aber dass über die dieser Rechtsfrage zugrunde liegenden Tatsachen Beweis erhoben werden kann.[1072] In späteren Beschlüssen akzentuiert er dies etwas anders, wenn auch mit gleichem Ergebnis, indem er ausführt, die Frage der Warenähnlichkeit liege im wesentlichen auf tatrichterlichem Gebiet. Im Rechtsbeschwerdeverfahren könne nur überprüft werden, ob der Rechtsbegriff der Produktähnlichkeit zutreffend erfasst wurde, ob der Tatrichter nicht gegen Denkgesetze und die allgemeine Lebenserfahrung verstoßen hat und ob das Ergebnis von den getroffenen Feststellungen getragen wird.[1073]

[1066] So Schönfeld, S. 179; ebenso Schackert, S. 70 ff., zu Unrecht unter Berufung auf den EuGH.
[1067] Sh. nachfolgend Teil 2 E III. 2. e) bb).
[1068] EuGH GRUR 1998, 922, 923 Tz. 19-24 – Canon.
[1069] Kliems, GRUR 1995, 198, 198.
[1070] BGH GRUR 1995, 216, 219 re. Sp. – Oxygenol II; GRUR 1998, 925, 926 – Bisotherm-Stein; GRUR 1999, 158, 159 re. Sp. – Garibaldi; GRUR 1999, 164, 166 li. Sp. – John Lobb; GRUR 1999, 245, 246 re. Sp. – Libero; so auch das BPatG GRUR 2000, 432, 433 re. Sp. – Netto 62; Speckmann, Rn. 2273; Althammer/Klaka, § 14 Rn. 13; Litpher, S. 86 ff.
[1071] Althammer/Ströbele, § 9 Rn. 58; Ingerl/Rohnke, § 14 Rn. 239 auch m. w. N. zur Rechtslage zum WZG.
[1072] BGH GRUR 1999, 158, 160 – Garibaldi.
[1073] BGH GRUR 1999, 164, 166 li. Sp. – John Lobb; GRUR 1999, 245, 246 – Libero.

bb) Absoluter Produktähnlichkeitsbegriff

(1.) Einleitung

Da nun klar ist, dass die Produktähnlichkeit allein im Rahmen der Verwechslungsgefahr von Bedeutung ist, ist nun zu klären, welche Rolle die Produktähnlichkeit im Rahmen der Verwechslungsgefahr spielt und wie sie festzustellen ist.[1074]

Die Produktähnlichkeit kann entweder festgestellt werden, indem sie zunächst isoliert bestimmt und dann für die Feststellung der Verwechslungsgefahr herangezogen wird (absoluter Produktähnlichkeitsbegriff)[1075] oder indem bereits die Feststellung der Produktähnlichkeit von der Frage der Bekanntheit und Unterscheidungskraft der Marke etc. abhängig gemacht wird (relativer Produktähnlichkeitsbegriff).[1076] Der relative Produktähnlichkeitsbegriff hat zur Folge, dass die Feststellung der Kriterien der Verwechslungsgefahr und die Prüfung der Verwechslungsgefahr ineinander übergehen. Das bedeutet, dass alle Kriterien der Verwechslungsgefahr einander gegenseitig beeinflussen und aufeinander einwirken.

Die Verwechslungsgefahr ist nach übereinstimmender Ansicht relativ, da sie von dem Vorliegen und der Intensität der maßgeblichen Kriterien abhängt. Dies darf nicht mit dem Verständnis der Produktähnlichkeit verwechselt werden. Dieser Unterschied zwischen relativer Verwechslungsgefahr und relativer Produktähnlichkeit wird vielfach übersehen, so dass aus der Relativität der Verwechslungsgefahr zu Unrecht auf die Relativität der Produktähnlichkeit geschlossen wird.[1077]

(2.) Wortlaut; Systematik

Ein relativer Produktähnlichkeitsbegriff widerspricht selbst bei extensiver Auslegung dem Begriff der „Ähnlichkeit von Waren oder Dienstleistungen“ i. S. v. §§ 9 Abs. 1 Nr. 2, 14 Abs. 2 Nr. 2 MarkenG sowie Artt. 4 Abs. 1 Nr. 2, 5 Abs. 1 Nr. 2 MarkenRL.[1078] Denn wie Produkte

---

[1074] Ebenso differenzieren Kliems, GRUR 1995, 198, 199 re. Sp. unten.

[1075] Schweikert, Mitt. 1990, 209, 209; Raßmann, 1997, 580, 583; Kliems, GRUR 1995, 198, 199; Will, S. 114 ff.; nicht eindeutig Teplitzky, GRUR 1996, 1, 3 f.; EuGH GRUR 1998, 922, 923 – Canon; BGH GRUR 1998, 925, 926 – Bisotherm-Stein; GRUR 1999, 164, 166 li. Sp. – John Lobb; GRUR 1999, 245, 246 re. Sp. – Libero; so auch BPatG GRUR 2000, 432, 433 re. Sp. – Netto 62.

[1076] BT-Drucks. 12/6581, S. 72; BGH GRUR 1995, 216, 219 – Oxygenol II; HansOLG Hamburg, WRP 1998, 326, 326 re. Sp. – Kellogg's/Kelly; Fezer, WRP 1998, 1123, 1125 f.; Fezer, § 14 Rn. 119 ff.; Piper, GRUR 1996, 429, 431 f.; so wohl auch Teplitzky, GRUR 1996, 1, 3 f.; Ingerl/Rohnke, NJW 1994, 1247, 1250 re. Sp.; dies., § 14 Rn. 257; Winkler, GRUR 1994, 569, 574 f.; Brandi-Dohrn, BB 1994, Beil. 16, 1, 12; Speckmann, Rn. 2283; Litpher, S. 86 ff.; Schackert, S.70 ff.; Schertz, Rn. 202 f.

[1077] So auch Litpher, S. 90 f. und Schackert, S. 70 ff.

[1078] v. Linstow, GRUR 1999, 160, 161 li. Sp.; Kliems, GRUR 1995, 198, 201 re. Sp. formuliert pointiert: „Werden nach der Verkehrsauffassung aus den markenrechtlich gesehen sicher ähnlichen Äpfeln

einander ähnlicher werden können, nur weil sie mit bekannteren Marken gekennzeichnet sind, ist nicht einsichtig.[1079] Davon zu trennen ist die Frage, ob die Verwechslungsgefahr, nicht aber die Produktähnlichkeit durch die Verwendung bekannter Zeichen steigt.

Ein relativer Produktähnlichkeitsbegriff stünde auch im Gegensatz zu der inneren Systematik der §§ 9 Abs. 1 Nr. 2, 14 Abs. 2 Nr. 2 MarkenG. Diesen Vorschriften zufolge kann Verwechslungsgefahr wegen Produktähnlichkeit bestehen. Es wird also nur eine Beziehung der Produktähnlichkeit zu dem Oberbegriff der Verwechslungsgefahr hergestellt, nicht aber zu anderen Kriterien der Verwechslungsgefahr wie beispielsweise der Markenähnlichkeit.[1080] Zudem hat der Schutz gemäß §§ 9 Abs. 1 Nr. 2, 14 Abs. 2 Nr. 2 MarkenG absolute Grenzen. Dies wäre mit einer unbegrenzten Relativierung, die beispielsweise aus der überragenden Bekanntheit einer Marke folgen könnte, nicht vereinbar.[1081] Dasselbe folgt aus §§ 9 Abs. 1 Nr. 3, 14 Abs. 2 Nr. 3 MarkenG, da diese fehlende Produktähnlichkeit voraussetzen.[1082]

(3.) Begründung zum MarkenG

Die Begründung zum MarkenG lehnt eine Fortführung des statischen Warengleichartigkeitsbegriffes des WZG ab.[1083] Der Ablehnung des statischen Warengleichartigkeitsbegriffes kann unter zwei Gesichtspunkten zugestimmt werden. Erstens ist die Produktähnlichkeit Teil der Prüfung der Verwechslungsgefahr und nicht wie im WZG der Prüfung der Verwechslungsgefahr gemäß § 31 WZG vorgeschaltet. Zweitens stützte sich der im WZG geltende statische Warengleichartigkeitsbegriff allein auf die Herkunftsfunktion, während der Begründung zum MarkenG zufolge zur Bestimmung der Produktähnlichkeit nicht mehr allein auf die Herkunftsfunktion abgestellt werden darf.[1084] Die Berücksichtigung weiterer Markenfunktionen bei der Bestimmung der Produktähnlichkeit stimmt mit der Rechtsprechung des EuGH überein. Danach sind alle erheblichen Faktoren in die Beurteilung der Produktähnlichkeit einzubeziehen, die das Verhältnis zwischen den Waren oder Dienstleistungen kennzeichnen, und nicht nur die Herkunftsfunktion.[1085] Allerdings folgt

---

und Birnen etwa noch ähnlichere oder sogar identische Waren, wenn es sich auf der Widerspruchsseite um eine bekannte Marke handelt?".

[1079] Kliems, GRUR 1995, 198, 201 re. Sp.; Raßmann, GRUR 1997, 580, 584 li. Sp.

[1080] Kliems, GRUR 1995, 198, 199 re. Sp.; Raßmann, GRUR 1997, 580, 584; Kunz-Hallstein, Die Neuordnung des Markenrechts in Europa, S.126.

[1081] Kunz-Hallstein, GRUR 1996, 6, 8 li. Sp.; ders., Die Neuordnung des Markenrechts in Europa, S. 126; ebenso, Teplitzky, GRUR 1996, 1, 4 li. Sp.; Raßmann, GRUR 1997, 580, 585 re. Sp.; Althammer/Klaka, § 14 Rn. 13; Joller, S. 187; kritisch Fezer, WRP 1998, 1125.

[1082] Raßmann, GRUR 1997, 580, 585 re. Sp.

[1083] BT-Drucks. 12/6581, S. 72.

[1084] BT-Drucks. 12/6581 S. 72; diese Begründung hält Kliems, GRUR 1998, 198, 201 für unzutreffend.

[1085] EuGH GRUR 1998, 922, 923 Tz. 28 f. – Canon; so nun auch BPatG GRUR 2000, 432, 433 – Netto 62; Ingerl/Rohnke, § 14 Rn. 261; Fezer, § 14 Rn. 346; Speckmann, Rn. 2274 stellt allein auf die modifizierte Herkunftsfunktion ab.

daraus nicht die grundsätzliche Unmaßgeblichkeit der Herkunftsfunktion, sondern nur eine weniger starke Hervorhebung gegenüber anderen Markenfunktionen.[1086]

Die Begründung geht jedoch über die gerade dargestellte Ablehnung des starren Warengleichartigkeitsbegriffes hinaus. Darin heißt es, die Produktähnlichkeit hänge von allen relevanten Gesichtspunkten wie beispielsweise der Stärke oder Schwäche der jeweiligen Marken ab, was auf einen relativen Produktähnlichkeitsbegriff hinausliefe. In dieser Passage der Begründung zum MarkenG scheint die Ablehnung des starren Warengleichartigkeitsbegriffes über das Ziel hinausgeschossen zu sein.[1087] Denn um neben der Herkunftsfunktion auch andere Funktionen bei der Produktähnlichkeit berücksichtigen zu können, genügt es, von abstrakter Produktähnlichkeit auszugehen.

(4.) Teleologische Auslegung

Zudem ermöglicht ein absoluter Produktähnlichkeitsbegriff hinsichtlich der Ähnlichkeit von Produkten allgemeingültige Aussagen. Dies ist auch angemessen, da die Frage, ob zwei Produkte ähnlich sind, immer die gleiche ist, egal mit welchen Marken diese gekennzeichnet sind.[1088] So hebt *Ströbele* hervor, dass der absolute Produktähnlichkeitsbegriff die einzige Konstante im Bereich der zeichenrechtlichen Übereinstimmung ist.[1089] Gäbe man diese Konstante auf, wären Entscheidungen bezüglich der Ähnlichkeit von Produkten gemäß §§ 9 Abs. 1 Nr. 2, 14 Abs. 2 Nr. 2 MarkenG noch weniger vorhersehbar, wodurch die Rechtssicherheit stark beeinträchtigt würde.[1090] *Fezer* hält dem entgegen, nur ein relativer Produktähnlichkeitsbegriff werde der Realität der Konsumwelt gerecht. So umfasse der Produktbereich einer Sportmarke eines bekannten Tennisstars nicht nur Sportartikel wie Schläger, Kleidung und Schuhe, sondern auch Sonnenbrillen und Parfüms.[1091]

Allerdings können bekannte Marken gemäß §§ 9 Abs. 1 Nr. 3, 14 Abs. 2 Nr. 3 MarkenG auch außerhalb des Produktähnlichkeitsbereiches Schutz erlangen, so dass für eine grenzenlose

---

[1086] Will, S. 99 unter Berufung auf den 10. Erwägungsgrund der MarkenRL.

[1087] Teplitzky, GRUR 1996, 1, 3 li. Sp., sowie Raßmann, GRUR 1997, 580, 583, halten diese Formulierung für einen „lapsus linguae“, da sie sich erkennbar auf die Verwechslungsgefahr und nicht die Produktähnlichkeit bezieht.

[1088] Kunz-Hallstein, GRUR 1996, 6, 8 f.

[1089] Ströbele, MA 1993, 219, 220.

[1090] Kunz-Hallstein, GRUR 1996, 6, 7; Kliems, GRUR 1995, 198, 201; Raßmann, GRUR 1997, 580, 584 li. Sp.; Will, S. 98 ff.; Joller, S. 187; Ruijsenaars, S. 514; dies gesteht auch Litpher, S. 89 f. als Vertreter der relativen Bestimmung der Produktähnlichkeit zu; sh. o. Teil 2, E. I. 6. a) auch die vergleichbare Diskussion zum WZG.

[1091] Fezer, WRP 1998, 1123, 1125 re. Sp.; auch Teplitzky, GRUR 1996, 1, 3, argumentiert so, jedoch ebenfalls am Beispiel einer bekannten, wenn nicht gar berühmten Marke, nämlich Dior und Lagerfeld.

Relativierung des Produktähnlichkeitsbegriffes gar kein Bedürfnis besteht.[1092] Zudem sagt die Entscheidung zugunsten einer absolut zu bestimmenden Produktähnlichkeit nichts darüber aus, wie weit dieser Begriff zu verstehen ist.[1093] Eine Relativierung der Produktähnlichkeit ist angesichts der Relativität der Verwechslungsgefahr überflüssig, da die gemäß § 14 Abs. 2 Nr. 2 MarkenG entscheidenden Gesichtspunkte ohnehin bei der Frage der Verwechslungsgefahr berücksichtigt werden. Dies gilt jedenfalls dann, wenn man sich für einen weiten Produktähnlichkeitsbereich ausspricht. Im übrigen steht der aus einem relativen Produktähnlichkeitsbegriff resultierenden Rechtsunsicherheit kein Gewinn, etwa in Gestalt größerer Einzelfallgerechtigkeit gegenüber.[1094]

(5.) 10. Erwägungsgrund der MarkenRL

Zur Begründung einer relativen Produktähnlichkeit wird verschiedentlich auch auf Satz 3 des 10. Erwägungsgrundes der MarkenRL verwiesen[1095], dem zufolge es unbedingt erforderlich ist, den Begriff der Ähnlichkeit im Hinblick auf die Verwechslungsgefahr auszulegen. Diese Passage ist jedoch allein für die Frage der Prüfung der Verwechslungsgefahr aussagekräftig, nicht aber hinsichtlich der Frage, wie sich Produkt- und Markenähnlichkeit gegenseitig beeinflussen. Denn dann müsste es heißen, dass es unbedingt erforderlich ist, den Begriff der Ähnlichkeit der Marken im Hinblick auf die Produktähnlichkeit auszulegen und umgekehrt.[1096] Da in dieser Aussage nur eine Beziehung zwischen der Verwechslungsgefahr als Oberbegriff und der (Produkt-) Ähnlichkeit als Unterbegriff hergestellt wird[1097], spricht sie nur für einen absoluten Produktähnlichkeitsbegriff.[1098]

Für einen absoluten Produktähnlichkeitsbegriff spricht auch Satz 4 des 10. Erwägungsgrundes der MarkenRL, der besagt, dass das Vorliegen von Verwechslungsgefahr „von einer Vielzahl von Umständen ab (-hängt), insbesondere dem Bekanntheitsgrad der Marke im Markt, der gedanklichen Verbindung, die das benutzte oder eingetragene Zeichen zu ihr

---

1092 Raßmann, GRUR 1997, 580, 584 li. Sp. oben.; dies übersieht beispielsweise Schertz, Rn. 202 ff., insbes. Rn. 209 a. E.

1093 Dies zeigen die Auffassungen von Kunz-Hallstein, GRUR 1996, 6, 7 f., und von Kliems, GRUR 1995, 198, 202 f., die zwar beide einen abstrakten Produktähnlichkeitsbegriff zugrundelegen, von denen sich aber der erstere für einen engen und der letztere für einen grundsätzlich weiten Produktähnlichkeitsbereich ausspricht; im übrigen sh. unten Teil 2, E. III. e) cc).

1094 Dies zeigen deutlich die Erwägungen des HansOLG Hamburg, WRP 1998, 326, 326 f. – Kellogg's/Kelly, die bei der Prüfung der Verwechslungsgefahr eine klare Gedankenführung vermissen lassen, da sich die für die Beurteilung der Verwechslungsgefahr relevanten Kriterien gegenseitig beeinflussen, so dass ein klarer Prüfungsablauf nicht ersichtlich ist; auch Litpher, S. 89 ff., stellt das Kriterium der Einzelfallgerechtigkeit in den Vordergrund; Ruijsenaars, S. 514.

1095 Ingerl/Rohnke, NJW 1994, 1247, 1250; Winkler, GRUR 1994, 569, 574 f.

1096 Kliems, GRUR 1995, 198, 199 re. Sp.

1097 EuGH WRP 1999, 806, 808 – Lloyd Schuhfabrik.

1098 Raßmann, GRUR 1997, 580, 581 re. Sp., 582 li. Sp. unten; dies verkennen Ingerl/Rohnke, NJW 1994, 1247, 1250; Winkler, GRUR 1994, 569, 574 f.

hervorrufen kann, sowie dem Grad der Ähnlichkeit zwischen der Marke und dem Zeichen und zwischen den damit gekennzeichneten Waren oder Dienstleistungen." Diese im Rahmen der Prüfung der Verwechslungsgefahr zu berücksichtigenden Umstände stehen also jeweils für sich, ohne sich gegenseitig zu beeinflussen.[1099]

(6.) Zusammenfassung

Zusammenfassend lässt sich also feststellen, dass die Produktähnlichkeit nur von Gesichtspunkten abhängt, die das Verhältnis zwischen den Waren oder Dienstleistungen kennzeichnen. Verallgemeinernd folgt daraus für alle Kriterien, die hinsichtlich der Frage der Verwechslungsgefahr relevant sind, dass sie sich nicht gegenseitig beeinflussen, sie also nicht horizontal wirken. Es ist von einer rein vertikalen Wechselwirkung auszugehen, die sich ausschließlich im Verhältnis des einzelnen Kriteriums der Verwechslungsgefahr zur Verwechslungsgefahr auswirkt. Die Kriterien der Verwechslungsgefahr sind in einem ersten Schritt unabhängig voneinander festzustellen. In einem anschließenden zweiten Schritt ist die Verwechslungsgefahr zu beurteilen, indem die verschiedenen Kriterien zueinander in Bezug gesetzt und unter Berücksichtigung aller Umstände des Einzelfalles umfassend beurteilt werden.[1100] Sie treten dergestalt zueinander in Wechselwirkung, dass beispielsweise ein weniger an Produktähnlichkeit durch ein mehr an Zeichenähnlichkeit ausgeglichen werden kann und umgekehrt. Also ist nur die Verwechslungsgefahr selbst ein relativer Begriff, nicht aber die zu ihrer Beurteilung heranzuziehenden Kriterien.[1101]

(7.) Entwicklung der Rechtsprechung

Der BGH sprach sich zunächst für einen relativen Produktähnlichkeitsbegriff aus. Der „Oxygenol II" -Entscheidung zufolge sollten die Kriterien, die für die Beurteilung der Verwechslungsgefahr maßgeblich waren und zu denen auch die Warenähnlichkeit gehörte, zueinander in Wechselwirkung treten.[1102] Nach der „Garibaldi" -Entscheidung sollte die

---

[1099] Kliems, GRUR 1995, 198, 199 re. Sp.; so auch EuGH GRUR 1998, 922, 923 Tz. 15, 17 - Canon.

[1100] EuGH GRUR 1998, 922, 923 Tz 22 – Canon; GRUR 1998, 387, 389 Tz. 22 – springende Raubkatze; BGH WRP 1999, 936, 938 li. Sp. – Honka; GRUR 1999, 731, 732 re. Sp. – Canon II; GRUR 1999, 241, 242 re. Sp. – Lions; GRUR 1998, 927, 928 re. Sp. – Compo-Sana; GRUR 1998, 932, 933 re. Sp. – Meisterbrand; Kunz-Hallstein, Die Neuordnung des Markenrechts in Europa, S. 125; so auch High Court, Chancery Division, GRUR Int. 1996, 1219, 1220 – Treat.

[1101] Kliems, GRUR 1995, 198, 202 li. Sp.; so schon zum WZG Heydt, GRUR 1971, 435, 437 li. Sp.

[1102] BGH GRUR 1995, 216, 219 – Oxygenol II; so auch Meister, WRP 1995, 366, 370; Ingerl/Rohnke, NJW 1994, 1247, 1250; Brandi-Dohrn, BB 1994, Beil. 16, S. 1, 12; auch Kunz-Hallstein, Die Neuordnung des Markenrechts in Europa, S. 125.

Stärke oder Schwäche der Marken ein für die Bestimmung der Produktähnlichkeit maßgeblicher Gesichtspunkt sein.[1103]

Der EuGH[1104] *und nunmehr auch der BGH*[1105] *vertreten einen absoluten Produktähnlichkeitsbegriff.* Wie der EuGH Verwechslungsgefahr versteht, kommt in der Antwort auf den ersten Teil der Vorabentscheidungsfrage zum Ausdruck. Danach ist die Kennzeichnungskraft der prioritätsälteren Marke bei der Frage zu berücksichtigen, „ob die Ähnlichkeit zwischen den durch die beiden Marken erfassten Waren oder Dienstleistungen ausreicht, um eine Verwechslungsgefahr herbeizuführen".[1106] Diese Antwort zeigt, dass Verwechslungsgefahr zu beurteilen ist, indem erst die Produkt- und Zeichenähnlichkeit sowie die Kennzeichnungskraft einer Marke festzustellen ist. Anschließend kann bei der Prüfung der Verwechslungsgefahr eine eventuelle geringe Produktähnlichkeit durch große Kennzeichnungskraft ausgeglichen werden. Erst im Rahmen der Feststellung der Verwechslungsgefahr tritt also eine Wechselbeziehung zwischen Produktähnlichkeit und beispielsweise der Zeichenähnlichkeit oder der Kennzeichnungskraft der prioritätsälteren Marke ein.[1107] Soweit der EuGH und ihm folgend auch der BGH in diesem Zusammenhang von einer Wechselbeziehung sprechen[1108], ist diese Terminologie jedoch problematisch. Denn sie fördert den Irrtum, dass die für die Verwechslungsgefahr maßgeblichen Umstände einander beeinflussen und nicht nur jeweils die Verwechslungsgefahr.[1109]

Wenn der BGH dennoch eine Abkehr von dem „starren Warengleichartigkeitsbegriff" des WZG vertritt, so ist damit also keineswegs eine Hinwendung zu einer relativen Bestimmung der Produktähnlichkeit gemeint. Der BGH beschreibt damit erstens, dass die Produktähnlichkeit nicht mehr wie im WZG isoliert vor der Verwechslungsgefahr geprüft wird, und zweitens, dass die Fixierung auf die Herkunftsfunktion als alleinigen Maßstab für die

---

[1103] BGH GRUR 1999, 158, 159 re. Sp. – Garibaldi; ebenso Piper, GRUR 1996, 429, 431 f.; v. Linstow hingegen, GRUR 1999, 160, 161 re. Sp., vermutet, dass der BGH in der „Garibaldi" -Entscheidung die entsprechende Formulierung aus der Begründung zum MarkenG ohne eigene Prüfung übernommen hat.

[1104] EuGH GRUR 1998, 922, 923 – Canon.

[1105] BGH GRUR 1998, 925, 926 – Bisotherm-Stein; GRUR 1999, 164, 166 li. Sp. – John Lobb; GRUR 1999, 245, 246 re. Sp. – Libero; so auch BPatG GRUR 2000, 432, 433 re. Sp. – Netto 62.

[1106] EuGH GRUR 1998, 922, 923 Tz. 24 – Canon.

[1107] EuGH GRUR 1998, 922, 923 Tz. 24 – Canon; BGH WRP 2000, 1041, 1042 re. Sp. – Schlüssel, wo es heißt, wegen der Warenidentität sei ein strenger Maßstab bei der Prüfung der Verwechslungsgefahr (und nicht der Zeichenähnlichkeit) anzulegen; Kliems, GRUR 1995, 198, 199 re. Sp.

[1108] EuGH GRUR 1998, 922, 923 Tz. 17 – Canon; WRP 1999, 806, 808 – Lloyd Schuhfabrik; EuZW 2000, 504, 506 Tz. 40 – Marca Moda/Adidas; BGH GRUR 2001, 158, 159 f. – Drei-Streifen-Kennzeichnung; WRP 2000, 1041, 1042 – Schlüssel; BGH WRP 1999, 936, 938 li. Sp. – Honka; GRUR 1999, 731, 732 re. Sp. – Canon II; GRUR 1999, 241, 243 li. Sp. - Lions.

[1109] Diesem Irrtum erliegt auch Fezer, WRP 1998, 1123, 1126 re. Sp., der aufgrund dessen der Meinung ist, der EuGH habe sich in der „Canon"-Entscheidung für den relativen Produktähnlichkeitsbegriff entschieden; ebenso Joller, S. 183 f.

Bestimmung der Produktähnlichkeit entfällt.[1110] Nur wenn man den BGH in dieser Weise versteht, ist es zu erklären, dass er eine Fortführung der Rechtsprechung zur Warengleichartigkeit i. S. d. WZG nicht von vornherein ablehnt, sondern es vielmehr billigt, diese zum Ausgangspunkt der Überlegungen zur Produktähnlichkeit zu machen. Die so gefundenen Ergebnisse prüft der BGH anschließend nur noch darauf, ob sie sich durch die Aufgabe der Fixierung auf die Herkunftsfunktion zur Bestimmung der Produktähnlichkeit oder durch die Änderung der Verkehrsauffassung geändert haben.[1111] Der BGH geht auch davon aus, dass die Zeichenähnlichkeit zunächst unabhängig von den anderen für die Verwechslungsgefahr relevanten Kriterien zu bestimmen ist.[1112]

Die Befürworter einer nicht nur vertikalen, sondern auch horizontalen Wechselwirkung stützen ihre Ansicht ebenfalls auf die „Canon" -Entscheidung des EuGH.[1113] Der EuGH wendet sich gegen die Bedenken, die von der im Ausgangsrechtsstreit beklagten Partei und der Regierung des Vereinigten Königreiches vorgebracht wurden, „... die Berücksichtigung der mehr oder weniger großen Kennzeichnungskraft der älteren Marke bei der Prüfung der Ähnlichkeit zwischen den damit gekennzeichneten Waren oder Dienstleistungen (bringe) die Gefahr mit sich ... , dass sich das Eintragungsverfahren in die Länge ziehe ...". Der EuGH hält dem entgegen, dass dieser Gesichtspunkt aus Gründen der Rechtssicherheit und der ordnungsgemäßen Verwaltung für die Auslegung keine Rolle spielen dürfe.[1114]

Indem der EuGH das vorgetragene Argument zurückweist, stellt er lediglich klar, dass eine eventuelle Verlängerung des Eintragungsverfahrens kein tragendes Auslegungskriterium für die Bestimmungen der MarkenRL ist. Damit stimmt der EuGH jedoch nicht gleichzeitig dem geäußerten Verständnis der Verwechslungsgefahr zu. Der gegenteilige Schluss[1115] ginge zu weit, da sich die Aussage inhaltlich auf die Negation eines Argumentes beschränkt.

cc) Die Bestimmung der Produktähnlichkeit und ihre Reichweite

Gemäß §§ 9 Abs. 1 Nr. 2, 14 Abs. 2 Nr. 2 MarkenG muss zwischen den von den Marken bzw. Zeichen „erfassten" Waren oder Dienstleistungen Ähnlichkeit bestehen. Bei Registermarken ist das Verzeichnis der Waren und Dienstleistungen i. S. v. § 32 Abs. 2 Nr. 3

1110 BGH GRUR 1999, 245, 246 f. – Libero.

1111 So beispielsweise BGH WRP 1998, 875, 875 re. Sp. unten – salvent/Salventerol.

1112 Der BGH WRP 1998, 875, 875 re. Sp. unten – salvent/Salventerol; GRUR 1998, 927, 928 re. Sp. – Compo-Sana; GRUR 1996, 198, 199 – springende Raubkatze; GRUR 1998, 932, 933 re. Sp. – Meisterbrand hält die in der bisherigen Rechtsprechung zum Warenzeichengesetz anerkannten Erfahrungssätze zur Zeichenähnlichkeit für weiterhin anwendbar. Während der Geltung des WZG wurde auch die Zeichenähnlichkeit abstrakt bestimmt, und eine – wenn auch nur in eine Richtung wirkende – Wechselwirkung erst im Rahmen der Prüfung der Verwechslungsgefahr angenommen.

1113 Schackert, S. 71 ff.

1114 EuGH GRUR 1998, 922, 923 Tz. 20 f. – Canon.

1115 So aber Schackert, S. 73.

MarkenG maßgeblich.[1116] Innerhalb der fünfjährigen Benutzungsschonfrist gemäß § 25 Abs. 1 MarkenG müssen alle angemeldeten Produkte berücksichtigt werden, danach nur diejenigen, für die der Markeninhaber gemäß § 25 Abs. 2 S. 3 MarkenG eine rechtserhaltende Benutzung nachweisen kann.[1117] Bei Benutzungsmarken gemäß § 4 Nr. 2, Nr. 3 MarkenG sind die Produkte maßgeblich, für die Verkehrsgeltung bzw. Notorietät besteht.[1118] Auf der Seite des Dritten kommt es darauf an, für welche Produkte er das Zeichen benutzt bzw. bezüglich welcher Produkte Erstbegehungsgefahr droht.[1119]

Nach der Rechtsprechung des EuGH ist für die Prüfung der Produktähnlichkeit nicht allein die Herkunftsfunktion maßgeblich, sondern es sind alle erheblichen Faktoren[1120] zu berücksichtigen, die das Verhältnis zwischen den Waren oder Dienstleistungen kennzeichnen. Dazu gehören u. a. die Art der Produkte, ihr Verwendungszweck, ihre Nutzung sowie der Umstand, inwieweit diese miteinander konkurrieren oder einander ergänzen.[1121] Es kommt also ausschließlich auf diejenigen Umstände an, die das Verhältnis der Produkte untereinander betreffen.[1122] Irrelevant sind die Vertriebsmodalitäten[1123] einschließlich der Preisgestaltung einer Ware[1124] durch den Markeninhaber, da diese jederzeit geändert werden können[1125]. Nach der jüngeren Rechtsprechung des BGH sind außerdem die Herstellungsstätte und die Vertriebswege der Waren, ihre Stoffbeschaffenheit sowie die Verkaufs- und Angebotsstätten für die Bestimmung der Produktähnlichkeit maßgeblich.[1126] Ein gemeinsamer sprachlicher Oberbegriff ist nur ausnahmsweise dann ein taugliches Kriterium für die Bestimmung der Produktgleichartigkeit, wenn es sich um eine weniger abstrahierende Gattungsbezeichnung handelt.[1127]

[1116] Ingerl/Rohnke, § 14 Rn. 241.
[1117] Raßmann, GRUR 1997, 580, 588 li. Sp.; Ingerl/Rohnke, § 14 Rn. 243.
[1118] Ingerl/Rohnke, § 14 Rn. 241.
[1119] Ingerl/Rohnke, § 14 Rn. 242.
[1120] Ingerl/Rohnke, § 14 Rn. 273.
[1121] EuGH GRUR Int. 1998, 56, 57 – springende Raubkatze; GRUR 1998, 922, 923 Tz. 23 – Canon; so auch BGH GRUR 1999, 496, 498 – Tiffany; 1999, 731, 732 – Canon II; ebenso Will, S. 99; Raßmann, GRUR 1997, 580, 587 li. Sp.; Schönfeld, S. 180.
[1122] So auch BGH GRUR 1999, 245, 246 re. Sp. unten – Libero.
[1123] BGH GRUR 1999, 164, 166 re. Sp. unten – John Lobb; GRUR 1999, 496, 497 re. Sp. – Tiffany; BPatG 2000, 807, 809 li. Sp. – Lior/Dior; Althammer/Ströbele, § 9 Rn. 49.
[1124] BGH GRUR 2000, 506, 508 re. Sp. – Attaché/Tisserand.
[1125] BGH GRUR 1999, 164, 166 – John Lobb; Ingerl/Rohnke, § 14 Rn. 287; Ingerl, GRUR Int. 2001, 581, 587.
[1126] BGH GRUR 1998, 925, 926 – Bisotherm-Stein; GRUR 1999, 164, 166 li. Sp. – John Lobb; GRUR 1999, 245, 246 f.– Libero; so auch das BPatG GRUR 2000, 432, 433 re. Sp. – Netto 62; zu weitgehend, da auch die Stärke oder Schwäche einer Marke berücksichtigend BGH GRUR 1999, 158, 159 – Garibaldi; so auch Speckmann Rn. 2277; Althammer/Klaka, § 14 Rn. 13.
[1127] BGH GRUR 1999, 245, 247 – Libero; bezüglich des Grundsatzes vgl. Ingerl/Rohnke, § 14 Rn. 287; Althammer/Ströbele, § 9 Rn. 48.

Für die Ähnlichkeit von Dienstleistungen untereinander gelten keine Besonderheiten.[1128] Es kommt also auch in diesem Fall darauf an, ob die beteiligten Verkehrskreise der Auffassung sind, dass die Dienstleistungen in bezug auf objektive Kriterien wie Art, Erbringung, Einsatzzweck, Inanspruchnahme und wirtschaftliche Bedeutung ähnlich sind. Wegen der Unkörperlichkeit von Dienstleistungen kommt es weniger auf die Gemeinsamkeiten in der Beschaffenheit oder der Erbringungsstätte an als auf den Nutzen der Dienstleistung für ihren Empfänger und auf die Branchennähe der Dienstleistungen.[1129]

Auch Waren und Dienstleistungen können miteinander ähnlich sein.[1130] Allerdings besteht zwischen Waren und Dienstleistungen von Haus aus ein gewisser Abstand, der durch besondere Umstände überwunden werden kann.[1131] Dem BGH zufolge liegt Ähnlichkeit zwischen Waren und Dienstleistungen vor, wenn der Hersteller derjenigen Waren, für die seine Marke Schutz genießt, auch als Erbringer der fraglichen Dienstleistungen auftreten kann.[1132]

Maßstab für die Feststellung der Produktähnlichkeit ist die Verkehrsauffassung.[1133] Einige Stimmen in der Literatur treten für einen gegenüber dem WZG verkleinerten Produktähnlichkeitsbereich ein.[1134] Denn nur ein solches Verständnis sei mit den Geboten des Gemeinsamen Binnenmarktes und der freien Marktwirtschaft zu vereinbaren.[1135] Ansonsten käme es zu einer Überprivilegierung des Markeninhabers, der den Schutzbereich seiner Marke durch die Angabe der Produktklassen bei der Anmeldung bestimmen kann, und gleichzeitig zu einer Einschränkung der wirtschaftlichen Entfaltungsfreiheit der Mitbewerber.[1136] Zudem würde ein enger Produktähnlichkeitsbereich wegen der guten Vorhersehbarkeit der Entscheidungen für Rechtssicherheit sorgen.[1137] Andere fordern, dass die Produkte zueinander im Wettbewerb stehen müssen.[1138]

[1128] Althammer/Ströbele, § 9 Rn. 66.
[1129] Althammer/Ströbele, § 9 Rn. 66.
[1130] Ingerl/Rohnke, § 14 Rn. 301; Althammer/Ströbele, 5. A., § 9 Rn. 56; Speckmann Rn. 2286; noch zum WZG die Gleichartigkeit von Waren und Dienstleistungen bejahend BGH GRUR 1986, 380, 381 – RE-WA-MAT; ablehnend hingegen der italienische Corte di Cassazione GRUR Int. 1997, 479, 480 – Zucchet.
[1131] BGH GRUR 1999, 731, 733 – Canon II; GRUR 2000, 883, 884 re. Sp. unten – Pappagallo; BPatG GRUR 1996, 419, 420 – Fontana; ebenso Althammer/Ströbele, § 9 Rn. 67, der auf die grundlegenden Unterschiede zwischen der Erbringung unkörperlichen Dienstleistungen und der Herstellung bzw. dem Vertrieb einer körperlichen Ware abhebt.
[1132] BGH GRUR 1999, 586, 587 – White Lion; GRUR 1999, 731, 733 – Canon II; Speckmann, Rn. 2286.
[1133] Winkler, GRUR 1994, 569, 575; Ingerl/Rohnke, § 14 Rn. 266; so schon im WZG, Baumbach/ Hefermehl, WZG, § 5 Rn. 98, m. w. N.
[1134] Kunz-Hallstein, GRUR 1996, 1, 7 ff.; ders. , Die Neuordnung des Markenrechts in Europa, S. 126.
[1135] Schweer, S. 60.
[1136] Kunz-Hallstein, GRUR 1996, 1, 7 f.; eingehend zu den Argumenten für ein enges Verständnis des Produktähnlichkeitsbereiches, Raßmann, GRUR 1997, 580, 586 f.
[1137] Kunz-Hallstein, GRUR 1996, 1, 9.
[1138] Kiethe/Krauß, WRP 1996, 495, 498 f.

Demgegenüber treten andere Stimmen für die Beibehaltung der Reichweite der zum WZG entwickelten Warengleichartigkeit ein.[1139] Schließlich tritt u. a. der BGH für einen erweiterten Produktähnlichkeitsbereich ein.[1140] Der BGH ging in seinem Vorlagebeschluss „Canon" an den EuGH noch davon aus, dass die betroffenen Produkte nicht einander ähnlich sind, verfolgte also eine eher restriktive Auslegung.[1141] Nachdem sich der EuGH in seinem darauf ergangenen „Canon" -Urteil für eine absolute Bestimmung der Produktähnlichkeit ausgesprochen hatte[1142], bejahte nunmehr auch der BGH in der „Canon II" -Entscheidung Produktähnlichkeit. Denn die Produkte waren einander nicht absolut unähnlich, so dass der BGH wegen der klanglichen Identität der Marken doch Verwechslungsgefahr bejahen konnte.[1143]

Ein erweitertes Verständnis der Produktähnlichkeit bedeutet größere Einzelfallgerechtigkeit. Denn als unverzichtbare Voraussetzung der Verwechslungsgefahr eröffnet ein erweiterter Produktähnlichkeitsbegriff eher die Anwendbarkeit von §§ 9 Abs. 1 Nr. 2, 14 Abs. 2 Nr. 2 MarkenG. Im Zuge dieser Abwägung aller maßgeblichen Gesichtspunkte ist dann eine den Umständen des Einzelfalles gerecht werdende Entscheidung möglich.[1144] So kann beispielsweise eine geringere Produktähnlichkeit in einigen Fällen dann durch weitere Gesichtspunkte kompensiert werden, so dass Verwechslungsgefahr zu bejahen ist.[1145] Erst durch ein weites Verständnis der Produktähnlichkeit kommt die Stärke der Relativität der Verwechslungsgefahr, nämlich ihre Einzelfallgerechtigkeit zum Tragen. Demgegenüber hätte ein enges Verständnis der Produktähnlichkeit eine erhebliche Reduzierung des Schutzumfanges aller Marken zur Folge.[1146] Das notwendige Maß an Rechtssicherheit ist bereits durch die Absolutheit des Produktähnlichkeitsbegriffes erreicht.[1147]

Auf Einzelfälle von Produktähnlichkeit wird im folgenden nicht eingegangen. Character Merchandising bietet sich für eine Vielzahl von Produkten an, so dass sich eine Beschäftigung mit Einzelfällen der Produktähnlichkeit in Spekulationen erschöpfen müsste.

[1139] Innovation & Management, 11-12/93, 1, 3; zitiert nach Kliems, GRUR 1995, 198, 203 li. Sp.
[1140] BGH GRUR 1997, 221, 222 – Canon; WRP 2001, 694, 696 re. Sp. – Evian/Revian; Kliems, GRUR 1995, 198, 203; Bous, GRUR 2002, 19, 20 re. Sp.
[1141] BGH GRUR 1997, 221, 222, re. Sp., 4. Abs. – Canon.
[1142] EuGH GRUR 1998, 922, 923 re. Sp. Tz. 22 – 24 – Canon.
[1143] BGH GRUR 1999, 731, 732 re. Sp. unten – Canon II; GRUR 1999, 245, 247 re. Sp. – Libero; WRP 2001, 694, 696 re. Sp. – Evian/Revian.
[1144] Kliems, GRUR 1995, 198, 203 re. Sp.
[1145] Vgl. auch das Beispiel bei Teplitzky, GRUR 1996, 1, 3 re. Sp.
[1146] Raßmann, GRUR 1997, 580, 587 li. Sp.; Ingerl/Rohnke, § 14 Rn. 237.
[1147] Aufgrund dessen ist das Standardwerk zur Produktidentität von Richter/Stoppel weiterhin für die Praxis von großer Bedeutung.

f) Kennzeichnungskraft

aa) Allgemein

Neben der Produkt- und Markenähnlichkeit als notwendigen Voraussetzungen der Verwechslungsgefahr ist die Kennzeichnungskraft einer Marke das wichtigste Kriterium zur Beurteilung der Verwechslungsgefahr.[1148] Die Kennzeichnungskraft einer Marke bestimmt maßgeblich ihren Schutzumfang.[1149] Eine Marke hat normale Kennzeichnungskraft, wenn keine Gesichtspunkte ersichtlich sind, die diese in erheblichem Umfang stärken oder schwächen.[1150] Nur gering kennzeichnungskräftige Zeichenbestandteile genießen keinen selbständigen Schutz.[1151] Je größer die Kennzeichnungskraft der geschützten Bezeichnung ist, desto eher ist Verwechslungsgefahr anzunehmen, d. h. desto größer ist der Schutzumfang der Marke.[1152] Große Bedeutung hat die Kennzeichnungskraft zudem bei der Ähnlichkeit mehrteiliger Zeichen.[1153]

Kennzeichnungskraft ist die Eigenschaft eines Zeichens, sich dem Publikum als Marke einzuprägen und von diesem als konkrete Marke wiedererkannt zu werden.[1154] Nach der Rechtsprechung des EuGH versteht man unter Kennzeichnungskraft die Eignung einer Marke, die Produkte, für die sie eingetragen ist, als von einem bestimmten Unternehmen stammend zu kennzeichnen und sie damit von denen anderer Unternehmen zu unterscheiden.[1155]

Die Kennzeichnungskraft einer Marke ist produktbezogen festzustellen. Eine Marke hat normale Kennzeichnungskraft, wenn ihr begrifflicher Inhalt zu dem geschützten Produkt in keiner Beziehung steht.[1156] Lehnen sich Zeichen an beschreibende Angaben an, haben sie nur geringe Unterscheidungskraft.[1157] Ist der beschreibende Charakter eines Zeichens

---

[1148] BGH GRUR 2001, 158, 160 li. Sp. – Drei-Streifen-Kennzeichnung; GRUR 1999, 241, 242 re. Sp. – Lions; BPatG GRUR 2000, 807, 808 li. Sp. – Lior/Dior; Will, S. 106; Kunz-Hallstein, Die Neuordnung des Markenrechts in Europa, S. 128.

[1149] EuGH WRP 1999, 806, 808 Tz. 22 – Lloyd Schuhfabrik; BGH WRP 2000, 1041, 1042 – Schlüssel; so schon zum WZG BGH GRUR 1992, 110, 111 m. w. N. – dipa/dib; Fezer, NJW 1998, 713, 714 li. Sp.

[1150] BGH WRP 2000, 1041, 1042 – Schlüssel; GRUR 1996, 198, 199 f. – springende Raubkatze.

[1151] BGH GRUR 2000, 608, 610 re. Sp. oben – ARD-1.

[1152] EuGH GRUR Int. 2000, 899, 901 Tz. 38 f. – Marca/Adidas; WRP 1999, 806, 808 Rn. 20 – Lloyd; GRUR 1998, 922, 923 Tz. 18 – Canon; GRUR 1998, 387, 390, Tz. 24 – springende Raubkatze; BGH GRUR 2001, 158, 160 – Drei-Streifen-Kennzeichnung; GRUR 1996, 198, 199 re. Sp. unten – springende Raubkatze; Speckmann, Rn. 2267, 2269; Ullmann, FS Hefermehl, GRUR 1996, 712, 714 re. Sp.

[1153] BGH GRUR 1999, 241, 243 li. Sp. unten – Lions.

[1154] Ingerl/Rohnke, § 14 Rn. 181; Joller, S. 195.

[1155] EuGH WRP 1999, 806, 808 Tz. 22, 809 Tz. 28 – Lloyd Schuhfabrik zur Kennzeichnungskraft. Dort verweist er auf EuGH WRP 1999, 629, 634 Tz. 49 ff. – Windsurfing Chiemsee, obwohl diese Entscheidung die Unterscheidungskraft gemäß Art. 3 Abs. 3 MarkenRL betrifft.

[1156] BGH WRP 2000, 1041, 1043 li. Sp. – Schlüssel; GRUR 1998, 932, 933 re. Sp. – Meisterbrand.

[1157] Ullmann, FS Hefermehl, GRUR 1996, 712, 714 re. Sp.

beachtlichen Teilen des Verkehres nicht bekannt, steht dies seiner Kennzeichnungskraft ausnahmsweise nicht entgegen.[1158] Handelt es sich aber um ein Phantasiezeichen, das keinerlei Beziehung zu den eingetragenen Produkten aufweist, hat das Zeichen zumindest normale Kennzeichnungskraft.[1159]

Die ursprüngliche Kennzeichnungskraft einer Marke kann sich aus der Originalität, der Unterscheidungskraft und der Einprägsamkeit des jeweiligen Zeichens ergeben.[1160] Eine wenig originelle Marke hat nur geringe ursprüngliche Kennzeichnungskraft. Fehlende Originalität kann sich aus dem Markenregister ergeben. Einer Marke fehlt es an Originalität, wenn eine nicht unerhebliche Anzahl[1161] ähnlicher Drittzeichen für gleiche oder benachbarte Produktgebiete in die Markenrolle eingetragen sind.[1162]

Die ursprüngliche Kennzeichnungskraft einer Marke kann im Laufe der Zeit geschwächt bzw. gestärkt werden. Eine Schwächung ist anzunehmen, wenn ein mit der Marke ähnliches Zeichen von Dritten benutzt wird. Die Kennzeichen- und Unterscheidungskraft einer Marke nimmt zu, je bekannter ein Zeichen ist.[1163] Der Inhaber einer bekannten Marke ist schutzwürdiger als der Inhaber einer unbekannten Marke.[1164] Andernfalls hätte dies die absurde Konsequenz, dass sich der Schutzumfang einer Marke mit zunehmender Bekanntheit verkleinert.[1165]

Die Bekanntheit eines Zeichens lässt sich an den folgenden Kriterien feststellen: der Intensität, der geographischen Verbreitung und der Dauer[1166] der Benutzung dieser Marke, den Marktanteilen des gekennzeichneten Produktes sowie an dem Anteil der Verkehrskreise, der die Produkte aufgrund der Marke als von einem bestimmten Markeninhaber stammend erkennt. Die Steigerung der Kennzeichnungskraft einer Marke infolge Benutzung gilt nur für den Produktbereich, in dem die Marke intensiv benutzt wurde, da die Kennzeichnungskraft

---

[1158] BGH GRUR 1998, 930, 931 re. Sp. – Fläminger.
[1159] Ständige Rechtsprechung; BGH GRUR 1990, 367, 368 li. Sp. unten – alpi/Alba Moda.
[1160] Will, S. 106.
[1161] Vier vergleichbare Marken in der gleichen Warenklasse reichen dazu nicht aus, BGH GRUR 1999, 241, 243 – Lions.
[1162] BGH GRUR 1999, 241, 243 – Lions; so zum WZG BGH GRUR 1990, 367, 368 – alpi/Alba Moda. Dies gilt auch dann, wenn die Drittzeichen nicht benutzt werden und ihre Inhaber nicht gegen weitere Anmeldungen vorgegangen sind.
[1163] EuGH WRP 1999, 806, 808 Tz. 22 – Lloyd Schuhfabrik; BGH GRUR 2001, 158, 160 li. Sp. – Drei-Streifen-Kennzeichnung; GRUR 1996, 198, 199 re. Sp. – springende Raubkatze; BPatG 2000, 807, 808 re. Sp. – Lior/Dior; Speckmann, Rn. 2267.
[1164] Raßmann, GRUR 1997, 580, 589 li. Sp.; BPatG 2000, 807, 808 re. Sp. – Lior/Dior.
[1165] BGH GRUR 2001, 158, 160 li. Sp. – Drei-Streifen-Kennzeichnung; EuGH GRUR 1998, 922, 923 Tz. 18 – Canon; i. E. ebenso BPatG 2000, 807, 808 re. Sp. – Lior/Dior.
[1166] Sack, WRP 1998, 1127, 1133.

produktbezogen ist.[1167] Wegen der Vielzahl maßgeblicher Faktoren kann nicht allgemein ein bestimmter Mindestbekanntheitsgrad als unabdingbar festgelegt werden.[1168]

Die Kennzeichnungskraft eines Zeichen hängt auch von dem Grad der Aufmerksamkeit ab, den der Verkehr dem Zeichen entgegenbringt. Dies hängt u. a. von der grundsätzlichen Wertigkeit[1169], der Art der gekennzeichneten Produktart[1170] sowie der Art des Vertriebs ab.[1171] Bekleidungsstücken wird regelmäßig ein durchschnittlicher Grad an Aufmerksamkeit zuteil.[1172]

Ein ursprünglich kennzeichnungsschwaches Zeichen kann Kennzeichnungskraft durch intensive Benutzung erlangen. Benutzungsmarken gemäß § 4 Nr. 2, Nr. 3 MarkenG sowie kraft Verkehrsdurchsetzung eingetragene Marken gemäß § 8 Abs. 3 MarkenG haben zumindest normale Kennzeichnungskraft.[1173]

bb) Kennzeichnungskraft von Characters

Hinsichtlich der Kennzeichnungskraft von Characters ist zwischen ihren verschiedenen Erscheinungsformen zu unterscheiden.

Die Namen von Characters sind eher kennzeichnungsschwach, wenn sie üblichen bürgerlichen Namen natürlicher Personen entsprechen und auch keine sonstigen Besonderheiten aufweisen. Häufig handelt es sich dabei jedoch um Phantasieworte. Sie weisen zumindest leicht überdurchschnittliche Kennzeichnungskraft auf, die im Einzelfall noch erhöht sein kann. Namen aus mehreren Worten enthalten häufig jedenfalls ein phantasievolles Wort, das dem Gesamtnamen zumindest zu durchschnittlicher Kennzeichnungskraft verhilft.

Die bildliche Darstellung und auch die Formen von Characters sind häufig von hoher Originalität und weisen daher grundsätzlich gesteigerte Kennzeichnungskraft auf. Es gibt Characters, deren bildliche Gestaltung auf der Verfremdung der Gestalt und des Gesichtes des Menschen beruht, und andere, die einen anderen Ausgangspunkt haben. Dient die

---

[1167] BGH GRUR 1992, 130, 131 re. Sp. – Bally/Ball m. w. N.

[1168] EuGH WRP 1999, 806, 808 Tz. 23 f., 809 Tz. 28 – Lloyd Schuhfabrik; WRP 1999, 629, 634 Tz. 52 – Windsurfing Chiemsee.

[1169] Nicht aber von der konkreten Preisgestaltung, da diese veränderlich ist.

[1170] EuGH WRP 1999, 806, 809 Tz. 26 – Lloyd Schuhfabrik; BGH GRUR 2001, 158, 160 – Drei-Streifen-Kennzeichnung; GRUR 2000, 506, 508 re. Sp. – Attaché/Tisserand.

[1171] Sack, WRP 1998, 1127, 1133.

[1172] BGH GRUR 1999, 241, 243 li. Sp. – Lions.

[1173] BGH WRP 1993, 694, 696 re. Sp. – apetito/apitta; GRUR 1991, 609, 610 li. Sp. – SL; GRUR 1986, 72, 73 – Tabacco d´Harar.

menschliche Gestalt als Ausgangspunkt der Verfremdung, gibt es Characters, die sich nah an menschliches Aussehen anlehnen, und stark verfremdete Characters wie beispielsweise die „Feuersteins" oder „Asterix" und „Obelix".

Die Kennzeichnungskraft bildlicher Darstellungen beispielsweise von Tieren wird nicht dadurch geschwächt, dass das Bildmotiv allgemein bekannte Tiere zeigt.[1174] Somit wird die ursprüngliche Kennzeichnungskraft der bildlichen Darstellung von Characters nicht dadurch geschwächt, dass sie sich an den Menschen oder allgemein bekannte Tiere als Ausgangspunkt der Verfremdung anlehnen. Die Originalität eines Bildzeichens kann aber dadurch geschwächt sein, dass sich das Bild auch in der Art der Darstellung eng an das natürliche Vorbild beispielsweise an einen Menschen oder eine Ente anlehnt.

Denn für die bildliche Zeichenähnlichkeit von Bildmarken gilt, dass sie nur geringe Kennzeichnungskraft haben, wenn sie einer natürlichen Vorgabe eng folgen, sich also an einen beschreibenden Inhalt anlehnen oder wenig verfremdende Phantasie aufweisen.[1175] Wenig verfremdende Phantasie liegt vor, wenn sich die Darstellung in den Grenzen der üblichen, an dem natürlichen Vorbild orientierten Darstellungsweise hält. So ist beispielsweise bei sogenannten „Superhelden-Comics" eine bestimmte Darstellungsweise menschlicher Gesichter üblich. Die in solchen Comics dargestellten Männer haben häufig ein kantiges, kräftiges Kinn, ein ebenmäßiges Gesicht und einen fast schon rechteckigen Kopf. Eine solche Darstellungsweise ist aufgrund ihrer Üblichkeit von eher geringer Kennzeichnungskraft.[1176] Die Annäherung an das natürliche Vorbild und die damit verringerte Originalität lassen sich aber beispielsweise durch die Verwendung ungewöhnlicher Kleidungsstücke, Maskierungen, Waffen etc. kompensieren. So kann die Kennzeichnungskraft des Gesichtes eines „Superhelden" –Characters gesteigert werden, indem der Character eine außergewöhnliche Maskierung trägt, die aber noch das Gesicht erkennen lässt, wie die Maskierung des Characters „Phantom"[1177].

Für die Kennzeichnungskraft von Characters, die als dreidimensionale Marken angemeldet sind, gilt dasselbe wie für ihre bildlichen Darstellungen, wenn es sich nicht um die Abbildung einer Ware handelt. Ist dies der Fall, folgt daraus eine Schwächung der Kennzeichnungs-

---

1174 BGH GRUR 1951, 159, 161 re. Sp. – Störche.

1175 BGH GRUR 1996, 198, 200 li. Sp. – springende Raubkatze; GRUR 1974, 467, 468 – Sieben-Schwaben-Motiv; GRUR 1984, 872, 873 – Wurstmühle.

1176 Der BGH GRUR 1957, 287, 289 li. Sp. – Plasticummännchen, sieht das charakteristische Element des sogenannten Zwillingszeichens in der besonders eigenartigen, aus geometrischen Formen und Figuren sich zusammensetzenden, in Schattenrissmanier stark schematisierenden Männchendarstellung (Hervorhebung durch den Verfasser). Damit gewährt der BGH letztlich Schutz für eine bestimmte Darstellungsweise geometrisch stilisierter Männchen.

1177 Vgl. die Darstellungen des „Phantom" in Kempkes, S. 104.

kraft, da die Mitbewerber insoweit ein Freihaltungsbedürfnis haben, das in § 3 Abs. 2 Nr. 3 MarkenG zum Ausdruck kommt und i. R. v. § 8 Abs. 2 Nr. 2 MarkenG zu berücksichtigen ist.

Ausrufe von Characters, die als akustische Marke geschützt sind, sind nicht notwendigerweise besonders originell. Insoweit ist jedoch mangels beschreibenden Inhaltes eines solchen Rufs auf den Grundsatz abzustellen, dass eine Marke normale Kennzeichnungskraft aufweist, wenn keine Umstände ersichtlich sind, die diese stärken oder schwächen.[1178] Bei Kombinationszeichen kommt es auf die Kennzeichnungskraft der Gesamtmarke an. Jedoch ist in aller Regel von erhöhter Kennzeichnungskraft auszugehen, wenn die Teile ebenfalls besonders kennzeichnungskräftig sind. Da die Erscheinungsformen in aller Regel nicht produktbeschreibend sind, sondern allenfalls Produktassoziationen hervorrufen, ist nicht davon auszugehen, dass ihre Kennzeichnungskraft geschwächt ist. Hinsichtlich der ursprünglichen Unterscheidungskraft der als Marke eingetragenen Erscheinungsformen von Characters kann im übrigen auf die Ausführungen zu § 8 Abs. 2 Nr. 1 MarkenG Bezug genommen werden.[1179] Die Erscheinungsformen von Characters sind in aller Regel auch einprägsam. Etwas anderes gilt für mehrere nichtlateinische Schriftzeichen, die beispielsweise den japanischen Namen eines Characters wiedergeben, oder für Zeichen, die sich an der Grenze der Einheitlichkeit befinden, weil sie beispielsweise unübersichtlich und mit Informationen überfrachtet sind.

Man könnte der Auffassung sein, dass die Bekanntheit eines Characters in seiner Primärfunktion seine Kennzeichnungskraft als Marke verringert, da die Marke von der Primärfunktion überlagert wird. Allen Zeichen, die keine Phantasiezeichen sind und markenrechtlichen Schutz durch Eintragung erlangen, ist schon vor der Anmeldung ein bestimmter Sinngehalt zugeordnet. Dies steht ihrer Kennzeichnungskraft jedoch so lange nicht im Wege, wie dieser Sinngehalt nicht beschreibend oder in anderer Weise naheliegend ist. Nichts anderes kann für die Kennzeichnungskraft von Characters gelten, so dass ihre Primärfunktion und die daraus resultierende Bekanntheit dem Bestehen und Erwerb von Kennzeichnungskraft nicht entgegenstehen. Daher ist die Kennzeichnungskraft einer bildlichen Darstellung nicht schon deshalb geschwächt, weil sie ein allgemein bekanntes Tier darstellt, sofern sein Gedankeninhalt in keinerlei Beziehung zu dem gekennzeichneten Produkt steht.[1180] Eine gedankliche Beziehung zwischen Character und gekennzeichnetem Produkt dürfte jedoch die Ausnahme sein. Eine Verringerung der Kennzeichnungskraft von Characters ist unter diesem Gesichtspunkt somit grundsätzlich nicht anzunehmen.

[1178] BGH WRP 1999, 1041, 1042, re. Sp. – Schlüssel.
[1179] Sh. o. Teil 2, D. II. 2.
[1180] Vgl. BGH GRUR 1967, 355, 358 re. Sp. – Rabe; GRUR 1951, 159, 161 re. Sp. – Störche.

Schließlich kann die Kennzeichnungskraft von als Marke geschützten Characters infolge ihrer Benutzung gesteigert werden. Insofern ist zu berücksichtigen, dass Kennzeichnungskraft nur produktgebunden besteht, so dass die bloße Bekanntheit eines Characters, ohne dass diese mit einem oder mehreren bestimmten Produkten verbunden ist, nicht die Kennzeichnungskraft des Characters als Marke anhebt. Die von der Primärnutzung herrührende Bekanntheit eines Characters kommt der Marke bei formaler Betrachtung nicht zugute. Allerdings wird es nach der Benutzungsaufnahme des als Marke geschützten Characters zu Merchandisingzwecken schwer sein, die beiden Quellen der Bekanntheit auseinanderzuhalten. Außerdem führt die Vorbekanntheit des Characters dazu, dass man sich diesen leichter merken kann, was Voraussetzung seiner Zuordnung zu einem Produkt ist.

Hinzu kommt, dass Characters mittlerweile häufig bereits mit dem Beginn ihrer Nutzung in der Primärfunktion zugleich auch im Wege des Merchandising, also in ihrer Sekundärfunktion benutzt werden. Dies erschwert das Unterscheiden der beiden Quellen der Bekanntheit zusätzlich. Zudem ist der Character auf diese Weise auf beiden Funktionsebenen präsent, was seine Bekanntheit zusätzlich befördert. Dies gilt für alle vorliegend untersuchten Erscheinungsformen von Characters gleichermaßen.

g) Zeichenähnlichkeit

Die zweite notwendige Voraussetzung der Verwechslungsgefahr neben der Produktähnlichkeit ist die Identität oder Ähnlichkeit von Marke und Zeichen.[1181] Ist das Zeichen nicht mit der Marke ähnlich, kann Verwechslungsgefahr nicht mehr vorliegen, so dass ein Anspruch des Markeninhabers gemäß § 14 Abs. 2 Nr. 2 MarkenG ausscheidet. Die Frage der Ähnlichkeit von Marke und Zeichen ist grundsätzlich unabhängig davon, um welche Markenformen es sich handelt und welchen Kategorien die kollidierenden Marken angehören.[1182] Auch die Zeichenähnlichkeit ist also aus den bereits genannten Gründen der Klarheit und Rechtssicherheit absolut festzustellen.[1183]

[1181] BGH GRUR 1999, 245, 247 – Libero; Speckmann, Rn. 2244; im folgenden wird nicht von der „Identität oder Ähnlichkeit von Marke und Zeichen" gesprochen, sondern nur noch von der „Ähnlichkeit von Zeichen" als allgemeinerem Ausdruck.

[1182] BGH WRP 1999, 1041, 1042 – Schlüssel.

[1183] BGH WRP 1998, 875, 875 re. Sp. unten – salvent/Salventerol; GRUR 1998, 927, 928 re. Sp. – Compo-Sana; GRUR 1996, 198, 199 – springende Raubkatze; GRUR 1998, 932, 933 re. Sp. – Meisterbrand.

aa) Rechtsnatur der Zeichenähnlichkeit

Die Zeichenähnlichkeit kann ebenso wie die Produktähnlichkeit in reinen Rechtsinstanzen eingeschränkt überprüft werden. In reinen Rechtsinstanzen kann die tatrichterliche Würdigung des Gesamteindruckes einer Marke nicht geprüft werden[1184], sondern nur ob der Tatrichter den Rechtsbegriff der Zeichenähnlichkeit richtig zugrundegelegt hat, bestehende Erfahrungssätze angewendet und den Sachvortrag umfassend berücksichtigt hat.[1185]

bb) Die Prägung des Gesamteindruckes der kollidierenden Zeichen

Es ist bei der Ermittlung der Zeichenähnlichkeit von dem Grundsatz auszugehen, dass die jeweiligen Zeichen in ihrer eingetragenen Form miteinander zu vergleichen sind. Problematisch ist dies bei mehrteiligen Zeichen. Unter mehrteiligen Zeichen versteht man Mehrwortzeichen[1186], Bildzeichen aus mehreren Bildelementen sowie Kombinationsmarken. Das Hinzufügen oder Weglassen von Zeichenbestandteile kann dazu führen, dass die Gesamtzeichen einander unähnlich sind, so dass unmittelbare Verwechslungsgefahr abgelehnt werden müsste und allenfalls mittelbare Verwechslungsgefahr angenommen werden könnte. Die ausnahmsweise Berücksichtigung eines oder mehrerer Zeichenbestandteile mehrteiliger Zeichen eröffnet die Möglichkeit, mehrteilige Zeichen verstärkt über die unmittelbare Verwechslungsgefahr anstatt nur über die mittelbare Verwechslungsgefahr als Serienzeichen zu schützen.[1187]

Daher ist der Zeichenähnlichkeit ein Prüfungsschritt vorgeschaltet, in dem berücksichtigt wird, ob statt des Gesamtzeichens ein einzelner oder mehrere Zeichenbestandteile mit dem anderen Zeichen zu vergleichen sind. Es werden grundsätzlich zwei Auffassungen dazu vertreten, wie die kollisionsbegründenden Zeichenbestandteile mehrteiliger Zeichen zu bestimmen sind.

Einer Ansicht im Schrifttum zufolge ist die Priorität der kollidierenden Zeichen zu berücksichtigen, so dass die in der prioritätsälteren Marke prägenden Merkmale beim Vergleich mit dem jüngeren Zeichen eher zu berücksichtigen sind als die übrigen Zeichenbestandteile.[1188] Der BGH und andere Stimmen im Schrifttum lehnen die Berücksichtigung der Prioritätslage

---

[1184] BGH WRP 2000, 1041, 1043 li. Sp. – Schlüssel; WRP 1999, 936, 938 li. Sp. - Honka.

[1185] BGH GRUR 2000, 883, 885 li. Sp. – Pappagallo; GRUR 2000, 506, 508 re. Sp. – Attaché/ Tisserand; GRUR 1998, 932, 934 li. Sp. – Meisterbrand; GRUR 1998, 930, 932 li. Sp. – Fläminger; GRUR 1997, 897, 898 re. Sp.– Ionofil; GRUR 1996, 198, 199 re. Sp. – springende Raubkatze; Ingerl/Rohnke, § 14 Rn. 313.

[1186] Dazu gehören auch zusammengesetzte Mehrwortzeichen, die durch verschiedene Schriftarten unübersehbar voneinander abgesetzt sind; vgl. BGH GRUR 2000, 883, 885 – Pappagallo; BPatG GRUR 1996, 126, 127 li. Sp. – Bergerlahr.

[1187] Speckmann, Rn. 2251.

[1188] Ingerl/Rohnke, § 14 Rn. 421; Tilmann, GRUR 1996, 701, 702 f.; Krings, WRP 2000, 931, 934 li. Sp.; so schon zum WZG Baumbach/Hefermehl, WZG, § 31 Rn. 36 f.

bei der Ermittlung der kollisionsbegründenden Zeichenbestandteile ab und gehen davon aus, dass der Gesamteindruck der jeweils miteinander zu vergleichenden Zeichen unabhängig voneinander zu ermitteln ist.[1189] Auch der EuGH hält den Gesamteindruck einer Marke für maßgeblich, was gegen ein an der Prioritätslage orientiertes Verständnis spricht.[1190]

Zugunsten der Berücksichtigung der Prioritätslage wird argumentiert, dass die vollständige Übernahme des gesamten Zeichens und die anschließende Kombination mit weiteren Elementen einen größeren Schutzumfang genießen müsse als ein älteres mehrteiliges Kennzeichen, von dem nur Teile in ein jüngeres Zeichen übernommen wurden. Denn der Inhaber des älteren Zeichens hätte durch die isolierte Anmeldung der einzelnen Teile einen weitergehenden Schutzumfang herbeiführen können.[1191] Diese Differenzierung sei nur bei Berücksichtigung der Prioritätslage möglich.

Dem BGH und den übrigen Vertretern zufolge hat der Inhaber des prioritätsälteren Zeichens hingegen kein unumschränktes Schutzbedürfnis an der Monopolisierung seines Zeichens. Vielmehr besteht dieses Schutzbedürfnis nur so lange, wie der Gesamteindruck des jüngeren Zeichens weiterhin durch den übernommenen Zeichenbestandteil geprägt wird, und nicht ein neuer Gesamteindruck entsteht. Ein Element eines mehrteiligen Zeichens ist prägend, wenn es in dem Gesamtzeichen eine selbständige kennzeichnende Stellung hat, die weiteren Elemente in seiner Kennzeichnungskraft übertrifft[1192] und nicht derart in den Hintergrund tritt, dass er durch das Einfügen in das Gesamtzeichen seine Eignung verliert, die Erinnerung an dieses wachzurufen[1193]. Gehen aber die von dem prioritätsälteren Zeichen übernommenen Bestandteile im Gesamteindruck des jüngeren Zeichens unter, ist der Inhaber des älteren Zeichens nicht mehr schutzbedürftig. Dann ist es überflüssig, die Prioritätslage der kollidierenden Zeichen zu berücksichtigen. Richtig ist jedoch der Einwand, dass die Bekanntheit eines Zeichenbestandteils nicht zur Verringerung des Schutzumfanges des älteren Zeichens führen darf, sondern sich allenfalls neutral auswirken darf. Denn andernfalls

---

[1189] BGH GRUR 2000, 233, 233 f. – Rausch/Elfi Rauch; GRUR 1999, 241, 242 f. – Lions; GRUR 1998, 932, 933 re. Sp. – Meisterbrand; GRUR 1997, 897, 898 re. Sp. – Ionofil; GRUR 1996, 404, 405 li. Sp. – Blendax Pep; GRUR 1996, 198, 199 li. Sp. – springende Raubkatze; HansOLG Hamburg, GRUR 2000, 60, 61 – Astra; Fezer, § 14 Rn. 148 a; Fezer, NJW 1998, 713, 714 li. Sp.; Gloy, FS Rowedder, S. 90; Kunz-Hallstein, Die Neuordnung des Markenrechts in Europa, S. 128 f.; Raßmann, GRUR 1997, 580, 588; Ullmann, FS Hefermehl, GRUR 1996, 712, 714 li. Sp. oben; noch zum WZG BGH GRUR 1986, 72, 73 re. Sp. unten- Tabacco d´Harar; kritisch zur Rechtsprechung des BGH Düx, WRP 2000, 1238, 1240 ff.

[1190] EuGH GRUR 1998, 387, 390 Tz. 23 – springende Raubkatze; WRP 1999, 806, 808 re. Sp. Tz. 25 – Lloyd Schuhfabrik; Krings, WRP 2000, 931, 935 wünscht sich eine klarere Stellungnahme des EuGH.

[1191] Ingerl/Rohnke, § 14 Rn. 421.

[1192] BGH GRUR 1996, 198, 199 – springende Raubkatze; GRUR 2000, 233, 234 f. – Rausch/Elfi Rauch

[1193] BGH GRUR 1996, 198, 199 re. Sp. – springende Raubkatze; Speckmann, Rn. 2252.

würde die wettbewerbliche Leistung der Verkehrsdurchsetzung eines Zeichenelementes durch die Reduzierung des bisherigen Schutzbereiches „bestraft".[1194]

Weiterhin argumentiert der BGH, dass sich die Verwechslungsgefahr und damit auch die Zeichenähnlichkeit nach der Verkehrsauffassung richten. Die angesprochenen Verkehrskreise würden die Prioritätslage der kollidierenden Zeichen aber nicht kennen, so dass es nicht auf die Priorität ankommen könne.[1195] Diese Argumentation greift jedoch zu kurz. Denn die für die Bestimmung des Gesamteindruckes eines Zeichens maßgebliche Verkehrsauffassung orientiert sich nicht an der tatsächlichen Verkehrsauffassung, sondern ist vielmehr Folge umfassender normativer Erwägungen.[1196] Für ein normatives Verständnis der Verwechslungsgefahr spricht ihre Einordnung als Rechtsfrage[1197] sowie ihre sehr hohe Ausdifferenziertheit. Hinzu kommt, dass die steigende Bekanntheit einer älteren Marke die Verwechslungsgefahr erhöht und nicht verringert.[1198] Empirisch betrachtet ist der angesprochene Verkehr umso eher dazu in der Lage, bestehende Unterschiede zwischen zwei Marken zu erkennen, je bekannter die ältere Marke ist, da er mit der älteren Marke vertraut ist. Der BGH lehnt eine solche Betrachtung zu Recht mit dem normativen Argument ab, dies zöge eine stetige Verkleinerung des Schutzumfanges mit steigender Bekanntheit nach sich. Also kommt es auch nach Ansicht des BGH und der übrigen Befürworter der Prägung des Gesamteindruckes nicht auf die tatsächlichen Kenntnisse der Prioritätslage kollidierender Zeichen in den angesprochenen Verkehrskreise an. Die Maßgeblichkeit der Verkehrsauffassung spricht also nicht gegen die Berücksichtigung der Prioritätslage.

Soweit der BGH die Maßgeblichkeit des Gesamteindruckes darauf stützt, dass der maßgebliche Durchschnittsverbraucher eine Marke regelmäßig als Ganzes wahrnimmt[1199], spricht das normative Verständnis der Verkehrsauffassung auch gegen diese Argumentation, da es nicht um tatsächliche Wahrnehmungsvorgänge geht. Vielmehr orientiert sich der BGH nur an den berechtigten Erwartungen der verständigen Verbraucher.[1200]

Das MarkenG unterscheidet zwar terminologisch zwischen der „Marke" als dem prioritätsälteren, geschützten Kennzeichen und dem „Zeichen" als dem prioritätsjüngeren

---

[1194] Ingerl/Rohnke, § 14 Rn. 423.
[1195] BGH GRUR 1996, 198, 199 re. Sp. – springende Raubkatze; GRUR 1996, 404, 405 li. Sp. unten-Blendax Pep; so schon zum WZG BGH GRUR 1989, 425, 427 – Herzsymbol.
[1196] Ebenso Ingerl/Rohnke, § 14 Rn. 421; Fezer, § 14 Rn. 149; BGH GRUR 1998, 942, 943 li. Sp. – ALKA-SELTZER; BPatG GRUR 2000, 807, 808 – Lior/Dior.
[1197] Kur, GRUR 1989, 240, 245.
[1198] Ingerl, GRUR Int. 2001, 581, 587 li. Sp.
[1199] BGH GRUR 1999, 240, 241 li. Sp. – Stephanskrone I; GRUR 1998, 930, 931 li. Sp. – Fläminger; GRUR 1998, 932, 933 – Meisterbrand; GRUR 1998, 1014, 1014 re. Sp. – Ecco II; GRUR 1997, 897, 898 re. Sp.– Ionofil.
[1200] Fezer, § 14 Rn. 149.

Kennzeichen.[1201] Dies spricht aber nicht für die Maßgeblichkeit der prioritätsälteren Marke bei der Festlegung dessen, was dem Vergleich der Zeichenähnlichkeit zugrundezulegen ist, sondern ist allein Ausdruck der Tatsache, dass es um die Verletzung der älteren und nicht der jüngeren Marke geht.

Gegen die Berücksichtigung der Prioritätslage spricht jedoch die Prognostizierbarkeit künftiger Markenkollisionen, die u. a. für die Anmelder neuer Marken wichtig ist. Denn der „Verletzungsumfang" einer jüngeren Marke, also der Bereich einer Marke, der ältere Marken verletzen kann, kann bei Berücksichtigung der Prioritätslage der kollidierenden Marken nicht mehr absolut bestimmt werden. Vielmehr ermöglicht die Berücksichtigung der Prioritätslage es nur, den „Verletzungsumfang" einer Marke im Hinblick auf jeweils eine bestimmte ältere Marke, also relativ zu bestimmen. Angesichts der Vielzahl von Marken würde dies dazu führen, dass die Anmelder neuer Marken sich nicht wirksam vor der Inanspruchnahme durch die Inhaber älterer Marken schützen könnten.

Also hängt die Beurteilung der Ähnlichkeit zweier Zeichen nicht von ihrer Priorität ab. Ihr jeweiliger Gesamteindruck ist zunächst unabhängig voneinander zu ermitteln, und anschließend sind die Gesamteindrücke beider Zeichen miteinander zu vergleichen.

Für die Ermittlung des Gesamteindruckes genügt es nicht, dass ein mehrteiliges Zeichen von einem Bestandteil nur mitgeprägt wird.[1202] Ein mehrteiliges Zeichen wird durch eines seiner Elemente geprägt, wenn das Element in dem Gesamtzeichen eine selbständige kennzeichnende Stellung hat, die weiteren Elemente in seiner Kennzeichnungskraft übertrifft[1203] und nicht derart in den Hintergrund tritt, dass er in dem Gesamtzeichen seine Eignung verliert, die Erinnerung an dieses wachzurufen[1204].

Ein Element eines mehrteiligen Zeichens ist insbesondere prägend, wenn es kennzeichnungskräftig ist. Wie bereits dargestellt, haben Zeichen keine Kennzeichnungskraft, die unmittelbar beschreibend sind[1205] und wenig verfremdende Fantasie aufweisen.[1206] Auf den Grundsatz, dass beschreibende Angaben den Gesamteindruck einer Marke nicht prägen können, kann sich nicht berufen, wer selbst eine beschreibende Angabe kennzeichenmäßig

---

[1201] Tilmann, GRUR 1996, 701, 701 li. Sp.
[1202] BGH GRUR 2000, 233, 234 li. Sp. – Rausch/Elfi Rauch; GRUR 2000, 883, 885 li. Sp. – Pappagallo; noch missverständlich insoweit BGH GRUR 1996, 198, 200 li. Sp. – springende Raubkatze.
[1203] BGH GRUR 1996, 198, 199 – springende Raubkatze; GRUR 2000, 233, 234 f. – Rausch/Elfi Rauch
[1204] BGH GRUR 1996, 198, 199 re. Sp. – springende Raubkatze; Speckmann, Rn. 2252.
[1205] BGH WRP 1999, 936, 939 li. Sp. – Honka; GRUR 1998, 925, 927 li. Sp. – Bisotherm-Stein; GRUR 1998, 927, 928 f. – Compo-Sana.
[1206] Speckmann, Rn. 2263; sh. o. Teil 2, E. III. 2 f).

verwendet.[1207] Ein Zeichenbestandteil mit nur geringer Kennzeichnungskraft hingegen kann den Gesamteindruck eines Zeichens in aller Regel nicht prägen.[1208]

Starke Kennzeichnungskraft haben bekannte oder berühmte Marken. Werden diese Bestandteil einer mehrteiligen Marke, erhöhen sie die Kennzeichnungskraft der Gesamtmarke. Die Kennzeichnungskraft eines Wortes, das Element einer Mehrwortmarke ist, wird nur durch die Benutzung des einzelnen Elementes gestärkt. Wird die Mehrwortmarke benutzt, erhöht dies nur die Kennzeichnungskraft der Gesamtmarke, nicht aber die der einzelnen Elemente.[1209] Die Kennzeichnungskraft eines Zeichenbestandteils kann aufgrund der Farbe gesteigert sein, in der dieser Zeichenbestandteil geschrieben bzw. gestaltet ist, was jedoch von der Umständen des Einzelfalles abhängt.[1210]

An dieser Stelle dient die Kennzeichnungskraft ausschließlich dazu, die Frage zu beantworten, welche Elemente die jeweilige Marke prägen und damit beim Vergleich mit dem anderen Zeichen zugrundezulegen sind. Dies darf nicht so verstanden werden, dass ein Zeichen umso ähnlicher mit einem anderen ist, je kennzeichnungskräftiger es ist.[1211] Auch zwischen Zeichenähnlichkeit und Kennzeichnungskraft besteht also keine horizontale Wechselwirkung.[1212]

cc) Die Beurteilung der Zeichenähnlichkeit

Die Zeichenähnlichkeit kann definiert werden als der Grad der Übereinstimmung zweier Zeichen nach dem Gesamteindruck, wobei alle ihre äußerlichen und inhaltlichen Übereinstimmungen, aber auch Unterschiede, die der menschlichen Sinneswahrnehmung und Erinnerung zugänglich sind, berücksichtigt werden.[1213]

Zur Beurteilung der Zeichenähnlichkeit gemäß § 14 Abs. 2 Nr. 1 MarkenG ist bei allen Markenkategorien von dem als Marke geschützten Zeichen und nicht einer eventuell abweichenden Benutzung auszugehen.[1214] Bei Registermarken kommt es auf die im

---

[1207] BGH GRUR 1998, 930, 932 li. Sp. – Fläminger.
[1208] BGH GRUR 1999, 52, 53 – Ekko-Bleifrei; BGH GRUR 1986, 72, 74 – Tabacco d'Harar.
[1209] BGH GRUR 1998, 927, 929 li. Sp. oben – Compo-Sana; Speckmann, Rn. 2265.
[1210] BGH GRUR 2000, 883, 885 re. Sp. – Pappagallo.
[1211] A. A. Speckmann, Rn. 2267; BGH GRUR 1997, 221, 222 re. Sp. 3a) und 3 c) – Canon, kann man ebenso verstehen.
[1212] HansOLG Hamburg, GRUR 2000, 60, 61 f. – Astra.
[1213] Ingerl/Rohnke, § 14 Rn. 311.
[1214] Ingerl/Rohnke, § 14 Rn. 315; Joller, S. 221 f.; Ullmann, FS Hefermehl, GRUR 1996, 712, 714 li. Sp.

Markenregister eingetragene Form an[1215], bei Benutzungsmarken auf die Gestaltung, für die Verkehrsgeltung besteht.[1216] Wären abweichende oder nur potentiell abweichende Benutzungsformen maßgeblich, würde dadurch der markenrechtliche Schutz unvorhersehbar erweitert. Es bestünde die latente Gefahr von unbeabsichtigten Markenkollisionen und das Handeln der Mitbewerber von Markeninhabern wäre über Gebühr eingeschränkt.[1217] Eine eventuelle Veränderung des Aussehens eines Characters wirkt sich auf alle Markenkategorien gleichermaßen so aus, dass es nur auf die als Marke geschützte und nicht die modernisierte Darstellung ankommt.

Bei der Beurteilung von Zeichenähnlichkeit ist zu berücksichtigen, dass die beiden miteinander zu vergleichenden Zeichen dem angesprochenen Durchschnittsverbraucher in aller Regel nicht nebeneinander begegnen. Vielmehr kann er diese nur aufgrund seiner unvollkommenen Erinnerung miteinander vergleichen.[1218]

(1.) Die Kriterien der Zeichenähnlichkeit

Bei der Beurteilung des Gesamteindruckes ist insbesondere von den die Marken unterscheidenden sowie den sie dominierenden Elementen auszugehen.[1219]

Bei der Prüfung der Ähnlichkeit von zwei Zeichen kommt es darauf an, wie diese auf den Durchschnittsverbraucher des jeweiligen Produktes wirken.[1220] Die Beurteilung der Ähnlichkeit von zwei Marken hängt von dem Grad der Ähnlichkeit im Bild, im Klang und in der Bedeutung[1221] ab. Bei Wortmarken kommt es auf Schriftbild, Klang und Sinngehalt, bei Bild- bzw. dreidimensionalen Marken auf Bild[1222] bzw. Form sowie Sinngehalt und bei akustischen Marken auf Klang an.[1223] Diese Gesichtspunkte der Zeichenähnlichkeit stehen

---

1215 BGH GRUR 2000, 233, 234 li. Sp. – Rausch/Elfi Rauch; GRUR 1997, 897, 898 re. Sp. unten – Ionofil; Joller, S. 221 f.; Speckmann, Rn. 2238.

1216 So auch BGH GRUR 1996, 404, 405 re. Sp. – Blendax Pep.

1217 BGH GRUR 1996, 775, 777 li. Sp. oben – Sali Toft; Ingerl/Rohnke, § 14 Rn. 316; a. A. Fezer, § 14 Rn. 165 ff., sowie Albrecht, GRUR 1996, 246, 249 re. Sp.

1218 BGH GRUR 2001, 158, 160 li. Sp. – Drei-Streifen-Kennzeichnung; so ebenfalls schon zum WZG BGH GRUR 1951, 159, 161 – Zwei-Störche-Zeichen.

1219 EuGH WRP 1999, 806, 809 Tz. 25 – Lloyd Schuhfabrik; BGH GRUR 1999, 241, 242 re. Sp. – Lions; GRUR 1998, 925, 927 li. Sp. – Bisotherm-Stein; GRUR 1998, 932, 933 re. Sp. – Meisterbrand; GRUR 1998, 1014, 1014 re. Sp. – Ecco II; Speckmann, Rn. 2246.

1220 BGH GRUR 1998, 927, 928 re. Sp. – Compo-Sana.

1221 EuGH WRP 1999, 806, 809 Tz. 27 – Lloyd Schuhfabrik; BGH WRP 2000, 1041, 1042 li. Sp. – Schlüssel; Fezer, NJW 1998, 713, 714 li. Sp.; Ingerl/Rohnke, § 14 Rn. 324.

1222 BGH GRUR 2000, 506, 509 – Attaché/Tisserand.

1223 Ingerl/Rohnke, § 14 Rn. 384.

gleichberechtigt nebeneinander, so dass die Übereinstimmung in einer Hinsicht regelmäßig ausreicht, um Zeichenähnlichkeit insgesamt zu bejahen.[1224]

Nach der Rechtsprechung des EuGH kommt es bei der Prüfung der Ähnlichkeit sich gegenüberstehender Zeichen insbesondere auf die sie unterscheidenden und dominierenden Elemente an.[1225] Dieser Rechtsprechung des EuGH folgt der BGH in einigen Urteilen.[1226] In anderen Urteilen hält der BGH hingegen allein die übereinstimmenden Elemente der zu vergleichenden Zeichen für maßgeblich, da die Erinnerung stärker durch die Übereinstimmungen geprägt werde.[1227] Die Auffassung des EuGH ist vorzuziehen, da sie am ehesten dazu geeignet ist, den Besonderheiten des jeweiligen Einzelfalles gerecht zu werden. Hinsichtlich des Vorgehens des BGH ist zu bemerken, dass er die Reichweite von Art. 234 EGV verkennt. Ein Urteil des EuGH bindet gemäß Art. 234 EGV alle Gerichte, denen sich die bereits entschiedene Auslegungsfrage in einem anderen Rechtsstreit stellt. Ist ein nationales Gericht mit derselben Auslegungsfrage beschäftigt und ist es nicht der Auffassung des EuGH, kann es die Auslegungsfrage dem EuGH erneut vorlegen. Verzichtet es aber auf eine erneute Vorlage, muss es sich dem Urteil des EuGH anschließen.[1228]

Bei der Gewichtung der einzelnen Aspekte der Zeichenähnlichkeit kommt es auf die Kommunikationssituation an, die wiederum durch die Art der Produkte und ihre Vertriebsbedingungen bestimmt wird.[1229] Die Aufmerksamkeit, die einem Zeichen entgegengebracht wird, hängt von der jeweiligen Produktart ab[1230] und ist bei langlebigen oder gesundheitsbezogenen Gütern größer[1231]. Die klangliche Ähnlichkeit ist von geringerer Bedeutung als etwa die bildliche Ähnlichkeit, wenn die Marke aufgrund des jeweiligen Vertriebssystems von den Kunden selten ausgesprochen wird.[1232] Zugunsten der Maßgeblichkeit der klanglichen Zeichenähnlichkeit spricht jedoch unabhängig von der

---

[1224] EuGH WRP 1999, 806, 809 Tz. 28 – Lloyd Schuhfabrik; BGH GRUR 1999, 241, 243 re. Sp. – Lions m. w. N.; WRP 1999, 1041, 1042 re. Sp. – Schlüssel; so schon zum WZG BGH GRUR 1992, 110, 112 li. Sp. m. w. N. – dipa/dib; Fezer, NJW 1998, 713, 714 li. Sp.

[1225] EuGH GRUR 1998, 387, 390 li. Sp. Tz. 23 – springende Raubkatze; WRP 1999, 806, 809 Tz. 25 – Lloyd Schuhfabrik; Speckmann, Rn. 2246.

[1226] BGH GRUR 1999, 241, 242 f.– Lions; GRUR 1998, 1014, 1014 re. Sp. – Ecco II; GRUR 1998, 925, 927 li. Sp. – Bisotherm-Stein; GRUR 1998, 932, 933 re. Sp. – Meisterbrand.

[1227] BGH GRUR 2000, 506, 509 – Attaché/Tisserand; WRP 1998, 875, 876 re. Sp. – salvent/ Salventerol; so schon zum WZG BGH GRUR 1995, 50, 53 li. Sp.– Indorektal/Indohexal; GRUR 1992, 110, 111 re. Sp. – dipa/dib; GRUR 1964, 376, 379 f. – Eppeleinsprung; ebenso Fezer, § 14 Rn. 157; Fezer, NJW 1998, 713, 714 re. Sp. oben.

[1228] Geiger, Art. 234 EGV, Rn. 32 f.

[1229] EuGH WRP 1999, 806, 809 Tz. 28 – Lloyd Schuhfabrik; BGH GRUR 1995, 50, 52 re. Sp. u. – Indorektal/Indohexal.

[1230] EuGH WRP 1999, 806, 809 Tz. 26 – Lloyd Schuhfabrik.

[1231] Ingerl/Rohnke, § 14 Rn. 326; BGH GRUR 1995, 50, 52 re. Sp. – Indorektal/Indohexal.

[1232] BPatG 2000, 807, 808 re. Sp. – Lior/Dior; so auch das BPatG zitiert bei BGH GRUR 1999, 241, 243 f. Lions.

jeweiligen Vertriebsform, dass die Verbraucher die sprachliche Bezeichnung benutzen, wenn sie sich über das gekennzeichnete Produkt unterhalten.[1233]

(2.) Motivschutz

Im Rahmen der begrifflichen Zeichenähnlichkeit stellt sich das Problem des sogenannten allgemeinen Motivschutzes.[1234] Man kann zwischen einem konkreten Zeichen und dem zugrundeliegenden Motiv, also seinem Sinngehalt unterscheiden. Der Sinngehalt einer Marke lässt sich auf unterschiedlichen Wegen darstellen, etwa in wörtlicher und in bildlicher Hinsicht oder durch zwei im Stil unterschiedliche bildliche Darstellungen desselben Motivs. Es stellt sich also die Frage, ob die abweichende Darstellung des Gedankeninhaltes einer Marke durch eine andere Marke von dem Schutzumfang der älteren Marke umfasst ist.

Bei Characters stellt sich die Frage des Motivschutzes besonders stark. Denn derselbe Character kann sehr verschieden dargestellt werden, so dass keine schriftbildliche Zeichenähnlichkeit mehr besteht.[1235] Dies kann bei der Kollision von Wort- und Bildmarken, aber auch bei der Kollision verschiedener Bildmarken von Bedeutung sein. Dann stellt sich die Frage, ob es zur Begründung von Verwechslungsgefahr genügt, dass die kollidierenden Zeichen denselben Character zum Gegenstand haben.

Während der Geltung des WZG nahm das RG einen Motivschutz trotz fehlender Verwechslungsgefahr an beispielsweise für die Darstellung eines aus der Schmalzlerflasche und vom Handrücken schnupfenden Bauern[1236], für die Gegenüberstellung eines lachenden und eines weinenden Gesichts, das den Gemütszustand eines Menschen angesichts guter bzw. schlechter Schmierung einer Maschine darstellte[1237], sowie für das Stillleben eines westfälischen Frühstücks[1238]. Das KG lehnte Motivschutz bezüglich der Darstellung eines sogenannten Krückenbrechers ab.[1239] Nachdem der BGH den sogenannten Motivschutz zunächst eingeschränkt hatte[1240], gab er ihn schließlich ganz auf[1241]. Infolge der

---

1233 BGH GRUR 1999, 241, 244 – Lions.

1234 Zur geschichtlichen Entwicklung des Motivschutzes vgl. Fezer, § 14 Rn. 249 ff.

1235 Vgl. LG Köln, NJW 2002, 619 ff. – Harry Potter; insbesondere literarische Figuren können in unterschiedlicher Weise bildlich dargestellt werden.

1236 RG GRUR 1929, 925, 926 f. – Schmalzler-Franzl; in dieser Entscheidung lehnte das RG Motivschutz jedoch wegen zu großer inhaltlicher Änderungen ab.

1237 RGZ 108, 1, 3 f. – Motiv eines lachenden und weinenden Gesichts.

1238 HansOLG Hamburg, WRP 1957, 51, 51 f. – Stillleben eines westfälischen Frühstücks; das HansOLG gewährt Motivschutz vor allem unter dem Gesichtspunkt, dass das Klagezeichen durch jahrzehntelange umfangreiche Benutzung starke Verkehrsgeltung erlangt hat.

1239 KG, GRUR 1931, 865, 867 f. – Pistyan's.

1240 BGH GRUR 1955, 91, 92 – Mouson.

1241 BGH GRUR 1964, 71, 74 – personifizierte Kaffeekanne; Baumbach/Hefermehl, WZG, § 31 Rn. 104 m. w. N.

Anerkennung der mittelbaren Verwechslungsgefahr und der Verwechslungsgefahr im weiteren Sinne sah der BGH kein Bedürfnis mehr für einen über die Verwechslungsgefahr hinausgehenden Motivschutz. Motivschutz wurde demnach nur noch angenommen, wenn auch Verwechslungsgefahr bestand, wurde also zu einem Unterfall der Verwechslungsgefahr.[1242]

Während der weiteren Geltung des WZG nahm der BGH Motivschutz an, wenn Zeichen zwar solche Unterschiede aufwiesen, dass keine unmittelbare Verwechslungsgefahr bestand, aber bei einem nicht unerheblichen Teil des Verkehrs aufgrund eines übergeordneten Sinngehaltes der Eindruck entstand, dass es sich zwar um verschiedene Zeichen, aber aufgrund ihrer Gemeinsamkeiten um bloße Abwandlungen desselben Motivs handelte.[1243] Auch ein solcher Motivschutz führte zu einer Erweiterung des Zeichenschutzes, da die begriffliche Zeichenähnlichkeit eher zu bejahen war.[1244]

Jedoch handelte es sich bei dem so verstandenen Motivschutz um eng begrenzte Ausnahmefälle, da nicht jede Verwendung desselben Motivs zu Verwechslungsgefahr führte. Auf der einen Seite durfte es nicht um ein Zeichen mit sehr allgemeinem Sinngehalt handeln, da sich der Verkehr nach Ansicht des BGH den Sinngehalt nicht als betrieblichen Herkunftshinweis merkte.[1245] Auf der anderen Seite war Verwechslungsgefahr umso eher zu verneinen, je stärker der Sinngehalt der einander gegenüberstehenden Zeichen abstrahiert werden musste, um die Gleichheit des Motivs, das den konkreten Bildgestaltungen übergeordnet werden konnte, zu begründen.[1246] Denn je stärker der Verkehr den Sinngehalt der jeweiligen Zeichen abstrahieren musste, desto weniger war er geneigt, im Hinblick auf das jüngere Zeichen an die ältere Marke zu denken. Verwechslungsgefahr war also umso eher zu verneinen, je weiter der Betrachter sich von den einander gegenüberstehenden Zeichen gedanklich entfernen musste, um ein gemeinsames Motiv zu finden. Der Abstand von dem konkreten Zeichen zu dem übergeordneten Motiv war umso größer, je einprägsamer, charakteristischer und individueller seine bildliche Gestaltung war. Denn bei besonders ausgestalteten Zeichen ist stärker zu abstrahieren als bei Zeichen, die sich stärker an das übergeordnete Bildmotiv anlehnen. Vergleicht man ein speziell ausgestaltetes Zeichen mit dem Gedankeninhalt, den es mit dem jüngeren Zeichen gemeinsam hat, bleibt

---

1242 BGH GRUR 1964, 71, 74 – personifizierte Kaffeekanne; GRUR 1974, 467, 468 re. Sp. – Sieben-Schwaben-Motiv.

1243 BGH GRUR 1964, 71, 74 – personifizierte Kaffeekanne; GRUR 1974, 467, 468 li. Sp. – Sieben-Schwaben-Motiv.

1244 Baumbach/Hefermehl, WZG, § 31 Rn. 102 a. E.

1245 BGH GRUR 1996, 198, 200 li. Sp. – springende Raubkatze; GRUR 1984, 872, 873 – Wurstmühle; GRUR 1974, 467, 468– Sieben-Schwaben-Motiv.

1246 BGH GRUR 1974, 467, 468 re. Sp. – Sieben-Schwaben-Motiv; GRUR 1964, 385, 387 – Kaffeetafelrunde.

infolge der stärkeren Abstraktion nur noch ein sehr allgemeiner Gedankeninhalt, so dass eine begriffliche Zeichenähnlichkeit in aller Regel nicht angenommen werden kann. Daher steht für den Verkehr bei einem solchen Zeichen nicht das Motiv als prägend und herkunftshinweisend im Vordergrund, sondern die konkrete Zeichengestaltung.[1247]

Will man diese bis zum Außerkrafttreten des WZG ergangene Rechtsprechung auf Characters anwenden, muss man berücksichtigen, dass bildliche Gestaltungen von Characters häufig nicht eng an natürlichen Vorgaben orientiert sind, sondern auf einer starken Verfremdung beruhen. So ist der Abstand von Mickey Mouse zu einer Maus wesentlich größer als bei der Anmeldung einer beliebigen naturalistischen Darstellung einer Maus. Wegen der einprägsamen Zeichengestaltung von Characters ist der Abstand zu dem zugrundeliegenden Motiv häufig sehr groß, so dass Motivschutz nicht bejaht werden kann. Sind bildliche Darstellungen von Characters gegenüber ihrem natürlichen Vorbild nur wenig verfremdet wie beispielsweise die zeichnerische Darstellungen von Superman, die sich allein durch die besondere Kleidung von einer naturgetreuen, zeichnerischen Darstellung eines muskulösen erwachsenen Mannes unterscheiden, so beschränkt sich die Zeichenähnlichkeit gerade auf diese Besonderheiten der Darstellung, nicht aber auf das Motiv eines Menschen.[1248] Allerdings genügt allein die Übereinstimmung in der „Kostümierung" nicht, um Zeichenähnlichkeit zu begründen.[1249]

Für Marken, die keinen gegenständlichen Bildinhalt haben (Phantasiemarken), scheidet ein Motivschutz von vornherein aus, da sie keinen Sinngehalt haben.[1250] Reine Phantasiemarken dürften im Zusammenhang mit Character Merchandising jedoch nur in Ausnahmefällen eine Rolle spielen. Für die Namen und sonstigen möglichen Erscheinungsformen von Characters scheidet ein Motivschutz bereits deshalb aus, da sie in aller Regel keinen oder nur einen sehr geringen Gedankeninhalt haben. Liegt nur ein geringer Gedankeninhalt vor, ist dieser in aller Regel so speziell ausgedrückt, dass es großer Abstrahierungsbemühungen bedürfte, um diesen herauszukristallisieren, so dass ein Motivschutz ebenfalls ausscheidet.

Nach dem Inkrafttreten des MarkenG stellt sich insbesondere im Hinblick auf den Schutz von Marken vor gedanklichem Inverbindungbringen gemäß §§ 9 Abs. 1 Nr. 2, 14 Abs. 2 Nr. 2 MarkenG die Frage nach dem ob und ggf. dem Umfang von Motivschutz erneut. Der BGH legte dem EuGH daher die Frage vor, ob bei Fehlen einer Herkunftstäuschung und damit auch bei fehlender Verwechslungsgefahr wegen der Übereinstimmung zweier Bildmarken im

---

1247 Vgl. BGH GRUR 1984, 872, 873 re. Sp. – Wurstmühle.
1248 Vgl. BGH GRUR 1996, 198, 200 li. Sp. unten, re. Sp. oben – springende Raubkatze.
1249 BPatG 1989, 266, 267 – Super-Meier.
1250 Baumbach/Hefermehl, WZG, § 31 Rn. 102.

Motiv der Schutz mit dem Argument des gedanklichen Inverbindungbringens begründet werden kann.[1251] Der EuGH stellte in dem Urteil „springende Raubkatze" fest, dass ein markenrechtlicher Schutz immer Verwechslungsgefahr, also eine Herkunftstäuschung voraussetzt, so dass auch Motivschutz nur in Frage kommt, wenn Verwechslungsgefahr vorliegt.[1252]

Dies stimmt mit der Rechtsprechung des BGH zum Motivschutz vor dem Außerkrafttreten des WZG überein. Begriffliche Zeichenähnlichkeit aufgrund der Verwendung von Zeichen mit übereinstimmendem Sinngehalt bejaht der EuGH für den Fall, dass die ältere Marke von Hause aus oder kraft Verkehrsgeltung eine besondere Kennzeichnungskraft hat.[1253] Das ältere Zeichen, das Grundlage des Vorabentscheidungsbeschlusses des EuGH „springende Raubkatze" war, beurteilte der EuGH dahingehend, dass es keine besondere Verkehrsgeltung und wenig verfremdende Phantasie aufweist.[1254] Auch der Ansicht des EuGH zufolge setzt ein zu Verwechslungsgefahr führender Motivschutz also voraus, dass das gewählte Motiv nicht zu allgemein ausgedrückt ist, sondern vielmehr ein gewisses Maß an verfremdender Phantasie aufweist. Andernfalls würde begriffliche Verwechslungsgefahr zu einer weitgehenden Monopolisierung von Gedanken führen, die jedoch nur in besonderen Ausnahmefällen gerechtfertigt ist.[1255]

Fraglich ist im Hinblick auf die Rechtsprechung des BGH zum Motivschutz während der Geltung des WZG jedoch, ob nach dem Inkrafttreten des MarkenG ein Motivschutz nicht nur bei zu allgemeiner Darstellung des einem Zeichen zugrundeliegenden Gedankeninhaltes ausgeschlossen ist, sondern auch bei zu spezieller Darstellungsweise.[1256] Da die Frage nach dem Motivschutz letztlich immer die Frage danach ist, wie sehr von der Marke in ihrer geschützten Form noch auf einen übergeordneten Begriffsinhalt abstrahiert werden kann[1257], darf auch nach dem Inkrafttreten des MarkenG ein Gedankeninhalt nicht in zu spezieller Weise in dem jeweiligen Zeichen Ausdruck gefunden haben. Denn ansonsten ist die erforderliche Abstraktionsleistung zu groß, um selbst von einem verständigen Durchschnittsverbraucher erwartet werden zu können.[1258] Die genauen Grenzen eines in die

---

[1251] BGH GRUR 1996, 198, 200 re. Sp. – springende Raubkatze.

[1252] EuGH GRUR 1998, 387, 389 Tz. 18, 22 – springende Raubkatze; so auch Albrecht, GRUR 2001, 470, 474 re. Sp.

[1253] EuGH GRUR 1998, 387, 390 Tz. 24 – springende Raubkatze.

[1254] EuGH GRUR 1998, 387, 390 Tz. 25 – springende Raubkatze.

[1255] Zustimmend Fezer, NJW 1998, 713, 714 f., 716 re. Sp. unter Berufung auf EuGH GRUR 1998, 387, 390 Tz. 24 – springende Raubkatze; ebenso Albrecht, GRUR 2001, 470, 474 re. Sp.

[1256] BGH GRUR 1984, 872, 873 – Wurstmühle; GRUR 1974, 467, 468 – Sieben-Schwaben-Motiv.

[1257] Baumbach/Hefermehl, WZG, § 31 Rn.104.

[1258] Auch Albrecht, GRUR 2001, 470, 475 li. Sp., ist der Ansicht, dass begriffliche Verwechslungsgefahr ausgeschlossen ist, wenn zu viele Gedankenschritte notwendig sind, um begriffliche Übereinstimmungen erkennen zu können.

Verwechslungsgefahr eingebetteten Motivschutzes näher zu bestimmen, ist u. a. Aufgabe der folgenden Ausführungen hinsichtlich der einzelnen Markenarten.

h) Das weitere Vorgehen

Eine allen Gesichtspunkten des Einzelfalles gerecht werdende, umfassende Prüfung der Ähnlichkeit von Zeichen ist in der vorliegenden Arbeit wegen der Vielgestaltigkeit der in Frage kommenden Erscheinungsformen von Characters, die als Marke geschützt werden können, nicht möglich. Um so viele Gesichtspunkte wie möglich zu erfassen, die im Zusammenhang mit den verschiedenen als Marke geschützten Erscheinungsformen von Characters bei einer Kollisionsprüfung gemäß § 14 Abs. 2 Nr. 2 MarkenG auftreten können, ist zunächst die unmittelbare Verwechslungsgefahr zu prüfen und der Schutzumfang der einzelnen Marken zu bestimmen. Dabei ist vor allem der Frage nachzugehen, welche Umstände den Gesamteindruck einer Marke bestimmen. Im Anschluss daran ist die mittelbare Verwechslungsgefahr sowie die Verwechslungsgefahr weiteren Sinne zu prüfen, die jedoch nicht die gleiche Bedeutung für die Verwechselbarkeit von Characters haben wie die Verwechslungsgefahr im engeren Sinn.

3. Einzelfälle der Zeichenähnlichkeit zur Bestimmung der unmittelbaren Verwechslungsgefahr

a) Wortmarke

Als Wortmarke kommen verschiedene Erscheinungsformen des Characters in Frage. Dies kann zum einen der Name des Characters sein, der wiederum aus einem oder mehreren Worten bestehen kann. Zum anderen kann es sich bei dem geschützten Wort um einen bestimmten Ausdruck bzw. Ausruf handeln, der für den Character typisch ist.

Bei Wortmarken kann Zeichenähnlichkeit im Hinblick auf das Schriftbild, den Klang und den Sinngehalt bejaht werden.

aa) Allgemeines

(1.) Die klangliche Übereinstimmung

Hinsichtlich der klanglichen Zeichenübereinstimmung[1259] sind die Länge und Silbenzahl beider Worte, die Silbenlänge, die Silbenfolge und der Sprachrhythmus maßgeblich.[1260] Die Zeichenübereinstimmung in klanglicher Hinsicht kann durch die Vokalabfolge beider Worte[1261] oder durch eine bestimmte Vokal- und Konsonantenfolge[1262] geprägt werden.[1263] Auch in klanglicher Hinsicht sind die Wortanfänge von Wortmarken grundsätzlich unterscheidungskräftiger als deren Endungen.[1264] Dieser Erfahrungssatz spielt insbesondere eine Rolle, wenn die kollidierenden Zeichen nur geringfügig voneinander abweichen.[1265] Jedoch führt dieser Erfahrungssatz nicht zur grundsätzlichen Unmaßgeblichkeit der Enden der kollidierenden Wortmarken. Klangliche Zeichenübereinstimmung kann auch zu bejahen sein, wenn zwar die Anfangsbuchstaben zweier Zeichen voneinander abweichen, aber beide Anfangsbuchstaben klangschwach sind und der Gesamteindruck beider Wörter durch nachfolgende Gemeinsamkeiten überlagert wird.[1266]

(2.) Die Schriftbildwirkung

Die Schriftbildwirkung bei Wortmarken ist gering, da sich Wortmarken vornehmlich durch Klang- und Sinngehalt unterscheiden[1267], was jedoch nicht dazu führen darf, die schriftbildliche Wirkung vollkommen zu vernachlässigen. So kann ein an sich nicht unterscheidungskräftiges Wort doch schutzfähig sein, wenn es infolge einer besonderen graphischen Gestaltung von der üblichen Werbegraphik abweicht und sich damit dem Verkehr einprägt. Jedoch beschränkt sich der Schutzbereich eines solchen Zeichens auf eben die angemeldete graphische Gestaltung.[1268] Bezüglich der schriftbildlichen Zeichenübereinstimmung kommt es auf das Aussehen der beiden Worte allgemein, insbesondere die Wortlänge, die Silbenzahl und den Wortanfang an. Bei visueller Aufnahme zweier kurzer und leicht überschaubarer Worte wird die Abweichung der Anfangsbuchstaben

---

[1259] Bzgl. der Gemeinschaftsmarke hat sich Tilmann, GRUR 1977, 446, 457 dafür ausgesprochen, den Klang nicht zu berücksichtigen, da die jeweilige Aussprache nicht allgemein bekannt sei; dagegen Schönfeld, S. 181 m. w. N. zur Kritik an der Ansicht von Tilmann.

[1260] BGH GRUR 1995, 50, 53 – Indorektal/Indohexal; HansOLG Hamburg, GRUR 2000, 60, 61 – Astra; Ingerl/Rohnke, § 14 Rn. 339.

[1261] BGH GRUR 1995, 50, 53 – Indorektal/Indohexal.

[1262] BPatG GRUR 2000, 807, 809 li. Sp. oben – Lior/Dior.

[1263] Weiterführend Ingerl/Rohnke, § 14 Rn. 339 ff.

[1264] BGH GRUR 1995, 50, 53 li. Sp. – Indorektal/Indohexal; WRP 1998, 875, 876 re. Sp. – salvent/ Salventerol; HansOLG Hamburg WRP 1998, 326, 327 – Kellogg's/Kelly.

[1265] HansOLG Hamburg, GRUR 2000, 60, 61 re. Sp. u. – Astra.

[1266] BGH GRUR 1998, 925, 927 re. Sp. – Bisotherm-Stein; BPatG 2000, 807, 809 li. Sp. – Lior/Dior.

[1267] BGH WRP 1998, 875, 876 re. Sp. – salvent/ Salventerol; Speckmann, Rn. 2268.

[1268] BGH GRUR 1991, 136, 137 re. Sp. – New Man.

„L" statt „D" nicht unbemerkt bleiben.[1269] Kollidiert eine prioritätsältere Wortmarke mit einer jüngeren Wort-/Bildmarke, so wird schriftbildliche Verwechslungsgefahr nicht durch die Hinzufügung eines roten Herzens als Hintergrund für die jüngere Wortmarke „Lior" ausgeschlossen.[1270]

(3.) Semantische Übereinstimmung

Zeichen können auch aufgrund eines übereinstimmenden oder ähnlichen Sinngehaltes als ähnlich angesehen werden.[1271] Haben zwei Begriffe der Umgangssprache erkennbar unterschiedliche Bedeutung, sind beide Zeichen im Hinblick auf ihren Sinngehalt nicht ähnlich.[1272] Auch eine bloße Gedankenverbindung zwischen zwei Worten genügt nicht, beispielsweise wenn der Sinngehalt beider Marken durch einen dritten Begriff vermittelt wird.[1273] Denn der menschliche Geist hat die fast unbegrenzte Gabe, Assoziationen herzustellen, so dass ein solcher Assoziationsschutz zu einem ebenso unbegrenzten markenrechtlichen Schutz führen würde.[1274]

Sind zwei Wortzeichen weder klanglich noch schriftbildlich miteinander ähnlich, so ist nicht anzunehmen, dass die angesprochenen Verkehrskreise diese allein aufgrund eines übereinstimmenden Sinngehaltes miteinander verwechseln, so dass keine unmittelbare Verwechslungsgefahr besteht.[1275] In einem solchen Fall könnte jedoch mittelbare Verwechslungsgefahr angenommen werden. Vielmehr tritt begriffliche Zeichenähnlichkeit häufig neben eine weitere Form der Zeichenähnlichkeit wie beispielsweise die klangliche Zeichenähnlichkeit[1276], so dass aufgrund dessen unmittelbare Verwechslungsgefahr angenommen werden kann.

Die Möglichkeit der begrifflichen Zeichenähnlichkeit besteht insbesondere dann, wenn die miteinander zu vergleichenden Zeichen nicht derselben Markenart angehören.[1277] *v. Falck* weist darauf hin, dass insbesondere bei der Kollision von älterer Wort- und jüngerer Bildmarke begriffliche Verwechslungsgefahr vorliegen kann, während diese bei zwei

---

[1269] BPatG 2000, 807, 808 re. Sp. – Lior/Dior.
[1270] BPatG 2000, 807, 808 re. Sp. – Lior/Dior; sh. allgemein zur Verwechslungsgefahr von aus Wort und Bild zusammengesetzten Marken mit nur aus einem Wort oder einem Bild bestehenden Zeichen Fuchs-Wissemann, GRUR 1995, 470 ff.
[1271] BGH 1998, 875, 876 re. Sp. – salvent/ Salventerol.
[1272] BGH GRUR 1999, 240, 241 li. Sp. – Stephanskrone I; zum WZG GRUR 1992, 130, 132 li. Sp. – Bally/Ball.
[1273] Ingerl/Rohnke, § 14 Rn. 353.
[1274] BGH GRUR 1999, 240, 241 li. Sp. – Stephanskrone I.
[1275] Ingerl/Rohnke, § 14 Rn. 349; Fezer, § 14 Rn. 252.
[1276] Ingerl/Rohnke, § 14 Rn. 350 m. w. N.
[1277] BGH WRP 2000, 1041, 1042 – Schlüssel.

Bildmarken nur selten zu bejahen ist.[1278] So ist begriffliche Verwechslungsgefahr zwischen einem Wort und einem Bild immer dann anzunehmen, wenn das Wort eine erschöpfende, naheliegende und ungezwungene Benennung des Bildes ist.[1279] Jedoch gelten insofern strenge Maßstäbe. Der BGH verneinte Verwechslungsgefahr zwischen der Bezeichnung „WMF-Mondmännchen" und einer älteren Bildmarke, die eine Darstellung des „Mann im Mond" zum Gegenstand hatte, da die Bezeichnung „Mondmännchen" aufgrund der Abweichung gegenüber der Bezeichnung „Mann im Mond" keine naheliegende Bezeichnung darstellt.[1280]

Besteht zwischen zwei Zeichen im Klang und im Schriftbild große Ähnlichkeit, aber in ihrem leicht verständlichen Sinngehalt keinerlei Übereinstimmung, kann eine Verwechslungsgefahr ausgeschlossen sein, weil die klanglichen und/oder schriftbildlichen Übereinstimmungen durch die begriffliche Verschiedenheit zurückgedrängt werden.[1281] In diesem Fall wirkt die begriffliche Betrachtungsweise also nicht ähnlichkeitsbegründend, sondern hebt die Ähnlichkeit in klanglicher oder schriftbildlicher Hinsicht vielmehr wieder auf. Ebenfalls keine Zeichenähnlichkeit liegt vor, wenn der übereinstimmende Zeichenbestandteil produktbeschreibend ist.[1282] Denn dieser besitzt nur geringe Kennzeichnungskraft. Zwar können auch schutzunfähige Zeichenbestandteile in Verbindung mit anderen Teilen den Gesamteindruck eines Zeichens als Ganzes prägen[1283], doch hat dies keine Auswirkungen auf die Kennzeichnungskraft dieses Zeichenbestandteils.

bb) Der Name eines Characters

Namen von Characters können entweder reine Phantasienamen sein[1284], an die Namen natürlicher Personen angelehnt sein[1285], aus gebräuchlichen Worten bestehen – auch aus einer anderen als der deutschen Sprache –, die jedoch normalerweise nicht als Name benutzt werden[1286], oder bestehen aus einer Mischung dieser Gesichtspunkte.[1287] Ist ein

---

[1278] V. Falck, GRUR 1974, 468, 469 li. Sp.; so auch BGH GRUR 1962, 195, 195 f. – Palettenbildzeichen, anders aber RG GRUR 1949, 197, 197 – Kutsche.

[1279] BGH WRP 2000, 1041, 1043 li. Sp. – Schlüssel; so bereits zum WZG BGH GRUR 1975, 487, 489 – WMF-Mondmännchen; 1979, 853, 854 li. Sp. – Lila; GRUR 1971, 251, 252 re. Sp. – Oldtimer, GRUR 1967, 355, 358 – Rabe, RG MuW 1911, 212 – Darstellung des Vogels Phönix; GRUR 1943, 41 – strickende Hände; ebenso BPatGE 5, 172, 175 – Mohrenbild.

[1280] BGH GRUR 1975, 487, 489.

[1281] BGH GRUR 1999, 240, 241 li. Sp. – Stephanskrone I; ebenso noch zum WZG BGH GRUR 1995, 50, 52 re. Sp. o – Indorektal/Indohexal m. w. N.; GRUR 1992, 130, 132 – Bally/Ball; BPatG GRUR 1989, 266, 267 – Super-Meier.

[1282] BGH GRUR 1989, 349, 350 – Roth-Händle-Kentucky/Cenduggy; HansOLG Hamburg GRUR 2000, 60, 61 – Astra.

[1283] BGH GRUR 1991, 139, 141 li. Sp. – Duft-Flacon m. w. N.

[1284] So wie die verschiedenen Characters in der Zeichentrickfilmserie „Pokémons".

[1285] „Heidi"; „Lara Croft".

[1286] So bei den Titelhelden der Comic-Hefte „Clever & Smart", deren Eigenschaften durch ihre Namen zugleich vergröbernd beschrieben werden; ebenso „Lucky Luke".

Zeichen, das nur aus dem Namen eines Characters besteht, als Marke geschützt[1288], ist diese Wortmarke mit der anderen Wortmarke zu vergleichen.

(1.) Die begriffliche Zeichenähnlichkeit bei Einwortnamen

Besteht der Name des Characters nur aus einem Wort, gelten hinsichtlich der klanglichen und schriftbildlichen Zeichenähnlichkeit keinerlei Besonderheiten gegenüber der Beurteilung anderer Wortzeichen. Hinsichtlich der gedanklichen Zeichenähnlichkeit muss man zwischen dem allgemeinen Gedankeninhalt des Namens eines Characters unterscheiden und dem Character als solchem.

(a) Allgemeiner Gedankeninhalt eines Wortes, das zugleich der Name eines Characters ist

Keinerlei gedanklichen Inhalt enthält beispielsweise der Name „Tim", der von den Characters „Tim" und „Struppi" bekannt ist, so dass eine allgemeine begriffliche Zeichenähnlichkeit diesbezüglich von vornherein ausscheidet. Auch die Namen anderer Characters haben in aller Regel keinen klar umrissenen allgemeinen Gedankeninhalt. Doch können sie Hinweise auf den Namensträger enthalten. So weist der Name „Mickey Mouse" seinen Träger als Maus auf. Weitere Beispiele, insbesondere bei Disney-Characters, lassen sich leicht finden. Auf die Eigenschaft seines Namensträgers als „Glückspilz" weist auch der Name „Lucky Luke" hin. Ein derart allgemeiner Sinngehalt entzieht sich jedoch wegen zu weitgehender Monopolisierung der begrifflichen Zeichenähnlichkeit. Denn dies liefe auf eine Monopolisierung der Idee einer Maus, einer Ente etc. als Marke hinaus und damit auch auf einen unabhängig von Verwechslungsgefahr bestehenden Motivschutz, der aus den bereits genannten Gründen abzulehnen ist. Allerdings kann eine begriffliche Ähnlichkeit, die für sich allein betrachtet nicht zur Bejahung der Zeichenähnlichkeit ausreicht, neben weiteren Ähnlichkeitsgesichtspunkten zur Annahme von Zeichenähnlichkeit führen.

(b) Besonderer Gedankeninhalt des Namens eines Characters

Der Name eines Characters kann auch aus reinen Phantasiebezeichnungen bestehen, die keinerlei Rückschlüsse auf den Namensträger erlauben. Auch insoweit stellt sich die Frage, ob begriffliche Zeichenähnlichkeit zwischen dem Phantasienamen eines Characters und dem Character als solchem, also dem Gedankeninhalt des Wortes, besteht.[1289] Fraglich ist also,

---

[1287] So beispielsweise „Super Mario", „Biene Maja" oder „Peppermint Petty".
[1288] Beispielsweise „Popeye" für Tiefkühlspinat.
[1289] BGH GRUR 1994, 206, 207 ff. – Alcolix: bei besonders ausgeprägten, unverwechselbaren Comic-Persönlichkeiten mit charakteristischen Verhaltensweisen hat der BGH einen urheberrechtlichen Schutz angenommen für die Gestalt als solche, die allen Einzeldarstellungen zugrunde liegt.

ob begriffliche Zeichenähnlichkeit über die Markenformen hinweg bejaht werden kann. Dies könnte beispielsweise der Fall sein, wenn eine ältere Wortmarke den Namen eines Characters zum Gegenstand hat und mit einer jüngeren Bildmarke kollidiert, die die bildliche Darstellung des Namensträgers zum Gegenstand hat.[1290]

Es ist von dem Grundsatz auszugehen, dass begriffliche Verwechslungsgefahr zwischen einem Wort und einem Bild immer dann anzunehmen ist, wenn das Wort das Bild erschöpfend, naheliegend und ungezwungen benennt.[1291] Dies könnte im Hinblick auf Characters zweifelhaft sein, weil der Urheber des jeweiligen Characters erst nachträglich eine Verbindung zwischen dem Namen und der graphischen Darstellung des Characters hergestellt hat.

Grundsätzlich kann ein Wort im Laufe der Zeit einen neuen Bedeutungsgehalt erlangen, der entweder zu dem bisherigen Bedeutungsgehalt hinzutritt oder diesen ersetzt. Solch ein neuer Gedankeninhalt kann beispielsweise durch veränderte Sprachgewohnheiten, fremdsprachliche Einflüsse oder auch die veränderte Nutzung von Sprache in den Medien zustandekommen. Aus den gleichen Gründen kann es zu Neologismen, also Wortneubildungen kommen, indem entweder bestehende Worte auf neue Art und Weise miteinander verbunden oder vollkommen neue Worte gebildet werden. In diesen Fällen erfasst Wort einen neuen Gedankeninhalt, es wird also eine semantische Neuzuordnung vorgenommen.

Diese Erwägungen zeigen, dass die mit einem Wort verbundenen Gedankeninhalte nicht statisch sind, sondern kontinuierlichen Veränderungen unterworfen sind. Somit kann begriffliche Zeichenähnlichkeit zwischen dem prioritätsälteren Namen eines Characters und beispielsweise seiner graphischen Darstellung nicht mit dem Argument verworfen werden, die Characters als solche seien erst nachträglich mit dem ihnen beigegebenen Namen verbunden worden. Denn dies trifft auch auf viele andere Worte zu, ohne dass dies die Möglichkeit der begrifflichen Zeichenähnlichkeit von vornherein ausschließt.

Weiterhin muss der Name die graphische Darstellung des Characters erschöpfend, naheliegend und ungezwungen benennen. Characters werden von den angesprochenen Verkehrskreisen als ein Informationsbündel erinnert, das sich neben dem Namen vor allem aus der graphischen Ausgestaltung, teilweise auch aus „charakterlichen" Eigenschaften oder besonderen Fähigkeiten des Characters zusammensetzt. Die Erinnerung der angesprochenen Verkehrskreise an einen Character umfasst in aller Regel seinen Namen,

---

[1290] Vgl. BGH GRUR 1951, 159, 161 re. Sp. unten – Störche.
[1291] BGH WRP 2000, 1041, 1043 li. Sp. – Schlüssel; so auch schon BGH GRUR 1971, 251, 252 re. Sp. – Oldtimer, Vgl. auch BGH GRUR 1967, 355, 358 – Rabe.

seine graphische Gestaltung und die Zuordnung seines Namens zu der graphischen Gestaltung. Die Bezeichnung eines Characters ist jedenfalls so lange erschöpfend, wie die konkrete graphische Gestaltung gegenüber der üblichen nicht auffällig abweicht. Die Benennung eines Characters mit seinem Namen ist ungezwungen und naheliegend, wenn die angesprochenen Verkehrskreise den Character kennen, also seinen Namen, seine graphische Gestaltung sowie die Zuordnung von Name und graphischer Gestaltung zueinander. Dem BGH zufolge nimmt nicht nur das Wort selbst, sondern auch sein Bedeutungsgehalt am markenrechtlichen Schutz teil.[1292] Der BGH geht davon aus, dass es infolge der engen Gedankenverbindung zwischen dem Namen des Characters und seiner graphischen Darstellung möglich ist, durch ein Wortzeichen nicht nur dessen Benutzung, sondern auch die Benutzung seiner graphische Darstellung zu verbieten.[1293]

Da Characters den angesprochenen Verkehrskreisen nicht von vornherein als Teil des allgemeinen Wortschatzes bekannt sind, sondern diesen erst bekannt werden müssen, muss man die Möglichkeit, eine graphische Gestaltung durch ein Wortzeichen verbieten zu können, für Characters einschränken. Zum einen muss der Name und die graphische Gestaltung eine nicht unerheblich gesteigerte Kennzeichnungskraft aufweisen und zum anderen müssen die angesprochenen Verkehrskreise wissen, dass der Name und die graphischer Gestaltung des jeweiligen Characters zusammengehören.

Die graphische Gestaltung von Characters weist in der Regel eine gesteigerte Kennzeichnungskraft auf. Die Namen von Characters weisen demgegenüber normale *ursprüngliche Kennzeichnungskraft auf, die durch Benutzung gesteigert werden müsste.*[1294] Die Kenntnis der Zusammengehörigkeit von Name und graphischer Gestaltung eines Characters ist kein unmittelbares Ergebnis einer sinnlichen Wahrnehmung, sondern beruht auf einem Rückschluss. Diesbezüglich kann es nicht auf Kennzeichnungskraft ankommen, sondern nur darauf, dass die angesprochenen Verkehrskreise diesen Rückschluss üblicherweise vornehmen, indem sie Namen und graphische Gestaltung einander zuordnen. Dazu müssen erhebliche Teile der angesprochenen Verkehrskreise die entsprechende Kenntnis besitzen, doch ist es nicht erforderlich, dass die Anforderungen an die Bekanntheit i. S. v. § 14 Abs. 2 Nr. 3 MarkenG erfüllt werden. Welche Characters diese Anforderungen erfüllen, muss jeweils anhand der Besonderheiten des Einzelfalles entschieden werden. Das

---

[1292] BGH WRP 2000, 1041, 1043 li. Sp. – Schlüssel, für den Schutz des den Gesamteindruck einer mehrteiligen Marke prägenden Wortes „Schlüssel".

[1293] BGH GRUR 1951, 159, 161 re. Sp. – Störche; GRUR 1960, 144, 145 f. – Bambi; ebenso Baumbach/Hefermehl, WZG, § 25 Rn. 96.

[1294] Sh. o. Teil 2, E. III. 2 f).

gilt auch für die im Rahmen der Bestimmung der Kennzeichnungskraft zu berücksichtigende Bekanntheit eines Characters.

(2.) Die Prägung des Gesamteindruckes bei mehrteiligen Namen von Characters

Besteht der Name eines Characters aus mehr als einem Wort beispielsweise aus Vor- und Nachname[1295], handelt es sich um ein mehrteiliges Zeichen in der Form einer Mehrwortmarke. Auch bei Mehrwortmarken ist von dem Grundsatz auszugehen, dass auf die sich gegenüberstehenden Marken in ihrer Gesamtheit abzustellen ist.[1296] Es gelten dieselben Grundsätze, die für die Anmeldung von Namensmarken durch die Rechtsprechung entwickelt wurden, wenn die Namen von Characters so gebildet sind wie die Namen natürlicher Personen.

Der BGH war lange Zeit der Ansicht, dass der Gesamteindruck von Namen, die aus Vor- und Nachnamen bestehen, jedenfalls dann allein durch den Nachnamen geprägt wird, wenn dieses Zeichen prioritätsjünger ist und das prioritätsältere Zeichen nur aus einem Nachnamen besteht, da der Verkehr dann annehmen kann, dass der Träger des alleinstehenden Familiennamens den gleichen Vornamen hat.[1297]

Nunmehr hat der BGH diese Rechtsprechung geändert und geht davon aus, dass eine Marke, die aus einem Vor- und einem Nachnamen besteht, vom Verkehr so benutzt wird, wie sie ihm entgegentritt.[1298] Denn der Verkehr ist daran gewöhnt, dass Kennzeichen aus einem vollständigen Namen bestehen, der Vor- und Nachnamen umfasst. Der für Bezeichnungen geltende Erfahrungssatz, dass der Verkehr dazu neigt, Bezeichnungen so zu verkürzen, dass sie leichter aussprech- und erinnerbar sind, findet nur eingeschränkt Anwendung.[1299] Daher kommt die Reduzierung eines aus Vor- und Nachnamen bestehenden Namens auf den Nachnamen nur dann in Betracht, wenn der Name seine Einprägsamkeit und seine Individualisierungsfunktion auch ohne den Vornamen erfüllen kann und eine solche

---

[1295] Beispielsweise „Lara Croft“ oder „Lucky Luke“.

[1296] BGH GRUR 2000, 233, 233 f. – Rausch/Elfi Rauch m. w. N.; HansOLG Hamburg, GRUR 2000, 60, 61 f. – Astra; bei Mehrwortmarken, die u. a. den Herstellernamen enthalten, können sie um eben diesen verkürzt werden, da der Verkehr die Produkte oft nicht nach dem Herstellernamen unterscheidet, sondern sich auf die sonstigen Elemente der Marke konzentriert, vgl. BGH GRUR 1996, 774, 775 – falke-run/LE RUN.

[1297] BGH GRUR 1961, 628, 630 re. Sp. – Umberto Rosso; im Grundsatz ebenso, wenn auch zu § 16 UWG BGH GRUR 1991, 475, 477 li. Sp. – Caren Pfleger.

[1298] BGH GRUR 2000, 233, 234 – Rausch/Elfi Rauch; GRUR 1999, 241, 244 re. Sp. – Lions.

[1299] BGH GRUR 2000, 233, 234 f. – Rausch/Elfi Rauch, wo der BGH die „Umberto Rosso“ –Entscheidung auf eine reine Einzelfallentscheidung herabstuft; GRUR 1999, 241, 244 – Lions m. w. N.; das BPatG GRUR 1994, 124, 125 re. Sp. oben – Billy the kid, ging bereits 1993 davon aus, dass eine Verkürzung nicht in Frage kommt, wenn der Verkehr ein Zeichen als Eigennamen erkennt.

Verkürzung in dem jeweiligen Produktsektor üblich ist.[1300] Diese Voraussetzungen müssen dem BGH zufolge kumulativ vorliegen.

Character Merchandising, das auf Marken gestützt ist, zeichnet sich durch die Anmeldung der jeweiligen Erscheinungsform für eine Vielzahl von Produktklassen aus. Macht man die Reduzierung eines vollständigen Namens auf den Nachnamen von den Gewohnheiten in dem jeweiligen Produktgebiet abhängig, hätte dies bei auf Marken gestütztem Character Merchandising zur Folge, dass eine solche Marke je nach Produktart einen unterschiedlichen Schutzumfang hat.

Um eine Reduzierung auf den Nachnamen´anzunehmen, genügt es nicht, dass der Nachname den Gesamteindruck der mehrteiligen Namensmarke mitprägt. Vielmehr muss tatsächlich feststehen, dass allein der Nachname den Gesamteindruck prägt.[1301] Denn es handelt sich um eine Ausnahme von dem Grundsatz, dass es bei einer Kollisionsprüfung auf den Gesamteindruck einer Marke ankommt.[1302] Dazu bedarf es besonderer Umstände.

Gegen die Reduzierung des vollständigen Namens eines Characters spricht, dass die Hinzufügung des Vornamens zum Nachnamen bei Characters in aller Regel Individualisierungsfunktion hat. Dies gilt vor allem dann, wenn ein Name durch die Verbindung mit dem Vornamen einprägsam ist und seinen Träger individualisiert.[1303] Einprägsam ist ein aus Vor- und Nachnamen bestehender Name, wenn der angesprochene Verkehr diesen als Einheit betrachtet und nur in der Verbindung, nicht aber in Alleinstellung kennt. Dies ist bei Namen von Characters dann der Fall, wenn sie ausschließlich mit dem vollständigen Namen bezeichnet werden. Welcher Character mit „Brown" gemeint ist, wird erst deutlich, wenn der Vorname „Charly" vorangestellt wird. Weiterhin individualisiert der Vorname eines Characters ebenso wie bei natürlichen Personen vor allem dann seinen Träger, wenn es mehrere Characters mit demselben Nachnamen gibt wie beispielsweise bei Mickey und Minni Mouse, bei Dagobert und Donald Duck sowie Fred und Wilma Feuerstein. Auch in diesen Fällen ist eine Reduzierung des vollständigen Namens auf den Nachnamen für die Prüfung der Verwechslungsgefahr ausgeschlossen.

Eine Individualisierungsfunktion erfüllt der Vorname innerhalb einer aus Vor- und Nachnamen gebildeten Marke auch dann, wenn der Träger des Namens keine natürliche

---

[1300] BGH GRUR 2000, 233, 234 re. Sp. – Rausch/Elfi Rauch, so im Kosmetiksektor; GRUR 1999, 241, 244 re. Sp. – Lions, so im Bekleidungssektor.
[1301] BGH GRUR 2000, 233, 234 – Rausch/Elfi Rauch; so auch WRP 1999, 936, 938 li. Sp. - Honka.
[1302] BGH GRUR 2000, 233, 234 – Rausch/Elfi Rauch; EuGH GRUR 1998, 387, 390 Tz. 23 – springende Raubkatze.
[1303] BGH GRUR 2000, 233, 234 – Rausch/Elfi Rauch.

Person ist beispielsweise also bei einem Character. Denn die Individualisierung bezieht sich nur in seltenen Fällen auf eine bestimmte natürliche Person, es sei denn, es kommt dem angesprochenen Verkehr ausnahmsweise auf den Designer o. ä. als Namensgeber an. Im übrigen geht es dem angesprochenen Verkehr allein um die Kontinuität der Namensmarke selbst. Ist der Name eines Characters als Marke geschützt, kommt dem Verkehr in der Regel gerade auf den jeweiligen Character an, auch wenn er nur eine fiktive Person ist. Daher ist es unabhängig von dem konkreten Produktbereich abzulehnen, den Namen eines Characters auf den Nachnamen zu reduzieren.

Gegen die Reduzierung eines vollständigen Namens auf den Nachnamen spricht zusätzlich noch die grundsätzliche Erwägung, dass auf diese Weise ein Nachname, egal ob in Alleinstellung oder mit einem oder mehreren beliebigen Vornamen versehen, für die jeweilig angemeldete Produktklasse gesperrt wäre. Dies hat eine erhebliche Verminderung der in Frage kommenden Marken zur Folge. Dies ist jedoch angesichts der stetig steigenden Zahl von Markenanmeldungen in der bisherigen Form nicht mehr tragbar. Die sich nun abzeichnende gegenteilige Rechtsprechung hat daher die Verringerung des Schutzumfanges der aus Vor- und Nachname bestehenden Namensmarken zur Folge, so dass es seltener zu Markenkollisionen kommt.

Somit ist davon auszugehen, dass Marken, die aus dem Vor- und Nachnamen eines Characters bestehen, nicht durch einen Namensbestandteil, sondern den gesamten Namen geprägt werden. Damit ist die Gesamtmarke bei der Beurteilung der Zeichenähnlichkeit zugrundezulegen. Insoweit gelten die allgemeinen Grundsätze.

(3.) Weitere Möglichkeiten der Namensbildung

Handelt es sich bei dem als Marke geschützten Namen eines Characters um eine reine Phantasiebezeichnung, richtet sich die Bestimmung ihrer Zeichenähnlichkeit nicht nach den Grundsätzen, die für die Namen natürlicher Personen gelten. Dabei ist gleichgültig, ob sie aus einem oder mehreren Worten bestehen. Es ist von dem Gesamteindruck des Zeichens auszugehen. Phantasiebezeichnungen sind mangels unmittelbar produktbeschreibenden Inhaltes jedenfalls von normaler Kennzeichnungskraft. Insoweit ist es erforderlich, dass Dritte einen ausreichend großen Abstand zu diesen einhalten. Denn für eine Annäherung an fremde Phantasiebezeichnungen besteht kein Schutzbedürfnis.

Besteht der Name aus mehreren durchaus gebräuchlichen Worten, die aber üblicherweise nicht als Name verwendet werden, so sind diese im Hinblick auf die Zeichenähnlichkeit wie Phantasiebezeichnungen zu behandeln, so dass ein ausreichend großer Zeichenabstand bestehen bleiben muss. Handelt es sich bei dem Namen eines Characters um eine Mischform der oben bereits dargestellten Namensarten, kommt es darauf an, ob der Phantasiegehalt oder die Anlehnung an die Namen natürlicher Personen überwiegt. So dürfte der Name des Characters „Peppermint Petty" von den „Peanuts" als Spitzname zu erkennen sein, so dass die für Namen natürlicher Personen geltenden Grundsätze Anwendung finden.

Eine weitere Namensart von Characters sind Buchstabennamen, die u. a. im Science-Fiction-Genre vorkommen. Bekanntes Beispiel ist der kleine Begleiter R2D2 von Luke Skywalker in den Kinofilmen der „Krieg der Sterne" –Trilogie von George Lukas. Gemäß § 4 Abs. 2 Nr. 1 2. Alt. WZG bestand für Buchstaben ein unwiderlegbares abstraktes Freihaltungsbedürfnis, das einer Warenzeicheneintragung entgegenstand. Nunmehr kann die Eintragung von Buchstabenmarken nur noch an einem konkret nachzuweisenden Freihaltungsbedürfnis scheitern.[1304] Da so gebildete Namen in aller Regel keinen Sinngehalt haben, kommt es bei der Beurteilung der Zeichenähnlichkeit nur auf klangliche und schriftbildliche Ähnlichkeit an.

Auch Buchstabenmarken haben grundsätzlich einen normalen Schutzumfang, von dessen Verringerung nur auszugehen ist, wenn insoweit tatsächliche Anhaltspunkte bestehen.[1305] Demgegenüber sind einige Stimmen im Schrifttum im Zusammenhang mit Unternehmensabkürzungen, die zusätzlich auch als Marke geschützt sind, der Auffassung, dass Buchstabenmarken grundsätzlich nur einen beschränkten Schutzumfang haben.[1306] Dagegen spricht erstens, dass der Schutz von Zeichen als Marke und als Unternehmenskennzeichen unabhängig voneinander ist. Daher kann es auch dahinstehen, ob es berechtigt ist, nicht aussprechbaren Abkürzungen den Schutz als Unternehmenskennzeichen gemäß § 5 Abs. 2 MarkenG zu versagen.[1307] Zweitens geht es vorliegend ausschließlich um den Schutz von Buchstaben, Zahlen und deren Kombination als Marke. Daher kommt es im vorliegenden Zusammenhang nicht auf die zu Unternehmenskennzeichen gemachten Erwägungen an. Mangels entgegenstehender Gesichtspunkte ist vielmehr davon auszugehen, dass Buchstaben- und Zahlenmarken, aber auch Kombinationen aus Buchstaben und Zahlen[1308] normale Kennzeichnungskraft ausweisen.

[1304] Fuchs-Wissemann, GRUR 1999, 855, 855 li. Sp.; sh. o. Teil 2 D. II 1. c) bb) (3.).
[1305] Albrecht, GRUR 1996, 246, 247.
[1306] Fuchs-Wissemann, GRUR 1999, 855, 857; Goldmann/Rau, GRUR 1999, 216, 219.
[1307] Die dahingehende BGH-Rechtsprechung ablehnend Goldmann/Rau, GRUR 1999, 216, 218 ff.
[1308] Auch Goldmann/Rau, GRUR 1999, 216, 218 li. Sp. behandeln Buchstaben-, Zahlen- und Buchstaben-/ Zahlenkombinationen gleich.

cc) Ein für einen Character typischer Ausruf

Es gibt neben den Namen von Characters noch andere Worte, die für einen Character typisch sind, wie den typischen Ausruf von Speedy Gonzalez „¡Arrìba, arrìba, àndale!". Hinsichtlich der Zeichenähnlichkeit gilt das bereits allgemein zu Wortmarken Gesagte. Handelt es sich wie in dem oben genannten Beispiel um ein mehrteiliges Zeichen, ist davon auszugehen, dass es bei der Beurteilung der Zeichenähnlichkeit auf das Gesamtzeichen ankommen wird und nicht nur auf einen Zeichenbestandteil.

b) Bildmarke

Die Zeichenähnlichkeit von Bildmarken ist im Hinblick auf die bildliche[1309] und die begriffliche Übereinstimmung zu ermitteln.

Wenn Bildmarken nicht nur aus einem, sondern aus mehreren Elementen bestehen, stellt sich oft die Frage, welches Element den Gesamteindruck prägt. Ein Bestandteil einer mehrteiligen Bildmarke prägt deren Gesamteindruck nicht, wenn es sich lediglich um einen Wappenschild handelt, der den Hintergrund für eine weitere bildliche Darstellung bildet[1310], oder um sonstige graphische Darstellungen, die nur als Hintergrund wirken.[1311] Da es unzählige Kollisionsmöglichkeiten gibt, müssen diese im Rahmen der vorliegenden Arbeit auf typische Kollisionsfälle reduziert werden, die sich an den grundsätzlich prägenden Bestandteilen der als Bildmarke geschützten Characters orientieren. Grundsätzlich wird die Bildwirkung eines Bildzeichens nicht durch Verzierungen oder Umrahmungen geprägt, da diese nur als Beiwerk verstanden werden.[1312]

aa) Bildliche Zeichenähnlichkeit

<u>(1.) Allgemein</u>

Um bildliche Zeichenähnlichkeit bejahen zu können, müssen zwei Bilder miteinander ähnlich sein. Damit bildliche Zeichenähnlichkeit angenommen werden kann, muss es sich bei den kollidierenden Zeichen jeweils um eine Bildmarke handeln. Im Hinblick auf die bildliche Zeichenähnlichkeit von Characters stellt sich die Frage, welche Abwandlungen eines Characters bzw. welche sonstigen bildlichen Darstellungen noch als ähnlich mit der als

---

[1309] BGH GRUR 2000, 506, 509 – Attaché/Tisserand.
[1310] BGH WRP 2000, 1041, 1043 li. Sp. – Schlüssel.
[1311] BPatG GRUR 2000, 807, 808 re. Sp. – Lior/Dior; Baumbach/Hefermehl, WZG, § 31 Rn. 55.
[1312] Baumbach/Hefermehl, WZG, § 31 Rn. 55.

Marke eingetragenen bildlichen Darstellung eines Characters anzusehen sind und welche nicht.

Bei der Beurteilung dieser Frage kann davon ausgegangen werden, dass die jüngere bildliche Darstellung eines Characters dann mit der älteren Darstellung eines Characters ähnlich ist, wenn beide Bilder denselben Character – wenn auch mit anderer Gestik und Mimik – darstellen oder aber jedenfalls sehr ähnliche Characters zum Gegenstand haben und der Gesamteindruck der jeweiligen Zeichen bildlich ähnlich ist. Vorliegend geht es also um die Frage, welche Darstellungen von Characters denselben oder einen sehr ähnlichen Character zum Gegenstand haben und welchen Abstand jüngere Characterdarstellungen von älteren einhalten müssen.

Die Bejahung der bildlichen Zeichenähnlichkeit kann zur Bejahung der Zeichenähnlichkeit insgesamt genügen. Durch die Berücksichtigung nur der charakteristischen Merkmale eines Characters wird gewährleistet, dass seine als Marke geschützte bildliche Darstellung keine zu weitreichende Monopolisierung nach sich zieht.[1313]

(a) Die Trennung zwischen Figur und Hintergrund

Ein die menschliche Wahrnehmung prägendes Ordnungsprinzip ist die Trennung von Figur und Hintergrund. Dieser erstmals von *Edgar Rubin* untersuchte Unterscheidungsprozess ist von fundamentaler Bedeutung für die Wahrnehmung von Gegenständen.[1314] Die Einteilung in Figur und Hintergrund geschieht unwillkürlich und hängt von Eigenschaften der visuellen Information ab.[1315] Sind Figuren kleiner und detaillierter als der Hintergrund, werden sie eindeutig als Figur wahrgenommen. Sind aber zwei Flächen etwa gleich groß, kann der Mensch willkürlich eine der Flächen als Figur und die andere als Hintergrund wahrnehmen.[1316] Soweit bildliche Darstellungen von Characters einen Hintergrund haben, ist es wegen der größeren Detailliertheit, der als Einheit erkennbaren Darstellung und ggf. auch wegen der unterschiedlichen Farbigkeit der Darstellung leicht möglich, den Character von dem Hintergrund zu unterscheiden.

In Übereinstimmung damit unterschied der BGH zwischen einem Wappenschild als typischem Hintergrund und der Darstellung eines Schlüssels als Hauptgegenstand einer Bildmarke und bejahte aufgrund dessen die begriffliche Übereinstimmung mit der Wortmarke

[1313] I. E. ebenso BGH GRUR 1958, 500 ff. – Mecki-Igel I.
[1314] Rock, S. 97; Guski, S. 28.
[1315] Guski, S. 135.
[1316] Guski, S. 28; Rock, S. 98.

„Schlüssel" bei Warenidentität.[1317] Ebenso ordnete er die kreisförmige Umrandung der stilisierten Darstellung eines Männchens als bloße Verzierung bzw. Umrahmung ein.[1318]

(b) Exkurs: Die freie Benutzung gemäß § 24 Abs. 1 UrhG

Zur Beurteilung bildlicher Zeichenähnlichkeit von Characters ist ein Blick auf die Abgrenzung von unfreier und freier Benutzung gemäß § 24 Abs. 1 UrhG lohnend. Denn im Gegensatz zum Markenrecht, wo es bisher keine Rechtsprechung zu der Frage der Ähnlichkeit zwischen zwei Characters gibt, waren solche und ähnliche Fragestellungen bereits Gegenstand zahlreicher urheberrechtlicher Urteile. Bei der Übertragung der zu § 24 UrhG gefundenen Ergebnisse ist jedoch Vorsicht geboten. Denn die Zulässigkeit freier Benutzung gemäß § 24 UrhG ist dadurch gerechtfertigt, dass kulturelles Schaffen nicht ohne ein Aufbauen auf früheren Leistungen anderer Urheber denkbar ist.[1319] Da dieser Gesichtspunkt jedoch für das Markenrecht keine Rolle spielt, erschöpft sich die Bedeutung von § 24 Abs. 1 UrhG für das Markenrecht in der Beurteilung der für bildliche Werke charakteristischen Elemente.

Der BGH beurteilt die Frage, ab wann die Benutzung urheberrechtlich geschützter Werke frei i. S. v. § 24 Abs. 1 UrhG ist, anhand des Gesamteindruckes der Gestaltung. Zwar sind grundsätzlich nur die im Schutzbereich des benutzten Werks liegenden Entlehnungen rechtlich relevant, doch ist letztlich der Gesamteindruck maßgeblich.[1320]

Zur Beurteilung, ob ein Werk frei benutzt wurde, sind das benutzte und das neugeschaffene Werk miteinander zu vergleichen. Insoweit ist von dem Grundsatz auszugehen, dass ein älteres Werk umso weniger gegenüber dem neuen Werk verblasst, je ausgeprägter seine Individualität ist, und umso eher verblasst, je stärker die Individualität des neuen Werkes ist.[1321] Zunächst ist zu bestimmen, worin die künstlerische Eigenart des vorbestehenden Werkes unter Berücksichtigung des Gesamteindruckes zu sehen ist.[1322] Im Fall des Mecki-Igels wurde die künstlerische Eigenart in seinem spitzbübisch gutmütigen Gesichtsausdruck gesehen, der ihn zu einer „Igel-Persönlichkeit" macht[1323], bzw. in seinem Gesichtsausdruck,

---

[1317] BGH GRUR 1999, 1041, 1043 – Schlüssel.
[1318] BGH GRUR 1957, 287, 289 li. Sp. – Plasticummännchen.
[1319] Möhring/Nicolini/Ahlberg, § 24 Rn. 1; Schricker/Loewenheim, § 24 Rn. 2.
[1320] BGH GRUR 1991, 533, 534 li. Sp. – Brown Girl II; Schricker/Loewenheim, § 24 Rn. 12.
[1321] BGH GRUR 1991, 531, 532 li. Sp. – Brown Girl I; GRUR 1991, 533, 534 re. Sp. oben – Brown Girl II; GRUR 1960, 251, 253 li. Sp. oben – Mecki-Igel II; GRUR 1958, 500, 502 re. Sp. oben – Mecki-Igel; Fromm/Nordemann/ Vinck, § 24 Rn. 3.
[1322] Kleine, GRUR 1958, 504, 504; ebenso BGH GRUR 1994, 191, 192 – Asterix-Persiflagen; GRUR 1994, 206, 208 li. Sp. – Alcolix; GRUR 1991, 533, 534 – Brown Girl II; Schricker/Loewenheim, § 24 Rn. 12.
[1323] BGH GRUR 1960, 251, 252 re. Sp. unten – Mecki-Igel II.

der ihn als „pfiffigen, allen Situationen gewachsenen Lebenskünstler von unerschütterlich heiterer philosophischer Gemütsart" ausweist, so dass er ein „markantes Charakteroriginal" ist[1324]. Als charakteristische Züge von „Asterix" sah der BGH seine Körpergröße, seinen Flügelhelm sowie seine Gesichtszüge an, während die Erscheinung von „Obelix" durch seine massige und große Gestalt, das Tragen von Zöpfen, seine Knollennase, den typischen Schnurrbart, den Hinkelstein und seinen Hund „Idefix" geprägt ist.[1325] Der Gesamteindruck der Figur „Alf" wird insbesondere durch die besondere Ausgestaltung des Kopfes geprägt, die einen markanten Eindruck vermittelt.[1326]

Im Anschluss an die Bestimmung der künstlerischen Eigenart des benutzten (älteren) Werkes ist festzustellen, ob trotz bestehender Übereinstimmungen hinsichtlich urheberrechtlich schutzfähiger Elemente ein selbständiges neues Werk entstanden ist, das den notwendigen Abstand einhält, damit Freiheit der Benutzung angenommen werden kann.[1327]

Freie Benutzung liegt vor, wenn das fremde Werke nicht in identischer oder umgestalteter Form übernommen wird, sondern nur als Anregung für das eigene Werkschaffen dient.[1328] Dies ist der Fall, wenn die dem geschützten älteren Werk entnommenen individuellen Züge gegenüber der Eigenart des neugeschaffenen Werks verblassen, so dass das ältere Werk in dem neuen nur noch schwach durchschimmert.[1329]

Bei bekannten Characters wie beispielsweise „Asterix" und „Obelix" bedarf es nur geringer Andeutungen hinsichtlich des Körperbaus, der Kostümierung oder der Haartracht, um eine äußere Übereinstimmung herbeizuführen. Insofern ist im Einzelfall zu prüfen, ob es sich um die Übernahme eigenpersönlicher Merkmale handelt.[1330] Bei einem Character kann eine äußere Übereinstimmung erst dann verneint werden, wenn keine oder so wenige eigenpersönliche Merkmale übernommen sind, dass das jüngere Zeichen nach seinem Gesamteindruck nicht mehr den als Marke geschützten Character abbildet.

1324 BGH GRUR 1958, 500, 502 li. Sp. – Mecki-Igel.
1325 BGH GRUR 1994, 191, 192 f. – Asterix-Persiflagen.
1326 Vgl. im einzelnen HansOLG, GRUR 1991, 207, 208 re. Sp. – Alf.
1327 BGH GRUR 1994, 206, 208 – Alcolix.
1328 Schricker/Loewenheim, § 24 Rn. 10; Fromm/Nordemann/Vinck, § 24 Rn. 2.
1329 BGH GRUR 1994, 191, 193 – Asterix-Persiflagen, GRUR 1994, 206, 208 – Alcolix; GRUR 1971, 588, 589 – Disney-Parodie; GRUR 1960, 251, 253 – Mecki-Igel II.
1330 Schricker/Loewenheim, § 24 Rn. 14; BGH GRUR 1994, 191, 194 – Asterix-Persiflagen; GRUR 1994, 206, 208 li. Sp. – Alcolix.

Dementsprechend ist in allen Entscheidungen, die sich mit dem urheberrechtlichen Schutz von Characters beschäftigt haben, eine äußere Übereinstimmung bejaht worden.[1331]

Wenn das ältere Werk in dem neueren erkennbar bleibt, fehlt der notwendige äußere Abstand, so dass grundsätzlich eine freie Bearbeitung abzulehnen ist. Ausnahmsweise kann eine freie Bearbeitung dennoch anzunehmen sein, wenn der sogenannte innere Abstand zu dem älteren Werk gewahrt ist. Dies ist der Fall, wenn das jüngere Werk seinem Wesen nach selbständig ist wie beispielsweise im Fall der Parodie.[1332] Der innere Abstand spielt für die Beurteilung der bildlichen Zeichenähnlichkeit jedoch keine Rolle, da die bildliche Zeichenähnlichkeit im Grundsatz eine optische und keine wertende Frage ist. Somit führt die eventuelle Einordnung des jüngeren Werkes als Parodie nicht zum Entfallen der bildlichen Zeichenähnlichkeit, kann aber für die Beurteilung der Verwechslungsgefahr von Bedeutung sein. Die Einordnung als Parodie könnte allenfalls bei der begrifflichen Zeichenähnlichkeit von Bedeutung sein.

(c) Die menschliche Wahrnehmung

Die Fähigkeit des Menschen, Gestalten zu erkennen, beruht der Gestaltpsychologie zufolge darauf, dass der Mensch die auf ihn einströmenden Eindrücke anhand verschiedener Gesetzmäßigkeiten ordnet.[1333] Das Gesetz der Geschlossenheit beschreibt die Neigung des Menschen, Elemente, die als Ganzes geschlossen sind, als Gestalt oder Figur zu sehen. Das Gesetz der guten Gestalt besagt, dass Menschen im Bereich der Wahrnehmung dazu neigen, symmetrische und gleichgewichtige Anordnungen zu bevorzugen. Ist jedoch eine Figur nicht so gut und einfach strukturiert, sehen wir sie prägnanter.[1334] Der sogenannten Gestaltpsychologie zufolge gibt es dem Menschen angeborene Vorstellungen über Form, Größe und andere Eigenschaften von Gegenständen. Erst die menschliche Wahrnehmung organisiert die beziehungslosen Sinneseindrücke zu sinnvollen Einheiten.[1335]

Es ist begrifflich zwischen Wahrnehmen einerseits und Erkennen bzw. Identifizieren andererseits zu unterscheiden. Der Unterschied wird deutlich, wenn man etwas bisher

---

[1331] BGH GRUR 1994, 191, 194 – Asterix-Persiflagen; GRUR 1994, 206, 208 li. Sp. – Alcolix; GRUR 1991, 207, 208 re. Sp. – Alf; GRUR 1971, 588, 589 li. Sp. – Disney-Parodie; GRUR 1960, 251, 252 re. Sp. zu Ziff. 3 b – Mecki-Igel II; GRUR 1958, 500, 501 f. – Mecki-Igel; HansOLG WRP 1989, 602, 603 li. Sp. – Schlümpfe.

[1332] Schricker/Loewenheim, § 24 Rn. 11; vgl. zum Thema Parodie BGH GRUR 1971, 588, 589 – Disney-Parodie; GRUR 1994, 191 ff. – Asterix-Persiflagen; LG Berlin, GRUR 1974, 231, 232 – Von Kopf bis Fuß.

[1333] Rock, S. 8 f.

[1334] Oerter, S. 55 ff.; Guski, S. 29 ff.; Rock, S. 8 ff. gibt einen kurzen Überblick über die verschiedenen Wahrnehmungstheorien.

[1335] Rock, S. 9, 87.

Unbekanntes wahrnimmt, ohne es aber erkennen zu können, da es unbekannt ist.[1336] Die Erfahrungen beeinflussen jedoch auch die Wahrnehmung, die mit zunehmender Aufmerksamkeit immer differenzierter wird.[1337] Nimmt ein Mensch ein bereits bekanntes Objekt wahr, wird dieses unbewusst mit den im Gedächtnis gespeicherten Informationen verglichen. Aufgrund der Vielzahl der im Gedächtnis gespeicherten Informationen und angesichts der großen Anzahl möglicher Ansichten desselben Objektes werden über das Objekt im Gedächtnis nur generelle Strukturen gespeichert und mit den ebenfalls schon reduzierten Informationen über das wahrgenommene Objekt verglichen.[1338]

Die bildliche Darstellung eines Characters wird nicht vollständig im Gedächtnis gespeichert, sondern sie wird auf wesentliche Merkmale reduziert. Tritt einem Beobachter eine bildliche Darstellung desselben Characters gegenüber, wird er diese ebenfalls abstrahieren und die generellen Strukturen miteinander vergleichen. Stimmen diese im wesentlichen überein, wird er die Zeichen jedenfalls als ähnlich ansehen, stimmen sie nicht überein, wird er sie als unähnlich wahrnehmen. Geht man davon aus, dass Character-Merchandising vor allem bei Gegenständen des täglichen Gebrauchs und seltener bei besonders werthaltigen Produkten verwendet werden, so folgt daraus, dass die Verbraucher den so gekennzeichneten Produkten jedenfalls nicht mit höchster Aufmerksamkeit entgegentreten werden und damit auch die Wahrnehmung nur beschränkt differenziert ausfallen wird.

Das Gesicht nimmt bei der Wahrnehmung anderer Menschen eine besondere Stellung ein. Die Einzigartigkeit der Gesichtswahrnehmung ist darauf zurückzuführen, dass wir Menschen besonders viel Erfahrung mit ihrer Wahrnehmung haben und alltäglich aus Gesichtern Rückschlüsse ziehen müssen.[1339] Hinzu kommt, dass Menschen am meisten über andere Menschen aus ihren Gesichtern erfahren können, so dass sie diesen besondere Aufmerksamkeit schenken.[1340] Dies darf jedoch nicht dazu führen, die Gestalt, Kleidung etc. eines Menschen bzw. Characters zu vernachlässigen.

Menschen gewinnen über andere Menschen anhand des Aussehens ihres Gesichtes zahlreiche Informationen. So gibt uns allein das Gesicht eines Menschen selbst ohne Berücksichtigung der Haare Informationen über sein Geschlecht. Es wird angenommen, dass dies vor allem etwas mit der Beziehung der einzelnen Bestandteile des Gesichtes zueinander zu tun hat und weniger mit dem Aussehen der einzelnen Elemente des Gesichte.[1341] Wichtige

---

[1336] Rock, S. 105.
[1337] Rock, S. 111 ff.
[1338] Guski, S. 193.
[1339] Guski, S. 202 unter Berufung auf Young/Ellis/Oster/Daily/Goldenthal, S. 111 ff.
[1340] Young/Ellis/Sergent, S. 57.
[1341] Guski, S. 201.

Gesichtsmerkmale sind beispielsweise die Nasenlänge im Verhältnis zur Gesamtlänge des Gesichts sowie die relative Position der Augen etc.[1342] Diese physiognomischen Merkmale sind auch für das Wiedererkennen von Personen wichtig. Auch die Kopfform eines Menschen kann dem Betrachter Informationen über einen Menschen beispielsweise sein Alter geben.

Unterscheiden sich zwei wichtige Konfigurationen in den miteinander zu vergleichenden Gesichtern, so wird dies eher wahrgenommen, als wenn nur eine Konfiguration verändert wird.[1343] Daraus folgt, dass es bei der menschlichen Wahrnehmung von Gesichtern nicht unabhängig voneinander auf die einzelnen Gesichtsmerkmale ankommt, sondern dass es vielmehr auf die Gesamtkonfiguration der einzelnen Merkmale ankommt.[1344] Dabei wird nicht das Gesicht in allen Details, sondern eine strukturelle Abbildung erinnert, die als Ausgangspunkt u. a. für die Identifikation dient.[1345]

Die Maßgeblichkeit der Gesamtkonfiguration der einzelnen Gesichtsmerkmale erklärt, warum es keinen Einfluss auf das Wiedererkennen von Gesichtern hat, wenn in einem Gesicht, das dem Betrachter bekannt ist, kleinere Veränderungen wie das Tragen von Bart oder Brille eintreten.[1346] Daraus folgt auch, dass die Identifikation eines Menschen nicht durch sogenannte expressive Veränderungen im Gesicht erschwert wird. Unter expressiven Veränderungen versteht man beispielsweise die Veränderungen des Gesichtsausdruckes beim Lachen oder Weinen.[1347] Denn die Strukturmerkmale eines Gesichtes werden nicht durch eine Brille oder einen lachenden Gesichtsausdruck verändert. Karikaturen von Gesichtern können das Erkennen bekannter Gesichter sogar erleichtern, da sie die für das jeweilige Gesicht typische Konfiguration pointierter herausarbeiten.[1348]

Vielmehr ist es für den Menschen gerade bedeutsam, einerseits Menschen auch mit verändertem Gesichtsausdruck immer noch identifizieren zu können und andererseits die im Gesicht reflektierten Emotionen zu deuten, um angemessen reagieren und erfolgreich kommunizieren zu können. Während *Charles Darwin* die verschiedenen Gesichtsausdrücke des Menschen noch auf die Veränderung biologischer Funktionen zurückführte, haben Evolutionsbiologen in der jüngeren Zeit darauf hingewiesen, dass es ein Gesichtspunkt natürlicher Selektion ist, Menschen zu identifizieren, ihre Emotionen etc. zu erkennen und

---

[1342] Guski, S. 206.
[1343] Guski, S. 206.
[1344] Vgl. Oerter, S. 106 ff.; Young/Ellis/Sergent, S. 58, 60.
[1345] Young/Ellis/Sergent, S. 61.
[1346] Guski, S. 207; Young/Ellis/Sergent, S. 58.
[1347] Guski, S. 207; Young/Ellis/Sergent, S. 58.
[1348] Guski, S. 207; Rock, S. 85 li. Sp. weist allgemein auf die leichtere Wiedererkennbarkeit von Karikaturen hin.

angemessen auf sie zu reagieren, da dies Voraussetzungen erfolgreicher Kommunikation sind.[1349]

Zwischen Gesichtern bestehen teilweise nur geringfügige Unterschiede. Dennoch ist der Mensch dazu in der Lage, diese kleinen Unterschiede zu erkennen. Dies deutet zum einen darauf hin, dass es sich bei dem Wiedererkennen von Gesichtern um einen ausgesprochen komplexen Vorgang handelt.[1350] Jedoch impliziert nicht jeder Teil eines Gesichtes dieselbe Menge an Information und genießt auch nicht dieselbe Priorität für das Erkennen von Gesichtern und die Gewinnung von Informationen anhand von Gesichtern.[1351] Daher hat auch nicht die Veränderung jedes Merkmals eines Gesichtes dieselbe Auswirkung auf den Gesamteindruck, den ein Gesicht beim Betrachter hinterlässt. Daher verbietet sich ein gleichsam mathematisches Konzept dergestalt, dass die Veränderung von drei beliebigen Gesichtsmerkmalen eher zu bemerken ist als die Veränderung von zwei Gesichtsmerkmalen. Zudem würde so eine mathematisch geprägte Herangehensweise vernachlässigen, dass Veränderungen auch graduell unterschiedlich ausfallen können.

Es kann also schon die Veränderung nur eines oder jedenfalls weniger Gesichtsmerkmale ausreichen, damit wir nicht mehr den betreffenden, sondern einen anderen Character erkennen. In Übereinstimmung mit der Veränderung bekannter Wortzeichen ist bei bekannten Characters nicht davon auszugehen, dass schon geringe Veränderungen ein Erkennen des bekannten Characters verhindern, sondern vielmehr davon, dass es stärkerer Veränderungen bei Bekanntheit des Characters bedarf, um Zeichenähnlichkeit und damit unmittelbare Verwechslungsgefahr auszuschließen.

Somit werden Characters von den angesprochenen Verkehrskreisen auf ihre prägnanten Wesensmerkmale reduziert. Daraus folgt zweierlei. Zum einen ist Zeichenähnlichkeit nicht bei jeder Übereinstimmung anzunehmen, sondern nur, wenn die wesentlichen Merkmale des jeweiligen Characters übernommen werden. Zum anderen ist Zeichenähnlichkeit trotz nicht unerheblicher Abweichungen jedenfalls dann zu bejahen, wenn die charakteristischen Züge des jeweiligen Characters übernommen werden.

[1349] Young/Ellis/Oster/Daily/Goldenthal, S. 111.
[1350] Young/Ellis/Sergent, S. 57, 59.
[1351] Young/Ellis/Sergent, S. 58.

(d) Die Übertragung der Wahrnehmung anderer Menschen auf die Wahrnehmung von Characters

Der Übertragung dieser Ergebnisse auf die Frage der Zeichenähnlichkeit im Hinblick auf Characters könnte entgegengehalten werden, dass es vorliegend nicht um die Identifikation, also das Wiedererkennen von Gesichtern, sondern um deren Ähnlichkeit geht. Allerdings lässt sich aus den gerade dargestellten Erkenntnissen ablesen, anhand welcher Kriterien sich Menschen an ein Gesicht erinnern und welche Veränderungen dieser Kriterien die Erinnerung erschweren. Um aber ein Objekt mit einem anderen vergleichen zu können, ist es notwendig, sich an dieses erinnern zu können. Zudem ist es wichtig zu wissen, welche Merkmale bei der Wahrnehmung von besonderer Bedeutung sind.

Der Übertragung dieser Ergebnisse auf die Wahrnehmung von Characters kann nicht der Einwand entgegengehalten werden, dass es vorliegend nicht um die Ähnlichkeit von menschlichen Gesichtern, sondern um die Ähnlichkeit der Gesichter von Characters geht. Denn auch bildlich dargestellte Characters drücken ihr Wesen und ihre Gefühle über ihr Gesicht aus. Die Vermittlung von Informationen mit Hilfe des Gesichtes von Characters funktioniert nur deshalb, weil ihre Gesichter denselben Gesetzmäßigkeiten gehorchen wie menschliche Gesichter. Dies gilt nicht nur bei recht naturgetreuen Wiedergaben menschlicher Gesichter, sondern auch bei Gesichtern von Characters, deren Erscheinungsbild beispielsweise an Tiere angelehnt ist.[1352] Dies wird auch dadurch illustriert, dass das sogenannte Kindchenschema nicht nur bei Kindern und jungen Tieren[1353] vorzufinden ist, sondern auch bei Characters angewendet wird.[1354] Aufgrund dessen sind die beim Wiedererkennen menschlicher Gesichter erworbenen Erkenntnisse auch auf die Wahrnehmung von Characters anwendbar.

<u>(2.) Die Gesichter von Characters</u>

Es ist aus Platzgründen vorliegend nicht möglich, alle Einzelfälle der bildlichen Zeichenähnlichkeit von Characters darzustellen. Allerdings lässt sich die Frage, welche Abweichungen der Annahme von Zeichenähnlichkeit entgegenstehen, abstrakt dahingehend beantworten, dass das Gesicht eines Characters dem eines anderen umso unähnlicher ist, je mehr Kriterien verändert sind, die für die Identifikation maßgeblich sind. Abweichende Gesichtsausdrücke, die unterschiedliche Gemütszustände widerspiegeln, beeinträchtigen die

---

[1352] So BGH GRUR 1960, 251, 252 re. Sp. – Mecki-Igel II.
[1353] Oerter, S. 111 ff.
[1354] Vgl. Brockhaus, Stichwort: Kindchenschema.

Ähnlichkeit von Gesichtern nicht.[1355] Denn der Ausdruck von Gemütszuständen verändert die für das Wiedererkennen von Gesichtern maßgeblichen Parameter nicht, insbesondere nicht die Relation der verschiedenen Gesichtsmerkmale zueinander. Zu berücksichtigen ist vielmehr, ob die Relation der verschiedenen Gesichtsmerkmale zueinander verändert ist. Wenn beide Zeichen denselben Character zum Gegenstand haben, aber beide einen unterschiedlichen Gesichtsausdruck aufweisen, sind beide in der Regel als ähnlich anzusehen. Etwas anderes kann allenfalls gelten, wenn der Character auf einem der beiden Bilder eine vollkommen verzerrte Fratze aufweist. Jedoch können daraus resultierende Veränderungen durch andere Übereinstimmungen ausgeglichen werden wie beispielsweise das Tragen desselben Hutes, Bartes etc.

Soweit die bildliche Darstellung eines Characters als Marke geschützt ist, kommt es allein auf die Beurteilung der Zeichenähnlichkeit nach markenrechtlichen Grundsätzen an. Daher kommt es auf die Kennzeichnungskraft an, also die Bekanntheit des Characters als Marke, und damit auf ihre Eignung, auf den Markeninhaber hinzuweisen. Daraus folgt, dass Abweichungen in einzelnen Merkmalen umso weniger eine Rolle spielen, je bekannter ein Character als Marke ist.

Richten sich die Gesichts- und Kopfproportionen zweier verschiedener Characters nach dem Kindchenschema und gehen beide Gestaltungen übereinstimmend von demselben Ausgangspunkt aus beispielsweise von einer Ente, so begründet allein diese Tatsache noch keine Zeichenähnlichkeit.[1356] Dies liefe auf eine partielle Monopolisierung der Anwendung des Kindchenschemas auf einen bestimmten Ausgangspunkt als Character hinaus. Das Gleiche gilt auch bei anderen üblichen Darstellungsweisen, etwa bei japanischen Manga-Comics, die ebenfalls auf der Anwendung des Kindchenschemas beruhen und häufig von der menschlichen Gestalt ausgehen. Eine bestimmte Verfremdungstechnik kann also nicht durch die Anmeldung eines Characters monopolisiert werden, der mit Hilfe dieser Verfremdungstechnik geschaffen wurde. In Übereinstimmung damit hat der BGH ausgeführt, dass die bloße Personifizierung von Gegenständen als solche nicht genügt, um die Kennzeichnungskraft dieser Darstellung zu erhöhen, da sich der Verkehr daran gewöhnt hat.[1357] Dasselbe gilt für die Vermenschlichung von Tieren.

Vielmehr kommt es ganz konkret auf die jeweilige Darstellung des Characters an. Maßgeblich ist die konkrete Ausprägung der Kopf- und Gesichtsproportionen, die Relation der einzelnen Gesichtsbestandteile zueinander, eine eventuelle Farbgebung sowie das

---

[1355] BGH GRUR 1960, 251, 252 re. Sp. – Mecki-Igel II.
[1356] Vgl. den Disney-Character „Donald Duck" und den Time Warner-Character „Duffy Duck".
[1357] BGH GRUR 1964, 60, 63 li. Sp. – personifizierte Kaffeekanne.

sonstige Aussehen der Gesichtsoberfläche (das Vorhandensein und Aussehen einer Behaarung etc.). In Übereinstimmung mit den Kriterien zur Bestimmung der Kennzeichnungskraft von Marken kommt es auch im Rahmen der Zeichenähnlichkeit auf den Grad der verfremdenden Phantasie an. Lehnt sich die konkrete Farbgebung an ein natürliches Vorbild an, kann das Übereinstimmen des Ausgangspunktes allein keine Zeichenähnlichkeit begründen. Handelt es sich jedoch um eine vollkommen neuartige Farbgebung[1358], ist diese eher zur Bejahung der Zeichenähnlichkeit geeignet.

Bei der Abbildung desselben Characters sind in der Regel die optisch charakteristischen Punkte gleich oder jedenfalls ähnlich, so dass bildliche Zeichenähnlichkeit zu bejahen ist. Die optische Zeichenähnlichkeit kann somit zur Folge haben, dass beide Bildmarken denselben Character zum Gegenstand haben. Dies folgt aber nur reflexartig aus der Tatsache, dass der dargestellte Character beispielsweise aus unterschiedlicher Perspektive dargestellt ist, aber grundsätzlich gleich aussieht, nicht aber aus dem inhaltlichen Umstand, dass es sich um denselben Character handelt. Vielmehr kann bildliche Zeichenähnlichkeit auch zwischen zwei verschiedenen Characters angenommen werden, wenn die charakteristischen Elemente einander ähneln.

(3.) Die Gestalt von Characters

Beschränkt sich eine Marke nicht auf die Darstellung des Kopfes eines Characters, kommt es für die Beurteilung der Zeichenähnlichkeit auch auf die Gestalt des Characters an. Häufig werden die bildlichen Darstellungen der Characters zwar besonders durch ihre Gesichter geprägt, doch prägt nicht selten auch die Gestalt eines Characters den Gesamteindruck seiner bildlichen Darstellung.

Characters sind häufig entweder vermenschlichte Tiergestalten oder orientieren sich an der menschlichen Gestalt. Soweit es sich um vermenschlichte Tiergestalten handelt, besteht in der Vermenschlichung bereits eine Entfernung von dem Vorbild in der Natur. Entspricht der jeweilige Character dem sogenannten „Kindchenschema“, zeichnet sich seine Gestalt durch einen rundlichen Rumpf, einen zu großen Kopf und zu kurze Gliedmaßen aus.

Die große Entfernung von Characters in vermenschlichter Tiergestalt von dem jeweiligen Ausgangspunkt soll kurz exemplarisch an dem Character „Donald Duck“ dargestellt werden. Es ist nicht nur an seinem Namen, sondern auch an der bildlichen Darstellung zu erkennen, dass Donald Duck eine Ente ist. Doch unterscheidet er sich von seinem natürlichen Vorbild

[1358] Beispielsweise die Hautfarbe der „Schlümpfe“.

durch eine aufrechte Körperhaltung, das Tragen von Kleidung sowie durch die Tatsache, dass die Flügel als obere Extremitäten durch Arme mitsamt Händen ersetzt werden. Der Kopf ist überproportional groß im Vergleich zum Körper. „Donald Duck" weist also gegenüber einer Ente erhebliche Abweichungen auf, die ihn von diesem Vorbild deutlich abheben. Diese körperliche Verfremdung bewirkt eine gewisse Originalität, die durch die konkrete Gestaltung, Kolorierung und Ausstattung mit Kleidern noch gesteigert wird. Die bildliche Darstellung von Donald Duck weist somit gesteigerte ursprüngliche Kennzeichnungskraft auf.

Ein Character, der Menschengestalt hat, kann sich in seiner graphischen Gestaltung naturgetreu am Menschen orientieren oder die menschliche Gestalt als Ausgangspunkt nutzen und stark verfremden. Je weiter er sich von seinem natürlichen Vorbild entfernt, desto größer ist seine verfremdende Phantasie und damit seine ursprüngliche Kennzeichnungskraft. Die Verfremdung geschieht häufig durch eine rundliche Gestaltung des Körpers und eine deutliche Veränderung der Körperproportionen. Die vorgenannten Gesichtspunkte kann man bei „Asterix" und „Obelix" und den Mitgliedern der „Familie Feuerstein" wiederfinden. Sie zeichnen sich beispielsweise durch Knollennasen und völlig veränderte Körperproportionen aus. Ein weiteres Mittel, um die Darstellung eines Characters von seinem natürlichen Vorbild zu entfernen und dadurch einprägsam zu machen, ist die Wahl der Kleidung, wie beispielsweise die blau-weiß gestreifte Hose von „Obelix" oder die am unteren Rand zackig ausgefranste, gefleckte Fellkleidung der „Feuersteins". Hinzu können typische Accessoires kommen wie der befederte Helm von „Asterix" oder das Schnuffeltuch von „Linus" aus der Zeichentrickserie „Peanuts". Auch der Hintergrund kann den Gesamteindruck der bildlichen Darstellung eines Characters prägen.[1359]

Handelt es sich bei dem Character um eine Figur, deren Darstellung sich recht naturgetreu an die – wenn auch idealisierte oder überzeichnete – Darstellung des menschlichen Körpers anlehnt, hat eine solche recht naturgetreue Darstellung einer menschlichen Gestalt von sich aus nur geringe Kennzeichnungskraft. Insoweit bestehende Übereinstimmungen können daher in aller Regel keine Zeichenähnlichkeit begründen. Jedoch kann die Kennzeichnungskraft eines solchen Characters gestärkt werden, indem die bildliche Darstellung eines Characters in einer bestimmten Farbe als Marke angemeldet wird. Bei schwarz-weißer Anmeldung eines Bildzeichens ist der Inhaber grundsätzlich gegen jede

---

[1359] LG Köln, NJW 2002, 619 ff. – Harry Potter. Die angegriffene Darstellung zeigt einen bebrillten, blonden Jungen mit Umhang und Zauberstab, im Hintergrund einen fliegenden Drachen und ein Schloss.

Benutzung geschützt.[1360] Ist das farbig eingetragene Zeichen auch bei schwarz-weißer Darstellung von sich aus bereits kennzeichnungskräftig, wird seine Kennzeichnungskraft durch die farbige Eintragung gerade für die eingetragenen Farben weiter verstärkt.[1361] Dadurch schützt die Marke auch das Zeichenbild, das durch die Farbe erheblich beeinflusst ist.[1362]

Bei von Haus aus nicht kennzeichnungskräftigen oder an sich kennzeichnungsschwachen Zeichen führt die farbige Anmeldung zu einer Erweiterung des Schutzumfanges.[1363] Denn werden sie schwarz-weiß eingetragen, gewähren sie schon bei geringen Abweichungen keinen markenrechtlichen Schutz mehr. Wandelt aber ein jüngeres Zeichen die farbig eingetragene und an sich kennzeichnungsschwache Marke nur geringfügig ab, bewegt sich diese trotz der Abwandlungen innerhalb des Schutzumfanges des älteren Zeichens.[1364] Demnach ist die farbige Anmeldung eines Zeichens vor allem dann sinnvoll, wenn es ansonsten nur geringe oder keine Kennzeichnungskraft hätte, da so ihre Kennzeichnungskraft gesteigert und der Schutzumfang vergrößert werden kann. Da die bildlichen Darstellungen von Characters in der Regel nicht kennzeichnungsschwach sind, kann eine farbige Anmeldung in der Regel unterbleiben.

Bei Zeichen mit normaler Kennzeichnungskraft kann sich Zeichenähnlichkeit aber aus der Übereinstimmung sonstiger für den Character typischer Merkmale ergeben. So kann ein Character vor allem durch die Kombination der Accessoires, der Kleidung und ihrer jeweiligen Farbgebung zu erkennen sein.[1365] Tatsächlich spielen die Kleidung und sonstige Objekte, die am Körper getragen werden, für die Wahrnehmung anderer Personen eine große Rolle.[1366] Der aus dem Computerspiel „Tomb Raider" berühmte weibliche Avatar „Lara Croft" ist neben der überzeichneten Oberweite vor allem anhand ihrer Kleidung und ihren Accessoires zu erkennen. Sie trägt kurze, dunkelbraune Hosen, ein grünes, enganliegendes Oberteil und feste dunkelbraune bis schwarze Stiefel. Zudem führt sie immer zwei schwarze Pistolen samt Halfter mit sich. Da „Lara Croft" also vor allem durch ihre Kleidung und deren Färbung zu erkennen ist, ist es ratsam, ihre graphische Gestaltung farbig anzumelden.

[1360] Ingerl/Rohnke, § 14 Rn. 369; so schon zum WZG Baumbach/Hefermehl, WZG, § 31 Rn. 59 m. w. N.; Busse/Starck, § 31 Rn. 205.
[1361] Ingerl/Rohnke, § 14 Rn. 369.
[1362] Baumbach/Hefermehl, WZG, § 31 Rn. 60.
[1363] Ingerl/Rohnke, § 14 Rn. 369; Baumbach/Hefermehl, WZG, § 31 Rn. 59 f.; Busse/Starck, § 31 Rn. 206.
[1364] Busse/Starck, § 31 Rn. 207, 2. Absatz.
[1365] Ruijsenaars, GRUR Int. 1993, 811, 812 f.
[1366] Vgl. Oerter, S. 112 f.

Für die Feststellung der Zeichenähnlichkeit genügt es für Darstellungen der Gestalt von Characters nicht, dass sie von demselben natürlichen Vorbild ausgehen und dieses in derselben Weise verfremden, etwa indem das Vorbild dem Kindchenschema angepasst wird. Zeichenähnlichkeit kann hingegen zu bejahen sein, wenn weitere Elemente zu den gerade genannten hinzutreten. Dies kann kumulativ oder ggf. alternativ die Ausbildung der oberen Extremitäten einer Ente als Hände, der aufrechte, menschenähnliche Gang, bestimmte Kleidungsstücke und Accessoires, die Farbgebung, das Gesicht des jeweiligen Characters oder auch sein Alter sein. Denn die Darstellung eines Körpers kann auch etwas über das Alter des dargestellten Characters aussagen.

Die Größe, in der ein Character als Marke benutzt wird, spielt jedoch für die Beurteilung der Zeichenähnlichkeit keine Rolle, da die in der Anmeldung verwendete Größe der Darstellung nicht den Schutzumfang einschränkt. Die Beschränkung auf ein einheitliches Format im Anmeldeverfahren dient allein der organisatorischen Erleichterung.[1367]

Ist die Gestalt der miteinander zu vergleichenden Characterdarstellungen unspezifisch, gilt das Augenmerk wie bei der Wahrnehmung anderer Menschen wiederum dem Gesicht der Characters, da dieses den bildlichen Gesamteindruck am stärksten prägt. Dies setzt voraus, dass der jeweilige Character eine deutlich als Gesicht wahrnehmbare Partie aufweist[1368] und das Gesicht im Vergleich zu der übrigen Darstellung des Characters deutlich in seinen Einzelheiten erkennbar ist. In Übereinstimmung damit stellte der BGH beim Vergleich zweier vermenschlichter Igel-Figuren insbesondere auf deren Physiognomie ab.[1369]

(4.) Die Bewegung von Characters

Sind kurze, überschaubare filmische Sequenzen, die einen Bewegungsablauf eines Characters zum Gegenstand haben, als Marke geschützt, kann es erforderlich sein, diesen mit einem anderen Bewegungsablauf zu vergleichen, der ebenfalls als Zeichen genutzt wird. Bei dem jüngeren Zeichen kann es sich um einen anderen Bewegungsablauf desselben Characters, um denselben Bewegungsablauf einer anderen Figur oder auch um einen anderen Bewegungsablauf eines anderen Characters handeln.

1367 Vgl. § 8 MarkenVO, insbes. Absatz 3.
1368 Dies ist nicht bei allen Characters der Fall, beispielsweise nicht bei allen Pokémons.
1369 BGH GRUR 1960, 251, 252 re. Sp. – Mecki-Igel II; ebenso HansOLG GRUR 1991, 207, 208 re. Sp. – Alf; BGH GRUR 1970, 31, 32 re. Sp. – Heinzelmännchen stellt vor allem auf die Abweichungen der Gesichter der gekennzeichneten Figuren von bisher üblichen Heinzelmännchen-Darstellungen ab.

Sind die Characters unähnlich, dürfte derselbe Bewegungsablauf nur ausnahmsweise dann Zeichenähnlichkeit begründen, wenn der Bewegungsablauf sehr bekannt und für den älteren Character typisch ist. Sind die Characters und die Bewegungsabläufe unähnlich, so dass die einzige Gemeinsamkeit in der Tatsache besteht, dass ein Character als sich bewegendes Zeichen benutzt wird, liegt keine Ähnlichkeit vor. Sind die handelnden Characters gleich und ist der Bewegungsablauf ein anderer, so ist die Zeichenähnlichkeit dann zu bejahen, wenn die bildliche Ähnlichkeit der Characters nicht ausnahmsweise durch den abweichenden Bewegungsablauf in den Hintergrund gedrängt wird.

Da es bisher keine Rechtsprechung zu der Ähnlichkeit von Bewegungsabläufen gibt – nicht von Menschen und erst recht nicht von Characters –, ist auch insoweit auf die Erkenntnisse der Wahrnehmungspsychologie abzustellen. Um zu beurteilen, ob ein Bewegungsablauf ähnlich ist, kommt es beispielsweise auf den Körperschwerpunkt an, der bei Frauen im Durchschnitt etwas höher liegt als bei Männern.[1370] Weiterhin sind die Bewegungen des Kopfes, der Arme und der Beine zu berücksichtigen. Da die Gestalt eines Characters wie andere Informationen auch dadurch im Gedächtnis gespeichert werden, dass das jeweilige Bild auf die charakteristischen Punkte abstrahiert wird, kommt es jedoch nicht so sehr auf die Ansicht eines Characters an, also darauf, ob ein Character beispielsweise von links oder von rechts im Halbprofil gezeigt wird. Aus den gleichen Gründen dürfte die Pose, in der ein als Marke geschützter Character dargestellt ist, nicht von herausgehobener Wichtigkeit sein, doch hängt dies im Einzelfall davon ab, wie markant die Pose ist und wie stark die Haltung des in dem jüngeren Zeichen dargestellten Characters von der Darstellung des Characters in der älteren Marke abweicht.

bb) Bildliche Zeichenähnlichkeit bei als Bildmarke geschützten Worten

Ein graphisch ausgestaltetes Wort kann auch als Bildmarke angemeldet werden. Dies hat zur Folge, dass der Schutzumfang des Zeichens eingeschränkt wird gegenüber der Anmeldung des Wortes als Wortzeichen in normaler Druckschrift. Der Schutzumfang einer solchen Bildmarke ist auf die konkrete graphische Gestaltung beschränkt.[1371] Zeichenähnlichkeit liegt in einem solchen Fall nur vor, wenn sich zwei Zeichen gerade in der Wort-Bild-Wirkung ähneln.[1372] Dies ist dadurch gerechtfertigt, dass der Markeninhaber das jeweilige Wort ohne weiteres in einfacher Druckschrift hätte anmelden können, um sich so

---

[1370] Guski, S. 203.

[1371] Albrecht, GRUR 1996, 246, 249 re. Sp.; Fuchs-Wissemann, GRUR 1999, 855, 857 re. Sp.; ders., GRUR 1995, 470, 472; BGH GRUR 1991, 136, 137 re. Sp. – New Man.

[1372] BPatG GRUR 2000, 432, 434 re. Sp. – Netto 62, wo das BPatG das als Bildmarke eingetragene Wort „netto" allerdings zu Unrecht als Wort-/Bildmarke bezeichnet.

einen größeren Schutzumfang zu sichern.[1373] Dabei ist zu berücksichtigen, dass die Verwendung üblicher Gebrauchsgrafik nur zu geringer Kennzeichnungskraft des als Bildmarke geschützten Wortzeichens führt. Je außergewöhnlicher und damit eher erinnerbar die graphische Gestaltung eines Wortzeichens ist, desto größer ist auch seine Kennzeichnungskraft. Allerdings kann die Kennzeichnungskraft eines Wortes durch die Kombination mit üblicher Gebrauchsgrafik gesteigert werden.[1374]

cc) Semantische Zeichenähnlichkeit

Wie bereits dargestellt, ist ein von der Verwechslungsgefahr unabhängiger Motivschutz im MarkenG abzulehnen. Allerdings spielt die inhaltliche Übereinstimmung der Zeichen bei der Beurteilung der Zeichenähnlichkeit und gegebenenfalls auch der Verwechslungsgefahr eine Rolle. Wieder geht es um die Frage, wie weit ausgehend von der jeweiligen Marke gedanklich zu abstrahieren ist, um noch begriffliche Zeichenähnlichkeit bejahen zu können. Begriffliche Zeichenähnlichkeit bildlicher Darstellungen von Characters ist vor allem dann von Bedeutung, wenn die jüngere Marke in ihrer Darstellung so stark von der älteren Bildmarke abweicht, dass bildliche Zeichenähnlichkeit zu verneinen ist.

Soweit es darum geht, dass in beiden Zeichen derselbe Character in abgewandelter Weise dargestellt wird, besteht bereits bildliche Zeichenähnlichkeit, wenn der Character jedenfalls normale Kennzeichnungskraft aufweist und die die Kennzeichnungskraft konstituierenden Gesichtspunkte in dem prioritätsjüngeren Zeichen beibehalten wurden. Bildliche Zeichenähnlichkeit schließt begriffliche Zeichenähnlichkeit nicht aus, sondern beide können nebeneinander bestehen. Allerdings überschneiden sich beide Bereiche. Denn sicherlich ist die Beurteilung von bildlicher Ähnlichkeit bei Characters immer auch das Ergebnis der Berücksichtigung des Sinngehaltes eines Bildes, da es auch einer begrifflichen Einordnung bedarf, um zwei unterschiedliche Darstellungen desselben Characters einander zuzuordnen.

Jedoch kann umgekehrt derselbe oder ein ähnlicher Sinngehalt auch bei völlig abweichender bildlicher Darstellungsweise in zwei Bildzeichen Ausdruck finden. So kann ein bestimmter Character im Sprung auf vielerlei Arten dargestellt werden. Unterschiede können sich aus

---

[1373] Albrecht, GRUR 1996, 246, 249 re. Sp.; Fuchs-Wissemann, GRUR 1999, 855, 857; unklar insoweit BPatG GRUR 2000, 432 ff – Netto 62, da dem Tatbestand der Entscheidung nicht zu entnehmen ist, ob die graphisch ausgestaltete ältere Marke als Bild- oder Wortmarke eingetragen ist. War sie als Bildmarke eingetragen, ist unklar, warum das BPatG nicht angenommen hat, dass der Schutzumfang der konkreten Gestaltung beschränkt ist; war sie es nicht, ist unklar, warum es die graphische Gestaltung berücksichtigt hat.

[1374] BGH GRUR 2000, 432, 434 – netto 62; wo die graphischen Elemente jedenfalls in der speziellen Kombination mit dem Wortbestandteil nicht als bedeutungslose Zutat vernachlässigt werden konnten.

der Sprungrichtung[1375], der Art des Sprunges[1376] oder der Art der Darstellung[1377] des Characters ergeben.

Der EuGH steht der uneingeschränkten Anwendung begrifflicher Zeichenähnlichkeit bei Kollision von zwei Bildmarken skeptisch gegenüber und will eine begriffliche Übereinstimmung insoweit erst dann genügen lassen, wenn die ältere Marke entweder von Haus aus oder kraft Verkehrsgeltung besondere Kennzeichnungskraft aufweist.[1378] Wie bereits dargestellt[1379], ist begriffliche Zeichenähnlichkeit umso eher zu verneinen, je allgemeiner der Sinngehalt einer bildlichen Darstellung gefasst werden muss, um eine begriffliche Gemeinsamkeit herzustellen.[1380] *v. Falck* hält die uneingeschränkte Anwendung begrifflicher Zeichenähnlichkeit auf die Kollision zweier Bildmarken ebenfalls für problematisch.[1381]

Auch das RG scheint in seinem „Kutschen" -Urteil die Ähnlichkeit von zwei Zeichen nicht auf begriffliche, sondern auf bildliche Zeichenähnlichkeit gestützt zu haben. Denn es stellt auf die optischen Übereinstimmungen sowie die optischen Unterschiede und weniger auf die inhaltlichen Aspekte ab, ohne dies ausdrücklich deutlich zu machen. Beide Zeichen zeigen jeweils eine mehrspännige, altmodische Kutsche mit hintereinander gespannten Pferden, die von links in das Bild einfährt und in der eine Anzahl von altmodisch gekleideten Personen sitzen oder neben der ebenso gekleidete Personen stehen.[1382] Die Unterschiede bestehen dem RG zufolge in der Anzahl von vorgespannten Pferden, in der Tracht der abgebildeten Personen, in dem leicht anders gestalteten Hintergrund der Bilder sowie in der Tatsache, dass in dem einem Zeichen eine geschlossene Postkutsche, in dem anderen ein offener Landauer abgebildet ist. Nach Ansicht des RG überwiegen die Gemeinsamkeiten jedoch diese Unterschiede.[1383]

Diese Zurückhaltung kommt auch in dem „Palettenbild" -Urteil des BGH zum Ausdruck. Darin verneint der BGH Verwechslungsgefahr zwischen dem älteren Warenzeichen, das eine Malerpalette mit fünf Farbklecksen und drei durch das Griffloch gesteckten Pinseln darstellt, und dem jüngeren Zeichen, das nur eine Palette mit fünf Farbklecksen darstellt. Das

---

1375 Auf den Betrachter zu oder von diesem wegbewegend, von rechts nach links oder von links nach rechts; das BPatG berücksichtigte in einem Beschluss die Sprungrichtung der in den Widerspruchsmarken abgebildeten Raubkatzen mit der angemeldeten Marke, zitiert nach BGH GRUR 1996, 198, 198 re. Sp. – springende Raubkatze.

1376 Einfacher oder Hechtsprung.

1377 Sehr detailfreudig oder nur scherenschnittartiges Schattenbild, vgl. BGH GRUR 1996, 198, 200 re. Sp. oben – springende Raubkatze.

1378 EuG GRUR 1998, 387, 390 Tz. 24 – springende Raubkatze.

1379 Sh. o. Teil 2, E. III. 2. g) cc) (2.).

1380 Ingerl/Rohnke, § 14 Rn. 372.

1381 v. Falck, GRUR 1974, 468, 469 li. Sp.

1382 RG GRUR 1949, 197, 197 f. – Kutsche.

1383 RG, GRUR 1949, 197, 197 re. Sp. – Kutsche.

Warenzeichen ist für Schreib-, Zeichen- und Malwaren eingetragen und wird für Blei- und Farbstifte benutzt, das jüngere Zeichen wird für Kugelschreiber benutzt.[1384] Der BGH verneint bildliche Zeichenähnlichkeit mit dem Argument, dass die drei durch das Griffloch gesteckten Pinsel die Eigenart des Klagezeichens ausmachten und gerade diese von dem Beklagten nicht verwendet würden.[1385] Die Frage nach begrifflicher Zeichenähnlichkeit spricht der BGH in diesem Urteil erst gar nicht an.

Der Grund für das Zurücktreten der begrifflichen Zeichenähnlichkeit in solchen Fällen ist darin zu sehen, dass es unzählige Möglichkeiten gibt, denselben Gedankeninhalt bildlich darzustellen. Dies resultiert bereits aus den Wahlmöglichkeiten zwischen verschiedenen Darstellungstechniken, unterschiedlichen Perspektiven etc. Diese verschiedenen Möglichkeiten macht sich der Inhaber mehr oder weniger bewusst zunutze, indem er eine ganz bestimmte Darstellung für sich auswählt, da er der Meinung ist, dass gerade diese seinen Interessen besonders gut dient. Bilder sind vielgestaltiger und können auch mehrdeutig sein.

Demgegenüber ist der sprachliche Ausdruck trotz der auch ihm eigenen Ungenauigkeiten deutlicher eingrenzbar. Den Inhalt einer Bildmarke begrifflich festzulegen, ist hingegen schwieriger. Wenn es sich um ein mehrdeutiges Bild handelt, wird die ohnehin bestehende Frage, wie weit zu abstrahieren ist, um begriffliche Zeichenähnlichkeit annehmen zu können, noch zusätzlich dadurch verschärft, dass zunächst geklärt sein muss, welcher Gedankeninhalt der jeweiligen Bildmarke zugrundezulegen ist. Selbst wenn ein Wort in dem gewählten Zusammenhang zweideutig ist, lässt sich dies in der Regel begrifflich noch verhältnismäßig gut fassen. In der Regel ist der sprachliche Ausdruck spezifischer, die bildliche Darstellung eher unspezifisch. Diese Kategorisierung wird umso deutlicher, je komplexer die jeweiligen Zeichen sind.

Der Inhaber der älteren Marke hat sich aber für eine bildliche Darstellung entschieden, um so genau das auszudrücken, worum es ihm geht, hat sich also für die bildliche Darstellung als unspezifischeres Medium entschieden. Daran muss er sich festhalten lassen. Diese Wahl kann ihm nicht zum Vorteil gereichen, da ansonsten die Monopolisierung von Gedankeninhalten umso leichter und umso umfassender möglich wäre, je unspezifischer diese Gedanken als Marke angemeldet worden sind. Der Inhaber der Bildmarke kann sich nicht so behandeln lassen, als hätte er sich eines Mittels bedient, das im Ausdruck spezifischer, also eindeutiger ist. Denn andernfalls würde seine Festlegung für eine

---

[1384] BGH GRUR 1962, 195, 195 f. – Palettenbildzeichen.
[1385] BGH GRUR 1962, 195, 196 li. Sp. – Palettenbildzeichen.

bestimmte Darstellung gleichsam übergeneralisiert. Zwar hätte der Markeninhaber gegen eine solche Übergeneralisierung in der Regel nichts einzuwenden, da sie seiner Bildmarke einen größeren Schutzumfang beschert, doch muss er sich daran festhalten lassen, dass er sich für eine bestimmte Bildmarke entschieden hat.

Zusammenfassend lässt sich also feststellen, dass es zu einer zu weitgehenden Monopolisierung führen würde, wenn jede wie auch immer geartete Darstellung desselben Gedankeninhaltes zur Bejahung begrifflicher Zeichenähnlichkeit und damit von Zeichenähnlichkeit insgesamt führen würde. Vielmehr richtet sich die Ähnlichkeit von Bildmarken vor allem nach der bildlichen Übereinstimmung. Dies darf jedoch nicht dazu führen, die begriffliche Zeichenähnlichkeit vollkommen zu vernachlässigen. Vielmehr kann diese immer noch als Hilfskriterium bei der Feststellung der Zeichenähnlichkeit zweier Bildzeichen herangezogen werden. So hat der BGH in seinem „Rabe" -Urteil die bestehende begriffliche Zeichenähnlichkeit zwischen den Worten „Rabe" und dem bedeutungsgleichen niederdeutschen „Rawe" durch die jeweils den Worten hinzugefügten stilisierten Darstellungen von Raben, die einander nur begrifflich, aber nicht bildlich ähnlich waren, als gesteigert angesehen.[1386]

c) Dreidimensionale Marke

Die Gestalt eines Characters oder aber seines Kopfes kann auch als dreidimensionale Marke geschützt werden. Hinsichtlich der Zeichenähnlichkeit zwischen zwei dreidimensionalen Marken sind die für Bildzeichen geltenden Grundsätze anwendbar.

Etwas anderes gilt im Hinblick auf § 3 Abs. 2 Nr. 3 MarkenG i. V. m . § 8 Abs. 2 Nr. 2 MarkenG, wenn es sich um die dreidimensionale Wiedergabe der Form der angemeldeten Ware handelt. Dann ist die Kennzeichnungskraft der älteren Marke geschmälert, so dass der Bereich der Zeichenähnlichkeit geschmälert ist. Die Übereinstimmung in einem Warenbestandteil, der den Wert der Ware gemäß § 3 Abs. 2 Nr. 3 MarkenG ausmacht, kann keine Zeichenähnlichkeit begründen.[1387] Entgegen der Ansicht von *Fezer*[1388] ist diese Frage jedoch im Rahmen der Zeichenähnlichkeit und nicht im Rahmen des markenmäßigen Gebrauchs zu erörtern. Denn die Frage, welche Zeichen miteinander übereinstimmen, ist Gegenstand der Zeichenähnlichkeit. Dreidimensionale Marken können auch durch die

---

[1386] BGH GRUR 1967, 355, 357 f. – Rabe.
[1387] Ingerl/Rohnke, § 14 Rn. 73, 383; BGH GRUR 2000, 888, 889 li. Sp. – Mag Liste.
[1388] Fezer, § 14 Rn. 46 f.

Benutzung zweidimensionaler Zeichen verletzt werden, da Dimensionsgleichheit nur gemäß § 14 Abs. 2 Nr. 1 MarkenG, nicht aber gemäß § 14 Abs. 2 Nr. 2 MarkenG erforderlich ist.[1389]

d) Akustische Marke

Hörmarken können in Zeichen der menschlichen Sprache, musikalische Hörmarken, geräuschhafte Hörmarken und ihre Mischformen[1390] unterteilt werden. Hörmarken sind immaterielle Marken. Sie sind dazu bestimmt, vom menschlichen Gehör als Schallwelle wahrgenommen zu werden und schützen nur den daraus entstehenden Höreindruck, nicht aber eventuell enthaltene, sprachlich vermittelte Informationen.[1391] Dies dient dazu, Hörmarken von Wortmarken abzugrenzen.

Als für Characters typische Geräusche kann man unterscheiden zwischen menschlicher Sprache, die in der Art des Sprechens mehr oder weniger verfremdet ist, und sonstigen Geräuschen, die keine menschliche Sprache zum Gegenstand haben. Musikalische Marken wie etwa bestimmte Jingles, die u. a. im Rahmen von Zeichentrickfilmen oder Hörspielen vorkommen, in denen Characters eine Rolle spielen, sind nicht für Characters spezifisch und daher nicht Gegenstand der vorliegenden Arbeit.

Als typische sprachliche Äußerung eines Characters kann man den für den Character Speedy Gonzales typischen Ausruf „¡Arrìba, arrìba, àndale!" beispielhaft heranziehen. Da der Schutzumfang von Hörmarken im Gegensatz zu Wortmarken nicht das Wort selbst umfasst, sondern nur die anhand des Wortes exemplifizierte Sprachmelodie, kann nur die konkrete Sprachmelodie, nicht aber der Ausruf selbst als Hörmarke geschützt werden. Geschützt werden kann weiterhin eine charakteristische Stimme als Hörmarke.[1392] Die bei der Anmeldung als Hörmarke eingereichten gesprochenen Worte dienen also nur als Exempel und genießen nicht selbst markenrechtlichen Schutz. Soweit ein akustisches Signal keine menschliche Sprache zum Gegenstand hat, ist es uneingeschränkt als Hörmarke schützbar. Der oben genannten Einteilung zufolge handelt es sich um „geräuschhafte" Hörmarken. Als Beispiel dafür ist das typische Geschnatter von Donald Duck zu nennen.[1393]

[1389] Ingerl/Rohnke, § 14 Rn. 73; ebenso BGH GRUR 2000, 506 ff. – Attaché/Tisserand für den umgekehrten Fall der Kollision einer älteren Wort-/Bildmarke mit einer dreidimensionalen Aufmachung. BGH GRUR 1960, 144, 145 re. Sp. – Bambi, hielt es i. R. v. § 1 UWG für unerheblich, ob die Nachbildung von „Bambi" plastisch oder als ebenes Bild erfolgt.

[1390] Becker, WRP 2000, 56, 56 f.

[1391] Fritz, S. 198; Becker, WRP 2000, 56, 57 li. Sp.; Ingerl/Rohnke, § 14 Rn. 384.

[1392] Becker, WRP 2000, 56, 57 li. Sp. nennt die für den Character „Pumuckl" typische, krächzende Stimme, die der Sprecher Hans Clarin ihm verleiht.

[1393] Becker, WRP 2000, 56, 57 li. Sp.

Bei akustischen Marken kommt es nur auf klangliche Ähnlichkeit, nicht aber auf begriffliche[1394] oder optische[1395] Zeichenähnlichkeit an.[1396] Insofern ist auf den Gesamteindruck abzustellen, den die Hörmarken beim Verbraucher hinterlassen.[1397] Zeichenähnlichkeit besteht danach, wenn die für die Hörzeichen charakteristischen Elemente übereinstimmen.[1398] Trotz des fehlenden Schutzes für als Hörmarke geschützte Worte können einige der für Wortmarken geltenden Grundsätze auch auf Hörmarken angewendet werden. Diese Grundsätze, beziehen sich jedoch allein auf die geräuschhafte Lautfolge, nicht aber auf die zu deren Illustrierung verwendeten Worte. So ist beispielsweise der Rhythmus oder auch die Abfolge heller und dunkler Töne zu berücksichtigen. Maßgeblich ist das Klangempfinden der mit dem jeweiligen Produkt angesprochenen Verkehrskreise.[1399]

e) Kombinationsmarke

Ausgehend von dem Grundsatz, dass es auf den Gesamteindruck der kollidierenden Zeichen ankommt, jedoch ein Zeichen auch durch einen seiner Bestandteile geprägt sein kann, ist im Hinblick auf Kombinationsmarken zu untersuchen, ob diese durch einen einzelnen Teil geprägt werden oder das Gesamtzeichen bei der Beurteilung der Zeichenähnlichkeit zugrundezulegen ist. Als Kombinationsmarken bezeichnet man Marken, die die in § 6 MarkenVO aufgezählten Markenformen miteinander kombinieren. Typisches Beispiel ist die in § 8 Abs. 1 S. 1 MarkenVO ausdrücklich genannte Wort-/Bildmarke.[1400]

Bei Wort-/Bildmarken ist es besonders wichtig, zwischen der klanglichen, schriftbildlichen und der begrifflichen Zeichenähnlichkeit zu differenzieren, da Wort-/ Bildmarken im Gegensatz zu reinen Wortmarken hinsichtlich der schriftbildlichen Ähnlichkeit auch sehr stark durch den Bildbestandteil geprägt sein können. Diese Differenzierung kommt jedoch in den Entscheidungen bezüglich Kombinationsmarken nur selten zum Ausdruck.[1401] Die Übereinstimmung in nur einem Bestandteil rechtfertigt nicht die Annahme von Zeichenähnlichkeit[1402], es sei denn, der übereinstimmende Teil hat in den jeweiligen Gesamtzeichen eine selbständig kennzeichnende Stellung und tritt durch Einfügung in das Gesamtzeichen nicht

---

1394 Becker, WRP 2000, 56, 67 li. Sp. unten, der bei assoziativ wirkenden Hörzeichen auch für die Prüfung begrifflicher Zeichenähnlichkeit eintritt.
1395 Ebenso Becker, WRP 2000, 56, 67 f. m. w. N.
1396 Fritz, S. 278.
1397 Becker, WRP 2000, 56, 67 li. Sp.
1398 Becker, WRP 2000, 56 67 re. Sp. oben.
1399 Fritz, S. 279.
1400 Weitere Beispiele nennt Fezer, § 3 Rn. 239.
1401 Vgl. BGH GRUR 1989, 425, 427 – Herzsymbol; so aber BPatG GRUR 1994, 124, 125 re. Sp. oben – Billy the Kid.
1402 BGH GRUR 1991, 319, 320 re. Sp. – Hurricane; GRUR 1976, 353, 354 – Colorboy.

derart in den Hintergrund, dass er seine Eignung verliert, die Erinnerung an das Klagezeichen wachzurufen.[1403]

Der BGH ging in ständiger Rechtsprechung davon aus, dass sich der Verkehr bei kombinierten Wort-/Bildzeichen bei normaler Kennzeichnungskraft des Wortbestandteils eher an dem Wort- als an dem Bildbestandteil orientiert, weil das Wort in der Regel die einfachste Form ist, das Produkt zu benennen.[1404] Jedoch nahm der BGH an, dass auch der Bildbestandteil den Gesamteindruck allein prägen oder jedenfalls mitprägen kann, wenn der Verkehr diesem eine eigenständige herkunftshinweisende Bedeutung für den Verkehr beimisst[1405] oder wenn Wort- und Bildbestandteil dieselbe gedankliche Vorstellung vermitteln[1406].

Diese Rechtsprechung hat der BGH nunmehr dahingehend modifiziert, dass sich der Vorrang des Wortbestandteils auf die klangliche Verwechslungsgefahr von Wort-/Bildmarken beschränkt. Denn der Bildbestandteil einer Kombinationsmarke spricht im Gegensatz zum Wortbestandteil die akustische Wahrnehmung nicht an. Der Vorrang des Wortbestandteils gilt hingegen nicht für die Prüfung der schriftbildlichen und der begrifflichen Verwechslungsgefahr.[1407] Weiterhin sind Wort- und Bildbestandteil insbesondere dann gleichwertig, wenn sie den gleichen Gedankeninhalt vermitteln.[1408] Diese Modifizierung der Rechtsprechung ist zu begrüßen. Denn der bis dahin angenommene Vorrang des Wortbestandteils war das Ergebnis einer zu stark zergliedernden und pauschalen Betrachtungsweise und versagte so insbesondere der bildlichen Zeichenähnlichkeit bei Wort-/Bildmarken den gebührenden Raum.

aa) Klangliche Zeichenähnlichkeit

Die klangliche Verwechslungsgefahr bei Wort-/Bildmarken richtet sich also nach den bereits dargestellten Grundsätzen, die für reine Wortmarken gelten.[1409]

bb) Schriftbildliche Zeichenähnlichkeit

Bei der Prüfung der schriftbildlichen Zeichenähnlichkeit kann es also auch auf die Bildelemente ankommen, es sei denn, es handelt sich bei dem Bildbestandteil lediglich um eine

---

[1403] BGH GRUR 1989, 425, 427 li. Sp. – Herzsymbol m. w. N.

[1404] BGH GRUR 2000, 883, 885 li. Sp. – Pappagallo; GRUR 1998, 1014, 1015 li. Sp. oben – Ecco II; GRUR 1998, 930, 931 li. Sp. – Fläminger; GRUR 1996, 198, 200 li. Sp. – springende Raubkatze; Ingerl/Rohnke, § 14 Rn. 365 m. w. N. der Rechtsprechung des BGH zum WZG.

[1405] BGH GRUR 1996, 198, 200 li. Sp. – springende Raubkatze.

[1406] BGH GRUR 1967, 355, 358 – Rabe.

[1407] BGH GRUR 2000, 506, 509 li. Sp. – Attaché/Tisserand, GRUR 1999, 241, 244 – Lions.

[1408] BGH GRUR 1999, 241, 244 li. Sp. – Lions.

[1409] Sh. o. Teil 2, E. III. 3. a) aa) (1.).

nichtssagende oder geläufige und nicht ins Gewicht fallende Verzierung.[1410] Dies ist beispielsweise der Fall bei „wenig aussagekräftigen geometrischen Grundformen, die vom Verkehr allenfalls als schmückendes Beiwerk, nicht aber als den kennzeichnenden Charakter mitbestimmender Bestandteil verstanden werden"[1411], oder bei häufig verwendeten originalitätsschwachen Motiven, die als rein warenschmückend angesehen werden wie beispielsweise Wappen[1412]. Stimmen nur solche Bildelemente überein, kann dies keine Zeichenähnlichkeit begründen. Darstellungen von Characters sind in aller Regel sehr ausdruckskräftig und gut einprägsam, so dass sie den Gesamteindruck des Zeichens mitprägen können.

cc) Semantische Zeichenähnlichkeit

Bei der sog. begrifflichen, also semantischen Zeichenähnlichkeit von Wort-/Bildzeichen kommt es auf den Sinngehalt des jeweiligen Zeichens an. Stimmen nur die Wortelemente überein und sind diese beschreibend, kann dies keine Zeichenähnlichkeit begründen.[1413] Wird der Sinngehalt durch beide Zeichenbestandteile des prioritätsjüngeren Zeichens vermittelt, kommt es auf beide Zeichenelemente an.[1414]

Begriffliche Zeichenähnlichkeit kann auch zwischen dem Wortbestandteil des jüngeren und dem Bildbestandteil des älteren Zeichens sowie auch im umgekehrten Fall vorliegen. Es gibt keine Anhaltspunkte dafür, dass eine Markenrechtsverletzung nur innerhalb derselben Markenart und nicht auch beispielsweise zwischen einer Wort- und einer Bildmarke in Betracht kommt.[1415] Die bisherige Untersuchung hat ergeben, dass sich der Schutzbereich eines grundsätzlich durch alle Bestandteile geprägten Wort/Bildzeichens nach der gewählten Gesamtgestaltung und nicht nur dem Wortbestandteil richtet.

dd) Beispiel

Ist beispielsweise der Name des Characters „Peppermint Petty" von den Peanuts für ein Pfefferminzkaugummi als Anlehnung an eine Produktbeschreibung zu verstehen, so dass der Wortbestandteil nur geringe Kennzeichnungskraft hätte, könnte die fehlende Kenn-

---

1410 BGH GRUR 2000, 506, 509 li. Sp. – Attaché/Tisserand, GRUR 1999, 241, 243 f. – Lions; GRUR 1998, 1014, 1015 li. Sp. oben – Ecco II; GRUR 1998, 930, 931 li. Sp. – Fläminger; BPatG GRUR 2000, 432, 434 – Netto 62.

1411 BGH GRUR 1998, 1014, 1015 li. Sp. – Ecco II.

1412 BGH GRUR 1998, 930, 931 li. Sp. – Fläminger.

1413 BGH GRUR 1992, 203, 205 f. – Roter mit Genever, sowie GRUR 1957, 287, 289 – Plasticummännchen, zufolge tritt der Wortbestandteil schon hinter dem Bildbestandteil zurück, wenn das Wortzeichen beschreibend ist, so dass der nachfolgende Zeichenvergleich nicht mehr zu Zeichenähnlichkeit führen kann.

1414 I. E. ebenso BGH GRUR 1967, 355, 358 – Rabe; so auch RG MuW XXV, 93 f. – Skiläufer.

1415 BGH WRP 2000, 1041, 1042 re. Sp. – Schlüssel; BGH GRUR 1996, 404, 405 li. Sp. – Blendax Pep zufolge ist derselbe Maßstab bei der Prüfung der Zeichenähnlichkeit auch dann anzulegen, wenn es um verschiedene Markenformen geht.

zeichnungskraft durch die Hinzufügung eines Bildes von „Peppermint Petty" erhöht werden, da klar wäre, dass es vordergründig um diesen Character und nicht die Beschaffenheit der Kaugummis geht.

4. Einzelfälle der Zeichenähnlichkeit zur Bestimmung der mittelbaren Verwechslungsgefahr

Von mittelbarer Verwechslungsgefahr spricht man, wenn unterschiedliche Marken für den Verkehr nicht verwechslungsfähig sind, der Verkehr sie mithin als verschieden erkennt, sie aber aufgrund ihres Gesamteindrucks demselben Unternehmen zuordnet.[1416] Auszugehen ist hinsichtlich der Bedeutung mittelbarer Verwechslungsgefahr für Characters von dem Grundsatz, dass es auf mittelbare Verwechslungsgefahr erst ankommt, wenn keine unmittelbare Verwechslungsgefahr besteht. Mittelbare Verwechslungsgefahr darf nur zurückhaltend angenommen werden.[1417] Voraussetzung mittelbarer Verwechslungsgefahr ist die Identität bzw. Wesengleichheit des Stammbestandteils und dessen Hinweischarakter.

Hinsichtlich der Identität bzw. Wesensgleichheit der jedenfalls überwiegend übereinstimmenden Bestandteile kann auf die Ausführungen zur Zeichenähnlichkeit im Rahmen der unmittelbaren Verwechslungsgefahr Bezug genommen werden. Jedoch ist zu beachten, dass insofern ein strenger Maßstab anzulegen ist. Es sind nur geringfügige Abweichungen unschädlich, die den Stammbestandteil nicht in seinem Wesen verändern und auch bei größter Aufmerksamkeit nicht auffallen oder für einen Druck- oder Hörfehler gehalten werden.[1418] Ein Zeichenbestandteil eignet sich nur dann als Stammbestandteil, wenn der Verkehr bereits diesen als Hinweis auf die betriebliche Herkunft versteht und damit als Stamm einer Zeichenserie betrachtet.[1419] Dies ist regelmäßig erst dann der Fall, wenn mehrere Zeichen mit demselben Stamm verwendet werden.[1420]

[1416] BGH GRUR 1999, 240, 241 – Stephanskrone I; Speckmann, Rn. 2230 ff.; Fezer, NJW 1998, 713, 715; Ullmann, GRUR 1993, 334, 337 re. Sp.; Ingerl/Rohnke, § 14 Rn. 150; Schackert, S. 39.
[1417] Baumbach/Hefermehl, WZG, § 31 Rn. 80.
[1418] Baumbach/Hefermehl, WZG, § 31 Rn. 82.
[1419] BGH GRUR 1999, 240, 241 re. Sp. – Stephanskrone I; GRUR 1998, 927, 929 re. Sp. – Compo-Sana; GRUR 1996, 200, 202 li. Sp. – Innovadiclophlont.
[1420] BGH GRUR 1998, 927, 929 – Compo-Sana m. w. N.

a) Wortmarke

Ein gleicher Wortstamm kann nicht schon angenommen werden, wenn irgendwelche Lautfolgen oder Silben übereinstimmen. Vielmehr hängt die Annahme eines Wortstammes von der Eigenart und der Eigenständigkeit ab.[1421] Diese Voraussetzungen müssen im Hinblick auf beide Wortmarken erfüllt sein.

Ein Zeichenbestandteil kann nur dann Stammbestandteil sein, wenn der Verkehr bereits diesen als Hinweis auf die betriebliche Herkunft versteht und damit als Stamm einer Zeichenserie betrachtet. Da die Namen von Characters i. d. R. auch von den Teilen des Verkehrs als Namen erkannt werden, die den betreffenden Character nicht kennen, sind die Besonderheiten von Namen zu berücksichtigen.

Vornamen lassen sich in aller Regel nicht in verschiedene Bestandteile zerlegen. Bei den Namen von Characters kann dies anders sein, beispielsweise wenn der feststehende Namensbestandteil im Rahmen der Primärnutzung dazu dient, die Zusammengehörigkeit der Characters zu veranschaulichen. Prominentestes Beispiel für gleichbleibende Namensbestandteile bei Characters ist die Comic-Serie „Asterix" und „Obelix", bei der die Endsilbe „-ix" für die Namen aller gallischen Characters verwendet wird.[1422] Dieser Zeichenbestandteil tritt in den Namen der verschiedenen Characters deutlich hervor, so dass er in diesen nicht untergeht, sondern als eigenständiger Bestandteil wahrgenommen wird. Selbst wenn ein Markeninhaber die Namen der „Asterix und Obelix" - Characters als Wortmarken nutzt, muss die Endsilbe „-ix" für sich betrachtet für die angesprochenen Verkehrskreise einen Hinweis auf diesen Markeninhaber beinhalten. Angesichts der Bekanntheit der „Asterix" und „Obelix" - Characters in ihrer Primärnutzung[1423] wird diese Endsilbe erst bei großer Verkehrsgeltung auch auf das Unternehmen und nicht nur auf die „Asterix"-Comics hinweisen. Eine Ablösung der Characters von der Primärnutzung ist umso leichter, je unbekannter die Characters sind. Unbekannte Characters sind jedoch unter Marketing-Gesichtspunkten zum Merchandising nicht ebenso geeignet wie bekannte Characters.

Setzt sich ein Name aus Vor- und Nachname zusammen, könnte der Nachname als Stammbestandteil benutzt werden, beispielsweise indem der Familie Feuerstein ein neues Familienmitglied dadurch beigegeben wird, dass ein anderer Vorname mit dem Nachnamen

---

[1421] BGH GRUR 1966, 35, 37 – multicord; GRUR 1969, 538, 540 – Rheumalind.
[1422] Vgl. den Sachverhalt, der dem BGH-Urteil GRUR 1994, 191, 191 – Asterix-Persiflagen zugrunde liegt. Dort wurde als Buchtitel statt dem Namen „Asterix" das Wort „Isterix" verwendet.
[1423] BGH GRUR 1994, 206, 206 re. Sp. – Alcolix.

„Feuerstein" kombiniert wird. Es gelten auch insoweit die bereits genannten Einschränkungen.

Ingerl/Rohnke sind der Meinung, dass begriffliche Zeichenähnlichkeit bei der Kollision zweier Wortzeichen zu mittelbarer Verwechslungsgefahr führt. Denn wenn die Wortzeichen klanglich und schriftbildlich nicht ähnlich sind, verwechselt der angesprochene Verkehr die Wortzeichen wegen der Unterschiede und trotz der Sinnübereinstimmung nicht miteinander, so dass keine unmittelbare Verwechslungsgefahr vorliegt.[1424] Dann muss der Stammbestandteil in der begrifflichen Ähnlichkeit bestehen. Von Bedeutung kann dies vor allem bei Worten aus dem allgemeinen Wortschatz sein, wenn es sich bei dem jüngeren um ein Synonym handelt. Bei den Namen von Characters kommt dies allenfalls dann in Frage, wenn derselbe Character unter verschiedenen Namen bekannt ist beispielsweise im Fall eines Spitznamens. Diesen kann der Markeninhaber selbst ersonnen haben, oder die Fans des Characters ihm diesen gegeben haben.

Wenn man im Rahmen der mittelbaren Verwechslungsgefahr eine begriffliche Übereinstimmung als übereinstimmenden Stammbestandteil ansieht, muss dieser Sinngehalt wesensgleich sein und darf sich nur geringfügig unterscheiden. Hat derselbe Character zwei Namen, wäre diese Voraussetzung erfüllt. Zudem müssten diese Namen dazu geeignet sein, auf den jeweiligen Unternehmer hinzuweisen.

b) Bildmarke und dreidimensionale Marke

Mittelbare Verwechslungsgefahr kann auch bei der Kollision von Bildmarken[1425] und letztlich auch von dreidimensionalen Marken gegeben sein. Allerdings wurde die mittelbare Verwechslungsgefahr anhand von Wortmarken entwickelt und wird vor allem bei diesen bejaht.[1426] Aus der bisherigen Fixierung auf Wortmarken ergeben sich Schwierigkeiten der Anwendung mittelbarer Verwechslungsgefahr auf Bildmarken und dreidimensionale Marken.

Die bisherige Ausrichtung mittelbarer Verwechslungsgefahr auf Wortmarken veranlasst *Fuchs-Wissemann* zu der Auffassung, dass es kaum denkbar sei, bei reinen Bildzeichen mittelbare Verwechslungsgefahr anzunehmen, da diese einen eigenständigen, gemeinsamen Wortstamm erfordert, an den in der Regel eine beschreibende Angabe angehängt

---

[1424] Ingerl/Rohnke, § 14 Rn. 349 unter Hinweis auf BPatGE 30, 112, 117 f. – Mövennest/Mövenpick.
[1425] Baumbach/Hefermehl, WZG, § 31 Rn. 79.
[1426] Dies zeigen auch die weiteren Ausführungen bei Baumbach/Hefermehl, WZG, § 31 Rn. 80 ff.; ebenso Althammer, WZG, § 31 Rn. 79 ff.

worden ist.[1427] Seiner Ansicht zufolge könne mittelbare Verwechslungsgefahr bezüglich Bildbestandteilen ausnahmsweise angenommen werden, wenn ein Bildbestandteil als Firmenhinweis benutzt werde und der Verkehr daran gewöhnt sei, dass dieses auf den rangälteren Benutzer hinweisende Bild bereits in Verbindung mit wechselnden Wortbestandteilen im Rahmen einer Serie benutzt werde. Dann könnte die jüngere Kombinationsmarke bei übereinstimmenden Bildbestandteilen vom Verkehr irrtümlicherweise als Hinweis auf den älteren Markeninhaber verstanden werden.[1428] Im Ergebnis ist *Fuchs-Wissemann* also der Ansicht, dass mittelbare Verwechslungsgefahr bei der Benutzung von Bildzeichen in Alleinstellung überhaupt nicht vorliegen kann, sondern nur, wenn ein Bildbestandteil der gleichbleibende Stammbestandteil von Wort-/ Bildzeichen ist.

Demgegenüber halten es andere Stimmen im Schrifttum und auch der BGH für möglich, mittelbare Verwechslungsgefahr auch bei reinen Bildmarken zu bejahen, wenn es sich um eine Zeichenmodernisierung handelt. Danach setzt mittelbare Verwechslungsgefahr bei Bildzeichen nicht die Entlehnung eines Stammbestandteils voraus, sondern es genügt, wenn das jüngere Zeichen als eine dem Zeitgeschmack entsprechende moderne Abwandlung des älteren Zeichens aufgefasst wird.[1429] Die Grenze zu unmittelbarer Verwechslungsgefahr sei zwar fließend, doch sei dies beim Übergang von unmittelbarer zu mittelbarer Verwechslungsgefahr im Falle eines Serienzeichens ebenso.[1430] Die charakteristischen Merkmale des älteren Bildzeichens seien zu abstrahieren. Werden diese in abgewandelter optischer Ausprägung übernommen, so dass das jüngere Zeichen in der „natürlichen Entwicklungslinie" des älteren liegt, ist eine Modernisierung des älteren Bildzeichens anzunehmen und damit mittelbare Verwechslungsgefahr zu bejahen.[1431]

Diese gedankliche Abstraktion charakteristischer Merkmale von Bildzeichen berücksichtigt über den Umweg mittelbarer Verwechslungsgefahr die begriffliche Zeichenähnlichkeit. *Ingerl/Rohnke* gehen davon aus, dass mittelbare Kollision vor allem bei der Kollision zweier Bildmarken anzunehmen ist, wenn der angesprochene Verkehr die Unterschiedlichkeit der Zeichen erkennt und somit keiner Herkunftsverwirrung erliegt, aber aufgrund des übereinstimmenden Sinngehaltes mittelbarer Verwechslungsgefahr erliegen.[1432] *Althammer* spricht daher von „mittelbarer, begrifflicher Verwechslungsgefahr".[1433] Dies kann zu einer zu weitreichenden Monopolisierung des Gedankeninhaltes von Bildzeichen führen. Die

---

[1427] Fuchs-Wissemann, GRUR 1995, 470, 472 li. Sp.
[1428] Fuchs-Wissemann, GRUR 1995, 470, 472 li. Sp.
[1429] Ingerl/Rohnke, § 14 Rn. 433; Baumbach/Hefermehl, WZG, § 31 Rn. 95.
[1430] Ingerl/Rohnke, § 14 Rn. 433.
[1431] BGH GRUR 1964, 140, 142 f. – Odol-Flasche.
[1432] Ingerl/Rohnke, § 14 Rn. 349.
[1433] Althammer, WZG, § 31 Rn. 90.

Tatsache, dass die Abgrenzung von unmittelbarer und mittelbarer Verwechslungsgefahr fließend ist, spricht nicht für eine weitere Aufweichung der Abgrenzungskriterien, sondern im Gegenteil für ihre Bewahrung und klare Konturierung.

Weiterhin ist die unmittelbare Verwechslungsgefahr gegenüber der mittelbaren vorrangig. Es wird bereits bei der bildlichen Zeichenähnlichkeit im Rahmen der unmittelbaren Verwechslungsgefahr berücksichtigt, dass charakteristische Merkmale der älteren Bildmarke in die jüngere Bildmarke übernommen werden. Wurden die charakteristischen Merkmale von Characters entlehnt, liegt unmittelbare Verwechslungsgefahr vor, so dass für mittelbare Verwechslungsgefahr kein Raum mehr ist. Wurden sie nicht entlehnt, ist unmittelbare Verwechslungsgefahr und nach Ansicht des BGH auch mittelbare Verwechslungsgefahr abzulehnen.

Für die Einordnung dieser Prüfung bei der bildlichen Zeichenähnlichkeit spricht darüber hinaus die Tatsache, dass die Übereinstimmung im Sinngehalt zu einer zu weitreichenden Monopolisierung von Gedankeninhalten führt. Im Rahmen der unmittelbaren Verwechslungsgefahr reicht begriffliche Ähnlichkeit allein gerade nicht aus, sondern es kommt auf die optische Übereinstimmung an.[1434] Damit ist die Berücksichtigung einer Zeichenmodernisierung i. R. d. mittelbaren Verwechslungsgefahr abzulehnen. Vorrangig zu prüfen und insofern auch völlig ausreichend ist die Prüfung von Zeichenmodernisierungen bei der optischen Zeichenähnlichkeit im Rahmen der unmittelbaren Verwechslungsgefahr. Damit ist die Berücksichtigung von Zeichenmodernisierungen im Rahmen der mittelbaren Verwechslungsgefahr bezüglich Bildmarken abzulehnen.

Ruijsenaars will die Grundsätze der mittelbaren Verwechslungsgefahr auf unterschiedliche Darstellungen desselben Characters anwenden.[1435] Eine solche Vorgehensweise scheitert in vielen Fällen bereits daran, dass hinsichtlich einer anderen Darstellung desselben Characters bereits unmittelbare Verwechslungsgefahr anzunehmen ist. Soweit jedoch eine bildliche Darstellung in Pose, Kleidung und Charakter des dargestellten Characters so erheblich abweicht, dass unmittelbare Verwechslungsgefahr zu verneinen ist, fehlt es an einem optisch wahrnehmbaren identischen oder wesensgleichen Stammbestandteil. Insofern verbleibt als möglicher Stammbestandteil nur noch die übereinstimmende Identität des Characters. Diese begriffliche Übereinstimmung allein genügt jedoch wegen der Gefahr zu weitreichender Monopolisierung nicht aus, so dass auch diese Auffassung abzulehnen ist.

[1434] Sh. o. Teil 2, E. III. 3. b) bb).
[1435] Ruijsenaars, S. 505.

Ein Zeichenbestandteil, der ein bereits bekanntes Firmenschlagwort beinhaltet, kann als Stammbestandteil einer Wortmarke angesehen werden, auch wenn dieser Bestandteil noch nicht in einer Zeichentrickserie verwendet wurde.[1436] Da auch sogenannte Markenfiguren zu den Characters zu zählen sind, kann die Übernahme der bildlichen Darstellung einer Markenfigur tatsächlich bereits vor deren Nutzung in einer Zeichenserie zur Bejahung mittelbarer Verwechslungsgefahr führen. Denn der angesprochene Verkehr versteht die Markenfigur als solche bereits als Herkunftshinweis. Die teilweise Übernahme eines Zeichenbestandteils aus einem älteren Zeichen wird regelmäßig bereits bei der unmittelbaren Verwechslungsgefahr berücksichtigt. Die unmittelbare Verwechslungsgefahr ist aber gegenüber der mittelbaren Verwechslungsgefahr vorrangig. Somit besteht für die mittelbare Verwechslungsgefahr bei Bildmarken kein Anwendungsbereich.

c) Akustische Marke

Der Verkehr muss die einander gegenüberstehenden Hörmarken als unterschiedlich erkennen, sie aber aufgrund eines übereinstimmenden Stammbestandteils als zu einem Unternehmen gehörig beurteilen. Der Verkehr muss den Stammbestandteil in Alleinstellung bereits als Herkunftshinweis verstehen und damit als Stamm einer Zeichenserie betrachten, was regelmäßig voraussetzt, dass mehrere Zeichen mit demselben Stamm verwendet werden.

Dieser Stammbestandteil muss wiederum identisch bzw. wesensgleich sein und auf den Markeninhaber hinweisen. Die Wesensgleichheit der Stammbestandteile richtet sich allein nach der klanglichen Zeichenähnlichkeit. Wesensgleichheit ist nur bei geringfügigen Abweichungen anzunehmen, die den Stammbestandteil nicht in seinem Wesen verändern und auch bei größter Aufmerksamkeit nicht auffallen oder für einen Hörfehler gehalten werden.

Mittelbare Verwechslungsgefahr wurde im Hinblick auf Wortmarken entwickelt, so dass die für Wortmarken als gesichert zu betrachtenden Erkenntnisse nicht ohne weiteres auf Hörmarken übertragen werden können. Der Stammbestandteil muss Teil der vom Schutzumfang umfassten geräuschhaften Abfolge sein. Eine geräuschhafte akustische Marke wie beispielsweise das Entengeschnatter von Donald Duck eignet sich nicht als Stammbestandteil. Bei geräuschhaften Marken handelt es sich um die Aneinanderreihung mehr oder weniger gleichförmiger Laute. Im Gegensatz zu Musikmarken unterliegen sie

---

[1436] Baumbach/Hefermehl, WZG, § 31 Rn. 88.

keinen Gesetzmäßigkeiten. Daher lassen sich aus geräuschhaften Marken keine abgrenzbaren Teile isolieren, die als von dem anderen Zeichenbestandteil unterscheidbare Stammbestandteile angesehen werden könnten. Dasselbe gilt für die menschliche Sprache.

Bei Musikmarken ist es aber möglich, einen wiederkehrenden Teil abzugrenzen, der als Stammbestandteil angesehen werden kann. Der Schutz von Musikmarken jedoch ist nicht spezifisch für Character Merchandising, so dass eine Untersuchung insoweit unterbleibt.

d) Kombinationsmarke

Für den häufigsten Fall der Kombinationsmarke, die Wort-/Bildmarke, kann grundsätzlich sowohl der Wort- als auch der Bildbestandteil als Ganzes Stammbestandteil sein. Insoweit sind daher die bereits geschilderten Ausführungen von *Fuchs-Wissemann* zutreffend, denen zufolge mittelbare Verwechslungsgefahr bezüglich eines Bildbestandteils angenommen werden kann, wenn dieser bisher in Verbindung mit einem Wortzeichen zusammen als Wort- / Bildmarke benutzt wurde, und nur der Wortbestandteil wechselte, während der Bildbestandteil gleich blieb.[1437] Umgekehrt kann auch ein gleichbleibender Wortbestandteil bei wechselnden Bildbestandteilen als Stammbestandteil angesehen werden. Der jeweilige Stammbestandteil muss wesensgleich sein und als Hinweis auf den Inhaber der älteren Kombinationsmarke verstanden werden. Diesbezüglich gilt das bereits zu reinen Wort- und Bildbestandteilen Gesagte.

5. Einzelfälle der Zeichenähnlichkeit zur Bestimmung der Verwechslungsgefahr im weiteren Sinn

Im Fall der Nutzung einer Erscheinungsform desselben Characters für zwei verschiedene Unternehmen stellt sich die Frage der Verwechslungsgefahr im weiteren Sinne. Verwechslungsgefahr im weiteren Sinne besteht, wenn die Marken zwar unterschiedlichen Unternehmen zugeordnet werden, aber aufgrund spezieller Umstände der unzutreffende Eindruck entsteht, es bestünden besondere wirtschaftliche oder organisatorische Beziehungen zwischen diesen Unternehmen.[1438] Da die Annahme von Verwechslungsgefahr im weiteren Sinne im Firmenrecht entwickelt wurde, ist sie bei der Kollision von Marken nur unter besonderen Voraussetzungen anzunehmen.[1439]

[1437] Fuchs-Wissemann, GRUR 1995, 470, 472 li. Sp.

[1438] Speckmann, Rn. 2237; Ingerl/Rohnke, § 14 Rn. 438; Kunz-Hallstein, Die Neuordnung des Markenrechts in Europa, S. 123, 130.

[1439] Baumbach/Hefermehl, WZG, § 31 Rn. 101; Althammer, WZG, § 31 Rn. 92.

a) Unternehmenskennzeichen

Verwechslungsgefahr im weiteren Sinn kann u. a. bei der Kollision von Unternehmenskennzeichen entstehen.[1440] Unternehmenskennzeichen sind gemäß § 5 Abs. 2 MarkenG Zeichen, die im geschäftlichen Verkehr als Name, als Firma oder als besondere Bezeichnung eines Geschäftsbetriebs oder eines Unternehmens benutzt werden. Die vorliegende Arbeit konzentriert sich auf Marken, so dass Unternehmenskennzeichen nicht Gegenstand der weiteren Untersuchung sind.

b) Ältere Marke mit gesteigerter Verkehrsbekanntheit

Umstritten ist, ob Verwechslungsgefahr im weiteren Sinne bei der Verwendung ähnlicher Marken gegeben sein kann, wenn das ältere Zeichen verkehrsbekannt ist und eine starke Kennzeichnungskraft besitzt.[1441] Diese Auffassung stützt sich auf den vom BGH entschiedenen Fall „Ardia/Widia". Andere Stimmen im Schrifttum sind hingegen der Auffassung, dass zumindest die ältere Marke zugleich als Firmenkennzeichen gebraucht werden muss.[1442] Dieser Auffassung ist auch der BGH, obwohl sich auch die Gegenansicht auf seine Rechtsprechung stützt.

In dem Urteil „Ardia/Widia" nimmt der BGH sowohl klangliche als auch schriftbildliche Ähnlichkeit zwischen zwei Zeichen an und leitet daraus unmittelbare Verwechslungsgefahr, jedenfalls aber Verwechslungsgefahr im weiteren Sinn her.[1443] Das klägerische Zeichen „Widia" bezeichnete ein sehr hartes Metall, das die Klägerin herstellte und für das die Klägerin Weltruf erlangt hatte. Eine ihrer Werke bezeichnete die Klägerin zudem als „Widiafabrik". Die Beklagte benutzte zunächst das Wort „Wedia" und nach einer Abmahnung durch die Klägerin das Wort „Ardia" für ihre Werkzeug- und Maschinenfabrik. Also beschäftigte sich die „Ardia/Widia" -Entscheidung des BGH nicht mit der Kollision zwischen zwei Warenzeichen. Das ältere Zeichen war ein Warenzeichen, das Weltruhm genoss und aufgrund dessen gerade für das Unternehmen, insbesondere für eine der Fabriken der Klägerin stand. Das jüngere Zeichen war ein Unternehmenskennzeichen.

Der BGH begründete die Annahme von Verwechslungsgefahr im weiteren Sinne damit, dass aufgrund der klanglichen Ähnlichkeit zwischen den kollidierenden Zeichen der Eindruck

---

[1440] BGHZ 15, 107, 110 – Koma; BGH GRUR 1957, 281, 284 – karo-as.
[1441] Baumbach/Hefermehl, WZG, § 31 Rn. 92 unter Berufung auf BGH GRUR 1952, 35, 37 – Widia/Ardia; GRUR 1977, 491, 493 – Allstar; GRUR 1978, 170, 172 – Fan/Fanta; ebenso Althammer, WZG, § 31 Rn. 92 zusätzlich bezugnehmend auf BGH GRUR 1977, 719, 722 f. – Terranova/Terrapin und BGH GRUR 1981, 66 – MAN/G-man.
[1442] Ingerl/Rohnke, § 14 Rn. 440.
[1443] BGH GRUR 1952, 35, 37 insbes. re. Sp. – Widia/Ardia.

erweckt werde, der Geschäftsbetrieb, aus dem die Ardia-Erzeugnisse stammten, stehe in einer so engen Beziehung zu der weltbekannten Widia-Fabrik der Klägerin, dass diese Einfluss auf die Herstellung der Ardia-Erzeugnisse besitze und es deshalb zulasse, dass diese mit dem ähnlichen Zeichen in den Verkehr gebracht würden.[1444] Diese Entscheidung beruht also darauf, dass die Klägerin das Warenzeichen „Widia" nicht nur für ihre Waren, sondern auch für eine ihrer Fabriken benutzt hatte, so dass das Wort „Widia" zum Firmenschlagwort geworden war. In die gleiche Richtung weist das „Sunpearl II" – Urteil des BGH.[1445]

Bei der Kollision zweier Marken, von denen nicht wenigstens eines (auch) als Firmenkennzeichen benutzt wurde, hat der BGH bisher noch keine Verwechslungsgefahr im weiteren Sinn angenommen.[1446] Die Möglichkeit der Verwechslungsgefahr im weiteren Sinn wurde zwar unter der Voraussetzung erörtert, dass die ältere Marke gesteigerte Verkehrsgeltung aufweist, aber letztlich nie bejaht. Dies wurde damit begründet, dass der Grad der Verkehrsgeltung nicht ausreicht.[1447] Jedoch scheint dabei insgesamt die Rückbesinnung auf die Herkunft der Verwechslungsgefahr im weiteren Sinn aus dem Firmenrecht auch eine Rolle gespielt zu haben, da es letztlich um die Annahme von Unternehmensbeziehungen anhand von Warenzeichen geht und Warenzeichen als solche grundsätzlich nichts über das konkrete, kennzeichnende Unternehmen aussagen. Inwiefern gesteigerte Verkehrsgeltung daran etwas zu ändern vermag, ist nicht zu erkennen. Denn gesteigerte Verkehrsgeltung führt nur dazu, dass der einer Marke immanente Hinweis auf den abstrakten Markeninhaber größeren Teilen der angesprochenen Verkehrskreise geläufig ist. Die Kenntnis des konkreten Markeninhabers innerhalb der angesprochenen Verkehrskreise wird durch erhöhte Verkehrsgeltung jedoch nicht vergrößert.

c) Marken, die zum Firmenschlagwort wurden

Also kann aufgrund von miteinander kollidierenden Marken nur auf Beziehungen zwischen den kennzeichnenden Unternehmen geschlossen werden, wenn mindestens die ältere Marke auch als Firmenkennzeichnung verwendet wird. Dies ist entweder der Fall, wenn die Marke zugleich als Unternehmenskennzeichen verwendet wird oder wenn die Marke zugleich als Firmenschlagwort bzw. als für ein Unternehmen typisches Bild etc. gilt. Wegen

---

[1444] BGH GRUR 1952, 35, 37 re. Sp. – Widia/Ardia.

[1445] BGH GRUR 1960, 130, 133 – Sunpearl II; ebenso GRUR 1963, 626, 628 re. Sp. – Sunsweet, insofern nicht abgedruckt in BGHZ 39, 266 ff. – Sunsweet.

[1446] BGH GRUR 1955, 579, 584 f. – Sunpearl; BGH GRUR 1960, 130, 130 re. Sp., 134 li. Sp. – Sunpearl II; diese beiden Entscheidung stimmen auch damit überein, da die Klägerin nicht nur ihre Sonnenzeichen als Warenzeichen benutzte, sondern auch den Bestandteil „Sonnenwerke" in ihre Firmenbezeichnung aufnahm.

[1447] BGH GRUR 1960, 130, 133 – Sunpearl II; GRUR 1963, 626, 628 re. Sp. – Sunsweet.

der Beschränkung der vorliegenden Arbeit auf den Schutz als Marke soll nur untersucht werden, ob sich die verschiedenen Erscheinungsformen von Characters zu Firmenschlagwörtern entwickelt haben können, beispielsweise indem sie in die Firmenbezeichnung aufgenommen werden und auch als solche in der Werbung benutzt werden.[1448]

Der Name eines Characters kann sich zu einem Firmenschlagwort eines Unternehmens entwickelt haben, so dass die Verwendung eines ähnlichen Namens Verwechslungsgefahr im weiteren Sinn begründen kann. Fraglich ist, ob sich auch ein Bild, die dreidimensionale Gestaltung oder ein akustisches Signal als Firmenschlagwort im Sinne der Verwechslungsgefahr im weiteren Sinn entwickelt haben kann. Weder Rechtsprechung noch Literatur geben insoweit Auskunft.[1449] Wie die parallele Problematik bei Unternehmenskennzeichen gemäß § 5 Abs. 2 MarkenG zeigt, müssen diese Namensfunktion ausüben. Dies wurde beispielsweise bei nicht aussprechbaren Buchstabenkombinationen verneint, so dass diese erst mit Erwerb von Verkehrsgeltung und nicht bereits mit Ingebrauchnahme als Unternehmenskennzeichen geschützt waren. Nunmehr hat der BGH diese wenig einleuchtende Differenzierung aufgegeben.[1450]

Im Rahmen des Namensschutzes gemäß § 12 BGB wird bildlichen Darstellungen wie Wappen und ähnlichen Emblemen die Erfüllung der Namensfunktion zugebilligt.[1451] Anders soll dies jedoch bei besonderen Geschäftsbezeichnungen sein, so dass diese erst mit Erwerb von Verkehrsfähigkeit Schutz erlangen können.[1452] Wie der Schutz von bildlichen Darstellungen gemäß § 12 BGB zeigt, kann diesen nicht ohne weiteres die Namensfunktion abgesprochen werden. Es ist nicht erklärlich, warum bildliche Darstellungen per se nicht dazu geeignet sein sollen, auf ein Unternehmen hinzuweisen. Vielmehr ist im Gegenteil davon auszugehen, dass ein Bild grundsätzlich Namensfunktion hat und dies nur ausnahmsweise beispielsweise bei sehr dürftiger Gestaltung, anders ist.[1453] Hinzu kommt das vom BGH vorgebrachte Argument der Einheitlichkeit der Kennzeichenrechte.[1454] Im Hinblick auf Bildzeichen lässt sich daraus herleiten, dass diese als Unterscheidungszeichen verstanden werden, egal ob als Marke oder als besondere Geschäftsbezeichnung. Auch für

---

[1448] BGH GRUR 1991, 317, 318 re. Sp. – Medice; GRUR 1977, 491, 493 – Allstar.

[1449] Dem Sunpearl-Urteil des BGH, GRUR 1955, 579, 583, lag zwar u. a. die Kollision zweier Bildzeichen zugrunde, doch wurde unmittelbare Verwechslungsgefahr angenommen, so dass sich die Frage nach Verwechslungsgefahr im weiteren Sinn nicht mehr stellte.

[1450] BGH GRUR 2001, 344, 344 – DB Immobilienfonds; ebenso Baronikians, GRUR 2001, 795 ff.

[1451] Baumbach/Hefermehl, UWG, 15. Auflage, § 16 Rn. 22; Ingerl/Rohnke, § 5 Rn. 15.

[1452] Fezer, § 15 Rn. 125.

[1453] Ingerl/Rohnke, § 5 Rn. 15, 19; Fezer, § 15 Rn. 125; Althammer/Klaka, § 5 Rn. 29.

[1454] BGH GRUR 2001, 344, 344 – DB Immobilienfonds.

die Annahme von Verwechslungsgefahr im weiteren Sinne genügt eine rein begriffliche Zeichenähnlichkeit jedoch nicht aus.[1455]

Aus denselben Gründen kann auch akustischen Zeichen die Namensfunktion nicht abgesprochen werden. Denn akustische Marken sind gemäß § 3 Abs. 1 MarkenG markenfähig. Demnach können Wort-, Bild-, dreidimensionale und akustische Marken Namensfunktion erfüllen und sich damit auch zum Firmenschlag-„Wort" entwickelt haben.

d) Verwechslungsgefahr im weiteren Sinn aufgrund des Bestehens eines Lizenzverhältnisses

Wie bereits dargelegt, genügt es nicht, dass der angesprochene Verkehr von dem Bestehen eines Lizenzverhältnisses ausgeht. Vielmehr muss der Verkehr davon ausgehen, dass der Lizenzgeber infolge des Lizenzverhältnisses gesteigerte Einfluss- und Kontrollmöglichkeiten im Hinblick auf die Lizenzware hat. Dabei kommt es nicht auf eine eventuelle Branchennähe unter dem Gesichtspunkt einer Ausdehnung des Produktionsbereiches des Lizenzgebers an[1456], da der angesprochene Verkehr in diesem Fall die Unterschiedlichkeit der Herkunftsstätten gerade nicht erkannt hat, wie dies für die Annahme von Verwechslungsgefahr im weiteren Sinne erforderlich ist.

Vielmehr kommt es darauf an, ob der Verkehr damit rechnet, dass der Lizenzgeber sich sinnvollerweise Einfluss- und Kontrollmöglichkeiten lizenzvertraglich ausbedungen hat. So ist davon auszugehen, dass beispielsweise ein Filmstudio als Erschaffer eines Characters sich gegenüber einem Spielzeughersteller als Lizenznehmer Kontrollrechte bei der Nachbildung dieses Characters als Spielpuppe einräumen lassen wird. Denn das Filmstudio als Lizenzgeber hat hervorragende kreative Fähigkeiten und auch entsprechende Anforderungen an die bildliche Gestaltung einer Figur, auf deren Einhaltung bei der Spielzeugproduktion es achten wird.[1457] Ebenso dürfte dies bei Papier- und Schreibwaren sein, die mit einer bildlichen Darstellung eines aus Comic-Heften bekannten Characters versehen werden sollen. Dies geschieht jedoch nicht deshalb, weil es sich bei Papier- und Schreibwaren sowie bei Druckerzeugnissen um verlagsgebundene Waren handelt[1458], sondern weil davon auszugehen ist, dass der Comic-Verlag die Qualität der auf den Papier-

---

[1455] BPatG GRUR 1989, 266, 268 – Super-Meier, für den Fall der sprachlich und graphisch ausgedrückten Parodie des Characters „Superman" durch den neuen Character „Super-Meier", jeweils angemeldet für identische Waren.
[1456] So aber Ruijsenaars, S. 516.
[1457] Beispiel nach Ruijsenaars, S. 516.
[1458] So Ruijsenaars, S. 516 mit dieser Begründung.

und Schreibwaren abgebildeten Reproduktionen des Characters unter qualitativen und ästhetischen Gesichtspunkten kontrollieren wird.

IV. § 14 Abs. 2 Nr. 3 MarkenG: Die bekannte Marke

Gemäß § 14 Abs. 2 Nr. 3 MarkenG ist es Dritten untersagt, im geschäftlichen Verkehr ein mit einer im Inland bekannten Marke identisches oder ähnliches Zeichen ohne Zustimmung des Markeninhabers für Produkte zu benutzen, die nicht denen ähnlich sind, für die die Marke Schutz genießt. Weiterhin muss die Benutzung des Zeichens durch den Dritten die Unterscheidungskraft oder die Wertschätzung der bekannten Marke ohne rechtfertigenden Grund in unlauterer Weise ausnutzen oder beeinträchtigen. § 14 Abs. 2 Nr. 3 MarkenG ersetzt in aller Regel den von der Rechtsprechung entwickelten Schutz der berühmten und bekannten Marke gemäß §§ 823, 1004 BGB bzw. § 1 UWG.[1459]

§ 14 Abs. 2 Nr. 3 MarkenG beruht auf der fast wortgleichen Vorschrift von Art. 5 Abs. 2 MarkenRL. Art. 5 Abs. 2 MarkenRL enthält zugunsten der Mitgliedstaaten die Option, eine bekannte Marke auch außerhalb des Produktähnlichkeitsbereiches durch das Markenrecht zu schützen und so deren Schutz EU-weit zu harmonisieren. Die Bundesrepublik Deutschland hat von dieser Option Gebrauch gemacht.[1460] In Übereinstimmung mit dem Bemühen, das gesamte Kennzeichenrecht im MarkenG zu regeln und nicht nur die auf die Registermarke beschränkte MarkenRL umzusetzen, bezieht sich § 14 Abs. 2 Nr. 3 MarkenG auf alle Markenkategorien gemäß § 4 MarkenG.[1461]

§ 14 Abs. 2 Nr. 3 MarkenG stellt einen wettbewerbsrechtlich orientierten Schutz dar, der auf Verwechslungsgefahr verzichtet und nunmehr Bestandteil des Markenrechts ist.[1462] Diese Vorschrift begründet ein über § 14 Abs. 2 Nr. 1 und Nr. 2 MarkenG hinausgehendes

---

1459 BGH GRUR 1999, 161, 162 re. Sp. – MAC Dog; BGH WRP 1999, 931, 935 – Big Pack.

1460 Piper, GRUR 1996, 429, 430 li. Sp.;

1461 Amtliche Begründung zum MarkenG, BT-Drucksache 12/6581, S. 72; Piper, GRUR 1996, 429, 432; für ein einheitliches Verständnis des MarkenG hinsichtlich aller Markenkategorien spricht auch der 16. Erwägungsgrund der GMVO, dem zufolge es zu vermeiden ist, dass es in Rechtsstreitigkeiten über denselben Tatbestand zwischen denselben Parteien zu voneinander abweichenden Gerichtsurteilen aus einer Gemeinschaftsmarke und aus parallelen nationalen Marken kommt; wenn nationale Markengesetze auch Benutzungsmarken schützen, ist ein einheitlicher Schutz von Gemeinschaftsmarken und nationalen Benutzungsmarken nur gewährleistet, wenn die Schutzvoraussetzungen von Benutzungsmarken mit denen von Registermarken und damit auch von Gemeinschaftsmarken übereinstimmen.

1462 Amtliche Begründung zum MarkenG, BT-Drucksache 12/6581, S. 72; Piper, GRUR 1996, 429, 431 li. Sp.; kritisch insofern Kraft, GRUR 1991, 339, 342; v. Gamm, WRP 1993, 793, 794.

Verbotsrecht, das der Markeninhaber auch zugunsten von Lizenznehmern ausüben kann. Im folgenden wird untersucht, inwieweit § 14 Abs. 2 Nr. 3 MarkenG Characters schützt.

1. Bekannte Marke

Der Begriff der bekannten Marke war gesetzlich nicht geregelt, bevor er Bestandteil des MarkenG wurde.[1463] Einige EU-Mitgliedstaaten kannten schon vor Verabschiedung der MarkenRL einen über den Bereich der Waren- bzw. Dienstleistungsähnlichkeit hinausreichenden Markenschutz.[1464] Dieser Schutz der bekannten Marke wurde in die MarkenRL aufgenommen, um den Bedürfnissen dieser Mitgliedstaaten entgegenzukommen.[1465] Auch wenn der Schutz der bekannten Marke nur auf einer Option der MarkenRL beruht, handelt es sich bei diesem Begriff doch um einen autonom auszulegenden Rechtsbegriff des Gemeinschaftsrechts, so dass auch diesbezüglich der EuGH in letzter Instanz entscheidet.[1466]

Die Bekanntheit einer Marke hängt von einem bestimmten Bekanntheitsgrad ab. Fraglich ist, ob darüber hinaus zusätzliche qualitative Kriterien erforderlich sind.[1467] Zunächst ist zu prüfen, welche Verkehrskreise für die Bestimmung dieser Kriterien maßgeblich sind.

a) Maßgebliche Verkehrskreise

Der EuGH definiert den Personenkreis, bei dem die Marke i. S. v. Art. 5 Abs. 2 MarkenRL bekannt sein muss, folgendermaßen: „Das Publikum, bei dem die ältere Marke Bekanntheit erlangt haben muss, ist dasjenige, das von dieser Marke betroffen ist, also je nach der vermarkteten Ware oder Dienstleistung die breite Öffentlichkeit oder ein spezielleres Publikum, z. B. ein bestimmtes berufliches Milieu“[1468]

Die Ausführungen des EuGH zeigen, dass der Personenkreis, bei dem die Marke bekannt sein muss, nicht mit der Gesamtbevölkerung deckungsgleich sein muss, sondern sich auch auf einen Ausschnitt der Gesamtbevölkerung beschränken kann. Dafür spricht zudem, dass andernfalls Massenprodukte gegenüber Produkten, die aufgrund ihrer Exklusivität einen

---

[1463] Piper, GRUR 1996, 429, 430 li. Sp.; Boës/Deutsch, GRUR 1996, 168, 168.
[1464] Vor dem 1. 1. 1996 schützte Art. 13 A Nr. 2 BMW den Markeninhaber vor jeder Benutzung einer Marke außerhalb des Produktähnlichkeitsbereiches im geschäftlichen Verkehr, die ohne rechtfertigenden Grund unter Umständen erfolgte, die geeignet waren, ihm Schaden zuzufügen; dieser Schutz war unabhängig von der Bekanntheit einer Marke, vgl. Benelux-Gerichtshof, GRUR Int. 1975, 399, 400 re. Sp. – Claeryn/Klarein; Verkade, GRUR Int. 1986, 17, 18.
[1465] Amtliche Begründung zum MarkenG, BT-Drucksache 12/6581, S. 72.
[1466] Kunz-Hallstein, Die Neuordnung des Markenrechts in Europa, S. 131 f.
[1467] Amtliche Begründung zum MarkenG, BT-Drucksache 12/6581, S. 72; Will, S. 138 f.
[1468] EuGH GRUR Int. 2000, 73, 74 Tz. 24 – Chevy.

kleineren Personenkreis ansprechen, bei dem Erwerb von Bekanntheit i. S. v. § 14 Abs. 2 Nr. 3 MarkenG grundlos bevorzugt würden.[1469] Der für die Ermittlung der Bekanntheit maßgebliche Personenkreis, den der EuGH als das „betroffene Publikum" bezeichnet, kann in Anlehnung an die deutsche Terminologie auch als „beteiligte Verkehrskreise" bezeichnet werden.[1470]

Aus dieser Begriffsbestimmung ergibt sich allerdings nicht, ob der EuGH die maßgeblichen Verkehrskreise für alle Verletzungstatbestände gemäß Art. 5 Abs. 2 MarkenRL gleich bestimmt oder ob er in Übereinstimmung mit der Rechtsprechung des BGH zum Schutz der bekannten und berühmten Marke gemäß § 1 UWG anhand der Verletzungstatbestände differenziert, indem er entweder auf die Verkehrskreise des Markeninhabers oder die des Zweitverwenders abstellt. Bei der Rufausbeutung wäre dann auf den Abnehmerkreis der Produkte des Zweitverwenders der Marke abzustellen, während es bei der Beeinträchtigung der Wertschätzung der bekannten Marke auf die Abnehmer des Markeninhabers und bei der Beeinträchtigung der Unterscheidungskraft auf beide Personenkreise ankäme.[1471]

Die bisher vom BGH vorgenommene Differenzierung ist grundsätzlich sachgerecht.[1472] Allerdings ist sie nicht zur Bestimmung der Bekanntheit einer Marke erforderlich. So ist beispielsweise die Frage, wie hoch der Bekanntheitsgrad und der Ruf der prioritätsälteren Marke in den für den Zweitverwender maßgeblichen Verkehrskreisen ist, nur für die Ausnutzung der Wertschätzung relevant, nicht aber für die Bekanntheit selbst. Für die Frage, wie hoch die Verkehrsgeltung der prioritätsälteren Marke als Ausnutzungsobjekt sein muss, kommt es demgegenüber nur auf die Verkehrskreise des Markeninhabers an.[1473] Damit ist die Bekanntheit einer Marke für alle Schutztatbestände in § 14 Abs. 2 Nr. 3 MarkenG gleich zu verstehen, so dass es nicht notwendig ist, insoweit zu differenzieren.[1474] Es ist also ausgeschlossen, dass dieselbe Marke im Hinblick auf einen Lebenssachverhalt nicht zugleich als bekannt und nicht bekannt i. S. v. § 14 Abs. 2 Nr. 3 MarkenG angesehen werden kann.

[1469] Rößler, GRUR 1994, 559, 563 re. Sp.
[1470] Starck, MarkenR 2000, 73, 75 re. Sp.
[1471] Zu dieser Differenzierung vgl. Großner, S. 154 f. m. w. N.
[1472] So auch Großner, S. 155.
[1473] Rößler, GRUR 1994, 559, 564 li. Sp. oben.
[1474] Piper, GRUR 1996, 429, 434 re. Sp.; Köhler/Piper, UWG, 1. Auflage, § 1 Rn. 107, zu § 1 UWG unter Hinweis auf BGH GRUR 1991, 465, 466 – Salomon, GRUR 1991, 609 – SL.

b) Inlandsbekanntheit

Gemäß § 14 Abs. 2 Nr. 3 MarkenG ist es erforderlich, dass die prioritätsältere Marke im Inland bekannt ist. In territorialer Hinsicht ist damit klargestellt, dass reine Auslandsbekanntheit für die Annahme einer bekannten Marke i. S. v. § 14 Abs. 2 Nr. 3 MarkenG nicht ausreicht. Zwar muss die Registermarke nicht in dem gesamten Mitgliedstaat, aber jedenfalls in einem wesentlichen Teil des Gebietes eines Mitgliedstaates bekannt sein.[1475] Auf eine Inlandsbenutzung kommt es nicht an. Demgegenüber differenziert *Großner* dahingehend, dass für die Registermarke gemäß § 4 Nr. 1 MarkenG und die Benutzungsmarke gemäß § 4 Nr. 2 MarkenG eine Inlandsbenutzung erforderlich ist, nicht aber für die Notorietätsmarke gemäß § 4 Nr. 3 MarkenG.[1476]

Der Wortlaut von § 14 Abs. 2 Nr. 3 MarkenG lässt diese Differenzierung ebensowenig zu wie Art. 5 Abs. 2 MarkenRL. Weiterhin ist für die Geltendmachung von Verletzungsansprüchen aus Registermarken eine Inlandsbenutzung innerhalb der fünfjährigen Benutzungsfrist gemäß §§ 25, 26 MarkenG entbehrlich. Im Hinblick auf Benutzungsmarken gemäß § 4 Nr. 2, Nr. 3 MarkenG verquickt dieses Vorgehen ohne Notwendigkeit Fragen der Markenentstehung mit Fragen des Verletzungsverfahrens. Die Entstehung von Benutzungsmarken des Antragstellers wird im Verletzungsverfahren ohnehin überprüft. Zudem ist die Erforderlichkeit von Inlandsbenutzung für die Benutzungsmarke gemäß § 4 Nr. 2 MarkenG praktisch bedeutungslos. Schließlich spricht das berechtigte Bemühen um eine einheitliche rechtliche Behandlung aller Markenkategorien gegen diese Differenzierung. Daher kommt es für die Bekanntheit einer Marke i. S. v. § 14 Abs. 2 Nr. 3 MarkenG nicht auf eine Inlandsbenutzung an, sondern nur auf Inlandsbekanntheit.

c) Das quantitative Element der Bekanntheit

Die Bekanntheit einer Marke ist in quantitativer Hinsicht durch Verkehrsbefragungen zu ermitteln.[1477] Fraglich ist jedoch, wie hoch der erforderliche Bekanntheitsgrad sein muss.

Der EuGH ist der Auffassung, dass die ältere Marke einen gewissen Bekanntheitsgrad haben muss.[1478] Dies schließt er aus dem Wortlaut von Art. 5 Abs. 2 MarkenRL in den einzelnen Sprachen der Mitgliedstaaten. Auf höhere Anforderungen an die Bekanntheit der

---

[1475] EuGH GRUR Int. 2000, 73, 75 Tz. 28 – Chevy.
[1476] Großner, S. 168 ff.
[1477] Boës/Deutsch, GRUR 1996, 168, 170; Amtliche Begründung zum MarkenG, BT-Drucks. 12/6581, zu § 9, S. 72.
[1478] EuGH GRUR Int. 2000, 73, 74 Tz. 20 ff. – Chevy.

Marke schließt der EuGH zudem daraus, dass Art. 5 Abs. 2 MarkenG Marken außerhalb des Produktähnlichkeitsbereiches schützt.[1479]

Ein bestimmter Prozentsatz der Bekanntheit der Marke kann nach Ansicht des EuGH nicht festgelegt werden. Vielmehr liegt Bekanntheit i. S. v. Art. 5 Abs. 2 MarkenRL vor, wenn die ältere Marke einem bedeutenden Teil der maßgeblichen Verkehrskreise bekannt ist. Im Hinblick auf die Feststellung der Bekanntheit sind alle relevanten Gesichtspunkte zu berücksichtigen.[1480] Der EuGH zählt dazu insbesondere den Marktanteil der Marke, die Intensität, die geographische Ausdehnung und die Dauer der Benutzung der Marke sowie den Umfang der Investitionen, die das Unternehmen zur Förderung der Marke getätigt hat.[1481] Zu den Umständen des Einzelfalles zählen ebenso Eigenart, Originalität und Einmaligkeit der Marke, die Unterscheidungskraft, die Art der Waren, für die sie Schutz genießt, die Nähe der beiderseitigen Waren zueinander sowie die Bedingungen des jeweiligen Marktes.[1482] Eine Bedingung des jeweiligen Marktes ist die Frage, ob die Waren in dem fraglichen Warensegment allgemein einen sehr hohen Bekanntheitsgrad haben wie beispielsweise bei Zigaretten und Getränken. In solchen Märkten sind die Anforderungen an die Bekanntheit höher anzusetzen als sonst.[1483]

Der EuGH hat es nicht nur unterlassen zu bestimmen, wie Bekanntheit jedenfalls ungefähr prozentual zu bestimmen ist, sondern hat auch auf eine relative Bestimmung der Bekanntheit einer Marke verzichtet, wie dies verschiedentlich getan wurde.[1484] So wurde bisher auf die Verschiedenartigkeit von einerseits Bekanntheit und andererseits Verkehrsgeltung i. S. v. § 4 Nr. 2 MarkenG[1485], Notorietät gemäß Art. 6bis PVÜ[1486] sowie Berühmtheit[1487] hingewiesen.

[1479] EuGH GRUR Int. 2000, 73, 74 Tz. 23 – Chevy.

[1480] EuGH GRUR Int. 2000, 73, 75 Tz. 27 – Chevy; Ingerl/Rohnke, NJW 1994, 1247, 1251; so schon der BGH zum Schutz der bekannten Marke gegen Rufausbeutung, GRUR 1991, 465, 466 f. – Salomon; ebenso Schönfeld, S. 201 hinsichtlich Art. 9 Abs. 1 lit. c) GMVO.

[1481] EuGH GRUR Int. 2000, 73, 75 Tz. 27 – Chevy.

[1482] Piper, GRUR 1996, 429, 432 re. Sp.

[1483] Boës/Deutsch, GRUR 1996, 168, 169; so bereits BGH GRUR 1991, 863, 866 f. – Avon hinsichtlich der Feststellung des für Berühmtheit einer Marke erforderlichen Bekanntheitsgrades i. R. von Verwässerungsschutz gemäß §§ 823, 1004 BGB.

[1484] Joller, GRUR Int. 2000, 75, 76; auch die Begründung zum MarkenG lehnt eine Definition der Bekanntheit ab, nach der diese kategorisch über der Verkehrsdurchsetzung gemäß § 8 Abs. 3 MarkenG liegen müsse, BT-Drucks. 12/6581, S. 72.

[1485] Piper, GRUR 1996, 429, 433 li. Sp.; Boës/Deutsch, GRUR 1996, 168, 168 re. Sp.; Verkehrsgeltung gemäß § 4 Nr. 2 MarkenG ist im Gegensatz zur Bekanntheit im Hinblick auf die Frage der Entstehung des Markenschutzes auszulegen. Für ein unterscheidungskräftiges, nicht freihaltebedürftiges Zeichen kann hinsichtlich § 4 Nr. 2 MarkenG schon Verkehrsgeltung von 20 % ausreichen, was aber nicht zur Bejahung von Bekanntheit ausreicht; sehr fraglich ist allerdings im Hinblick auf die MarkenRL, ob ein aus der Systematik des MarkenG hergeleitetes Argument als Auslegungshilfe dienen kann.

[1486] Unter Hinweis auf den unterschiedlichen Wortlaut von §§ 9 Abs. 1 Nr. 3, 14 Abs. 2 Nr. 3 MarkenG einerseits und §§ 4 Nr. 3 i. V. m. Art. 6bis PVÜ, 10 MarkenG andererseits Boës/Deutsch, GRUR 1996, 168, 168 re. Sp.; ebenso zur GMVO Schönfeld, S. 200; auch hier ist im Hinblick auf die

Trotz des Fehlens einer prozentualen Eingrenzung durch den EuGH wird man in Anlehnung an das „Dimple" – Urteil des BGH von einem Mindestbekanntheitsgrad von 30 % innerhalb der maßgeblichen Verkehrskreise ausgehen können[1488] und im übrigen die gesamten Umstände des Einzelfalles sorgfältig berücksichtigen müssen.

Interessant im Hinblick auf Character-Merchandising ist neben den Anforderungen an den Bekanntheitsgrad der Marke gemäß § 14 Abs. 2 Nr. 3 MarkenG die Frage, ob es genügt, dass die Marke bekannt ist, oder ob diese als Marke bekannt sein muss. Im ersten Fall würde die aus der Primärfunktion resultierende Bekanntheit des Characters ausreichen. Der EuGH hat im „Chevy"-Urteil das Kriterium der Bekanntheit dahingehend definiert, dass die ältere Marke einem bedeutenden Teil des Publikums bekannt sein muss, das von den durch die Marke erfassten Waren oder Dienstleistungen betroffen ist.[1489] Damit wird der Begriff der Bekanntheit eingegrenzt und dem Wortlaut von Art. 5 Abs. 2 MarkenRL entsprechend eine Beziehung zwischen der Marke und den Produkten hergestellt, für die sie geschützt ist. Der EuGH hält es also für erforderlich, dass die Marke als solche bekannt ist, so dass eine aus anderen Zusammenhängen resultierende Bekanntheit nicht genügt. Der BGH ist derselben Ansicht. Bei der Prüfung der Bekanntheit der Wort-/Bildmarke „Fabergé" hat er sich nicht damit auseinandergesetzt, dass das Wort „Fabergé" bereits durch Carl Fabergé bekannt ist, den Goldschmied des russischen Zarenhauses und Schöpfer der nach ihm benannten Fabergé-Ostereier. Dies gilt umso mehr, als die Klägerin die Wortmarke „Fabergé" u. a. für Juwelier- und Schmuckwaren schützen ließ.[1490]

Der ausschließlichen Maßgeblichkeit als Marke könnte man entgegenhalten, dass es in Art. 5 Abs. 2 MarkenRL gerade nicht auf Produktähnlichkeit ankommt. Jedoch ist zu beachten, dass die Zuordnung des als Marke geschützten Zeichens zu Produkten jeder Marke immanent ist. Dass die Markenverletzung gemäß Art. 5 Abs. 2 MarkenRL gerade fehlende Zeichenähnlichkeit voraussetzt, ändert daran nichts. Allerdings steht die Bekanntheit eines

---

MarkenRL sehr fraglich, ob ein aus der Systematik des MarkenG hergeleitetes Argument als Auslegungshilfe dienen kann. Denn die MarkenRL normiert autonomes Gemeinschaftsrecht, das nicht mit Hilfe systematischer Überlegungen zu einem mitgliedstaatlichen MarkenG, das auch Benutzungsmarken schützt, ausgelegt werden kann.

1487 Dass die bekannte Marke geringere Anforderungen als eine berühmte Marke erfüllen muss, ergibt sich aus der Entstehungsgeschichte der MarkenRL sowie der GMVO, in deren Verlauf der zunächst verwendete Begriff der Berühmtheit durch den der Bekanntheit ersetzt wurde, um den Markenschutz außerhalb des Ähnlichkeitsbereichs zu erleichtern; v. Gamm, WRP 1993, 793, 797; Ernst-Moll, GRUR 1993, 8, 17; Sack, GRUR 1995, 81, 86; Boës/Deutsch, GRUR 1996, 168, 168 re. Sp.

1488 BGH GRUR 1985, 550, 551 – Dimple; Sack, RIW 1985, 597, 608 ff.; so auch zum MarkenG Boës/Deutsch, GRUR 1996, 168, 169 li. Sp.; vgl. auch Ernst-Moll, GRUR 1993, 8 ff.; Bonn, S. 8; HansOLG Hamburg, GRUR 1999, 339, 341 re. Sp. – Yves Roche; Fezer, § 14 Rn. 420; Speckmann, Rn. 2300.

1489 EuGH, GRUR Int. 2000, 73, 75 Tz. 26 – Chevy.

1490 BGH MarkenR 2002, 23 ff. – Fabergé.

Zeichens aus seiner Primärfunktion und die Bekanntheit dieses Zeichens als Marke nicht beziehungslos nebeneinander. Vielmehr ist davon auszugehen, dass die Bekanntheit eines Characters in seiner Primärfunktion es dem angesprochenen Verkehr erleichtert, sich den Character auch als Marke zu merken.[1491]

d) Das qualitative Element der Bekanntheit

Nach der Begründung zum MarkenG setzt die Bekanntheit einer Marke nicht nur einen bestimmten Bekanntheitsgrad, sondern auch qualitative Gesichtspunkte wie einen „guten Ruf" der Marke voraus.[1492] Ein solches zusätzliches qualitatives Element ist jedoch entbehrlich, da § 14 Abs. 2 Nr. 3 MarkenG das Kriterium der Wertschätzung als ein zusätzliches besonderes Tatbestandsmerkmal enthält, das nur für den Bereich der Rufausbeutung und Rufbeeinträchtigung, nicht aber für die Ausnutzung und Beeinträchtigung der Unterscheidungskraft gilt. Bekanntheit sei also wertneutral zu verstehen und stelle ein eigenständiges Tatbestandsmerkmal dar.[1493] Zur Begründung wird außerdem auf die Rechtsprechung des BGH zum Schutz bekannter Marken gemäß § 1 UWG verwiesen, der zufolge Bekanntheit der Marke und mit dieser verbundene Gütevorstellungen als Voraussetzungen gleichberechtigt nebeneinander stehen.[1494]

Der EuGH hat im „Chevy"-Urteil zur Definition des Kriteriums der Bekanntheit nur ausgeführt, dass es insoweit einer Bekantheitsschwelle bedürfe, und dass die ältere Marke einem bedeutenden Teil der maßgeblichen Verkehrskreise bekannt sein müsse[1495]. Zusätzliche qualitative Elemente hält der EuGH demgegenüber ebenfalls nicht für erforderlich. Der EuGH hat sich in diesem Urteil mit keinem Wort mit einem qualitativen Element der Bekanntheit auseinandergesetzt, sondern vielmehr ausgeführt, falls das nationale Gericht unter Berücksichtigung der dargestellten Gesichtspunkte die Bekanntheit der streitgegenständlichen Marke „Chevy" bejahen sollte, müsse es die zweite Voraussetzung

---

[1491] Sh. o. Teil 2, C. II. 2.).

[1492] Amtliche Begründung zum MarkenG, BT-Drucksache 12/6581, S. 72; unter Hinweis auf insbesondere die englische und die französische Fassung von Art. 5 Abs. 2 MarkenRL, die „reputation" bzw. „renommée" verlange, Kur, GRUR 1994, 330, 333; Rößler, GRUR 1994, 559, 562 f.; Kunz-Hallstein, GRUR Int. 1990, 747, 758; ders., Die Neuordnung des Markenrechts in Europa, S. 132; Sack, GRUR 1995, 81, 86; das HansOLG Hamburg, GRUR 1999, 339, 342 – Yves Roche, prüft die „Markenpersönlichkeit" der bekannten Marke „Yves Rocher" als qualitatives Element der Bekanntheit; dies ist letztlich unerheblich, da es die Ausnutzung der bekannten Marke „Yves Rocher" bejahte und damit auch bei der Feststellung ihrer Wertschätzung hätte prüfen können.

[1493] Boës/Deutsch, GRUR 1996, 168, 169; Piper, GRUR 1996, 429, 433; Ingerl/Rohnke, § 14 Rn. 479; Bonn, S. 139; Rittweger, S. 235.

[1494] Boës/Deutsch, GRUR 1996, 168, 169; Piper, GRUR 1996, 429, 433 unter Hinweis auf BGH GRUR 1985, 550, 552 – Dimple; GRUR 1991, 465, 466 – Salomon; GRUR 1991, 609, 612 – SL.

[1495] EuGH GRUR Int. 2000, 73, 74 Tz. 22 f., 75 Tz. 26.

von Art. 5 Abs. 2 MarkenRL prüfen, ob nämlich die ältere Marke ohne rechtfertigenden Grund beeinträchtigt werde. Dabei sei zu beachten, dass eine Beeinträchtigung desto eher vorliege, je größer die Unterscheidungskraft und die Wertschätzung der Marke sei[1496] Der EuGH hat sich umfassend und vollständig mit dem Begriff der Bekanntheit sowie den weiteren Voraussetzungen von Art. 5 Abs. 2 MarkenRL beschäftigt. Da der EuGH sich trotz dieser eingehenden Auseinandersetzung nicht mit dem Erfordernis eines qualitativen Elementes der Bekanntheit auseinandergesetzt hat, kann davon ausgegangen werden, dass auch er ein qualitatives Element nicht für erforderlich hält. Weiterhin zeigt die vom EuGH vorgenommene Differenzierung, dass er zwischen der Bekanntheit einerseits und der Unterscheidungskraft bzw. der Wertschätzung andererseits unterscheidet. Die einer Marke entgegengebrachte Wertschätzung spielt also nicht schon beim Tatbestandsmerkmal der Bekanntheit, sondern erst in der weiteren Prüfung von Art. 5 Abs. 2 MarkenRL eine Rolle.[1497]

Die Bekanntheit einer Marke i. S. v. § 14 Abs. 2 Nr. 3 MarkenG hängt also nur von dem erforderlichen Bekanntheitsgrad und nicht zusätzlich von qualitativen Elementen ab.

2. Der gute Ruf der bekannten Marke

Vereinzelt wird vertreten, der gute Ruf einer Marke sei zwar nicht zur Feststellung der Bekanntheit einer Marke erforderlich, sei aber als eigenständige Voraussetzung aller Verletzungstatbestände gemäß § 14 Abs. 2 Nr. 3 MarkenG anzusehen.[1498] Der Wortlaut von § 14 Abs. 2 Nr. 3 MarkenG und von Art. 5 Abs. 2 MarkenRL setzt einen guten Ruf nur für das Ausnutzen bzw. Beeinträchtigen der Wertschätzung einer bekannten Marke voraus, nicht aber für die Tatbestände des Ausnutzens und des Beeinträchtigens der Unterscheidungskraft einer bekannten Marke.[1499] Somit ist der gute Ruf der bekannten Marke keine für alle Verletzungstatbestände gemäß § 14 Abs. 2 Nr. 3 MarkenG zu prüfende Voraussetzung.

3. Priorität der bekannten Marke

Nach der Rechtsprechung des BGH zum Schutz der bekannten und der berühmten Marke aus § 1 UWG bzw. §§ 823 Abs. 1, 1004 BGB muss die Marke, für die Schutz beansprucht wird, bereits zu dem Zeitpunkt bekannt gewesen sein, als der Zweitverwender die Benutzung

---

[1496] EuGH GRUR Int. 2000, 73, 75 Tz. 30.

[1497] *So schon vorher Boës/Deutsch, GRUR 1996, 168, 169; Piper, GRUR 1996, 429, 433;* Ingerl/Rohnke, § 14 Rn. 479; Starck, MarkenR 2000, 73, 76 re. Sp. oben.

[1498] Boës/Deutsch, GRUR 1996, 168, 169; Großner, S. 177 f.

[1499] Bonn, S. 139; dies gesteht Großner, S. 177 zwar zu, jedoch ohne darauf näher einzugehen.

aufnahm.[1500] Der Zeitpunkt der Benutzungsaufnahme ist die Anmeldung des Zeichens als Marke durch den Zweitverwender.[1501] Also muss das Zeichen, für das Schutz beansprucht wird, bereits zum Zeitpunkt der Eintragung durch den Zweitverwender bekannt gewesen sein.

4. Zeichenidentität bzw. -ähnlichkeit

Für alle markenrechtlichen Verletzungstatbestände gemäß § 14 Abs. 2 MarkenG ist von einem einheitlichen Begriff der Markenähnlichkeit auszugehen.[1502] Es gelten daher die obigen Ausführungen zu Zeichenidentität und -ähnlichkeit.[1503]

5. Fehlende Produktähnlichkeit

Gemäß § 14 Abs. 2 Nr. 3 MarkenG muss eine bekannte Marke für Produkte benutzt werden, die nicht denen ähnlich sind, für die die Marke Schutz genießt. Der Begriff der Produktähnlichkeit ist in § 14 Abs. 2 Nr. 2 und Nr. 3 MarkenG gleich. Für die Bestimmung der Produktähnlichkeit gelten die zu § 14 Abs. 2 Nr. 2 MarkenG gemachten Ausführungen.[1504] Da der Produktähnlichkeitsbegriff insgesamt recht weit zu verstehen ist, ist der Anwendungsbereich von § 14 Abs. 2 Nr. 3 MarkenG nicht so groß wie bei einem restriktiven Produktähnlichkeitsbereich.

6. Die einzelnen Verletzungstatbestände

Gemäß § 14 Abs. 2 Nr. 3 MarkenG muss ein Zeichen, das mit einer bekannten Marke identisch oder ähnlich ist, außerhalb des Produktähnlichkeitsbereiches so benutzt worden sein, dass diese Benutzung die Unterscheidungskraft oder Wertschätzung der Marke ohne rechtfertigenden Grund in unlauterer Weise ausnutzt oder beeinträchtigt.

Nach dem Wortlaut von § 14 Abs. 2 Nr. 3 MarkenG und Art. 5 Abs. 2 MarkenRL gibt es vier mögliche Verletzungstatbestände: das Ausnutzen der Unterscheidungskraft, das Beeinträchtigen der Unterscheidungskraft, das Ausnutzen der Wertschätzung und das Beeinträchtigen

---

[1500] BGHZ 19, 23, 27 – Magirus; 25, 369, 372 – Wipp; BGH GRUR 1958, 339, 341 – Technika; v. Gamm, Wettbewerbsrecht, 5. Auflage, Kap. 21 Rn. 73; für das MarkenG Fezer, § 14 Rn. 450; so wohl auch BGH GRUR 1999, 161, 163 li. Sp., 164 li. Sp. – MAC Dog für ein erst 9 Jahre nach der Benutzungsaufnahme in das Warenzeichenregister eingetragenes Warenzeichen.

[1501] BGH GRUR 2000, 875, 876 li. Sp. bei III. – Davidoff; BGH WRP 2000, 529, 531 li. Sp. – ARD-1; Ingerl/Rohnke, § 153 Rn. 17; Rohnke, GRUR 1991, 467 re. Sp., unter Hinweis auf BGH GRUR 1985, 550, 553 li. Sp. – Dimple.

[1502] BGH GRUR 2000, 875, 878 re. Sp.; Starck, MarkenR 2000, 73, 76.

[1503] Sh. o. Teil 2, E, II. und III. 2. g).

[1504] Sh. o. Teil 2, E. III 2. e).

der Wertschätzung. In der Begründung zum MarkenG werden diese Tathandlungen nach dem Handlungsobjekt in zwei Tatbestandsgruppen eingeteilt. Zum einen ist dies der Verwässerungstatbestand, zu dem das Ausnutzen und das Beeinträchtigen der *Unterscheidungskraft gehört, und der Rufausbeutungstatbestand, zu dem das Ausnutzen* und das Beeinträchtigen der Wertschätzung gehört.[1505]

Demgegenüber geht *Sack* von einer Dreiteilung der Verletzungshandlungen aus: erstens der Rufausbeutungstatbestand, der das Ausnutzen der Unterscheidungskraft und der Wertschätzung umfasst, zweitens die Verwässerung, unter der die Beeinträchtigung der Unterscheidungskraft zu verstehen ist, und drittens die Beeinträchtigung der Wertschätzung.[1506]

Auch *Rittweger* geht von einer Dreiteilung aus, versteht aber unter der Rufausbeutung nur das Ausnutzen der Wertschätzung, beschränkt die Verwässerung auf die Beeinträchtigung der Unterscheidungskraft und sieht die Rufbeeinträchtigung als Beeinträchtigung der Wertschätzung an, während er das Ausnutzen der Unterscheidungskraft nicht als eigenständigen Verletzungstatbestand gemäß § 14 Abs. 2 Nr. 3 MarkenG betrachtet.[1507]

All diese Unterteilungsvorschläge überschneiden sich teilweise in ihrer Terminologie und den Bedeutungen der jeweiligen Fachtermini. So verstehen alle Modelle unter Verwässerung die Beeinträchtigung der Unterscheidungskraft einer bekannten Marke. Während *Sack* und *Rittweger* die Verwässerung darauf beschränken, erweitert die Begründung zum MarkenG diese noch um das Ausnutzen der Unterscheidungskraft als zweiten Fall der Verwässerung. Ebenso verstehen alle vorgestellten Unterteilungsmodelle die Rufausbeutung als Ausnutzung der Wertschätzung einer bekannten Marke, während *Sack* darunter zusätzlich das Ausnutzen der Unterscheidungskraft versteht und die Begründung zum MarkenG völlig entgegengesetzt die Beeinträchtigung der Wertschätzung einer bekannten Marke.

Die Verwendung teilweise identischer Begriffe für unterschiedliche Inhalte birgt die große Gefahr von Missverständnissen in sich. Zudem knüpfen die verschiedenen Unterteilungsvorschläge der Verletzungstatbestände in § 14 Abs. 2 Nr. 3 MarkenG terminologisch an den von der Rechtsprechung vor dem Inkrafttreten des MarkenG gewährten Schutz der bekannten und der berühmten Marke an. Die Terminologie war insoweit nicht immer einheit-

---

1505 Amtl. Begründung zum MarkenG, BT-Drucks. 12/6581, S. 72 (zu § 9); ebenso Schultze/Schwenn, WRP 1997, 536, 537 li. Sp.
1506 Sack, GRUR 1995, 81, 82 ff.
1507 Rittweger, S. 216 f.

lich[1508]. Schließlich birgt eine derartige terminologische Anknüpfung an eine Rechtsprechung, die zu einer mittlerweile überholten Rechtslage ergangen ist, die Gefahr, dass man sich zu stark an dieser und zu wenig an der geltenden Rechtslage orientiert.[1509] Dies kann zu einer Verengung der Sichtweise führen.[1510] Daher ist es vorzuziehen, sich terminologisch ausschließlich am Wortlaut von § 14 Abs. 2 Nr. 3 MarkenG und Art. 5 Abs. 2 MarkenRL zu orientieren. Dieses Vorgehen ist eindeutig und erleichtert nicht nur die nationale, sondern auch die EU-weite Verständigung über § 14 Abs. 2 Nr. 3 MarkenG.

a) Ausnutzen der Unterscheidungskraft der bekannten Marke

aa) Eigenständiger Verletzungstatbestand

Ob das Ausnutzen der Unterscheidungskraft der bekannten Marke einen eigenständigen Verletzungstatbestand darstellt, ist umstritten. *Bonn* zufolge ist das Ausnutzen der Unterscheidungskraft der bekannten Marke von der Textfassung her zwar möglich, scheide allerdings denklogisch aus. Denn nur der Markeninhaber könne die Unterscheidungskraft einer Marke ausnutzen, da das Ausnutzen der Unterscheidungskraft durch einen Zweitverwender immer gleichzeitig auch eine Beeinträchtigung der Unterscheidungskraft bedeute.[1511] Auch *Großner* hält das Ausnutzen der Unterscheidungskraft der bekannten Marke nicht für eine eigenständige Tathandlung gemäß § 14 Abs. 2 Nr. 3 MarkenG, da der Zweitverwender nicht die Unterscheidungskraft der Originalmarke für sich ausnutzen wolle, sondern diese durch seine Annäherung gerade abschwächen wolle.[1512] *Rittweger* hingegen sieht das Ausnutzen der Unterscheidungskraft einer bekannten Marke nicht als Verletzungstatbestand von § 14 Abs. 2 Nr. 3 MarkenG an, da das Ausnutzen der Unterscheidungskraft einer bekannten Marke allein in der noch während der Geltung des WZG ergangenen Rechtsprechung des BGH auch nicht als ausreichend angesehen wurde.[1513]

Das von *Bonn* vorgebrachte Argument, das Ausnutzen der Unterscheidungskraft einer bekannten Marke sei zugleich immer auch eine Beeinträchtigung der Unterscheidungskraft und sei deshalb kein eigenständiger Verletzungstatbestand, ist unzutreffend. Zwar ist jedes Ausnutzen der Unterscheidungskraft zugleich eine Beeinträchtigung der

---

1508 Erst ab der „Quick"- Entscheidung des BGH, GRUR 1959, 182, 185 ff. kam es zu einer Unterscheidung zwischen Verwässerung und Rufausbeutung; vgl. Rittweger, S. 201.

1509 Vgl. Rittweger, S. 217, der das Ausnutzen der Unterscheidungskraft mit der Begründung nicht als eigenständige Verletzungshandlung i. S. v. § 14 Abs. 2 Nr. 3 MarkenG ansieht, dass dies in der noch während der Geltung des WZG ergangenen Rechtsprechung des BGH auch nicht als ausreichend angesehen wurde.

1510 Will, S. 154.

1511 Bonn, S. 139 f.; unter Berufung auf die Einteilung von Schweer, S. 118 f.

1512 Großner, S. 189, ebenfalls unter Berufung auf Schweer, S. 118 f.

1513 Rittweger, S. 217.

Unterscheidungskraft, nicht aber umgekehrt.[1514] Das Ausnutzen der Unterscheidungskraft ist gegenüber dem Beeinträchtigen der Unterscheidungskraft spezieller. *Bonns* Argumentation verkennt den Spezialitätsgrundsatz. Nach *Bonns* Verständnis müsste konsequenterweise auch die Fallgruppe der Ausnutzung der Wertschätzung überflüssig sein. Dies vertritt er jedoch nicht.

Der BGH geht vor dem Inkrafttreten des MarkenG davon aus, dass die Rufausbeutung und die Rufbeeinträchtigung voneinander zu unterscheiden sind. Denn der Zweitbenutzer lässt den guten Ruf einer Marke bei der Rufausbeutung intakt, weil er von ihr profitieren möchte.[1515] Dasselbe gilt für das Verhältnis von Ausnutzung und Beeinträchtigung der Unterscheidungskraft gemäß § 14 Abs. 2 Nr. 3 MarkenG. Weiterhin geht aus dem Wortlaut von § 14 Abs. 2 Nr. 3 MarkenG und Art. 5 Abs. 2 MarkenRL hervor, dass die dort jeweils aufgeführten vier Verletzungstatbestände gleichberechtigt nebeneinander stehen.

Die Argumentation von *Großner* krankt daran, dass der Zweitverwender, der die Unterscheidungskraft einer bekannten Marke ausnutzt, vor allem ein wirtschaftliches Interesse an der Aufrechterhaltung ihrer Unterscheidungskraft hat und daher ihre Verwässerung nicht anstrebt, sondern nur billigend in Kauf nimmt, soweit sie für die Verfolgung der eigenen Zwecke unvermeidlich ist.[1516] Damit kann keine Rede davon sein, dass der Zweitverwender die Unterscheidungskraft zu schwächen beabsichtige. Ähnlich wie *Großner* argumentierte das OLG Bremen bei der Verneinung eines Wettbewerbsverhältnisses gemäß § 1 UWG. Es führte aus, die Benutzung des Warenzeichens „Mars“ gehe auf Kosten seines Rufes, so dass es sich nicht zur Förderung des Absatzes von Scherzartikeln eigne.[1517] Der BGH stellte klar, dass es nur auf die objektive Eignung der Marke zur Lizenzvergabe ankommt; unmaßgeblich ist, dass der Ruf einer Marke durch eine solche Lizenzvergabe beeinträchtigt wird und der Zeicheninhaber daher regelmäßig nicht zu einer Lizenzvergabe bereit ist.[1518]

Rittweger ist entgegenzuhalten, dass er § 14 Abs. 2 Nr. 3 MarkenG als bloße Kodifizierung des Schutzes der bekannten und der berühmten Marke betrachtet, die das RG und vor allem der BGH vor dem Inkrafttreten des MarkenG entwickelt haben. Dies verkennt bei nationaler Betrachtung die Tatsache, dass § 14 Abs. 2 Nr. 3 MarkenG eindeutig einen anderen Inhalt als die bisherige Rechtsprechung zum Schutz der bekannten und der berühmten Marke

---

1514 Ebenso zum Verhältnis des Ausnutzens der Wertschätzung zu deren Beeinträchtigung Großner, S. 190.
1515 BGH GRUR 1991, 609, 611 f. – SL; Sambuc, GRUR 1996, 675, 676 li. Sp.
1516 So auch BGH GRUR 1991, 609, 611 f. – SL; Sambuc, GRUR 1996, 675, 676 li. Sp.
1517 OLG Bremen, zitiert nach BGH GRUR 1994, 808, 808 re. Sp. – Markenverunglimpfung I.
1518 BGH GRUR 1994, 808, 811 – Markenverunglimpfung I.

hat.[1519] Bei europäischer Betrachtung verkennt die Auffassung von *Rittweger*, dass Grundlage von § 14 Abs. 2 Nr. 3 MarkenG die MarkenRL ist und nicht die besagte Rechtsprechung.[1520]

Demgegenüber halten *Piper*[1521] und *Sack*[1522] das Ausnutzen der Unterscheidungskraft nicht für einen überflüssigen Verletzungstatbestand von § 14 Abs. 2 Nr. 3 MarkenG, sondern ordnen beispielsweise den Sachverhalt, der dem BGH-Urteil „Markenverunglimpfung I" zugrunde lag, darunter ein. Dafür spricht zum einen der eindeutige Wortlaut der Vorschrift sowie zum anderen die völlige Neugestaltung des MarkenG[1523] und damit des gesamten Markenschutzes. Denn Art 5 Abs. 2 MarkenRL ist eine autonome Regelung des Gemeinschaftsrechts und keine Kodifizierung einer nationalen Rechtsprechung. Damit ist das Ausnutzen der Unterscheidungskraft ein selbständiger Verletzungstatbestand von § 14 Abs. 2 Nr. 3 MarkenG.

bb) Unterscheidungskraft

Unterscheidungseignung gemäß § 3 Abs. 1 MarkenG ist Voraussetzung jeden Markenschutzes. Da jede Marke die Voraussetzungen von § 14 Abs. 2 Nr. 3 MarkenG erfüllen würde, wenn man Unterscheidungskraft i. S. v. § 14 Abs. 2 Nr. 3 MarkenG und Unterscheidungseignung i. S. v. § 3 Abs. 1 MarkenG synonym verstehen würde, können beide Begriffe nicht dasselbe bedeuten. Eine begriffliche Überschneidung wie in § 3 Abs. 1 und § 14 Abs. 2 Nr. 3 MarkenG liegt zudem in Art. 2 und Art. 5 Abs. 2 MarkenRL nicht vor. Ebenfalls zu differenzieren ist Unterscheidungskraft i. S. v. § 14 Abs. 2 MarkenG und die konkrete Unterscheidungskraft gemäß § 8 Abs. 2 Nr. 1 MarkenG, die ein absolutes Schutzhindernis ist, während Unterscheidungskraft i. S. v. § 14 Abs. 2 Nr. 3 MarkenG die Voraussetzung einer Markenverletzung ist. Die Anforderungen an Unterscheidungskraft i. S. v. § 14 Abs. 2 Nr. 3 MarkenG müssen gegenüber § 8 Abs. 2 Nr. 1 MarkenG eigenständig bestimmt werden. Andernfalls läge Unterscheidungskraft i. S. v. § 14 Abs. 2

1519 So setzte Verwässerungsschutz im Gegensatz zu § 14 Abs. 2 Nr. 3 MarkenG keine Bekanntheit sondern Berühmtheit voraus, BGH GRUR 1991, 863, 866 m. w. N. – Avon.

1520 Die Amtliche Begründung zum MarkenG, BT-Drucksache 12/6581, S. 58 f. geht bei der Auslegung des MarkenG von einer Neuausrichtung gegenüber der Rechtslage zum WZG aus.

1521 Piper, GRUR 1996, 429, 434 f. nimmt an, dass die als bekannt feststehende Marke bei der Ausnutzung der Unterscheidungskraft zusätzlich einen guten Ruf genießen muss. Dieser Ansicht liegt die nicht zutreffende Einordnung der Ausnutzung der Unterscheidungskraft als Rufausbeutung zugrunde. Nach der Rechtsprechung des BGH setzte Rufausbeutung gemäß § 1 UWG einen zum Imagetransfer geeigneten guten Ruf voraus, BGH GRUR 1983, 247, 248 re. Sp. – Rolls Royce; GRUR 1991, 465, 466 re. Sp. – Salomon; GRUR 1991, 609, 612 li. Sp. – SL; GRUR 1994, 635, 636 re. Sp. – Pulloverbeschriftung. Jedoch sind die verschiedenen Verletzungstatbestände aus den genannten Gründen autonom und nicht als bloße Kodifizierung der zum Schutz bekannter und berühmter Marke entwickelten Rechtsprechung des BGH zu verstehen.

1522 Sack, GRUR 1995, 81, 84.

1523 Amtliche Begründung zum MarkenG, BT-Drucksache 12/6581, S. 58 f.

Nr. 3 MarkenG für Registermarken in aller Regel vor. Dies widerspräche der Tatsache, dass die MarkenRL sich auf die Regelung der Registermarke beschränkt, da Unterscheidungskraft als Voraussetzung von Art. 5 Abs. 2 MarkenRL dann bedeutungslos wäre.[1524]

Unterscheidungskraft i. S. v. § 14 Abs. 2 Nr. 3 MarkenG wird gleichgestellt mit der Kennzeichnungskraft als Kriterium der Verwechslungsgefahr[1525] bzw. wird vereinzelt verstanden als die das fremde Zeichen prägende und sich von anderen Marken unterscheidende Eigenart[1526]. Die beteiligten Verkehrskreise müssen mit der bekannten Marke die Originalprodukte auch dann noch assoziieren, wenn die bekannte Marke für andere Produkte benutzt wird.[1527]

cc) Ausnutzen

Ein Ausnutzen der Unterscheidungskraft liegt vor, wenn die bekannte Marke dazu benutzt wird, bei den beteiligten Verkehrskreisen einen Aufmerksamkeits- oder Kontrasteffekt zu erzielen.[1528] Die bisher der Rechtsprechung zur Markenverunglimpfung unterfallenden Sachverhalte richten sich nicht mehr nach § 1 UWG, sondern nach § 14 Abs. 2 Nr. 3 MarkenG und stellen einen Fall der Ausnutzung der Unterscheidungskraft dar.

Die Nutzung bekannter Marken zur Herbeiführung eines Kontrasteffektes wird auch als Fall der Ausnutzung der Wertschätzung bekannter Marken angesehen.[1529] Allerdings setzt ein Kontrasteffekt nicht die Wertschätzung der bekannten Marke voraus. Zwar kann die bekannte Marke im Einzelfall außerdem noch Wertschätzung genießen, doch ist dies nicht Voraussetzung eines Aufmerksamkeitseffektes. Die Gegenmeinung argumentiert selbst, dass die Fälle der Markenverunglimpfung nur einen Aufmerksamkeitseffekt ausnutzen, ohne dass es auf die Wertschätzung der bekannten Marke ankommt.[1530] Somit ist die Markenverunglimpfung eine Ausnutzung der Unterscheidungskraft einer bekannten Marke.

Während der Geltung des WZG hatte der BGH Fälle der Markenverunglimpfung zu entscheiden. In dem Fall „Markenverunglimpfung I“ ging eine Herstellerin von Schokolade gegen den Verkauf von Präservativen vor, die in einer Faltschachtel angeboten wurden. Die Faltschachtel sah wie ein Streichholzbrief aus und war mit dem klägerischen Warenzeichen

---

[1524] Ebenso Will, S. 154 f.

[1525] BGH WRP 2001, 694, 697 – Evian/Revian; Ingerl/Rohnke, § 14 Rn. 506 f.; Speckmann, Rn. 2305; Schönfeld, S. 203 bezüglich Art. 5 Abs. 2 GMVO unter Berufung auf dessen englische Fassung „destinctive character“.

[1526] Will, S. 158.

[1527] Will, S. 158.

[1528] Piper, GRUR 1996, 429, 434 f.; Sack, GRUR 1995, 81, 84; Speckmann, Rn. 2307.

[1529] Sack, GRUR 1995, 81, 83 li. Sp.; Will, S. 165 f.; Schultze/Schwenn, WRP 1997, 536, 537 re. Sp.

[1530] Rittweger, S. 221.

„Mars" in der bekannten geschwungenen Schrift versehen. Darunter waren die Worte „macht mobil" in Anlehnung an den ebenfalls als Warenzeichen geschützten Werbespruch „Mars macht mobil, bei Arbeit, Sport und Spiel" angebracht. Wenn man die Faltschachtel öffnete, war die abgewandelte Fortsetzung „bei Sex-Sport und Spiel" zu lesen. Auf der Rückseite der Faltschachtel befand sich in wesentlich kleinerer Schrift ein Hinweis auf den Zweitverwender als Urheber des Scherzartikels.[1531]

Der BGH nahm einen Verstoß gegen § 1 UWG an. In Erweiterung der Dimple- Rechtsprechung bejahte er ein Wettbewerbsverhältnis auch bei einem Wettbewerb der Parteien um den lizenzfähigen Ruf einer berühmten Marke, wenn dieser für die Produkte des Zweitverwenders nicht transfergeeignet war, aber mit seiner Hilfe ein Kontrasteffekt herbeigeführt werden konnte. Die objektive Lizenzeignung genügte, die subjektive Lizenzbereitschaft des Markeninhabers war nicht erforderlich.[1532] Die Anlehnung an ein fremdes Arbeitsergebnis bestand gerade in der Ausnutzung des hergestellten Kontrasteffektes.[1533] Der BGH leitete die Sittenwidrigkeit der Verwendung der fremden Marke i. S. v. § 1 UWG daraus ab, dass die Marke für die Beschriftung von Präservativ-Packungen benutzt wurde, obwohl die fremde Marke ihre Bekanntheit und ihren Werbewert ausschließlich im Zusammenhang mit Schokoriegeln erworben hatte. Die beanstandete Markenbenutzung konnte die Werbewirksamkeit der Warenzeichen für die eigentliche Ware beeinträchtigen und jedenfalls in Teilen des Verkehrs ein negatives Image herbeiführen.[1534]

Dem BGH zufolge bestand die Gefahr, dass die Präservative in der Faltschachtel der Klägerin zugeordnet würden. Der Werbespruch sei nur geringfügig verfremdet und der unscheinbare Hinweis auf die Beklagte auf der Rückseite der Faltschachtel stehe der warenzeichenmäßigen Verwendung nicht entgegen.[1535] Solche Zuordnungen und negativen Auswirkungen habe die Beklagte bewusst in Kauf genommen. Die eigenen Waren wären ohne den ausgebeuteten Ruf überhaupt nicht oder nur schwer absetzbar. Somit verstoße die Beklagte gegen § 1 UWG.[1536]

[1531] BGH GRUR 1994, 808, 808 re. Sp. – Markenverunglimpfung I.
[1532] BGH GRUR 1994, 808, 811 li. Sp. – Markenverunglimpfung I; zustimmend Bürglen, GRUR 1994, 812, 812 f.
[1533] BGH GRUR 1994, 808, 811 li. Sp. – Markenverunglimpfung I.
[1534] BGH GRUR 1994, 808, 811, re. Sp. – Markenverunglimpfung I.
[1535] BGH GRUR 1994, 808, 812 li. Sp. – Markenverunglimpfung I.
[1536] BGH GRUR 1994, 808, 812 li. Sp. – Markenverunglimpfung I.

Im Fall „Markenverunglimpfung II" bestätigte der BGH diese Rechtsprechung. Er gestand der Inhaberin der Marke „Nivea" einen Anspruch aus § 1 UWG gegen Kondome zu, die mit „Es tut NIVEA als das erste mal" und „NIVEAU milk" beschriftet waren.[1537]

Auch die Ausnutzung der Unterscheidungskraft gemäß § 14 Abs. 2 Nr. 3 MarkenG ist die Anlehnung an eine fremde Leistung i. S. d. früher Rechtsprechung zur Markenverunglimpfung. Die Anlehnung besteht in der Verwendung einer fremden bekannten Marke für Produkte außerhalb des Warenähnlichkeitsbereiches zur Erreichung eines Kontrasteffektes. In dem Sachverhalt, der dem Urteil „Markenverunglimpfung I" zugrunde lag, ergab sich dieser Kontrasteffekt aus dem Gegensatz der Bekanntheit der klägerischen Marke für Schokoriegel zu der Verwendung dieser Marke zur Kennzeichnung von Präservativen.

Abstrakt ausgedrückt ergibt sich der Kontrasteffekt aus der Kennzeichnung von Produkten mit einer bekannten Marke, wenn diese Produkte in Anbetracht der üblicherweise gekennzeichneten Produkte gänzlich unpassend sind. Zur Herbeiführung dieses auf einem Kontrast beruhenden Scherzeffektes kommt es neben der Bekanntheit der Marke entscheidend darauf an, dass die bekannte Marke unterscheidungskräftig i. S. v. § 14 Abs. 2 Nr. 3 MarkenG ist. Dies bedeutet, dass der Verkehr die bekannte Marke so mit einem bestimmten Produkt verbindet, dass er auch dann noch die Originalprodukte assoziiert, wenn die bekannte Marke für andere Produkte als die Originalprodukte benutzt wird.[1538] Weiterhin sollte das vom Zweitverwender mit der bekannten Marke gekennzeichnete Produkt in keinem Zusammenhang mit dem Originalprodukt stehen, so dass ein möglichst deutlicher Kontrast entsteht.[1539] Ein solcher Kontrasteffekt ist nicht auf die Kennzeichnung von Produkten beschränkt, die wie Kondome mit Sexualität im Zusammenhang stehen.[1540] Eine Markenverunglimpfung kann auch durch andere Kontrasteffekte herbeigeführt werden. Die Art des Kontrasteffektes kann jedoch bei der Unlauterkeit eine Rolle spielen.

Vorbehaltlich besonderer Umstände des Einzelfalles ist davon auszugehen, dass der Verkehr eine Markenverunglimpfung aufgrund der konträren Beschaffenheit der gekennzeichneten Produkte oder der Verfremdung der bekannten Marke erkennt und nicht dem Zeicheninhaber zuordnet.[1541] Dass die Herbeiführung eines solchen Kontrast- oder

---

[1537] BGH GRUR 1995, 57 ff. – Markenverunglimpfung II.
[1538] Will, S. 158; Großner, S. 206.
[1539] Diesen Umstand berücksichtigte der BGH zur Begründung des Wettbewerbsverhältnisses gemäß § 1 UWG, BGH GRUR 1994, 808, 811 li. Sp. – Markenverunglimpfung I.
[1540] Wie in BGH GRUR 1994, 808 ff. – Markenverunglimpfung I sowie in BGH GRUR 1995, 57 ff. – Markenverunglimpfung II.
[1541] Ebenso Deutsch, GRUR 1995, 319, 320.

Scherzeffektes die Unterscheidungskraft der bekannten Marke ausnutzt, wird auch durch die Tatsache unterstrichen, dass der Zweitverwender die Präservative ohne den Kontrasteffekt wesentlich schwerer hätte verkaufen können. Denn dann hätte die Ware nicht den Charakter eines Scherzartikels.

dd) Unlauterkeit des Ausnutzens der Unterscheidungskraft

Gemäß § 14 Abs. 2 Nr. 3 MarkenG muss das Ausnutzen der Unterscheidungskraft einer bekannten Marke zudem unlauter sein. Unlauterkeit erfordert weitere, besondere Umstände, die die Verwerflichkeit begründen.[1542]

Will ist der Ansicht, dass es bei Ausnutzung der Unterscheidungskraft i. S. v. § 14 Abs. 2 Nr. 3 MarkenG immer an der Unlauterkeit fehlt, da sich der Zweitverwender gerade von der Originalmarke absetzt und daher die besondere Leistung bzw. Rechtsstellung des Markeninhabers nicht zum Vorteil des eigenen Warenabsatzes nutzt.[1543] Diese Auffassung läuft auf eine Korrektur des eindeutigen Gesetzeswortlauts von § 14 Abs. 2 Nr. 3 MarkenG hinaus und ist daher abzulehnen. § 14 Abs. 2 Nr. 3 MarkenG geht davon aus, dass auch das Ausnutzen der Unterscheidungskraft einer bekannten Marke unlauter sein kann. Gegenteilige Anhaltspunkte sind nicht ersichtlich.

Es ist unlauter, eine bekannte Marke außerhalb des Produktähnlichkeitsbereiches zu benutzen, wenn dadurch ein Aufmerksamkeits- bzw. Kontrasteffekt erzielt wird. Die Unlauterkeit wird durch das Ausnutzen der Unterscheidungskraft indiziert. Insbesondere ist die Herbeiführung von Aufmerksamkeitseffekten unlauter, die auf der Verbindung einer unverfänglichen Marke mit verfänglichen Produkten beruht. In dem Sachverhalt, der dem Urteil „Markenverunglimpfung I" zugrunde lag, wird die Unlauterkeit des Handelns durch die Tatsache verstärkt, dass mit der Marke neben Schokoladenriegeln nun auch Präservative assoziiert werden. Die Käufer von Schokoladenriegeln wollen üblicherweise beim Kauf von Süßwaren nicht mit Assoziationen an Geschlechtsverkehr, Aidsverhütung etc. behelligt werden. Daher können sich diese Assoziationen absatz- und imageschädigend auswirken.[1544]

[1542] BGH GRUR 1991, 609, 611 – SL; GRUR 1994, 732, 734 – McLaren m. w. N.; Piper, GRUR 1996, 429, 435 li. Sp. unten.

[1543] Will, S. 155 f.

[1544] So auch Deutsch, GRUR 1995, 319, 320; so der BGH GRUR 1994, 808, 811 – Markenverunglimpfung I, allerdings zur Begründung des Wettbewerbsverhältnisses gemäß § 1 UWG.

Leicht sind auch andere Aufmerksamkeitseffekte denkbar, die ebenfalls unlauter sind. Beispielsweise kann ein Dritter ein besonders scharfes und aggressives Reinigungsmittel als „Penaten" bezeichnen oder einen WC-Reiniger „Odol" nennen, dessen besonders frischer Duft bei der Werbung herausgestellt wird. Die bekannte Marke wird zwar für ein an sich unverfängliches Produkt verwendet, doch stehen die Eigenschaften dieses Produktes im Widerspruch zu dem ursprünglich gekennzeichneten Produkt.

Es sind Parallelen zu der sogenannten „Rattengiftregel" gemäß § 6 Abs. 2 lit. b) der nordischen Warenzeichengesetze a. F. zu erkennen. Diese Regelung bezog sich nur auf Produkte wie beispielsweise Lebensmittel, bei denen die Verbraucher besonders „empfindlich" reagieren. Der Rattengiftregel zufolge konnte sich ein Markeninhaber auch außerhalb des Warenähnlichkeitsbereiches gegen die Nutzung seines im Verkehr durchgesetzten Zeichens wehren, wenn die Zeichenverwendung für andersartige Produkte den Wert des Zeichens im Hinblick auf die Besonderheit der Produkte wesentlich verringern würde. Während der Gesetzgebungsarbeiten wurde als Beispiel genannt, dass eine für Schokolade im Verkehr durchgesetzte Marke für Rattengift verwendet wird.[1545] Demgegenüber liegt der Rattengiftregel zufolge bei humorvollen Kontrasteffekten kein unlauteres Handeln vor, wenn sie das Image der bekannten Marke nicht beeinträchtigen.

Somit ist die Ausnutzung der Unterscheidungskraft einer bekannten Marke dann unlauter i. S. v. § 14 Abs. 2 Nr. 3 MarkenG, wenn sich ein Zweitverwender der bekannten Marke bedient, um einen verkaufsfördernden Kontrasteffekt herbeizuführen. Die Ausnutzung der Unterscheidungskraft einer bekannten Marke setzt aber nicht voraus, dass die bekannte Marke durch den Kontrasteffekt beeinträchtigt wird. Ist dies zusätzlich der Fall, steht dies ihrer Einordnung als Ausnutzung der Unterscheidungskraft nicht entgegen[1546], sondern verstärkt im Gegenteil die Unlauterkeit des Handelns.

ee) Ohne rechtfertigenden Grund

Erfolgt das Ausnutzen der Unterscheidungskraft einer bekannten Marke in unlauterer Weise, ist damit indiziert, dass der Zweitverwender ohne rechtfertigenden Grund handelt.

ff) Characters

Infolge des übereinstimmenden Verständnisses von Unterscheidungskraft gemäß § 14 Abs. 2 Nr. 3 MarkenG und Kennzeichnungskraft kann hinsichtlich der Kennzeichnungskraft

---

[1545] Kur, GRUR Int. 1991, 785, 787 re. Sp., Fn. 18.
[1546] Sh. o. Teil 2, E. IV. 6. a) aa); a. A. Fezer, § 14 Rn. 427.

der verschiedenen Erscheinungsformen von Characters auf die obigen Ausführungen verwiesen werden.[1547]

Die Ausnutzung der Unterscheidungskraft einer bekannten Marke setzt einen Aufmerksamkeits- bzw. Kontrasteffekt voraus. Dieser beruht in der Regel auf der dem Verkehr bekannten Verbindung einer bekannten und unterscheidungskräftigen Marke mit einem bestimmten, ebenfalls bekannten Produkt. Character Merchandising zeichnet sich in aller Regel dadurch aus, dass viele, sehr unterschiedliche Produkte mit einem Character verbunden werden. In einem solchen Fall ist die Verbindung zwischen dem Character und dem einzelnen Produkt nicht so ausgeprägt, dass mit Hilfe des Characters ein Kontrasteffekt im obigen Sinne zustande kommt. Anders wäre dies allenfalls, wenn sich der Inhaber eines als Marke geschützten Characters dazu entschließt, den Character nur für ein Produkt oder nur eine eng eingegrenzte Gruppe von Produkten zu nutzen.

Bei Characters kann sich ein Kontrasteffekt jedoch aufgrund des Gegensatzes zwischen dem Character und dem Produkt ergeben. Dies ist jedoch nicht als ein Ausnutzen der Unterscheidungskraft i. S. v. § 14 Abs. 2 Nr. 3 MarkenG anzusehen. Selbst wenn der Character in einem solchen Fall Unterscheidungskraft aufweisen sollte, wird doch nicht diese, sondern allein die Bekanntheit des Characters ausgenutzt. Eine solche Nutzung des Characters erfüllt somit nicht die Voraussetzungen an ein Ausnutzen der Unterscheidungskraft i. S. v. § 14 Abs. 2 Nr. 3 MarkenG.

Unterscheidungskraft ist eher anzunehmen bei Markenfiguren, da diese eng mit einem Produkt verbunden sind. Daher ist ein Kontrasteffekt bei dem Einsatz von Markenfiguren eher vorstellbar als bei anderen Characters. Wird also mit dem Michelinmännchen für Reißzwecken geworben, kann dies als Ausnutzen der Unterscheidungskraft anzusehen sein.

b) Beeinträchtigen der Unterscheidungskraft der bekannten Marke

aa) Beeinträchtigen der Unterscheidungskraft

Bei der Beeinträchtigung der Unterscheidungskraft einer bekannten Marke handelt es sich um den Fall der Verwässerungsgefahr, gegen die vor dem Inkrafttreten des MarkenG nur berühmte Marken gemäß §§ 823, 1004 BGB geschützt waren.[1548] Die Beeinträchtigung der

---

[1547] Sh. o. Teil 2, E. II. 2 f).

[1548] BGH GRUR 1987, 711 ff. – Camel Tours; GRUR 1991, 863 ff. – Avon; Baumbach/Hefermehl, WZG, § 31 Rn. 190 ff.; vgl. auch den Überblick bei Sack, WRP 1985, 459 ff. m. w. N.; Zollner,

Unterscheidungskraft einer bekannten Marke setzt gemäß § 14 Abs. 2 Nr. 3 MarkenG die Schwächung ihrer Kennzeichnungskraft voraus.

Jede Verwendung eines der bekannten Marke ähnlichen Zeichens durch einen Dritten ist potentiell dazu geeignet, die Unterscheidungskraft der bekannten Marke zu schwächen. Es ist also fraglich, unter welchen Voraussetzungen eine Drittnutzung außerhalb des Produktähnlichkeitsbereichs eine Beeinträchtigung der Unterscheidungskraft der bekannten Marke i. S. v. § 14 Abs. 2 Nr. 3 MarkenG ist. Die Eingrenzung der Fälle, in denen die Unterscheidungskraft einer bekannten Marke beeinträchtigt ist, ist außerdem notwendig, da die Beeinträchtigung der Unterscheidungskraft andernfalls mit der Ausnutzung der Wertschätzung der bekannten Marke kollidierte. Vor dem Inkrafttreten des MarkenG kam es vor allem deshalb nicht zu einer Kollision dieser beiden Verletzungstatbestände, weil der Schutz vor Beeinträchtigung der Unterscheidungskraft (Verwässerungstatbestand) zum einen die Berühmtheit der Marke voraussetzte und er zum anderen durch die kontinuierliche Verschärfung der Anforderungen stetig an Bedeutung verlor.[1549] Demgegenüber setzt die Beeinträchtigung der Unterscheidungskraft nach dem Inkrafttreten des MarkenG gemäß § 14 Abs. 2 Nr. 3 MarkenG ebenso wie die Ausnutzung der Wertschätzung nur die Bekanntheit der Marke voraus. Daraus resultiert die Gefahr, dass der Grundsatz ausgehöhlt wird, dass Marken für Produkte außerhalb des Produktähnlichkeitsbereiches von Dritten benutzt werden können. So wird verschiedentlich angenommen, dass schon die Nutzung einer fast identisch geschriebenen Marke die Unterscheidungskraft einer bekannten Marke schwäche.[1550]

Die Begrenzung der Fälle der Beeinträchtigung der Unterscheidungskraft wird auf verschiedenen Wegen vorgenommen. Einer Ansicht zufolge muss die Beeinträchtigung der Unterscheidungskraft greifbar und nicht nur theoretisch sein.[1551] Eine andere Ansicht hält jeden Eingriff für eine Beeinträchtigung der Unterscheidungskraft, der die das fremde Zeichen prägende und von anderen differenzierende Eigenart berührt und der die rechtlich gesicherte Position des Markeninhabers berührt.[1552] Wann ein Eingriff in die Unterscheidungskraft vorliegt bzw. eine Drittnutzung diese greifbar beeinträchtigt, ist jedoch schwierig zu beurteilen. Danach ließe sich nicht mit der gebotenen Sicherheit im Vorfeld sagen, welche Drittnutzung als Beeinträchtigung der Unterscheidungskraft verboten werden kann und welche nicht.

S. 25 ff. arbeitet die Entwicklung des Verwässerungsschutzes anhand der dazu seit den 1920er Jahren ergangenen Rechtsprechung auf.

[1549] Rittweger, S. 201 ff.; Sack, GRUR 1995, 81, 85 f.

[1550] HansOLG Hamburg, GRUR 1999, 339, 342 re. Sp. – Yves Roche; Fezer, § 14 Rn. 427.

[1551] Ingerl/Rohnke, § 14 Rn. 509; Speckmann, Rn. 2308.

[1552] Will, S. 156.

Zur Eingrenzung der unzulässigen Beeinträchtigungen bekannter Marken wird auch versucht, die bisherige strenge deutsche Rechtsprechung zum Schutz vor Verwässerung in § 14 Abs. 2 Nr. 3 MarkenG fortzuführen, indem das Kriterium der Alleinstellung wieder eingeführt wird, ohne dies jedoch dogmatisch nachvollziehbar darzulegen.[1553] Dadurch soll einerseits zwar dem Wortlaut von § 14 Abs. 2 Nr. 3 MarkenG entsprochen werden, aber andererseits faktisch ein Verwässerungsschutz ausgeschaltet werden, um angesichts seiner bereits vor dem Inkrafttreten des MarkenG rückläufigen Bedeutung eine Kollisionen mit dem Tatbestand der Ausnutzung der Wertschätzung zu vermeiden. Diese Ansicht ist wegen ihrer unklaren dogmatischen Herleitung abzulehnen.

bb) Unlauterkeit

Sack hingegen löst dieses Problem durch die Auslegung des Tatbestandsmerkmals „ohne rechtfertigenden Grund in unlauterer Weise". Im Rahmen der Prüfung dieses Tatbestandsmerkmals seien die folgenden Kriterien gegeneinander abzuwägen: der Bekanntheitsgrad der Marke, ihre Alleinstellung, ihre Unterscheidungskraft und Originalität, ihr Werbewert, ihre Wertschätzung, die Branchennähe der Parteien (auch außerhalb des Ähnlichkeitsbereiches) und ein Freihaltungsbedürfnis außerhalb des Ähnlichkeitsbereiches. Je höher der Bekanntheitsgrad, die Originalität oder der Werbewert einer Marke ist, desto eher sei ihr Schutz vor der Beeinträchtigung der Unterscheidungskraft gerechtfertigt. Je größer das Freihaltungsbedürfnis außerhalb des Ähnlichkeitsbereiches ausfalle, desto weniger sei die Marke vor der Beeinträchtigung der Unterscheidungskraft zu schützen.[1554]

Für die von *Sack* vertretene Ansicht spricht erstens der Wortlaut von § 14 Abs. 2 Nr. 3 MarkenG. Denn nicht jede mögliche Beeinträchtigung der Unterscheidungskraft ist als Erfüllung des Verletzungstatbestandes anzusehen, sondern nur eine unlautere Beeinträchtigung. Zudem ist es durch die teilweise Anknüpfung an die vor dem Inkrafttreten des MarkenG ergangene Rechtsprechung zu § 1 UWG möglich, die Umstände des Einzelfalles gebührend zu berücksichtigen.

cc) Ohne rechtfertigenden Grund

Beeinträchtigt ein Zweitverwender die Unterscheidungskraft einer bekannten Marke in unlauterer Weise, ist damit auch indiziert, dass er ohne rechtfertigenden Grund handelt.

[1553] Rittweger, S. 228.

[1554] Sack, GRUR 1995, 81, 85 f.; Kur, GRUR Int. 1991, 785, 788 li. Sp. vertritt zu § 4 Abs. 2 des dänischen Warenzeichengesetzes n. F. ebenfalls die Ansicht, dass die Bedeutung der Bekanntheit als Tatbestandsmerkmals sinken und die der Unlauterkeit zunehmen werde.

c) Ausnutzen der Wertschätzung der bekannten Marke

Das Ausnutzen der Wertschätzung der bekannten Marke bezeichnet den Fall, den der BGH in seiner Rechtsprechung zu § 1 UWG als Ausbeutung des guten Rufs bezeichnete. Das Ausnutzen der Wertschätzung setzt voraus, dass keine Verwechslungsgefahr gegeben ist, da andernfalls die gekennzeichneten Produkt miteinander ähnlich wären, obwohl § 14 Abs. 2 Nr. 3 MarkenG fehlende Produktähnlichkeit voraussetzt.[1555]

aa) Wertschätzung

Die bekannte Marke muss Wertschätzung genießen. In Übereinstimmung mit der Rechtsprechung des BGH zu § 1 UWG vor dem Inkrafttreten des MarkenG ist die Wertschätzung einer Marke als die Summe der Gütevorstellungen definiert, die mit einem fremden Produkt aufgrund seiner Qualität oder besonderer Werbeanstrengungen verbunden sind.[1556] Der gute Ruf selbst beinhaltet alle Wertvorstellungen und positiven Assoziationen, die die Verbraucher mit der Marke verbinden. Er kann auf den hohen Qualitätsstandards der mit der bekannten Marke gekennzeichneten Produkte beruhen. Die mit einer Marke verbundenen Verbrauchervorstellungen sind aber immer weniger unmittelbar produktbezogen und immer stärker emotional und irrational geprägt, so dass Wertschätzung alle positiven Publikumserwartungen umfasst, also alle Vorstellungen, die die Wertschätzung beeinflussen können.[1557] Wie bereits dargestellt, gehören die Fälle der Markenverunglimpfung nicht zur Ausnutzung der Wertschätzung[1558], sondern sind als Ausnutzung der Unterscheidungskraft anzusehen.[1559]

Der gute Ruf der Marke hing nach der noch zu § 1 UWG ergangenen Rechtsprechung des BGH zum einen von der Eigenart der bekannten Marke, der Art der unter der Marke vertriebenen Waren und dem damit verbundenen Prestigewert ab und zum anderen von der Übertragbarkeit des Rufes.[1560] *Rößler* stimmt den von der Rechtsprechung gefundenen Ergebnissen mehrheitlich zu[1561], doch trifft seiner Meinung nach der vom BGH aufgestellte Kriterienkatalog nicht den Kern der Sache.[1562] Er unterscheidet zwischen Rufermittlung und

---

[1555] A. A. Will, S. 161 f.

[1556] BGH GRUR 1995, 697, 700 – Funny Paper; Ingerl/Rohnke, § 14 Rn. 498; Piper, GRUR 1996, 429, 434 re. Sp.

[1557] Rößler, GRUR 1994, 559, 563 li. Sp.; Rittweger, S. 218; Schönfeld, S. 204.

[1558] Piper, GRUR 1996, 429, 434 re. Sp.

[1559] Sh. o. Teil 2 E. IV 6. a).

[1560] BGH GRUR 1983, 247, 248 – Rolls Royce; GRUR 1985, 550, 552 – Dimple; 1991, 465, 466 – Salomon; GRUR 1991, 609, 612 – SL; GRUR 1994, 635, 636 – Pulloverbeschriftung; zur Rufausbeutung gemäß § 14 Abs. 2 Nr. 3 ebenso Speckmann, Rn. 2311.

[1561] Rößler, GRUR 1994, 559, 566 re. Sp. Fn. 95 stimmt nicht mit dem Ergebnis von BGH GRUR 1991, 465, 467 – Salomon überein, da dort im Gegensatz zum erstinstanzlichen Urteil der Zweitnutzen der mit der Marke Salomon verbundenen Assoziationen an sportlichen Erfolg nicht berücksichtigt wurde; ebenso Rohnke, GRUR 1991, 467, 467 f.

[1562] Rößler, GRUR 1994, 559, 565 ff., insbes. 567.

der Rufübertragbarkeit.[1563] Hinsichtlich der Transfereignung unterscheidet *Rößler* zutreffend zwischen den Rufinhalten, die sich auf den Grundnutzen[1564], und den Rufinhalten, die sich auf den Zweitnutzen[1565] eines Produktes beziehen. Rufinhalte, die mit dem Grundnutzen eines Produktes verbunden sind, können nur auf Produkte übertragen werden, die damit einen gemeinsamen Nenner aufweisen. Denn die Wertschätzung des Grundnutzens eines Produktes ist an das Produkt und seinen sachlichen Verwendungszweck gebunden.[1566] Demgegenüber bedarf es bei Rufinhalten, die an den Zweitnutzen einer bekannten Marke wie Eleganz, Exklusivität, Lebensstil aber auch Sportlichkeit[1567] etc. anknüpfen, keines gemeinsamen Nenners bei den jeweils gekennzeichneten Produkten, solange die mit der bekannten Marke verbundenen emotionalen Inhalte für die mit dem prioritätsjüngeren Zeichen gekennzeichneten Produkte aussagekräftig sind.[1568]

bb) Ausnutzen

Die Wertschätzung einer bekannten Marke wird gemäß § 14 Abs. 2 Nr. 3 3. Fall MarkenG ausgenutzt, wenn der Zweitverwender sie auf sein Produkt überträgt, indem er dieses mit der bekannten Marke versieht, um den Absatz der eigenen Produkte zu fördern.[1569] Das prioritätsjüngere Zeichen muss eine Assoziation an die bekannte Marke hervorrufen, die trotz abweichender Assoziationsmöglichkeiten noch in ausreichender Intensität besteht.[1570] Diesen Vorgang kann man auch als Imagetransfer bezeichnen. Dabei wird eine mit der bekannten Marke verbundene Vorstellung auf das Produkt des Zweitnutzers übertragen. Soweit die mit der bekannten Marke verbundenen Wertvorstellungen transfergeeignet sind, spielt es für die Übertragung keine Rolle, ob diese mit dem Gebrauchs- oder dem Zusatznutzen verbunden ist.

[1563] Rößler, GRUR 1994, 559, 563 re. Sp. oben.

[1564] Der Grundnutzen eines Produktes besteht in der Erfüllung seines Verwendungszwecks, wie ein Fahrrad der Fortbewegung dient und wie Winterbekleidung warm hält; Beispiele nach Rittweger, S. 218; Sambuc, GRUR 1989, 547, 556 re. Sp.; Lehmann, GRUR Int. 1986, 6, 15 li. Sp. m. w. N.

[1565] Zweitnutzen ist der über den Gebrauchsnutzen hinausreichende Nutzen wie beispielsweise bestimmte ästhetische Warengestaltungen oder bestimmte Produktimages; Sambuc, GRUR 1989, 547, 556 f.; Lehmann, GRUR Int. 1986, 6, 15 li. Sp. m. w. N.; Rittweger, S. 218 f.

[1566] Rößler, GRUR 1994, 559, 567 li. Sp., nennt die Marke „Nivea" als Beispiel, die für Körperpflegemittel verwendet wird, deren gemeinsamer Nenner die Eignung zur milden und schonenden Körperpflege ist; so schon Hätty, MA 1989, 390, 391 f.; ebenso Rittweger, S. 218 ff.; Großner, 208 f.; Will, S. 164.

[1567] BGH GRUR 1991, 465 ff mit Anm. von Rohnke, GRUR 1991, 467, 467 re. Sp. unten, der kritisiert, mit der Marke „Salomon" seien nicht nur die auf die unter dieser vertriebenen Sportartikel bezogenen Gesichtspunkte wie Präzision und Funktionsfähigkeit verbunden sondern angesichts der mit dieser Marke verknüpften sportlichen Erfolge auch die Botschaft, der Benutzer sei jung, dynamisch, sportlich und erfolgreich.

[1568] Rittweger, S. 220; Rößler, GRUR 1994, 559, 567, bejaht dies in Übereinstimmung mit BGH GRUR 1985, 550, 552 f. – Dimple, bezügl. der Marke Dimple für Herrenkosmetik, nicht aber für Putzmittel.

[1569] Großner, S. 205; Rittweger, S. 219; Speckmann, Rn. 2311; Will, S. 161.

[1570] Rößler, GRUR 1994, 559, 564 re. Sp. unter Bezugnahme auf BGH GRUR 1985, 550, 552 – Dimple; GRUR 1991, 465, 467 – Salomon; BGH NJW 1991, 3218, 3219 f. – Avon; Rohnke, GRUR 1991, 467, 468.

Bei einem Ausnutzen der Wertschätzung einer bekannten Marke setzt der Zweitverwender seine Produkte in Beziehung zu der Wertschätzung der Produkte des Markeninhabers, um deren guten Ruf als Vorspann für eigene Marketingstrategien zu verwenden.[1571] Ist der Imagetransfer zugunsten des Zweitverwenders erfolgreich, indiziert dies, dass die Wertschätzung der bekannten Marke gemäß § 14 Abs. 2 Nr. 3 3. Alt. MarkenG tatsächlich ausgenutzt wird. Da alle Fälle der Rufausbeutung gemäß § 14 Abs. 2 Nr. 3 3. Alt. MarkenG dieselbe Rechtsfolge haben, kann eine Unterteilung der Rufausbeutungstatbestände unterbleiben.[1572]

Auch die ornamentale Benutzung einer bekannten Marke kann unter § 14 Abs. 2 Nr. 3 MarkenG fallen, wenn der Zweitbenutzer damit seine eigene Leistung kennzeichnet. Somit wäre beispielsweise in dem Sachverhalt, der dem „Rolls Royce" -Urteil zugrunde liegt, eine Ausnutzung der Wertschätzung einer bekannten Marke gemäß § 14 Abs. 2 Nr. 3 MarkenG anzunehmen.[1573]

cc) ohne rechtfertigenden Grund in unlauterer Weise

Im Fall der Ausnutzung der Wertschätzung einer bekannten Marke gemäß § 14 Abs. 2 Nr. 3 3. Alt. MarkenG ist die Unlauterkeit und das Fehlen eines rechtfertigenden Grundes hinsichtlich des Handelns des Zweitverwenders durch seine Tatbestandsmäßigkeit indiziert.

dd) Characters

Bei der Ermittlung der Wertschätzung einer Marke ist zwischen dem Grundnutzen des mit der bekannten Marke gekennzeichneten Produktes und dem Sekundärnutzen zu differenzieren. Wegen der Bindung des Grundnutzens an das Produkt ist ein gewisser gemeinsamer Nenner zwischen dem Produkt, das der Markeninhaber mit seiner bekannten Marke kennzeichnet, und dem Produkt des Zweitverwenders erforderlich. Dies ist eine Frage des Einzelfalles, die keine für das Character Merchandising typischen Probleme aufwirft. Hinzu kommt, dass im Zuge des Merchandising ein Character häufig für viele verschiedene Produkte benutzt wird, so dass keine Beziehung zwischen dem Character als Marke und einem bestimmten Produkt hergestellt wird.

Anders sieht dies hinsichtlich des Sekundärnutzens einer bekannten Character-Marke aus. In der Regel kennzeichnen Characters keine besonders exklusiven Produkte, sondern eher Produkte des alltäglichen Gebrauchs. Selbst wenn „Mickey Mouse" auf einer Krawatte prangt, vermittelt dies nicht solche Attribute wie Eleganz, Exklusivität oder Lebensstil.

1571 Will, S. 162.
1572 So auch Großner, S. 213 ff., der trotzdem eine Unterteilung vornimmt.
1573 Will, S. 161 f.

Allerdings können noch andere Eigenschaften als Sekundärnutzen anzusehen sein wie beispielsweise Humor, Ironie, Jugendlichkeit oder Spontaneität, die sehr wohl von Characters repräsentiert werden bzw. mit Hilfe von Characters transportiert werden können. Characters können auch bestimmte für sie typische Eigenschaften wie Kraft[1574], Klugheit[1575], Wagemut und Durchsetzungsfähigkeit[1576] allegorisch darstellen.

d) Beeinträchtigen der Wertschätzung der bekannten Marke

aa) Beeinträchtigen

Eine Beeinträchtigung der Wertschätzung bekannter Marken kommt zum einen bei Benutzung für qualitativ schlechtere Produkte und zum anderen bei einem sogenannten inkompatiblen Zweitgebrauch in Frage.

Werden bekannte Marken für Produkte außerhalb des Produktähnlichkeitsbereiches verwendet, die qualitativ schlechter sind als die vom Markeninhaber mit der Marke gekennzeichneten Produkte, besteht die Gefahr, dass die Kunden ihre Unzufriedenheit mit den schlechteren Produkten wegen der Identität oder der Ähnlichkeit der Marken unterschwellig auf den Markeninhaber übertragen und dessen Produkte nicht mehr erwerben.[1577]

Ein inkompatibler Zweitgebrauch liegt vor, wenn die Benutzung der bekannten Marke durch einen Dritten ungünstige Assoziationen zu Lasten der bekannten Marke auslösen kann.[1578] Dies ist beispielsweise bei Verunglimpfung von Marken der Fall, wenn sie nicht nur unterscheidungskräftig i. S. v. § 14 Abs. 2 Nr. 3 MarkenG sind, sondern auch einen guten Ruf genießen. Lebensmittel sind insofern ein besonders empfindlicher Bereich.[1579]

bb) ohne rechtfertigenden Grund in unlauterer Weise

Beeinträchtigt ein Zweitverwender die Wertschätzung einer bekannten Marke gemäß § 14 Abs. 2 Nr. 3 3. Alt. MarkenG, indiziert dies die Unlauterkeit und das Fehlen eines

---

1574 Obelix.
1575 Asterix, Mickey Mouse.
1576 Lara Croft.
1577 Sack, GRUR 1995, 81, 83 re. Sp. m. w. N.
1578 Sack, GRUR 1995, 81, 84, li. Sp.; ebenso Bonn, WRP 1994, 501, 502 li. Sp.; Sack, WRP 1985, 459, 464 li. Sp. spricht von „inkompatibler Anmutungsqualität"; Piper, GRUR 1996, 429, 435 li. Sp.
1579 Vgl. die sogenannte „Rattengiftregel" gemäß § 6 Abs. 2 lit. b) der nordischen Warenzeichengesetze a. F., Kur, GRUR Int. 1991, 785, 787 re. Sp., Fn. 18; Sack, GRUR 1995, 81, 84 li. Sp.; Sack, GRUR 1985, 459, 464 m. w. N.

rechtfertigenden Grundes. Als Rechtfertigungsgrund kann beispielsweise die Meinungsfreiheit gemäß Art. 5 Abs. 1 GG eingreifen.[1580]

7. Analoge Anwendung von § 14 Abs. 2 Nr. 3 MarkenG im Produktähnlichkeitsbereich

Umstritten ist, ob die bekannte Marke innerhalb des Produktähnlichkeitsbereiches auch ohne Bestehen einer Verwechslungsgefahr gemäß § 14 Abs. 2 Nr. 3 MarkenG geschützt ist. Die Frage der Markenähnlichkeit i. S. v. § 14 Abs. 2 MarkenG ist für alle dort aufgeführten Verletzungstatbestände einheitlich aufzufassen.[1581]

a) Rufausbeutung etc. als gedankliches Inverbindungbringen gemäß § 14 Abs. 2 Nr. 2 MarkenG

Der Schutz bekannter Marken außerhalb des Produktähnlichkeitsbereiches wird vereinzelt als gedankliches Inverbindungbringen gemäß § 14 Abs. 2 Nr. 2 MarkenG betrachtet.[1582] Dies hat zur Folge, dass die vorliegend § 14 Abs. 2 Nr. 3 MarkenG zugeordneten Fallgruppen § 14 Abs. 2 MarkenG unterfallen, so dass sie auch für den Fall der Produktähnlichkeit gelten.

b) erweiternde Auslegung bzw. analoge Anwendung von § 14 Abs. 2 Nr. 3 MarkenG

Für eine erweiternde Auslegung bzw. eine analoge Anwendung von § 14 Abs. 2 Nr. 3 MarkenG wird vorgebracht, der Schutz bekannter Marken sei im Produktähnlichkeitsbereich noch dringender und daher erst recht zu gewähren.[1583] Zudem würde ein solches Verständnis zur EU-weiten Vereinheitlichung des Schutzes der bekannten Marke beitragen.[1584] Ansonsten sei der Schutzumfang bekannter Marken innerhalb des Produktähnlichkeitsbereichs kleiner als außerhalb davon.[1585] Für eine analoge Auslegung spreche das erhöhte Schutzbedürfnis bekannter Marken im Produktähnlichkeitsbereich.[1586] Außerdem stelle sie eine Lösung dar, die auch für die vergleichbare Problematik nach der

---

[1580] BGH GRUR 1994, 808, 810 – Markenverunglimpfung I; BGHZ 91, 117, 121 ff. - Marlboro.
[1581] BGH GRUR 2000, 875, 878 re. Sp. – Davidoff; Starck, MarkenR 2000, 73, 76.
[1582] Sack, GRUR 1995, 81, 87 ff.; ders., GRUR 1996, 663, 673; Großner, S. 261 ff.
[1583] Ingerl/Rohnke, § 14 Rn. 489; Deutsch, GRUR 1995, 319, 320 f.; Krüger, GRUR 1995, 527, 529; Keller, S. 120 f.; Sack, WRP 1998, 1127, 1139 li. Sp.; Weberdörfer, S. 75, der jedoch wegen der Berücksichtigung der Bekanntheit bei der Bestimmung der Verwechslungsgefahr keinen großen Anwendungsbereich für die analoge Anwendung von § 14 Abs. 2 Nr. 3 MarkenG sieht; Fezer, § 14 Rn. 431; ders., NJW 1998, 713, 716.
[1584] BGH GRUR 2000, 875, 878 re. Sp. – Davidoff; Sack, WRP 1998, 1127, 1139 li. Sp.
[1585] Fezer, NJW 1998, 713, 716.
[1586] Ingerl/Rohnke, § 14 Rn. 488 f.; BGH GRUR 2000, 875, 878 re. Sp. – Davidoff.

GMVO eingesetzt werden könnte, da dort ein Verweis auf außerkennzeichenrechtliche Vorschriften ausscheide.[1587]

Der BGH hat sich in einem Vorlagebeschluss gemäß Art. 234 EGV an den EuGH für einen Schutz bekannter Marken innerhalb des Produktähnlichkeitsbereiches gemäß § 14 Abs. 2 Nr. 3 MarkenG ausgesprochen, ohne sich darauf festzulegen, ob es sich insofern um eine erweiternde Auslegung oder analoge Anwendung handelt.[1588] In der bisherigen höchstrichterlichen Rechtsprechung wurde diese Frage offengelassen.[1589] Für den Fall, dass diese Frage zu verneinen ist, schließt der BGH die Frage an, ob die Artt. 4 Abs. 3, 5 Abs. 2 MarkenRL, die den §§ 9 Abs. 1 Nr. 3, 14 Abs. 2 Nr. 3 MarkenG entsprechen, bekannte Marken unabhängig von Verwechslungsgefahr im Produktähnlichkeitsbereich abschließend schützen oder ob sie über ergänzende nationale Bestimmungen geschützt werden können.[1590]

Der BGH erwägt, nicht Markenähnlichkeit und fehlende Produktähnlichkeit gemäß § 14 Abs. 2 Nr. 3 MarkenG vorauszusetzen, sondern das Fehlen von Verwechslungsgefahr genügen zu lassen.[1591] Denn für den Markeninhaber sei es gleichgültig, ob das Entfallen von Verwechslungsgefahr auf fehlender Markenähnlichkeit oder fehlender Produktähnlichkeit beruhe. Es könne daher nicht nur auf Produktähnlichkeit, sondern auch auf Markenähnlichkeit verzichtet werden.[1592] Außerdem argumentiert der BGH anhand der Grundsätze des EuGH zur Feststellung von Verwechslungsgefahr gemäß § 14 Abs. 2 Nr. 2 MarkenG, denen zufolge ein geringerer Grad an Markenähnlichkeit durch ein höheres Maß an Produktähnlichkeit ausgeglichen werden kann und umgekehrt.[1593] Der EuGH hat zu dem Vorlagebeschluss des BGH noch keine Entscheidung gefällt.

Hinsichtlich des vom BGH angedachten Verzichtes auf Markenähnlichkeit gemäß § 14 Abs. 2 Nr. 3 MarkenG kann von einer Auseinandersetzung abgesehen werden. Denn im Falle fehlender Markenähnlichkeit ist es ausgeschlossen, dass eine für das Character Merchandising typische Kollisionssituation eintritt. Das Character Merchandising zeichnet sich nämlich nicht durch gleichbleibende Produkte, sondern durch die als Marke benutzten

---

[1587] Ingerl/Rohnke, § 14 Rn. 489; a. A. Piper, GRUR 1996, 657, 662 unter Hinweis auf Art. 14 i. V. m. Art. 97 Abs. 2, Art. 98 Abs. 2 GMVO; ebenfalls a. A. Sack, WRP 1998, 1127, 1139 li. Sp.

[1588] BGH GRUR 2000, 875 ff. – Davidoff; ebenso WRP 2001, 694, 697 – Evian/Revian.

[1589] BGH GRUR 1997, 311, 312 – Yellow Phone; GRUR 1999, 155, 156 – Dribeck's light; WRP 2000, 529, 532 – ARD-1; WRP 2001, 694, 697 – Evian/Revian.

[1590] BGH GRUR 2000, 875, 875 – Davidoff.

[1591] Ingerl/Rohnke, § 14 Rn. 488 a. E. hält das Abstellen auf fehlende Produktähnlichkeit für einen Regelungsfehler von GMVO und MarkenRL.

[1592] BGH GRUR 2000, 875, 878 re. Sp. – Davidoff unter Berufung auf Sambuc, UWG-Nachahmungsschutz, Rn. 662.

[1593] BGH GRUR 2000, 875, 878 re. Sp. – Davidoff.

Zeichen aus. Infolge des extensiven Verständnisses der Produktähnlichkeit ist es nicht vorstellbar, dass eine als Marke geschützte Erscheinungsform eines Characters mit der jüngeren Marke unähnlich, aber dennoch schutzbedürftig ist.

Eine erweiternde Auslegung von § 14 Abs. 2 Nr. 3 MarkenG, die diese Vorschrift auf den Produktähnlichkeitsbereich erstreckt, ist mit dem eindeutigen Wortlaut nicht zu vereinbaren. Vielmehr ist von einer analogen Anwendung auszugehen.[1594] Denn die erweiternde Auslegung von § 14 Abs. 2 Nr. 3 MarkenG überschreitet den Gesetzeswortlaut, der zugleich die Grenze zwischen Auslegung und Analogie darstellt.[1595]

c) Abschließende Regelung von § 14 Abs. 2 Nr. 3 MarkenG

Der Schutz der bekannten Marke außerhalb des Produktähnlichkeitsbereichs gemäß § 14 Abs. 2 Nr. 3 MarkenG wird von einigen Stimmen im Schrifttum für abschließend erachtet. Denn der Wortlaut von § 14 Abs. 2 Nr. 3 MarkenG sei klar und es liege keine planwidrige Regelungslücke vor.[1596] Bekannte Marken könnten innerhalb des Produktähnlichkeitsbereichs ohne Verwechslungsgefahr nur durch außermarkenrechtliche Vorschriften geschützt werden.[1597] Das Argument der Gegenauffassung, ein solcher Rückgriff sei in der GMVO ausgeschlossen, so dass er sich auch im nationalen Markenrecht verbiete, sei unzutreffend, da auch beim Schutz bekannter Marken durch die GMVO[1598] auf nationale Bestimmungen zum Schutz von Marken gemäß Art. 14 i. V. m. Art. 97 Abs. 2, Art. 98 Abs. 2 GMVO zurückgegriffen werden dürfe, soweit die GMVO die zugrundeliegende Frage nicht erfasse.[1599] Zudem fördere eine innerhalb des Produktähnlichkeitsbereichs hergestellte gedankliche Verbindung, die keine Verwechslungsgefahr auslöse, den Produktwettbewerb und wäre daher auch nicht bei direkter Anwendung von § 14 Abs. 2 Nr. 3 MarkenG zu untersagen.[1600]

[1594] Ingerl/Rohnke, § 14 Rn. 488; Krüger, GRUR 1995, 527, 529; a. A. Fezer, § 14 Rn. 431; Deutsch, GRUR 1995, 319, 320.

[1595] Zur Abgrenzung von Auslegung und Analogie Schmalz, Rn. 377 f.

[1596] Eichmann, GRUR 1998, 201, 206 f. auch mit Argumenten für eine analoge Anwendung von § 14 Abs. 2 Nr. 3 MarkenG im Produktähnlichkeitsbereich; Meister, MA 1993, 407, 413 li. Sp.

[1597] HansOLG Hamburg, GRUR 1996, 982, 983 li. Sp. – Für Kinder; Piper, GRUR 1996, 429, 437; Ingerl/Rohnke, NJW 1994, 1247, 1251 li. Sp. traten zunächst für Anwendung von § 1 UWG im Produktähnlichkeitsbereich ein; nun für analoge Anwendung Ingerl/Rohnke, § 14 Rn. 488 f.

[1598] Gemäß Art. 8 Abs. 5, Art. 9 Abs. 1 lit. c) GMVO.

[1599] Piper, GRUR 1996, 657, 662.

[1600] Schackert, S. 103 f.

d) Streitentscheidung

Die Ansicht, die den Schutz bekannter Marken als Unterfall des gedanklichen Inverbindungbringens gemäß § 14 Abs. 2 Nr. 3 MarkenG betrachtet, steht im Widerspruch zum Wortlaut von § 14 Abs. 2 Nr. 2 MarkenG, dem zufolge das gedankliche Inverbindungbringen ein Unterfall der Verwechslungsgefahr und kein eigenständiges Tatbestandsmerkmal ist.[1601] Dieser Meinung ist auch der EuGH und verweist zur Begründung außerdem auf den 10. Erwägungsgrund der MarkenRL, dem zufolge die gedankliche Verbindung nur einer der Umstände ist, die zur Annahme von Verwechslungsgefahr führten.[1602] Zudem würden die speziellen Anforderungen von § 14 Abs. 2 Nr. 3 MarkenG wie beispielsweise Bekanntheit und Unlauterkeit durch ein so verstandenes gedankliches Inverbindungbringen nicht gebührend berücksichtigt.[1603] Schließlich würde das beim Patentamt geführte Widerspruchsverfahren überfordert, wenn darin entgegen § 42 Abs. 2 Nr. 1, Nr. 2 MarkenG zusätzlich der Schutz bekannter Marken zu prüfen wäre.[1604] Folglich ist die Einordnung der Rufausbeutung etc. als Fall des gedanklichen Inverbindungbringens gemäß § 14 Abs. 2 Nr. 2 MarkenG abzulehnen.

Zu entscheiden ist nur noch, ob § 14 Abs. 2 Nr. 3 MarkenG im Produktähnlichkeitsbereich analog anzuwenden ist. Ein Schutzbedürfnis kann auch innerhalb des Produktähnlichkeitsbereiches für bekannte Marken trotz fehlender Verwechslungsgefahr bestehen. Die Rechtsprechung des BGH war hinsichtlich des sogenannten Verwässerungstatbestandes zurückhaltend, bejahte aber die Voraussetzungen von § 1 UWG im Ergebnis doch.[1605] Fraglich ist nur, ob der Schutz innerhalb des Produktähnlichkeitsbereiches ohne Verwechslungsgefahr wie bislang gemäß § 1 UWG zu gewähren ist oder ob in analoger Anwendung auf § 14 Abs. 2 Nr. 3 MarkenG abzustellen ist.

Für die analoge Anwendung von § 14 Abs. 2 Nr. 3 MarkenG innerhalb des Produktähnlichkeitsbereichs kann nicht die GMVO herangezogen werden, da gemäß Art. 14 i. V. m. Art. 97 Abs. 2, Art. 98 Abs. 2 GMVO sehr wohl auf das nationale Markenrecht abgestellt werden kann, soweit die GMVO die zugrundeliegende Frage nicht erfasst.[1606] Soweit diejenigen, die sich gegen eine analoge Anwendung von § 14 Abs. 2 Nr. 3 MarkenG

[1601] BPatG GRUR 1996, 287, 289- Brandt Ecco/Ecco Milano; Kiethe/Krauß, WRP 1996, 495, 501 li. Sp. oben; Piper, GRUR 1996, 657, 662 li. Sp.; Sack, GRUR 1996, 663, 667 re. Sp. geht dies zu.
[1602] EuGH GRUR Int. 1998, 56, 57 – springende Raubkatze II.
[1603] Krüger, GRUR 1995, 527, 527 f.; Rittweger, S. 246.
[1604] Krüger, GRUR 1995, 527, 529 f.; Sambuc, Nachahmungsschutz, Rn. 660; Rittweger, S. 248; Amtliche Begründung zum MarkenG, BT-Drucks. 12/6581, zu § 42, S. 92.
[1605] BGH GRUR 1991, 609, 612 – SL; GRUR 1981, 142, 144 – Kräutermeister; ebenso Heydt, GRUR 1959, 187, 188; Bonn, GRUR 1991, 613, 614.
[1606] Piper, GRUR 1996, 657, 662.

aussprechen, jedoch einwenden, eine schlichte gedankliche Verbindung innerhalb des Produktähnlichkeitsbereichs fördere den Wettbewerb und sei auch bei Fehlen der Produktähnlichkeit gemäß § 14 Abs. 2 Nr. 3 MarkenG nicht zu verbieten, geht dies an der Sache vorbei. Denn die Befürworter einer analogen Anwendung von § 14 Abs. 2 Nr. 3 MarkenG erstrecken die Anwendung auf den Fall der Produktähnlichkeit, ohne aber auf die übrigen Voraussetzungen zu verzichten. Somit kann es infolge der analogen Anwendung von § 14 Abs. 2 Nr. 3 MarkenG nicht dazu kommen, dass innerhalb des Produktähnlichkeitsbereiches eine Handlung untersagt wird, die außerhalb von diesem erlaubt wäre.

Entscheidend spricht zugunsten einer analogen Anwendung, dass bekannte Marken innerhalb des Produktähnlichkeitsbereichs mindestens ebenso schutzbedürftig sind wie außerhalb von diesem. Die Interessenlage ist daher vergleichbar. Zudem ist es nicht sinnvoll, die detailliertere Regelung in § 14 Abs. 2 Nr. 3 MarkenG durch die Anwendung der sehr unbestimmten Generalklausel gemäß § 1 UWG zu ersetzen. Hinzu kommt, dass § 1 UWG nur den Leistungswettbewerb unmittelbar schützt, so dass der Besitzstand des Inhabers einer bekannten Marke nur reflexartig geschützt ist.[1607] Dies zeigen auch die Schwierigkeiten bei der Bejahung des Wettbewerbsverhältnisses i. S. v. § 1 UWG.[1608] Demgegenüber gewährt § 14 Abs. 2 Nr. 3 i. V. m. Abs. 1 MarkenG dem Markeninhaber ein absolutes Recht, das viel eher dazu geeignet ist, die Verwendung bekannter Marken interessengerecht zu regeln.[1609]

V. Zusammenfassung von § 14 MarkenG

Der dem MarkenG zugrundeliegende Benutzungsbegriff setzt voraus, dass ein Dritter eine fremde Marke zur Kennzeichnung der eigenen Leistung benutzt und dadurch aus Sicht der angesprochenen Verkehrskreise einen gedanklichen Zusammenhang zwischen der Marke und dem Produkt herstellt. Der sogenannte dekorative Gebrauch und die parodierende Verwendung einer Marke stellen eine Benutzung i. S. v. § 14 Abs. 2 MarkenG dar, wenn der Dritte sein eigenes Produkt mit der Marke kennzeichnet.

§ 14 Abs. 2 MarkenG umfasst drei verschiedene Verletzungstatbestände. § 14 Abs. 2 Nr. 1 MarkenG normiert den Fall der sog. Doppelidentität. Seine Hauptbedeutung liegt auch im Character Merchandising in der Produktpiraterie. Bedeutsamer für das Character Merchandising sind die beiden anderen Verletzungstatbestände gemäß § 14 Abs. 2 Nr. 2 und Nr. 3 MarkenG.

[1607] Baumbach/Hefermehl, UWG, § 1 Rn. 439.
[1608] Grunewald, NJW 1987, 105, 106 f.
[1609] HansOLG Hamburg, GRUR 1999, 339, 342 re. Sp. – Yves Roche.

Im Rahmen von § 14 Abs. 2 Nr. 2 MarkenG kommt der unmittelbaren Verwechslungsgefahr die weitaus größte Bedeutung zu, also dem Fall, dass der Durchschnittsverbraucher das jüngere Zeichen mit der älteren Marke verwechselt. Im Rahmen der Feststellung der Verwechslungsgefahr kommt es auf verschiedene Kriterien an, zu denen insbesondere die Zeichen- und die Produktähnlichkeit sowie die Kennzeichnungskraft der Marke gehören. Diese sind zunächst unabhängig voneinander zu ermitteln und erst anschließend bei der Beurteilung der Verwechslungsgefahr in Bezug zueinander zu setzen.

Die verschiedenen Erscheinungsformen von Characters sind in aller Regel zumindest von durchschnittlicher Kennzeichnungskraft. Ihre bildlichen Darstellungen sind nicht aufgrund der Bekanntheit des dargestellten Characters in seiner Primärfunktion von hoher Kennzeichnungskraft, sondern aufgrund ihrer phantasievollen Gestaltung.

Bei der Ermittlung der Zeichenähnlichkeit sind die jeweiligen Zeichen in ihrer eingetragenen Form miteinander zu vergleichen. Bei mehrteiligen Zeichen kommt es auf den Gesamteindruck an, der auch durch ein oder mehrere Zeichenbestandteile geprägt sein kann. Dabei kommt es vor allem auf die Kennzeichnungskraft der verschiedenen Zeichenbestandteile an. Die Beurteilung der Ähnlichkeit von zwei Marken hängt von dem Grad der Ähnlichkeit im Bild, im Klang und in der Bedeutung ab. Bei der Bestimmung der Zeichenähnlichkeit ist zwischen den verschiedenen Markenformen zu unterscheiden.

Bezüglich klanglicher und schriftbildlicher Ähnlichkeit gelten bei Wortnamensmarken, die den Namen eines Characters zum Gegenstand haben, die üblichen Grundsätze. Besteht eine Wortmarke nur aus einem Wort, beispielsweise dem Namens eines Characters, ist inhaltliche Zeichenähnlichkeit zu bejahen, wenn der Name und die graphische Gestaltung eines Characters eine nicht unerheblich gesteigerte Kennzeichnungskraft aufweisen und die angesprochenen Verkehrskreise beide Erscheinungsformen des Characters als zusammengehörig kennen. Besteht der als Marke geschützte Name aus mehreren Worten, wird ihr Gesamteindruck in der Regel durch beide Namensbestandteile gleichermaßen geprägt, so dass bei der Beurteilung der Zeichenähnlichkeit die Gesamtmarke zugrundezulegen ist.

Bei der Beurteilung der bildlichen Ähnlichkeit von zwei Bildmarken, die einen Character zum Gegenstand haben, kommt es vor allem auf das Gesicht des Characters an. Beim Vergleich zweier Gesichter von Characters kommt es an auf die konkrete Ausprägung der Kopf- und Gesichtsproportionen, die Relation der einzelnen Gesichtsbestandteile zueinander, eine eventuelle Farbgebung sowie das sonstige Aussehen der Gesichtsoberfläche (Behaarung etc.). Beschränkt sich eine Marke nicht auf die Darstellung des Kopfes eines Characters, kann es für die Beurteilung der Zeichenähnlichkeit auch auf die Gestalt des Characters ankommen. Die inhaltliche Zeichenähnlichkeit ist bei dem Vergleich von zwei Bildmarken nur als Hilfskriterium heranzuziehen, wenn die bildliche Ähnlichkeit zur Bejahung der Zeichenähnlichkeit allein nicht ausreicht, sondern erst nach Zuhilfenahme der inhaltlichen Ähnlichkeit. Hinsichtlich der Zeichenähnlichkeit zwischen zwei dreidimensionalen Marken sind die für Bildzeichen geltenden Grundsätze anzuwenden. Allerdings können die Zeichenelemente keine Zeichenähnlichkeit begründen, deren Markenfähigkeit bei isolierter Betrachtung § 3 Abs. 2 MarkenG entgegenstünde.

Die Ähnlichkeit akustischer Marken richtet sich allein nach der klanglichen Identität. Dies gilt sowohl für eine bestimmte Art und Weise des Sprechens als auch bei bestimmten Geräuschen, die für einen Character typisch sind. Bei der Beurteilung des Gesamteindruckes von Kombinationsmarken ist es besonders wichtig, zwischen der klanglichen, schriftbildlichen und der begrifflichen Zeichenähnlichkeit zu differenzieren, da sich der Vorrang des Wortbestandteils auf die klangliche Verwechslungsgefahr beschränkt, während es bei der Prüfung der schriftbildlichen und der begrifflichen Zeichenähnlichkeit auch auf den Bildbestandteil ankommt.

Weiterhin kann die Benutzung von Characters mittelbare Verwechslungsgefahr begründen. Von mittelbarer Verwechslungsgefahr spricht man, wenn unterschiedliche Marken für den Verkehr nicht verwechslungsfähig sind, der Verkehr sie mithin als verschieden erkennt, sie aber aufgrund ihres Gesamteindrucks demselben Unternehmen zuordnet. Auf mittelbare Verwechslungsgefahr kommt es erst an, wenn keine unmittelbare Verwechslungsgefahr besteht. Sie setzt die Identität bzw. Wesengleichheit des Stammbestandteils und dessen Hinweischarakter voraus. Der Verkehr muss bereits den Stammbestandteil als Hinweis auf die betriebliche Herkunft verstehen. Bezüglich der Identität bzw. Wesensgleichheit der überwiegend übereinstimmenden Bestandteile ist ein strenger Maßstab anzulegen, so dass nur geringfügige Abweichungen unschädlich sind, die den Stammbestandteil nicht in seinem Wesen verändern und auch bei größter Aufmerksamkeit nicht auffallen oder für einen Druck- oder Hörfehler gehalten werden.

Vornamen lassen sich in aller Regel nicht in verschiedene Bestandteile zerlegen, so dass insofern eine mittelbare Verwechslungsgefahr in der Regel ausscheidet. Eher möglich ist es, dass ein bestimmter Nachname als Stammbestandteil benutzt wird. Allerdings ist zu beachten, dass die angesprochenen Verkehrskreise den jeweiligen Nachnamen für sich betrachtet als Hinweis auf den abstrakten Markeninhaber verstehen müssen, was zusätzlich durch die aus der Primärfunktion resultierende Bekanntheit des jeweiligen Characters erschwert wird. Die Identität des Characters kommt im Rahmen der begrifflichen Zeichenähnlichkeit als Stammbestandteil in Frage, wenn derselbe Character unter zwei verschiedenen Namen bekannt ist. Mittelbare Verwechslungsgefahr ist bei der Kollision von Bildzeichen in der Regel ebenso ausgeschlossen wie bei geräuschhaften akustischen Marken. Bei Wort-/Bildmarken als häufigstem Fall der Kombinationsmarke kann sowohl der Wort- als auch der Bildbestandteil als Ganzes Stammbestandteil sein.

Verwechslungsgefahr im weiteren Sinne spielt im Zusammenhang mit Character Merchandising, das auf Marken gestützt ist, keine Rolle. Verwechslungsgefahr im weiteren Sinne setzt voraus, dass die Marken zwar unterschiedlichen Unternehmen zugeordnet werden, aber aufgrund spezieller Umstände der unzutreffende Eindruck entsteht, es bestünden zwischen diesen Unternehmen besondere wirtschaftliche oder organisatorische Beziehungen. Da die Annahme von Verwechslungsgefahr im weiteren Sinne im Firmenrecht entwickelt wurde, ist sie bei der Kollision von Marken nur anzunehmen, wenn zumindest die ältere Marke zugleich als Firmenkennzeichen gebraucht wird. Daran vermag auch erhöhte Verkehrsgeltung nichts zu ändern. Denn Warenzeichen sagen als solche grundsätzlich nichts über das konkrete, kennzeichnende Unternehmen aus, sondern dienen nur als Hinweis auf einen abstrakten Markeninhaber. Erhöhte Verkehrsgeltung hat nur zur Folge, dass ein größerer Personenkreis das Zeichen als Hinweis auf den abstrakten Markeninhaber versteht, nicht aber, dass die angesprochenen Verkehrskreise den konkreten Markeninhaber kennen.

Der dritte und letzte Verletzungstatbestand von § 14 Abs. 2 MarkenG ist in § 14 Abs. 2 Nr. 3 MarkenG geregelt. Danach muss ein Zeichen, das mit einer bekannten Marke identisch oder ähnlich ist, außerhalb des Produktähnlichkeitsbereiches so benutzt worden sein, dass diese Benutzung die Unterscheidungskraft oder Wertschätzung der Marke ohne rechtfertigenden Grund in unlauterer Weise ausnutzt oder beeinträchtigt. Die nach dieser Vorschrift erforderliche Bekanntheit einer Marke beurteilt sich allein nach quantitativen Gesichtspunkten und muss in dem inländischen Verkehrskreis gegeben sein. Es kommt auch in diesem Zusammenhang nicht auf die allgemeine Bekanntheit des Zeichens, sondern nur auf die Bekanntheit als Marke an. Die Höhe des Bekanntheitsgrades lässt sich nicht allgemein bestimmen, sondern hängt von den jeweiligen Besonderheiten des Einzelfalles ab. Innerhalb von § 14 Abs. 2 Nr. 3 MarkenG unterscheidet man vier verschiedene Verletzungstatbestände: das Ausnutzen der Unterscheidungskraft, das Beeinträchtigen der Unterscheidungskraft, das Ausnutzen der Wertschätzung und das Beeinträchtigen der Wertschätzung. Bekannte Marken sind innerhalb des Produktähnlichkeitsbereichs analog § 14 Abs. 2 Nr. 3 MarkenG geschützt.

Das Ausnutzen der Unterscheidungskraft einer bekannten Marke ist der erste Verletzungstatbestand gemäß § 14 Abs. 2 Nr. 3 MarkenG. Unterscheidungskraft in diesem Sinne ist mit der Kennzeichnungskraft eines Zeichens gleichzusetzen. Die Unterscheidungskraft einer bekannten Marke wird ausgenutzt, wenn die bekannte Marke dazu benutzt wird, bei den beteiligten Verkehrskreisen einen Aufmerksamkeits- oder Kontrasteffekt zu erzielen. Die gemäß § 14 Abs. 2 Nr. 3 MarkenG weiterhin erforderliche Unlauterkeit des Ausnutzens der Unterscheidungskraft einer bekannten Marke liegt nicht schon vor, wenn eine bekannte Marke für einen beliebigen Kontrasteffekt genutzt wird, sondern besteht in der Geschmacklosigkeit eines Kontrasteffektes. Denn eine Geschmacklosigkeit kann das mit einer Marke verbundene Image schädigen. Dies ist der Fall, wenn der Verbraucher mit der bekannten Marke nicht mehr nur die Merkmale oder das Image des gekennzeichneten Produktes assoziiert, sondern auch die jeweilige Geschmacklosigkeit.

Die zweite von § 14 Abs. 2 Nr. 3 MarkenG erfasste Fallgruppe ist die Beeinträchtigung der Unterscheidungskraft. Grundsätzlich ist jede Benutzung einer bekannten Marke außerhalb des Produktähnlichkeitsbereiches potentiell dazu geeignet, die Unterscheidungskraft der bekannten Marke zu beeinträchtigen. Schädliche Benutzungen sind von den unschädlichen Benutzungen durch das Tatbestandsmerkmal der Unlauterkeit abzugrenzen, indem folgende Kriterien gegeneinander abzuwägen sind: der Bekanntheitsgrad der Marke, ihre Alleinstellung, ihre Unterscheidungskraft und Originalität, ihr Werbewert, ihre Wertschätzung, die Branchennähe der Parteien und ein Freihaltungsbedürfnis außerhalb des Ähnlichkeitsbereiches. Der Schutz vor der Beeinträchtigung der Unterscheidungskraft der bekannten Marke ist umso eher gerechtfertigt, je höher der Bekanntheitsgrad, die Originalität oder der Werbewert der Marke ist, und umso weniger gerechtfertigt, je größer das Freihaltungsbedürfnis außerhalb des Ähnlichkeitsbereiches ist.

Die dritte Fallgruppe von § 14 Abs. 2 Nr. 3 3. Fall MarkenG ist das Ausnutzen der Wertschätzung einer bekannten Marke. Die Wertschätzung einer Marke ist die Summe der Gütevorstellungen, die mit einem fremden Produkt aufgrund seiner Qualität oder besonderer Werbeanstrengungen verbunden sind. Die Wertschätzung einer bekannten Marke wird gemäß § 14 Abs. 2 Nr. 3 3. Fall MarkenG ausgenutzt, wenn der Zweitverwender sie auf sein Produkt überträgt, indem er dieses mit der bekannten Marke versieht. Dieser Vorgang wird als Imagetransfer bezeichnet. Hinsichtlich der Transfereignung ist zwischen den Rufinhalten zu unterscheiden, die sich auf den Grundnutzen, und den Rufinhalten, die sich auf den Zweitnutzen eines Produktes beziehen. Rufinhalte, die mit dem Grundnutzen eines Produktes verbunden sind, können nur auf Produkte übertragen werden, die mit dem ursprünglich gekennzeichneten Produkt einen gemeinsamen Nenner aufweisen. Bei

Rufinhalten, die an den Zweitnutzen einer bekannten Marke wie Eleganz, Exklusivität, Lebensstil aber auch Sportlichkeit etc. anknüpfen, genügt es, dass die mit der bekannten Marke verbundenen emotionalen Inhalte für die mit dem prioritätsjüngeren Zeichen gekennzeichneten Produkte aussagekräftig sind. Der mit einer bekannten Character-Marke verbundene Sekundärnutzen kann beispielsweise in Humor, Ironie, Jugendlichkeit oder Spontaneität bestehen.

Die Wertschätzung bekannter Marken kann gemäß § 14 Abs. 2 Nr. 3 4. Alt. MarkenG beeinträchtigt sein. Dies kann der Fall sein, wenn entweder die bekannte Marke für qualitativ schlechtere Produkte benutzt wird oder sogenannter inkompatibler Zweitgebrauch vorliegt, also wenn die Benutzung der bekannten Marke durch einen Dritten ungünstige Assoziationen zu Lasten der bekannten Marke auslöst.

F. Rechtserhaltende Benutzung gemäß § 26 MarkenG

Benutzungsmarken gemäß § 4 Nr. 2, Nr. 3 MarkenG können nur fortbestehen, wenn sie auch benutzt werden. Um auch bei Registermarken ein solches Korrektiv zu dem umfassenden Markenschutz zu gewährleisten, besteht gemäß § 26 MarkenG ein Benutzungszwang.[1610] Der Benutzungszwang ist eine besondere Ausprägung des Rechtsmissbrauchsverbotes im MarkenG.[1611] § 26 MarkenG beruht auf Art. 10 Abs. 1 – 3 MarkenRL.

Wird eine Marke auch nach Ablauf der fünfjährigen Benutzungsschonfrist gar nicht benutzt, kann ihre Löschung entweder im Wege der Löschungsklage gemäß §§ 55, 49 MarkenG vor den ordentlichen Gerichten erreicht werden oder gemäß §§ 53, 49 MarkenG beim DPMA beantragt werden. Zudem ist es dann gemäß § 25 Abs. 2 MarkenG ausgeschlossen, sich im Verletzungsprozess auf diese zu berufen. Schließlich kann im Widerspruchsverfahren die Einrede mangelnder Benutzung gemäß § 43 Abs. 1 MarkenG erhoben werden, was ebenfalls zur Löschung der älteren Marke führen kann. Für alle diese Konstellationen ist die rechtserhaltende Benutzung materiell übereinstimmend in § 26 MarkenG geregelt.[1612]

[1610] Ingerl/Rohnke, § 26 Rn. 7.
[1611] Ingerl/Rohnke, § 26 Rn. 7.
[1612] Amtliche Begründung zum Markenrechtsreformgesetz, BT-Drucksache 12/6581, zu § 26, S. 83.

Wird die Marke nur für einen Teil der eingetragenen Produkte benutzt, kommt es nur zu einer teilweisen Löschung, und die Marke bleibt für die Produkte, für die die Benutzung nachgewiesen ist, eingetragen.[1613] Dies gilt auch dann, wenn die Produkte, für die die Marke nicht benutzt wurde, und diejenigen, für die sie benutzt wurde, derselben Produktklasse angehören.[1614]

Der Inhaber einer Marke muss die Marke gemäß § 26 Abs. 1 MarkenG für die Produkte, für die sie eingetragen ist, im Inland ernsthaft benutzt haben, es sei denn es liegen berechtigte Gründe für die Nichtbenutzung vor.

I. Benutzung gemäß § 26 Abs. 1 MarkenG

Der Begriff der Benutzung i. S. v. § 26 MarkenG ist weder im MarkenG noch in der MarkenRL definiert. In der Amtlichen Begründung zum MarkenG heißt es zu § 26 MarkenG, die Marke müsse „als Marke", also „funktionsgerecht" benutzt werden.[1615] An anderer Stelle heißt es dort, die Marke müsse ihrer Funktion entsprechend benutzt werden.[1616] Ebenso wie umstritten ist, welche Markenfunktionen rechtlich geschützt sind, ist auch umstritten, was unter Benutzung als Marke gemäß § 26 MarkenG zu verstehen ist.[1617]

1. Die Rechtslage zum WZG

Der Benutzungszwang wurde erst durch das sog. VorabG mit Wirkung zum 1. 1. 1968 in §§ 5 Abs. 7 S. 1, 11 Abs. 1 Nr. 4, Abs. 5 WZG eingeführt. Die nähere Ausgestaltung der Benutzung wurde zwar im Gesetzgebungsverfahren zum VorabG diskutiert, aber letztlich nicht in die Vorschriften über den Benutzungszwang aufgenommen, sondern bewusst offen gelassen. Eine Konkretisierung des Begriffes der Benutzung überließ der Gesetzgeber der Auslegung und Anwendung der Gerichte und des Patentamtes mit der Maßgabe, den gesetzgeberischen Zweck der Einführung des Benutzungszwanges zu erfüllen. Dieser bestand darin, die Geltendmachung von nur formalen Zeichenrechten und die Umgehung des Benutzungszwanges durch Scheinhandlungen zu verhindern.[1618] Weiterhin war die

---

[1613] Im Löschungsverfahren vor dem DPMA oder den ordentlichen Gerichten gemäß § 49 Abs. 1, Abs. 3 i. V. m. § 26 Abs. 1 MarkenG oder im Widerspruchsverfahren gemäß § 43 Abs. 2 S. 1 2. Alt. MarkenG.
[1614] OLG Hamburg, GRUR 1999, 339, 341 – Yves Roche.
[1615] Amtliche Begründung zum Markenrechtsreformgesetz, BT-Drucksache 12/6581, zu § 26 S. 83.
[1616] Amtliche Begründung zum Markenrechtsreformgesetz, BT-Drucksache 12/6581, zu § 25 S. 82.
[1617] Für markenmäßigen Gebrauch: Starck, GRUR 1996, 688, 691; Althammer/Ströbele, § 26 Rn. 7; ebenso zur GMVO Weberndörfer, Mitt. 2000, 253, 255; für eine Benutzung zur Unterscheidung von Waren oder Dienstleistungen: Peschel, S. 43; Ingerl/Rohnke, § 26 Rn. 16 ff., insbes. 32.
[1618] Amtliche Begründung zum VorabG, Bl. f. PMZ 1967, 265 zu 5.

Entlastung des Markenregisters und des damaligen DPA angestrebt.[1619] Der Entlastungsgesichtspunkt war schon während der Geltung des WZG zweifelhaft, da der BGH bei von der Eintragung abweichender Zeichenbenutzung eine rechtserhaltende Benutzung nur sehr restriktiv annahm, so dass ein Zeichen häufig in verschiedenen Abwandlungen als Warenzeichen eingetragen wurde.[1620]

Im Hinblick auf den Begriff der Benutzung i. S. d. Vorschriften über den Benutzungszwang wurde zum WZG vertreten, dass dieser gegenüber dem Begriff der rechtsverletzenden Benutzung eigenständig auszulegen und enger zu verstehen sei.[1621] Demzufolge wirkte nicht jede Handlung des Markeninhabers, die bei Ausübung durch einen Dritten rechtsverletzend wäre, rechtserhaltend. Der BGH prüfte eine rechtserhaltende Benutzung vielmehr darauf, ob der Verkehr die fragliche Kennzeichnung als einen zeichenmäßigen Hinweis auf die Herkunft der so bezeichneten Ware aus einem bestimmten Unternehmen ansah und ging dabei von den in § 15 WZG genannten Verwendungsarten aus.

Um Scheinbenutzungshandlungen nicht berücksichtigen zu müssen, verneinte der BGH eine Benutzung bei fehlendem hinreichenden körperlichen Bezug der Kennzeichnung zu der Ware[1622], bei fehlendem Handeln im geschäftlichen Verkehr[1623] oder bei fehlender Ernsthaftigkeit der Benutzung[1624]. Diese Kriterien waren in §§ 5 Abs. 7 S. 1, 11 Abs. 1 Nr. 4, Abs. 5 WZG nicht ausdrücklich vorgesehen, sondern wurden inzident beim Tatbestandsmerkmal der Benutzung geprüft, so dass sich der Begriff der rechtserhaltenden Benutzung insoweit von dem der rechtsverletzenden Benutzung unterschied. Die fehlende Konkretisierung des Benutzungsbegriffes in den Vorschriften über den Benutzungszwang war also der Grund dafür, dass alle notwendigen, am Gesetzeszweck orientierten Eingrenzungen nur im Rahmen der Definition der Benutzung vorgenommen wurden.

2. Die Rechtslage nach dem MarkenG

Fraglich ist nach dem Inkrafttreten des MarkenG, ob in Übereinstimmung mit der bisherigen Rechtsprechung zum WZG weiterhin davon auszugehen ist, dass der Benutzungsbegriff i. S. v. § 26 Abs. 1 MarkenG enger ist als der in § 14 Abs. 2 MarkenG, oder ob den §§ 14, 26

[1619] Amtliche Begründung zum VorabG, Bl. f. PMZ 1967, 265 f.

[1620] Ingerl/Rohnke, § 26 Rn. 9.

[1621] Althammer, WZG, § 5 Rn. 41 m. w. N.; Baumbach/Hefermehl, WZG, § 5 Rn. 20; v. Gamm, FS GRUR 1990, 801, 808; umfassend zu diesem Problemkreis Fezer, Der Benutzungszwang im Markenrecht, S. 67 ff.

[1622] Noch zum WZG BGH GRUR 1996, 267 ff. – Aqua; BGHZ 75, 150, 155 – Contiflex.

[1623] BGH GRUR 1980, 289, 290 – Trend; GRUR 1978, 294, 295 f. – Orbicin; Baumbach/Hefermehl, WZG, § 5 Rn. 21, 36.

[1624] BGH GRUR 1978, 46, 47 – Doppelkamp.

MarkenG derselbe Benutzungsbegriff zugrunde liegt, so dass jede Handlung des Markeninhabers rechtserhaltend wirkte, wenn sie bei Ausübung durch einen Dritten rechtsverletzend wäre.

Der BGH und das BPatG erhalten die unterschiedliche Auslegung der Begriffe der rechtsverletzenden und rechtserhaltenden Benutzung auch nach dem Inkrafttreten des MarkenG[1625] ebenso wie einige Vertreter der Literatur[1626] aufrecht. Demgegenüber treten andere für eine gleichlautende Definition des Benutzungsbegriffes in §§ 14, 26 MarkenG ein und erreichen die Nichtberücksichtigung von Scheinbenutzungshandlungen durch die Konzentration der Prüfung auf die Ernsthaftigkeit der Benutzung.[1627]

Die Verwendung des übereinstimmenden Begriffes „Benutzung" in §§ 14, 26 MarkenG deutet auf ein einheitliches Verständnis des Begriffs der Benutzung hin.[1628] Dies ist zwar nicht zwingend[1629], da es auch aus anderen Gesetzen Beispiele dafür gibt, dass derselbe Begriff unterschiedliche Bedeutungen hat[1630], doch bedarf es für unterschiedliche Bedeutungen desselben Begriffes besonderer Gründe.[1631]

Aufgrund des Wortlautes von § 26 Abs. 1 MarkenG vertreten einige die Meinung, es gehöre noch zum Benutzungsbegriff gemäß § 26 Abs. 1 MarkenG, dass die Marke gerade für die eingetragenen Produkte benutzt wird. Daraus ziehen sie den Schluss, dass sich der Begriff der rechtserhaltenden Benutzung von dem Benutzungsbegriff i. S. v. § 14 Abs. 2 MarkenG unterscheidet.[1632] Jedoch sind die Frage der Benutzung und die Produkte, für die die Benutzung anzunehmen ist, zwei voneinander zu unterscheidende Voraussetzungen von § 26 Abs. 1 MarkenG. Für eine Einbeziehung der Produktart in den Benutzungsbegriff i. S. v. § 26 Abs. 1 MarkenG bestehen keine Anhaltspunkte, so dass mit dieser Argumentation nicht

---

[1625] BGH GRUR 1995, 583, 584 – Montana; BPatG GRUR 1996, 981, 982 - Estavital.

[1626] Schmieder, NJW 1994, 1241, 1245; Fezer, § 26 Rn. 3 f.; Fezer, FS 100 Jahre Marken-Amt, S. 87, 100; Will, S. 188; Nägele, S. 75; Althammer/Klaka, § 26 Rn. 9; zur GMVO tritt Weberndörfer, Mitt. 2000, 253, 255 für eine markenmäßige Benutzung ein, fügt dieser aber die bereits genannten Gesichtspunkte hinzu.

[1627] Ingerl/Rohnke, § 26 Rn. 19, 28; König, Mitt. 1997, 18, 20 li. Sp.; Rößler, GRUR 1994, 559, 568; im Hinblick auf die Belange der Exportwirtschaft Sack, FS Piper 1996, 603, 604, 624; so schon zum WZG Kraft, GRUR 1968, 123, 124; Schulze zur Wiesche, NJW 1968, 1809, 1810 f.; Schricker, GRUR Int. 1969, 14, 19 ff.; Bökel, GRUR 1970, 391, 392 f.

[1628] Ingerl/Rohnke, § 26 Rn. 19 weisen zudem auf die im Gegensatz zur Rechtslage im WZG einheitliche Terminologie hin; Peschel, S. 43 f. hingegen versteht „Benutzung" abhängig von der jeweiligen Norm im MarkenG unterschiedlich.

[1629] Will, 187.

[1630] So beispielweise das Wort „Sache" in § 90 BGB einerseits und in § 119 Abs. 2 BGB andererseits, vgl. Larenz/Canaris, S. 142; Engisch, S. 78 m. w. N., spricht im Anschluss an Müller-Erzbach von der „Relativität der Rechtsbegriffe".

[1631] Larenz/Canaris, S. 143 oben.

[1632] Will, S. 188; Nägele, S. 75.

ein unterschiedliches Verständnis der Benutzung i. S. v. §§ 14 Abs. 2, 26 Abs. 1 MarkenG begründet werden kann.

Das BPatG begründet die unterschiedliche Auslegung der Benutzungsbegriffe gemäß §§ 14, 26 MarkenG mit einem Rückschluss aus § 26 Abs. 4 MarkenG. Gemäß § 26 Abs. 4 MarkenG werde für die Benutzung von Exportmarken die Anbringung auf den Waren oder der Aufmachung verlangt, was einen Hinweis auf den Regelfall einer Benutzung von Warenmarken i. S. v. § 26 Abs. 1 MarkenG enthalte, der nicht für die rechtsverletzende Benutzung gelte.[1633] Dieser Erst-Recht-Schluss berechtigt jedoch nur zu der Aussage, dass auch die Verwendung einer Marke im Inland eine Benutzung ist, wenn eine körperliche Verbindung von Marke und Ware besteht.[1634] Der weitergehende Schluss, eine Inlandsbenutzung setze eine solche körperliche Verbindung zwingend voraus, geht jedoch zu weit.

Die unterschiedliche systematische Einordnung der §§ 14, 26 MarkenG in das MarkenG sowie der unterschiedliche Zweck beider Vorschriften könnten für eine unterschiedliche Auslegung des Benutzungsbegriffes sprechen.[1635] § 26 Abs. 1 MarkenG setzt eine Benutzung der Marke durch den Markeninhaber voraus.[1636] Dieser dem Markeninhaber auferlegte Benutzungszwang dient den Interessen der Allgemeinheit und der an dem Erwerb von Marken Interessierten, indem markenrechtlicher Schutz auf Dauer nur bezüglich solcher Marken besteht, die benutzt werden.[1637] Demgegenüber setzt § 14 Abs. 2 MarkenG die Benutzung einer Marke durch einen Dritten voraus und dient den Interessen des Markeninhabers.

Allein der Hinweis auf die unterschiedliche systematische Einordnung und die daraus ablesbare unterschiedliche gesetzgeberische Zielsetzung von §§ 14, 26 MarkenG genügt jedoch nicht zur Begründung der unterschiedlichen Auslegung. Denn zwischen rechtserhaltender und rechtsverletzender Benutzung besteht ein innerer Zusammenhang. Mit den aus einer Registermarke resultierenden Rechten korrespondieren Pflichten des Markeninhabers, die dieser erfüllen muss, um die Marke zu erhalten.[1638] Daher wird es auch als widersprüchlich angesehen, rechtsverletzende Handlungen nicht auch als

[1633] BPatG GRUR 1996, 981, 982 re. Sp. – Estavital.
[1634] König, Mitt. 1997, 18, 19.
[1635] Althammer/Klaka, § 14 Rn. 66; Starck, GRUR 1996, 688, 691 li. Sp.; Nägele, S. 74; so für die GMVO Hackbarth, S. 99 f.; Kellerhals, GRUR Int. 1999, 14, 17.
[1636] Rößler, GRUR 1994, 559, 568 re. Sp.; Fezer, § 26 Rn. 3 f.
[1637] Amtliche Begründung zum Markenrechtsreformgesetz, BT-Drucksache 12/6581, zu § 25, S. 82.
[1638] Will, S. 188.

rechtserhaltend anzuerkennen.[1639] Diese Beziehung zwischen rechtsverletzender und rechtserhaltender Benutzung lag bereits der Rechtsprechung des BGH zur rechtserhaltenden Benutzung nach dem WZG zugrunde, der dazu auf § 15 WZG jedenfalls als Ausgangspunkt seiner Überlegungen abstellte[1640] und der im Grundsatz eine warenzeichenmäßige Benutzung verlangte.[1641]

Der BGH definiert eine rechtserhaltende Benutzung seit dem Inkrafttreten des MarkenG als Zeichenbenutzung, die vom Verkehr als zeichenmäßiger Hinweis auf die Herkunft der so bezeichneten Produkte aus einem bestimmten Unternehmen angesehen werden muss.[1642] Dies stimmt mit seiner Definition zur rechtsverletzenden Benutzung überein. Also geht der BGH im Grundsatz auch von einer übereinstimmenden Definition der Benutzung aus[1643], auch wenn er im Gegensatz zum Verfasser die Herkunftsfunktion insoweit für maßgeblich hält.

Betrachtet man die drei bereits genannten Gesichtspunkte, die die rechtserhaltende von der rechtsverletzenden Benutzung schon während der Geltung des WZG unterschieden, nämlich die Ernsthaftigkeit, das Handeln im geschäftlichen Verkehr sowie die körperliche Verbindung von Ware und Marke, so kommt man zu dem Ergebnis, dass diese allesamt im Rahmen der in § 26 Abs. 1 MarkenG nunmehr ausdrücklich genannten Ernsthaftigkeit der Benutzung zu erörtern sind.[1644] Eine ernsthafte Markenbenutzung i. S. v. § 26 Abs. 1 MarkenG setzt eine nach Art, Dauer und Umfang angemessene Benutzung voraus.

Für die Prüfung der angesprochenen Problemkreise im Rahmen der Ernsthaftigkeit i. S. v. § 26 Abs. 1 MarkenG spricht, dass die Prüfung von § 26 Abs. 1 MarkenG insgesamt übersichtlicher, verständlicher und damit letztlich auch besser vorhersehbar wird. Der Begriff der Benutzung i. S. d. Benutzungszwanges wird von seiner inhaltlichen Überfrachtung befreit.

Die Ernsthaftigkeit der Benutzung ist in § 26 Abs. 1 MarkenG als eigenständiges Tatbestandsmerkmal vorgesehen. Ein Handeln „im geschäftlichen Verkehr" ist in § 26

[1639] Ingerl/Rohnke, § 26 Rn. 19.
[1640] Baumbach/Hefermehl, WZG, § 5 Rn. 21.
[1641] BGH GRUR 1993, 972, 973 re. Sp. – Sana/Schosana m. w. N.; so auch Busse/Starck, § 5 Rn. 54; Starck, GRUR 1977, 517, 522 f.
[1642] BGH GRUR 2000, 1038, 1039 re. Sp. oben – Kornkammer; GRUR 1995, 583, 584 re. Sp. – Montana.
[1643] Althammer/Klaka, § 26 Rn. 9.
[1644] So schon zum WZG Fezer, Der Benutzungszwang im Markenrecht, S. 85 ff. Einen Gleichlauf von rechtsverletzender und rechtserhaltender Benutzung lehnt Fezer, a. a. O., S. 83 dennoch ab, da nur die rechtserhaltende Benutzung nach objektiven Kriterien zu beurteilen sei, die rechtsverletzende Benutzung aber nach der Verkehrsauffassung.

MarkenG allerdings ebenfalls nicht ausdrücklich vorgesehen, doch wird diese Voraussetzung weiterhin für erforderlich gehalten.[1645] Diese Voraussetzung ist im Rahmen der Ernsthaftigkeit der Benutzung zu prüfen.[1646] Auch die strenge Rechtsprechung des BGH zur körperlichen Verbindung zwischen Ware und Marke kann in dieser Form nicht fortgeführt werden.[1647] Gemäß § 14 Abs. 2 MarkenG genügt eine gedankliche Verbindung von Ware und Marke[1648], und nach der Amtlichen Begründung zum MarkenG gilt für § 26 MarkenG dasselbe. Die Art und Weise der Benutzung ist wiederum bei der Ernsthaftigkeit i. S. v. § 26 Abs. 1 MarkenG zu prüfen.[1649] Wie weit eine Handlung nach außen hervortreten muss und wie die Beziehung von Ware und Marke zueinander beschaffen sein muss, gehört zur Art der Benutzung, also zur Ernsthaftigkeit.[1650]

Der BGH ordnet die Frage des Handelns im geschäftlichen Verkehr weiterhin bei der rechtserhaltenden Benutzung gemäß § 26 Abs. 1 MarkenG ein und kommt so zu verschiedenen Benutzungsbegriffen in § 14 Abs. 2 MarkenG und § 26 Abs. 1 MarkenG. Der BGH begründet die Verschiedenheit von rechtserhaltender und rechtsverletzender Benutzung u. a. mit § 14 Abs. 3 Nr. 2 MarkenG, in dem das bloße Besitzen von markierter Ware als rechtsverletzende Benutzung angesehen wird. Ein so weiter Benutzungsbegriff wie in § 14 Abs. 3 Nr. 2 MarkenG könne aber nicht für § 26 Abs. 1 MarkenG gelten.[1651] § 14 Abs. 3 Nr. 2 MarkenG ist aber eine Ausnahme vom Erfordernis des Handelns im geschäftlichen Verkehr.[1652] Diese Argumentation zeigt also, dass der BGH die Frage des Handelns im geschäftlichen Verkehr weiterhin bei der „Benutzung" prüft. Ordnet man die Frage des Handelns im geschäftlichen Verkehr aber wie vorliegend bei der Ernsthaftigkeit der Benutzung ein, liegt insoweit kein Unterschied zwischen den Benutzungsbegriffen vor. Also konnte gezeigt werden, dass die im WZG genannten Gründe für die Unterschiedlichkeit von rechtsverletzender und rechtserhaltender Benutzung nicht mehr gelten.

Die in der Amtlichen Begründung zum MarkenG als Ansatzpunkt für die Definition rechtserhaltender Benutzung genannte funktionsgerechte Verwendung deutet auf einen

---

1645 Ingerl/Rohnke, § 26 Rn. 28; Fezer, § 26 Rn. 14, 17; Althammer/Ströbele, § 26 Rn. 15, mit gewissen Abschwächungen bei rein innerbetrieblichen und konzerninternen Handlungen.

1646 So zur GMVO v. Mühlendahl/Ohlgart, Gemeinschaftsmarke, § 8 Rn. 35.

1647 Amtliche Begründung zum Markenrechtsreformgesetz, BT-Drucksache 12/6581, zu § 26, S. 83, 1. Spiegelstrich; Fezer, § 26 Rn. 8; kritisch schon während der Geltung des WZG Krieger, FS Rowedder 1994, 229, 236 f.

1648 Ingerl/Rohnke, § 14 Rn. 70 f.

1649 Amtliche Begründung zum Markenrechtsreformgesetz, BT-Drucksache 12/6581, zu § 26, S. 83, 1. Spiegelstrich; Ingerl/Rohnke, § 26 Rn. 32 ff.; ebenso zur GMVO v. Mühlendahl/Ohlgart, Gemeinschaftsmarke, § 8 Rn. 33.

1650 So hinsichtlich der Beziehung von Marke zu Ware Ingerl/Rohnke, § 26 Rn. 19, Lückenbach, GRUR 2000, 7, 8 re. Sp.; Fezer, § 26 Rn. 9 a. E.

1651 BGH GRUR 2000, 1038, 1039 re. Sp. – Kornkammer.

1652 Sh. oben Teil 2, E. I. 2.

Gleichlauf von rechtsverletzender und rechtserhaltender Benutzung hin. Denn es kommt gemäß § 26 MarkenG ebenso wie in § 14 Abs. 2 MarkenG auf das dem MarkenG zugrundeliegende Funktionsverständnis an, das in beiden Zusammenhängen das gleiche ist.[1653]

Der Begriff der rechtserhaltenden Benutzung muss im Hinblick auf den Zweck von § 26 MarkenG hin ausgelegt werden. Der gesetzgeberische Grund für den Benutzungszwang ist die Unterbindung von Scheinbenutzungshandlungen, die allein der Behinderung von Mitbewerbern dienen. Auf diese Weise verringert der Benutzungszwang die Anzahl potentieller Markenkollisionen und eröffnet den an der Eintragung neuer Marken Interessierten Schutzmöglichkeiten. Der Sinn und Zweck von § 26 Abs. 1 MarkenG gebietet es nicht, an die rechtserhaltende Benutzung andere Anforderungen zu stellen als an die rechtsverletzende Benutzung. Scheinbenutzungshandlungen können auch auf anderem Wege als durch erhöhte Anforderungen an die Definition der rechtserhaltenden Benutzung ausgeschieden werden.

Aus den genannten Gründen setzt eine rechtserhaltende Benutzung gemäß § 26 Abs. 1 MarkenG nur eine Benutzung der Marke für Waren oder Dienstleistungen voraus, so dass von einem einheitlichen Benutzungsbegriff in § 14 MarkenG und § 26 MarkenG auszugehen ist. Denn der Tatbestand von § 26 MarkenG muss im Gegensatz zum WZG nicht mehr allein durch die Definition der Benutzung eingegrenzt werden, sondern zusätzlich auch durch die Ernsthaftigkeit der Benutzung.[1654] Es kann also der Grundsatz formuliert werden, dass jede rechtserhaltende Benutzung gemäß § 26 MarkenG gleichzeitig eine rechtsverletzende Handlung im Sinne von § 14 Abs. 2 MarkenG ist und umgekehrt.[1655] Demnach muss die Marke gemäß § 26 Abs. 1 MarkenG für Waren oder Dienstleistungen benutzt worden sein. Eine Benutzung ohne Produktbezug wie bei der Imagewerbung oder beim Sponsoring reichen dazu nicht aus.[1656] Im übrigen gelten die Ausführungen zum Benutzungsbegriff gemäß § 14 Abs. 2 MarkenG entsprechend.

Somit ist der dem MarkenG zugrundeliegende Benutzungsbegriff so zu verstehen, dass jemand eine fremde Marke zur Kennzeichnung der eigenen Leistung benutzen muss, so dass aus Sicht der angesprochenen Verkehrskreise ein gedanklicher Zusammenhang zwischen der Marke und dem Produkt hergestellt wird.

[1653] Nägele, S. 74 schließt dem gegenüber aus der Veränderung des Funktionenverständnisses im MarkenG, dass von der rechtserhaltenden nicht auf die rechtsverletzende Benutzung geschlossen werden kann.
[1654] Fezer, § 26 Rn. 8.
[1655] Ingerl/Rohnke, § 26 Rn. 19.
[1656] Fezer, § 26 Rn. 9.

3. Rechtserhaltende Benutzung bei Mehrfachkennzeichnungen

Im Character Merchandising ist es ein nicht seltenes Phaänomen, dass die als Marke geschützte Erscheinungsform eines Characters zusammen mit einer weiteren Marke benutzt wird. Unter solchen Mehrfachkennzeichnungen versteht man das Versehen eines Produktes mit mehreren Marken, die als Marke benutzt werden.[1657] Schon zum WZG wurde die Verwendung einer Zweitmarke noch als rechtserhaltend angesehen, wenn ein noch relevanter Teil des Verkehrs die Zweitmarke als Benutzung i. S. v. §§ 5 Abs. 7 S. 1, 11 Abs. 1 Nr. 4, Abs. 5 WZG erkennen konnte.[1658] Der BGH ging dabei davon aus, dass die Verwendung einer Zweitmarke üblich sei und diese Übung dem Verkehr bekannt sei, so dass auch eine Zweitmarke rechtserhaltend benutzt werden könne.[1659] Auch nach dem Inkrafttreten des MarkenG ist davon auszugehen, dass die produktbezogene Benutzung mehrfacher Kennzeichnungen eine i. S. v. § 26 Abs. 1 MarkenG funktionsgerechte Benutzung darstellt, wenn der Verkehr diese als Marke erkennt.[1660]

II. Die weiteren Voraussetzungen von § 26 Abs. 1 MarkenG

Gemäß § 26 Abs. 1 MarkenG muss der Markeninhaber die Benutzung der Marke selber vornehmen oder kann sich gemäß § 26 Abs. 2 MarkenG die Benutzung der Marke durch einen Dritten zurechnen lassen, wenn diese mit seiner Zustimmung erfolgt. Die Zurechnung fremder Benutzung kommt erst ab dem Zeitpunkt der Zustimmung in Frage, nicht aber rückwirkend.[1661] § 26 Abs. 2 MarkenG stimmt mit Art. 19 Abs. 2 TRIPS überein. Bedeutsam für das Merchandising ist eine Entscheidung des BPatG, der zufolge die Benutzung einer Marke durch einen Dritten i. S. v. § 26 Abs. 2 MarkenG auch dann noch als rechtserhaltend anzusehen ist, wenn er sie in von der Eintragung abweichender Weise i. S. v. § 26 Abs. 3 MarkenG benutzt.[1662]

Der Begriff der Benutzung i. S. v. § 26 Abs. 1 MarkenG impliziert bereits, dass die Marke für beliebige Produkte verwendet wird. Rechtserhaltend i. S. v. § 26 Abs. 1 MarkenG ist eine Benutzung jedoch nur, wenn die Marke gerade für die eingetragenen und nicht für beliebige oder nur ähnliche Produkte benutzt wird.[1663] Für Markeninhaber, die Character

---

[1657] Fezer, FS 100 Jahre Marken-Amt, S. 87, 88.
[1658] BGH GRUR 1993, 559, 560 – Ninon; GRUR 1993, 972, 974 li. Sp. – Sana/Schosana m. w. N.; Baumbach/Hefermehl, WZG, § 5 Rn. 46 ff; Busse/Starck, § 5 Rn. 54 a. E.
[1659] BGH GRUR 1993, 972, 974 li. Sp. m. w. N.
[1660] BGH GRUR 2000, 510, 511 li. Sp. – Contura; Ingerl/Rohnke, § 26 Rn. 51; Althammer/Ströbele, § 26 Rn. 63 f.
[1661] Lückenbach, GRUR 2000, 7, 9; Hanseatisches OLG, GRUR 1997, 843, 844 re. Sp. – Matador; BGH GRUR 1985, 385, 385 re. Sp. unten – Fluosol; Schricker, GRUR Int. 1969, 14, 24.
[1662] BPatG GRUR 1995, 588, 589 li. Sp. – Jeannette/Annete.
[1663] Ingerl/Rohnke, § 26 Rn. 62; Lückenbach, GRUR 2000, 7, 9; Speckmann, Rn. 2586.

Merchandising vornehmen wollen, bedeutet das Erfordernis der Benutzung für die eingetragenen Produkte, dass die Nutzung eines als Marke eingetragenen Characters in seiner Primärfunktion selbst dann nicht ausreicht, um den Verfall zu verhindern, wenn diese Nutzung als Benutzung im Sinne der §§ 14, 26 MarkenG angesehen werden kann. Vielmehr muss der Character zur Unterscheidung gerade der eingetragenen Produkte verwendet werden, wobei es auf die verobjektivierte Sichtweise der angesprochenen Verkehrskreise ankommt. Der Inhaber muss die Marke im Inland benutzt haben. Gemäß § 26 Abs. 4 MarkenG gilt als Benutzung im Inland auch das Anbringung der Marke auf Waren oder ihrer Verpackung im Inland, wenn die Waren ausschließlich für die Ausfuhr bestimmt sind.[1664]

Wie bereits dargestellt, muss der Markeninhaber die Marke ernsthaft benutzen. Dieses Erfordernis dient dazu, bloße Scheinhandlungen von der rechtserhaltenden Benutzung auszugrenzen, um den Zweck des Benutzungszwanges erfüllen zu können.[1665] Zweck des Benutzungszwanges ist, die Anzahl der Markenkonflikte zu verringern und so Neuanmeldungen zu erleichtern.[1666] Aufgrund dieses Gesetzeszweckes kommt es auf einen objektiven Maßstab und nicht darauf an, mit welcher Absicht der Markeninhaber eine Marke benutzt.[1667] Nach der zum WZG ergangenen Rechtsprechung des BGH setzte eine ernsthafte Benutzung voraus, dass diese nach Art, Umfang und Dauer dem Zweck des Benutzungszwanges entspricht. Dabei konnte beispielsweise ein geringerer Umfang durch längere Dauer ausgeglichen werden.[1668] Insoweit kann im MarkenG an die zum WZG geltende Rechtslage angeknüpft werden.[1669] Zur Bestimmung dessen, was nach Art, Umfang und Dauer dem Zweck des Benutzungszwanges entspricht, kommt es darauf an, welche Verwendung üblich und wirtschaftlich sinnvoll ist.[1670] Wie bereits dargestellt, sind der Grad des erforderlichen Produktbezuges und das Hervortreten der Marke nach außen als Umstände der Art der Benutzung, also der Ernsthaftigkeit anzusehen.

Bei der Vergabe von auf Marken gestützten Lizenzen ist es für den Merchandisinggeber im Hinblick auf den im Rahmen der Ernsthaftigkeit erforderlichen Umfang der Benutzung

---

[1664] Speckmann, Rn. 2589; König, Mitt. 1997, 18, 19 f. zufolge gilt dies erst recht, wenn die Marke auf einer Ware oder ihrer Verpackung im Inland angebracht wird und nur für die Inlandsbenutzung bestimmt ist.

[1665] Amtliche Begründung zum Markenrechtsreformgesetz, BT-Drucksache 12/6581, zu § 26, S. 83, 5. Spiegelstrich.

[1666] Ingerl/Rohnke, § 26 Rn. 7 f.; dem gegenüber ist die Entlastungsfunktion des Benutzungszwanges zugunsten des DPMA zurückgetreten. Diese war ohnehin schon während der Geltung des WZG fraglich, Ingerl/Rohnke, § 26 Rn. 9.

[1667] Ingerl/Rohnke, § 26 Rn. 108.

[1668] BGH GRUR 1980, 289, 290 – Trend; so nun auch zum MarkenG BGH WRP 1999, 936, 937 re. Sp. oben - Honka.

[1669] Amtliche Begründung zum Markenrechtsreformgesetz, BT-Drucksache 12/6581, zu § 26, S. 83, 5. Spiegelstrich.

[1670] BGH WRP 1999, 936, 938 li. Sp. – Honka m. w. N.

ratsam, eine nicht rückzahlbare Garantiesumme zu vereinbaren, die mit den Lizenzgebühren bis zu ihrer Höhe verrechnet wird. Dies hat den Vorteil, dass der Lizenznehmer dann aus wirtschaftlichen Gründen dazu gezwungen ist, in so großem Umfang von der lizensierten Marke Gebrauch zu machen, dass der für das jeweilige Produktgebiet gemäß § 26 Abs. 1 MarkenG erforderliche Umfang erreicht wird.

Die fünfjährige Benutzungsfrist beginnt gemäß § 26 Abs. 5 MarkenG grundsätzlich mit der Eintragung, bei einem Widerspruch mit dem Zeitpunkt des Abschlusses des Widerspruchsverfahrens. Dies stimmt mit der Einordnung von Exportbezeichnungen als Benutzung gemäß § 14 Abs. 3 Nr. 4 MarkenG überein.[1671] Eine Nichtbenutzung kann gemäß § 26 Abs. 1 MarkenG gerechtfertigt sein, wenn dafür berechtigte Gründe wie Tatbestände höherer Gewalt bestehen, die der Markeninhaber nicht zu beeinflussen vermag.[1672] Diese Ausnahmevorschrift geht auf Art. 10 Abs. 1 letzter HS. MarkenRL und auch auf Art. 5 C Abs. 1 PVÜ zurück.

III. Die abweichende Benutzung der Marke gemäß § 26 Abs. 3 MarkenG

Im Zusammenhang mit Character Merchandising stellt sich bei der rechtserhaltenden Benutzung gemäß § 26 MarkenG weiterhin die Frage, unter welchen Voraussetzungen eine von der Eintragung abweichende Benutzung noch als rechtserhaltend angesehen werden kann. Im folgenden zu untersuchen ist also, inwiefern die Benutzung einer als Character angemeldeten Marke auch dann noch als rechtserhaltend anzusehen ist, wenn diese nicht in exakt der angemeldeten, sondern in abgewandelter Form benutzt wird.

Durch § 26 Abs. 3 MarkenG wird dem Markeninhaber ein angemessener Gestaltungsspielraum bei der Benutzung der eingetragenen Marke eingeräumt. Die veränderte Benutzung einer Marke kann ihren Grund in veränderten Werbeanforderungen oder der Veränderung des Zeitgeschmackes haben. Zudem können Erfahrungen im Umgang mit der Marke zeigen, dass eine von der Eintragung abweichende Benutzung erfolgversprechender ist.[1673] *Kraft* geht sogar so weit, dass die Benutzung einer Marke in exakt der eingetragenen Form die Ausnahme darstellt.[1674]

[1671] Ingerl/Rohnke, § 26 Rn. 105.
[1672] BGH GRUR 1997, 747, 749 li. Sp. – Cirkulin.
[1673] Ingerl/Rohnke, § 26 Rn. 76.
[1674] Kraft, GRUR Int. 1983, 531, 534 li. Sp.

1. Rechtslage nach dem WZG

Der Benutzungszwang gemäß §§ 5 Abs. 7 S. 1, 11 Abs. 1 Nr. 4, Abs. 5 WZG besagte, dass das Zeichen innerhalb der letzten fünf Jahre nach der Eintragung benutzt worden sein musste, um wirksam Widerspruch gegen die Eintragung eines jüngeren Zeichens erheben zu können bzw. das Warenzeichen nicht löschungsreif werden zu lassen. Inwiefern auch abweichende Benutzungsformen dem Benutzungszwang genügten, war den einschlägigen Vorschriften nicht zu entnehmen.

Der BGH nahm an, dass der Verkehr das eingetragene Warenzeichen und das tatsächlich benutzte Zeichen als ein und dasselbe Zeichen ansehen musste.[1675] Er differenzierte zwischen der Abwandlung der eingetragenen Form und Zusätzen zu dieser. Bei der Abwandlung der eingetragenen Form prüfte er zunächst, ob es sich um eine nur unerhebliche und damit irrelevante Abweichung handelte, und anschließend, ob die Abwandlung bestimmungsgemäß, verkehrsüblich und geboten sei. Beides waren vom BGH überprüfbare Rechtsfragen. Erst im dritten Schritt stellte der BGH auf die Verkehrsauffassung ab. Bei Zusätzen zu der eingetragenen Marke prüfte der BGH sofort die Verkehrsauffassung.[1676] Bei der Prüfung der Identität der beiden Zeichen waren diese unmittelbar miteinander zu vergleichen. Nach Ansicht des BGH hob eine Modernisierung, eine übliche graphische Ausgestaltung oder eine durch den praktischen Gebrauch gebotene Zeichenabwandlung unter Berücksichtigung der Verkehrauffassung die Identität des eingetragenen mit dem benutzten Zeichen gewöhnlich nicht auf.[1677] Es wurde kritisiert, dass sich der BGH bei der Frage, ob es sich bei dem benutzten und dem eingetragenen Zeichen um ein und dasselbe Zeichen handelt, an der Verkehrsauffassung orientiert. Denn der Verkehr kenne in der Regel nur das benutzte und nicht auch das eingetragene Zeichen, so dass er die ihm gestellte Frage gar nicht beantworten könne.[1678]

Eine andere Ansicht bestimmte die Grenze zwischen rechtserhaltender und nicht rechtserhaltender abweichender Benutzung anhand des Schutzumfanges der eingetragenen Marke und berief sich auf Art. 5 C Abs. 2 PVÜ.[1679] Dieser Meinung zufolge war die Benutzung eines abgewandelten Zeichens nur dann unschädlich, wenn der Schutzbereich des eingetragenen Zeichens so groß wie der des eingetragenen Zeichens war. Gleichzeitig erkannten die Vertreter dieser Ansicht an, dass Rechte immer nur aus der eingetragenen

---

[1675] BGH GRUR 1990, 364, 365 – Baelz; GRUR 1975, 135, 138 – KIM-Mohr; ebenso Baumbach/Hefermehl, WZG, § 5 Rn. 23; Fezer, BB 1975, 436, 438 ff.

[1676] Kritisch zur Rechtsprechung des BGH – wenn auch mit unterschiedlichen Ansätzen – Kraft, FS Ulmer, GRUR Int. 1983, 531 ff. sowie Giefers, FS Vieregge 1995, 267, 268 ff.

[1677] Baumbach/Hefermehl, WZG, § 5 Rn. 23.

[1678] Kraft, FS Ulmer, GRUR Int. 1983, 531, 533 f.

[1679] Schulze zur Wiesche, GRUR 1970, 166, 167 f.; Kraft, FS Ulmer, GRUR Int. 1983, 531, 534 f.

und nicht auch aus einer von der Eintragung abweichenden Marke hergeleitet werden können. Um die Frage abweichender rechtserhaltender Benutzung bereits ab Eintragung des Warenzeichens beurteilen zu können, kam es dieser Ansicht zufolge nur auf die anfängliche Kennzeichnungskraft der miteinander zu vergleichenden Zeichen an, nicht aber auf die durch Benutzung veränderte Kennzeichnungskraft.[1680] Die Vertreter dieser Ansicht argumentierten, dass sich der Schutzbereich und damit die Verteidigungsmöglichkeiten des Zeicheninhabers durch die abweichende Benutzung nicht vergrößert haben dürften, was gewährleistet sei, wenn sich die Schutzbereiche der eingetragenen und der abweichend benutzten Marke entsprechen.

Gegen diese sog. Schutzumfangtheorie wurde während der Geltung des WZG ausgeführt, dass die tatsächliche Prüfung der Verwechslungsgefahr und die Frage der abgewandelten Benutzung unterschiedliche Gesichtspunkte seien, so dass der hergestellte Zusammenhang zwischen rechtserhaltender Benutzung und Schutzumfang zwar möglich, aber keineswegs zwingend sei.[1681] Denn im Rahmen der Kollisionsprüfung komme es nur auf die Marke in ihrer eingetragenen Form und nicht auf eine abweichende, aber noch ähnliche Benutzung an.[1682] Dem Einwand, der Schutzumfang eines Zeichens könne nur im Hinblick auf eine konkrete Kollisionssituation bestimmt werden[1683], hielt *Kraft* entgegen, dass eine dem Gebot der Rechtssicherheit entsprechende einzelfallunabhängige Beurteilung des Schutzumfanges dadurch möglich sei, dass nur die anfängliche und nicht auch die durch die Benutzung veränderte Kennzeichnungskraft maßgeblich sei[1684]. Außerdem wurde gegen die Schutzumfangtheorie eingewendet, es sei logisch nicht möglich, ein Zeichen zu ändern, ohne seine Unterscheidungskraft zu berühren.[1685] Zudem sei die Beurteilung der Unschädlichkeit einer abgewandelten Benutzung bei dem Weglassen oder Hinzufügen von Zeichenteilen besonders problematisch.[1686]

Die Vertreter einer weiteren Ansicht schlossen aus dem Wortlaut von § 31 WZG, dass dieser sich auch auf die Frage erstrecke, wann eine abgewandelte Benutzung noch als rechtserhaltend anzusehen sei. Es sei ebenso wie im Rahmen der Kollisionsprüfung auf die Verwechslungsgefahr abzustellen. Es wirkte also bereits die Benutzung von Zeichen rechtserhaltend, die mit dem eingetragenen Zeichen ähnlich seien.[1687] Diese

---

[1680] Schulze zur Wiesche, GRUR 1970, 166, 167 f.; Kraft, FS Ulmer, GRUR Int. 1983, 531, 535.
[1681] Bauer, GRUR 1970, 447, 447; Giefers, FS Vieregge 1995, 267, 277 f.
[1682] Ingerl/Rohnke, § 26 Rn. 80.
[1683] So Ingerl/Rohnke, § 26 Rn. 80; Giefers FS Vieregge 1995, 267, 278; Schwanhäusser GRUR 1982, 197, 200 li. Sp.; Hackbarth, S. 214.
[1684] Kraft, GRUR Int. 1983, 531, 535 re. Sp.
[1685] Schwanhäusser, GRUR 1982, 197, 200 li. Sp.; Giefers, FS Vieregge 1995, 267, 278.
[1686] Baumbach/Hefermehl, WZG, § 5 Rn. 23 a. E.
[1687] Bauer, GRUR 1970, 447, 447 f.

Vorgehensweise wurde als zu weitgehend kritisiert, da sie zu einer Aufrechterhaltung von Defensivzeichen führe.[1688]

2. Rechtslage nach dem MarkenG

Gemäß § 26 Abs. 1 MarkenG muss der Markeninhaber die Marke in ihrer eingetragenen Form verwenden.[1689] Dies folgt aus dem Sinn und Zweck dieser Vorschrift sowie im Rückschluss[1690] aus § 26 Abs. 3 S. 1 MarkenG, dem zufolge eine von der Eintragung abweichende Benutzung noch als rechtserhaltend anzusehen ist, soweit die Abweichung den kennzeichnenden Charakter der Marke nicht verändert. Diese Vorschrift geht auf Art. 10 Abs. 2 lit. a) MarkenRL sowie auf Art. 5 C Abs. 2 PVÜ zurück. Dabei ist zu berücksichtigen, dass es dem 12. Erwägungsgrund der MarkenRL zufolge erforderlich ist, dass die Vorschriften der MarkenRL mit denen der PVÜ vollständig übereinstimmen. § 26 Abs. 3 MarkenG übernimmt Art. 10 Abs. 2 lit. a) MarkenRL und Art. 5 C Abs. 2 PVÜ nicht wortlautgetreu, sondern spricht statt von der „Beeinflussung" der „Unterscheidungskraft" von der „Veränderung" des „kennzeichnenden Charakters" der Marke. Mit dieser veränderten Terminologie sind keine sachlichen Änderungen bezweckt[1691], so dass sie richtlinienkonform sind[1692] und auch eher dem Wortlaut von Art. 5 C Abs. 2 PVÜ entsprechen.[1693]

Der deutsche Gesetzgeber hat den Begriff der Unterscheidungskraft in Art. 10 Abs. 2 lit. a) MarkenRL und in Art. 5 C Abs. 2 PVÜ durch den des „kennzeichnenden Charakters" ersetzt, um nicht an die in §§ 3 Abs. 1, 8 Abs. 2 Nr. 1 MarkenG genannte Unterscheidungskraft anzuknüpfen, da es nicht um diese, sondern um die Wesentlichkeit der Abweichung von der eingetragenen Form geht.[1694] Die Unschädlichkeit der Abweichung wird überwiegend als Rechtsfrage angesehen.[1695]

[1688] Kraft, FS Ulmer, GRUR Int. 1983, 531, 534 re. Sp.

[1689] Amtliche Begründung zum Markenrechtsreformgesetz, BT-Drucksache 12/6581, zu § 26, S. 83, 2. Spiegelstrich.

[1690] Lückenbach, GRUR 2000, 7, 9 re. Sp. m. w. N.

[1691] Amtliche Begründung zum Markenrechtsreformgesetz, BT-Drucksache 12/6581, zu § 26, S. 83 2. Spiegelstrich; BGH GRUR 1997, 744, 746 – Ecco; WRP 1998, 1081, 1082 – Holtkamp; GRUR 2000, 1040, 1041 re. Sp. – Frenorm/Frenon. .

[1692] Giefers, FS Vieregge 1995, S. 267, 278 f.; Lückenbach, GRUR 2000, 7, 10 li. Sp.; BGH GRUR 1997, 744, 746 – Ecco.

[1693] Ingerl/Rohnke, § 26 Rn. 77 f.; Giefers, FS Vieregge 1995, 267, 278 begrüßt die Wortwahl ebenfalls; kritisch insofern Klette, WRP 2000, 913, 914 re. Sp.

[1694] Giefers, FS Vieregge 1995, 267, 277 ff. u. a. unter Hinweis auf die Umsetzung von Art. 10 Abs. 2 lit. a) MarkenRL in anderen Mitgliedstaaten der EU und in der Schweiz, die häufig ausdrücklich auf die Wesentlichkeit der Abweichung abstellen; Schulze zur Wiesche, GRUR 1970, 166, 167 re. Sp. weist auf die damalige Rechtslage in der Schweiz hin, die ebenfalls darauf abstellte, dass die eingetragene Marke nur in unwesentlichen Bestandteilen abweichenden Form gebraucht wurde.

[1695] Ingerl/Rohnke, § 26 Rn. 81; Fezer, § 26 Rn. 99; Althammer/Ströbele, § 26 Rn. 74; Klette, WRP 2000, 913, 915; a. A. Giefers, FS Vieregge 1995, 267, 281: Tatsachenfrage.

Eine abweichende Benutzung ist gemäß § 26 Abs. 3 S. 2 MarkenG auch dann als rechtserhaltend anzusehen, wenn die Marke ebenfalls in der benutzten Form eingetragen ist. Diese Vorschrift findet keine direkte Entsprechung in der MarkenRL, ist aber dennoch richtlinienkonform.[1696] § 26 Abs. 3 S. 2 MarkenG bezieht sich auf die strenge Rechtsprechung des RG und des BGH, die eine von der Eintragung abweichende Benutzung nur in Ausnahmefällen zuließ.[1697] Die Existenz einer weiteren, mit der benutzten Form identischen Eintragung konnte einer rechtserhaltenden Wirkung entgegenstehen, auch wenn die eingetragene und die benutzte Marke vom Verkehr als identisch angesehen wurden.[1698] § 26 Abs. 3 S. 2 MarkenG führt demgegenüber dazu, dass eine Benutzungshandlung für mehrere eingetragene Marken rechtserhaltend wirken kann.[1699]

Gemäß § 26 Abs. 3 MarkenG wirkt eine von der eingetragenen Marke abweichende Benutzung noch rechtserhaltend, soweit die Abweichungen den kennzeichnenden Charakter der Marke nicht verändern. Trotz der nun auch gesetzlich ausdrücklich geregelten Möglichkeit, eine von der eingetragenen Marke abweichende Zeichenform rechtserhaltend benutzen zu können, bleibt die bisher schon so kontrovers diskutierte Frage bestehen, unter welchen Voraussetzungen eine abgewandelte Benutzung noch als rechtserhaltend anzusehen ist. Die Beurteilung der Veränderung des kennzeichnenden Charakters einer Marke infolge abweichender Benutzung wird zusammen mit der Beurteilung der Verwechslungsgefahr als eine der komplexesten Fragen des Kennzeichenrechtes angesehen.[1700]

a) Schutzumfangtheorie

Die schon zum WZG vertretene Schutzumfangtheorie wird auch nach dem Inkrafttreten des MarkenG vertreten.[1701] Bei der Übertragung dieser Ansicht auf das MarkenG ist zu beachten, dass im WZG die Warengleichartigkeit schon vor der Prüfung gemäß § 31 WZG feststehen musste. Demnach wurde nur die Zeichenähnlichkeit und die Unterscheidungskraft der Marke beurteilt. Nach dem Inkrafttreten des MarkenG wird der Schutzumfang einer Marke zusätzlich durch die Produktnähe beeinflusst, wobei die Kriterien der Zeichen- und Produktgleichartigkeit sowie der Kennzeichnungskraft des Zeichens sich i. R. d. Prüfung der

---

[1696] BGH GRUR 2000, 1040, 1041 re. Sp. – Frenorm/Frenon.

[1697] Vgl. Busse/Starck, § 5 Rn. 57 ff.; Baumbach/Hefermehl, WZG, § 5 Rn. 22 ff.; Althammer, WZG, § 5 Rn. 49 ff.

[1698] BGH GRUR 1986, 315, 315 re. Sp. – Comburtest.

[1699] Lückenbach, GRUR 2000, 7, 10 Fn. 43.

[1700] Klette, WRP 2000, 913, 915.

[1701] BPatG GRUR 1995, 588, 589 li. Sp. – Jeanette/Annete; Albrecht GRUR 1996, 246, 251; Schmieder NJW 1994, 1241, 1245 li. Sp.; Althammer/Ströbele, § 26 Rn. 75; gegen Ausführungen des vorinstanzlichen BPatG, die auf eine Berücksichtigung des Schutzumfanges hindeuten, wendet sich hingegen der BGH WRP 1999, 936, 937 re. Sp. unten – Honka.

Verwechslungsgefahr gegenseitig beeinflussen.[1702] Neben der bereits während der Geltung des WZG geäußerten Kritik, dass das Kriterium der Verwechslungsgefahr steht der Übertragung dieser Auffassung auf das MarkenG also außerdem entgegen, dass die abstrakte Bestimmung des Schutzumfanges der eingetragenen und der benutzten Marke zusätzlich erschwert ist.[1703]

b) Zeichenähnlichkeit

Die Ansicht, die sich zur Grenzziehung zwischen rechtserhaltender und nicht mehr rechtserhaltender abweichender Benutzung auf die Zeichenähnlichkeit stützte, kann sich nicht mehr auf den Wortlaut von § 31 WZG oder eine entsprechende Vorschrift im MarkenG berufen.

Hinzu kommt, dass die Zeichenähnlichkeit ein zu weiter Maßstab ist. Der Grund für die engere Grenzziehung im Rahmen von § 26 Abs. 3 MarkenG gegenüber der Zeichenähnlichkeit i. S. v. §§ 9 Abs. 1, 14 Abs. 2 MarkenG ist darin zu suchen, dass es bei der Beurteilung der Zeichenähnlichkeit um die Ähnlichkeit von zwei Zeichen geht, während es gemäß § 26 Abs. 3 MarkenG um die Wesentlichkeit einer Veränderung zwischen zwei Zeichen geht. Die Herangehensweise ist also gegensätzlich. Selbst wenn man im Rahmen von § 26 Abs. 3 MarkenG von der Frage ausgeht, ob der kennzeichnende Charakter beider Zeichen gleich ist, kommt es inhaltlich auf diejenigen Gesichtspunkte an, die beide Zeichen voneinander unterscheiden könnten. Dies drückt sich auch darin aus, dass es zur Bejahung der Zeichenähnlichkeit genügen kann, wenn eine der drei Fallgruppen der Zeichenähnlichkeit vorliegt, während es im Rahmen von § 26 Abs. 3 MarkenG zur Annahme der Veränderung des kennzeichnenden Charakters der eingetragenen Marke genügt, dass ihr kennzeichnender Charakter aufgrund der Änderung eines Gesichtspunktes verändert ist.[1704]

Hinzu kommt, dass es im Rahmen der Zeichenähnlichkeit u. a. auf die gedankliche Ähnlichkeit ankommt, so dass zwei inhaltlich übereinstimmende Zeichen als miteinander ähnlich angesehen werden, obwohl es sich bei dem einen um ein Wortzeichen und dem anderen um ein Bildzeichen handelt. Dies als noch rechtserhaltende Benutzung anzusehen, geht jedoch zu weit, da in einem solchen Fall der kennzeichnende Charakter eines Zeichens verändert ist.[1705]

[1702] BGH GRUR 2000, 1038, 1039 – Kornkammer.
[1703] BGH GRUR 2000, 1038, 1039 re. Sp. – Kornkammer.
[1704] So auch Althammer/Ströbele, § 26 Rn. 76, allerdings ausgehend von der Schutzumfangtheorie.
[1705] Giefers, FS Vieregge 1995, 267, 286.

c) Identitätstheorie

Die vom BGH zum WZG vertretene Ansicht, es sei darauf abzustellen, ob der Verkehr die benutzte und die eingetragene Form als ein und dasselbe Zeichen ansehen, lässt sich in der zum WZG vertretenen, strengen Ausprägung nur noch schwer mit dem Wortlaut von § 26 Abs. 3 MarkenG vereinbaren. Im Gegensatz zu §§ 5 Abs. 7 S. 1, 11 Abs. 1 Nr. 4, Abs. 5 WZG besagt § 26 Abs. 3 MarkenG ausdrücklich, dass die Benutzung abweichender Benutzungsformen rechtserhaltend wirken kann. Dies deutet darauf hin, dass ein großzügigerer Maßstab als bisher anzulegen ist.[1706] Während der Geltung des WZG war für eine abweichende Benutzung zudem eine Rechtfertigung dahingehend erforderlich, dass sie durch vernünftige wirtschaftliche Gründe geboten sein musste.[1707] Auch dies ist nach dem Inkrafttreten des MarkenG nicht mehr erforderlich und wird von der Rechtsprechung auch nicht fortgeführt.[1708]

Jedoch wird der Ansatzpunkt, dass der Verkehr beide Zeichen zwar nicht als identisch, jedoch als letztlich dasselbe Zeichen ansehen muss, fortgeführt.[1709] Dabei wird jedoch die Akzentverschiebung infolge der grundsätzlichen Anerkennung abweichender Benutzungen gemäß § 26 Abs. 3 MarkenG berücksichtigt und daher ein großzügigerer Maßstab angelegt.[1710] Diese Ansicht beruft sich ebenfalls auf Art. 5 C Abs. 2 PVÜ und setzt sich von der zum WZG ergangenen, höchstrichterlichen Rechtsprechung ab, indem sie voraussetzt bzw. jedenfalls als unschädlich ansieht, dass der Verkehr die Unterschiede der beiden miteinander kollidierenden Zeichen erkennt. Dementsprechend ist eine abweichende Benutzung unschädlich, wenn der Verkehr das abweichend benutzte Zeichen gerade bei Wahrnehmung der Unterschiede nach dem Gesamteindruck noch mit der eingetragenen Marke gleichsetzt.[1711]

Zentrales Tatbestandsmerkmal von § 26 Abs. 3 MarkenG ist der kennzeichnende Charakter des eingetragenen Zeichens. Die gewählte Formulierung ist im deutschen Kennzeichnungsrecht neu. Wie bereits angesprochen, ist der Sinn und Zweck von § 26 Abs. 3 MarkenG, nur unwesentlich von der eingetragenen Form abweichende Benutzungen noch als

---

[1706] Amtliche Begründung zum Markenrechtsreformgesetz, BT-Drucksache 12/6581, zu § 26, S. 83, 2. Spiegelstrich.

[1707] BGH GRUR 1990, 364, 365 – Baelz; GRUR 1987, 822, 823 – Panda-Bär.

[1708] BPatG GRUR 1997, 301, 302 – Lords/Lord; GRUR 1995, 588, 588 re. Sp. – Jeannette/Annete; Giefers, FS Vieregge 1995, 267, 283 f.; Fezer, § 26 Rn. 97 f.; Althammer/Ströbele, § 26 Rn. 73; a. A. zur GMVO Hackbarth S. 214 ff.

[1709] BGH GRUR 2000, 1038, 1039 – Kornkammer; Mitt. 2000, 504, 506 – Subway/subwear; Althammer/Ströbele, § 26 Rn. 74.

[1710] Klette, WRP 2000, 913, 914 f.; Giefers, FS Vieregge 1995, 267, 281; Fezer, § 26 Rn. 92; Ingerl/Rohnke, § 26 Rn. 81.

[1711] Ingerl/Rohnke, § 26 Rn. 81; Klette, WRP 2000, 913, 914.

rechtserhaltend anzusehen.[1712] Da weiterhin die Identifizierungsfunktion des Zeichens nicht beeinträchtigt werden darf[1713], liegt eine wesentliche Veränderung des Zeichens vor, wenn der Verkehr die Marke aufgrund der Abweichung als ein anderes Zeichen ansieht. Das ist erstens der Fall, wenn die eingetragene Marke so erheblich verändert benutzt wird, dass es sich aus Sicht des Verkehrs um ein neues Zeichen handelt. Zweitens ist dies der Fall, wenn die eingetragene Marke unverändert durch weitere Zeichen so ergänzt wird, dass es ein neues Zeichen ist.

Die Anerkennung abweichender Benutzung als rechtserhaltend veranlasst einige Vertreter in der Literatur zu der Annahme, das Verhältnis von Regel und Ausnahme von eingetragener und benutzter Form habe sich gegenüber dem WZG im MarkenG dahingehend verschoben, eine abweichende Benutzung sei grundsätzlich zulässig, wenn nicht das Verkehrsverständnis eindeutig von einer Veränderung des kennzeichnenden Charakters der Marke ausgeht.[1714] Dieser Einschätzung kann nicht zugestimmt werden. Denn § 26 Abs. 3 MarkenG ist bereits eine Ausnahmevorschrift zu § 26 Abs. 1 MarkenG, wonach grundsätzlich eine identische Benutzung erforderlich ist. Im Gegensatz zum WZG ist im MarkenG eine abweichende Benutzung gemäß § 26 Abs. 3 MarkenG ausnahmsweise möglich, also gesetzlich normiert, so dass sie nicht durch die Rechtsprechung als eng umgrenzter Ausnahmefall entwickelt werden muss. Daraus kann zwar auf eine großzügigere Beurteilungspraxis geschlossen werden, doch kann nicht so weit gegangen werden, eine völlige Umkehrung der Sichtweise anzunehmen.

Dies ist vor allem von Bedeutung, wenn man die Veränderung des kennzeichnenden Charakters i. S. v. § 26 Abs. 3 MarkenG als Tatsachen- und nicht als Rechtsfrage betrachtet. Denn geht man davon aus, dass eine abweichende Benutzung grundsätzlich zulässig ist, sind die Anforderungen an die Darlegungs- und Beweispflichten des Markeninhabers im Fall abweichender Benutzung weniger streng als bei grundsätzlicher Unzulässigkeit abweichender Benutzung.[1715] Allerdings ist die Frage nach dem Regel-/Ausnahmeverhältnis auch dann wichtig, wenn man die Beurteilung von § 26 Abs. 3 MarkenG als Rechtsfrage betrachtet, da es um den Ausgangspunkt der Beurteilung geht. Handelt es sich bei § 26 Abs. 3 MarkenG um einen Ausnahmefall[1716], kann nicht schon davon ausgegangen werden, dass eine abweichende Benutzung rechtserhaltend wirkt, wenn keine entgegenstehenden

---

[1712] Giefers, FS Vieregge 1995, 267, 277 f.
[1713] Fezer, § 26 Rn. 98.
[1714] So aber Ingerl/Rohnke, § 26 Rn. 83; Giefers, FS Vieregge 1995, 267, 279.
[1715] Klette, WRP 2000, 913, 915 li. Sp.; soweit ersichtlich geht nur Giefers, FS Vieregge 1995, S. 267, 281, davon aus, dass es sich dabei um eine reine Tatsachenfrage handelt.
[1716] In der Amtlichen Begründung zum Markenrechtsreformgesetz, BT-Drucksache 12/6581, zu § 26, S. 83, 2. Spiegelstrich wird die Benutzung der Marke in der eingetragenen Form ausdrücklich als Grundsatz bezeichnet.

Gesichtspunkte ersichtlich sind, sondern erst dann, wenn das Fortbestehen des kennzeichnenden Charakters der abweichend benutzten Marke gegenüber der eingetragenen Marke feststeht.

3. Einzelne Fallgruppen

Im folgenden ist davon auszugehen, dass der Verkehr zwar die Abweichung der beiden Zeichen erkennen darf, aber beide Zeichen dennoch als dieselben ansehen muss.

Dazu kann im Einzelfall darauf abgestellt werden, dass es sich bei dem von der Eintragung abweichenden Zeichen um eine Zeichenweiterentwicklung handelt. Dies ist im Gegensatz zur Rechtsprechung des BGH zum WZG nicht erforderlich. Doch liegt es besonders nah, von demselben Zeichen auszugehen, wenn das benutzte Zeichen als vorsichtige Fortentwicklung des bisherigen Zeichen zu erkennen ist.[1717]

Giefers formuliert, dass der kennzeichnende Charakter eines Zeichens das ist, was das Zeichen individuell prägt. Insoweit kann auf die im Rahmen der Verwechslungsgefahr gemäß § 14 Abs. 2 Nr. 2 MarkenG gemachten Ausführungen zur Kennzeichnungskraft eines Zeichens verwiesen werden. Denn auch die Kennzeichnungskraft einer Marke setzt deren Eigenprägung voraus, die eine Zuordnung zu den gekennzeichneten Produkten ermöglicht.[1718] Die Berücksichtigung der Kennzeichnungskraft darf aber nicht dazu führen, in Übereinstimmung mit der sogenannten Schutzumfangstheorie den Schutzumfang des eingetragenen und des benutzten Zeichens abstrakt zu bestimmen und diese anschließend miteinander zu vergleichen.

Dabei ist ausschließlich von dem kennzeichnenden Charakter, den die Marke von Anfang hat, auszugehen. Dafür spricht das Gebot der Rechtssicherheit, zum einen da der Markeninhaber von Anfang an wissen muss, wie weit er von der Eintragung abweichen darf, und zum anderen da die spätere Beurteilung dieser Frage nicht zusätzlich durch die Erhebung von Beweisen über die Kennzeichnungskraft der Marke zu verschiedenen Benutzungszeitpunkten erschwert werden darf. Weiterhin wäre jedes Abweichen von der anfänglichen Kennzeichnungskraft als Beurteilungsmaßstab unsinnig. Hätte die Steigerung des kennzeichnenden Charakters zur Folge, dass gegenüber dem Zeitpunkt der Eintragung nur kleinere Abweichungen erlaubt sind, würde man den Markeninhaber gerade dafür bestrafen, dass er seine Marke dem Zweck von § 26 MarkenG entsprechend benutzt. Dies

---

[1717] A. A. noch zum WZG Kraft, GRUR Int. 1983, 531, 534 li. Sp.
[1718] Sh. o. Teil 2, E. III. 2 f).

ist aber ebenso abzulehnen wie der umgekehrte Fall. Denn würde aus einer Steigerung des kennzeichnenden Charakters folgen, dass größere Abweichungen gegenüber dem Zeitpunkt der Eintragung zulässig sind, hätte es der Markeninhaber in der Hand, den Umfang der Benutzungsobliegenheit zu reduzieren. Dies widerspricht aber der Tatsache, dass § 26 MarkenG nicht wie § 14 Abs. 2 MarkenG den Interessen des Markeninhabers dient, sondern den Interessen der übrigen Markeninhaber und derjenigen, die an der Erlangung von Markenschutz interessiert sind.

Was die Beurteilung der Veränderung des kennzeichnenden Charakters der eingetragenen Marke anbelangt, müssen jedoch gegenüber § 14 Abs. 2 MarkenG eigenständige Kriterien herausgebildet werden. Wie bereits dargestellt, unterscheidet sich der Blickwinkel, unter dem die Prüfung von § 26 Abs. 3 MarkenG vorgenommen wird, von dem der Zeichenähnlichkeit gemäß § 14 Abs. 2 Nr. 2, Nr. 3 MarkenG grundsätzlich. Daher ist die Veränderung des kennzeichnenden Charakters bereits eher anzunehmen als eine Veränderung der Kennzeichnungskraft. Dazu werden im folgenden Fallgruppen gebildet, die sich an der Markenform der eingetragenen Marke richten.

Um dem weiteren Vorgehen eine sinnvolle Struktur zu geben, werden die drei möglichen Gesichtspunkte der Zeichenähnlichkeit, die schriftbildliche, klangliche und inhaltliche Ähnlichkeit als formale Orientierungshilfe zugrunde gelegt, ohne damit zugleich an die zur Zeichenähnlichkeit entwickelten Kriterien anzuschließen. Bei der Beurteilung der Veränderung des kennzeichnenden Charakters eines Zeichens wird zunächst die Veränderung des Zeichens selbst geprüft und im Anschluss daran das Problem des Weglassens und des Hinzufügens von Zeichenbestandteilen erörtert. Es ist davon auszugehen, dass sich der kennzeichnende Charakter eines Zeichens bereits durch die Veränderung eines maßgeblichen Gesichtspunktes geändert haben kann. Ein für alle Markenformen virulentes Problem ist das der formübergreifenden Benutzung, das daher zuerst zu erörtern ist.

a) Formübergreifende Benutzung

Von formübergreifender Benutzung spricht man, wenn eine Marke nicht in der eingetragenen, sondern einer anderen Markenform benutzt wird.[1719] Dieses Problem ist in § 26 Abs. 3 S. 1 MarkenG nicht ausdrücklich geregelt. So stellt sich beispielsweise die Frage, ob eine Bildmarke durch eine Wortmarke rechtserhaltend benutzt werden kann.[1720]

[1719] Fezer, § 26 Rn. 114.

[1720] Fezer, § 26 Rn. 114 mit weiteren Beispielen; verneinend für den umgekehrten Fall BGH GRUR 1979, 244, 245 re. Sp. – Herzkaffee.

Grundsätzlich muss eine Marke gemäß § 26 Abs. 3 MarkenG in der eingetragenen Form benutzt werden.[1721] Anders kann dies nur zwischen erstens Wort- und Wort-/ Bildmarken sowie zweitens zwischen Bild- und dreidimensionalen Marken sein. Werden Wort-/ Bildmarken als Wortmarken benutzt, kommt es darauf an, ob die eingetragene Marke vor allem durch den Bildeindruck geprägt wird oder nicht.[1722] Werden umgekehrt Wortmarken als Wort-/ Bildmarken benutzt, kommt es darauf an, wie sehr die zugefügten Bildelemente den kennzeichnenden Charakter der eingetragenen Wortmarke verändern.[1723]

Die Benutzung dreidimensionaler Marken als Bildmarke ist jedoch unter keinen Umständen als rechtserhaltend gemäß § 26 Abs. 3 MarkenG anzusehen. Dreidimensionale Marken wirken lebendiger als Bildmarken, so dass ihre Dreidimensionalität den kennzeichnenden Charakter ausmacht, der bei Benutzung als Bildmarke verändert würde.[1724] Nicht so eindeutig ist die umgekehrte Konstellation zu beurteilen, dass eine Bildmarke in dreidimensionaler Form benutzt wird. In diesem Fall kann die aus der Dreidimensionalität resultierende zusätzliche Lebendigkeit den kennzeichnenden Charakter der Bildmarke unberührt lassen. Dies könnte insbesondere bei nur reliefartiger Benutzung der Fall sein.[1725] Hat ein als Bildmarke geschützter Character eine sehr schlanke und dementsprechend flache Gestalt, fällt eine dreidimensionale Benutzung nur wenig auf, so dass sie den kennzeichnenden Charakter der Bildmarke nicht verändert, während dies bei einem beleibten Character wie beispielsweise „Obelix" anders wäre. Letztlich kann dies aber nur anhand des jeweiligen Einzelfalles beurteilt werden.

[1721] Giefers, FS Vieregge 1995, 267, 286; Ingerl/Rohnke, § 26 Rn. 99; ebenso bereits zur Rechtslage nach dem WZG, Fezer, Der Benutzungszwang im Markenrecht, S. 131.

[1722] Vgl. BGH GRUR 1999, 498 ff. – Achterdiek; dazu siehe unten ... .

[1723] Dazu sh. unten Teil 2, F. III. 2. c) und 3.

[1724] Fezer, § 26 Rn. 114; Ingerl/Rohnke, § 26 Rn. 99; so wohl auch Giefers, FS Vieregge 1995, S. 267, 286, der diese Frage für die Benutzung von Mickey Mouse in einem Werbespot bei dreidimensionaler Eintragung stellt; a. A. v. Mühlendahl/Ohlgart, Gemeinschaftsmarke, § 8 Rn. 22, der zu Unrecht aus der Tatsache, dass eine Benutzung der Marke in der Werbung ausreichend ist, darauf schließt, dass die Benutzung einer dreidimensionalen Marke in zweidimensionaler Form unschädlich ist.

[1725] Ingerl/Rohnke, § 26 Rn. 99; nicht eindeutig insoweit Fezer, § 26 Rn. 114.

b) Wortmarke

Bei der Beurteilung der Veränderung des kennzeichnenden Charakters einer eingetragenen Marke bei abweichender Benutzung ist auf die klangliche und schriftbildliche Ähnlichkeit als Orientierungshilfe abzustellen.

Hat das Hinzufügen oder Weglassen eines einzelnen Buchstabens auf das klangliche, schriftbildliche und inhaltliche Gesamtbild eines Wortes nur geringe Auswirkungen, kann der kennzeichnende Charakter des Zeichens auch dann unverändert bleiben, wenn es sich bei diesem um einen Namen handelt.[1726] Dasselbe kann bei einem Austausch klanglich identischer Buchstaben wie C für K vor dunklem Vokal gelten, beispielsweise bei der eingetragenen Marke „Kurant", die als „Curant" benutzt wird.[1727] Prägt ein einzelner Buchstabe den kennzeichnenden Charakter eines Wortes, hat sein Austausch zur Folge, dass die Benutzung der Marke in dieser Form nicht rechtserhaltend wirkt.[1728]

Handelt es sich bei der Wortmarke um den Namen eines bekannten Characters, ist die Schreibweise des Namens von großer Bedeutung. Denn ebenso wie bei Namen natürlicher Personen misst der angesprochene Verkehr bereits kleinen Veränderungen zu. Dass Kleidung des Designers „Carl Lakerfeld" nicht zu demselben Preis verkauft wird wie die von „Karl Lagerfeld", leuchtet sofort ein. Daher ist davon auszugehen, dass jede Veränderung des Namens von Characters ihren kennzeichnenden Charakter verändert, es sei denn, die Veränderung fällt beispielsweise wegen der Länge und Komplexität des Namens weder in schriftbildlicher noch in klanglicher Hinsicht auf. Allerdings ist es gerade bei Namen von Characters sehr unwahrscheinlich, dass der Markeninhaber oder seine Lizenznehmer den Namen in abgeänderter Schreibweise benutzen werden. Denn ihnen geht es darum, den Character für den angesprochenen Verkehr möglichst leicht identifizierbar zu machen.

Die Änderung des Schrifttyps und der Groß-/Kleinschreibung ist grundsätzlich unschädlich, es sei denn, diese Merkmale begründen gerade die Schutzfähigkeit des eingetragenen Wortes.[1729] Dasselbe gilt für die Streichung oder das Hinzufügen eines Bindestriches.[1730]

[1726] BPatG GRUR 1995, 588, 589 li. Sp. – Jeannette/Annete.
[1727] BPatG GRUR 1979, 709, 710 – Kurant.
[1728] Im Ergebnis aber nicht in der Begründung zutreffend BPatG GRUR 1998, 64, 64 f. – Bonjour; dort ging es um die Marke „Bonyour", die nur als „Bonjour" benutzt wurde.
[1729] Ingerl/Rohnke, § 26 Rn. 87; Fezer, § 26 Rn. 100; so auch zur GMVO v. Mühlendahl/Ohlgart, Gemeinschaftsmarke, § 8 Rn. 19; zu weitgehend insoweit BGH GRUR 1999, 498, 499 f. – Achterdiek.
[1730] BGH WRP 1998, 1083, 1085 – Karolus-Magnus.

Eine auf der Veränderung des Wortzeichens beruhende inhaltliche Veränderung kann ebenfalls den kennzeichnenden Charakter eines Zeichens verändern, wenn nicht bereits die Veränderung des Schriftbildes oder Klanges insoweit ausreicht. Eine inhaltliche Veränderung kommt mangels Gedankeninhaltes nicht in Betracht, wenn es sich bei dem Namen eines Characters um einen üblichen Namen ohne inhaltliche Anspielungen handelt, wie beispielsweise bei dem Namen „Charlie Brown". Anders wäre dies bei Namen, die inhaltliche Anspielungen auf den Character selbst enthalten, so dass Wortveränderungen auch inhaltliche Veränderungen nach sich ziehen können.[1731]

Besonders risikoreich ist die Aufspaltung eines einheitlichen Markenwortes durch mehrzeilige Schreibweise, wenn dessen Bestandteile für sich betrachtet beschreibend sind. Dem Arthrexforte-Urteil des BGH lag der Sachverhalt zugrunde, dass das zusammenhängende Wort „Arthrexforte" für Medikamente eingetragen war, aber die Worte „Arthrex forte" abweichend von der Eintragung ausschließlich zweizeilig benutzt wurden. Dies sah der BGH nicht als rechtserhaltende Benutzung an[1732], was nach dem Inkrafttreten des MarkenG aufrechtzuerhalten wäre, da der Verkehr den getrennt geschriebenen Zeichenbestandteil „forte" als beschreibend und damit nicht als Markenbestandteil ansieht. Damit wurde ein erheblicher Teil der Wortmarke „Arthrexforte" aus Sicht des Verkehrs weggelassen, was eine Veränderung des kennzeichnenden Charakters zur Folge hat. Keine Veränderung des kennzeichnenden Charakters nahm der BGH jedoch an, als das eingetragene Wortzeichen „Kornkammer" in zweizeiliger Schreibweise übereinander als „Korn Kammer" benutzt wurde, da es sich dabei um eine werbeübliche sprachregelwidrige Bildung handelte, an die der Verkehr gewöhnt ist.[1733] Da Namen von Characters in der Regel nicht beschreibend sind, ist eine zweizeilige Aufspaltung, beispielsweise in Vor- und Nachnamen möglich.

Das Weglassen eines Wortbestandteils ist grundsätzlich eine schädliche Veränderung des Zeichens, es sei denn, es handelt sich bei den weggelassenen Wortzeichen um Bestandteile ohne kennzeichnende Wirkung. Bei Einwortzeichen wird man dies in aller Regel nicht annehmen können. Demgegenüber kann ein Wort, das Bestandteil eines Mehrwortzeichens ist, weggelassen werden, wenn es keine eigenständige kennzeichnende Wirkung entfaltet.[1734] Diese Frage kann letztlich nur im Hinblick auf den konkreten Einzelfall beantwortet werden. Eine zu großzügige Praxis ist insofern jedoch nicht angebracht, da der Markeninhaber beschreibende oder sonstige Wortzeichen ohne eigenständig

---

1731 Eine inhaltliche Veränderung läge bei dem aus der Sesamstraße bekannten Character „Krümelmonster" vor, wenn dieser Name als Marke eingetragen, aber als „Grummelmonster" benutzt würde.
1732 BGH GRUR 1981, 53, 54 – Arthrexforte.
1733 BGH GRUR 2000, 1038, 1039 – Kornkammer.
1734 BGH GRUR 1997, 744, 746 – Ecco; WRP 1998, 1083, 1085 – Karolus-Magnus.

kennzeichnende Wirkung beim Eintragungsantrag ohne weiteres vermeiden kann.[1735] Bei dem mehrteiligen Namen eines Characters ist in aller Regel davon auszugehen, dass dieser vom Verkehr als Gesamtmarke betrachtet wird, so dass das Weglassen des Vor- oder Nachnamens regelmäßig den kennzeichnenden Charakter dieser Wortmarke verändert.

Das Hinzufügen neuer Zeichenbestandteile verändert den kennzeichnenden Charakter der eingetragenen Marke, wenn es dazu führt, dass der Eindruck eines neuen Zeichens entsteht.[1736] Dies ist beispielsweise dann der Fall, wenn ein Name mit einem Adelstitel oder umgekehrt ein Adelstitel mit einem Namen kombiniert wird, da diese Kombination als Gesamtbegriff und einheitliche Personenbezeichnung, und damit als andere Marke verstanden wird.[1737] Der Eindruck eines anderen Zeichen kann beim Hinzufügen von Wort- und Bildzeichen gleichermaßen entstehen. Ein neues Zeichen entsteht aus Sicht der angesprochenen Verkehrskreise, wenn es sich um eine andere Marke handelt. Dies ist beispielsweise der Fall, wenn es sich bei der benutzten Marke statt der eingetragenen Wortmarke um eine andere Markenform, beispielsweise eine Wort-/ Bildmarke handelt.[1738] In Übereinstimmung damit ist nach Ansicht des BGH das Hinzufügen von Bestandteilen zur eingetragenen Marke gemäß § 26 Abs. 3 MarkenG zu beurteilen, indem gefragt wird, ob der Verkehr die eingetragene und die benutzte Marke als ein und dasselbe Zeichen ansieht und den zugefügten Bestandteilen keine eigene maßgebende kennzeichnende Wirkung beimisst.[1739]

Der BGH hat angenommen, dass die eingetragene Marke „Kornkammer" trotz der Hinzufügung der bildlichen Darstellung eines Kornspeichers und einer emblemartigen Einfassung des Gesamtzeichens in Form eines ovalen, dunklen Hintergrundes nicht ihren kennzeichnenden Charakter verändert, da der Bildbestandteil ausschließlich die Wortmarke illustriere und daher keine eigenständige Wirkung entfalte.[1740] Diese Entscheidung ist zumindest zweifelhaft, da es vorliegend nicht um die lose Hinzufügung eines beschreibenden Bildes geht, sondern vielmehr ein neues, einheitliches Zeichen benutzt wurde. Für die Einheitlichkeit des Zeichens spricht erstens die räumliche Beziehung zwischen dem zweizeilige übereinander geschriebenen Wort „Kornkammer" und der bildlichen Darstellung

---

[1735] Ingerl/Rohnke, § 26 Rn. 91.
[1736] Ingerl/Rohnke, § 26 Rn. 93.
[1737] Fezer, § 26 Rn. 109; BPatG GRUR 1979, 711, 712 re. Sp. – Princesse D'ALBRET, wo der den Titel dieser Entscheidung bildende Name nicht als rechtserhaltend benutzt für die eingetragene Marke „Prinzess" angesehen wurde.
[1738] Zu weitgehend daher BPatG GRUR 1997, 301, 302 re. Sp. – Lords/Lord, das es für unerheblich hält, ob der Verkehr das eingetragene Wortzeichen „Lord" infolge der Hinzufügung der bildlichen Darstellung eines Männerkopfes als Wort-/Bildmarke betrachtet, da es sich insoweit um eine markenmäßig bedeutungslose, austauschbare Zutat handelt.
[1739] BGH WRP 1998, 1081, 1082 – Holtkamp, GRUR 2000, 1038, 1039 re. Sp. – Kornkammer.
[1740] BGH GRUR 2000, 1038, 1039 f. – Kornkammer.

eines Kornspeichers, da der abgebildete Kornspeicher in der ersten Zeile neben dem nach rechts versetzten Wort „Korn" und über dem Wortanfang des in der zweiten Zeile geschriebenen Wortes „Kammer" steht, so dass beide Zeichenbestandteile einander auch bildlich zu ergänzen scheinen. Zweitens spricht für die Einheitlichkeit dieses Zeichens, dass beide Zeichenbestandteile in derselben weißen Schrift wiedergegeben sind, und drittens, dass der Bild- und der Zeichenbestandteil emblemartig durch einen dunklen, ovalen Hintergrund eingefasst sind.[1741] Die gegenteilige Auffassung des BGH, die emblemartige Einfassung verstärke allein den Eindruck der bildlichen Illustration[1742], erscheint nicht nachvollziehbar. Dies würde bedeuten, dass Zeichen und bildliche Illustration möglichst eng miteinander in Verbindung stehen müssten, um nicht als neue Gesamtmarke zu erscheinen.

Überzeugend ist demgegenüber die „Karolus-Magnus" -Entscheidung. Dieser zufolge ist es gemäß § 26 Abs. 3 MarkenG unschädlich, die bildliche Darstellung eines mittelalterlichen Kaisers zu der für Schaumweine eingetragenen Wortmarke „Karolus-Magnus" hinzuzufügen.[1743] Dies begründete der BGH damit, dass aus der Sicht des Verkehrs nicht das gesamte Weinetikett, das u. a. die Wortmarke und das Bildelement enthielt, als einheitliche Marke wahrgenommen wird, sondern nur die Wortmarke, da ein Weinetikett neben der Marke viele andere, teilweise gesetzlich vorgeschriebene beschreibende Hinweise enthalte. In diesem Fall fehlte es gerade an dem Eindruck der Einheitlichkeit, da sich die Gemeinsamkeiten darin erschöpften, dass Wortmarke und Bild zusammen auf einem Etikett abgedruckt waren. Wenn aber aufgrund der konkreten Benutzung die Kombination aus Wortmarke und Bildzeichen als neue Gesamtmarke erscheint, ist die Abweichung schädlich i. S. v. § 26 Abs. 3 MarkenG. Die „Karolus-Magnus" –Entscheidung zeigt, dass auch die Beurteilung der Veränderung des kennzeichnenden Charakters einer Marke gemäß § 26 Abs. 3 MarkenG stark von den Umständen des Einzelfalles abhängt.

Aber auch die Hinzufügung eines weiteren Wortzeichens zu der eingetragenen Wortmarke ändert den kennzeichnungskräftigen Charakter eines Zeichens, wenn der Verkehr nicht die eingetragene Wortmarke, sondern beide Wortzeichen nicht mehr als selbständige (Waren-) Zeichen, sondern nur noch als Einheit betrachtet.[1744] Zu großzügig ist daher die Entscheidung „Cosy Issy" des BPatG, in der angenommen wurde, dass das für Plüschtiere eingetragene Warenzeichen „Issy" durch die ausschließliche Verwendung der Wortfolge „Cosy Issy" rechserhaltend benutzt wurde. Dies begründete das BPatG damit, dass der

---

[1741] Vgl. die Darstellung der glaubhaft gemachten Benutzung in BGH GRUR 2000, 1038, 1038 re. Sp. – Kornkammer.

[1742] BGH GRUR 2000, 1038, 1040 – Kornkammer.

[1743] BGH WRP 1998, 1083, 1085 – Karolus-Magnus.

[1744] BGH GRUR 1984, 872, 873 – Wurstmühle; GRUR 1993, 972, 974 re. Sp. – Sana/Schosana.

Verkehr das englische Wort „cosy" als lediglich warenbeschreibend ansehe und daher „Cosy Issy" nicht als Gesamtbegriff verstanden werde.[1745] Zwar können glatt warenbeschreibende Bestandteile insoweit als unschädlich angesehen werden[1746], doch ist das englische Wort „cosy" nicht glatt warenbeschreibend.

c) Bildmarke

Bei der Beurteilung, ob der kennzeichnende Charakter einer Bildmarke durch eine abweichende Benutzung i. S. v. § 26 Abs. 3 MarkenG verändert worden ist, kommt es allein auf die Veränderung des Inhaltes und des optischen Eindruckes an.

Die Änderung des Bildinhaltes wird nur selten allein von Bedeutung sein, da dann regelmäßig zugleich der optische Eindruck der Bildmarke verändert ist. Sollte es jedoch ausnahmsweise allein auf die Veränderung des Bildinhaltes ankommen, reicht dies gemäß § 26 Abs. 3 MarkenG auch aus.

Der kennzeichnende Charakter einer Bildmarke kann sich optisch durch die Veränderung der graphischen Darstellung verändert haben. Was den kennzeichnenden Charakter der bildlichen Darstellung eines Characters ausmacht, wurde bereits ausführlich dargestellt.[1747] Werden also Gesichtszüge, charakteristische Merkmale der Kleidung etc. verändert, ist dies schädlich i. S. v. § 26 Abs. 3 MarkenG, wenn der als Marke eingetragene Character als ein anderer Character erscheint. Jedoch liegt eine abweichende Benutzung auch schon dann vor, wenn zwar erkennbar derselbe Character dargestellt wird, aber sich die eingetragene Darstellung des fraglichen Characters ganz besonders durch eine bestimmte Mimik, Gestik, Kleidung oder sonstige Accessoires auszeichnet, und diese Gesichtspunkte fehlen bzw. verändert sind.

Geht es beispielsweise um die bildliche Darstellung eines Characters in stehender Pose, so ist der Wechsel des Spielbeins grundsätzlich unschädlich. Reckt aber der Character beispielsweise hochmütig das Kinn empor und wird dieser von unten aus betrachtet, so dass der Betrachter gleichsam zu ihm aufschauen muss, prägen diese Gesichtspunkte den kennzeichnenden Charakter dieser Bildmarke. Werden sie verändert, liegt eine abweichende Benutzung gemäß § 26 Abs. 3 MarkenG vor. Dabei kann es jedoch sein, dass die Veränderung beispielsweise nur der Perspektive allein nicht ausreicht, wenn der hochmütige

---

[1745] BPatGE 19, 175, 176 f. – Cosy Issy.
[1746] Ingerl/Rohnke, § 26 Rn. 94; BGH GRUR 1985, 46, 47 – Idee-Kaffee; zustimmend Hefermehl, GRUR 1985, 48, 48 f.
[1747] Sh. o. Teil 2 E. III. 2 f).

Eindruck dieser als Marke geschützten Characterdarstellung bestehen bleibt. Wird aber auch der Gesichtsausdruck verändert, liegt eine abweichende Benutzung vor. An diesem Beispiel wird wiederum deutlich, dass der Maßstab im Rahmen von § 26 Abs. 3 MarkenG wesentlich enger und begrenzter ist als der der Zeichenähnlichkeit gemäß § 14 Abs. 2 Nr. 2, Nr. 3 MarkenG.

Hinsichtlich der Veränderung des farblichen Eindruckes von Bildmarken ist zwischen schwarz-weißen und farbigen Marken zu unterscheiden. Unterstreicht die farbige Benutzung einer schwarz-weiß eingetragenen Marke deren Wirkung, ohne sie zu überzeichnen, wird der kennzeichnende Charakter der Marke nicht verändert, konterkariert die Farbigkeit die Wirkung, ist er verändert. Bei farbig eingetragenen Marken ist nicht schon jede abweichende Farbnuance schädlich i. S. v. § 26 Abs. 3 MarkenG. Dasselbe gilt für die schwarz-weiße Benutzung, es sei denn die Farbigkeit bewirkt erst die Schutzfähigkeit dieser Marke. Werden aber bei Bildmarken, die Characters zum Gegenstand haben, wesentliche farbliche Gesichtspunkte verändert, ist dies schädlich i. S. v. § 26 Abs. 3 MarkenG. Dies wäre beispielsweise der Fall, wenn die blaue Hautfarbe der „Schlümpfe" durch eine andere Farbe ersetzt würde.

Die Veränderung des Hintergrundes beeinflusst den kennzeichnenden Charakter einer Marke regelmäßig nicht. Dies setzt voraus, dass der Hintergrund deutlich von dem maßgeblich kennzeichnenden Teil des Gesamtzeichens zu unterscheiden ist und dass dieser trotz der Veränderung weiterhin als Hintergrund zu erkennen bleibt.[1748]

Wird ein Bestandteil einer Bildmarke weggelassen, kommt es darauf an, ob dieser den Charakter der Gesamtmarke prägt. Das Weglassen einer wappenartigen oder sonstigen Einrahmung der eingetragenen Marke ist unschädlich, wenn das Restzeichen nicht nur durch die Umrahmung als Einheit zu erkennen war, sondern die Einheitlichkeit trotz des Wegfalles der Umrahmung bestehen bleibt. Denn dann prägt die Einrahmung nicht den kennzeichnenden Charakter der Bildmarke. Das gleiche gilt für die Veränderung des Bildhintergrundes.

Werden für den kennzeichnenden Charakter wesentlichere Bestandteile einer Bildmarke als der Hintergrund weggelassen, hängt die Beurteilung gemäß § 26 Abs. 3 MarkenG davon ab, inwiefern der dargestellte Character in der Form der eingetragenen Darstellung gerade von dem weggelassenen Bestandteil geprägt wird. Ist der Character infolge dessen nicht mehr zu identifizieren, liegt ohnehin eine abweichende Benutzung i. S. v. § 26 Abs. 3 MarkenG vor.

[1748] BPatG GRUR 1995, 590, 591 re. Sp. – Manhattan.

Zeichnet sich die eingetragene Darstellung des fraglichen Characters ganz besonders durch bestimmte Kleidung oder sonstige Accessoires aus, dürfen diese nicht fehlen. Fällt ein solches Merkmal weg, ändert dies den kennzeichnenden Charakter der Bildmarke. Auch hier gilt, dass nicht erst der Verlust der Kennzeichnungskraft, sondern ihre Schwächung genügt.

d) Dreidimensionale Marke

Wie bereits ausgeführt, ist nur eine dreidimensionale Benutzung einer dreidimensionalen Marke auch rechtserhaltend, da die Dreidimensionalität diese gerade auszeichnet. Im übrigen kann auf die Ausführungen bezüglich Bildmarken verwiesen werden.

e) Akustische Marke

Bei akustischen Marken kommt nur eine klangliche Veränderung in Frage. Da bei Klangmarken auch nur der Klang und nicht auch Worte geschützt sind, die eventuell zur Demonstration beispielsweise einer Melodie gesungen wurden, ergibt sich der kennzeichnende Charakter einer akustischen Marke nur aus dem geschützten Klang. *Giefers* will bei Veränderung nur des Arrangements und der Tonart recht großzügig Änderungen zulassen, da die angesprochenen Verkehrskreise in der Regel nicht über ein absolutes Gehör verfügten.[1749] Wird jedoch nicht die Instrumentierung, sondern die Melodie vernehmbar geändert, ist demgegenüber sehr wohl von einer schädlichen Abwandlung i. S. v. § 26 Abs. 3 MarkenG auszugehen.

Zeichnet sich ein für einen Character typisches Geräusch wie beispielweise das quietschende Geschnatter von Donald Duck durch eine bestimmte Tonlage aus, bedeutet deren vernehmbare Veränderung eine Veränderung ihres kennzeichnenden Charakters. Das Weglassen von Zeichenbestandteilen sowie auch das Hinzufügen ist bei geräuschhaften Marken wie dem bereits angesprochenen Geschnatter von Donald Duck oder einer bestimmten Sprechweise nicht möglich. Dies kommt allenfalls bei Melodien in Frage, die jedoch nicht Gegenstand der vorliegenden Arbeit sind.

f) Kombinationsmarke

Wie bereits dargestellt gibt es keinen Grundsatz, dass die Kennzeichnungskraft einer Wort-/ Bildmarke als häufigster Kombinationsmarke vor allem durch den Wort- oder den Bildbestandteil geprägt wird. Dies ist vielmehr eine Frage des Einzelfalles. Eine isolierte Betrachtung der einzelnen Bestandteile einer Kombinationsmarke ist nicht geboten, vielmehr

---

[1749] Giefers, FS Vieregge 1995, S. 267, 285.

folgt die Kennzeichnungskraft einer Kombinationsmarke aus ihrem Gesamteindruck. Auch im Hinblick auf Kombinationsmarken gilt, dass ihr kennzeichnender Charakter verändert ist, wenn der Verkehr das benutzte Zeichen als eine andere Marke betrachtet.

Die maßgebliche Kennzeichnungskraft von Kombinationsmarken beurteilt sich nicht nur nach der Kennzeichnungskraft ihrer Bestandteile, sondern auch aus deren Zusammenspiel, so dass eine grundsätzliche, abstrakte Aussage zur Frage der Veränderung i. S. v. § 26 Abs. 3 MarkenG noch schwieriger als bei den anderen Markenformen ist. Prägt einer der Bestandteile die Kennzeichnungskraft des Gesamtzeichens stärker als der andere Bestandteil, verändert dessen Abänderung eher den kennzeichnenden Charakter der Gesamtmarke als die Veränderung eines weniger prägenden Bestandteils.[1750] Eine wesentliche Veränderung i. S. v. § 26 Abs. 3 MarkenG kann sich auch daraus ergeben, dass die räumliche, farbliche oder sonstige Beziehung der Zeichenbestandteile zueinander verändert ist.

So nahm der BGH an, dass die als Wort-/Bildmarke für Beherbergung und Verpflegung von Gästen eingetragene Marke „Achterdiek" maßgeblich durch die Schreibweise dieses Wortes in Form eines Deichkörpers geprägt sei. Der Eindruck einer Deichform werde noch durch die stilisierten, anbrandenden Wellen und die darüberstehende Sonne verstärkt. Demgegenüber sei das Wort „Achterdiek", das aus dem Niederdeutschen komme und „hinter dem Deich" bedeute, für die eingetragenen Dienstleistungen beschreibend, so dass sich der kennzeichnende Charakter des Zeichens nicht aus dem Wort, sondern aus der eingetragenen Schreibweise ergebe. Benutzt worden sei aber das Wort in anderer Schreibweise, so dass keine rechtserhaltende Benutzung anzunehmen sei.[1751]

IV. Zusammenfassung § 26 MarkenG

Der Benutzungszwang gemäß § 26 MarkenG ist für Registermarken eine besondere Ausprägung des Rechtsmissbrauchsverbotes. In §§ 14 Abs. 2, 26 MarkenG ist der Benutzungsbegriff übereinstimmend so zu verstehen, dass ein Dritter bzw. der Markeninhaber die betreffende Marke zur Kennzeichnung der eigenen Leistung benutzen muss, so dass aus Sicht der angesprochenen Verkehrskreise ein gedanklicher Zusammenhang zwischen der Marke und dem Produkt hergestellt wird. Auch eine

---

[1750] BPatG GRUR 1995, 590, 591 f. – Manhattan; die als Wort-/Bildmarke eingetragen war und das Wort „Manhattan" sowie eine Stadtsilhouette von Wolkenkratzern zum Gegenstand hatte. Im Gegensatz zur Eintragung hatte die Skyline aber die gleiche Farbe wie der Hintergrund, hob sich von diesem aber durch Prägedruck ab. Das BPatG bejahte rechtserhaltende Benutzung.

[1751] BGH GRUR 1999, 498, 499 f. – Achterdiek, zweifelhaft, da das Wort „Achterdiek" nicht für die eingetragene Dienstleistung der Beherbergung von Gästen beschreibend i. S. v. § 8 Abs. 2 Nr. 2 MarkenG ist, sondern nur für die örtliche Lage des so bezeichneten Hotels, das hinter einem Deich lag.

mehrfache Kennzeichnung eines Produktes wirkt für alle Marken rechtserhaltend. Der Markeninhaber muss die Marke selber benutzen oder der Markenbenutzung durch einen Dritten zustimmen und sich diese Benutzung gemäß § 26 Abs. 2 MarkenG zurechnen lassen. Die Benutzung muss gemäß § 26 Abs. 1 MarkenG im Inland erfolgen.

Rechtserhaltend i. S. v. § 26 Abs. 1 MarkenG wirkt eine Benutzung nur, wenn die Marke gerade für die eingetragenen Produkte benutzt wird. Für Markeninhaber, die Character Merchandising vornehmen wollen, bedeutet dies, dass es nicht genügt, den als marke eingetragenen Character in seiner Primärfunktion zu benutzen. Vielmehr ist es erforderlich, den Character gerade für die eingetragenen Produkte zu verwenden. Weiterhin muss der Markeninhaber die Marke ernsthaft benutzen, um sicherzustellen, dass es keine reine Scheinbenutzungshandlung ist. Ernsthaftigkeit der Benutzung bedeutet, dass die Benutzung nach Art, Umfang und Dauer dem Zweck des Benutzungszwanges entspricht. Hierbei ist zu berücksichtigen, welche Verwendung üblich und wirtschaftlich sinnvoll ist. Schließt der Markeninhaber über die als Marken geschützten verschiedenen Erscheinungsformen Lizenzen ab, ist es ratsam, eine nicht rückzahlbare Garantiesummer zu vereinbaren, die mit den Lizenzgebühren bis zu ihrer Höhe verrechnet wird. Denn dann ist der Lizenznehmer aus wirtschaftlichen Gründen dazu gezwungen, in so großem Umfang von der lizensierten Marke Gebrauch zu machen, dass er die Garantiesumme durch die Nutzung der Lizenz erwirtschaftet. So ist gewährleistet, dass der gemäß § 26 Abs. 1 MarkenG für das jeweilige Produkte der erforderliche Benutzungsumfang erreicht wird.

Eine abweichende Benutzung ist gemäß § 26 Abs. 3 MarkenG als rechtserhaltend anzusehen, wenn der Verkehr das abweichend benutzte Zeichen gerade bei Wahrnehmung der Unterschiede nach dem Gesamteindruck noch mit der eingetragenen Marke gleichsetzt. Eine wesentliche Veränderung des Zeichens liegt dann vor, wenn der Verkehr die Marke aufgrund der Abweichung als ein anderes Zeichen ansieht. Das ist der Fall, wenn die eingetragene Marke entweder so erheblich verändert benutzt wird, dass es sich aus Sicht des Verkehrs um ein neues Zeichen handelt, oder wenn die eingetragene Marke unverändert durch weitere Zeichen so ergänzt wird, dass ein neues Zeichen entsteht. Der kennzeichnende Charakter eines Zeichens ist das, was das Zeichen individuell prägt.

Das es im Rahmen von § 26 Abs. 3 MarkenG um die Wesentlichkeit einer Veränderung einer Marke geht, ist nicht die Zeichenähnlichkeit gemäß § 14 Abs. 2 MarkenG, sondern ein wesentlich engerer Maßstab zugrundezulegen. Handelt es sich bei der Wortmarke um den Namen eines bekannten Characters, ist die Schreibweise des Namens von großer Bedeutung. Denn ebenso wie bei Namen natürlicher Personen misst der angesprochene

Verkehr bereits kleinen Veränderungen erhebliche Bedeutung zu, so dass schon kleine Veränderungen des Namens eines Characters eine den kennzeichnenden Charakter einer Marke verändern. Bei Bildmarken liegt eine abweichende Benutzung schon dann vor, wenn zwar erkennbar derselbe Character dargestellt wird, aber die eingetragene Darstellung des fraglichen Characters sich durch eine bestimmte Mimik, Gestik, Kleidung oder sonstige Accessoires auszeichnet, und diese Gesichtspunkte fehlen bzw. verändert sind.

Teil 3: Ergebnisse der Arbeit

Die Erscheinungsformen von Characters sind grundsätzlich markenfähig. Es genügt, dass die jeweilige Erscheinungsform eines Characters als Hinweis auf einen abstrakten Markeninhaber verstanden wird. Wirtschaftlich sinnvoll kann Merchandising allgemein nur durch die Eintragung von Registermarken betrieben werden. Die Erscheinungsformen von Characters sind auch grundsätzlich eintragungsfähig gemäß § 8 MarkenG.

Zwar gewährt eine Marke keine unumschränkten Verbotsrechte, sondern nur gegen Benutzungen der Marke i. S. v. § 14 Abs. 2 MarkenG. Eine solche Benutzung setzt voraus, dass ein Dritter eine fremde Marke zu Kennzeichnung der eigenen Leistung benutzt, und aus Sicht der angesprochenen Verkehrskreise einen gedanklichen Zusammenhang zwischen der Marke und dem Produkt herstellt. Doch umfasst der markenrechtliche Benutzungsbegriff auch den sogenannten dekorativen Gebrauch und die parodierende Verwendung einer Marke, wenn der Dritte sein eigenes Produkt mit der Marke kennzeichnet.

Vor allem § 14 Abs. 2 Nr. 2 MarkenG schützt Marken innerhalb des Produktähnlichkeitsbereiches, insbesondere vor Verwechslungsgefahr im unmittelbaren Sinne. Trotz des teilweise recht großen Schutzumfangs von Marken, die kennzeichnungskräftige Erscheinungsformen von Characters zum Gegenstand haben, kann es erforderlich sein, die Erscheinungsform in verschiedenen Ausprägungen anzumelden. Dies gilt insbesondere für die bildlichen Darstellungen von Characters, für die sehr unterschiedliche Wiedergabemöglichkeiten bestehen. Soweit ein Character einen Namen besitzt, der aus mehreren Worten besteht, ist es wegen der grundsätzlichen Maßgeblichkeit des Gesamteindruckes einer mehrteiligen Marke ratsam, auch Teile des Gesamtnamens als Marke einzutragen wie beispielsweise den Vornamen in Alleinstellung. Wenn es sich bei einer als Marke geschützten Erscheinungsform eines Characters um eine bekannte Marke handelt, erweitert sich der markenrechtliche Schutz gemäß § 14 Abs. 2 Nr. 3 MarkenG auf den Bereich jenseits der Produktähnlichkeit.

§ 26 MarkenG steht einer umfassenden Eintragungspraxis nicht entgegen, soweit es um die kurzfristige Absicherung des Merchandising durch Marken geht. Dazu genügt die fünfjährige Benutzungsschonfrist aus, auch wenn man das Bedürfnis nach möglichst frühzeitigem Vermarktungsbeginn berücksichtigt sowie die lange Produktionszeit beispielsweise von Kinofilmen. § 26 MarkenG kann aber mit einer umfassenden Eintragungspraxis kollidieren, wenn es um die längerfristige Sicherung von Characters als Marke geht. Dann ist es notwendig, die Marken in rechtserhaltender Weise zu benutzen. Für die abweichende Benutzung gelten gemäß § 26 Abs. 3 MarkenG trotz der grundsätzlichen Anerkennung abweichender rechtserhaltender Benutzung strenge Maßstäbe. Zwar kann die Benutzung einer Marke gleichzeitig auch zugunsten einer anderen Marke rechtserhaltend wirken, wenn der kennzeichnende Charakter beider Marken derselbe ist. Doch ist dies erst der Fall, wenn beide Marken einen recht ähnlichen Schutzumfang haben, woraus wiederum folgt, dass die parallele Eintragung von zwei so ähnlichen Marken gerade wegen der Eintragungskosten nicht sinnvoll ist.

Das Markenrecht erlaubt eine alle Erscheinungsformen von Characters umfassende Vermarktung. Demgegenüber umfasst das Urheberrecht nur den Schutz der bildlichen und plastischen Ausgestaltung von Characters, da diese in der Regel die erforderliche Schöpfungshöhe erreichen, während dies auf die übrigen Erscheinungsformen von Characters wie seinen Namen und seine Stimme regelmäßig nicht zutrifft. Das auf Marken gestützte Merchandising wird aber nicht nur durch die Liberalisierung des materiellen deutschen Markenrechts erleichtert, sondern auch durch die gegenüber dem WZG erhöhte Verkehrsfähigkeit der Marke. Dazu gehört die vollständige Übertragbarkeit von Marken gemäß § 27 MarkenG, die Vermutung der Rechtsinhaberschaft zugunsten des Inhabers einer Registermarke gemäß § 28 MarkenG und die uneingeschränkte Lizensierbarkeit gemäß § 30 MarkenG.

FSC
www.fsc.org
MIX
Papier | Fördert
gute Waldnutzung
FSC® C083411

Kolibri 360 GmbH
Ferdinand-Jühlke-Straße 7
99095 Erfurt, Deutschland
produktsicherheit@kolibri360.de

Druck:
CPI Druckdienstleistungen GmbH
im Auftrag der
Kolibri 360 GmbH
Ferdinand-Jühlke-Str. 7
99095 Erfurt